KT-501-145

LES

ŒUVRES

COMPLETES

DE

VOLTAIRE

22

VOLTAIRE FOUNDATION

OXFORD

2009

BIRKBECK
LIBRARY
COLLEGE

© 2009 VOLTAIRE FOUNDATION LTD

ISBN 978 0 7294 0874 5

Voltaire Foundation Ltd
University of Oxford
99 Banbury Road
Oxford OX2 6JX

A catalogue record for this book
is available from the British Library

OCV: le sigle des *Œuvres complètes de Voltaire*

www.voltaire.ox.ac.uk

PRINTED IN ENGLAND

AT T J INTERNATIONAL LTD

PADSTOW

Présidente d'honneur

CHRISTIANE MERVAUD

Directeur de l'édition

NICHOLAS CRONK

Assistante à la direction

JANET GODDEN

Conseil scientifique

DAVID ADAMS	LAURENCE MACÉ
MARIE-HÉLÈNE COTONI	HAYDN T. MASON
SIMON DAVIES	SYLVAIN MENANT
MICHEL DELON	FRANÇOIS MOUREAU
OLIVIER FERRET	JOSÉ-MICHEL MOUREAUX
GRAHAM GARGETT	CHRISTOPHE PAILLARD
RUSSELL GOULBOURNE	JOHN RENWICK
FRANÇOIS JACOB	JEROOM VERCRUYSSE
PAUL LECLERC	DAVID WILLIAMS
CHARLES WIRZ	

Equipe éditoriale

ALICE BREATHE	ALISON OLIVER
KAREN CHIDWICK	GILLIAN PINK
JULIA EFFERTZ	MARTIN SMITH

Direction de l'édition

1968 · THEODORE BESTERMAN · 1974
1974 · W. H. BARBER · 1993
1989 · ULLA KÖLVING · 1998
1998 · HAYDN T. MASON · 2001
2000 · NICHOLAS CRONK ·

Sous le haut patronage de

L'ACADÉMIE FRANÇAISE

L'ACADÉMIE ROYALE DE LANGUE ET DE
LITTÉRATURE FRANÇAISES DE BELGIQUE

THE AMERICAN COUNCIL OF LEARNED SOCIETIES

LA BIBLIOTHÈQUE NATIONALE DE RUSSIE

THE BRITISH ACADEMY

L'INSTITUT ET MUSÉE VOLTAIRE

L'UNION ACADÉMIQUE INTERNATIONALE

Ouvrage publié avec le concours du
CENTRE NATIONAL DU LIVRE

Essai sur les mœurs et l'esprit des nations

sous la direction de

Bruno Bernard, John Renwick
Nicholas Cronk, Janet Godden

Texte et bibliographie établis par

Henri Duranton

The research for this edition has received

generous support from the

Arts and Humanities Research Council

of Great Britain

Arts & Humanities
Research Council

Tome 2

Avant-propos et chapitres 1-37

sous la direction de

Bruno Bernard, John Renwick
Olivier Ferret, Catherine Volpilhac-Auger

Ont collaboré à ce tome

Bruno Bernard, Karen Chidwick, Marie-Hélène Cotoni,
Nicholas Cronk, Henri Duranton, Olivier Ferret,
Dieter Gembicki, Janet Godden, Gianluigi Goggi,
Gianni Iotti, Gérard Laudin, Laurence Macé,
Myrtille Méricam-Bourdet, Olga Penke, John Renwick,
John Robertson, Catherine Volpilhac-Auger, Richard Waller

Secrétaire de l'édition

Karen Chidwick

REMERCIEMENTS

La préparation des *Œuvres complètes de Voltaire* dépend de la compétence et de la patience du personnel de nombreuses bibliothèques de recherche partout dans le monde. Nous les remercions vivement de leur aide généreuse et dévouée. Parmi eux, certains ont assumé une tâche plus lourde que d'autres, dont en particulier le personnel de la Bibliothèque royale de Belgique, Bruxelles; de l'Edinburgh University Library (Special Collections); de l'Institut et musée Voltaire, Genève; de la Bodleian Library, de la Taylor Institution Library et de la Worcester College Library, Oxford; de la Bibliothèque nationale de France et de la Bibliothèque de l'Arsenal, Paris; et de la Bibliothèque nationale de Russie, Saint-Pétersbourg.

Les éditeurs et collaborateurs ont également profité de l'aide et des conseils de leurs collègues et amis: David Adams, Pierre Assayag, T. J. Barling, Dominique Lussier, Renée Williams.

TABLE DES MATIÈRES

COLLABORATEURS

La responsabilité de l'annotation des chapitres du présent tome a été répartie comme suit:

MARIE-HÉLÈNE COTONI, chapitres 1, 2, 8-11

HENRI DURANTON avec DIETER GEMBICKI, 15-19, 22-23

OLIVIER FERRET, 3, 4, 27, 28

GIANLUIGI GOGGI, 31, 32

GIANNI IOTTI, 30

GÉRARD LAUDIN, 33, 34

LAURENCE MACÉ, 35-37

MYRTILLE MÉRICAM-BOURDET, 5

OLGA PENKE avec GÉRARD LAUDIN, 20, 21

JOHN RENWICK, 12-14

CATHERINE VOLPILHAC-AUGER, Avant-propos, 6, 7, 29

RICHARD WALLER, 24-26

ILLUSTRATIONS

ABRÉVIATIONS

Annales	Voltaire, *Annales de l'empire*, *M*, t.13
Bengesco	*Voltaire: bibliographie de ses œuvres*, 1882-1890
Bh	Bibliothèque historique de la ville de Paris
BnC	BnF, *Catalogue général des livres imprimés*, Auteurs, 214, Voltaire
BV	*Bibliothèque de Voltaire: catalogue des livres*, 1961
CN	*Corpus des notes marginales de Voltaire*, 1979-
D	Voltaire, *Correspondence and related documents*, *OCV*, t.85-135, 1968-1977
DgV	*Dictionnaire général de Voltaire*, éd. R. Trousson et J. Vercruysse, 2003
DP	Voltaire, *Dictionnaire philosophique*
EM	Voltaire, *Essai sur les mœurs* [la présente édition]
IMV	Institut et musée Voltaire, Genève
Kehl	*Œuvres complètes de Voltaire*, 1784-1789
LP	Voltaire, *Lettres philosophiques*, éd. G. Lanson, rév. André M. Rousseau, 1964
M	*Œuvres complètes de Voltaire*, éd. Louis Moland, 1877-1885
OCM	*Œuvres complètes de Montesquieu*, 1999-2008
OCV	*Œuvres complètes de Voltaire / Complete works of Voltaire*, 1968-
OH	Voltaire, *Œuvres historiques*, éd. R. Pomeau, 1957
Pomeau	Voltaire, *Essai sur les mœurs*, éd. R. Pomeau, 1990
QE	Voltaire, *Questions sur l'encyclopédie*
Rhl	*Revue d'histoire littéraire de la France*
SVEC	*Studies on Voltaire and the eighteenth century*
Trapnell	'Survey and analysis of Voltaire's collective editions', *SVEC* 77 (1970)
VST	René Pomeau et autres, *Voltaire en son temps*, 1995

PRÉSENTATION DE L'ÉDITION

1. *Le texte*

Sous des titres qui ont souvent varié, l'*Essai sur les mœurs* a été beaucoup édité du vivant de Voltaire, d'abord de manière fragmentaire, puis complète à partir de 1756. On ne tiendra naturellement pas compte des nombreuses contrefaçons ou éditions pirates parues sans la participation de l'auteur. La liste des textes qui font autorité et qui ont été retenus pour l'établissement des variantes n'en est pas moins longue.

Au point de départ, on trouve un état manuscrit qui couvre à peu près la première moitié de l'œuvre. Rédigé à une date indéterminée, il en existe plusieurs exemplaires. Le plus intéressant, car comportant des corrections autographes, donné par l'auteur à l'électeur palatin, est conservé à Munich, sous la cote Cod. Gall. 100-101. Il sera désigné par le sigle MSP. Un autre pratiquement identique se trouve à Gotha. Il a également été pris en compte (MSG).

Des fragments de ce premier état, comportant de nombreuses variantes ont paru, avec l'accord de Voltaire, dans le *Mercure de France*, d'abord en 1745-1746, puis en 1750 (sigles 45 et 50).

La première édition est parue à La Haye, fin 1753: *Abrégé de l'histoire universelle depuis Charlemagne jusqu'à Charles Quint par M. de Voltaire* (sigle 53). Elle est fort incomplète, car proclamant aller jusqu'à Charles Quint elle s'arrête en fait à Charles VII, alors que l'intention explicite de Voltaire était de raccorder, sans solution de continuité chronologique, l'*EM* au *Siècle de Louis XIV*. Faite sans l'accord de l'auteur par le libraire Neaulme, à partir d'un manuscrit d'origine indéterminée, elle a provoqué l'indignation et la rage de son auteur qui a pris l'Europe entière à témoin de cet acte de brigandage.

Malgré ses dénégations, Voltaire a pris cette malencontreuse édition pour point de départ des corrections et augmentations ultérieures, et non pas le manuscrit palatin, dont il n'a pourtant cessé de dire qu'il était préférable. Pour commencer, il a envoyé à divers éditeurs/libraires des errata pour corriger quelques fautes de cette édition Neaulme que l'on s'empressait de reproduire. Peu de chose en fait, mais qui en dit long sur le souci de Voltaire de réagir immédiatement à cette première édition, de fait passablement fautive (sigles 54L, Lambert; 54C, Colmar; 54BD, Walther; 54N, Neaulme). Ces errata, simples corrections de la fautive première édition, n'ont pas été pris en compte dans l'établissement des variantes.

Puis il a, toutes affaires cessantes, préparé une suite sous la forme d'un tome 3, qui devait, selon ses dires, être sa justification face aux deux volumes de l'édition de La Haye. Cette édition, publiée conjointement par le libraire Schoepflin de Colmar et par Walther de Dresde, a pour sigle 54LDA. On y ajoutera 54LDA*, qui signale un exemplaire de 54LDA, envoyé par Voltaire à son ami Clavel de Branles avec quelques corrections autographes que l'on retrouvera pour la plupart dans w56.

Moins de deux ans après le scandale de l'édition Neaulme, il fait paraître chez Cramer une édition en quatre volumes qu'il présente comme une refonte complète de l'œuvre. On peut considérer que c'est la première édition qui correspond à peu près aux intentions de son auteur (sigle w56). Une seconde (w57G), parue peu après, se contente de corriger les fautes de la première.

Par la suite, l'*Essai* ne connaîtra pas de changements majeurs. Il est d'ailleurs significatif que c'est toujours à l'occasion de la publication d'une nouvelle série d'''Œuvres complètes' que l'ouvrage est repris. Néanmoins, à chaque fois, Voltaire le relit entièrement, le corrige et le complète. Ce sera le cas:

– dans une édition parue chez Cramer en 1761-1763 (sigle 61). Cette édition est incorporée dans une nouvelle série d'œuvres complètes datées de 1764 (w64G);

— dans une autre collection parue en 1768 (sigle w68);

— dans l'édition dite 'encadrée', dont Voltaire ne fut d'ailleurs que médiocrement satisfait (sigle w75G). Il lui reproche, par exemple, d'avoir privilégié le futile (le fameux encadrement) au détriment de l'utile (les manchettes qui scandaient le texte dans les éditions antérieures). Signalons au passage que, par fidélité à la volonté formelle de Voltaire, notre édition reproduit ces manchettes, pourtant absentes de notre texte de base.

Peu avant sa mort, Voltaire est revenu une dernière fois à l'*Essai*. Ce fut à l'occasion d'un nouveau projet d'édition d'œuvres complètes proposé par le libraire Panckoucke. Voltaire, dans le tumulte de ses préparatifs d'un voyage à Paris dont il ne devait pas revenir, n'eut le temps que de revoir rapidement quelques volumes de l'édition encadrée, principalement les tomes qui contiennent l'*Essai*. Ces exemplaires ont partagé le sort du reste de la bibliothèque de Voltaire et sont donc conservés à la bibliothèque Saltikov-Chtchédrine de Saint-Pétersbourg. Il est d'usage de l'appeler l'"encadrée corrigée' (w75G*). Dernier état revu par l'auteur, il s'imposait pour servir de texte de base pour l'établissement de notre édition. Par précaution, on a retenu aussi l'édition de Kehl, parue à l'initiative de Beaumarchais à partir de 1784. Elle propose parfois un texte légèrement différent, mais dont l'authenticité ne peut être garantie. Ces divergences figurent donc dans les variantes (sigle K).

2. *Les variantes*

Par le relevé exhaustif des variantes du texte, on a essayé de rendre visible la méthode de travail de Voltaire historien qui, en règle générale, corrige peu et ajoute beaucoup. L'intérêt principal des variantes est donc de pouvoir observer les strates successives déposées au fil des éditions.

Le mouvement est continu, Voltaire travaillant sur un exemplaire de la dernière édition parue quand il en prépare une nouvelle. La filiation est donc: 53 → w56 → w57G → 61 → w68 → w75G → w75G*. Les lettres suivies de chiffres sont réservées aux recueils, ici w pour les éditions complètes, le numéro suivant indique l'année de parution, et la lettre finale (quand il y en a une) indique le lieu de publication quand il s'agit de deux éditions datant de la même année. L'astérisque indique un exemplaire particulier, qui d'ordinaire contient des corrections manuscrites. w75G* – le sigle de notre texte de base – renvoie à un exemplaire avec corrections manuscrites d'une édition des œuvres complètes de Voltaire publiée en 1775 à Genève.

Pour être complet on a ajouté les éditions dérivées, alors même qu'elles n'apportent rien de nouveau, ou rien d'autre que le report des fautes signalées par l'errata (cas de w57G par rapport à w56) ou qu'elles ne fournissent que de rares corrections originales (cas des éditions qui reprennent 53, jusqu'à 54N). Dans le cas où la variante n'existe qu'à ce stade, on aura la présentation suivante: 53-54N ou w56-w57G. Et logiquement, dans les autres cas, ne sera marqué que le point de départ et celui d'arrivée: par exemple, 53-61 inclut toutes les éditions qui se trouvent entre 53 et 61.

Deux états du texte en revanche sont déviants: les publications partielles dans le *Mercure de France* (1745-1746, sigle 45; 1750-1751, sigle 50); surtout le manuscrit palatin Cod. Gal. 100 corrigé de la main de Voltaire (MSP) qui couvre plus de la moitié des chapitres du texte définitif. Or pour un même chapitre, il n'est pas possible de déterminer avec certitude lequel, de 45, MSP ou 53 représente la première version, même s'il y a de fortes présomptions pour que l'ordre soit: 45, 53, MSP.

Dans le doute, la présentation suivante a été adoptée: MSP et 45 ou 50 sont isolés par une virgule, alors que 53 est relié par un trait d'union avec les états suivants pour marquer que, par exemple, la filiation 53-w56 est directe, alors que celle qui joint MSP à 45, 50 ou 53 est indéterminée. Par convention, MSP figure toujours en tête de la liste des états successifs du texte. On aura donc, par exemple, la présentation: MSP, 45, 53-61.

xxiv

Par convention encore, quand il est présent, c'est-à-dire pour la quasi-totalité des 140 premiers chapitres, MSP est pris comme texte de départ, ce qui est signalé par la mention: '*Première rédaction de ce chapitre*: MSP', porté en début de chapitre pour chaque relevé de variantes. Choix justifié par le fait que MSP propose le texte le plus cohérent et le plus complet des versions primitives. Pour les chapitres qui les concernent, 45 et 50, qui sont proches de MSP et ont à peu près le même statut, sont également signalés comme *Première rédaction*.

Le lecteur dispose donc du point de départ (marqué *Première rédaction*, en général MSP) et du point d'arrivée (le texte de base, W75G*). S'il n'y a point de variante, le texte d'origine est d'emblée le texte définitif.

Dans le cas d'un établissement progressif du texte, il peut s'agir soit d'une vraie variante, soit d'un ajout (cas le plus fréquent). La variante sera répertoriée comme telle, de sa première apparition à la dernière édition où elle figure.

L'ajout sera marqué en variante par une absence dans les éditions précédentes, également de la première fois où elle est constatée jusqu'à la dernière.

Exemple: ch.1, lignes 4-5
Texte définitif: '...forment son étendue. Nous avons remarqué que le corps de cet Etat...'

Variante: 4-5   MSP, 45, 53-61: étendue; le corps

Commentaire: 'Nous avons remarqué que' est un ajout de W68, état qui vient tout de suite après 61.

Les signes typographiques conventionnels suivants sont employés:
– Les mots supprimés sont placés entre crochets obliques (< >).
– La lettre grecque bêta (β) désigne le texte de base.
– Le signe de paragraphe (¶) marque l'alinéa.
– Deux traits obliques (//) indiquent la fin d'un chapitre ou d'une partie du texte.

– Les mots ajoutés à la main par Voltaire ou Wagnière sont précédés, dans l'interligne supérieur, de la lettre ^{V} ou ^{W}.
– La flèche verticale dirigée vers le haut (↑) ou vers le bas (↓) indique que l'addition est inscrite au-dessus ou au-dessous de la ligne.
– Le signe + marque la fin de l'addition, s'il y a lieu.

MSP propose des manchettes; 53 et w56 n'en comportent pas. D'autres figurent dans 61, puis dans w68, mais pas dans l'édition w75G, l'encadrement ornemental systématique du texte ne laissant pas de place disponible, au grand mécontentement de Voltaire. Elles sont restituées dans notre édition et les manchettes de MSP, quand elles sont originales, sont reproduites en variantes.

Les deux manuscrits, de Munich (manuscrit palatin, dit MSP) et de Gotha (MSG), sont parfaitement identiques dans leur recopie d'un troisième manuscrit, aujourd'hui disparu, à trois exceptions près: 1) Quelques erreurs dues aux copistes; facilement identifiables et sans intérêt, elles ont été négligées. 2) Le ms de Munich comporte des corrections de la main de Voltaire, qui sont naturellement signalées comme telles dans le relevé des variantes. 3) Enfin, en de très rares endroits (mais qui suffisent pour prouver que les deux manuscrits ne sont pas la copie l'un de l'autre, mais d'un troisième absent), le ms de Gotha ajoute au texte de Munich. Dans ce cas, la variante est signalée, précédée de la mention MSG. A ces exceptions près, la très fréquente mention MSP vaut pour les deux manuscrits.

3. L'annotation

Chaque chapitre (ou dans certains cas, quelques chapitres regroupés) contient une note liminaire qui décrit l'histoire de la composition du chapitre jusqu'à sa forme finale, les sources principales utilisées par Voltaire et les débats historiographiques contemporains dans lesquels il s'est impliqué (ou a choisi de ne pas l'être). Afin de ne pas laisser le lecteur sur une impression

xxvi

trompeuse, nous avons attiré l'attention sur des erreurs significatives concernant les faits rapportés dans le texte de Voltaire en les rapportant aux sources qu'il a utilisées, mais l'annotation ne 'corrige' pas ou ne met pas 'à jour' Voltaire à l'aide de connaissances auxquelles il n'avait pas accès. Nous fournissons un minimum d'information concernant le contexte lorsque cela est nécessaire pour aider à l'identification des personnes ou des événements auxquels Voltaire fait référence.

La liste complète des sources mentionnées dans ce volume constitue la partie 1 des 'Ouvrages cités'. Dans l'annotation, les livres qui se trouvent toujours dans la bibliothèque de Voltaire (aujourd'hui dans la Bibliothèque nationale de Russie, Saint-Pétersbourg) sont indiqués par les lettres 'BV', et sa propre annotation de ces livres telle que publiée dans le *Corpus des notes marginales de Voltaire* par les lettres '*CN*'. L'information complète sur chaque source apparaît dans la note liminaire ou lors de la première mention de l'ouvrage dans chaque chapitre. Etant donné que certaines sources majeures apparaissent plus ou moins simultanément dans différentes éditions, dans différents formats et dans différents tomes, les références internes par livre, chapitre et année sont fournies au lieu du volume et de la page là où les divisions des livres le permettent.

Une introduction générale à l'*Essai sur les mœurs* paraîtra dans le volume I de cette édition. Cette introduction n'a pu être composée avant que tous les volumes du texte soient préparés.

MANUSCRITS ET ÉDITIONS

1. *Manuscrits*

L'état manuscrit de l'*EM* représente une première version, proche de l'état définitif de 1753, mais qui sera abandonnée par Voltaire au profit de l'édition Néaulme (sigle 53). Le sigle MSP dans les variantes comprend également MSG. Seules les différences entre les deux manuscrits sont indiquées par le sigle MSG (voir les variantes suivantes: ch.1, ligne 339; ch.3, lignes 16, 17-18, 149; ch.6, lignes 1-32, 225, 259, 398; ch.13, lignes a, b-e; ch.15, lignes 130-34; ch.16, lignes 74, 78-145; ch.19, lignes 120-35; ch.20, lignes 20-22, 137-38, 234-35; ch.21, ligne 141; ch.23, lignes 56, 146, 162-63, 185, 194; ch.24, lignes 128, 178; ch.25, ligne 83; ch.28, lignes 17-18, 50; ch.30, lignes 78-126; ch.31, lignes 147, 186-87; ch.35, ligne 26; ch.37, lignes 53, 67).

MSP

Bibliothèque d'Etat de Bavière, Munich, Cod. Gall. 100-101, ayant appartenu à l'électeur palatin: 'Essay sur les révolutions du monde et sur l'histoire de l'esprit humain depuis Charlemagne jusqu'à nos jours', 2 vol. avec des corrections autographes de Voltaire.

Sous la cote Cod. Gall. 102-103, la même bibliothèque possède un autre manuscrit qui donne le même texte mais sans les corrections.

MSG

Forschungsbibliothek, Gotha, Chart. B 1204 (cote ancienne F.104).

Copiste inconnu.[1] Version presque identique à MSP, mais sans les corrections de Voltaire.[2]

A encore existé une autre copie, aujourd'hui perdue, envoyée de Paris, 'conforme à celui que V.A.S. a entre les mains', écrit Voltaire à la

---

[1] Voir A. Brown et U. Kölving, 'Un manuscrit retrouvé de l'*Essai sur les mœurs*', *Cahiers Voltaire* 6 (2007), p.27-34.

[2] Mais voir Brown et Kölving, p.29n.

duchesse de Saxe-Gotha (D5689). Il le fera authentifier par un acte notarié (D.app.133) dont les attendus prouve qu'il appartient bien à la même famille de manuscrits.

2. Editions[3]

45

Mercure de France, 'Pièces fugitives en vers et en prose':

- Avril 1745: Nouveau plan d'une histoire de l'esprit humain (p.4); Avant-propos (p.5-8); Chapitre premier, De la Chine (p.9-27); Chapitre second, Des Indes, de la Perse, de l'Arabie et du mahométisme (p.28-37).
- Juin 1745: Suite de l'histoire de l'esprit humain [...] commencée dans le *Mercure* d'avril (p.3-5); Chapitre III. Des Califes (p.5-13).
- Septembre 1745: Chapitre XII. Des Normands vers le IXe siècle (p.4-9);[4] Chapitre XIII. Etablissement des Danois en Normandie (p.10-11); Chapitre XIV. De l'Angleterre vers le IXe siècle (p.12-15); Chapitre XV. De l'Espagne et des Musulmans aux VIIIe et IXe siècle (p.16-23).
- Octobre 1745: Suite de l'histoire universelle / Paragraphe II. / Progrès des Musulmans (p.3-8); Chapitre XV. De l'empire de Constantinople aux VIIIe et IXe siècles (p.8-16).
- Janvier 1746: Suite de l'histoire universelle[5] / Paragraphe II. / Progrès des Musulmans (p.40-44); Chapitre XV. De l'empire de Constantinople aux VIIIe et IXe siècles (p.45-52);[6] Chapitre XVIII. Etat de l'empire d'Occident et de l'Italie sur la fin du IXe siècle, dans le

[3] Sont seules comprises dans cette liste les éditions dont sont tirées les variantes pour le t.i. Une bibliographie détaillée des éditions de l'*EM* fera partie de l'Introduction générale.

[4] Précédé par la remarque éditoriale: 'Il manque quelques chapitres entre ce qui a précédé et la suite que nous donnons, mais nous avons mieux aimé faire part au public des morceaux que nous avons, quoique sans ordre, que de le priver d'un ouvrage qu'il attend avec impatience.'

[5] Titre suivi de la remarque: 'Ce n'est qu'avec un extrême regret que nous avons différé de quelques mois l'impression des fragments que nous avons de l'Histoire universelle de l'illustre M. de Voltaire; notre impatience égalait celle du Public. Nous allons enfin le satisfaire, en avertissant, comme nous avons déjà fait, que ce ne sont ici que des fragments; nous avons mis des points ou le fil de l'histoire est interrompu.'

[6] Répétition du chapitre déjà imprimé dans le *Mercure* d'octobre 1745.

cours du Xe siècle et dans la moitié du XIe, jusqu'à l'empereur Henri III (p.53-60).[7]

Le premier article dans le *Mercure* est précédé d'un passage, écrit peut-être par Voltaire lui-même, qui rattache l'*EM* à sa qualité d'historiographe. Aucune référence à Mme Du Châtelet ou à leur vie commune de Cirey. Notons toutefois que la notion de l'histoire est déjà en évidence:

Personne n'a plus senti que nous la satisfaction qu'ont eu tous les honnêtes gens en apprenant les récompenses accordées par S. M. aux longs travaux de M. de V. Parmi les grâces dont le Roi l'a honoré, il l'a nommé Historiographe de France, avec 2000 livres d'appointements et avec les prérogatives attachées à cette place. Nous avons su qu'en effet il s'efforçait depuis longtemps de se rendre digne de cette grâce en travaillant à une espèce d'*Histoire universelle* à laquelle nous croyons ne pouvoir donner de titre plus convenable que celui d'*Histoire de l'esprit humain*. Le beau siècle de Louis XIV entre dans ce grand ouvrage, et doit le terminer; nous avons lu plusieurs feuilles de ce manuscrit et nous avons cru faire plaisir au public d'en publier le commencement. L'Auteur s'est rendu à nos désirs d'autant plus volontiers qu'il a voulu par cet essai connaître le goût du public et y conformer la suite de son travail.

Ni dans cette remarque, ni dans l'Avant-propos qui suit, ne se trouve aucun plan avec une numérotation des chapitres. Les ch.4-11 et 16-17 manquent entièrement, tandis que le ch.15 paraît deux fois, peut-être par mégarde.

53

Abrégé de l'histoire universelle depuis Charlemagne, jusques à Charlequint par Mr. de Voltaire. 2 vol. (La Haye, Jean Neaulme, 1753).

Première édition de l'*Abrégé*, parue sans l'accord de Voltaire. Elle est à l'origine de nombreuses éditions. Malgré ses protestations, Voltaire la prendra comme base pour l'édition de 56. Chapitres non numérotés.

54B

Abrégé de l'histoire universelle, depuis Charlemagne, jusques à Charlequint par Mr. de Voltaire. 2 vol. (Basle, Aux depens de la Compagnie, 1754). xiv.214 p.; iv.239 p.

---

[7] Le *Mercure* des mois de mai et de juin 1746 renferme encore deux chapitres de cette version primitive, qui font partie du t.2 de la présente édition.

54BD

Essai sur l'histoire universelle depuis Charlemagne; attribué à Mr de Voltaire, Gentilhomme de la Chambre du Roi de France; des académies de Paris, de Londres, de Petersbourg, de Boulogne [sic], de Rome, de la Crusca, etc. Cinquième édition purgée de toutes les fautes qu'on trouve dans les autres et considérablement augmentée d'après un manuscrit plus ample et plus correct. 2 vol. (Basle; Dresde, Walther 1754).

Edition faite par Walther sur 53, avec l'accord de Voltaire qui a fourni des corrections.

54C

Histoire universelle depuis Charlemagne jusqu'à Charles-Quint. Par M. de Voltaire, gentilhomme ordinaire de la chambre du Roi de France; des Académies de Paris, de Londres, de Petersbourg, de Boulogne, de Rome, de la Crusca, etc. Nouvelle édition, corrigée & beaucoup augmentée. 2 vol. (Colmar, chez Fontaine, 1754).

Trois cartons aux p.73-78 pour la correction des espèces monétaires sous Charlemagne.

Edition faite par Vernet sur 53, avec l'accord de Voltaire qui a fourni des corrections.

54L

Abrégé de l'histoire universelle, depuis Charlemagne, jusques à Charlequint. Par Mr. de Voltaire. Nouvelle édition, dans laquelle on a fait usage des corrections importantes & augmentations envoyées par l'auteur. 2 parties (Londres, chez Jean Nourse, 1754).

Edition faite à Paris par Michel Lambert sur 53. Elle incorpore des corrections envoyées par Voltaire.

54N

Abrégé de l'histoire universelle depuis Charlemagne, jusques à Charlequint. Par Mr de Voltaire. Nouvelle édition corrigée & augmentée [suivi de:] *Supplément à l'Abrégé de l'histoire universelle de Mr de Voltaire contenant des augmentations et des corrections considérables.* 3 vol. (La Haye et Berlin, chez Jean Neaulme, libraire, 1754).

w56

Collection complète des œuvres de M. de Voltaire. [Genève, Cramer] 1756. 17 vol. 8°.

Tome 11-14: *Essay sur l'histoire générale, et sur les mœurs et l'esprit des nations, depuis Charlemagne jusqu'à nos jours.*

La première des éditions des frères Cramer. Préparée avec la collaboration de Voltaire.

L'*EM* proprement dit forme 164 chapitres. Il se continue, du ch.165 au ch.215, par le *Siècle de Louis XIV*, qui occupe les t.15-17 de cette édition.

Première édition à peu près complète de l'*EM*.

w57G

Collection complète des œuvres de M. de Voltaire. [Genève, Cramer] 1757. 10 vol. 8°.

Edition révisée de w56, préparée avec la collaboration de Voltaire.

L'*EM* occupe également les t.11-14.

Mêmes références que w56 à la différence près que le faux-titre porte: SECONDE ÉDITION.

w64G (désignée dans les variantes par le sigle 61)

Collection complette des œuvres de Mr. de Voltaire. [Genève, Cramer] 1764. 8 vol. 8°.

Tome 11-18: *Essay sur l'histoire générale, et sur les mœurs et l'esprit des nations, depuis Charlemagne jusques à nos jours. Nouvelle édition, revuë, corrigée & considérablement augmentée.*

Les huit derniers volumes de cette édition sont identiques à l'édition séparée de l'*EM* publiée par Cramer en 1761.

Edition corrigée et augmentée de w57G, préparée avec la collaboration de Voltaire. L'*EM*, suivi du *Siècle de Louis XIV*, forme un ensemble de 8 vol. in-8°. Les sept premiers tomes sont de 1761, le huitième de 1763. A la fin du t.8 se trouvent les *Eclaircissements historiques*, les *Additions aux Observations* et une *Table des matières*.

w68

Collection complette des œuvres de M. de Voltaire. [Genève, Cramer; Paris, Panckoucke,] 1768-1777. 30 ou 45 vol. 4°.

Tome 8-10: *Essai sur les mœurs et l'esprit des nations, et sur les principaux faits de l'histoire, depuis Charlemagne jusqu'à Louis XIII.*

Les t.1-24 furent publiés par Cramer, sous la surveillance de Voltaire. Les t.25-30 furent sans doute publiés en France pour Panckoucke. Les t.31-45 furent ajoutés en 1796 par Jean-François Bastien.

w75G

La Henriade, divers autres poèmes et toutes les pièces relatives à l'épopée. [Genève, Cramer et Bardin,] 1775. 37 vol. (40 vol. avec les *Pièces détachées*). 8°.

Tome 14-17: *Essai sur les mœurs, et l'esprit des nations; et sur les principaux faits de l'histoire, depuis Charlemagne, jusqu'à Louis XIII.*

L'édition dite *encadrée*, préparée avec la collaboration de Voltaire.

w75G*

Exemplaire de w75G corrigé par Voltaire et qui sert de texte de base à la présente édition.[8] Nous avons corrigé le texte au ch.1, ligne 377 ('donne' en 'donnent'), au ch.25, ligne 33 ('884' en '844'), et au ch.31, ligne 156 ('814' en '846').

K

Œuvres complètes de Voltaire. [Kehl,] Société littéraire-typographique, 1784-1789. 70 vol. (seul le t.70 porte la date de 1789). 8°.

Tome 16-19: *Essai sur les mœurs, et l'esprit des nations; et sur les principaux faits de l'histoire, depuis Charlemagne, jusqu'à Louis XIII.*

Bien que de nombreuses modifications dans l'édition de Kehl semblent être des corrections éditoriales autorisées, les éditeurs de Kehl ont parfois modifié le texte de Voltaire sur la base de sources dont nous ne disposons plus.

[8] Sur les interventions de Voltaire, voir S. S. B. Taylor, 'The definitive text of Voltaire's works: the Leningrad encadrée', *SVEC* 124 (1975), p.7-132; pour l'*EM*, p.64-90.

SIGLES UTILISÉS POUR LA PRÉSENTATION DES VARIANTES

MSP	Munich Cod. Gall. 100-101 Version manuscrite jusqu'à Charles-Quint
MSG	Manuscrit de Gotha, presque identique au précédent
45	*Mercure de France*, 1745-1746 Extraits
53	Neaulme, La Haye, 1753 *Abrégé* I-II Bengesco 199, 988
54L	Londres [Lambert, Paris], 1754 *Abrégé* I-II (corrections) G.11887
54C	Colmar [Philibert, Genève], 1754 *Abrégé* I-II (corrections) G.11885-11886
54BD	Walther, Bâle et Dresde, 1754 *Abrégé* I-II (corrections) Beuchot 286
54LDA	Walther, Leipzig et Dresde [Schoepflin, Colmar], 1754 *Abrégé* III G.11884
54LDA*	54LDA exemplaire avec corrections, 1754
54N	Neaulme, La Haye et Berlin, 1754 *Abrégé* III G.11895
W56	Cramer, Genève, 1756 *Essai sur l'histoire générale*, 4 vol. Z24586-24592

w57G Cramer, Genève, 1757
    Essai sur l'histoire générale, 4 vol.

61[1] [Cramer, Genève]
    Essai sur l'histoire générale, 5 vol.
    G.32435-32438 (hors d'usage) Beuchot 21 (12-19)

w68 [Cramer], Genève
    Essai sur les mœurs, 3 vol.
    Z.4942-4944

w75G s.l. [Cramer et Bardin, Genève], 1775
    Essai sur les mœurs, 4 vol.
    Z.24852-24855

w75G* w75G, exemplaire de Saint-Pétersbourg

K Kehl, 1784, in-8°
    Essai sur les mœurs, 4 vol.
    Z.24935-24938

---

[1] Voir ci-dessus, la description de l'édition w64G.

PREFACE

The modern reader of the *Essai sur les mœurs* faces a challenge. A work subject to so many vicissitudes in its conception, composition and publication presents obvious difficulties of comprehension. The difficulties begin with its conception. As Voltaire reminded his readers more than once, he had begun the work in 1740 simply to demonstrate to Mme Du Châtelet that history might be interesting. But this was deceptively simple, for Mme Du Châtelet was a *philosophe* in her own right: addressing her implied a larger intellectual agenda. Her death in 1749 freed Voltaire to vary that agenda and re-conceive of his readership, but he maintained the fiction by continuing to address an individual reader directly as 'vous'. Composition of the work was further complicated by the circumstances of its publication: an unauthorised edition under the title *Abrégé de l'histoire universelle* in 1753 impelled Voltaire into publishing versions for which he could accept responsibility. But even when he had completed the *Essai* to his satisfaction, for publication in Geneva in 1756, he was far from finished with it. New editions followed in 1761, 1769, 1775, and finally, posthumously, in 1785, each one revised and added to. As Voltaire rewrote the *Essai*, he altered it to fit the ever-changing course of his own life; it became another instrument in support of his campaigns on behalf of justice and against the Church. Yet with all these vicissitudes, it never ceased to be an intellectual enterprise, and the best way to appreciate it remains to grasp its stupendous intellectual ambition. If the *Essai* was not the epitome of Enlightenment historical writing, which was too varied to be epitomised by any one work, it may nevertheless claim to have articulated more of its central themes than any other – more even than Edward

* Version française, p.xlv.

Gibbon's *Decline and fall of the Roman Empire*. At least three major themes frame the work.

First, there is the repudiation of sacred history as the key to profane history. Voltaire signalled this intention at the outset of the Avant-propos when he denounced the *Histoire universelle* of Bossuet. The issue was not the working of Divine Providence, to which Bossuet traced the direction of human affairs. It was the thesis, exemplified in the order of Bossuet's narrative, that history had begun as the Bible recorded it, and that its first subjects were the Hebrews of the Old Testament and the Christians of the New. Voltaire rejected this thesis in the clearest possible way, by beginning, not with ancient Israel, but with China, India and the Near East. Not only was the chronology of Chinese history far older than that obtained from the Bible; the Chinese acknowledged and worshipped a god quite distinct from the god of the Hebrews and the Christians. The same was true of the Indians and their gods. The god of Islam, indeed, was a later discovery, and his prophet, Mahomet, had even acknowledged his kinship with the god of the Hebrews and the Christians. But Voltaire's decision to discuss Islam before he accounted for the rise of Christianity was an even more blatant repudiation of the priority of sacred history. Judaism and Christianity, he would affirm, were properly the subjects of a comparative history of religions; they did not hold the keys to all human history. That should be written in a global, 'universal' perspective, and should begin in the East, not the West.

The recognition that Europeans possessed the means to write history on a global scale was not new in the eighteenth century. Evidence concerning the 'discovered' peoples of the Americas, India and East Asia as far as China and Japan had been accumulating since the sixteenth century, and the opportunities such evidence offered the historian had been seized on by contemporary exponents of historical method, led by Jean Bodin. But those who actually wrote histories had failed to take advantage. There were histories of the conquest of the Americas, and a great deal of information on China and India was collected

xxxviii

and sent back to Europe by Christian missionaries. But the primacy
of sacred history was not repudiated. Instead, from the middle of
the seventeenth century, sacred history itself had begun to be re-
written – and not simply in the orthodox manner of Bossuet.
Thanks to the textual criticism of Benedict Spinoza and Richard
Simon, along with the *Geographia sacra* of Samuel Bochart and the
investigations of biblical chronology by Isaac Newton and others,
the evidence of the Old Testament was re-interpreted to yield fresh
and much less orthodox-looking accounts of the origins and
development of the earliest human societies. The last and greatest
product of such enquiry, Pietro Giannone's 'Triregno', was
acquired and confiscated by the Catholic Church from its Genevan
keepers only a few years before Voltaire began what became the
Essai sur les mœurs. Voltaire, however, was as ignorant, or as
heedless, of these recent, heterodox exponents of sacred history as
he was of the earlier proponents of global history. Where they had
sought a way round the necessary primacy of sacred history,
Voltaire cast it aside. For that, every Enlightenment historian
would be in his debt. By the second half of the eighteenth century,
it was obvious that the earliest 'stages' of social development were
best 'conjectured' on the basis of evidence gleaned from the jungles
of Central America and Asia, and from the great plains of North
America and the central Asian steppe. The finest exponents of such
histories of 'the progress of society', it is true, were Scottish
Presbyterians such as William Robertson and Adam Ferguson; but
they made no mention of sacred history. Voltaire's achievement
was their starting-point.

A second great theme of the *Essai sur les mœurs* was Europe's
recovery from the social, cultural and religious abasement it had
suffered during the Middle Ages. Voltaire did not have to
formulate the problem represented by the end of antiquity – a
problem which encompassed the corruption of the Roman Repub-
lic and its replacement by an empire ruled by professional soldiers,
the overrunning of that empire by 'barbarian' invaders from the
East, and the 'translation' of imperial power to, and its contested

division between, the barbarian kings and the popes who had taken over Rome. That had been done by the Renaissance historians Machiavelli and Guicciardini, acknowledged by Enlightenment historians, including Voltaire, as their only serious predecessors. But Machiavelli and Guicciardini had believed that the solution to Europe's post-Roman decline lay in a recovery and re-application of ancient values. Voltaire and his Enlightenment contemporaries thought differently. They had learned from Bacon that modern Europe possessed advantages – the compass, gunpowder, the printing-press – which Rome had never enjoyed. The problem facing them as historians, accordingly, was different: to identify the weaknesses inherent in ancient civilisation, even when its power was apparently greatest, and to trace the seeds, and slow growth, of those features of European society, politics and culture which had enabled it, after centuries of material and spiritual impoverishment, to attain a 'progress' in commerce, government and the arts which far surpassed the achievements of ancient Rome.

In exploring this theme, Voltaire was not as iconoclastic a pioneer as he was in repudiating sacred history. The *Essai sur les mœurs* was preceded by Pietro Giannone's *Storia civile* of the kingdom of Naples (1723) and by Montesquieu's *Considérations sur les causes de la grandeur des Romains et de leur décadence* (1734). Voltaire's scope was much larger than Giannone's, covering the whole of western Europe from the time of Charlemagne, the point at which Bossuet had left off; and his narrative, however selective, was far less schematic than Montesquieu's. But as a study of Europe's recovery the *Essai* was shaped by its author's intention to join it to the already-written *Siècle de Louis XIV*: it concentrated therefore on the monarchies of western Europe, and particularly on that of France, at the expense of subtler processes of economic and social change. By the 1760s the Scottish historians, Robertson and the more theoretically-minded Adam Smith, were writing histories of 'the progress of society in Europe' and of 'the progress of opulence' which explored such processes. And by the time of Voltaire's final revisions, incorporated into the 1785 edition, the

Essai had been overtaken as an account of the great problem of Rome's fall and Europe's recovery by Gibbon's *Decline and fall of the Roman Empire* (1776-1788). Nevertheless, the Scots were still happy to learn from and acknowledge a debt to Voltaire, and if Gibbon was more grudging, his great themes, the triumph of barbarism and religion, and, within the latter, the dual triumph of Roman Catholicism and of Arabian Islam, were also Voltaire's. Here too the *Essai* stood at the centre of Enlightenment historical enquiry.

The *Essai*'s third contribution was announced in its title: it was a study of the 'mœurs' of its subjects, and of the 'esprit' of the nations it covered, in Europe and beyond. This approach to history marked another clear advance by Voltaire and other Enlightenment historians over their Renaissance predecessors. In their admiration for the ancients, Machiavelli, Guicciardini and their heirs, from De Thou to Clarendon, had sought to imitate and surpass the models of political narrative represented by Livy, Sallust and Tacitus. Voltaire and Robertson did not abandon narrative – far from it; but they consciously sought to broaden its subject-matter and complicate their explanations of change by reference to the 'mœurs' characteristic of a nation or an age. By 'mœurs' they meant manners, values, and institutional and cultural practices; in their ensemble, these composed the 'esprit' of a nation. The greatest Enlightenment study on this theme was of course Montesquieu's *De l'esprit des lois*, published in 1748, when the *Essai* was still in the relatively early stages of composition. Montesquieu's work was not a history, although its final books formed a historical appendix, sketching anew the development of relations between crown and nobility in the history of the French monarchy. But its extraordinarily suggestive remarks about the inter-relation between a nation's system of laws and its geographical size, its climate, its form of government, its system of ranks and the moral values associated with it, its aptitude for commerce, and its capacity to indulge luxury without moral damage made *De l'esprit des lois* a stimulus and a provocation to every historian who read it.

xli

Voltaire was undoubtedly stimulated by Montesquieu, but he was also among those most provoked – increasingly so, as revisions to the *Essai sur les mœurs* attest. He could not accept Montesquieu's stigmatising of Asian monarchies as 'oriental despotisms', a category Voltaire regarded as 'orientalist' in the modern pejorative sense of the term, misrepresenting the East to serve intra-European purposes. Equally, he rejected Montesquieu's version of the 'thèse nobilaire', which cast the noble descendants of the Germanic barbarians as heroic defenders of the idea of political 'liberties' against the despotic ambitions of modern European monarchs. These differences may, unfortunately, have attenuated Voltaire's interest in 'mœurs' as a subject of study and as contributing to historical explanation. His hostility to nobilities excluded the possibility of the sort of unintentional contribution to social change which Smith uncovered in their desire for the 'baubles and trinkets' sold by foreign merchants, while his aggressive contempt for the medieval Church left no scope for the ironies of its contribution to European learning and the arts to which Giannone and Gibbon remained alert. Even here, however, the limitations to Voltaire's achievement in the *Essai* cannot impair its significance. Voltaire had put the study of 'mœurs' at the centre of the Enlightenment historian's agenda just as surely as did Montesquieu.

In the end, it was not the *Essai*'s analytical limitations or extravagances of judgement which compromised its reputation among contemporaries; it was Voltaire's allegedly cavalier way with his sources. The criticism was voiced, gently by Robertson, more harshly and more frequently by Gibbon. But it is here, perhaps, that the benefit of a critical, modern edition such as this is most evident. For as the editorial notes to this edition will show, Voltaire was not simply, and certainly not always, cavalier with his sources. To write a history as broadly conceived as the *Essai*, Voltaire was reliant on the scholarship available to him, in France, in Prussia, and in Geneva. He was well versed in the oriental scholarship which developed in Louis XIV's France, and he drew on both Catholic and Protestant scholarship in re-telling the history of Europe since Charlemagne. The *Essai* reflects, if it also enhances and exacerbates, the strengths and weaknesses of those sources. Voltaire may have displayed some of the vices of a 'philosophic' historian in his lack of exactness, but he also exemplified the virtues, in the vast range of his curiosity and the astonishing breadth of his intellectual ambition. Among many other avocations during a long and active life, Voltaire was a historian still, and the *Essai sur les mœurs* is among the greatest achievements of Enlightenment historical writing.

.   John Robertson
St Hugh's College, Oxford

PRÉFACE

Lorsqu'il lit l'*Essai sur les mœurs* le lecteur moderne rencontre un défi. Une œuvre sujette à tant de vicissitudes dans sa conception, sa composition et sa publication présente des difficultés de compréhension évidentes. Considérons d'abord sa conception: comme Voltaire l'a plus d'une fois rappelé à ses lecteurs, il avait commencé l'ouvrage en 1740 dans le simple but de démontrer à Mme Du Châtelet que l'histoire pouvait être intéressante. Cela n'était simple qu'en apparence, car Mme Du Châtelet étant elle-même une philosophe, s'adresser à elle signifiait prendre en compte un programme intellectuel bien plus vaste. La mort de Mme Du Châtelet en 1749 rendit à Voltaire la liberté de varier ce programme et de re-concevoir son lectorat, mais il maintint la fiction en continuant à s'adresser à un seul lecteur, à un 'vous' individuel. La composition de l'ouvrage se trouva compliquée davantage par les circonstances de sa publication: la parution en 1753 d'une édition non autorisée, portant le titre de *Abrégé de l'histoire universelle*, allait pousser Voltaire à publier des versions dont il pourrait accepter la responsabilité. Mais même après avoir complété l'*Essai sur les mœurs* d'une façon qui le satisfaisait pour la publication en 1756, il était loin d'en avoir fini avec cet ouvrage. Il y eut de nouvelles éditions en 1761, 1769, 1775 et finalement une après la mort de l'auteur, en 1785, et toutes avaient été révisées et augmentées. A mesure que Voltaire réécrivait l'*Essai*, il le remaniait pour l'adapter au cours sans cesse changeant de sa propre existence; l'*Essai* allait devenir un outil de plus pour soutenir ses campagnes pour la justice et contre l'Eglise. Pourtant en dépit de tous ces avatars, l'*Essai* ne cessa jamais d'être une aventure intellectuelle, et la meilleure façon de l'apprécier, c'est aujourd'hui encore de comprendre l'envergure de sa formidable ambition intellectuelle. Si l'*Essai sur les mœurs* n'est pas l'épitomé des écrits historiques des Lumières, qui ont été trop variés pour être incarnés par un seul ouvrage, il peut néanmoins revendiquer la fierté d'avoir exposé et exploré, plus que n'importe quel autre ouvrage, davantage des thèmes centraux de ces écrits – plus encore que le *Decline and fall of the Roman Empire* de Edward Gibbon. Au moins trois thèmes majeurs charpentent l'œuvre.

D'abord, elle rejette l'histoire sacrée en tant que clé de l'histoire profane. Voltaire signale cette intention au début de l'Avant-propos, lorsqu'il dénonce l'*Histoire universelle* de Bossuet. Le problème, ce n'était pas l'action de la Divine Providence, qui selon Bossuet avait la haute main sur les affaires des hommes. Le problème, c'était la thèse, exemplifiée dans l'ordonnance du récit de Bossuet, selon laquelle l'histoire avait commencé de la façon dont la Bible le raconte, et que ses premiers sujets étaient les Hébreux de l'Ancien Testament et les chrétiens du Nouveau. Voltaire rejetait de la manière la plus claire possible cette thèse en commençant non pas avec l'ancienne Israël, mais avec la Chine, l'Inde et le Proche-Orient. Non seulement la chronologie de l'histoire de la Chine était beaucoup plus ancienne que celle qu'on trouve dans la Bible, mais encore les Chinois reconnaissaient et adoraient un dieu tout à fait distinct du dieu des Hébreux et des chrétiens. Il en était de même pour les habitants de l'Inde et leurs dieux. Quant au dieu de l'Islam, c'était une découverte ultérieure, et son prophète Mahomet avait même reconnu sa parenté avec le dieu des Hébreux et celui des chrétiens. Mais la décision prise par Voltaire de discuter de l'Islam avant de rendre compte du développement du christianisme était un rejet encore plus évident de la primauté de l'histoire sacrée. Le judaïsme et le christianisme, affirmait-il, avaient leur juste place en tant que sujets d'une histoire comparée des religions: mais ils ne détenaient pas les clés de toute l'histoire du genre humain. Il fallait que cette dernière soit écrite dans une perspective globale, 'universelle', et qu'elle commence en Orient et non pas en Occident.

Reconnaître que les Européens possédaient les moyens d'écrire l'histoire dans une perspective globale n'était pas au dix-huitième siècle une idée nouvelle. Les témoignages concernant les peuples 'découverts' dans les Amériques, en Inde et en Asie de l'Est, aussi loin que la Chine et le Japon, s'accumulaient depuis le seizième siècle, et les occasions que ces témoignages offraient aux historiens avaient été saisies par des partisans contemporains de la méthode historique, conduits par Jean Bodin. Mais ceux qui en fait écrivaient l'histoire n'en avaient pas tiré profit. Il existait des 'histoires' de la conquête des Amériques, et les missionnaires chrétiens avaient recueilli et envoyé en Europe une grande masse de renseignements sur la Chine et l'Inde. Mais la primauté de l'histoire sacrée n'avait pas été rejetée. Plutôt, à partir du milieu du dix-septième siècle, on avait commencé à réécrire l'histoire sacrée elle-même – et pas simplement à la manière orthodoxe de Bossuet. Grâce à la critique textuelle de Benedict Spinoza et de Richard Simon, ainsi que la *Geographia sacra* de Samuel Bochard et les investigations sur la chronologie biblique par Isaac Newton et quelques autres, les informations contenues dans l'Ancien Testament avaient été réinterprétées pour apporter des façons nouvelles et apparemment beaucoup moins orthodoxes de relater les origines et le développement des premières sociétés humaines. Seulement quelques années avant que Voltaire commence ce qui allait devenir l'*Essai sur les mœurs*, le dernier et le plus important produit de ces recherches, le 'Triregno' de Pietro Giannone avait été acheté à ceux qui le gardaient à Genève, et confisqué par l'Eglise catholique. Cependant Voltaire ignorait autant, ou se souciait aussi peu de ces défenseurs récents et hétérodoxes de l'histoire sacrée que des partisans de l'histoire globale qui l'avaient précédé. Alors qu'ils avaient cherché à contourner la nécessaire primauté de l'histoire sacrée, Voltaire, lui, la rejetait. Et pour cela, chaque historien des Lumières resterait dans sa dette. Au début de la seconde moitié du dix-huitième siècle, il était déjà évident que les meilleures conjectures concernant les premiers stades du développement social reposaient sur des informations glanées dans les jungles de l'Asie et de l'Amérique centrale, dans les vastes plaines de l'Amérique du Nord et les steppes de l'Asie centrale. Il est vrai que ceux qui allaient le mieux décrire et écrire ces histoires du 'progrès de la société' étaient des presbytériens écossais comme William Robertson et Adam Ferguson; mais nulle mention chez eux de l'histoire sacrée: ils prendraient comme point de départ le point où Voltaire était arrivé.

Le rétablissement de l'Europe après la déchéance sociale, culturelle et religieuse qu'elle avait subie pendant le Moyen Age est un second thème primordial de l'*Essai sur les mœurs*. Voltaire n'avait pas besoin de formuler le problème représenté par la fin de l'antiquité – un problème qui englobait la corruption de la république de Rome et son remplacement par un empire gouverné par des soldats de profession, le renversement de cet empire par des envahisseurs barbares venus de l'Est, et le passage, à des rois barbares et à des papes qui avaient pris le pouvoir à Rome du pouvoir impérial dont ils se contesteraient la division. Tout cela avait déjà été fait par les historiens de la Renaissance Machiavelli et Guicciardini, reconnus par les historiens des Lumières – y compris Voltaire – comme leurs seuls prédécesseurs sérieux. Mais Machiavelli et Guicciardini avaient cru que la solution au déclin post-romain de l'Europe se trouvait dans le retour à des valeurs anciennes qui seraient de nouveau appliquées. Voltaire et ses contemporains des Lumières n'étaient pas du même avis. Ils avaient appris de Bacon que l'Europe moderne possédait des avantages – le compas, la poudre à canon, l'imprimerie – dont Rome n'avait jamais joui. Le problème devant lequel ils se trouvaient en tant qu'historiens était donc différent: il leur fallait identifier les faiblesses inhérentes à la civilisation ancienne, même à l'époque où son pouvoir était apparemment le plus grand, retrouver les germes et suivre la lente croissance de ces caracté-ristiques de la société, de la politique et de la culture européennes qui avaient permis à cette Europe, après des siècles d'appauvrisse-ment matériel et spirituel, d'arriver à un 'progrès' du commerce, du gouvernement et des arts qui dépassait de loin les accomplisse-ments de la Rome antique.

En explorant ce thème, Voltaire n'était pas un pionnier aussi iconoclaste qu'il l'était en rejetant l'histoire sacrée. L'*Essai sur les mœurs* avait été précédé par la *Storia civile* du royaume de Naples de Pietro Giannone (1723), et par les *Considérations sur les causes de la grandeur des Romains et de leur décadence* de Montesquieu (1734). Les intentions de Voltaire étaient beaucoup plus ambitieuses que celles de Giannone, car elles recouvraient toute l'Europe occidentale à partir de Charlemagne, où Bossuet s'était arrêté; et son récit, si sélectif qu'il fût, était bien moins schématique que celui de Montesquieu. Mais en tant qu'étude du rétablissement de l'Europe l'*Essai* était influencé par un auteur qui avait l'intention de le relier au *Siècle de Louis XIV*, qu'il avait déjà écrit: il se concentrait donc sur les monarchies de l'Europe occidentale, et particulièrement sur la monarchie française, au détriment de procédés plus subtils concernant les changements économiques et sociaux. Les historiens écossais Robertson et Adam Smith (plus enclin à théoriser) écrivaient déjà dans les années 1760 des 'histoires' des 'progrès de la société en Europe' et des 'progrès de l'opulence', qui exploraient ces procédés. Et au moment où Voltaire mettait la dernière main aux révisions incorporées dans l'édition de 1785, l'*Essai* avait déjà été dépassé en tant que description du grand problème de la chute de Rome et du rétablissement de l'Europe par le *Decline and fall of the Roman Empire* (1776-1788) de Gibbon. Les Ecossais étaient néanmoins encore tout à fait prêts à apprendre de Voltaire et à reconnaître leur dette envers lui, et si Gibbon était lui-même plus réticent, ses grands thèmes, le triomphe de la barbarie et de la religion, et dans le cadre de cette dernière, le double triomphe du catholicisme romain et de l'islam arabe, étaient aussi ceux de Voltaire. Là encore, l'*Essai* se dressait au centre des investigations historiques des Lumières.

Le titre de l'*Essai* annonçait sa troisième contribution: c'était une étude des mœurs des sujets qu'il considérait, et de l'esprit des nations qu'il couvrait, en Europe et au-delà. Cette façon d'aborder l'histoire marquait clairement une autre avancée de Voltaire et des autres historiens des Lumières par rapport à leurs prédécesseurs de la Renaissance. Dans leur admiration pour les Anciens, Machiavelli, Guicciardini et leurs héritiers, de De Thou à Clarendon, avaient cherché à imiter et à surpasser les modèles de récits politiques représentés par Tite-Live, Salluste et Tacite. Voltaire et Robertson n'abandonnèrent pas le récit – loin de là; mais ils cherchèrent consciemment à élargir son contenu et à expliquer de façon plus complexe les changements concernant les mœurs caractéristiques d'une nation ou d'un âge. Par 'mœurs', ils entendaient les manières, les valeurs, et pratiques institution- nelles et culturelles; prises ensemble, elles composaient 'l'esprit' d'une nation. La plus importante étude des Lumières sur ce thème, c'est bien sûr *De l'esprit des lois*, publié par Montesquieu en 1748, quand l'*Essai sur les mœurs* était encore à un stade relativement peu avancé de sa composition. L'ouvrage de Montesquieu n'était pas une 'histoire', bien que ses derniers livres aient constitué un appendice historique, esquissant d'une façon nouvelle le déve- loppement des rapports entre la couronne et la noblesse dans l'histoire de la monarchie française. Mais ses remarques extra- ordinairement parlantes sur les liens entre le système juridique d'une nation et la superficie de son territoire, son climat, la forme de son gouvernement, son système de classes sociales et les valeurs morales qui y sont associées, son aptitude au commerce, et sa capacité à jouir du luxe sans préjudice moral faisait de *L'Esprit des lois* un stimulant et une provocation pour chaque historien qui lisait l'ouvrage.

Voltaire sans aucun doute a été stimulé par l'ouvrage de Montesquieu, mais il a aussi été de ceux qui s'en trouvaient le plus provoqués. Et ce de plus en plus, comme en témoignent les révisions de l'*Essai sur les mœurs*. Il ne pouvait pas accepter que Montesquieu stigmatise les monarchies asiatiques en les traitant de 'despotismes orientaux', une catégorie que Voltaire considérait comme 'orientaliste' dans le sens moderne péjoratif du terme, donnant de l'Orient une mauvaise impression pour servir des fins intra-européennes. De même, il rejetait la 'thèse nobiliaire' de Montesquieu qui donnait aux nobles descendants des barbares germaniques le rôle de défenseurs héroïques de l'idée de 'libertés'

l

politiques contre les ambitions despotiques des monarques européens modernes. Il se peut malheureusement que ces différences aient pu atténuer l'intérêt que Voltaire portait aux mœurs en tant que sujet d'étude contribuant à l'explication historique. Son hostilité à l'encontre de la noblesse excluait la possibilité de la sorte de contribution involontaire aux changements sociaux que Smith découvrait dans le désir des nobles d'acquérir les babioles et les colifichets vendus par des marchands étrangers, tandis que son mépris agressif pour l'Eglise médiévale ne laissait aucune place aux ironies de sa contribution à l'érudition et aux arts européens, contribution dont Giannone et Gibbon étaient toujours restés conscients. Même là, pourtant, ces restrictions à ce que Voltaire a accompli dans l'*Essai* ne peuvent diminuer son importance. Il a mis l'étude des mœurs au cœur de l'ordre du jour de l'historien des Lumières tout aussi sûrement que l'avait fait Montesquieu.

En fin de compte, ce ne sont pas les limites analytiques ou les extravagances de jugement qui ont compromis la réputation de l'*Essai sur les mœurs* aux yeux des contemporains; c'est la façon soi-disant cavalière dont Voltaire traitait ses sources. Cette critique a été formulée, discrètement, par Robertson, plus durement et plus fréquemment par Gibbon. Mais c'est ici, peut-être, que le bénéfice à tirer d'une édition critique moderne telle que la nôtre est le plus évident. Car, comme les notes éditoriales de cette édition le montreront, Voltaire n'était pas simplement, et certainement pas toujours, cavalier à l'égard de ses sources. Pour écrire une histoire aussi largement conçue que l'*Essai*, Voltaire dépendait des travaux érudits qui étaient à sa disposition en France, en Prusse et à Genève. Il connaissait très bien les travaux des spécialistes de l'Orient qui avaient œuvré sous Louis XIV, et il a utilisé les travaux des érudits et catholiques et protestants pour réécrire l'histoire de l'Europe depuis Charlemagne. L'*Essai* reflète, tout en les rehaussant et en les exacerbant, les qualités et les faiblesses de ces sources. Il se peut que Voltaire ait exhibé dans son manque d'exactitude quelques-uns des défauts d'un historien 'philosophe', mais il en a aussi exemplifié les vertus dans la vaste portée de sa curiosité et dans l'envergure étonnante de son ambition intellectuelle. Parmi les nombreux autres engagements d'une vie longue et active, Voltaire a bel et bien été un historien, et l'*Essai sur les mœurs* reste l'une des plus grandes réussites parmi tous les écrits historiques des Lumières.

John Robertson
St Hugh's College, Oxford

ESSAI SUR LES MŒURS
ET L'ESPRIT
DES NATIONS

AVANT-PROPOS

Qui contient le plan de cet ouvrage, avec le précis de ce qu'étaient originairement les nations occidentales, et les raisons pour lesquelles on commence cet essai par l'Orient.

Vous voulez enfin surmonter le dégoût que vous cause l'histoire

a-254   [*Première rédaction de cet avant-propos*: w56]
a-c   w56:   *Essai sur l'histoire générale, et sur les mœurs et l'esprit des nations, depuis Charlemagne jusqu'à nos jours.*

* Quand en avril 1745 le *Mercure de France* commence à publier des extraits d'"une espèce d'histoire universelle' qu'il intitule 'Nouveau plan d'une histoire de l'esprit humain', c'est pour saluer la nomination de Voltaire comme Historiographe de France, annoncée le mois précédent. L'Avant-propos est bref (moins de quatre pages in-douze) et insiste surtout sur l'objet et la méthode de cette nouvelle forme d'histoire, évoquant rapidement le plan de l'ouvrage à venir. Le 'célèbre Bossuet' y est critiqué, mais parmi d'autres auteurs (anonymes) d'histoire universelle, et pour mieux souligner la spécificité d'une démarche qui se veut centrée non plus sur la succession des rois, mais sur 'les mœurs des hommes et les révolutions de l'esprit humain'. L'auteur semble omniprésent dans ce qui apparaît comme une préface sommaire, conforme aux lois du genre et d'une portée essentiellement théorique. Cette préface devient dans l'édition Neaulme de 1753 une 'Introduction', sans pour autant connaître de changement majeur, si ce n'est la célèbre phrase par laquelle le scandale arrive: 'Les historiens, semblables en cela aux rois, sacrifient le genre humain à un seul homme.' Tout change en 1756: de la version initiale ne subsistent plus que quelques formules, au fil d'un développement deux fois plus long, qui continuera encore à enfler d'édition en édition jusqu'à la dernière relecture. Cette édition de 1756 est riche d'exemples précis et d'attaques virulentes qui en font un véritable manifeste polémique, de plus en plus féroce au fil des additions. Première cible: les récentes 'compilations universelles' (note (*a*)), entendons *An Universal History from the earliest account of time to the present*, compilé par G. Sale, G. Psalmanazar *et al.* (Londres, 1736-1750; trad. fr., Amsterdam et Leipzig, 1742-1802); alors même que Voltaire lui emprunte l'essentiel du 'précis' des nations européennes. En effet l'*Histoire universelle* tendait à réhabiliter les peuples libres et

I

moderne (*a*), depuis la décadence de l'empire romain, et prendre
une idée générale des nations qui habitent et qui désolent la

(*a*) Cet ouvrage fut composé en 1740 pour Mme Du Châtelet, amie de
l'auteur. Aucune des compilations universelles qu'on a vues depuis,
n'existait alors. [1]

n.*a* [*ajout de* w75G]

---

guerriers du nord de l'Europe, auxquels *De l'esprit des lois* (1748) avait valu un intérêt
nouveau. Voltaire les renvoie à leur barbarie, tout en dénonçant en 1761 la partialité à
leur égard d'un Tacite – référence majeure pour Montesquieu – ce qu'il renforce
encore dans les corrections ultimes de sa main en 1775. Il entend par là justifier le plan
de son ouvrage, qui s'ouvre avec les peuples orientaux, les plus anciennement
civilisés et généralement ignorés et méprisés par les historiens européens, à
commencer par le *Discours sur l'histoire universelle* de Bossuet (1681; Paris, 1737-
1739, BV483), qui, selon une addition de 1769, a aussi outrageusement privilégié les
Hébreux. Mais il ferraille encore au passage, car la vision millénaire de l'histoire lui
permet en 1761 d'évoquer les révolutions physiques du globe, ce qui l'entraîne à des
précisions croissantes au fil des éditions, tant il est soucieux d'établir les limites des
théories diluviennes, remises au goût du jour par le *Telliamed* de Benoît de Maillet
(1748) et la *Théorie de la terre* de Buffon (1749). Après ces digressions acharnées qui,
tout en dépassant largement le propos de l'*EM*, révèlent les enjeux philosophiques
de l'histoire, il se voit contraint (ligne 247) de revenir de manière abrupte à son
véritable sujet: l'histoire des pays civilisés, en commençant par le plus ancien d'entre
eux, la Chine, puis en allant de l'est vers l'ouest pour arriver jusqu'aux plus récents, et
donc en Europe (ch.8 et suivants), non sans avoir accordé une large place à ce qui
constitue une véritable 'révolution' qui change la face du monde, la fondation de
l'islam (ch.6, 7). Ce sont donc à la fois le temps et l'espace qui orientent l'*EM*. Voir
Henri Duranton, 'Un cas d'école: la parution de l'*Abrégé de l'histoire universelle*',
Revue Voltaire 4 (2004), p.57-80.
[1] Les 'compilations' auxquelles Voltaire fait allusion sont l'*Histoire universelle
sacrée et profane* de Dom Calmet (Strasbourg, 1735-1747; 1761), ainsi que *An
Universal History* de Sale, mentionée ci dessus. Dans cette version de l'"Avant-
propos', Voltaire s'appuie surtout sur la traduction de Sale, et plus spécialement sur le
t.13 (1752).

terre. [2] Vous ne cherchez dans cette immensité que ce qui mérite
5   d'être connu de vous; l'esprit, les mœurs, les usages des nations
principales, appuyés des faits qu'il n'est pas permis d'ignorer. Le
but de ce travail n'est pas de savoir en quelle année un prince
indigne d'être connu succéda à un prince barbare chez une nation
grossière. Si on pouvait avoir le malheur de mettre dans sa tête la
10   suite chronologique de toutes les dynasties, on ne saurait que des
mots. Autant qu'il faut connaître les grandes actions des souverains
qui ont rendu leurs peuples meilleurs et plus heureux, autant on
peut ignorer le vulgaire des rois, qui ne pourrait que charger la
mémoire. De quoi vous serviraient les détails de tant de petits
15   intérêts qui ne subsistent plus aujourd'hui, de tant de familles
éteintes qui se sont disputé des provinces englouties ensuite dans de
grands royaumes? Presque chaque ville a aujourd'hui son histoire
vraie ou fausse, plus ample, plus détaillée que celle d'Alexandre.
Les seules annales d'un ordre monastique contiennent plus de
20   volumes que celles de l'empire romain. [3]

---

[2] Cette entrée en matière est factuelle car Mme Du Châtelet fut en effet à l'origine
de l'*Abrégé de l'histoire universelle* (1753), devenu l'*Essai sur les mœurs*. Mais sa
présence dans cet Avant-propos (on dénombre quelque dix-sept apartés de différents
types), bien longtemps après sa mort (1749), trahit diverses motivations chez
l'auteur, tant humaines que rhétoriques. Dans ce texte intimiste – qui est en réalité
un plaidoyer – où sont mis en évidence *deux complices*, le lecteur est insensiblement
amené, au fil des pages, à trouver *deux leçons*: la bonne compréhension de l'histoire,
la véritable, celle des civilisations, est réservée aux esprits d'élite dénués de
préventions; la seconde, intimement liée à celle-là, est plus importante car nous
trouvons surtout ici ce qu'on pourrait appeler *le bon usage des illustres morts*: le travail
de l'historien répondant si parfaitement aux désirs et surtout aux exigences de
l'illustre disparue dont la présence est ineffaçable et 'dont le nom ne périra jamais'
(*OH*, p.1487), comment le lecteur peut-il résister à l'inéluctable nécessité de
comprendre que cette lumineuse intelligence est surtout là pour cautionner le
sérieux du travail accompli? On notera que Voltaire *historien* s'adressera à Mme Du
Châtelet de cette même façon dans *La Philosophie de l'histoire*, ch.1 (*OCV*, t.59,
p.89). Sur Mme Du Châtelet et la raison d'être de l'*EM*, voir les importantes
Remarques pour servir de supplément à l'Essai sur les mœurs, 1 (1763), éd. R. Pomeau,
t.2, p.900, et le *Fragment sur l'histoire générale* (1773), p.951-54.
    [3] Il est permis de croire que Voltaire vise ici soit les bénédictins, soit les capucins,

Dans tous ces recueils immenses qu'on ne peut embrasser, il faut se borner et choisir. C'est un vaste magasin, où vous prendrez ce qui est à votre usage.

L'illustre Bossuet, qui dans son Discours sur une partie de l'histoire universelle en a saisi le véritable esprit, au moins dans ce qu'il dit de l'empire romain, s'est arrêté à Charlemagne. [4] C'est en commençant à cette époque que votre dessein est de vous faire un tableau du monde; mais il faudra souvent remonter à des temps antérieurs. Cet éloquent écrivain en disant un mot des Arabes qui fondèrent un si puissant empire et une religion si florissante, n'en parle que comme d'un déluge de barbares. [5] Il paraît avoir écrit uniquement pour insinuer que tout a été fait dans le monde pour la nation juive, que si Dieu donna l'empire de l'Asie aux Babyloniens, ce fut pour punir les Juifs, si Dieu fit régner Cyrus ce fut pour les

25

30

25-26   w56-61: esprit, s'est arrêté
29   w56-61: antérieurs. Ce grand écrivain
31-43   w56-61: barbares. Il s'étend sur les Egyptiens; mais il supprime les Indiens et les Chinois, aussi anciens pour le moins que les peuples de l'Egypte, et non moins considérables. ¶Nourris

---

deux congrégations remarquables par leur goût de la science et de l'érudition. Quand on pense aux travaux monumentaux des Mabillon, Martène, Sainte-Marthe, Montfaucon et Calmet, retenons toutefois ces premiers.

[4] Voltaire reproche constamment à Bossuet de ne s'attacher qu'à une petite partie de l'humanité, privilégiant Juifs et chrétiens. Les *Mémoires* de Voltaire nous apprennent que Mme Du Châtelet 'n'était pas contente de l'*Histoire universelle* de ce prélat. Elle ne la trouvait qu'éloquente' (*M*, t.1, p.9). Ce jugement négatif se retrouve dans le *Traité sur la tolérance*, ch.9, n.(*f*) (*OCV*, t.56c, p.174-75: 'c'est une très éloquente déclamation'), et dans l'*Histoire de l'établissement du christianisme*, ch.6 (*M*, t.31, p.65, n.5), où le propos est encore plus dur car Voltaire y évoque 'son *Histoire universelle*, ou plutôt [...] sa *Déclamation non universelle*' et parle de 'ce rhéteur de chaire'. De ce fait, 'éloquent' (ligne 29) est discrètement ironique.

[5] Voir Bossuet, 1re partie, 11e époque: les Sarrasins, à partir de 634 à 637, et les Maures, au début du huitième siècle ('nation aussi brutale qu'infidèle'), n'y apparaissent que comme des envahisseurs qu'il faut refouler comme le fit Charles Martel 'à la fameuse bataille de Tours (725)'.

35 venger, si Dieu envoya les Romains ce fut encore pour châtier les
Juifs. Cela peut être. Mais les grandeurs de Cyrus et des Romains
ont encore d'autres causes; et Bossuet même ne les a pas omises en
parlant de l'esprit des nations. [6]

40 Il eût été à souhaiter qu'il n'eût pas oublié entièrement les
anciens peuples de l'Orient, comme les Indiens et les Chinois qui
ont été si considérables, avant que les autres nations fussent
formées.

Nourris des productions de leur terre, vêtus de leurs étoffes,
amusés par les jeux qu'ils ont inventés, instruits même par leurs
45 anciennes fables morales, [7] pourquoi négligerions-nous de connaître
l'esprit de ces nations, chez qui les commerçants de notre Europe ont
voyagé dès qu'ils ont pu trouver un chemin jusqu'à elles?

En vous instruisant en philosophe de ce qui concerne ce globe,
vous portez d'abord votre vue sur l'Orient, berceau de tous les arts,
50 et qui a tout donné à l'Occident.

Les climats orientaux voisins du Midi tiennent tout de la nature, *Stérilité*
et nous dans notre Occident septentrional nous devons tout au *naturelle de nos*
temps, au commerce, à une industrie tardive. Des forêts, des *climats.*
pierres, des fruits sauvages, voilà tout ce qu'a produit naturelle-
55 ment l'ancien pays des Celtes, des Allobroges, des Pictes, des
Germains, des Sarmates, et des Scythes. On dit que l'île de Sicile
produit d'elle-même un peu d'avoine; [8] mais le froment, le riz, les

[6] Voir Bossuet: il ne suffit pas de 'considérer ces grands événements qui décident
tout à coup de la fortune des empires'; il faut 'observer les inclinations et les mœurs,
ou, pour dire tout en un mot, le caractère tant des peuples dominants en général que
des princes en particulier, et enfin de tous les hommes extraordinaires qui, par
l'importance du personnage qu'ils ont eu à faire dans le monde, ont contribué, en
bien ou en mal, au changement des Etats et à la fortune publique' (3ᵉ partie, ch.2, éd.
1681, p.438).

[7] Tous ces thèmes sont développés ci-dessous, ch.3.

[8] Réminiscence ou lecture fautive de Diodore de Sicile, *Histoire universelle* (Paris,
1758, BV1041), livre 5, ch.2.ii, qui raconte que l'avoine – cadeau des déesses Demeter
et Coré – poussait dans l'île, grâce à sa fertilité, avant l'apparition même du froment
(qui y poussait aussi en abondance). Mais le froment, cadeau également de Demeter,
fit son apparition sur la terre dans l'île même (ch.2.iv).

fruits délicieux croissaient vers l'Euphrate, à la Chine, et dans l'Inde. Les pays fertiles furent les premiers peuplés, les premiers policés. Tout le Levant, depuis la Grèce jusqu'aux extrémités de notre hémisphère,[9] fut longtemps célèbre avant que nous en sussions assez pour connaître que nous étions barbares. Quand on veut savoir quelque chose des Celtes nos ancêtres, il faut avoir recours aux Grecs et aux Romains, nations encore très postérieures aux Asiatiques.

Nul ancien monument en Europe. Si, par exemple, des Gaulois voisins des Alpes joints aux habitants de ces montagnes, s'étant établis sur les bords de l'Eridan,[10] vinrent jusqu'à Rome trois cent soixante et un ans après sa fondation, s'ils assiégèrent le Capitole, ce sont les Romains qui nous l'ont appris. Si d'autres Gaulois environ cent ans après entrèrent dans la Thessalie, dans la Macédoine, et passèrent sur le rivage du Pont-Euxin, ce sont les Grecs qui nous le disent,[11] sans nous dire quels étaient ces Gaulois, ni quel chemin ils prirent. Il ne reste chez nous aucun monument de ces émigrations qui ressemblent à celles des Tartares. Elles prouvent seulement que la nation était très nombreuse, mais non civilisée. La colonie de Grecs qui fonda Marseille six cents ans avant notre ère vulgaire, ne put polir la Gaule. La langue grecque ne s'étendit pas même au delà de son territoire.

Gaulois, Allemands, Espagnols, Bretons, Sarmates, nous ne savons rien de nous avant dix-huit siècles, sinon le peu que nos vainqueurs ont pu nous en apprendre. Nous n'avions pas même de

60

65

70

75

80

---

61   w56-w68: avant même que
72   κ: nous le racontent, sans

---

[9] Au dix-huitième siècle le vocable *hémisphère* s'emploie d'ordinaire pour désigner les moitiés nord et sud du globe. Or, le terme est souvent utilisé par Voltaire pour *opposer* l'Orient et l'Occident (cf. ch.2, lignes 192-95; 7, lignes 195-200; 12, lignes 85-91).

[10] Ancien nom du Pô. Tite-Live raconte l'invasion des Gaulois qui finit par la prise de Rome par Brennus en 389 av. J.-C. (*Histoire de Rome*, livre 5, §33-53).

[11] Pour l'invasion des Gaulois, *c*.600 av. J.-C., voir Strabon, *Geographia*, livre 7; Diodore de Sicile, livre 5.

6

fables; nous n'avions pas osé imaginer une origine. Ces vaines idées que tout cet Occident fut peuplé par Gomer fils de Japhet,
85 sont des fables orientales. [12]

Si les anciens Toscans [13] qui enseignèrent les premiers Romains, savaient quelque chose de plus que les autres peuples occidentaux, c'est que les Grecs avaient envoyé chez eux des colonies; ou plutôt c'est parce que de tout temps une des propriétés de cette terre a été
90 de produire des hommes de génie, comme le territoire d'Athènes était plus propre aux arts que celui de Thèbes et de Lacédémone. Mais quels monuments avons-nous de l'ancienne Toscane? Aucun. [14] Nous nous épuisons en vaines conjectures sur quelques inscriptions inintelligibles, que les injures du temps ont épargnées, et qui
95 probablement sont des premiers siècles de la république romaine. Pour les autres nations de notre Europe, il ne nous reste pas une seule inscription d'elles dans leur ancien langage.

L'Espagne maritime fut découverte par les Phéniciens, [15] ainsi que depuis les Espagnols ont découvert l'Amérique. Les Tyriens,

Anciens Toscans.

Anciens Espagnols.

94-96 w56: épargnées. Pour
96-98 к: reste d'elles, dans leur ancien langage, aucun monument antérieur à notre ère. ¶L'Espagne
99 к: que l'Amérique le fut depuis par les Espagnols. Les Tyriens

[12] Voir Dom Paul Pezron, *Antiquité de la nation et de la langue des Celtes autrement appelés Gaulois* (Paris, 1703): 'On ne pourra donc pas me blâmer, si je dis que Gomer, qui selon l'Ecriture a été fils aîné de Japhet [...] doit être regardé comme le premier et véritable père des peuples Gaulois' (p.iii-iv). Voir de même S. Pelloutier, *Histoire des Celtes* (La Haye, 1740, BV2683), p.131: 'Les Celtes descendent de Gomer, fils de Japheth' (signet, *CN*, t.6, p.300 et n.295). Voir aussi Sale, *Histoire universelle*: 'Les Gaulois descendent incontestablement des Celtes ou Gomérites' (t.13, p.232).

[13] Le terme *étrusque* est encore peu répandu au dix-huitième siècle (il ne figure pas, par exemple, dans le *Dictionnaire de l'Académie*, 1762) et relève plutôt du vocabulaire érudit (voir note suivante).

[14] *Monument* est à prendre au sens de 'traces écrites d'une histoire'. Le premier volume du *Recueil d'antiquités égyptiennes, étrusques, grecques, romaines et gauloises* de Caylus paraît en 1752, le second en 1756: ils font le plus vif éloge de l'art étrusque, que Caylus dit inspiré de l'art égyptien. Voltaire, qui a annoté l'ouvrage (Paris, 1752-1756, BV677; *CN*, t.2, p.477), préfère ici l'ignorer.

[15] A partir d'ici, Voltaire suit de près Sale, *Histoire universelle*, t.13 (ici p.224).

les Carthaginois, les Romains y trouvèrent tour à tour de quoi les 100
enrichir dans les trésors que la terre produisait alors. Les
Carthaginois y firent valoir des mines, mais moins riches que
celles du Mexique et du Pérou; le temps les a épuisées, comme il
épuisera celles du nouveau monde. Pline rapporte que les Romains
en tirèrent en neuf ans, huit mille marcs d'or, et environ vingt- 105
quatre mille d'argent. [16] Il faut avouer que ces prétendus descendants
de Gomer avaient bien mal profité des présents que leur faisait la
terre en tout genre, puisqu'ils furent subjugués par les Carthaginois, par les Romains, par les Vandales, par les Goths, et par les
Arabes. 110

Gaule barbare.   Ce que nous savons des Gaulois par Jules César et par les autres
auteurs romains, nous donne l'idée d'un peuple qui avait besoin
d'être soumis par une nation éclairée. [17] Les dialectes du langage
celtique, étaient affreuses. [18] L'empereur Julien sous qui ce langage
se parlait encore, dit, dans son Misopogon, qu'il ressemblait au 115
croassement des corbeaux. [19] Les mœurs du temps de César étaient

102   w56: mines aussi riches
103   w56: Pérou, que le temps a épuisées
115   w56-61: dit qu'il

[16] L'*Histoire universelle* donne les chiffres de '11542 livres d'argent' et de
'4095 livres d'or' en neuf ans (t.13, p.228-29); le passage contient bien un renvoi à
Pline, mais pas pour ces chiffres.

[17] Le rabaissement des Gaulois et autres Celtes, dits 'Welches', est constante chez
Voltaire: voir en particulier l'art. 'Celtes' des *QE* (1772; *OCV*, t.39, p.106-108). Il
s'inscrit dans un mouvement plus général: voir *Nos ancêtres les Gaulois*, éd. J. Ehrard
et P. Viallaneix (Clermont-Ferrand, 1982), et plus spécialement p.77-106.

[18] Chez un Voltaire et un Diderot, le mot *dialecte* est du genre féminin, mais dans
le *Dictionnaire de l'Académie* (1762) et à la fin du siècle (Mme de Staël et
Chateaubriand), il est masculin. Littré s'en étonne: 'Dialecte a été d'abord féminin
suivant le genre que ce mot a dans le grec d'où il est tiré; et on ne voit pas pourquoi on
ne l'a pas laissé féminin.'

[19] Julien avait été césar en Gaule 355-361. Voir J.-P.-R. de La Blèterie, *Histoire de
l'empereur Jovien et traductions de quelques ouvrages de l'empereur Julien* (Paris, 1748,
BV1797): 'N'ai-je pas vu moi-même avec quelle complaisance les barbares d'au-delà
du Rhin goûtent une musique sauvage, dont les paroles aussi rudes que les airs
ressemblent au cri de certains oiseaux?' (t.2, p.2-3). Une traduction moderne du

aussi barbares que le langage. Les druides, imposteurs grossiers
faits pour le peuple qu'ils gouvernaient, immolaient des victimes
humaines qu'ils brûlaient dans de grandes et hideuses statues
120 d'osier.[20] Les druidesses plongeaient des couteaux dans le cœur
des prisonniers, et jugeaient de l'avenir à la manière dont le sang
coulait.[21] De grandes pierres un peu creusées qu'on a trouvées sur les
confins de la Germanie, et de la Gaule, vers Strasbourg, sont, dit-
on, les autels où l'on faisait ces sacrifices.[22] Voilà tous les monuments
125 de l'ancienne Gaule. Les habitants des côtes de la Biscaye et de la
Gascogne s'étaient quelquefois nourris de chair humaine.[23] Il faut
détourner les yeux de ces temps sauvages qui sont la honte de la
nature.

Comptons parmi les folies de l'esprit humain, l'idée qu'on a eue   *Ridicule des*
130 de nos jours de faire descendre les Celtes des Hébreux.[24] Ils   *histoires*
sacrifiaient des hommes, dit-on, parce que Jephté avait immolé sa   *anciennes.*

---

123   w56-61: Gaule, sont

Misopogon (Christian Lacombrade, Paris, 1964, p.157) propose: 'rappelait le
croassement des oiseaux enroués'.

[20] L'*Histoire universelle* de Sale évoque des 'mannequins d'osier' (t.13, p.251).

[21] Voir Calmet à propos des Cimbres (p.292n). Texte presque identique sur les
druides et les druidesses dans *La Philosophie de l'histoire*, ch.36 (p.212-13), mais les
druidesses y sont attribuées aux seuls Germains, et les statues d'osier n'y sont pas
qualifiées. La question des sacrifices humains chez les Gaulois était depuis l'antiquité
un véritable *topos*.

[22] Voir l'*Histoire universelle* de Sale: 'Il y avait de grandes pierres que nous
croyons avoir été des autels sur lesquels ils immolaient leurs victimes. Plusieurs de
ces pierres se trouvent encore actuellement en plusieurs endroits de la France, de
l'Allemagne, de l'Angleterre, du Pays de Galles, de l'Irlande, de l'île d'Anglesey [...]
Une de ces pierres, qu'on trouve sur les frontières de l'Alsace' (t.13, p.252-53). Plus
de dix pages sont consacrées aux monuments celtiques.

[23] Voir l'art. 'Anthropophages' des *QE* (*OCV*, t.38, p.429 et n.12), qui fait
référence à Juvénal (*Satires*, 15, vers 124-26).

[24] Voir l'*Histoire universelle*, de Sale, 'Affinités entre la religion des Celtes et celles
des Juifs', t.13, p.248-49. Le 'savant auteur' de *La Religion des Gaulois* (Dom Jacques
Martin, Paris, 1727) est cité avec éloge (p.249) comme la source essentielle du
chapitre.

fille. [25] Les druides étaient vêtus de blanc pour imiter les prêtres des Juifs; ils avaient comme eux un grand pontife. [26] Leurs druidesses sont des images de la sœur de Moïse et de Débora. [27] Le pauvre qu'on nourrissait à Marseille, et qu'on immolait couronné de fleurs, et chargé de malédictions, avait pour origine le *bouc émissaire*. [28] On va jusqu'à trouver de la ressemblance entre trois ou quatre mots celtiques et hébraïques qu'on prononce également mal; et on en conclut que les Juifs, et les nations des Celtes sont la même famille. [29]

135

132   w56-61: blanc comme les prêtres

[25] Martin, sous-titre n° 12: 'Quand leur vie était en péril, ils faisaient vœu de la racheter par celle d'un ou plusieurs esclaves. C'est de quoi Jepthé, un des Juges d'Israël, et son vœu téméraire, nous fournissent un exemple frappant.'

[26] Martin, sous-titre n° 4: 'Les druides étaient habillés de blanc: l'habit sacerdotal des Juifs était de la même couleur'; sous-titre n° 2: ils 'avaient un chef'.

[27] Martin, sous-titre n° 5: 'les Gaulois avaient leurs druidesses, leurs prophétesses et leurs Aruspices. Les Juifs avaient Miriam, sœur d'Aaron, Déborah.'

[28] Martin, sous-titre n° 8: 'Dans les calamités publiques, les Gaulois dévouaient un homme, qu'ils chargeaient d'imprécations, et de tous les malheurs qui les menaçaient: peinture ressemblante de la cérémonie du bouc émissaire.' Les Marseillais ont un usage particulier: 'Cette malheureuse victime était nourrie, durant un an, des mets les plus exquis, après quoi, au bout de ce terme, on la mettait à mort, couronnée de fleurs, et chargée de malédictions.'

[29] Allusion probable à Dom Paul Pezron (voir ci-dessus, n.12). C'est à partir de la p.30 que Pezron se lance dans des discussions 'savantes' d'ordre étymologique sur les similitudes entre différents vocables de la famille des langues 'celtes'. C'est plus précisément à la p.188 qu'il écrit: 'les Saques et les Titans parlaient déjà la langue celtique; comme on le voit par plusieurs mots, qui nous sont restés [...]. Si vous joignez à toutes ces raisons une nouvelle preuve, qui est que la langue des Celtes encore aujourd'hui est remplie de mots qui viennent tout visiblement de celle des Hébreux, et qui en viennent de toute antiquité, il demeurera pour constant que cette langue a été celle de Gomer.' Il n'en donne toutefois, et n'en donnera nulle part ailleurs, aucun exemple pour appuyer ses dires. Voltaire le stigmatise dans l'art. 'Langues' des *QE* (*M*, t.19, p.553), et estime, dans l'art. 'Augure', qu'il est 'bien possédé du démon de l'étymologie' (*OCV*, t.39, p.205). Un autre candidat dans ce contexte est Samuel Bochart, auteur de *Geographia sacra* (1646), 'un des plus savants hommes [...] dans les langues [...], mais systématique' ('Catalogue des écrivains', *OH*, p.1139), qui figure à son tour dans le même art. 'Augure': 'On a poussé sa curiosité absurde (car il faut appeler les choses par leur nom) jusqu'à faire venir du chaldéen et de l'hébreu certains mots teutons et celtiques. Bochart n'y manque jamais' (p.205 et n.2).

140 C'est ainsi qu'on insulte à la raison dans des histoires universelles, et qu'on étouffe sous un amas de conjectures forcées, le peu de connaissance que nous pourrions avoir de l'antiquité.

Les Germains avaient à peu près les mêmes mœurs que les Gaulois, sacrifiaient comme eux des victimes humaines, décidaient

145 comme eux leurs petits différends particuliers par le duel, et avaient seulement plus de grossièreté et moins d'industrie. [30] César dans ses mémoires nous apprend que leurs magiciennes réglaient toujours parmi eux le jour du combat. [31] Il nous dit que quand un de leurs rois, Arioviste, amena cent mille de ses Germains errants pour piller les

150 Gaules que César voulait asservir plutôt que piller, [32] il envoya vers ce barbare deux officiers romains pour entrer en conférence avec lui, qu'Arioviste les fit charger de chaînes, qu'ils furent destinés à être sacrifiés aux dieux des Germains, et qu'ils allaient l'être lorsqu'il les délivra par sa victoire. [33]

155 Les familles de tous ces barbares avaient en Germanie pour uniques retraites des cabanes, où d'un côté le père, la mère, les

Hommes sacrifiés.

Germains barbares.

146   w56: plus de simplicité et
146-56   w56: d'industrie. Leurs familles avaient pour retraites
150-52   κ: Gaules, lui qui voulait les asservir et non pas les piller, ayant envoyé deux officiers romains pour entrer en conférence avec ce barbare, Arioviste les fit charger de chaînes; que les deux officiers furent

[30] Voir l'*Histoire universelle* de Sale: les Germains 'l'emportaient en zèle pour leurs rites inhumains, et en férocité à les pratiquer' (t.13, p.367).

[31] Voir l'*Histoire universelle* de Sale, t.13, p.366n (voir cependant n.33). Le terme *mémoires* est l'équivalent exact de *commentarii*.

[32] La source est *De bello gallico*, livre 1, §50; il en possède la traduction française, *Commentaires de César*, de P. d'Ablancourt (Paris, 1714, BV605). Voltaire note: 'cesar et / arioviste / disputent / a qui doit / voler les / gaulois' (t.1, p.40; *CN*, t.2, p.20). Voltaire reprend ces observations dans l'art. 'César' des *QE* (*M*, t.18, p.122).

[33] Dans cette addition de 1761, Voltaire s'écarte de l'*Histoire universelle* et s'appuie sur le texte des *Commentaires de César*: voir le signet 'deux Romains / près detre brulez / en sacrifice / par l'ordre / des femmes / allemandes' (*CN*, t.2, p.20). Voltaire évoquera de nouveau cet épisode dans le *Traité sur la tolérance* (p.201-202 et n.58-60), et aussi dans l'art. 'César' des *QE* (voir la note précédente).

sœurs, les frères, les enfants couchaient nus sur la paille, et de
l'autre côté étaient leurs animaux domestiques. [34] Ce sont là pourtant
ces mêmes peuples que nous verrons bientôt maîtres de Rome.
Tacite loue les mœurs des Germains; mais comme Horace chantait   160
celles des barbares nommés Gètes, [35] l'un et l'autre ignoraient ce
qu'ils louaient, et voulaient seulement faire la satire de Rome. Le
même Tacite, au milieu de ses éloges, avoue ce que tout le monde
savait, que les Germains aimaient mieux vivre de rapine, que de
cultiver la terre; et qu'après avoir pillé leurs voisins, ils retour-   165
naient chez eux manger et dormir. [36] C'est la vie des voleurs de grand
chemin d'aujourd'hui et des coupeurs de bourse, que nous
punissons de la roue et de la corde et voilà ce que Tacite a le
front de louer pour rendre la cour des empereurs romains
méprisable par le contraste de la vertu germanique! Il appartient   170
à un esprit aussi juste que le vôtre de regarder Tacite comme un
satirique ingénieux, aussi profond dans ses idées que concis dans
ses expressions, qui a fait la critique de son temps plutôt que
l'histoire, et qui eût mérité votre admiration s'il avait été impartial. [37]

159-75 w56: Rome. ¶Quand
166-75 61-w75G: dormir. Cependant, on ne peut pas toujours vivre de
brigandage. Les empereurs romains continrent ou subjuguèrent ces sauvages; ils
furent forcés au travail qu'ils regardaient comme un malheur. ¶Quand
        w75G*: [ajouté par Voltaire sur un feuillet séparé]
173-74 k: critique plutôt que l'histoire de son temps, et
174   k: mérité l'admiration du nôtre, s'il

[34] L'*Histoire universelle* de Sale évoque un inceste familial généralisé car 'ils
couchaient ensemble tout nus, dans la même cabane, sur de la paille' (t.13, p.384),
mais ne dit rien de la présence d'animaux domestiques dans la maison.

[35] Un peuple scythe établi d'abord sur la rive droite du Danube (Valachie,
Moldavie), puis dans la Bessarabie. Hérodote parle d'eux de façon très élogieuse (*Les
Histoires*, livre 4, ch.93-96) bien avant qu'Horace n'évoque les 'Gètes austères' chez
qui 'la terre est libre' (*Odes*, III.24).

[36] Citation quasi littérale de Tacite (*Germanie*, 14-15). Montesquieu, dont Voltaire
prend souvent le contrepied, utilisait les mêmes textes pour y trouver 'l'origine du
vasselage' et 'les sources des lois féodales' (*De l'esprit des lois*, livre 30, ch.2-3).

[37] Ajout tardif qui révèle contre Tacite le même acharnement que dans le *Traité*

175   Quand César passe en Angleterre, il trouve cette île plus
sauvage encore que la Germanie. Les habitants couvraient à
peine leur nudité de quelques peaux de bêtes. Les femmes d'un
canton y appartenaient indifféremment à tous les hommes du
même canton. Leurs demeures étaient des cabanes de roseaux, et
180 leurs ornements des figures que les hommes et les femmes
s'imprimaient sur la peau en y faisant des piqûres, en y versant
le suc des herbes, ainsi que le pratiquent encore les sauvages de
l'Amérique. [38]

    Que la nature humaine ait été plongée pendant une longue suite
185 de siècles dans cet état si approchant de celui des brutes, et inférieur
à plusieurs égards, c'est ce qui n'est que trop vrai. La raison en est,
comme on l'a dit, qu'il n'est pas dans la nature de l'homme de
désirer ce qu'on ne connaît pas. [39] Il a fallu partout non seulement un
espace de temps prodigieux, mais des circonstances heureuses,
190 pour que l'homme s'élevât au-dessus de la vie animale.

    Vous avez donc grande raison de vouloir passer tout d'un coup
aux nations qui ont été civilisées les premières. Il se peut que
longtemps avant les empires de la Chine, et des Indes, il y ait eu des
nations instruites, polies, puissantes, que des déluges de barbares
195 auront ensuite replongées dans le premier état d'ignorance et de
grossièreté qu'on appelle l'état de pure nature. [40]

---

sur la tolérance, ch.12, n.(*o*) (p.202); dans les deux cas Voltaire en oublie son sujet
principal: la barbarie des peuples non-romains. Voir C. Volpilhac-Auger, *Tacite en
France de Montesquieu à Chateaubriand*, *SVEC* 313 (1993), p.237-38.

[38] Voir l'*Histoire universelle* de Sale (t.1 5, p.404-405), qui se fonde sur Diodore de
Sicile (livre 5, ch.28) pour la description des maisons et sur Hérodien (*Histoire des
empereurs romains*, livre 3, ch.47) pour celle des tatouages.

[39] Voir *La Philosophie de l'histoire*, ch.3 (p.96). Voir aussi *Zaïre*, I.i: 'On ne peut
désirer ce qu'on ne connaît pas' (*OCV*, t.8, p.431).

[40] La chronologie biblique, déjà mise à mal depuis Humphrey Prideaux (*Histoire
des Juifs et des peuples voisins*, trad. Paris, 1726, BV2811) par l'antiquité de la Chine et
des Indes (et de l'Egypte, non mentionnée ici), est totalement sapée par cette
hypothèse. Sur 'l'homme dans l'état de pure nature', voir l'art. 'Homme' des *QE* (*M*,
t.19, p.383-84). S'il s'agit souvent chez Voltaire de l'état de l'homme 'dans plusieurs
endroits de l'Amérique' (*La Philosophie de l'histoire*, ch.2, p.95), c'était aussi la
situation du 'bon père' Adam (*Le Mondain*, *OCV*, t.16, p.297).

La seule prise de Constantinople a suffi pour anéantir l'esprit de l'ancienne Grèce. Le génie des Romains fut détruit par les Goths. Les côtes de l'Afrique autrefois si florissantes, ne sont presque plus que des repaires de brigands. Des changements encore plus grands ont dû arriver dans des climats moins heureux. Les causes physiques ont dû se joindre aux causes morales; car si l'Océan n'a pu changer entièrement son lit, du moins il est constant qu'il a *Changements* couvert tour à tour, et abandonné de vastes terrains. La nature a dû *dans le globe.* être exposée à un grand nombre de fléaux et de vicissitudes. Les plus belles terres, les plus fertiles de l'Europe occidentale, toutes les campagnes basses arrosées par les fleuves, ont été couvertes des eaux de la mer pendant une prodigieuse multitude de siècles: c'est ce que vous avez déjà vu dans la *Philosophie de l'histoire.* [41]

Nous redirons encore [42] qu'il n'est pas si sûr que les montagnes

200

205

210

205-45   w56: vicissitudes. Les révolutions ont dû être fréquentes; mais nous ne les connaissons point; le genre humain est nouveau

207   61: fleuves du Rhin, de la Meuse, de la Seine, de la Loire, ont été

208-10   61: siècles: cette vérité est physiquement démontrée par ces couches horizontales et profondes de coquillages de mer, déposées peu à peu par le flux de l'océan dans le milieu des terres. ¶Il n'est pas

209-10   w68: dans le discours préliminaire. ¶Nous

[41] Voir ch.1 (p.89-92). Voltaire reprend ici un de ses thèmes favoris, celui des 'coquilles' liées aux bouleversements géologiques qui, selon Buffon (*Théorie de la Terre*, 1749) et avant lui Benoît de Maillet (*Telliamed*, 1748; le manuscrit avait circulé auparavant), auraient fait surgir des océans les plus hautes montagnes. Voir C. Volpilhac-Auger, 'A la recherche de l'arche perdue ou Ancres et coquilles chez Voltaire', dans *Copier/coller. Ecriture et réécriture chez Voltaire*, éd. O. Ferret, G. Goggi et C. Volpilhac-Auger (Pise, 2007), p.115-26.

[42] Le développement qui suit reprend des arguments avancés en 1746 dans la *Dissertation [...] sur les changements arrivés dans notre globe* (1746; *OCV*, t.30c, p.25-51). On les retrouve encore, par exemple, dans *La Défense de mon oncle*, ch.19, 'Des montagnes et des coquilles' (*OCV*, t.64, p.236-41), dans la troisième lettre des *Colimaçons du révérend père l'Escarbotier* (1768; *M*, t.27, p.221-24) et dans *Des singularités de la nature*, ch.10, 11 (*M*, t.27, p.137-44). On sait que certains de ces arguments alimentent aussi la polémique anti-biblique: voir les art. 'Inondation' du *DP* (*OCV*, t.36, p.229-33) et 'Déluge universel' des *QE* (*M*, t.18, p.327-31).

qui traversent l'ancien et le nouveau monde, aient été autrefois des plaines couvertes par les mers; car, 1°. plusieurs de ces montagnes sont élevées de quinze mille pieds et plus au-dessus de l'Océan. 2°. S'il eût été un temps où ces montagnes n'eussent pas existé, d'où seraient partis les fleuves qui sont si nécessaires à la vie des animaux? Ces montagnes sont les réservoirs des eaux, elles ont dans les deux hémisphères des directions diverses; ce sont, comme dit Platon, les os de ce grand animal appelé *la terre*.[43] Nous voyons que les moindres plantes ont une structure invariable. Comment la terre serait-elle exceptée de la loi générale?

3°. Si les montagnes étaient supposées avoir porté des mers, ce serait une contradiction dans l'ordre de la nature, une violation des lois de la gravitation et de l'hydrostatique. 4°. Le lit de l'Océan est creusé, et dans ce creux il n'est point de chaînes de montagnes d'un pôle à l'autre, ni d'orient en occident, comme sur la terre; il ne faut donc pas conclure que tout ce globe a été longtemps mer, parce que plusieurs parties du globe l'ont été. Il ne faut pas dire que l'eau a couvert les Alpes et les *Cordiliéras*, parce qu'elle a couvert la partie basse de la Gaule, de la Grèce, de la Germanie, de l'Afrique et de l'Inde. Il ne faut pas affirmer que le mont Taurus a été navigable, parce que l'archipel des Philippines et des Moluques a été un continent. Il y a grande apparence que les hautes montagnes ont été toujours à peu près ce qu'elles sont. Dans combien de livres n'a-t-on pas dit qu'on a trouvé une ancre de vaisseau sur la cime des

213   61: élevées de dix mille
216-21   61: animaux? ¶3°. Si
227-28   61: a coupé les Alpes
233-43   61: sont. Il est aussi très vraisemblable que les pays montagneux ont éprouvé, ainsi que les pays plats, beaucoup de révolutions dans le physique

[43] Souvenir du *Critias* de Platon, trad. Marsile Ficin (*Opera omnia*, Lyon, 1567, BV2751; p.500, col.1). Il y est plutôt question d'un pays épuisé par l'érosion (*ossa detersa*); mais le passage évoquant un déluge de 9000 ans n'est pas étranger au sujet.

montagnes de la Suisse![44] Cela est pourtant aussi faux que tous les   235
contes qu'on trouve dans ces livres.

N'admettons en physique que ce qui est prouvé, et en histoire
que ce qui est de la plus grande probabilité reconnue. Il se peut que
les pays montagneux aient éprouvé par les volcans et par les
secousses de la terre, autant de changements que les pays plats.   240
Mais partout où il y a eu des sources de fleuves il y a eu des
montagnes. Mille révolutions locales ont certainement changé une
partie du globe, dans le physique et dans le moral; mais nous ne les
connaissons pas; et les hommes se sont avisés si tard d'écrire
l'histoire, que le genre humain, tout ancien qu'il est, paraît nouveau   245
pour nous.

D'ailleurs, vous commencez vos recherches au temps où le
chaos de notre Europe commence à prendre une forme après la
chute de l'empire romain. Parcourons donc ensemble ce globe.
Voyons dans quel état il était alors, en l'étudiant de la même   250
manière qu'il paraît avoir été civilisé, c'est-à-dire, depuis les pays
orientaux jusqu'aux nôtres; et portons notre première attention sur
un peuple qui avait une histoire suivie dans une langue déjà fixée,
lorsque nous n'avions pas encore l'usage de l'écriture.

244-45   61: connaissons pas: le genre
245   w56-61: humain est nouveau

[44] Même exclamation à peu près textuellement dans *Les Colimaçons du révérend
père l'Escarbotier* (p.224). L'argument, déjà présent dans la *Dissertation* [...] *sur les
changements arrivés dans notre globe* (voir ci-dessus, n.42), vient de *Telliamed*
(2e journée; rév. F. Markovits, Paris, 1984, p.95).

CHAPITRE 1

De la Chine, de son antiquité, de ses forces, de ses lois, de ses usages et de ses sciences.

L'empire de la Chine dès lors était plus vaste que celui de Charlemagne, surtout en y comprenant la Corée et le Tunquin,

a-407   [*Première rédaction de ce chapitre*: MSP, 45]
b-c   MSP, 45, 53-54N: *De la Chine.//*
    W56-W57G: *lois.//*
1   MSP, 45, 53-54N: En portant ma vue aux extrémités de l'Orient, je considère en premier lieu l'empire de la Chine, qui dès
2   MSP, 45, 53-54N: en [MSP, 45: y] joignant la

* Voltaire n'a pas attendu de rédiger l'*EM* pour découvrir la Chine et, petit à petit, les aspects positifs de sa civilisation vieille de 4000 ans. Déjà en 1729, dans ses *Remarques sur les pensées de Pascal* (*M*, t.22, §51), il attribue aux Chinois un système de lois antérieur à celui de Moïse, alors que dans les *LP*, il écrit admirativement: 'J'apprends que depuis cent ans les Chinois sont dans [l'usage de pratiquer l'insertion de la petite vérole], c'est un grand préjugé que l'exemple d'une nation qui passe pour être la plus sage et la mieux policée de l'univers' (t.1, p.135), opinion positive qu'il avait sans doute trouvée accréditée par les missionnaires jésuites dans les Recueils de leurs *Lettres édifiantes et curieuses* (Paris, 1707-1776, BV2104). On notera de même, en 1737, l'existence, dans le *Discours en vers sur l'homme*, d'un vieux lettré chinois (*OCV*, t.17, p.414, 517, vers 101-46). Jusque-là rien d'extraordinaire. Deux ans plus tard toutefois, il est évident que ses connaissances sur le pays, sa littérature et sa civilisation sont maintenant sérieuses et plus étendues (*De la gloire, ou entretien avec un Chinois, OCV*, t.18A, p.261-76). Pour des études sur sa familiarité grandissante avec le pays, voir B. Guy, *The French Image of China before and after Voltaire*, *SVEC* 21 (1963), en particulier p.245 et suiv., et Shun-Ching Song, *Voltaire et la Chine* (Aix-en-Provence, 1989). En commençant son *Essai sur l'histoire générale* non par l'Europe chrétienne mais par l'Orient, et par le pays le plus lointain et encore peu connu des lecteurs, Voltaire indique d'emblée l'ampleur et la grande originalité de son projet. Dans ce premier chapitre, il tient à insister fermement sur un point parfois controversé: l'ancienneté de la civilisation chinoise, et il y revient à plusieurs reprises par des additions. Quand il évoque ensuite les connaissances, les productions, les mœurs, l'organisation politique de ce pays, sa sinophilie transparaît en effet d'autant plus positivement que le lecteur ne peut manquer de remarquer avec quelle

et d'ignorance, non moins que de grandeur.

Frapés de l'éclat de cet Empire, de ses accroissemens et de sa chute, nous avons jusqu'à present dans la plûpart de nos histoires universelles traité les autres hommes, comme s'ils n'existoient pas. La Province de la Judée, la Gréce, les Romains se sont emparés de toute notre attention, et quand le celebre Bossuet dit un mot des mahométans, il n'en parle, que come d'un déluge de Barbares; Cependant beaucoup de ces nations possedoient des Arts utiles, que nous tenons d'elles; Leurs pays nous fournissoient des comodités, et des choses prétiéuses, que la nature nous à refusées, et vetus de leurs étoffes, nourris des productions de leurs terres, Instruits par leurs inventions, amusés même par les jeux, qui sont le fruit de leur industrie, nous nous sommes fait avec trop d'injustice une Loy de les ignorer.

Chapitre. 1.
De la Chine

En portant ma vûe aux extrémités de l'orient je considère en premier lieu l'Empire de la Chine, qui dès lors etoit plus vaste, que celui de Charlemagne,

sur

1. Manuscrit, Forschungsbibliothek, Gotha,
Chart. B 1204 (MSG), p.4.

provinces alors tributaires des Chinois. [1] Environ trente degrés en longitude et vingt-quatre en latitude, forment son étendue. [2] Nous avons remarqué que le corps de cet Etat subsiste avec splendeur depuis plus de quatre mille ans, sans que les lois, les mœurs, le langage, la manière même de s'habiller, aient souffert d'altération sensible. [3]

3 MSP: Environ 39 degrés
    45, 53, 54C, 54N: Environ 29 degrés
3-4 53, 54C, 54N: degrés de longitude
4-5 MSP, 45, 53-61: étendue; le corps

---

régularité il passe sous silence, dans ses sources, les appréciations négatives ou mitigées. L'essentiel de sa documentation est puisé dans la *Description géographique, historique, chronologique, politique et physique de l'empire de la Chine*, de J.-B. Du Halde (Paris, 1735, éd. citée), que Voltaire a lue et annotée dans l'édition de La Haye, 1736 (BV1132). Cet ouvrage d'un jésuite qui n'est jamais allé en Chine a été composé à partir de très nombreux témoignages de missionnaires ainsi que de sources orales comme le jésuite Fouquet (voir ch.2, n.43). Mais Voltaire a également puisé un certain nombre de renseignements et d'anecdotes dans les *Lettres édifiantes*, comme parfois aussi dans les *Anciennes Relations des Indes et de la Chine*, de l'abbé E. Renaudot (Paris, 1718, BV2950), et les *Nouveaux Mémoires sur l'état présent de la Chine* de L. Le Comte (Amsterdam, 1697, BV1988).

[1] Voltaire abrège l'énumération de Du Halde (t.2, p.7), qui incluait la Cochinchine et le Siam.

[2] Du Halde insiste à plusieurs reprises sur l'étendue prodigieuse de cet empire, 'le plus grand et le plus beau royaume connu', dont il décrit successivement les quinze provinces, et il indique que, en quelque sens qu'on le prenne, 'il n'a pas moins en ligne droite de 360 de nos grandes lieues à 20 le degré' (t.1, p.1-2). Voltaire précisera, dans l'art. 'Géographie' des *QE*, que 'la Chine est le seul pays d'Asie dont on ait une mesure géographique' parce que, à la demande de l'empereur Cang hi, des jésuites astronomes en dressèrent 'des cartes exactes' (*M*, t.19, p.253).

[3] L'antiquité de cet empire est affirmée au début du ch.18 de *La Philosophie de l'histoire* (*OCV*, t.59, p.152). Cette affirmation est constamment répétée dans une des célèbres lettres du P. Parrenin à Dortous de Mairan. Le jésuite écrit, en effet, qu'en laissant de côté les temps incertains 'il nous suffit de savoir que les Chinois ne doutent point qu'il ne se soit écoulé plus de quatre mille ans depuis l'empereur Yao jusqu'à présent et qu'ils le prouvent fort bien' (*Lettres édifiantes*, Recueil 26, p.71-73). Voltaire a marqué d'un signet ce passage: '4000 ans / depuis / iaho / Egiptiens / jamais a / la chine' (*CN*, t.5, p.350). Dans *La Défense de mon oncle* (*OCV*, t.64,

Son histoire, incontestable dans les choses générales, la seule qui soit fondée sur des observations célestes, remonte, par la chronologie la plus sûre, jusqu'à une éclipse observée deux mille cent cinquante-cinq ans avant notre ère vulgaire, et vérifiée par les mathématiciens missionnaires, qui envoyés dans les derniers siècles chez cette nation inconnue, l'ont admirée et l'ont instruite. Le père Gaubil a examiné une suite de trente-six éclipses de soleil,[4] *Eclipses* rapportées dans les livres de Confutzée;[5] et il n'en a trouvé que deux *calculées.*

10

15

9 MSP: [*manchette*] *Antiquité de la Chine.*
  MSP, 45: incontestable, la seule
  53-W75G: incontestable, et la seule
11 MSP, 45, 53-W68: éclipse calculée deux
11-12 MSP, 45: deux mille cent cinquante années avant
12 W75G*: [*correction erronée*] ^Vest
15 54: éclipses du soleil
16 MSP, 45, 53-W68: Confucius
16-22 MSP, 45, 53-W57G: deux douteuses et deux fausses. ¶Il

'Exorde', p.195, 273n; ch.12, p.326n-27n), Voltaire combattra l'hypothèse selon laquelle la Chine serait une colonie égyptienne fondée par Sésostris, hypothèse émise d'abord par Dortous de Mairan, puis en novembre 1758, devant l'Académie royale des inscriptions et belles-lettres par Joseph de Guignes (*CN*, t.4, p.257-58). Quant à la permanence des coutumes, des mœurs, des lois, des manières, des formes d'habit depuis plus de 4000 ans, il reproduit à peu près une phrase de Du Halde (t.2, p.1).

[4] L'*Histoire de l'astronomie chinoise* du P. A. Gaubil (1688-1759) fut publiée dans le t.3 des *Observations mathématiques, astronomiques, géographiques, chronologiques et physiques* du P. E. Souciet (Paris, 1729-1732). Elles donnaient (t.1, p.18-23, et surtout t.3, p.239-55), d'après Gaubil, des tables des éclipses mentionnées dans les anciens livres chinois, la première datant en effet de 2155 av. J.-C. Il se peut toutefois que Voltaire ne soit au courant des travaux de Gaubil (et de Souciet) que par Du Halde (voir la note suivante).

[5] Du Halde revient plusieurs fois sur cette date de 2155 av. J.-C. (lignes 11-12) et sur l'éclipse arrivée sous l'empereur Tchong Kang (t.1, p.264; t.2, p.2; t.3, p.271), précisant que des observations astronomiques tirées de livres chinois ont été données au public en 1729 (par le P. Souciet) et mentionnant Gaubil. Sur l'exactitude des éclipses, Voltaire suit Du Halde (t.3, p.271-89). En tout cas, le *Saint-Fargeau notebook*, qui date de 1752-1755 (*OCV*, t.81, p.136), et le ch.18 de *La Philosophie de l'histoire* (p.152, 154) reviendront tous deux sur la certitude des annales chinoises, et

fausses et deux douteuses. Les douteuses sont celles qui en effet sont arrivées, mais qui n'ont pu être observées du lieu où l'on suppose l'observateur; et cela même prouve qu'alors les astro-
20 nomes chinois calculaient les éclipses, puisqu'ils se trompèrent dans deux calculs.[6]

Il est vrai qu'Alexandre avait envoyé de Babilone en Grèce les observations des Caldéens, qui remontaient un peu plus haut que les observations chinoises; et c'est sans contredit le plus beau

19-22   61: l'observateur. ¶Il
23-24   MSP, 45, 53-W57G: remontaient à 400 années plus haut que les Chinois, et

donc de l'antiquité de ce pays, comme l'art. 'De la Chine' du *DP* (*OCV*, t.35, p.534-36), et *La Défense de mon oncle*, ch.12, où l'auteur condamnera explicitement ceux qui, comme Larcher, voient dans l'obstination à donner une haute antiquité à la Chine une volonté de 'décréditer l'Ecriture' (p.218). Rappelons qu'on ne pouvait guère concilier la chronologie des annales chinoises avec celle de la Bible, les annales chinoises remontant à une époque bien antérieure à la date officielle du déluge, sauf si on recourait à la chronologie des Septante, comme le firent les jésuites de Chine, ce qui n'alla pas sans disputes interminables. Signalons ici l'importance primordiale dans l'histoire de la rédaction de l'*EM* du *Saint-Fargeau notebook*. Ce carnet, entièrement de la main de Voltaire (sauf quelques pages dues à Collini, son secrétaire dès avril 1752), se rattache manifestement aux lectures de Voltaire à Berlin où il travaillait à l'*Abrégé de l'histoire universelle* (1753), et où il avait accès à des livres dont nous ne savons presque rien hors les renseignements fournis par M. Fontius, *Voltaire in Berlin: zur Geschichte der bei G. C. Walter veröffentichten Werke Voltaires* (Berlin, 1966). Aux p.167-68 du *notebook* une liste de 'fautes d'impression' rattache ce même carnet à la révision de l'*Essai sur l'histoire générale*.

[6] Sur les doutes émis, à propos de cette chronologie, par Nicolas Fréret, voir la n.9 de l'art. 'Histoire', commencé en 1755 pour l'*Encyclopédie* et corrigé jusqu'en 1758, dans lequel Voltaire rappelle 'l'éclipse centrale du soleil, calculée à la Chine 2155 ans avant notre ère vulgaire, et reconnue véritable par tous nos astronomes' (*Œuvres alphabétiques*, 1, *OCV*, t.33, p.166). Voltaire s'est intéressé aux discussions de Nicolas Fréret, célèbre dans le domaine des recherches sur l'histoire ancienne et surtout de la chronologie où ses études faisaient autorité (voir R. Simon, *Nicolas Fréret, académicien*, *SVEC* 17, 1961). S'il a marqué d'un signet le passage de l'art. 'Dieu' de l'*Encyclopédie* qui rapportait ses discussions (voir *CN*, t.3, p.386), il ne les a finalement pas retenues. On remarque, au contraire, son insistance, dans les additions de 1761 et de 1769 de ce chapitre, à justifier les anciens astronomes chinois.

monument de l'antiquité:[7] mais ces éphémérides de Babilone   25
n'étaient point liées à l'histoire des faits: les Chinois au contraire
ont joint l'histoire du ciel à celle de la terre, et ont ainsi justifié l'une
par l'autre.[8]

Deux cent trente ans au delà du jour de l'éclipse dont on a parlé,
leur chronologie atteint sans interruption, et par des témoignages   30
authentiques, jusqu'à l'empereur Hiao,[9] qui travailla lui-même à
réformer l'astronomie, et qui, dans un règne d'environ quatre-
vingts ans, chercha, dit-on, à rendre les hommes éclairés et

26   MSP: l'histoire du ciel; les
27   45: ont justifié
29-30   MSP, 45: au delà [MSP: du jour] de cette fameuse éclipse calculée dont je
viens de parler, leur
          53-54N: l'éclipse (calculée 2155 ans avant notre ère vulgaire) leur
30-31   MSP, 45, 53-54N: par les témoignages les plus authentiques
30-31   W56-W57G: témoignages qu'on croit authentiques
31   MSP, 45, 53-54N: Hiao, habile [45: Hiar, bon] mathématicien pour son temps,
qui
32-33   MSP, 45: d'environ 80 années chercha
33   45, 53-W75G: chercha à

[7] L'art. 'Histoire' mentionne également 'le recueil des observations astronomiques faites pendant dix-neuf cents ans de suite à Babylone, envoyées par
Alexandre en Grèce' (p.166). La source de Voltaire serait (voir p.166, n.7) l'*Histoire
ancienne* de Ch. Rollin (Paris, 1731-1737, BV3008), t.2, p.443, dont il se servira
encore au ch.10 de *La Philosophie de l'histoire*.

[8] Déjà en 1738-1739, dans ses *Conseils à un journaliste*, Voltaire prônait la
supériorité de la chronologie des Chinois (*OCV*, t.20A, p.511). Il résume ici les
observations de Du Halde sur une chronologie 'fort suivie et bien circonstanciée',
qui 'n'a point l'air de fable, comme celle des Grecs et des Romains, dans les
commencements de leur histoire', qui 'est appuyée sur plusieurs observations
d'éclipses qu'elle marque, et qui se trouvent très conformes au calcul astronomique
des plus savants astronomes de ces derniers temps'. Du Halde ajoute qu'elle a été
cautionnée par Confucius et Mencius (t.1, p.264).

[9] Hiao, empereur légendaire (2356-2255 av. J.-C.). Du Halde rapporte qu'il se
plaisait à observer les astres et chargea deux habiles mathématiciens d'examiner avec
soin le cours de la lune et des astres, et de fabriquer des instruments propres à ces
sortes d'observations (t.1, p.285).

heureux. [10] Son nom est encore en vénération à la Chine, comme l'est
35 en Europe celui des Titus, des Trajans, et des Antonins. [11] S'il fut
pour son temps un mathématicien habile, cela seul montre qu'il
était né chez une nation déjà très policée. On ne voit point que les
anciens chefs des bourgades germaines ou gauloises aient réformé
l'astronomie. Clovis n'avait point d'observatoire. [12]
40   Avant Hiao, (a) [13] on trouve encore six rois ses prédécesseurs;

    (a) Quelle étrange conformité n'y a-t-il pas entre ce nom de Hiao, et
les Hiao ou Jeova des Phéniciens et des Egyptiens! cependant gardons-
nous de croire que ce nom de Hiao ou Jeova vienne de la Chine.

    34   MSP: vénération comme l'est
         53, 54C: vénération en la
    35-40 MSP, 45, 53-54N: Antonins. ¶Avant ce grand homme on
    n.a   MSP, 45, 53-W68: [absente]

[10] D'après Du Halde, Hiao est considéré comme le modèle des souverains (t.1,
p.284-86). Dans le *Saint-Fargeau notebook*, Voltaire nota: 'L'empereur Hiao –
respect, piété filiale' (p.135).
[11] Voltaire condense les éloges rapportés par Du Halde: Hiao, ou Yao, était actif,
vigilant, intelligent, équitable, modeste et 'regardé comme le premier législateur de
la nation et comme le modèle de tous les souverains' (t.1, p.284-86). A sa mort, il fut
pleuré par le peuple pendant trois ans. La comparaison avec les grands empereurs
romains s'explique par cette phrase de Du Halde: 'c'est encore maintenant faire le
plus grand éloge d'un empereur de la Chine que de dire qu'il ressemble à Yao' (t.1,
p.284).
[12] Dans cette addition de 1756, Voltaire insiste sur une idée récurrente chez lui: il
faut beaucoup de siècles pour qu'une nation ait des lois, une industrie, des sciences et
des arts. Voir, par exemple, les ch.10 et 18 de *La Philosophie de l'histoire* (p.121-22,
154), l'art. 'Histoire' (p.166), et l'art. 'De la Chine' du *DP* (p.536). Dans le *Saint-
Fargeau notebook*, Voltaire, ayant commenté l'ancienneté des connaissances des
Chinois en astronomie, note: 'Clodion le Chevelu avait-il un observatoire?' (p.136).
[13] Cette addition de 1775 montre comment la polémique voltairienne sur la Bible
se développe encore dans les dernières années. Sur les origines égyptienne ou plus
souvent phénicienne que Voltaire attribue à Jéhovah dans *La Philosophie de l'histoire*
(1765), *L'Examen important de milord Bolingbroke* (1766), les *Homélies prononcées à
Londres* (1767), *Dieu et les hommes* (1769), voir les références données dans la n.34 de
l'art. 'Abraham' du *DP* (t.35, p.297).

mais la durée de leur règne est incertaine. [14] Je crois qu'on ne peut mieux faire dans ce silence de la chronologie, que de recourir à la règle de Newton, qui ayant composé une année commune des années qu'ont régné les rois de différents pays, réduit chaque règne à vingt-deux ans ou environ. [15] Suivant ce calcul, d'autant plus raisonnable qu'il est plus modéré, ces six rois auront régné à peu près cent trente ans; ce qui est bien plus conforme à l'ordre de la nature, que les deux cent quarante ans qu'on donne, par exemple, aux sept rois de Rome; et que tant d'autres calculs, démentis par l'expérience de tous les temps. [16]

45

50

41 MSP, 45: leurs règnes
47 MSP, 45: cent trente années;
48 MSP: V<cinquante> quarante
      MSG, 45, 53, 54C, 54N: les 250 ans
48-49 MSP, 45: donne aux
49 MSP, 45: calculs semblables démentis

[14] Les 'Fastes de la monarchie chinoise' indiquent que six empereurs ont succédé à Fo hi, fondateur de l'empire (Du Halde, t.1, p.271-83). Sur la durée incertaine du règne des prédécesseurs de Hiao, Voltaire suit Du Halde, qui transmet l'opinion des historiens chinois (t.1, p.264). Il a pu consulter aussi le P. Philippe Couplet, *Confucius sinarum philosophus* (Paris, 1687, BV845), où se trouve une 'Tabula chronologica monarchiae sinicae juxta cyclos annorum LX', dont la préface est marquée d'un signet (*CN*, t.2, p.713).

[15] La lettre 17 des *LP* portait déjà 'Sur l'infini et sur la chronologie' et expliquait comment Newton avait 'voulu porter au moins quelque lumière dans [le chaos] de ces fables anciennes confondues avec l'histoire, et fixer une chronologie incertaine' (t.2, p.56). Se fondant sur *La Chronologie des anciens royaumes corrigée* (trad., Paris, 1728, BV2566), il présentait ainsi la thèse de Newton: 'en général les hommes vivent plus longtemps que les rois ne règnent [...]. Chaque génération est d'environ trente-six ans, chaque règne est environ de vingt, l'un portant l'autre. [...] Donc les Anciens se sont trompés quand ils ont égalé en général la durée des règnes à la durée des générations' (t.2, p.57).

[16] Si Voltaire suit Du Halde quand il doute de la chronologie des commencements de l'histoire romaine (voir ci-dessus, n.8), il rationalise également la chronologie des temps fabuleux des Chinois, alors que Du Halde, pour justifier encore leur chronologie à partir de Yao, ajoutait que la vie des premiers empereurs était conforme à la durée que l'Ecriture Sainte donne aux hommes de ce temps-là.

Le premier de ces rois, nommé Fohi, régnait donc plus de vingt-cinq siècles avant l'ère vulgaire, au temps que les Babyloniens avaient déjà une suite d'observations astronomiques; et dès lors la Chine obéissait à un souverain. [17] Ses quinze royaumes, réunis sous un seul homme, prouvent que longtemps auparavant cet Etat était très peuplé, policé, partagé en beaucoup de souverainetés; car jamais un grand Etat ne s'est formé que de plusieurs petits; c'est l'ouvrage de la politique, du courage, et surtout du temps. Il n'y a pas une plus grande preuve d'antiquité.

Il est rapporté dans les cinq Kings, [18] le livre de la Chine le plus ancien et le plus autorisé, que sous l'empereur Yo, quatrième successeur de Fohi, on observa une conjonction de Saturne, Jupiter, Mars, Mercure et Vénus. [19] Nos astronomes modernes disputent entre eux sur le temps de cette conjonction, et ne devraient pas disputer. Mais quand même on se serait trompé à la Chine dans cette observation du ciel, il était beau même de se

51-52   MSP, 45, 53-w56: donc vingt-cinq siècles au moins avant
54   MSP: souverain; ces quinze
55   45: que plusieurs siècles auparavant cette région était
58-117   45, 53-54N: l'ouvrage du temps, de la politique et du courage. ¶La Chine était
59-83   w56-w57G: d'antiquité. ¶Un

[17] Voltaire a trouvé de nombreuses indications sur Fo hi fournies par Du Halde, où l'empereur est dépeint comme 'le premier père des sciences et du bon gouvernement' (t.2, p.293; aussi t.1, p.271-83). Sur tout ce qu'il apprit à ses sujets, voir la n.21 de l'art. 'De la Chine' (t.35, p.536), ainsi que la n.19 qui souligne l'affirmation du *Saint-Fargeau notebook* (p.135), selon laquelle les débuts de la période historique commencèrent avec l'empereur Fo hi, alors que le P. Couplet était plus réservé sur le passage exact du fabuleux à l'historique.

[18] *King:* nom commun donné à tous les livres canoniques des philosophes chinois (dont on attribuait la mise en ordre à Confucius). Voir l'art. 'Catéchisme chinois' du *DP* (*OCV*, t.35, p.455, n.44). Du Halde présente longuement ce 'livre canonique du premier ordre' en citant des extraits de ces cinq recueils, des harangues, des instructions, des lois, des annales (t.2, p.286-318). Dans ces deux paragraphes ajoutés à partir de 1761, Voltaire tire de ces livres une nouvelle preuve de l'antiquité de la civilisation chinoise.

[19] Voltaire a trouvé cette information dans les pages consacrées par Du Halde à l'empereur légendaire Tchuen Hio (t.1, p.280).

tromper. Les livres chinois disent expressément que de temps immémorial on savait à la Chine que Vénus et Mercure tournaient autour du soleil. Il faudrait renoncer aux plus simples lumières de la raison, pour ne pas voir que de telles connaissances supposaient 70 une multitude de siècles antérieurs, quand même ces connaissances n'auraient été que des doutes. [20]

Ce qui rend surtout ces premiers livres respectables, et qui leur donne une supériorité reconnue sur tous ceux qui rapportent l'origine des autres nations, c'est qu'on n'y voit aucun prodige, 75 aucune prédiction, aucune même de ces fourberies politiques que nous attribuons aux fondateurs des autres Etats, excepté peut-être ce qu'on a imputé à Fohi, d'avoir fait accroire qu'il avait vu ses lois écrites sur le dos d'un serpent ailé. [21] Cette imputation même fait voir qu'on connaissait l'écriture avant Fohi. [22] Enfin, ce n'est pas à nous, 80 au bout de notre Occident, à contester les archives d'une nation qui était toute policée, quand nous n'étions que des sauvages. [23]

67   61: livres disent
71-73   61-w75G: antérieurs, ce
     κ: β

[20] L'addition de 1761, renforcée par la phrase ajoutée dans l'exemplaire de l'édition encadrée de la Bibliothèque de Voltaire à Saint-Pétersbourg, tend à transformer une information douteuse en élément positif. Ce faisant, Voltaire s'écarte délibérément de Du Halde, qui rapporte qu'une conjonction de planètes étant regardée comme de bon augure, le tribunal des mathématiques fonda une fausse conjonction, 'qui flattait l'empereur', ce dont tout le monde profita, et surtout le tribunal des mathématiques (t.1, p.281). Voltaire ne dit rien ici de ce qu'il aurait pu considérer, dans d'autres textes, comme l'alliance de la superstition et de l'imposture.

[21] Du Halde: 'Pour donner plus de crédit à ses nouvelles lois, il publia qu'il les avait vues marquées sur le dos d'un Dragon-cheval qui sortait du fond d'un lac' (t.1, p.272). On a vu (ci-dessus, n.8) comment Du Halde préférait la chronologie chinoise, pour son absence de fables, à celle des Grecs ou des Romains. Dans le ch.11 de L'Ingénu, Voltaire accentue la supériorité chinoise en étendant la comparaison à toutes les autres nations, ce qui semble déjà être le cas ici (OCV, t.63c, p.263-64).

[22] Du Halde indique toutefois, plus loin, que c'est Fo hi qui 'donna l'invention et l'idée de cette espèce de caractères hiéroglyphiques particuliers aux Chinois' (t.2, p.293).

[23] Cette critique est reprise, sous des formes diverses, dans l'art. 'De la Chine' du DP (p.534) et dans de nombreux autres textes (voir cet article, n.18).

Un tyran nommé Chi-Hoangti ordonna à la vérité qu'on brûlât tous les livres; mais cet ordre insensé et barbare avertissait de les

85 conserver avec soin, et ils reparurent après lui.[24] Qu'importe après tout que ces livres renferment, ou non, une chronologie toujours sûre? Je veux que nous ne sachions pas en quel temps précisément *Prodigieuse* vécut Charlemagne: dès qu'il est certain qu'il a fait de vastes *antiquité de* conquêtes avec de grandes armées, il est clair qu'il est né chez une *Chine prouvée.* *l'empire de la*

90 nation nombreuse, formée en corps de peuple par une longue suite de siècles. Puis donc que l'empereur Hiao, qui vivait incontestablement plus de deux mille quatre cents ans avant notre ère, conquit tout le pays de la Corée,[25] il est indubitable que son peuple était de l'antiquité la plus reculée. De plus, les Chinois inventèrent

95 un cycle, un comput qui commence deux mille six cent deux ans avant le nôtre. Est-ce à nous à leur contester une chronologie unanimement reçue chez eux, à nous qui avons soixante systèmes différents pour compter les temps anciens, et qui ainsi n'en avons pas un?[26]

100 Répétons que les hommes ne multiplient pas aussi aisément *Ridicule* qu'on le pense. Le tiers des enfants est mort au bout de dix ans. Les *supposition de la* calculateurs de la propagation de l'espèce humaine ont remarqué *propagation de* *l'espèce humaine.*

91-92 w56, w57G: incontestablement environ deux mille
94-100 w56-w57G: reculée. ¶Les hommes
100   61: Les hommes

[24] Du Halde rapporte comment Chi Hoang Ti, second empereur de la quatrième dynastie, mécontent de la comparaison qu'on faisait de lui avec ses prédécesseurs, décida, par vanité, en 231 av. J.-C., d'effacer leur gloire en faisant détruire les *Kings* et les ouvrages de Confucius, qui rapportaient leurs actions vertueuses (t.1, p.368). Dans le *Saint-Fargeau notebook*, Voltaire commente cet événement à peu près dans les mêmes termes (p.134).

[25] Voir Du Halde, t.4, p.432.

[26] Ici, quoique conscient du problème général de la chronologie depuis l'époque des *LP* (17, t.2, p.55-57) et des *Eléments de la philosophie de Newton* (*OCV*, t.15, p.492-93), Voltaire vise plutôt, et plus subrepticement, les divergences d'interprétation des exégètes de la Bible; leurs désaccords sont une des constantes de sa critique dès le début des années 1750: voir *Défense de milord Bolingbroke* (*OCV*, t.32B, p.240-41); *Le Tombeau de la Sorbonne* (t.32B, p.341).

qu'il faut des circonstances favorables et rares pour qu'une nation s'accroisse d'un vingtième au bout de cent années; et très souvent il arrive que la peuplade diminue au lieu d'augmenter. De savants chronologistes ont supputé qu'une seule famille après le déluge, toujours occupée à peupler, et ses enfants s'étant occupés de même, il se trouva en deux cent cinquante ans beaucoup plus d'habitants que n'en contient aujourd'hui l'univers. Il s'en faut beaucoup que le Talmud et les Mille et une nuits contiennent rien de plus absurde. Il a déjà été dit qu'on ne fait point ainsi des enfants à coups de plume.[27] Voyez nos colonies, voyez ces archipels immenses de l'Asie dont il ne sort personne: les Maldives, les Philippines, les Moluques, n'ont pas le nombre d'habitants nécessaire. Tout cela est encore une nouvelle preuve de la prodigieuse antiquité de la population de la Chine.[28]

Population.

Elle était au temps de Charlemagne, comme longtemps auparavant, plus peuplée encore que vaste. Le dernier dénombrement dont nous avons connaissance, fait seulement dans les quinze provinces qui composent la Chine proprement dite, monte jusqu'à près de soixante millions d'hommes capables d'aller à la guerre;[29] en ne comptant ni les soldats vétérans, ni les vieillards au-dessus de soixante ans, ni la jeunesse au-dessous de vingt ans, ni les

103   w56, 61-w75G: favorables pour
104   w56-w57G: et souvent
105-14   w56-w57G: d'augmenter. C'est encore
110   61-w75G: nuit [w75G: nuits] aient inventé rien
110-11   61: absurde. On ne
115-16   w56-w57G: preuve de l'antiquité de la Chine.
117   MSP: [*manchette*] *Multitude de la Chine.*
117-18   MSP, 45, 53-54N: auparavant, et surtout aujourd'hui, plus
123   MSP, 45: vingt, ni

[27] Sur l'auteur de cette plaisanterie, voir l'art. 'De la Chine' (p.537, n.25).

[28] Tous ces développements (lignes 85-116) ont été repris dans le ch.12 de *La Défense de mon oncle* (p.219-20). Pour leur élucidation, voir les n.18-27 de J.-M. Moureaux (p.329-31).

[29] Voltaire arrondit les chiffres très précis donnés par Du Halde du dénombrement fait sous l'empereur Cang hi: 59 788 364 hommes capables de porter les armes, sans compter les princes, les mandarins, les bonzes, etc. (t.2, p.15).

mandarins, ni la multitude des lettrés, ni les bonzes; encore moins
125 les femmes, qui sont partout en pareil nombre que les hommes, à un
quinzième ou seizième près, selon les observations de ceux qui ont
calculé avec le plus d'exactitude ce qui concerne le genre humain. A
ce compte, il paraît difficile qu'il y ait moins de cent cinquante
millions d'habitants à la Chine: [30] notre Europe n'en a pas beaucoup
130 plus de cent millions, à compter vingt millions en France, vingt-
deux en Allemagne, quatre dans la Hongrie, dix dans toute l'Italie
jusqu'en Dalmatie, huit dans la Grande-Bretagne et dans l'Irlande,
huit dans l'Espagne et le Portugal, dix ou douze dans la Russie
européenne, cinq dans la Pologne, autant dans la Turquie d'Eu-
135 rope, dans la Grèce et les îles, quatre dans la Suède, trois dans la
Norvège et le Dannemarck, près de quatre dans la Hollande et les
Pays-Bas voisins. [31]

126   53-54N: un treizième ou quatorzième près
128   53-54N: paraît impossible qu'il
128-29 MSP, 45: de 200 millions
         53, 54C, 54N: de 130 millions
129-30 MSP: n'en a qu'environ la moitié, à
         45: n'en a guère plus de la moitié, à
         53, 54N: n'en a pas probablement beaucoup davantage, à
130-38 MSP, 45, 53-54N: compter (en exagérant) vingt millions en France,
vingt-cinq en Allemagne, et le reste à proportion. ¶On
133-34 W56: dix dans la Russie
134:    W56-W75G: européenne, six dans la Pologne autant [W56: six] dans la
Turquie
136-38 W56-W57G: Dannemarck, trois dans la Hollande et les Pays-Bas. ¶On

[30] Voltaire néglige le chiffre donné par Du Halde concernant le nombre des
familles recensées (un peu plus de 11 millions), et fait ses propres calculs 'plus exacts'.
[31] Voltaire a annoté deux éditions de *La Géographie universelle* de J. Hübner (celle
de 1746, pour les tomes 2 à 6 et, pour les tomes 1 à 6, celle, revue et augmentée, de 1761,
BV1686 et BV1687; *CN*, t.4, p.538-41) qu'il reconnaît comme très répandue, mais
dont il relève les erreurs, en particulier pour la population de l'Europe (30 millions),
qu'il juge largement sous-évaluée (voir l'art. 'Géographie' des *QE*, *M*, t.19,
p.254). Dans ses *Remarques pour servir de supplément à l'Essai sur les mœurs*, il discute
également de différentes évaluations et indique sa propre démarche, ajoutant: 'Le
genre humain ne diminue ni n'augmente comme on le croit' (Pomeau, t.2, p.943).

On ne doit donc pas être surpris, si les villes chinoises sont immenses; si Pékin, la nouvelle capitale de l'empire, a près de six de nos grandes lieues de circonférence, et renferme environ trois millions de citoyens:[32] si Nanquin, l'ancienne métropole, en avait autrefois davantage:[33] si une simple bourgade nommée Quientzeng, où l'on fabrique la porcelaine, contient environ un million d'habitants.[34]

140

138   MSP, 45: doit pas

140-41   MSP, 45, 53-W56: environ quatre millions

141-42   45: citoyens; Nankin, l'ancienne métropole, en avait autrefois davantage; une

143   MSP, 45: contient encore un

144-63   MSP, 53-W57G: d'habitants. ¶Les

45: d'habitants. ¶Ce grand avantage que la Chine a sur nos climats me paraît venir de trois causes, de la fécondité que la nature y a donnée aux femmes, du peu de guerres qui ont désolé le pays, et enfin de ce que la peste qui a détruit quelquefois la quatrième partie du genre humain dans l'Europe et dans l'ancienne

Malgré, selon les époques, de possibles phénomènes de diminution, il croit plus à une expansion continue de la population qu'à une régression. En se fondant sur un nombre moyen d'habitants par surface habitable, Voltaire est proche des évaluations modernes. Selon les éditions de l'*EM*, il varie légèrement dans ses chiffres; et il n'étend ses estimations à tous les pays d'Europe qu'à partir de 1756. Il reviendra sur diverses estimations controversées dans les art. 'Dénombrement' et 'Population' des *QE* (*M*, t.18, p.340-46; t.20, p.245-53).

[32] Du Halde signale que Pékin est plus grand que Paris, mais ne compte probablement pas plus de 3 millions d'habitants (t.2, p.7). Il donne plusieurs raisons à cette prodigieuse multitude d'habitants en Chine que Voltaire reprenait en grande partie en 1745.

[33] Du Halde précise que Nankin, bien que déchue de son ancienne splendeur, est 'la plus grande de toutes les villes de la Chine' et que ses murailles 'ont de tour cinquante-sept lys [...] ce qui revient presque à cinq grandes lieues et demie' (t.1, p.128).

[34] Orthographié King te ching par Du Halde, qui indique qu'on y 'travaille la belle porcelaine' (t.2, p.8). Le P. d'Entrecolles, dans une lettre au P. Orry du 1er septembre 1712, rapporte l'opinion commune selon laquelle il s'y trouve plus d'un million d'âmes et 3000 fourneaux à porcelaine. Il ajoute que c'est, en effet, l'asile d'une infinité de pauvres familles, parce qu'on y trouve de l'emploi pour les jeunes gens, les personnes les moins robustes et même les aveugles et les estropiés, ce que Voltaire omet de rapporter (voir *Lettres édifiantes et curieuses de Chine par des missionnaires jésuites 1702-1772*, éd. I. et J.-L. Vissière, Paris, 1979, p.179-80).

145   Le journal de l'empire chinois, journal le plus authentique et le
plus utile qu'on ait dans le monde, puisqu'il contient le détail de
tous les besoins publics, des ressources et des intérêts de tous les
ordres de l'Etat. Ce journal, dis-je, rapporte que l'an de notre ère   *Libéralités*
1725, la femme que l'empereur Yontchin déclara impératrice, fit à   *singulières.*
150 cette occasion, selon une ancienne coutume, des libéralités aux
pauvres femmes de toute la Chine, qui passaient soixante et dix ans.
Le journal compte dans la seule province de Kanton quatre-vingt
dix-huit mille deux cent vingt femmes de soixante et dix ans qui
reçurent ces présents, quarante mille huit cent quatre-vingt-treize
155 qui passaient quatre-vingts ans, et trois mille quatre cent cin-
quante-trois qui approchaient de cent années. Combien de femmes
ne reçurent pas ce présent? En voilà plus de cent quarante-deux
mille qui le reçurent dans une seule province. Ce nombre est de
celles qui ne sont plus comptées parmi les personnes utiles. Quelle
160 doit donc être la population de l'Etat? et si chacune d'elles reçut la
valeur de dix livres dans toute l'étendue de l'empire, à quelles
sommes dut monter cette libéralité? [35]

---

5   Asie ne s'est jamais fait sentir à la Chine, car la peste est une maladie originaire
d'Afrique qui n'a pu s'introduire encore dans des pays fermés aux étrangers, et les
annales de la Chine ne rendent compte que d'une seule contagion qui fit quelques
ravages au commencement du seizième siècle. ¶Les

    157   K: voilà, parmi celles qui ne sont comptées au nombre des personnes utiles,
plus

    158-59   K: province. Quelle

[35] Ces renseignements (ajoutés en 1761) proviennent d'une longue lettre du
P. Contancin au P. Etienne Souciet qui souligne d'ailleurs l'intérêt du journal de
l'empire pour le gouvernement chinois, et qui en donne de nombreux extraits
(*Lettres édifiantes*, Recueil 19, p.266, 292-93). Voltaire reproduit strictement, en les
arrondissant parfois, les nombres indiqués, et il partage l'étonnement du jésuite:
'Qu'il se trouve une si grande multitude de femmes d'un âge si avancé dans une seule
province, surtout dans celle du *Chan-tong*, qui n'est pas des plus étendues, c'est ce
qu'on aura peut-être de la peine à croire en Europe' (p.293): voir signet, 'faits
singuliers / dans la gazette / 40 000 vieilles / etc' (*CN*, t.5, p.345). Voltaire
mentionne le journal de l'empire et sa supériorité sur nos gazettes, dans l'art.
'Historiographe', primitivement écrit pour l'*Encyclopédie* (*OCV*, t.33, p.217).

Etat des armées. Les forces de l'Etat consistent, selon les relations des hommes les plus intelligents qui aient jamais voyagé, dans une milice d'environ huit cent mille soldats bien entretenus:[36] cinq cent soixante et dix mille chevaux sont nourris ou dans les écuries ou dans les pâturages de l'empereur, pour monter les gens de guerre, pour les voyages de la cour, et pour les courriers publics.[37] Plusieurs missionnaires, que l'empereur Cang-hi dans ces derniers temps approcha de sa personne par amour pour les sciences,[38] rapportent qu'ils l'ont suivi dans ces chasses magnifiques vers la grande Tartarie, où cent mille cavaliers et soixante mille hommes de pied marchaient en ordre de bataille: c'est un usage immémorial dans ces climats.[39]

165

170

163   MSP: [*manchette*] *Forces de la Chine.*

   45, 53-W56: de cet Etat
166   MSP, 45: nourris dans
170   MSP, 45: personne rapportent
171   45: dans des chasses
173-74   MSP, 45, 53-54N: bataille. [45: *avec note*: Tout ce qui est dit ici de la Chine est différent de ce qui est rapporté dans les continuations de Puffendorf,[40] parce que ces continuations ont été faites avant le recueil du père du Halde jésuite] ¶Les

[36] Du Halde parle en réalité de plus de 18 000 mandarins de guerre et plus de 700 000 soldats (t.2, p.45).

[37] Voltaire grossit légèrement les chiffres: 'L'empereur nourrit environ cinq cent soixante-cinq mille chevaux', écrit Du Halde (t.2, p.17).

[38] On sait que les jésuites français avaient séduit l'empereur par leurs connaissances en astronomie, en géométrie, en histoire naturelle, en médecine. La lettre du P. de Fontaney au P. de La Chaise, du 15 février 1703, relate comment Cang hi ayant décidé d'apprendre les sciences de l'Europe, les P.P. Thomas, Gerbillon et Bouvet reçurent l'ordre de composer des traités sur ces matières. Ils les expliquèrent à l'empereur en allant au palais quatre heures par jour; et cette étude dura environ quatre ou cinq ans (Du Halde, t.1, p.546; t.3, p.101-102, 268-69). Lors de l'édit de 1724 proscrivant le christianisme dans tout l'empire, n'eurent le droit de rester à Pékin que les jésuites qui pouvaient être utiles par leurs capacités scientifiques et techniques.

[39] Du Halde évoque ainsi ce somptueux divertissement: 'C'est alors qu'il marchait véritablement à la tête d'une armée, et l'on eût dit qu'il allait à la conquête d'un empire' (t.2, p.21).

[40] Le 3 janvier 1744 (D2906), Voltaire félicitait M. de La Martinière de l'*Introduction à l'histoire générale et politique de l'univers* de S. Pufendorf (Amsterdam,

Les villes chinoises n'ont jamais eu d'autres fortifications, que
175 celles que le bon sens inspirait à toutes les nations avant l'usage de
l'artillerie; un fossé, un rempart, une forte muraille et des tours;[41]
depuis même que les Chinois se servent de canons, ils n'ont point
suivi le modèle de nos places de guerre: mais au lieu qu'ailleurs on
fortifie les places, les Chinois fortifièrent leur empire. La grande *Grande muraille.*
180 muraille qui séparait et défendait la Chine des Tartares, bâtie cent
trente-sept ans avant notre ère, subsiste encore dans un contour de
cinq cents lieues, s'élève sur des montagnes, descend dans des
précipices, ayant presque partout vingt de nos pieds de largeur, sur
plus de trente de hauteur.[42] Monument supérieur aux pyramides
185 d'Egypte par son utilité, comme par son immensité.[43]

Ce rempart n'a pu empêcher les Tartares de profiter dans la suite

175   MSP, 45, 53-W57G: sens a inspiré [45, 54: inspirées] à
177-78   MSP, 45: point encore suivi
179   MSP, 53-W57G: fortifie des places
       MSP, 45, W56, 61-W68: Chinois ont fortifié leur
183   45: vingt-deux de

1743-1745, BV2830). Le 6 septembre 1752 (D5009), il demandera également les suites
à Walther, pour travailler à son *Histoire universelle*, puis encore en septembre 1754
'les deux volumes du nouveau Puffendorf qui viennent de paraître à Paris, contenant
l'Asie et l'Italie' (D5931, à Lambert).

[11] Sur le grand nombre de citadelles, voir Du Halde (t.2, p.46).

[42] Voltaire résume Du Halde, 'De la grande muraille qui sépare la Chine de la
Tartarie' (t.1, p.38-40): commencée en 221 av. J.-C., elle fut continuée le long de
trois grandes provinces.

[43] Même mépris pour les pyramides et pour l'Egypte ancienne dans le *Traité sur la
tolérance*, ch.9, n.(*f*) (*OCV*, t.56C, p.173-74), dans l'art. 'Apis' du *DP* (t.35, p.360),
La Philosophie de l'histoire, ch.21 (p.165-66), et *La Défense de mon oncle*, ch.21
(p.254). Les fréquentes références à l'Egypte dans ce premier chapitre de l'*EM* sont
vraisemblablement un écho des lettres échangées par le P. Parrenin et Dortous de
Mairan (en 1730, 1735 et 1740), mettant en parallèle la Chine et l'Egypte (voir *CN*, t.5,
p.347-51). Le P. Parrenin affirme, lui aussi, dans sa lettre de septembre 1740 (*Lettres
édifiantes*, Recueil 26, éd. Vissière, p.395-96) que la grande muraille surpasse de
beaucoup, par sa solidité et par son utilité, toutes les ruines d'Egypte auxquelles on
s'intéresse tant.

33

des temps des divisions de la Chine, et de la subjuguer; [44] mais la constitution de l'Etat n'en a été, ni affaiblie ni changée. Le pays des conquérants est devenu une partie de l'Etat conquis; et les Tartares mantchoux, maîtres de la Chine, n'ont fait autre chose que se soumettre les armes à la main aux lois du pays, dont ils ont envahi le trône. [45]

On trouve dans le troisième livre de Confutzée une particularité qui fait voir combien l'usage des chariots armés est ancien. De son *Anciens* temps, les vice-rois ou gouverneurs de provinces étaient obligés de *quadriges.* fournir au chef de l'Etat ou empereur mille chars de guerre à quatre chevaux de front, mille quadriges. [46] Homère qui fleurit longtemps avant le philosophe chinois, ne parle jamais que de chars à deux ou à trois chevaux. Les Chinois avaient sans doute commencé, et étaient parvenus à se servir de quadriges. Mais ni chez les anciens Grecs, du temps de la guerre de Troye, ni chez les Chinois, on ne voit aucun usage de la simple cavalerie. Il paraît pourtant incontestable que la méthode de combattre à cheval, précéda celle des chariots. Il est marqué que les pharaons d'Egypte avaient de la cavalerie, mais ils se servaient aussi de chars de guerre. [47]

190

195

200

205

189   MSP, 45: une des parties du pays conquis
190   MSP, 45, 53-W57G: maîtres aujourd'hui de
192-209   MSP, 45, 53-W57G: trône. ¶Le revenu
197-98   61: fleurit un siècle après le
205-209   61: guerre. ¶Quant

[44] Du Halde explique la dernière invasion tartare, après une succession de 234 empereurs chinois, par l'existence de factions en Chine (t.2, p.3).

[45] Du Halde parle de la vingtième dynastie, nommée Yuen, en évoquant l'empereur Chi tsou 'devenu plus chinois que Tartare' (t.1, p.496). Voltaire répétera ce détail (relevé déjà dans *CN*: 'dinast[ie] / tartare', t.3, p.261), dans l'art. 'De la Chine': que la constitution chinoise est 'la seule qui ait fait adopter ses lois à ses vainqueurs' (p.540).

[46] Cette partie de l'addition de 1761 s'inspire de *Confucius sinarum philosophus* (BV845), où Voltaire a introduit un signet portant 'viceroyauté de mille quadriges' (*CN*, t.2, p.712). Il se répétera dans les art. 'Armes, Armées' et 'Barac et Débora' des *QE* (*OCV*, t.39, p.19, 316).

[47] Voltaire a probablement à l'esprit la poursuite d'Israël par les Egyptiens: Pharaon 'prit six cents des meilleurs chars et tous les chars d'Egypte, chacun d'eux monté par un équipage d'élite' (Exode 14:7, 9).

34

Cependant il est à croire que dans un pays fangeux, comme l'Egypte, et entrecoupé de tant de canaux, le nombre des chevaux fut toujours très médiocre. [48]

Quant aux finances, le revenu ordinaire de l'empereur se monte, selon les supputations les plus vraisemblables, à deux cents millions d'onces d'argent. Il est à remarquer que l'once d'argent ne vaut pas cinq livres françaises valeur intrinsèque, comme le dit l'histoire de la Chine compilée par le jésuite du Halde; car il n'y a point de valeur intrinsèque numéraire; mais à prendre le marc de notre argent à cinquante de nos livres de compte, cette somme revient à douze cent cinquante millions de notre monnaie en 1740. Je dis, en ce temps, car cette valeur arbitraire n'a que trop changé parmi nous, et changera peut-être encore: c'est à quoi ne prennent pas assez garde les écrivains, plus instruits des livres que des affaires, qui évaluent souvent l'argent étranger d'une manière très fautive. [49]

Finances.

209   MSP: [*manchette*] *Revenus.*

210-11   K: millions de taels d'argent fin. Il est à remarquer que le tael n'est pas précisément égal à notre once, et que l'once

211-12   MSP, 45, 53-w68: pas cent de nos sous, valeur

213   MSP, 45, 53-w68: Chine; car

     w75G: Chine du jésuite

214-16   K: mais deux cents millions de taels font deux cent quarante-six millions d'onces d'argent, ce qui, en mettant le marc d'argent fin à cinquante-quatre livres dix-neuf sols, revient à environ mille six cent quatre-vingt-dix millions de notre monnaie en 1768. ¶Je

218-19   MSP, 45: prennent point garde

220   MSP, 45: manière trop fautive

     53, 54C, 54N: manière fort fautive

[48] L'addition de ces lignes en 1769 s'accorde avec la présentation de plus en plus dévalorisante de l'Egypte par Voltaire, surtout après la publication, en 1766, de l'*Histoire du commerce et de la navigation des Egyptiens sous le règne des Ptolémées* d'Hubert Pascal Ameilhon (BV57). Cet auteur appuyait la thèse de J. de Guignes (qui faisait sienne celle de Mairan) et renforçait le prestige de l'Egypte au détriment de la civilisation chinoise: voir *La Défense de mon oncle*, ch.21 (p.414-15n).

[49] La somme de 200 millions de taels est donnée par Du Halde, qui estime qu'un tael vaut 'cent sols de notre monnaie' (t.2, p.15). Voltaire corrige les équivalences données par Du Halde à la hausse et arrive à un total supérieur du quart ou de plus du tiers, selon les éditions.

Ils ont eu des monnaies d'or et d'argent frappées au marteau, longtemps avant que les dariques fussent fabriquées en Perse. L'empereur Cang-hi avait rassemblé une suite de trois mille de ces monnaies, parmi lesquelles il y en avait beaucoup des Indes; autre preuve de l'ancienneté des arts dans l'Asie. Mais depuis longtemps l'or n'est plus une mesure commune à la Chine, il y est marchandise comme en Hollande; l'argent n'y est plus monnaie; le poids et le titre en font le prix: on n'y frappe plus que du cuivre, qui seul dans ce pays a une valeur arbitraire. Le gouvernement dans des temps difficiles a payé en papier, comme on a fait depuis dans plus d'un Etat de l'Europe; mais jamais la Chine n'a eu l'usage des banques publiques, qui augmentent les richesses d'une nation, en multipliant son crédit. [50]

Ce pays favorisé de la nature, possède presque tous les fruits transplantés dans notre Europe, et beaucoup d'autres qui nous manquent. Le blé, le riz, la vigne, les légumes, les arbres de toute espèce y couvrent la terre; [51] mais les peuples n'ont fait du vin que

---

221-22   MSP, 45, 53-W57G: frappées avec le coin longtemps
222   MSP, 45, 53-W57G: fussent frappés [45: frappées] en
223-24   45: ces anciennes monnaies
227   MSP, 45: l'argent même n'y est plus monnoyé;
228-29   MSP, 45: seul a dans ce pays une
230   53: a passé en
    54: difficiles s'est servi de papier
234   MSP: [manchette] Production des arts.
234-35   MSP, 45, 53-54N: fruits de notre
236-37   53-54N: toutes espèces
237-38   MSP, 45, 53-61: n'ont jamais fait de vin, satisfaits

---

[50] Voltaire suit Du Halde, qui explique que, d'après les anciens livres, les monnaies d'or et d'argent ont eu cours, mais qu'aujourd'hui l'or y est acheté comme les autres marchandises. Il décrit les deniers de cuivre ronds et troués par le milieu pour être enfilés, centaine par centaine, sur de petites cordes (t.2, p.163-68). Il évoque (mais Voltaire ne le suivra pas) les diverses monnaies qui ont eu cours, étain, fer, plomb, coquillages, et il mentionne aussi les collections de l'empereur.

[51] Sont résumées ici, de façon très succincte, les informations données par Du Halde (Préface, p.xi; t.1, p.15-35 et *passim* dans la présentation des quinze provinces;

dans les derniers temps, satisfaits d'une liqueur assez forte qu'ils savent tirer du riz. [52]

240 L'insecte précieux qui produit la soie, est originaire de la Chine; *Manufactures.* c'est de là qu'il passa en Perse assez tard, avec l'art de faire des étoffes du duvet qui les couvre; et ces étoffes étaient si rares du temps même de Justinien, que la soie se vendait en Europe au poids de l'or. [53]

245 Le papier fin, et d'un blanc éclatant, était fabriqué chez les Chinois de temps immémorial; on en faisait avec des filets de bois de bambou bouilli. [54] On ne connaît pas la première époque de la porcelaine et de ce beau vernis qu'on commence à imiter et à égaler en Europe. [55]

250 Ils savent depuis deux mille ans fabriquer le verre, mais moins beau et moins transparent que le nôtre. [56]

242   45: qui le couvre
242-43   MSP, 45: rares que sous les Antonins la soie
245   45: fin d'un
246   53-54N: avec les filets
246-47   MSP, 45: filets de bambou [45: banabou; *errata*: banbou] bouilli, avant que de [MSP: avant de] se servir du linge; on ne
248-49   45: imiter [*errata*: surpasser] en

---

t.2, p.64-71, sur la fertilité des terres; t.2, p.138-54, sur l'abondance). Voltaire établit un lien entre les richesses naturelles et l'ancienneté des pays orientaux. Voir *La Philosophie de l'histoire*, ch.18 (p.155) et D14450 (à Chouvalov, 30 septembre 1767).

[52] Sur la fabrication de boissons à partir de riz différents de celui dont on se nourrit, voir Du Halde, t.2, p.118-19.

[53] Du Halde parle longuement des régions qui produisent de la soie et des diverses étoffes qu'on fabrique, et donne même un 'Extrait d'un ancien livre chinois qui enseigne la manière d'élever et de nourrir les vers à soie pour l'avoir et meilleure et plus abondante' (t.2, p.206-23).

[54] Du Halde explique comment les Chinois, grands consommateurs de papier, brisent le bambou par morceaux pour le laisser 'pourrir et bouillir dans l'eau, jusqu'à ce qu'il soit réduit en une espèce de pâte' (t.1, p.19), et ajoute qu'on emploie aussi d'autres arbres (t.2, p.239-44).

[55] Du Halde parle du papier (t.2, p.239-44), de la porcelaine (p.177-203) et du vernis (p.173-75) mais très peu du verre (p.203).

[56] Voir la comparaison entre verre, cristal et porcelaine donnée par Du Halde, t.2, p.203.

Imprimerie. L'imprimerie fut inventée par eux dans le même temps. On sait que cette imprimerie est une gravure sur des planches de bois, telle que Guttenberg la pratiqua le premier à Mayence au quinzième siècle. [57] L'art de graver les caractères sur le bois est plus perfectionné à la Chine; notre méthode d'employer les caractères mobiles et de fonte, beaucoup supérieure à la leur, n'a point encore été adoptée par eux; tant ils sont attachés à toutes leurs anciennes méthodes. [58]

255

L'usage des cloches est chez eux de la plus haute antiquité. [59] Nous n'en avons eu en France qu'au sixième siècle de notre ère. Ils ont cultivé la chimie; et sans devenir jamais bons physiciens, ils ont inventé la poudre; mais ils ne s'en servaient que dans des fêtes, dans l'art des feux d'artifice, où ils ont surpassé les autres nations. [60] Ce

260

252   MSP, 45, 53-54N: L'imprimerie y fut inventée par eux du temps de Jules-César.

w56: L'imprimerie y fut

254   54N: que Laurent Costa la pratiqua le premier à Harlem au

254-55   53, 54C, 54D: au XIVe siècle

255-56   45: l'art de graver les caractères mobiles

258-59   MSP, 45, 53-54N: à leurs anciens usages. Ils avaient un peu de musique, mais si informe et si grossière qu'ils ignoraient les semi-tons. ¶L'usage

w56: à leurs anciens usages. ¶L'usage

259-60   45, 53-w56: antiquité; ils ont

262   MSP, 45: fêtes et dans

263-64   MSP, 45: Ce sont les

[57] Laurens Janszoon, dit Coster (le marguillier), habitant de Harlem (*c.*1370-1440), eut le premier l'idée, vers 1423, d'utiliser des caractères mobiles en bois, pour imprimer quelques feuillets. L'invention de l'imprimerie en Europe était matière à controverse: c'est seulement en 1763 qu'on reconnaît que la Bible aux 42 lignes de Gutenberg (*c.*1450) est le premier livre imprimé (voir *La Bibbia a stampa da Gutenberg a Bodoni*, éd. I. Zatelli, Florence, 1991).

[58] Sur l'imprimerie, et sur ses différences avec celle de l'Europe, Voltaire suit Du Halde (t.2, p.249-50). Il reviendra sur l'immobilisme chinois dans l'addition de 1756 (voir ci-dessous, n.72).

[59] Du Halde signale une cloche sous le règne du premier empereur de la première dynastie (t.1, p.289). Le dictionnaire de Trévoux ('cloche') date du cinquième ou du sixième siècle l'apparition des cloches en Occident et évoque aussi les cloches de Nankin et Pékin.

[60] Voltaire suit Du Halde: 'L'on ne s'est guère servi de la poudre depuis son invention que pour des feux d'artifice, en quoi les Chinois excellent' (t.2, p.47).

furent les Portugais qui dans ces derniers siècles leur ont enseigné
l'usage de l'artillerie; et ce sont les jésuites qui leur ont appris à
fondre le canon.[61] Si les Chinois ne s'appliquèrent pas à inventer
ces instruments destructeurs, il ne faut pas en louer leur vertu,
puisqu'ils n'en ont pas moins fait la guerre.

Ils ne poussèrent loin l'astronomie qu'en tant qu'elle est la *Astronomie.*
science des yeux et le fruit de la patience.[62] Ils observèrent le ciel
assidûment, remarquèrent tous les phénomènes, et les transmirent
à la postérité. Ils divisèrent, comme nous, le cours du soleil en trois
cent soixante-cinq parties et un quart. Ils connurent, mais con-
fusément, la précession des équinoxes et des solstices. Ce qui
mérite peut-être le plus d'attention, c'est que de temps immémorial

265 MSP: leur appris
266 W68, W75G: s'appliquèrent à
       53, 54C, 54N: s'appliquent pas
267 MSP, 45: leur modération,
268-69 MSP, 45, 53-54N: guerre. ¶Jamais leur géométrie n'alla au-delà des
simples éléments; ils poussèrent plus loin l'astronomie en tant
273 45, 53, 54C, 54N: parties et demie.
274 53, 54C, 54N: la précision des
       MSP: solstices, et ce qui

[61] Les deux jésuites sont Adam Schall (ou Schaal) von Bell et Ferdinand Verbiest.
Voltaire résume Du Halde, qui explique qu'en 1621 la ville de Macao fit présent à
l'empereur de trois pièces de canon (t.2, p.47-48). Mais leur utilisation entraîna des
morts. Les Chinois se firent alors instruire par ruse par le P. Schall, puis, en
multipliant les pressions, par le P. Verbiest (voir *CN*, t.3, p.281: 'verbiest canonier';
p.282, qui détaille les pressions exercées sur lui, lesquelles Voltaire ne mentionne
pas). Verbiest présenta ses modèles le 11 février 1681. Voltaire consulta aussi Le
Comte (voir ci-dessus, n.*), qu'il commanda chez Cramer en octobre 1756 (D7027)
et qui relate comment les Chinois parvinrent à convaincre le P. Verbiest de faire ce
qu'ils lui demandaient: sur son exemplaire l'on trouve la mention marginale: 'le
jesuite / verbiest / fait fondre / du canon' (t.2, p.178-79; *CN*, t.5, p.275).

[62] Voltaire ne s'étend pas sur les limites des progrès chinois dans cette science,
alors qu'elles sont longuement présentées, ainsi que leurs causes, dans la lettre du
P. Parrenin à Dortous de Mairan du 11 août 1730, même si le jésuite admet que les
Chinois ont cultivé l'astronomie avant toutes les autres nations (*Lettres édifiantes*,
Recueil 21, p.76-183).

39

ils partagent le mois en semaines de sept jours. [63] Les Indiens en usaient ainsi; [64] la Caldée se conforma à cette méthode, qui passa dans le petit pays de la Judée; mais elle ne fut point adoptée en Grèce. [65]

On montre encore les instruments dont se servit un de leurs fameux astronomes mille ans avant notre ère, dans une ville qui n'est que du troisième ordre. [66] Nanquin, l'ancienne capitale, conserve un globe de bronze, que trois hommes ne peuvent embrasser, porté sur un cube de cuivre qui s'ouvre, et dans lequel on fait entrer un homme pour tourner ce globe, sur lequel sont tracés les méridiens et les parallèles. [67]

Pékin a un observatoire, rempli d'astrolabes et de sphères

280

285

276-79   MSP, 45, 53-61: jours; on montre
279-80   MSP, 45: se servait un de leurs plus [MSP: leurs] fameux
281   MSP, 45: troisième rang.
283   MSP, 45: embrasser, posé sur
286   MSP, 45: a eu un observatoire rempli d'astrolabes [45: astrobules] et

[63] Du Halde a raconté comment les Chinois ont connu la semaine de sept jours, le mois solaire et lunaire, l'année composée de douze mois, etc. (t.3, p.271-89; voir ci-dessus, n.4). Voltaire suit toujours Du Halde, sauf quand celui-ci accuse les Chinois de superstition, à propos des jours fastes et néfastes.

[64] Voir ci-dessous, ch.3, ligne 145.

[65] Schéma historique fréquemment repris par Voltaire, qui y trouve au passage l'occasion de déprécier les Juifs.

[66] Ici Voltaire exploite librement Du Halde, qui écrit: 'Dans la ville de Teng Song, ville du troisième ordre de la province de Honan [...] on voit encore une tour, du haut de laquelle on assure que Tcheou Kong, le plus habile mathématicien qu'aient eu les Chinois plus de 1200 ans avant la naissance de Ptolémée, faisait ses observations, passant les nuits entières à considérer le lever, les mouvements et les figures des constellations' (t.3, p.276). Puis il mentionne seulement qu'il se servait d'une grande table horizontale de bronze, sur laquelle s'élevait une longue plate bande du même métal en forme de style, toutes deux 'distinguées par degrés', afin d'observer les projections de l'ombre lors des jours précédant ou suivant le solstice, pour en marquer le point précis.

[67] Cette pièce maîtresse est due à Kuo Shou-ching (1231-1315), considéré par de nombreux historiens des sciences comme l'astronome et le mathématicien le plus illustre de la Chine (J. Needham, *Science and civilisation in China*, t.4, Cambridge, 1962, 1re partie, p.117; 2e partie, p.30, 504-505), et que le P. A. Schall von Bell (1591-1666), mathématicien et missionnaire, appela le Tycho Brahé de l'Asie (P. M. Engelfriet, *Euclid in China*, Leiden, 1998, p.72).

armillaires; instruments à la vérité inférieurs aux nôtres pour l'exactitude, mais témoignages célèbres de la supériorité des Chinois sur les autres peuples d'Asie. [68]

290   La boussole qu'ils connaissaient, ne servait pas à son véritable usage de guider la route des vaisseaux. Ils ne naviguaient que près des côtes. Possesseurs d'une terre qui fournit tout, ils n'avaient pas besoin d'aller, comme nous, au bout du monde. La boussole, ainsi que la poudre à tirer, était pour eux une simple curiosité, et ils n'en

295 étaient pas plus à plaindre. [69]

    On est étonné que ce peuple inventeur n'ait jamais percé dans la géométrie au-delà des éléments. Il est certain qu'ils connaissaient ces éléments plusieurs siècles avant qu'Euclide les eût rédigés chez les Grecs d'Alexandrie. L'empereur Cang-hi assura de nos jours au

300 père Parennin, l'un des plus savants et des plus sages missionnaires qui aient approché de ce prince, que l'empereur Yu s'était servi des propriétés du triangle rectangle pour lever un plan géographique d'une province, il y a plus de trois mille neuf cent soixante années;

Géométrie. Voyez les lettres de Parennin.

289   MSP, 45: de l'Asie.

295-316   MSP, 45, 53-54N: plaindre. ¶Il est étrange que leur astronomie et [MSP, 45: que] leurs autres sciences soient en même temps si anciennes chez eux et si bornées; ce qui est

297-311   W56-W57G: éléments, que dans la musique ils aient ignoré les demi-tons, que leur astronomie et toutes leurs sciences soient en même temps si anciennes et si bornées. Il semble

[68] Du Halde évoque ces observatoires situés près de Nankin et à Pékin ainsi que les instruments exposés, globes, sphères, cadrans, astrolabes (t.3, p.274-75, 287-89, avec illustration). Mais le P. Parennin est bien moins élogieux que Voltaire: il remarque que si le palais de l'empereur est aujourd'hui bien fourni en lunettes et pendules fabriquées par les meilleurs ouvriers d'Europe, Cang hi, bien qu'il en connût la nécessité pour faire des observations exactes, puisqu'il avait fait jeter les anciens instruments chinois, n'en a pas ordonné l'usage à ses mathématiciens.

[69] Quoique les *Lettres édifiantes* et Du Halde (par exemple, t.1, p.74, 457, 516, 522) mentionnent les famines, ils insistent beaucoup sur la prospérité de la Chine qui vit en autarcie. Ignorant encore une fois les insuffisances des Chinois, Voltaire ne retient que cela, comme dans *Le Siècle de Louis XIV*, ch.39 à propos de Yongtching (*OH*, p.1107). Sur la faiblesse du commerce extérieur de la Chine, Voltaire suit Du Halde (t.2, p.285).

et le père Parennin lui-même cite un livre écrit onze cents ans avant notre ère, dans lequel il est dit que la fameuse démonstration attribuée en Occident à Pythagore, était depuis longtemps au rang des théorèmes les plus connus. [70]   305

On demande pourquoi les Chinois ayant été si loin dans des temps si reculés, sont toujours restés à ce terme, pourquoi l'astronomie est chez eux si ancienne et si bornée, pourquoi dans la musique ils ignorent encore les demi-tons? [71] Il semble que la nature ait donné à cette espèce d'hommes si différente de la nôtre, des organes faits pour trouver tout d'un coup tout ce qui leur était nécessaire, et incapables d'aller au-delà. [72] Nous au contraire, nous avons eu des connaissances très tard, et nous avons tout perfectionné rapidement. Ce qui est moins étonnant, c'est la crédulité avec laquelle ces peuples ont toujours joint leurs erreurs de l'astrologie judiciaire aux vraies connaissances célestes. Cette superstition a été celle de tous les hommes; et il n'y a pas longtemps que nous en sommes guéris; tant l'erreur semble faite pour le genre humain. [73]   310   315   320

317   MSP, 45: joint les erreurs

[70] Après une concession qui rappelle les réserves du P. Parrenin, Voltaire ajoute un témoignage en faveur de l'ancienneté des connaissances chinoises en géométrie. Tous les détails sont adaptés de la même lettre du 11 août 1730 du P. Parrenin à Dortous de Mairan (*Lettres édifiantes*, Recueil 21, p.108-109), que Voltaire a marquée d'un signet: 'proprietes / du triangle / rectangle / indes / pitagore' (*CN*, t.5, p.347).

[71] Là encore Voltaire s'inspire de Du Halde, qui a présenté brièvement les caractéristiques de la musique chinoise (t.3, p.265-67).

[72] Sur les différences physiques et intellectuelles entre les Chinois et les Européens, et les limites de l'esprit reconnu aux Chinois par Le Comte et Du Halde, voir l'art. 'De la Chine' (p.531 et n.8, 9). Parrenin, dans sa lettre à Dortous de Mairan citée ci-dessus (n.62), explique également le retard des Chinois en matière scientifique par un strict utilitarisme et le désintérêt pour la pure spéculation.

[73] Sur l'astrologie judiciaire mentionnée par Du Halde et sur les réserves à apporter sur ce point, voir l'art. 'De la Chine' (p.541-42, n.38). Voltaire était convaincu que des liens étroits unissaient encore astronomie et astrologie. Il n'avait que du dédain pour cette dernière, cette 'chimère absurde' (*Le Siècle de Louis XIV*, ch.2, *OH*, p.634) qui avait infecté jusqu'aux travaux de Gassendi et Cassini, Tycho Brahé, Roger Bacon et Pic de La Mirandole (Pomeau, t.1, p.500; t.2, p.88-89, 640, 844; *Lettre sur Roger Bacon*,

Si on cherche pourquoi tant d'arts et de sciences, cultivés sans interruption depuis si longtemps à la Chine, ont cependant fait si peu de progrès, il y en a peut-être deux raisons: l'une est le respect
325 prodigieux que ces peuples ont pour ce qui leur a été transmis par leurs pères, et qui rend parfait à leurs yeux tout ce qui est ancien;[74] l'autre est la nature de leur langue, premier principe de toutes les connaissances.

L'art de faire connaître ses idées par l'écriture, qui devait n'être
330 qu'une méthode très simple, est chez eux ce qu'ils ont de plus difficile. Chaque mot a des caractères différents: un savant à la Chine est celui qui connaît le plus de ces caractères; quelques-uns sont arrivés à la vieillesse avant que de savoir bien écrire.[75]

322   54N: Si l'on
         MSP, 53-54N: cultivées
324-27   45: l'une est la nature
329   MSP, 45, 53-54C, 54N: qui devrait n'être
332   MSP, 45: caractères, et quelques-uns
333   53-54N, 56: avant de
333-34   45: écrire. ¶L'autre cause de cette longue permanence dans la médiocrité est le respect superstitieux qu'ont les Chinois pour tout ce qui leur a été transmis par les anciens; ils sont ce que nous étions quand nous respections la physique d'Aristote. ¶Ce

---

OCV, t.20A, p.305-16). On trouve, dans le *Traité sur la tolérance*, la définition suivante: 'La superstition est à la religion ce que l'astrologie est à l'astronomie, la fille très folle d'une mère très sage. Ces deux filles ont longtemps subjugué toute la terre' (p.242). Voir aussi les art. 'Superstition' du *DP* (*OCV*, t.36, p.541) et 'Astronomie, et quelques réflexions sur l'astrologie' des *QE* (*OCV*, t.39, p.145-47).

[74] Le *Meng tsëe, ou Livre de Mencius* (Du Halde, t.2, p.347) traduit amplement l'importance du respect voué aux Anciens qui ont inventé les outils nécessaires au bien public et qui ont essayé de transmettre à la postérité l'art de bien gouverner les hommes (voir *CN*, t.3, p.267). Du Halde, à la suite du P. Parrenin, dans la lettre à Dortous de Mairan déjà citée ci-dessus (n.62), signale que l'application aux sciences est moins bien récompensée que l'étude des lois, de l'histoire et de la morale (t.3, p.264).

[75] La langue chinoise a toujours été considérée comme d'une extraordinaire difficulté, dont Du Halde donne un aperçu (t.2, p.224-38). C'est seulement en 1718 que Fréret a fourni les 214 'clés' qui permettent d'en comprendre le fonctionnement, et qu'Etienne Fourmont en a développé l'étude. Voir N. Fréret, 'Réflexions sur les

Ce qu'ils ont le plus connu, le plus cultivé, le plus perfectionné, c'est la morale et les lois. [76] Le respect des enfants pour leurs pères est le fondement du gouvernement chinois. L'autorité paternelle n'y est jamais affaiblie. [77] Un fils ne peut plaider contre son père qu'avec le consentement de tous les parents, des amis, et des magistrats. Les mandarins lettrés y sont regardés comme les pères des villes et des provinces, et le roi comme le père de l'empire. Cette idée, enracinée dans les cœurs, forme une famille de cet Etat immense. [78]

La Chine monarchie tempérée. La loi fondamentale étant donc que l'empire est une famille, on y a regardé plus qu'ailleurs le bien public comme le premier devoir. [79]

335

340

---

334 MSP: [*manchette*] *Mœurs.*

335 MSP, 45, 53-W57G: pour les pères

338 MSP, 45: parents, [45: et] celui des amis

339 MSG: mandarins, les lettrés

341-63 45, 53-W57G: immense. ¶Tous

---

principes généraux de l'art d'écrire et en particulier sur les fondements de l'Ecriture chinoise', *Mémoires académiques* (Paris, 1996), p.39-72.

[76] Sur les cinq *Kings*, voir ci-dessus, n.18. Le deuxième des *Kings* (le Chu king) et le cinquième (le Li ki) sont en particulier consacrés aux principes du gouvernement et de la morale (comme les livres canoniques du deuxième ordre – voir, par exemple, le Lun yu: Du Halde, t.2, p.325-65), et aux lois et aux devoirs. Dans *La Philosophie de l'histoire*, ch.18, Voltaire juge que la stagnation dans le domaine scientifique est d'importance mineure, car 'ils ont perfectionné la morale, qui est la première des sciences' (p.155).

[77] Voltaire a pu trouver de nombreux exemples de respect filial chez Du Halde, qui évoque le 'principe [du] respect filial' (t.2, p.271); les 'devoirs du père et du fils' (p.367); le devoir 'des jeunes gens à l'égard des personnes âgées' (p.369). Il cite par ailleurs le 'Recueil impérial contenant des édits, déclarations, ordonnances, instructions des empereurs des différentes dynasties', et mentionne la déclaration de l'empereur Suen ti portant ordre qu'on lui présente des gens qui se faisaient distinguer par leur piété filiale (p.402).

[78] Ici Voltaire donne un fidèle résumé de Du Halde, t.2, p.22.

[79] Du Halde indique que tout mandarin doit mettre toute sa gloire 'à rendre le peuple heureux' (t.2, p.31), et donne des exemples des ordonnances, des cérémonies au temple, des discours moraux qui tendent à ce but, ainsi que des inspections de mandarins suivies d'appréciations et de notes, qui visent à faire régner l'ordre, malgré les ruses et les artifices de certains (voir l'art. 'De la Chine', p.540, n.32, pour

De là vient l'attention continuelle de l'empereur et des tribunaux à
345   réparer les grands chemins, à joindre les rivières, à creuser des
canaux, à favoriser la culture des terres et les manufactures.

Nous traiterons dans un autre chapitre du gouvernement de la
Chine. Mais vous remarquerez d'avance que les voyageurs, et
surtout les missionnaires, ont cru voir partout le despotisme. On
350   juge de tout par l'extérieur; on voit des hommes qui se prosternent;
et dès lors, on les prend pour des esclaves. Celui devant qui on se
prosterne, doit être maître absolu de la vie et de la fortune de cent
cinquante millions d'hommes, sa seule volonté doit servir de loi. Il
n'en est pourtant pas ainsi, et c'est ce que nous discuterons. [80] Il suffit
355   de dire ici que dans les plus anciens temps de la monarchie, il fut
permis d'écrire sur une longue table placée dans le palais, ce qu'on

352-53   61-w75G: cent millions
353   61: d'hommes, la seule

des détails complémentaires). Dans ces deux paragraphes ajoutés en 1761, Voltaire
privilégie la version la plus idéaliste, alors que la lettre du P. Parrenin à Dortous de
Mairan du 28 septembre 1735 (*Lettres édifiantes*, Recueil 24, p.3-91) met en doute la
sincérité des expressions reprises des anciennes ordonnances, auxquelles la pratique
ne répond qu'à demi. Si l'affection de l'empereur est toujours la même pour ses
peuples, elle n'est pas égale chez les officiers, souvent lents à appliquer les directives
reçues.

[80] Cf. Du Halde: 'Tout l'empire est gouverné par un seul maître. C'est lui seul qui
dispose de toutes les charges de l'Etat' (t.2, p.11; voir aussi t.1, p.120 21, sur
l'empereur régnant). Il ajoute que l'empereur est regardé comme une espèce de
divinité, devant qui on se met à genoux, et qu'il est le seul arbitre souverain de la vie
et de la fortune de ses sujets (t.2, p.9, 11). Mais d'autres phrases nuancent cette
vision car Du Halde y voit, sinon un 'despotisme' (terme connoté péjorativement au
dix-huitième siècle, ce que Voltaire conteste d'ordinaire), du moins un absolutisme
indispensable au fonctionnement d'un vaste empire, et s'il reconnaît la brutalité de
cette autorité, il ne la critique pas entièrement. Voltaire poursuivra ces réflexions au
ch.195, mais dans tout l'*EM* les mêmes questions serviront à réfuter la thèse du
despotisme dans les chapitres orientaux (voir, par exemple, sur les prosternations,
ch.93, Pomeau, t.1, p.835).

trouvait de répréhensible dans le gouvernement; que cet usage fut mis en vigueur sous le règne de Venti, deux siècles avant notre ère vulgaire,[81] et que dans les temps paisibles les représentations des tribunaux ont toujours eu force de loi.[82] Cette observation impor-   360 tante détruit les imputations vagues qu'on trouve dans l'*Esprit des lois*, contre ce gouvernement le plus ancien qui soit au monde.[83]

Tous les vices existent à la Chine comme ailleurs, mais

360-63   61: loi. ¶Tous
363   MSP, 45, 53-W57G: vices y existent [MSP: comme]
363-64   MSP, 45, 53-54N: mais plus

[81] Cf. Du Halde (t.2, p.388-92). Voltaire omet toutefois de dire que cette décision – prise, en effet, à la suite d'une éclipse, censée être un signe de disgrâce ou une menace adressée par le *Tien* aux princes qui gouvernent mal – relevait de la superstition.

[82] Du Halde distingue les diverses fonctions des cours souveraines, qu'il nomme 'tribunaux', aux différents niveaux de l'administration (t.2, p.24-27). Parrenin (voir ci-dessus, n.79) est plus réservé sur l'application, par l'administration, des directives impériales.

[83] Voici deux lectures différentes de ces mêmes pères jésuites où puisent nos deux auteurs. Voltaire a mis plusieurs signets et annotations dans son exemplaire (BV2496; *CN*, t.5, p.743-45) de *L'Esprit des lois* (t.1, 2), au livre 5, ch.15, pour contester la pauvreté d'Etats, comme la Chine, jugés despotiques par Montesquieu, qui reliait pauvreté et despotisme ('pour ainsi dire, naturalisé' en Asie); puis au livre 6, ch.3, pour affirmer qu'il y existe de très bonnes lois, alors que Montesquieu estime qu'il n'y en a point dans les Etats despotiques. De même, on trouve un signet correspondant au livre 8, ch.21, consacré à l'empire de la Chine, où Montesquieu examine en détail l'exception apparente à son système que constitue la Chine et où il évoque notamment la correspondance entre Parrenin et Mairan (voir ci-dessus n.79) pour justifier ses doutes sur l'excellence du gouvernement chinois. Cette addition de 1769 est dans le droit fil des critiques adressées à Montesquieu dans *L'A.B.C.* (*M*, t.27, p.311-26), où Voltaire invoque en faveur des Chinois 'le rapport unanime de nos missionnaires' (p.324). Elle laisse prévoir les critiques réunies, en 1777, dans le *Commentaire sur l'Esprit des lois*, où – sans prendre en compte les nuances qu'elles apportent au tableau – il renvoie aux 'pièces authentiques, fournies sur les lieux, rassemblées par Du Halde, et qui ne sont point contredites' (*OCV*, t.80B, p.374; voir ci-dessus, n.80).

certainement plus réprimés par le frein des lois, parce que les lois
365 sont toujours uniformes. Le savant auteur des Mémoires de l'amiral
Anson témoigne un mépris et de l'aigreur pour la Chine sur ce que
le petit peuple de Kanton trompa les Anglais autant qu'il le put. [84]
Mais doit-on juger du gouvernement d'une grande nation par les
mœurs de la populace des frontières? [85] Et qu'auraient dit de nous
370 les Chinois, s'ils eussent fait naufrage sur nos côtes maritimes dans
le temps où les lois des nations d'Europe confisquaient les effets
naufragés, [86] et que la coutume permettait qu'on égorgeât les
propriétaires? [87]

Les cérémonies continuelles, qui chez les Chinois gênent la   *Usages utiles.*
375 société, et dont l'amitié seule se défait dans l'intérieur des maisons,
ont établi dans toute la nation une retenue et une honnêteté qui

364-65   w56-w57G: des lois, toujours
364-74   MSP, 53-54N: des lois. ¶Les cérémonies
   45: des lois. ¶Depuis l'an 1637 avant Jésus-Christ, tous les pauvres
vieillards sont nourris dans ce vaste empire aux dépens du trésor public. Mais
comment concilier cette admirable police établie en faveur de la vieillesse avec la
négligence que le peuple chinois a pour l'enfance? On dit qu'il n'est point chez eux de
5 maison d'orphelins et que rien n'est plus commun que des enfants abandonnés. S'il
est ainsi leur gouvernement beaucoup plus parfait que les nôtres à certains égards est
en d'autres fort inférieur, et presque tout est contradiction à la Chine comme parmi
les autres peuples. Les cérémonies
366-67   w56-w75G: un grand mépris pour la Chine, sur ce [w56: parce] que
374   MSP, 45, 53-54N: qui y gênent
375   MSP, 45: seule s'affranchit dans
376   53, 54C, 54N: toutes les nations

[84] Voltaire possède la sixième édition de G. Anson, *Voyage round the world*
(Londres, 1749, BV81), due à Richard Walter, qu'il a brièvement annotée (*CN*, t.1,
p.100). Anson est très critique envers les Chinois: voir le *Saint-Fargeau notebook*,
p.136, et le *Précis du siècle de Louis XV*, ch.27 (*OH*, p.1459).

[85] Du Halde décrit principalement la friponnerie des gens du peuple, particulièrement des marchands (voir l'art. 'De la Chine', p.540-41 et n.35-36).

[86] Dans le *Précis du siècle de Louis XV*, ch.27 (*OH*, p.1459), Voltaire use du même
argument qu'il campe dans un contexte anglais (car retourné contre Anson).

[87] Les remarques sur l'abandon des enfants ont été reportées au ch.155.

47

donnent à la fois aux mœurs de la gravité et de la douceur. Ces qualités s'étendent jusqu'aux derniers du peuple. Des missionnaires racontent que souvent dans les marchés publics, au milieu de ces embarras et de ces confusions qui excitent dans nos contrées des clameurs si barbares et des emportements si fréquents et si odieux, ils ont vu les paysans se mettre à genoux les uns devant les autres selon la coutume du pays, se demander pardon de l'embarras dont chacun s'accusait, s'aider l'un l'autre, et débarrasser tout avec tranquillité. [88]

Dans les autres pays les lois punissent les crimes; à la Chine, elles font plus; elles récompensent la vertu. Le bruit d'une action généreuse et rare se répand-il dans une province, le mandarin est obligé d'en avertir l'empereur; et l'empereur envoie une marque d'honneur à celui qui l'a si bien méritée. [89] Dans nos derniers temps, un pauvre paysan nommé Chicou, trouve une bourse remplie d'or qu'un voyageur a perdue, il la transporte jusqu'à la province de ce voyageur, et remet la bourse au magistrat du canton, sans vouloir

Loi admirable.

380

385

390

378   53-54N: jusqu'au dernier du
379   MSP, 45, 53-W57G: dans des marchés
380   MSP, 45: confusions des voitures qui
384-85   MSP, 45: l'un [MSP: et] l'autre, et débarrasser tout avec une tranquillité qui rendait le dénouement encore plus facile.
388   MSP: province? Le
389   45: avertir l'empereur qui envoie
390-401   MSP, 45, 53-W57G: méritée [53, 54C-54N: mérité]. Cette

[88] Du Halde a consacré un chapitre au 'génie et caractère de la nation chinoise' (t.2, p.75-79), où il relate que le P. de Fontaney, témoin d'un grand embarras de charrettes dans un chemin étroit, avait vu les Chinois continuer à se saluer et à se parler avec douceur (p.75).
[89] D'après Du Halde, *passim*, qui rapporte de nombreux exemples du prix que les Chinois attachent à la probité (voir, par exemple, t.2, p.395, où il raconte que l'empereur Venti avait donné l'ordre qu'on lui cherche et qu'on lui présente des gens d'un mérite et d'une droiture à toute épreuve). L'art. 'De la Chine' répétera que la constitution chinoise est 'la seule qui ait institué des prix pour la vertu' (p.540).

rien pour ses peines. Le magistrat, sous peine d'être cassé, était
395 obligé d'en avertir le tribunal suprême de Pékin; ce tribunal obligé
d'en avertir l'empereur; et le pauvre paysan fut créé mandarin du
cinquième ordre: ⁹⁰ car il y a des places de mandarins pour les paysans
qui se distinguent par la morale, comme pour ceux qui réussissent
le mieux dans l'agriculture. ⁹¹ Il faut avouer que parmi nous on
400 n'aurait distingué ce paysan qu'en le mettant à une taille plus forte,
parce qu'on aurait jugé qu'il était à son aise. Cette morale, cette
obéissance aux lois, jointe à l'adoration d'un Etre suprême, forment
la religion de la Chine, celle des empereurs et des lettrés. ⁹²
L'empereur est de temps immémorial le premier pontife: c'est lui

395   61-w75G: Pékin; le tribunal
402   MSP, 45: jointes
403   45: celles

⁹⁰ L'anecdote ajoutée en 1761 vient d'une lettre du P. Contancin au P. Du Halde
(*Lettres édifiantes*, Recueil 22, p.301) et est marquée d'un signet (*CN*, t.5, p.349:
'histoire / de / chicou'). Voir aussi Le Comte, qui cite une lettre relatant une
anecdote comparable (t.2, p.225; *CN*, t.5, p.275). Dans les *Leningrad notebooks*, sous
la rubrique 'Jugemens', on trouve: 'de Chicou et la Chine sous le dernier empereur'
(*OCV*, t.81, p.392).
⁹¹ Voir, dans les *Lettres édifiantes* (Recueil 22, p.217-18), les propositions
adressées à l'empereur, en 1727, pour 'exciter le peuple à défricher les terres
incultes': celui qui irait 'jusqu'à quatre-vingts arpents' deviendrait 'mandarin
honoraire du huitième ordre' et pourrait en 'porter le bonnet et l'habit' (voir *CN*,
t.5, p.348. 'défricheurs / mandarins'). *Le Siècle de Louis XIV*, ch.39, commentant la
même initiative, évoquera toutefois le laboureur 'qui serait jugé [...] le plus diligent,
le plus industrieux et le plus honnête homme' (*OH*, p.1107).
⁹² Cette restriction permet d'identifier la religion chinoise et le déisme du
philosophe en évitant toute mention de la superstition populaire que Du Halde
évoque à maintes reprises. En parlant de 'l'adoration d'un Etre suprême', Voltaire
adopte une position conforme à celle des jésuites sur un point controversé (voir
ch.2). Sur le théisme prêté aux Chinois dans de nombreux ouvrages, voir l'art.
'Athée, athéisme' du *DP* (*OCV*, t.35, p.385 et n.40, 41). Voltaire revient sur cette
religion pure dans *La Philosophie de l'histoire*, ch.18 (p.155-57) et *Dieu et les hommes*,
ch.4 (*OCV*, t.69, p.288-89).

qui sacrifie au *Tien*, au souverain du ciel et de la terre. Il doit être le   405
premier philosophe, le premier prédicateur de l'empire: ses
édits sont presque toujours des instructions et des leçons de
morale. [93]

407-ch.2, ligne 6   MSP, 45: instructions qui animeraient à la vertu, si les hommes
n'étaient pas trop accoutumés à ces leçons qui ne sont plus que de style. Confutzée
   53-54N: instructions qui animent à la vertu. Confutzée

[93] Voltaire a pu lire dans Du Halde comment l'empereur Cang hi allait, à cheval,
en grande pompe, accompagné de princes, de mandarins, de soldats, offrir des
sacrifices dans le temple du *Tien* (t.2, p.21-22). Voir aussi les *Notebook fragments*, 1,
'Histoire morale': 'L'empereur de la Chine est pontife et prédicateur. Ses édits sont
des sermons' (*OCV*, t.82, p.585).

CHAPITRE 2

De la religion de la Chine. Que le gouvernement n'est point athée; que le christianisme n'y a point été prêché au septième siècle. De quelques sectes établies dans le pays.

Dans le siècle passé nous ne connaissions pas assez la Chine. Vossius l'admirait en tout avec exagération. Renaudot son rival, et

a-196   [*Première rédaction de ce chapitre*: MSP, 45]
a   MSP, 45, 53-54N: [*pas de rupture*]
1-5   MSP, 45, 53-61: [*absentes*]

* Les sources sont ici les mêmes que pour le chapitre précédent, mais le domaine d'investigation est beaucoup plus limité. En effet, comme l'indique le titre, ce chapitre est exclusivement consacré à la religion des Chinois, à laquelle Voltaire accorde, depuis 1738, une importance particulière. Aussi combat-il toutes les thèses qui la dégradent à ses yeux. Il insiste donc, en particulier, sur les questions controversées de l'athéisme chinois, sujet sur lequel il revient au cours des différentes éditions, puis de l'idolâtrie en Chine; et il conteste enfin la présence ancienne du christianisme dans ce pays. Mais tous ces problèmes, pointus à souhait, sont à situer dans un contexte plus vaste. Dès 1737, dans son *Discours en vers sur l'homme*, jusqu'en 1775, époque des *Lettres chinoises*, dans plus de 60 textes, Voltaire déclare, comme ici, son admiration pour le confucianisme qu'il considère comme la religion naturelle des lettrés et de l'ordre établi, et répond donc de plus en plus vertement à tous ceux qui accusent les Chinois de matérialisme (voir les variantes et additions de 1756, 1761 et 1769). Car leur théisme tolérant, auquel il adhère lui-même (étroitement lié à un code moral sophistiqué, source de leur sagesse et de leur police), est la 'seule religion dans le monde qui n'ait pas été souillée par le fanatisme' (art. 'Fanatisme', *DP*, *OCV*, t.36, p.110): leitmotive de plus en plus fréquents à mesure que sa campagne contre l'Infâme des années 1760 prend son essor (voir *La Philosophie de l'histoire*, ch.18, *OCV*, t.59, p.154-57; le *Traité sur la tolérance*, ch.19, *OCV*, t.56c, p.239-41; le *DP*, *OCV*, t.36, p.397; *Le Philosophe ignorant*, doute 41, *OCV*, t.62, p.91-92, en passant par les *Homélies prononcées à Londres*, *La Défense de mon oncle*, *Le Dîner du comte de Boulainvilliers*, *La Profession de foi des théistes*, *Dieu et les hommes*). C'est grâce à leur religion et à leurs mœurs que les Chinois connaissent la stabilité. Mais si l'Infâme se trouve de plus en plus souvent incriminé dès le début des années 1760, n'oublions pas qu'il y a aussi, déjà présent dans ce chapitre, et ailleurs dans d'autres textes

l'ennemi des gens de lettres, poussait la contradiction jusqu'à feindre de mépriser les Chinois, et jusqu'à les calomnier. Tâchons d'éviter ces excès.[1]

Confutzée, que nous appelons Confucius, qui vivait il y a deux mille trois cents ans, un peu avant Pythagore, rétablit cette religion, laquelle consiste à être juste.[2] Il l'enseigna, et la pratiqua

5

7   45: Pythagore, établit cette
8   MSP, 45: juste et bienfaisant; il l'enseigna

---

postérieurs, un adversaire dont Voltaire tait le nom: Montesquieu (voir ch.1, n.83). Alors que pour Voltaire les Chinois connaissent une stabilité séculaire grâce à leur religion et aux mœurs qui en découlent, pour Montesquieu cette stabilité, ou cette permanence – suspecte de par sa nature même – ne pouvait être que le signe visible du despotisme paternaliste propre à l'Orient (*De l'esprit des lois*, livre 19, ch.17-20). Voir V. Pinot, *La Chine et la formation de l'esprit philosophique en France 1640-1740* (Paris, 1932; Genève, 1971), et B. Guy, *The French Image of China before and after Voltaire* (voir ch.1, n.*), ainsi que R. Etiemble, *L'Europe chinoise* (Paris, 1988-1989).

[1] Dans cette addition de 1769, Voltaire demeure obstinément fidèle au mythe sinophile que connaît l'Europe depuis le dix-septième siècle, mais qui commence, dans les années 1760, à sombrer (sur ce déclin, voir Pinot, Guy, ch.6, et *La Défense de mon oncle*, ch.12, *OCV*, t.64, p.324, n.2). Il semble que Voltaire ne connaît Vossius, auteur de *De artibus et scientiis sinarum* (1685), que par l'abbé E. Renaudot, traducteur des *Anciennes Relations des Indes et de la Chine*, qui se moque de l'admiration que Vossius voue à la civilisation chinoise (voir *CN*, t.7, p.333, où Voltaire a mis deux traits en face d'un jugement excessivement dithyrambique sur les inventions chinoises, que reproduit Renaudot). En rejetant l'ouvrage de ce dernier, Voltaire condamne un des rares écrits contemporains anti-chinois, qui critiquait pourtant comme lui l'ancienneté supposée du christianisme en Chine (voir ci-dessous, lignes 169-91; *CN*, t.7, p.332, où l'intérêt de Voltaire pour la 'Religion Chrestienne à la Chine' est trahi par des signets aux p.230-31, 236-37, 248-49).

[2] Avant l'addition de 1769, ce paragraphe s'enchaînait aux dernières lignes (401-408) du ch.1, où Voltaire assimile la religion chinoise avant tout à l'enseignement de la morale, élément qui l'avait particulièrement intéressé chez Du Halde (*Description géographique* [...] *de la Chine*; voir *CN*, t.3, p.263-72) et qu'il met en avant dans de nombreux textes lorsqu'il évoque le confucianisme: voir, par exemple, le *Discours en vers sur l'homme*, 6e discours, 'sur la nature de l'homme' (*OCV*, t.17, p.513-21), ou l'art. 'Catéchisme chinois' du *DP* (*OCV*, t.35, p.470-74). On sait combien le nom de Confucius lui-même revient souvent sous la plume de Voltaire pour figurer dans son panthéon des grands sages, bienfaiteurs de l'humanité, 'de ceux qui aimaient la

dans la grandeur, dans l'abaissement, tantôt premier ministre d'un
10 roi tributaire de l'empereur, tantôt exilé, fugitif et pauvre. Il eut de
son vivant cinq mille disciples;[3] et après sa mort ses disciples furent
les empereurs, les *colao*, c'est-à-dire, les mandarins, les lettrés, et
tout ce qui n'est pas peuple.[4] Il commence par dire dans son livre,
que quiconque est destiné à gouverner, doit *rectifier la raison qu'il a*
15 *reçue du ciel comme on essuie un miroir terni*, qu'il doit *aussi se*
renouveler soi-même, pour renouveler le peuple par son exemple. Tout
tend à ce but;[5] il n'est point prophète, il ne se dit point inspiré:[6] il ne

Morale de Confutzée.

9   MSP, 45: grandeur et dans
9-10   53-54N: ministre du roi
12   45: lettrés qui sont les hommes de loi, et tout
13-27   MSP, 45, 53-W57G: peuple. Sa

vertu pour elle-même' ('De Socrate', *M*, t.20, p.428): voir aussi, à titre d'exemple,
La Philosophie de l'histoire, ch.18 (p.156); *Le Philosophe ignorant*, doute 41 (p.91-92).
Ici, faisant écho à Du Halde (t.3, p.15), Voltaire le présente comme le restaurateur de
l'ancienne religion, ou vertu, chinoise. Voltaire a également puisé des informations
sur lui dans *La Morale de Confucius, philosophe de la Chine* de L. Cousin et J. de La
Brune (Amsterdam [Paris], 1688, BV892; *CN*, t.2, p.780), ainsi que dans *Confucius*
sinarum philosophus du P. Couplet (Paris, 1687, BV845; *CN*, t.2, p.712-13).

[3] Ces détails biographiques sont tirés de Du Halde (t.1, p.350-54; t.2, p.319-23).

[4] Parmi les mandarins répartis en neuf ordres, les colaos sont, d'après Du Halde,
les mandarins du premier ordre, seulement au nombre de cinq ou six, ministres
d'Etat, premiers présidents des cours souveraines (t.2, p.22). Pour les définitions du
Dictionnaire de Trévoux et de l'*Encyclopédie*, voir l'art. 'Catéchisme chinois' du *DP*
(p.445, n.21).

[5] L'addition de 1761 (lignes 13-19) et celle de 1769 (lignes 19-26), élargissent la
représentation de Confucius en universalisant son message (cf. l'art. 'Morale' du *DP*:
'Confucius n'a point inventé un système de morale, comme on bâtit un système de
physique. Il l'a trouvé dans le cœur de tous les hommes', *OCV*, t.36, p.397). Dans la
présentation que fait Du Halde du premier livre canonique, le *Ta hio*, *l'Ecole des*
adultes, ou grande science, Voltaire a pu lire: 'Toute la science des princes et des
Grands d'un royaume, dit Confucius, consiste à cultiver et à perfectionner la nature
raisonnable qu'ils ont reçue du *Tien* et à lui rendre cette lumière et cette clarté
primitive, qui a été affaiblie ou obscurcie par les diverses passions, afin de se mettre
en état de travailler ensuite à la perfection des autres' (t.2, p.325). Des expressions
comparables se trouvent dans *La Morale de Confucius* de Cousin et La Brune.

[6] Dans le *Saint-Fargeau notebook*, on lit: 'Confucius d'autant plus grand qu'il ne

connaît d'inspiration que l'attention continuelle à réprimer ses passions; il n'écrit qu'en sage. Aussi n'est-il regardé par les Chinois que comme un sage. [7] Sa morale est aussi pure, aussi sévère et en même temps aussi humaine que celle d'Epictète. [8] Il ne dit point, ne fais pas aux autres ce que tu ne voudrais pas qu'on te fît; mais, *fais aux autres ce que tu veux qu'on te fasse*. Il recommande le pardon des injures, le souvenir des bienfaits, l'amitié, l'humilité. Ses disciples étaient un peuple de frères. [9] Le temps le plus heureux et le plus respectable qui fût jamais sur la terre, fut celui où l'on suivit ses lois. [10]

20

25

19-27 61: sage. ¶Sa

---

fut point prophète' (*OCV*, t.81, p.139). Dans le *Third Paris notebook*, qui date sans doute de la même époque (voir *OCV*, t.81, p.29-30), on lit: 'Confucius n'imagina ni de nouvelles opinions, ni de nouveaux rites; ne fit ni l'inspiré, ni le prophète. C'était un magistrat qui enseignait les loix' (t.82, p.490).

[7] Du Halde affirme que Confucius est regardé par les Chinois comme 'le maître et le docteur de l'empire' et comme le premier de leurs sages (t.1, p.354; t.2, p.286).

[8] Confucius est souvent associé à Epictète, également admiré par Voltaire, comme le montrent particulièrement les art. 'Idole' et 'Philosophe' du *DP* (*OCV*, t.36, p.227, p.438 et n.17), ou *Le Philosophe ignorant*, doute 45 (p.94). Il figure, avec Confucius, dans la liste de ceux qui ont prêché 'une morale honnête' (*Dieu et les hommes*, ch.33, *OCV*, t.69, p.422).

[9] Dans cette addition de 1769, Voltaire compare implicitement Confucius au fondateur du christianisme, pour donner l'avantage au premier. 'Traitez les autres comme vous voulez qu'on vous traite vous-mêmes' est une maxime extraite du livre 12 du *Lun Yu ou livre des sentences*, recueil présenté par Du Halde (t.2, p.332). Elle est également rapportée dans Cousin et La Brune: voir l'art. 'Catéchisme chinois', p.447, n.26. Sur les variantes de cette formulation et sa supériorité par rapport aux préceptes chrétiens, voir l'art. 'Philosophe' (p.436, n.10). Le 'Catéchisme chinois' cite la maxime 'Reconnais les bienfaits par des bienfaits et ne te venge jamais des injures', librement adaptée du *Lun Yu* (p.472, n.81), citée également par Couplet (*CN*, t.2, p.712). Du Halde mentionne à son tour la constance, la fermeté, la modestie de Confucius (t.2, p.322-23). Pour les références à l'humilité de Confucius dans le *Lun Yu* et chez Du Halde, voir l'art. 'Catéchisme chinois' (n.82).

[10] Voltaire s'inspire des oppositions, évoquées dans le *Meng Tsee, ou livre de Mencius*, entre le temps malheureux précédant la venue de Confucius où 'l'Empire se vit replongé dans sa première barbarie' et l'époque où 'ses instructions et ses maximes étaient écoutées et applaudies', ou encore les siècles suivants où les

Sa famille subsiste encore: et dans un pays où il n'y a d'autre noblesse que celle des services actuels, elle est distinguée des autres familles en mémoire de son fondateur.[11] Pour lui, il a tous les
30 honneurs, non pas les honneurs divins qu'on ne doit à aucun homme, mais ceux que mérite un homme qui a donné de la Divinité les idées les plus saines que puisse former l'esprit humain sans révélation.[12] C'est pourquoi le père le Comte et d'autres mis- *Culte de Dieu*
sionnaires ont écrit *que les Chinois ont connu le vrai Dieu, quand les* *très ancien.*
35 *autres peuples étaient idolâtres, et qu'ils lui ont sacrifié dans le plus ancien temple de l'univers.*[13]

Les reproches d'athéisme dont on charge si libéralement dans notre Occident quiconque ne pense pas comme nous, ont été

29-30 MSP, 45: a non les honneurs divins
32-33 K: humain. C'est
33-92 MSP, 45, 53-54N: révélation. ¶Quelque

---

empereurs ne se rendaient pas 'respectables aux peuples par leur sagesse et leur vertu' (voir *CN*, t.3, p.267).

[11] D'après Du Halde, t.1, p.97; t.2, p.319.

[12] Du Halde mentionne les honneurs que les lettrés doivent rendre à Confucius (t.2, p.105). La nature du culte rendu à Confucius, que les jésuites toléraient chez les Chinois convertis au christianisme, avait tenu une grande place dans la querelle des cérémonies chinoises. Sur l'historique de cette querelle, la position des dominicains, du Saint-Office, le rôle joué par l'abbé Maigrot, l'abbé Boileau, le patriarche de Tournon, envoyé de Clément XI, et l'interdiction du christianisme en Chine par un arrêt du 10 janvier 1724, évoqués dans *Le Siècle de Louis XIV*, ch.39 (*OH*, p.1101-109), voir R. Etiemble, *Les Jésuites en Chine. La querelle des rites, 1552-1773* (Paris, 1966), et I. Landry-Deron, *La Preuve par la Chine. La description de J. B. Du Halde* (Paris, 2002). On comprend l'admiration de Voltaire quand Du Halde résume les 'saines idées' que Confucius donnait de la divinité (t.2, p.320): il voulait inspirer respect, crainte et reconnaissance pour le principe de tous les êtres, montrer que rien ne lui est caché et qu'il ne laisse jamais la vertu sans récompense ni le vice sans châtiment.

[13] Voir le P. L. Le Comte, *Nouveaux Mémoires sur l'état présent de la Chine* (Amsterdam, 1697, BV1988; *CN* t.5, p.273-76). La citation de Voltaire condense des remarques du t.2, p.96, 104-105. Une citation équivalente est donnée au ch.39 du *Siècle de Louis XIV* (p.1104). Cette longue discussion sur l'athéisme des Chinois apparaît en 1756.

prodigués aux Chinois. Il faut être aussi inconsidérés que nous le sommes dans toutes nos disputes, pour avoir osé traiter d'athée un gouvernement dont presque tous les édits parlent (a) *d'un être suprême père des peuples, récompensant et punissant avec justice, qui a mis entre l'homme et lui une correspondance de prières et de bienfaits, de fautes et de châtiments.* [14]

Le parti opposé aux jésuites a toujours prétendu que le gouvernement de la Chine était athée, parce que les jésuites en étaient favorisés. Mais il faut que cette rage de parti se taise devant le testament de l'empereur Cang-hi. Le voici.

Je suis âgé de soixante et dix ans, j'en ai régné soixante et un, je dois cette faveur à la protection du ciel, de la terre, de mes ancêtres, et au

(a) Voyez l'édit de l'empereur Yontchin rapporté dans les Mémoires de la Chine, rédigés par le jésuite du Halde. Voyez aussi le poème de l'empereur Kienlong. [15]

44-53   w56-61: *châtiments.* ¶Il
n.*a*   MSP, 45, 53-54N: [*absente*]
n.*a*, 1   w56-61: Yontchin.//
n.*a*, 2   w68: Halde.//

[14] Les citations, sur lesquelles la note de 1769 apporte une précision, sont empruntées à Du Halde (t.3, p.34, 35). Un signet portant 'athee' se trouve dans la lettre du P. Parrenin à Dortous de Mairan d'août 1730 (*Lettres édifiantes*, Recueil 21, p.134; *CN*, t.5, p.347): Parrenin y affirme qu'il n'a jamais vu de Chinois qui fût athée dans la pratique, même parmi ceux qui veulent le paraître dans la dispute; car en cas de péril, ils implorent le *Lao tien yé* ou invoquent les esprits.

[15] En 1775, Voltaire a ajouté à ses arguments la mention du poème de l'empereur Kien-Long: il possède et a annoté l'*Eloge de la ville de Moukden et de ses environs*, trad. P. Amiot (Paris, 1770, BV1783). Il a placé un signet, portant 'Dieu', aux p.103-104, où on lit par exemple: 'Un tel pays, de tels hommes ne pouvaient manquer d'attirer sur eux des regards de prédilection de la part du Souverain Maître qui règne dans le plus haut des cieux. Ce Roi suprême, qui ne s'intéressait déjà plus à la conservation des *Ming*, vit avec complaisance que tous les cœurs se tournaient d'eux-mêmes vers notre Empire des *Tay-tsing* etc.' (*CN*, t.4, p.645). Il reviendra sur ce texte dans les *Lettres chinoises* (*M*, t.29, p.461-63).

Dieu de toutes les récoltes de l'empire, je ne puis les attribuer à ma faible vertu. [16]

Il est vrai que leur religion n'admet point de peines et de récompenses éternelles; et c'est ce qui fait voir combien cette religion est ancienne. Le Pentateuque ne parle point de l'autre vie dans ses lois. Les saducéens chez les Juifs ne la crurent jamais; et ce dogme n'a été heureusement constaté dans l'Occident que par le maître de la vie et de la mort. [17]

55 w56-w68: ancienne. Moïse lui-même ne
56-59 κ: jamais. ¶On

[16] La citation du 'testament' de Cang hi est une addition de 1769. Du Halde mentionne souvent Cang hi (t.1, p.540-50), mais on ne trouve chez lui aucune trace de cette citation. Toutefois il arrive que Voltaire fabrique des 'citations' en regroupant des morceaux dispersés. Il veut renforcer sa thèse en introduisant cette addition polémique (lignes 45-52). Le 'parti', défavorable aux jésuites comme aux Chinois, comprendrait les libertins, qui s'appuient sur Bayle affirmant l'athéisme des lettrés chinois (*Dictionnaire*, 2ᵉ éd., 1702: 'Cesalpin', remarque B; 'Maldonat', remarque L, où se trouvent mentionnés le P. Longobardi et le P. Le Gobien; 'Spinoza', remarque X), mais aussi la Sorbonne et les dominicains (voir *Dieu et les hommes*, ch.4, p.287), parce que dans les conflits entre religieux, l'accusation d'athéisme est facilement lancée contre des adversaires. Le P. Le Gobien, le P. Longobardi, le P. A. de Sainte-Marie, Renaudot, Fréret sont toutefois persuadés de l'athéisme des Chinois (voir Pinot, p.321-44). Pour plus de détails sur leurs publications, voir l'art. 'De la Chine' du *DP* (*OCV*, t.35, p.533, n.15). Voltaire aurait partagé ce point de vue jusque vers 1742 (voir son *Ode sur le fanatisme*, *OCV*, t.16, p.422-33). Mais les écrits des jésuites auraient modifié son opinion, le *Saint-Fargeau notebook* notant, *c.*1755: 'La grande dispute entre les missionnaires a roulé sur le culte des Chinois. Adorent-ils un Dieu (les lettrés)? Oui sans doute, ils l'appellent le père des peuples. Ce Iᵉʳ être récompensant et punissant avec justice – ils ne sont donc point athées. [...] Il y a des athées, mais le gouvernement ne l'est pas et ne peut l'être' (p.135; voir également Guy, ch.5, et Etiemble, *L'Europe chinoise*). Dans *La Philosophie de l'histoire*, ch.18 (p.154-57), Voltaire réfute à nouveau l'athéisme des Chinois, puisque toutes leurs lois sont fondées sur la connaissance d'un Etre suprême rémunérateur et vengeur. Il y attaque Maigrot pour avoir traité Confucius d'athée (p.156-57). Il maintient la même position dans *Dieu et les hommes*, ch.4 (p.287-88) et dans la troisième des *Lettres chinoises* (p.460-63).

[17] On peut donc déduire que les Chinois ne croient pas à l'immatérialité de l'âme. Dans *La Défense de mon oncle*, ch.17, Voltaire répète que les Chinois n'avaient pas connaissance de l'immortalité de l'âme et qu'il n'en est pas parlé dans les cinq *Kings* (*OCV*, t.64, p.232 et n.11, p.356-57, sur les questions que peut néanmoins

On a cru que les lettrés chinois n'avaient pas une idée distincte d'un Dieu immatériel; mais il est injuste d'inférer de là qu'ils sont 60 athées.[18] Les anciens Egyptiens, ces peuples si religieux, n'adoraient pas Isis et Osiris comme de purs esprits. Tous les dieux de l'antiquité étaient adorés sous une forme humaine; et ce qui montre bien à quel point les hommes sont injustes, c'est qu'on flétrissait du nom d'athées chez les Grecs ceux qui n'admettaient pas ces dieux 65 corporels, et qui adoraient dans la Divinité une nature inconnue, invisible, inaccessible à nos sens.[19]

Le fameux archevêque Navarrette dit que selon tous les interprètes des livres sacrés de la Chine, *l'âme est une partie aérée, ignée, qui en se séparant du corps se réunit à la substance du* 70

susciter la pratique du culte des ancêtres). Mais Voltaire en profite ici pour revenir à une de ses critiques les plus fréquentes concernant l'Ancien Testament, dès le *Sermon des cinquante*: les écrits attribués à Moïse ne parlent pas de l'immortalité de l'âme, des récompenses et des peines après la mort, alors que les législateurs des autres peuples, Indiens, Egyptiens, Grecs, Romains etc., ont enseigné ces croyances utiles (voir l'art. 'Catéchisme chinois', p.456, n.45, et *L'Examen important de milord Bolingbroke*, *OCV*, t.62, p.183-85). Sur le silence de Moïse et la position des saducéens, ainsi que des autres sectes juives, voir l'art. 'Ame' du *DP* (*OCV*, t.35, p.315-16).

[18] Le P. Longobardi (*Traité sur quelques points de la religion des Chinois*, Paris, 1701), et le P. Le Gobien (*Histoire de l'édit de l'empereur de la Chine*, dans Le Comte, *Nouveaux Mémoires*, qui estimait pour sa part que les néoconfucéens ne reconnaissaient dans la nature que la nature même, t.3, 1698), avaient affirmé l'athéisme des Chinois. A leur suite, Malebranche, *Entretien d'un philosophe chrétien avec un philosophe chinois* (Paris, 1708, BV2278), et Fréret, dans sa correspondance et dans ses mémoires lus a l'Académie royale des inscriptions et belles-lettres, s'étaient intéressés à la question. Fréret écrit: 'On voit aisément que la philosophie chinoise n'admet ni création, ni providence et par conséquent ne reconnaît point de dieu, c'est-à-dire d'être distingué de l'univers, qui ait produit ou créé le monde, et qui gouverne en conséquence des lois qu'il a établies. La langue chinoise n'a même point de terme qui réponde à cette idée' (*Mémoires académiques*, Paris, 1996, p.68). Voir C. Larrère, 'Fréret et la Chine', dans *Nicolas Fréret, légende et vérité*, éd. Chantal Grell et Catherine Volpilhac-Auger (Oxford, 1994), p.109-29. Le nœud de la querelle des rites tient au contenu, spirituel ou matériel, qu'on donne aux notions de *Tien*, de *Li*, de *Shang-ti*. La polysémie du concept de *Li*, par exemple, permettait de tirer la philosophie chinoise vers la conception spinoziste du *Deus sive natura*.

[19] Sur la signification des images et emblèmes dans les diverses religions, voir l'art. 'Idole' du *DP* (en particulier p.218-20).

ciel.[20] Ce sentiment se trouve le même que celui des stoïciens. C'est ce que Virgile développe admirablement dans son sixième livre de l'Enéide.[21] Or certainement ni le Manuel d'Epictète, ni l'Enéide ne sont infectés de l'athéisme. Tous les premiers Pères de l'Eglise ont pensé ainsi.[22] Nous avons calomnié les Chinois, uniquement parce que leur métaphysique n'est pas la nôtre. Nous aurions dû admirer en eux deux mérites, qui condamnent à la fois les superstitions des paiens, et les mœurs des chrétiens. Jamais la religion des lettrés ne fut déshonorée par des fables, ni souillée par des querelles et des guerres civiles.[23]

En imputant l'athéisme au gouvernement de ce vaste empire, nous avons eu la légèreté de lui attribuer l'idolâtrie par une accusation qui se contredit ainsi elle-même.[24] Le grand malentendu sur les rites de la Chine est venu de ce que nous avons jugé de leurs

Gouvernement chinois accusé à la fois d'athéisme et d'idolâtrie.

---

[20] D. F. Navarrete (1610-1689), devenu archevêque de Saint-Domingue, a beaucoup contribué à faire connaître la Chine par ses *Tratados historicos politicos ethicos y religiosos de la monarchia de China* (Madrid, 1676). Il donne du concept de *Li* (p.275-77) une interprétation qui permet de ramener à l'antithèse esprit/matière la relation entre les deux principes structurant la réalité, le *Li* et le *Ki*.

[21] *Enéide*, 6, vers 724-51: il s'agit du discours d'Anchise à Enée aux Enfers auquel Voltaire se réfère souvent, comme on le voit, par exemple, dans l'art. 'Apocalypse' du *DP* (*OCV*, t.35, p.363 et n.7).

[22] Ces assimilations périlleuses entre des systèmes de pensée et des cultures différentes, en recherchant la caution à la fois d'Epictète, de Virgile et même des Pères de l'Eglise, montrent à quel point Voltaire tient absolument à rejeter la thèse de l'athéisme des Chinois; il admettra pourtant, quelques lignes plus loin, que leur métaphysique n'est pas la nôtre.

[23] Meme éloge dans une addition à l'art. 'De la Chine': 'La religion des lettrés encore une fois est admirable. Point de superstitions, point de légendes absurdes, point de ces dogmes qui insultent à la raison et à la nature, et auxquels des bonzes donnent mille sens différents parce qu'ils n'en ont aucun' (p.543). Si Du Halde affirme aussi qu'on ne trouve, dans les anciens livres, aucun vestige d'un culte idolâtrique, il indique cependant que, du temps même de Confucius, la magie et plusieurs erreurs avaient contaminé les esprits (t.3, p.14). Sur les différences entre son texte et les affirmations de Voltaire, voir 'De la Chine', p.543 et n.44.

[24] Voltaire précise dans *Le Siècle de Louis XIV*, ch.39: 'On reprochait aux lettrés de n'admettre que la matière; en ce cas il était difficile qu'ils invoquassent les âmes de leurs pères et celle de Confutzée. Un de ces reproches semble détruire l'autre' (p.1104).

usages par les nôtres: car nous portons au bout du monde les   85
préjugés de notre esprit contentieux. [25] Une génuflexion, qui n'est
chez eux qu'une révérence ordinaire, nous a paru un acte
d'adoration: nous avons pris une table pour un autel: c'est ainsi
que nous jugeons de tout. [26] Nous verrons en son temps comment
nos divisions et nos disputes ont fait chasser de la Chine nos   90
missionnaires. [27]

Secte de Fo. Quelque temps avant Confucius, Laokiun avait introduit une
secte, qui croit aux esprits malins, aux enchantements, aux
prestiges. Une secte semblable à celle d'Epicure fut reçue et
combattue à la Chine cinq cents ans avant Jésus-Christ: mais   95
dans le premier siècle de notre ère, ce pays fut inondé de la
superstition des bonzes. [28] Ils apportèrent des Indes l'idole de Fo ou

85-86   w56-w57g: monde nos préjugés et notre
92   msp, 45, 53-54n: avant lui, Laokium [53, 54d, 54n: Laokum; 54: Loo-kum]
92-93   msp, 45: une secte
97-98   45: l'idole Fo adorée [*voir Errata, Mercure de France, avril, 1745*]

[25] *Dictionnaire de l'Académie*, 1762: 'Il signifie aussi, qui aime à disputer, à
contester.'
[26] Alors que les jésuites jugeaient nécessaire de tolérer, chez leurs néophytes
chinois, le culte rendu aux ancêtres, les missionnaires des autres ordres, particulièrement les dominicains, l'assimilaient au culte rendu, dans la Rome païenne, aux dieux
Mânes et Pénates. Dans le ch.39 du *Siècle de Louis XIV*, Voltaire détaille ces
cérémonies mal comprises des Européens: on se prosterne, on brûle des bougies et
des pastilles (p.1102). Il a pu trouver ces renseignements dans la *Lettre à Mgr le duc
Du Maine sur les cérémonies de la Chine* du P. L. Le Comte (Paris, 1700), dont on
trouvera un extrait à la n.6 de l'art. 'De la Chine' (p.530).
[27] Voir *EM*, ch.195, et *Le Siècle de Louis XIV*, ch.39.
[28] On passe à d'autres accusations d'idolâtrie quand on quitte la religion des lettrés
pour le taoïsme et le bouddhisme. Sur Laokium ou Lao-tseu, sur le mépris de
Voltaire envers cette secte à cause des informations lacunaires données par Du
Halde, qui insiste plus sur les pratiques magiques que sur la doctrine du Tao, voir
l'art. 'Catéchisme chinois' (p.446 et n.24). Le rapprochement avec les disciples
d'Epicure vient de Du Halde (t.3, p.16) et entraîne probablement, dans le
'Catéchisme chinois', une assimilation à certains tenants modernes de l'épicurisme,
ce qui fait écrire à Voltaire: 'La secte de Laokium dit qu'il n'y a ni juste, ni injuste, ni

de Foé, adorée sous différents noms par les Japonais et les Tartares, prétendu dieu descendu sur la terre, à qui on rend le culte le plus
100 ridicule, et par conséquent le plus fait pour le vulgaire. Cette religion, née dans les Indes près de mille ans avant Jésus-Christ, a infecté l'Asie orientale; c'est ce dieu que prêchent les *bonzes* à la Chine, les *talapoins* à Siam, les *lamas* en Tartarie.[29] C'est en son nom qu'ils promettent une vie éternelle, et que des milliers de bonzes
105 consacrent leurs jours à des exercices de pénitence, qui effrayent la nature. Quelques-uns passent leur vie enchaînés; d'autres portent un carcan de fer, qui plie leur corps en deux, et tient leur front toujours baissé à terre.[30] Leur fanatisme se subdivise à l'infini. Ils passent pour chasser des démons, pour opérer des miracles; ils
110 vendent au peuple la rémission des péchés. Cette secte séduit

98   53-54N: adoré
      MSP, 45: sous des noms différents par
98-99   45: Tartares; on lui rend
100   45: et le plus fait pour un vulgaire grossier.
104   MSP, 45: vie immortelle,
106   MSP, 45, 53-W57G: vie nus et enchaînés
107   MSP, 53-54N: leurs corps
108   45: terre: ils souffrent pour être respectés; ils sont séduits et ils veulent séduire: leur fanatisme
109   45: opérer des prodiges;
110   MSP, 45, 53-54N: aux peuples

---

vice, ni vertu' (p.446). Mais ici, comme dans *La Philosophie de l'histoire*, l'auteur écarte tout développement philosophique en soulignant uniquement la dégénérescence de cette secte par la superstition.

[29] Sur la religion de Fo ou Foë, voir l'art. 'Catéchisme chinois', n.13, p.442, détaillant les présentations restrictives de Du Halde, qui n'y voit que superstitions. Certaines fables, comme celle concernant le rapport entre la naissance du dieu Fo et un éléphant blanc, sont particulièrement relevées par Voltaire (voir *CN*, t.3, p.279). Cette légende est raillée dans l'art. 'Religion' du *DP* (*OCV*, t.36, p.488) et dans *Dieu et les hommes* (p.290). Du Halde insiste à nouveau sur l'ignorance des lamas et sur les contes ridicules (t.4, p.27, 469, 106).

[30] D'après Du Halde, t.3, p.24.

quelquefois des mandarins; et par une fatalité qui montre que la même superstition est de tous les pays, quelques mandarins se sont fait tondre en bonzes par piété. [31]

Ce sont eux qui dans la Tartarie ont à leur tête le dalaï-lama, idole vivante qu'on adore, et c'est là peut-être le triomphe de la superstition humaine. [32]

Grand lama.   Ce dalaï-lama, successeur et vicaire du dieu Fo, passe pour immortel. Les prêtres nourrissent toujours un jeune lama, désigné successeur secret du souverain pontife, qui prend sa place dès que celui-ci, qu'on croit immortel, est mort. [33] Les princes tartares ne lui parlent qu'à genoux. Il décide souverainement tous les points de foi sur lesquels les lamas sont divisés. Enfin il s'est depuis quelque temps fait souverain du Thibet, à l'occident de la Chine. L'empe-

115

120

111-14   45: mandarins qui ont l'esprit du peuple, et qui se font tondre en bonzes pour acquérir leurs perfections. ¶Ce sont des bonzes qui

114   MSP: [*manchette*] *Ou grand Lama.*
        45: le dailama ou dalailama,
        53-54N: le dailama,

117   45, 53, 54C, 54N: Ce dailama successeur
        45: et lieutenant du

119   45: du dailama qui

120   MSP: celui qu'on croit

121-22   MSP: points de la foi
        45: points sur

---

[31] En dénonçant ceux qui prétendent chasser les démons, opérer des miracles et remettre les péchés, Voltaire peut évidemment viser d'autres disciples que ceux de Bouddha, surtout quand il précise que 'la superstition est de tous les pays'.

[32] Sur le dalaï-lama, Voltaire a pu lire dans Du Halde: 'Ils sont persuadés que Foë vit en lui, qu'il sait tout, qu'il voit tout, qu'il lit dans le fond des cœurs [...], qu'il est immortel, et que quand il paraît mourir, il ne fait que changer de demeure, en naissant dans un corps tout neuf' (t.4, p.462). Ces railleries sur son culte sont reprises dans la 11ᵉ des *Lettres chinoises* (*M*, t.29, p.488-93).

[33] Du Halde indique que les prêtres ont toujours un jeune enfant prêt à être substitué à l'idole morte, dont, si nécessaire, on cache pendant longtemps la disparition (t.4, p.105; *CN*, t.3, p.289: 'le dalai / lama cache / sa mort / pendant / seize ans').

reur reçoit ses ambassadeurs, et lui envoie des présents consi-
125 dérables. [34]

Ces sectes sont tolérées à la Chine pour l'usage du vulgaire,
comme des aliments grossiers faits pour le nourrir; tandis que les
magistrats et les lettrés, séparés en tout du peuple, se nourrissent
d'une substance plus pure, il semble en effet que la populace ne
130 mérite pas une religion raisonnable. [35] Confucius gémissait pourtant
de cette foule d'erreurs: il y avait beaucoup d'idolâtres de son
temps. La secte de Laokiun avait déjà introduit les superstitions
chez le peuple. *Pourquoi*, dit-il dans un de ses livres, *y a-t-il plus de
crime chez la populace ignorante que parmi les lettrés? C'est que le
135 peuple est gouverné par les bonzes.* [36]

124   MSP, 45, 53-W57G: lui en envoie avec des
129-30   MSP, 45, 53-W57G: pure. Confutsée [45: Confutius]
131-33   MSP, 45, 53-54N: d'erreurs; *pourquoi,*
135   MSP, 45: *par des bonzes*
135-36   45: *bonzes.* Aussi un de leurs plus sages empereurs nommé Taïtsou tige
de la dernière famille impériale chinoise ordonna vers l'an 1379 que ni les hommes ni
les femmes ne pourraient entrer dans l'état de bonze qu'à quarante ans, loi que Pierre
le Grand établit de nos jours dans les vastes Etats qui confinent à la Chine, mais ce
5   règlement n'a pas subsisté longtemps ni à la Chine ni en Russie. ¶Beaucoup

[34] Les récits des nombreux voyages du P. Gerbillon, auxquels Voltaire s'est
intéressé, donnent des exemples de ces marques d'honneur (*CN*, t.3, p.287-90).

[35] Voltaire revient souvent sur cette idée, par exemple dans *Dieu et les hommes*,
ch.4 (p.290 et n.18).

[36] La référence est vague (elle pourrait provenir de Du Halde, de Cousin et La
Brune, de Couplet) et la maxime paraît plus voltairienne que confucéenne. Elle peut
s'inspirer de la sentence transmise par Du Halde: 'Celui qui approuve les mauvaises
sectes, telles que celles des bonzes Ho chang et Tao Sseë se fait un grand tort à lui-
même et cause un grand préjudice à l'Etat' (t.2, p.330). Le texte de la variante
(lignes 135-36) a été reporté au ch.155. Voltaire rapporte, dans l'*Histoire de l'empire de
Russie sous Pierre le Grand* (*OCV*, t.47, p.896-97), une disposition concernant les
moines et les religieuses de l'église orthodoxe (prise par le *Règlement ecclésiastique* de
1722), d'après laquelle un homme ne pouvait se faire moine qu'à 30 ans passés, et une
femme ne pouvait recevoir la tonsure qu'à l'âge de 50 ans. Mais nulle mention dans
son texte d'une disposition semblable concernant le bouddhisme de la région
orientale de la Sibérie.

Matérialistes. Beaucoup de lettrés sont à la vérité tombés dans le matérialisme;[37] mais leur morale n'en a point été altérée. Ils pensent que la vertu est si nécessaire aux hommes, et si aimable par elle-même, qu'on n'a pas même besoin de la connaissance d'un Dieu pour la suivre.[38] D'ailleurs il ne faut pas croire que tous les matérialistes chinois soient athées; puisque tant de Pères de l'Eglise croyaient Dieu et les anges corporels.[39]

140

Nous ne savons point au fond ce que c'est que la matière; encore

136   45: dans l'erreur du matérialisme
137   MSP, 45: Ils disent que
138-39 MSP, 45: que l'on n'a pas besoin
139   MSP: connaissance de Dieu
       45: besoin d'autres connaissances pour
139-59 MSP, 45, 53, 54C, 54N: suivre. ¶On
141   W56-W57G: puisque nos premiers Pères
       61-W75G: puisque plusieurs Pères
142-59 W56-W57G: corporels. ¶On

[37] Le P. Couplet, dans son *Confucius sinarum philosophus* (1687), avait donné une interprétation spiritualiste des mots *Tien* et *Chang-ti* (qui devait être contestée par l'envoyé de Clément XI en Chine et devenir un élément-clé de la querelle des rites chinois); Du Halde suit cette interprétation, tout en laissant le lecteur libre de juger (t.1, p.xxii). Sur le contexte de la publication de son ouvrage, voir Landry-Deron, p.23-25. On a vu, à la fin du ch.1, la signification donnée à ces mots dans les édits impériaux (voir ci-dessus, ch.1, n.93). Dans l'art. 'Catéchisme chinois', Voltaire reprendra la discussion pour conclure qu'il ne s'agit pas d'adorer le ciel matériel mais le créateur du ciel (p.439 et n.5). Mais Du Halde introduit aussi un passage intitulé 'De la secte de quelques lettrés de ces derniers temps' avec un dialogue 'Où un philosophe chinois moderne, nommé Tchin, expose son sentiment sur l'origine et l'état du monde' (t.3, p.42-64; voir *CN*, t.3, p.279). Or, ce dialogue devant montrer 'jusqu'où s'égarent ces demi-savants' (t.1, p.xxiii), Du Halde conclut à l'athéisme des néoconfucéens.

[38] Dans *De l'esprit des lois* (livre 24, ch.19), Montesquieu remarque que la religion de Confucius nie l'immortalité de l'âme et qu'il en découle des conséquences admirables pour la société, alors que la religion des Tao et des Foë croit à l'immortalité de l'âme, mais qu'ils en ont tiré des conséquences affreuses.

[39] Mêmes questions dans l'art. 'Dieu' du *DP*, et en prenant appui sur la *Somme théologique* de saint Thomas, en particulier: 'Est-il corporel ou spirituel?' (*OCV*, t.36, p.26 et n.15). Mêmes interrogations dans l'art. 'Ange' du *DP*, rappelant les conceptions de saint Augustin qui attribue aux bons comme aux mauvais anges 'des corps déliés et agiles' (*OCV*, t.35, p.340).

moins connaissons-nous ce qui est immatériel. [40] Les Chinois n'en
145 savent pas sur cela plus que nous, il a suffi aux lettrés d'adorer un
Etre suprême, on n'en peut douter.

Croire Dieu et les esprits corporels est une ancienne erreur
métaphysique; mais ne croire absolument aucun dieu ce serait une
erreur affreuse en morale, une erreur incompatible avec un
150 gouvernement sage. [41] C'est une contradiction digne de nous de
s'élever avec fureur, comme on a fait, contre Bayle, sur ce qu'il
croit possible qu'une société d'athées subsiste; et de crier avec la
même violence que le plus sage empire de l'univers est fondé sur
l'athéisme. [42]

155 Le Père Fouquet, jésuite, qui avait passé vingt-cinq ans à la
Chine, et qui en revint ennemi des jésuites, m'a dit plusieurs fois
qu'il y avait à la Chine très peu de philosophes athées. Il en est de
même parmi nous. [43]

---

[40] Cette addition de 1761 est proche de l'art. 'Matière' du *DP*: 'Les sages à qui on
demande ce que c'est que l'âme répondent qu'ils n'en savent rien. Si on leur demande
ce que c'est que la matière, ils font la même réponse' (*OCV*, t.36, p.339).

[41] L'insistance marquée par l'addition de 1761 est manifeste dans quantité d'autres
ouvrages (voir *Dieu et les hommes*, ch.4, p.289 n.14).

[42] Voir Bayle, *Pensées diverses sur la comète* (Rotterdam, 1683, BV295). Dans
beaucoup d'autres ouvrages (voir, par exemple, l'art. 'Athée, athéisme' du *DP*,
OCV, t.35, p.385, où l'on trouve la même observation à peu près dans les mêmes
termes), Voltaire soulignera la contradiction dénoncée ici; voir aussi *La Philosophie
de l'histoire*, ch.18 (p.157); *Dieu et les hommes*, ch.4 (p.287); *Remarques pour servir de
supplément à l'Essai sur les mœurs*, 16 (Pomeau, t.2, p.910).

[43] Sur Jean-François Fouquet (1665-1741), qui séjourna à Pékin de 1699 à 1721, et
ses différends avec ses confrères jésuites, consulter l'intéressante (et choquante)
anecdote qui détaille l'arrivée de Fouquet à Paris et surtout les mauvais traitements
infligés au 'lettré' chinois qui l'avait accompagné ('Anecdote singulière sur le Père
Fouquet, ci-devant jésuite', 1765, dans les *Nouveaux Mélanges*, M, t.17, p.220-21).
Voltaire a pu rencontrer celui qui devait devenir le 'traducteur' du 'Catéchisme
chinois' (voir *OCV*, t.35, p.438 et n.4) à Paris entre le 8 juin (arrivée de Fouquet) et
fin août 1722 (départ de Voltaire pour la Hollande), ou au début de 1723 (avant le
départ de Fouquet pour Rome). Cet ancien jésuite, hostile à l'image favorable que les
jésuites donnaient des Chinois, partisan d'une interprétation 'figuriste' des textes
chinois, 'annonciateurs' de la foi chrétienne, est tenu pour un des principaux
inspirateurs de la 'sinophobie' européenne: voir J. W. Witek, *Controversial Ideas*

Fausse   On prétend que vers le huitième siècle, avant Charlemagne, la
inscription. religion chrétienne était connue à la Chine. [44] On assure que nos   160
missionnaires ont trouvé dans la province de Kingt-ching ou
Quen-sin une inscription en caractères syriaques et chinois. [45] Ce
monument, qu'on voit tout au long dans Kirker, atteste qu'un saint
homme nommé Olopüen, conduit par des nuées bleues, et
observant la règle des vents, vint de Tacin à la Chine l'an 1092 de   165
l'ère des Séleucides, qui répond à l'an 636 de notre ère; qu'aussitôt
qu'il fut arrivé au faubourg de la ville impériale, l'empereur envoya
un colao au-devant de lui, et lui fit bâtir une église chrétienne. [46]

159   MSP, 45, 53-W57G: le huitième siècle du temps de Charlemagne
161-62   45, 53-54N: Kinski [45: Kiuski; 54: Kingteking; 54D: Kingteching] une
        W56: Kingt-ching une
162   W68-W75G: Quen-sir
163   MSP, 45: voit au
      MSP: Kinker
163-67   45, 53-54N: qu'un évêque nommé Olopuen [MSP, 45: que l'évêque
Olopuen], partit de Judée l'an de notre Seigneur [MSP, 45: ère] 636 pour annoncer
l'évangile; qu'aussitôt
166   W56-W75G: 636 de Jésus-Christ;
168-69   MSP, 45: chrétienne, etc. ¶La date de l'inscription est de l'année 782 dans
l'Histoire de la Chine donnée par les Jésuites. Ce monument est une
        53-54N: chrétienne, etc. La date de l'inscription est de l'année 782. ¶Ce
monument est peut-être une

---

in China and in Europe: a biography of Jean-François Fouquet (Rome, 1982). Invoquer
son nom pour défendre les Chinois est donc une provocation.

[44] S'il ne s'agit pas ici d'une référence anticipée à Kircher (voir ligne 163), il pourrait
s'agir de Renaudot (p.250-71), ou de Du Halde (t.1, p.527-28), ou bien encore de
l'*Histoire générale des voyages* de Prévost (Paris, 1746-1754, BV1645, t.23, p.119-21).

[45] Voltaire connaît les travaux scientifiques d'Athanase Kircher (1601-1680)
depuis l'époque des *Eléments de la philosophie de Newton* (*OCV*, t.15, p.387, 436,
597). Par la suite, il se réfère à lui de façon à faire penser qu'il avait eu accès à d'autres
textes (voir, par exemple, *La Philosophie de l'histoire*, ch.20, p.164, qui démontre
qu'il avait consulté son *Œdipus ægyptiacus*, Rome, 1653, texte qui, à l'instar de ses
travaux sur la Chine, ne se trouve pas dans la bibliothèque de Voltaire, et que Cramer
a dû lui prêter: voir D11851, c.1 mai 1764).

[46] La description de ce 'monument de pierre qu'on tira de terre près de la capitale

Il est évident par l'inscription même, que c'est une de ces fraudes 170 pieuses qu'on s'est toujours trop aisément permises. Le sage Navarrette en convient. [47] Ce pays de Tacin, cette ère des Séleucides, ce nom d'Olopüen, qui est, dit-on, chinois, et qui ressemble à un ancien nom espagnol, ces *nuées bleues* qui servent de guides, cette

170-85   45, 53-54N: permises; ce nom d'Olopuen qui est espagnol rend déjà le monument bien suspect [45: surtout; MSP, 53-54N: Cet empressement d'un empereur de la Chine à envoyer à cet Olopuen, un grand de sa [MSP: la] cour est plus suspect encore] dans un pays où il était défendu sous peine de mort aux étrangers de passer les 5 frontières; la date de l'inscription ne porte-t-elle pas encore le caractère du mensonge? Les prêtres et les évêques de Jérusalem ne comptaient point leurs années au septième siècle comme on les compte dans ce monument. L'ère vulgaire de Denis le Petit n'est point reçue chez les nations orientales, et on ne commença même à s'en servir en Occident que vers le temps de Charlemagne: [48] de plus, comment cet 10 Olopuen aurait-il pu en arrivant se faire entendre dans une langue qu'on peut à peine apprendre en dix années, et comment un empereur eût-il fait tout d'un coup bâtir une église chrétienne en faveur d'un étranger qui aurait bégayé par interprète une religion si nouvelle? ¶Il est donc probable qu'au

172-73   W56-61: un nom

de la province de *Chen si*' où on lisait 'un abrégé de la loi chrétienne, et les noms de soixante-dix prédicateurs de l'Evangile gravés en caractères syriaques' se trouve dans Du Halde (t.1, p.527); Voltaire a collé un papillon dessus (*CN*, t.3, p.261). Mais il a également placé un signet dans le t.23 de l'*Histoire générale des voyages* de Prévost (*CN*, t.4, p.398: 'monument / de singanfou'), qui donne des renseignements beaucoup plus copieux sur l'inscription de cette stèle, élevée en 782 et mentionnant la venue d'un chrétien de Judée en Chine en 636. La stèle, découverte au début du dix-septième siècle, serait authentique, et R. Etiemble estime qu'il y eut sous les T'ang (781 de notre ère) des communautés chrétiennes de nestoriens, aussi bien que des synagogues (*L'Orient philosophique au XVIIIe siècle*, Paris, 1956-1959, t.3, p.112).

[47] Navarrete se borne à objecter le silence des annales chinoises concernant cette inscription.

[48] Denys le Petit, ou Dionysius Exiguus (*c*.470-540), acquit une grande réputation par ses ouvrages sur la chronologie. En 525 il fonda l'usage de compter les années à partir de la naissance de Jésus-Christ. Dans le fonds de Kehl, Voltaire note: 'on ne commença à compter les années depuis l'incarnation du Christ qu'au concile de Lestines, l'an 743. Denis le Petit avait imaginé cette époque dans son *Cycle solaire* de l'an 526, et Bède l'avait employée dans son *Histoire ecclésiastique*' ('Conciles', *M*, t.18, p.209-10).

église chrétienne bâtie tout d'un coup à Pékin pour un prêtre de
Palestine qui ne pouvait mettre le pied à la Chine sans encourir la   175
peine de mort; tout cela fait voir le ridicule de la supposition.[49] Ceux
qui s'efforcent de la soutenir, ne font pas réflexion que les prêtres
dont on trouve les noms dans ce prétendu monument, étaient des
nestoriens, et qu'ainsi ils ne combattent que pour des hérétiques. (*b*)

Il faut mettre cette inscription avec celle de Malabar, où il est dit   180
que saint Thomas arriva dans le pays en qualité de charpentier avec
une règle et un pieu, et qu'il porta seul une grosse poutre pour
preuve de sa mission.[50] Il y a assez de vérités historiques sans y
mêler ces absurdes mensonges.

Juifs à la Chine.   Il est très vrai qu'au temps de Charlemagne la religion   185
chrétienne (ainsi que les peuples qui la professent) avait toujours
été absolument inconnue à la Chine. Il y avait des Juifs: plusieurs

(*b*) Voyez les[51]

174   61: à Nanquin pour
n.*b* MSP, 45, 53-W75G: [*absente*: W75G*: V]
186-92   45, 53-54N: chrétienne était absolument inconnue à la Chine. ¶Je

[49] Voltaire se moquera impitoyablement de cette légende dans les *Lettres chinoises*
(p.464-68).

[50] Ce rapprochement est très probablement suggéré à Voltaire par le lien établi
entre l'inscription mentionnée ci-dessus et celle de Malabar au t.23 de l'*Histoire
générale des voyages*: 'Les missionnaires paraissent persuadés que la religion
chrétienne a été prêchée anciennement à la Chine. Ils en donnent pour preuve
deux monuments: l'un est le Bréviaire de l'église du Malabar, où l'on rapporte que
saint Thomas convertit les Chinois; l'autre une table de marbre, longue de dix pieds et
large de cinq, qui fut, dit-on, trouvée dans la terre, en 1625, près de Si-ngan-fu,
capitale de Chen si' (livre 2, ch.5, §6, p.119-20; *CN*, t.4, p.398). Voir aussi Du Halde,
t.3, p.65-66.

[51] Voltaire cherche à renvoyer aux *Lettres chinoises*. Sur les missionnaires nestoriens
en Chine, voir, par exemple, Renaudot, p.250-61. Les disciples de Nestorius,
patriarche de Constantinople (428 ap. J.-C.) enseignaient que Jésus-Christ n'était
ni homme-Dieu ni Dieu-homme, et que par conséquent la Vierge Marie ne pouvait
pas être appelée mère de Dieu. Cela revenait à signifier que Jésus-Christ ne pouvait
être qu'un médiateur entre Dieu et l'homme. Anathématisés (431) et persécutés, les
nestoriens portèrent leur foi en Asie et dans les Indes (sous le nom de chrétiens de saint
Thomas).

familles de cette nation non moins errante que superstitieuse, s'y étaient établies deux siècles avant notre ère vulgaire; elles y exerçaient le métier de courtier que les Juifs ont fait dans presque tout le monde. [52]

Je me réserve à jeter les yeux sur Siam, sur le Japon, et sur tout ce qui est situé vers l'orient et le midi, lorsque je serai parvenu au temps où l'industrie des Européens s'est ouvert un chemin facile à ces extrémités de notre hémisphère.

190

195

193   MSP, 45: midi de la Chine,
194-95   45: facile aux extrémités

[52] Sur la présence des Juifs en Chine, introduits sous la dynastie des Han, voir Du Halde (t.3, p.64), ainsi que Prévost (t.23, p.107-19; *CN*, t.4, p.398, où Voltaire a placé un signet portant 'juifs en / chine') et les *Lettres édifiantes* (Recueil 7, p.1-38, lettre du P. Jean-Paul Gozani du 5 novembre 1704, où ce dernier précise qu'il ne reste que sept familles juives). Dans le *Saint-Fargeau notebook*, trahissant peut-être le souvenir de Gozani, Voltaire note: 'Juifs à la Chine 200 ans avant le christ. Il n'en restait au dernier siècle que peu de familles' (p.137).

CHAPITRE 3

Des Indes.

En suivant le cours apparent du soleil, je trouve d'abord l'Inde, ou l'Indoustan, contrée aussi vaste que la Chine, et plus connue par les

a-283 [*Première rédaction de ce chapitre*: MS, 45]
a MSP, 45: Chapitre 2
b MSP, 45, 53-54N: *Des Indes, de la Perse, de l'Arabie et du mahométisme.*
1 MSP, 45, 53-54N: En me ramenant vers l'Europe, je
2 MSP, 45, 53-61: contrée un peu moins vaste

* Si l'Inde apparaît dans les dernières éditions de l'*EM* tout aussi vaste, ancienne et civilisée que la Chine, Voltaire se contentait en 1745 et 1753 de signaler l'antiquité de certains 'arts' et l'antériorité des connaissances des Indiens, pour dénoncer tout aussi rapidement l'"abrutissement" qu'y produit la superstition des brahmanes (voir D. S. Hawley, 'L'Inde de Voltaire', *SVEC* 120, 1974, p.139-78). Un chapitre autonome apparaît en 1756, chapitre bref, car l'information est sommaire: Voltaire se contente de suppositions et d'analogies, et il reprend les inventions et traditions qu'on attribue généralement aux Indiens, tout en insistant sur la douceur de leurs mœurs. Le fanatisme de certaines pratiques – tous les lecteurs de Voltaire ont en tête le suicide des veuves sur le bûcher de leur époux – est l'exception sous ce climat heureux, où le mahométisme se répand alors que le christianisme se limite à une petite communauté. 'J'ai une vraie passion de connaître à fond le pays où Pithagore est venu s'instruire', écrit-il à Maurice Pilavoine, membre du conseil de la Compagnie des Indes à Pondichéry, en avril 1760 (D8871), et en 1761 il développe considérablement le sujet dans ses révisions de l'*EM* et ajoute un chapitre entièrement consacré à la religion indienne, comme il le fait au ch.7 pour l'islam. Un fait décisif est intervenu en 1760: Voltaire a découvert les textes sacrés de l'Inde grâce à l'aventurier Modave, qui lui procure un manuscrit de l'*Ezourvédam* dont il fait le plus grand cas: il en fait don à la Bibliothèque du roi. Ce qui était 'singulier' devient l'effet d'une décadence. La morale et la philosophie parfaitement pures des Indiens, leur religion hautement spirituelle en faisaient un des peuples les plus civilisés de la terre. Si les missionnaires jésuites renvoient l'image d'une société et d'une civilisation dégénérées, les témoignages antérieurs révèlent au contraire que l'Inde est le berceau des sciences et d'une philosophie allégorique reprises par les Grecs, et d'une religion que le christianisme n'a fait qu'imiter; développé plus tôt qu'en Europe, comme en Chine, l'esprit humain s'y est arrêté plus tôt aussi, par respect excessif du passé. L'orientation du chapitre devient alors plus proprement

denrées précieuses que l'industrie des négociants en a tirées dans tous les temps, que par des relations exactes. Ce pays est l'unique dans le monde qui produise ces épiceries,[1] dont la sobriété de ses habitants peut se passer, et qui sont nécessaires à la voracité des peuples septentrionaux.

Une chaîne de montagnes peu interrompue, semble avoir fixé les limites de l'Inde entre la Chine, la Tartarie et la Perse; le reste est entouré de mers. L'Inde en deçà du Gange fut longtemps soumise aux Persans;[2] et voilà pourquoi Alexandre, vengeur de la Grèce et vainqueur de Darius, poussa ses conquêtes jusqu'aux Indes,

4-8   MSP, 45, 53-W57G: exactes. ¶Une
8   MSP, 45, 53-W56: semble en avoir
9   MSP, 45, 53-W57G: limites entre
10   MSP, 45, 53-W56: mers, cependant l'Inde
12   MSP: pousse

historique, ce que confirment les additions de 1769 qui s'appuient notamment sur le texte sacré du *Shasta*. Cette fois encore, ce sont des lectures nouvelles qui ont joué: J. Z. Holwell, *Interesting Historical Events* [...] *of Bengal and* [...] *Indoustan*, 2e éd. (Londres, 1766-1767, BV1666), que Voltaire découvre en décembre 1767. D'autres idées-forces de Voltaire infléchissent son propos dès 1761: la lutte contre le monogénisme biblique et l'affirmation d'une évolution insensible du niveau des océans, contre les théories de *Telliamed* ou de Buffon. Outre B. d'Herbelot, *Bibliothèque orientale, ou dictionnaire universel contenant généralement tout ce qui regarde la connaissance des peuples de l'Orient* (Paris, 1697, BV1626), et E. Renaudot, *Anciennes Relations des Indes et de la Chine* (Paris, 1718, BV2950), déjà cités à propos de la Chine, Voltaire a consulté, avant de prendre connaissance de Holwell, C. M. Guyon, *Histoire des Indes orientales, anciennes et modernes*, 3 vol. (Paris, 1744, BV1585); et M. Veyssière de Lacroze, *Histoire du christianisme des Indes* (La Haye, 1724, BV3437).

[1] Moréri mentionne des productions 'propres à la médecine, comme les épiceries' (art. 'Inde'). Les épiceries figurent parmi les produits achetés par les Européens qu'évoque Voltaire dans sa lettre à Maurice Pilavoine d'avril 1760 (D8871).

[2] La traduction de l'*Universal History* de G. Sale et G. Psalmanazar (*Histoire universelle*, Amsterdam et Leipzig, 1742-1802) indique cette partition: *India intra / extra Gangem* (t.13, livre 4, ch.10). La formule 'en deçà du Gange', désignant en fait le Dekkan, se trouve aussi chez Moréri (art. 'Inde'). Dans la *Lettre civile et honnête* (art.16), Voltaire réaffirme l'union des deux empires, qui avait été contestée par l'auteur de la *Critique de l'Histoire universelle*.

tributaires de son ennemi. [3] Depuis Alexandre, les Indiens avaient vécu dans la liberté et dans la mollesse qu'inspirent la chaleur du climat et la richesse de la terre.

15

Les Grecs y voyageaient avant Alexandre pour y chercher la science. C'est là que le célèbre Pilpay écrivit, il y a deux mille trois cents années, ces *Fables morales*, traduites dans presque toutes les langues du monde. [4] Tout a été traité en fables et en allégories chez les Orientaux, et particulièrement chez les Indiens. Pythagore, disciple des gymnosophistes, [5] serait lui seul une preuve incontestable que les véritables sciences étaient cultivées dans l'Inde. Un législateur en politique et en géométrie n'eût pas resté longtemps dans une école où l'on n'aurait enseigné que des mots. Il est très vraisemblable même que Pythagore apprit chez les Indiens les propriétés du triangle rectangle, dont on lui fait honneur. Ce qui

20

25

Pythagore n'est pas l'inventeur des propriétés du triangle rectangle.

14   53, 54C, 54N: qu'inspirent la valeur du
16   MSP, MSG, 45: Quelques Grecs voyageaient [MSG: y avaient voyagé] avant
17-18   MSG, 45: deux mille trois cents ans ses fables
19-131   45, 53-54N: monde. Le jeu
20   61: Indiens. Ce Pythagore
20-119   W56-W57G: Indiens. De là vient que Pythagore qui avait étudié chez eux ne s'exprime jamais qu'en paraboles. L'esprit de Pilpay a régné longtemps dans l'Inde. Pachimère au treizième siècle traduisit plusieurs écrits de leurs sages; en voici un passage bien singulier. ¶'J'ai
24   61: l'on n'eût enseigné

[3] Mêmes expressions dans l'art. 'Histoire' de l'*Encyclopédie* (*OCV*, t.33, p.171-72). Sur Alexandre, Voltaire consulte probablement Quinte-Curce, *De la vie et des actions d'Alexandre le Grand*, trad. Du Ryer (4ᵉ éd., 1705, BV924), livre 8, ch.5 pour l'expédition aux Indes. Voir K. Christodoulou, 'Alexandre le Grand chez Voltaire', dans *Voltaire et ses combats*, éd. U. Kölving et Ch. Mervaud (Oxford, 1997), t.2, p.1423-34 (p.1433).

[4] Voltaire connaît les fables et proverbes attribués à Pilpay, ou Bidpaï, sage indien légendaire, par la traduction française d'A. Galland, *Contes et fables indiennes de Bidpaï et de Lokman* (Paris, 1724).

[5] Affirmation récurrente qui fournit encore le cadre du conte intitulé *Aventure indienne* (1766). L'art. 'Brahmanes' de l'*Encyclopédie* (1752) est particulièrement critique sur les 'extravagances' des gymnosophistes.

était si connu à la Chine, pouvait aisément l'être dans l'Inde. On a écrit longtemps après lui qu'il avait immolé cent bœufs pour cette découverte. [6] Cette dépense est un peu forte pour un philosophe; il
30 est digne d'un sage de remercier d'une pensée heureuse l'Etre dont nous vient toute pensée, ainsi que le mouvement et la vie. Mais il est bien plus vraisemblable, que Pythagore dût ce théorème aux gymnosophistes, qu'il ne l'est qu'il ait immolé cent bœufs.

Longtemps avant Pilpay les sages de l'Inde avaient traité la
35 morale et la philosophie en fables allégoriques, en paraboles. Voulaient-ils exprimer l'équité d'un de leurs rois, ils disaient *que les dieux qui président aux divers éléments, et qui sont en discorde entre eux, avaient pris ce roi pour leur arbitre.* Leurs anciennes traditions rapportent un jugement qui est à peu près le même que celui de
40 Salomon. [7] Ils ont une fable qui est précisément la même que celle de Jupiter et d'Amphitryon; mais elle est plus ingénieuse. Un sage découvre qui des deux est le dieu, et qui est l'homme. (*a*) Ces traditions montrent combien sont anciennes les paraboles qui font

(*a*) Voyez le [8]

n.*a* 61-w75G: [*absente*; w75G*: V]
  k: Voyez le *Dictionnaire philosophique.*

[6] L'anecdote est assez commune; elle est rapportée, par exemple, dans l'art. 'Géométrie' de l'*Encyclopédie*: 'On prétend qu'il fut si ravi de cette découverte qu'il sacrifia de joie cent bœufs aux muses' (t.7, p.629). Même remarque dans l'art. 'Egyptiens' (t.5, p.437). Le sacrifice semble être placé parmi les Egyptiens, et non en Inde; le séjour de Pythagore en Inde, sans être une invention de Voltaire (voir l'art. 'Géométrie'), n'est pas établi.

[7] Voir 1 Rois 3:16-28. Nous ignorons les sources de ces 'traditions'.

[8] Le renvoi au *Dictionnaire philosophique* fourni par les éditeurs de Kehl ne semble pas justifié. La fable de l'*'Amphitryon* indou' est rapportée également dans les *Fragments sur l'Inde* (1773; *OCV*, t.75B, 2e partie, art.8, p.224-25) et dans *A M. Du M***, membre de plusieurs académies, sur plusieurs anecdotes* (1776; *M*, t.30, p.346). Dans ce dernier texte Voltaire déclare qu'il la livre d'après 'le savant colonel Dow' (p.346). Sur les ouvrages d'Alexander Dow, qui datent pourtant de 1769 (*The History of Hindostan*) et de 1771 (*Fragment de l'histoire de l'Indostan*), voir *OCV*, t.75B, p.34-35. Ils ne peuvent donc pas être la source du présent passage, qui vient probablement des *Lettres édifiantes et curieuses*, recueil 14.

enfants des dieux les hommes extraordinaires. Les Grecs dans leur mythologie n'ont été que des disciples de l'Inde et de l'Egypte. Toutes ces fables enveloppaient autrefois un sens philosophique: ce sens a disparu, et les fables sont restées.[9]

L'antiquité des arts dans l'Inde a toujours été reconnue de tous les autres peuples. Nous avons encore une relation de deux voyageurs arabes, qui allèrent aux Indes et à la Chine un peu après le règne de Charlemagne, et quatre cents ans avant le célèbre Marco-Paolo. Ces Arabes prétendent avoir parlé à l'empereur de la Chine qui régnait alors; ils rapportent que l'empereur leur dit qu'il ne comptait que cinq grands rois dans le monde, et qu'il mettait de ce nombre, *le roi des éléphants et des Indiens, qu'on appelle le roi de la sagesse, parce que la sagesse vient originairement des Indes*.[10]

J'avoue que ces deux Arabes ont rempli leurs récits de fables, comme tous les écrivains orientaux; mais enfin il résulte que les Indiens passaient pour les premiers inventeurs des arts dans tout l'Orient, soit que l'empereur chinois ait fait cet aveu aux deux Arabes, soit qu'ils aient parlé d'eux-mêmes.

Il est indubitable que les plus anciennes théogonies, furent inventées chez les Indiens. Ils ont deux livres écrits, il y a environ cinq mille ans dans leur ancienne langue sacrée, nommée le *Hanscrit* ou le *Sanscrit*. De ces deux livres, le premier est le *Shasta*,[11] et le second le *Védam*. Voici le commencement du *Shasta*.

'L'Eternel absorbé dans la contemplation de son existence, résolut dans la plénitude des temps, de former des êtres participants

45

50

55

60

65

47-104   61: restées. ¶Les
49   w68: avons une

[9] Sur les théories explicatives de la fable, voir la mise au point de J.-M. Moureaux dans son édition de *La Défense de mon oncle* (*OCV*, t.64, p.420-21, n.2).

[10] Renaudot, p.66.

[11] Tout ce qui suit sur la création et la chute des anges est tiré directement de Holwell, 2e partie, ch.4, 'The religious tenets of the Gentoos, followers of the Shastah of Bramah', presque entièrement repris dans l'art. 'Ange' des *QE* (*OCV*, t.38, p.367-70).

de son essence et de sa béatitude... Ces êtres n'étaient pas; il voulut,
70 et ils furent.' (*b*)

On voit assez que cet exorde véritablement sublime et qui fut
longtemps inconnu aux autres nations, n'a jamais été que faible-
ment imité par elles.

Ces êtres nouveaux furent les demi-dieux, les esprits célestes
75 adoptés ensuite par les Caldéens, et chez les Grecs par Platon. [12] Les
Juifs les admirent quand ils furent captifs à Babilone. Ce fut là qu'ils
apprirent les noms que les Caldéens avaient donnés aux anges, et
ces noms n'étaient pas ceux des Indiens. Michaël, Gabriel, Raphaël,
Israël même sont des mots caldéens qui ne furent jamais connus
80 dans l'Inde. [13]

C'est dans le *Shasta* qu'on trouve l'histoire de la chute de ces
anges. Voici comme le *Shasta* s'exprime.

'Depuis la création des *Debtalog* (c'est-à-dire des anges) la joie
et l'harmonie environnèrent longtemps le trône de l'Eternel. Ce
85 bonheur aurait duré jusqu'à la fin des temps; mais l'envie entra dans
le cœur de Moisaor et des anges ses suivants. Ils rejetèrent le
pouvoir de perfectibilité, dont l'Eternel les avait doués dans sa
bonté. Ils exercèrent le pouvoir d'imperfection; ils firent le mal à la
vue de l'Eternel. Les anges fidèles furent saisis de tristesse. La
90 douleur fut connue pour la première fois.' [14]

Ensuite la rébellion des mauvais anges est décrite. Les trois

(*b*) Voyez le [15]

n.*b* w68, w75G: [*absente*; w75G*: ᵛ]
    к: Voyez le *Dictionnaire philosophique.*

[12] Allusion possible au 'bon ange' de Socrate: voir l'art. 'Ange' des *QE*, p.376, n.39.
[13] Voir les art. 'Ange' et 'Abraham' du *DP* (*OCV*, t.35, p.337-38 et n.4-5; p.296-97
et n.33). Calmet soutient que ce sont les Hébreux qui ont transmis cette connaissance
aux autres peuples (*Commentaire littéral sur tous les livres de l'Ancien et du Nouveau
Testament*, Paris, 1709-1734, BV613, t.5, p.137).
[14] Traduction exacte de Holwell, ch.4, §3 'The lapse of part of the angelic band',
t.2, p.42-43. Repris par Voltaire dans l'art. 'Ange' des *QE* (p.368).
[15] Renvoi à l'art. 'Ange' des *QE*, p.367. Cf. Holwell, ch.4, §2 'The creation of
angelic beings', t.2, p.35.

ministres de Dieu, qui sont peut-être l'original de la trinité de Platon,[16] précipitent les mauvais anges dans l'abîme. A la fin des temps Dieu leur fait grâce et les envoie animer les corps des hommes.

Il n'y a rien dans l'antiquité de si majestueux et de si philosophique. Ces mystères des brahmanes percèrent enfin jusque dans la Syrie. Il fallait qu'ils fussent bien connus, puisque les Juifs en entendirent parler du temps d'Hérode. Ce fut alors qu'on forgea suivant ces principes indiens le faux livre d'Hénoc, cité par l'apôtre Jude dans lequel il est dit quelque chose de la chute des anges.[17] Cette doctrine devint depuis le fondement de la religion chrétienne. (c)

(c) Le serpent dont il est parlé dans la Genèse devint le principal mauvais ange. On lui donna tantôt le nom de Satan, qui est un mot persan, tantôt celui de Lucifer étoile du matin, parce que la Vulgate traduisit le mot Hélel par celui de Lucifer. Isaïe insultant à la mort d'un roi de Babilone, lui dit par une figure de rhétorique: *comment es-tu tombé du ciel, étoile du matin, Lucifer?*[18] On a pris ce nom pour celui du diable et on a appliqué ce passage à la chute des anges. C'est encore le fondement du poème de Milton. Mais Milton est bien moins raisonnable que le *Shasta* indien. Le *Shasta* ne pousse point l'extravagance jusqu'à faire déclarer la guerre à Dieu par les anges ses créatures et à rendre quelque temps la victoire indécise. Cet excès était réservé à Milton.[19]

N B. Tout ce morceau est tiré principalement de M. Holwell qui a demeuré trente ans avec les brames et qui entend très bien leur langue sacrée.

[16] Platon, tel qu'il est interprété par Dacier: voir, par exemple, le 'Discours sur Platon', *Œuvres de Platon* (Amsterdam, 1700, BV2750), t.1, p.245; *CN*, t.6, p.368. Cf. *Timée*, 35, que Voltaire commente dans l'art. 'Du "Timée" de Platon' des *Nouveaux Mélanges* de 1765 (*M*, t.20, p.224-28). Holwell ne fait pas mention de Platon.

[17] Dans l'art. 'Ange' des *QE*, Voltaire écrit au contraire que 'ni cet Enoch, ni aucun livre de l'Ancien Testament ne parle de leur chute dans l'enfer' (p.373). Sur le livre d'Enoch, voir ci-dessous, ch.9, lignes 42-49.

[18] Isaïe 14:12.

[19] Calmet signale que 'le plus grand nombre des anciens Pères entend ici sous le nom *Lucifer*, le démon': 'On ne peut disconvenir', conclut-il, 'que tout ce qui est dit

Les esprits ont dégénéré dans l'Inde. Probablement le gouver-
105 nement tartare les a hébétés, comme le gouvernement turc a
déprimé les Grecs et abruti les Egyptiens. Les sciences ont presque
péri de même chez les Perses par les révolutions de l'Etat. Nous
avons vu qu'elles se sont fixées à la Chine au même point de
médiocrité où elles ont été chez nous au moyen âge, par la même
110 cause qui agissait sur nous, c'est-à-dire, par un respect superstitieux pour l'antiquité, et par les règlements même des écoles.[20]
Ainsi dans tout pays, l'esprit humain trouve des obstacles à ses
progrès.

Cependant, jusqu'au treizième siècle de notre ère, l'esprit
115 vraiment philosophique ne périt pas absolument dans l'Inde.
Pachimère, dans ce treizième siècle, traduisit quelques écrits
d'un brame son contemporain. Voici comme ce brame indien
s'explique: le passage mérite attention.

'J'ai vu toutes les sectes s'accuser réciproquement d'imposture; *Belle idée d'un*
120 j'ai vu tous les mages disputer avec fureur du premier principe, et *brame.*
de la dernière fin. Je les ai tous interrogés, et je n'ai vu dans tous ces
chefs de factions qu'une opiniâtreté inflexible, un mépris superbe
pour les autres, une haine implacable. J'ai donc résolu de n'en
croire aucun. Ces docteurs en cherchant la vérité, sont comme une
125 femme qui veut faire entrer son amant par une porte dérobée, et qui
ne peut trouver la clef de la porte. Les hommes dans leurs vaines
recherches ressemblent à celui qui monte sur un arbre où il y a un
peu de miel, et à peine en a-t-il mangé, que les serpents qui sont
autour de l'arbre, le dévorent.'[21]

128 w56-w57G: les dragons qui

---

de Lucifer, ne convienne à cet ange rebelle' (*Commentaire littéral*, t.13, p.173). Pour
l'ensemble de ce passage, voir l'art. 'Ange' du fonds de Kehl (*M*, t.17, p.253).
Voltaire fait allusion au livre 6 du *Paradise lost* de Milton.

[20] Voir ci-dessus, ch.1, lignes 322-28.

[21] Passage donné aussi dans le *Saint-Fargeau notebook* (*OCV*, t.81, p.137). La
citation est reprise par Jaucourt dans son art. 'Secte' (1765) pour l'*Encyclopédie* (t.14,
p.877, 1ʳᵉ colonne), où pour 'serpents', lire 'dragons' (voir var.).

Telle fut la manière d'écrire des Indiens. Leur esprit paraît   130
encore davantage dans les jeux de leur invention. Le jeu que nous
appelons *des échecs* par corruption, fut inventé par eux, et nous
n'avons rien qui en approche: il est allégorique comme leurs fables;
c'est l'image de la guerre. Les noms de *shak* qui veut dire *prince*, et
de *pion* qui signifie *soldat*, se sont conservés encore dans cette partie   135
Chiffres indiens. de l'Orient. [22] Les chiffres dont nous nous servons, et que les Arabes
ont apportés en Europe vers le temps de Charlemagne, nous
viennent de l'Inde. Les anciennes médailles, dont les curieux
Chinois font tant de cas, sont une preuve que plusieurs arts
furent cultivés aux Indes avant d'être connus des Chinois. [23]   140
Année indienne.   On y a de temps immémorial divisé la route annuelle du soleil en
douze parties. L'année des brahmanes, et des plus anciens
gymnosophistes, commença toujours quand le soleil entrait dans
la constellation qu'ils nomment *Moscham* et qui est pour nous le
Bélier. Leurs semaines furent toujours de sept jours: division que   145
les Grecs ne connurent jamais. [24] Leurs jours portent les noms des

130   w56-w57G: Voilà quelle fut
131-36   MSP, 45, 53-54N: jeu des échecs y fut inventé; les chiffres
132-33   w56-w57G: eux: il
136   w68: [*manchette*] *Chiffres anciens.*
136-37   MSP, 45, 53-54N: Arabes nous ont apporté vers
138   MSP, 45, 53-w57G: l'Inde. Peut-être les anciennes médailles [45: indiennes]
dont
138-39   MSP, 45: les Chinois
139   MSP, 45, 53-w57G: que les arts
140   45: avant que d'être
142   K: parties, et dans des temps vraisemblablement encore plus reculés, la
route de la lune en vingt-huit parties. L'année
143   MSP, 45: entre

[22] Voir le mémoire de Fréret sur ces échecs, qui fournit ces étymologies (*Histoire
de l'Académie royale des inscriptions et belles-lettres*, Paris, 1729, t.5, 1729, p.250-59).
[23] Sur le cabinet de médailles de l'empereur Cang hi, voir Du Halde, *Description
géographique, historique, chronologique, politique et physique de l'empire de la Chine et
de la Tartarie chinoise* (Paris, 1735, éd. citée; La Haye, 1736, BV1132), t.2, p.168-69.
Voltaire généralise à partir de cette anecdote. Voir aussi *La Philosophie de l'histoire*,
ch.17 (*OCV*, t.59, p.146).
[24] Voir aussi ci-dessus, ch.1, lignes 274-78.

sept planètes. Le jour du soleil est appelé chez eux *mitradinam:* reste à savoir si ce mot *mitra,* qui chez les Perses signifie aussi le soleil, est originairement un terme de la langue des mages, ou de celle des
150 sages de l'Inde.

Il est bien difficile de dire laquelle des deux nations enseigna l'autre; mais s'il s'agissait de décider entre les Indes et l'Egypte, je croirais toujours les sciences bien plus anciennes dans les Indes. [25] Le terrain des Indes, comme nous l'avons déjà remarqué, est bien
155 plus aisément habitable que le terrain voisin du Nil, dont les débordements durent longtemps rebuter les premiers colons avant qu'ils eussent dompté ce fleuve en creusant des canaux. [26] Le sol des Indes est d'ailleurs d'une fertilité bien plus variée, et qui a dû exciter davantage la curiosité et l'industrie humaine.

147   MSP, 45: est chez eux appelé Mithradinam
148   MSP, 45: signifiait
149   MSG: mages, de la Perse, ou
153   MSP, 45, 53-61: croirais les sciences
154   MSP, 45, 53-W75G: Indes; ma conjecture est fondée sur ce que le terrain [W56, W68: des Indes] est
      MSP, 45: Indes est
156   MSP: rebutèrent
      45: débordements rebutèrent sans doute les
159-ch.5, ligne 1   MSP, 45, 53-54N: humaine: mais il ne paraît pas que la science du gouvernement et de la morale y ait été perfectionnée autant que chez les Chinois. ¶La superstition y a dès longtemps étouffé les sciences qu'on y venait apprendre dans les temps [45: les] plus reculés. Les bonzes et les bramins, successeurs des
5   brahmanes, y soutiennent [45: soutenaient] la doctrine de la métempsycose. Ils y répandent [45: répandaient] d'ailleurs l'abrutissement avec l'erreur; [MSP, 45: les uns sont fourbes, les autres fanatiques, plusieurs sont l'un et l'autre. Quelques-uns se dévouent encore à la mort, comme ce Calanus, du temps d'Alexandre;] ils engagent

[25] La dévalorisation de l'Egypte est commune chez les philosophes: voir l'art. 'Egyptiens (Philosophie des)' de l'*Encyclopédie,* t.5 (1755), p.434-38. Voir aussi, par exemple, le *Traité sur la tolérance,* qui mentionne que 'l'illustre Bossuet s'extasie sur le mérite égyptien' (ch.9, n.(*f*), *OCV,* t.56c, p.174).
[26] Voir ci-dessus, ch.1, lignes 206-208. Idée reprise dans *La Philosophie de l'histoire,* ch.19 (p.159).

L'homme est-il   Quelques-uns ont cru la race des hommes originaire de   160
originaire de   l'Indoustan, [27] alléguant que l'animal le plus faible devait naître
l'Inde ?

[45: Tous engagent encore], quand ils [45: le] peuvent, les femmes [45: veuves] à se
brûler sur le corps de leurs maris [MSP, 53-54N: morts]. Les vastes côtes de   10
Coromandel sont en proie [MSP, 45: depuis des siècles] à ces coutumes affreuses,
que le gouvernement mahométan [MSP, 45: la religion mahométane, toute
dominante qu'elle est], n'a pu encore détruire. ¶Ces bramins, qui entretiennent le
peuple dans [45, 53: dans le peuple] la plus stupide idolâtrie, ont pourtant entre leurs
mains un des plus anciens livres du monde, écrit par leurs premiers sages, dans lequel   15
on ne reconnaît qu'un [53-54N: seul] Etre suprême. Ils conservent précieusement ce
témoignage qui les condamne. Ils prêchent des erreurs qui leur sont utiles, et cachent
une vérité qui ne serait que respectable. ¶Dans ce même Indoustan sur les côtes du
[MSP, 45: de] Malabar et de Coromandel, on est surpris de trouver des chrétiens
établis [MSP, 53-54N: depuis environ 1200 ans; 45: de temps immémorial]. Ils se   20
nomment les chrétiens de saint Thomas [45: ; la commune opinion est qu'ils sont la
postérité de ceux qu'instruisit cet apôtre]. Un marchand chrétien de Syrie [45:
D'autres disent qu'un marchand de Syrie qui était chrétien,] nommé Mar Thomas
(Mar signifie [MSP, 45: à peu près] Monsieur) y établit sa religion avec son commerce
[45: vers le huitième siècle]. Il y laissa une nombreuse famille avec des facteurs, [MSP,   25
45: et] des ouvriers, qui s'étant un peu multipliés, ont depuis [45: près de] douze
siècles conservé la religion de Mar Thomas, [MSP, 53-54N: qu'on n'a pas manqué de
prendre ensuite pour saint Thomas l'apôtre; [28] 45: erreur de nom dont il est plus d'un
exemple]. ¶Ces chrétiens ne connaissaient [45: reconnaissaient] ni la suprématie de
Rome, ni la transubstantiation, ni plusieurs sacrements, ni le purgatoire, ni le culte   30
des images. Nous verrons en son temps comment de nouveaux missionnaires leur ont
appris ce [45: ces vérités] qu'ils ignoraient. [29] ¶En remontant vers la Perse

---

[27] Idée reprise dans les art. 'Adam' du *DP* (*OCV*, t.35, p.301-302) et des *QE*
(*OCV*, t.38, p.83-84). Voir également *La Philosophie de l'histoire*, ch.17 (p.145).

[28] Guyon critique l'*Histoire du christianisme des Indes* de Veyssière de Lacroze,
selon lequel 'on pourrait avancer sans crainte de se tromper que la conformité de nom
a fait confondre avec l'apôtre saint Thomas, un marchand arménien, nommé
Thomas Cana, ou Mar Thomas' (cité t.2, p.336): tout en étant réservé sur ce que
'les missionnaires et les voyageurs trop crédules ont écrit sur la mort de saint Thomas
aux Indes', Guyon estime qu''il est difficile ou même impossible de se refuser aux
témoignages des anciens historiens, et de la tradition, qui déposent unanimement
pour les travaux du saint apôtre dans les contrées de l'Orient' (p.336). Voltaire
revient sur cette question dans les *Fragments sur l'Inde*, 1re partie, art.11 (*OCV*, t.75B,
p.116-17).

[29] Voir ci-dessous, ch.14.

dans le climat le plus doux, et sur une terre qui produit sans culture les fruits les plus nourrissants, les plus salutaires, comme les dattes et les cocos. [30] Ceux-ci surtout donnent aisément à l'homme de quoi
165 le nourrir, le vêtir et le loger. Et de quoi d'ailleurs a besoin un habitant de cette presqu'île? Tout ouvrier y travaille presque nu, deux aunes d'étoffe tout au plus servent à couvrir une femme qui n'a point de luxe. Les enfants restent entièrement nus du moment où ils sont nés jusqu'à la puberté. Ces matelas, ces amas de plumes,
170 ces rideaux à double contour, qui chez nous exigent tant de frais et de soins, seraient une incommodité intolérable pour ces peuples qui ne peuvent dormir qu'au frais sur la natte la plus légère. Nos maisons de carnage, qu'on appelle des boucheries, où l'on vend tant de cadavres pour nourrir le nôtre, mettraient la peste dans le
175 climat de l'Inde; il ne faut à ces nations que des nourritures rafraîchissantes et pures; la nature leur a prodigué des forêts de citronniers, d'orangers, de figuiers, de palmiers, de cocotiers, et des campagnes couvertes de riz. L'homme le plus robuste peut ne dépenser qu'un ou deux sous par jour pour ses aliments. Nos
180 ouvriers dépensent plus en un jour qu'un Malabare en un mois. Toutes ces considérations semblent fortifier l'ancienne opinion que le genre humain est originaire d'un pays où la nature a tout fait pour lui, et ne lui a laissé presque rien à faire. Mais cela prouve seulement que les Indiens sont indigènes, et ne prouve point du tout que les
185 autres espèces d'hommes viennent de ces contrées. Les blancs et les nègres, et les rouges, et les Lapons, et les Samoyèdes, et les albinos ne viennent certainement pas du même sol. [31] La différence

162-92   w56-w57G: doux; mais toute origine nous est cachée. Qui peut dire qu'il n'y avait ni insectes, ni herbe, ni arbres dans nos climats, quand il y en avait dans l'Orient? ¶L'Inde

[30] Productions mentionnée par Moréri (art. 'Inde') et dans la lettre de Voltaire à Pilavoine d'avril 1760 (D8871). Voir aussi *La Philosophie de l'histoire*, ch.17 (p.145-46).
[31] Ce passage fait partie des développements ajoutés en 1761 qui renforcent la thèse polygéniste que Voltaire défend depuis le *Traité de métaphysique*: voir J.-M. Moureaux, 'Race et altérité dans l'anthropologie voltairienne', dans

entre toutes ces espèces est aussi marquée qu'entre les chevaux et
les chameaux; il n'y a donc qu'un brame mal instruit et entêté, qui
puisse prétendre que tous les hommes descendent de l'Indien   190
Adimo et de sa femme. [32]

L'Inde au temps de Charlemagne n'était connue que de nom; et
les Indiens ignoraient qu'il y eût un Charlemagne. Les Arabes seuls
maîtres du commerce maritime fournissaient à la fois les denrées
des Indes à Constantinople et aux Francs. Venise les allait déjà   195
chercher dans Alexandrie. Le débit n'en était pas encore considérable en France chez les particuliers; elles furent longtemps
inconnues en Allemagne, et dans tout le Nord. Les Romains
avaient fait ce commerce eux-mêmes dès qu'ils furent les maîtres de
l'Egypte. Ainsi les peuples occidentaux ont toujours porté dans   200
l'Inde leur or et leur argent, et ont toujours enrichi ce pays déjà si
riche par lui-même. [33] De là vient qu'on ne vit jamais les peuples de
l'Inde, non plus que les Chinois et les Gangarides, sortir de leurs
pays pour aller exercer le brigandage chez d'autres nations, comme
les Arabes, soit Juifs, soit Sarrasins, les Tartares et les Romains   205
mêmes, qui postés dans le plus mauvais pays de l'Italie subsistèrent
d'abord de la guerre, et subsistent aujourd'hui de la religion.

L'Inde autrefois   Il est incontestable que le continent de l'Inde a été autrefois
plus étendue.   beaucoup plus étendu qu'il ne l'est aujourd'hui. Ces îles, ces
immenses archipels qui l'avoisinent à l'orient et au midi, tenaient   210
dans les temps reculés à la terre ferme. On s'en aperçoit encore par
la mer même qui les sépare; son peu de profondeur, les arbres qui
croissent sur son fond, semblables à ceux des îles; les nouveaux
terrains qu'elle laisse souvent à découvert, tout fait voir que ce
continent a été inondé, et il a dû l'être insensiblement quand   215

188-89   k: qu'entre un lévrier et un barbet;
202-18   w56-w57G: lui-même. ¶L'Inde de tout temps [w56: commerçante]

L'Idée de 'race' dans les sciences humaines et la littérature (XVIIIe et XIXe siècles), éd.
S. Moussa (Paris, 2003), p.41-53.

[32] Voir ci-dessous, ch.4, lignes 95-96, et l'art 'Adam' du *DP* (p.301-302).

[33] Souvenir possible de Montesquieu, *De l'esprit des lois*, livre 21, ch.1.

l'Océan, qui gagne toujours d'un côté ce qu'il perd de l'autre, s'est retiré de nos terres occidentales.

L'Inde dans tous les temps connus commerçante et industrieuse, avait nécessairement une grande police; et ce peuple, chez qui
220 Pythagore avait voyagé pour s'instruire, devait avoir de bonnes lois, sans lesquelles les arts ne sont jamais cultivés; mais les hommes avec des lois sages ont toujours eu des coutumes insensées. Celle qui fait aux femmes un point d'honneur et de religion de se brûler sur le corps de leurs maris, subsistait dans
225 l'Inde de temps immémorial.[34] Les philosophes indiens se jetaient *Affreuses* eux-mêmes dans un bûcher, par un excès de fanatisme et de vaine *superstitions.* gloire. Calan, ou Calanus, qui se brûla devant Alexandre, n'avait pas le premier donné cet exemple;[35] cette abominable dévotion n'est pas détruite encore. La veuve du roi de Tanjour se brûla en 1735 sur
230 le bûcher de son époux.[36] M. Dumas, M. Dupleix gouverneur de Pondichéri, l'épouse de l'amiral Russel,[37] ont été témoins de pareils sacrifices; c'est le dernier effort des erreurs qui pervertissent le genre humain. Le plus austère des derviches n'est qu'un lâche en comparaison d'une femme du Malabar. Il semblerait qu'une nation
235 chez qui les philosophes, et même les femmes, se dévouaient ainsi à la mort, dût être une nation guerrière et invincible: cependant

225   w56-w57G: immémorial, et n'y est point abolie de nos jours. Les
228-34   w56-w57G: exemple. Il semblerait
230-31   61: Dupleix ont
231   w68: Pondichéri, ont

[34] Cet usage est de ceux qui frappaient le plus les voyageurs et les philosophes: sur ce lieu commun, voir, par exemple, Montesquieu, *Lettres persanes*, lettre 125 (*OCM*, 120); voir aussi, la *Lettre civile et honnête* (art.15) et l'art. 'Brahmanes, brames' des *QE*, 'Des hommes et des femmes qui se brûlent chez les brahmanes' (*OCV*, t.39, p.472-75).

[35] La mort du gymnosophiste Calanus est racontée dans un 'Supplément recueilli par le traducteur' de la *Vie d'Alexandre* de Quinte-Curce et par Strabon, *Géographia*, livre 15, ch.1.

[36] Voir J. L. Niecamp, *Histoire de la mission danoise dans les Indes orientales* (Genève, 1745, BV2575), art.11, t.1, p.171.

[37] Voir Holwell, t.2, p.93-97; signet 'made / Rouseel self / burning' (*CN*, t.4, p.468-69).

depuis l'ancien Sézac,[38] quiconque a attaqué l'Inde, l'a aisément vaincue.

Il serait encore difficile de concilier les idées sublimes que les bramins conservent de l'Etre suprême avec leurs superstitions et leur mythologie fabuleuse, si l'histoire ne nous montrait pas de pareilles contradictions chez les Grecs et chez les Romains.

Chrétiens de saint Thomas. Il y avait des chrétiens sur les côtes de Malabar depuis deux cents ans, au milieu de ces nations idolâtres. Un marchand de Syrie nommé Mar Thomas, s'étant établi sur les côtes de Malabar avec sa famille, et ses facteurs, au sixième siècle, y laissa sa religion, qui était le nestorianisme; ces sectaires orientaux, s'étant multipliés se nommèrent les *chrétiens de saint Thomas*:[39] ils vécurent paisiblement parmi les idolâtres. Qui ne veut point remuer est rarement persécuté.[40] Ces chrétiens n'avaient aucune connaissance de l'Eglise latine.

Ce n'est pas certainement le christianisme qui fleurissait alors dans l'Inde, c'est le mahométisme. Il s'y était introduit par les conquêtes des califes, et Aaron al Rachild, cet illustre contemporain de Charlemagne, dominateur de l'Afrique, de la Syrie, de la Perse et d'une partie de l'Inde, envoya des missionnaires musulmans des rives du Gange aux îles de l'Océan indien, et jusque chez des peuplades de nègres.[41] Depuis ce temps il y eut beaucoup de

240

245

250

255

237 w56-61: Sésac, qu'on connaît sous le nom de Bacchus, quiconque
243 w56-61: chrétiens établis sur
245 w56-w57G: Marc Thomas
251 w56: latine.//
254 61: Aaron Rachild [*passim*]

[38] Sur Sésac, roi légendaire ou quasi-légendaire d'Egypte, voir Sale (t.13, livre 4, ch.10), qui se fonde sur Newton, *La Chronologie des anciens royaumes corrigée* (Paris, 1728, BV2566), Introduction, p.21.

[39] Voir ci-dessus, n.28. Guyon évoque l'établissement du nestorianisme en Inde (t.2, p.348-50).

[40] La maxime vaut peut-être d'abord pour les chrétiens: voir, par exemple, le *Traité sur la tolérance*, ch.9.

[41] Voir ci-dessous, ch.6, lignes 411-19.

musulmans dans l'Inde. On ne dit point que le grand Aaron
260 convertit à sa religion les Indiens par le fer et par le feu, comme
Charlemagne convertit les Saxons. On ne voit pas non plus que les
Indiens aient refusé le joug et la loi d'Aaron al Rachild, comme les
Saxons refusèrent de se soumettre à Charles.

Les Indiens ont toujours été aussi mous que nos septentrionaux
265 étaient féroces.[42] La mollesse inspirée par le climat ne se corrige
jamais; mais la dureté s'adoucit.

En général les hommes du Midi oriental ont reçu de la nature des
mœurs plus douces que les peuples de notre Occident; leur climat
les dispose à l'abstinence des liqueurs fortes et de la chair des
270 animaux, nourritures qui aigrissent le sang, et portent souvent à la
férocité; et quoique la superstition et les irruptions étrangères aient
corrompu la bonté de leur naturel, cependant tous les voyageurs
conviennent que le caractère de ces peuples n'a rien de cette
inquiétude, de cette pétulance et de cette dureté qu'on a eu tant de
275 peine à contenir chez les nations du Nord.

Le physique de l'Inde différant en tant de choses du nôtre, il
fallait bien que le moral différât aussi. Leurs vices étaient plus doux
que les nôtres. Ils cherchaient en vain des remèdes aux dérèglements de leurs mœurs, comme nous en avons cherché. C'était de
280 temps immémorial une maxime chez eux et chez les Chinois, que le
sage viendrait de l'Occident.[43] L'Europe au contraire disait que le
sage viendrait de l'Orient. Toutes les nations ont toujours eu
besoin d'un sage.

---

265   61-w75G: étaient agrestes.

[42] 'Est-il vrai que les naturels de ce pays sont naturellement doux et bienfaisants?',
demande Voltaire dans sa lettre à Pilavoine d'avril 176 (D8871). Il s'agit en fait d'un
lieu commun.

[43] Voir Le Comte, *Nouveaux Mémoires sur l'état présent de la Chine* (Amsterdam,
1697, BV1988): 'Les Chinois rapportent qu'il [Confucius] disait souvent: "C'est dans
l'Occident que se trouve le véritable saint"' (t.1, p.301).

CHAPITRE 4

Des brahmanes; du Védam, et de l'Ezourvédam.

Si l'Inde de qui toute la terre a besoin, et qui seule n'a besoin de personne, doit être par cela même la contrée la plus anciennement policée, elle doit conséquemment avoir eu la plus ancienne forme de religion. Il est très vraisemblable que cette religion fut long-temps celle du gouvernement chinois, et qu'elle ne consistait que 5 dans le culte pur d'un Etre suprême dégagé de toute superstition et de tout fanatisme.

Les premiers brahmanes avaient fondé cette religion simple, telle qu'elle fut établie à la Chine par ses premiers rois.[1] Ces brahmanes gouvernaient l'Inde. Lorsque les chefs paisibles d'un 10 peuple spirituel et doux, sont à la tête d'une religion, elle doit être simple et raisonnable, parce que ces chefs n'ont pas besoin

a-245 [*Première rédaction de ce chapitre*: 61]

* L'apparition du ch.4, où il cite longuement, ou plutôt réécrit l'*Ezourvédam* (voir ch.3, n.*), permet à Voltaire de renforcer l'idée que la religion mahométane s'est imposée facilement aux Indes, alors que le christianisme, transmis par des missionnaires indignes, peine à s'y implanter. Il développe le thème de la décadence esquissé au ch.3 et établit que la très ancienne théocratie des brahmanes, mono-théiste, opposée à l'incarnation de Dieu et hautement morale, était l'expression même de la 'raison universelle': la critique du monothéisme biblique ne saurait être plus évidente. Voir A. Dow, *A dissertation concerning the religion and philosophy of the Brahmins* (Londres, 1768), trad. C.-F. Bergier, *Dissertation sur les mœurs, les usages, le langage, la religion et la philosophie des Hindous* [...] *de M.* *** (Paris, 1769). Voltaire en prend connaissance en 1766 (D13882, D13884, D13391). Voir aussi N. Masson, 'Voltaire exégète du *Shasta* et du *Vedam*: citation et réécriture des textes sacrés de l'Inde dans l'*Essai sur les mœurs*', *Copier/coller. Ecriture et réécriture chez Voltaire*, éd. O. Ferret, G. Goggi et C. Volpilhac-Auger (Pise, 2007), p.63-70.

[1] La traduction française de l'*Universal History* de Sale (l'*Histoire universelle*) rappelle, d'après Diodore de Sicile et Strabon, que les brahmanes sont 'non seulement les prêtres des Indiens, mais aussi les principaux conseillers et directeurs de leurs rois' (t.13, livre 4, ch.10).

d'erreurs pour être obéis. Il est si naturel de croire un Dieu unique, de l'adorer, et de sentir dans le fond de son cœur qu'il faut être 15 juste, que quand des princes annoncent ces vérités, la foi des peuples court au-devant de leurs paroles. Il faut du temps pour établir des lois arbitraires; mais il n'en faut point pour apprendre aux hommes rassemblés à croire un Dieu, et à écouter la voix de leur propre cœur.

20 Les premiers brahmanes étant donc à la fois rois et pontifes, ne pouvaient guère établir la religion que sur la raison universelle. Il n'en est pas de même dans les pays où le pontificat n'est pas uni à la royauté. Alors les fonctions religieuses qui appartiennent originairement aux pères de famille, forment une profession séparée; le 25 culte de Dieu devient un métier, et pour faire valoir ce métier, il faut souvent des prestiges, des fourberies et des cruautés.

La religion dégénéra donc chez les brahmanes dès qu'ils ne furent plus souverains.

Longtemps avant Alexandre, les brahmanes ne régnaient plus 30 dans l'Inde; mais leur tribu qu'on nomme *caste*, était toujours la plus considérée, comme elle l'est encore aujourd'hui;[2] et c'est dans cette même tribu qu'on trouvait les sages vrais ou faux, que les Grecs appelèrent gymnosophistes. Il est difficile de nier qu'il y eût parmi eux, dans leur décadence, cette espèce de vertu qui s'accorde 35 avec les illusions du fanatisme. Ils reconnaissaient toujours un Dieu suprême à travers la multitude de divinités subalternes que la superstition populaire adoptait dans tous les pays du monde. Strabon dit expressément, qu'au fond les brahmanes n'adoraient qu'un seul Dieu. En cela ils étaient semblables à Confucius, à

26   61: faut quelquefois des
        61-w68: prestiges, et des fourberies.

[2] Sur cette 'grande caste', 'la première du peuple indou', voir le témoignage de Modave, qui évoque aussi la domination exercée par les brames qui en imposent à un 'peuple ignorant et crédule' (*Voyage en Inde du comte de Modave 1773-1776*, éd. J. Deloche, Paris, 1971, p.295-96).

Orphée, à Socrate, à Platon, à Marc-Aurèle, à Epictète, à tous les 40
sages, à tous les hiérophantes des mystères. Les sept années de
noviciat chez les brahmanes, la loi du silence pendant ces sept
Ancienne années, étaient en vigueur du temps de Strabon. Le célibat pendant
théologie des ce temps d'épreuve, l'abstinence de la chair des animaux qui
brahmanes. servent l'homme, étaient des lois qu'on ne transgressa jamais, et 45
qui subsistent encore chez les brames. Ils croyaient un Dieu
créateur, rémunérateur et vengeur. Ils croyaient l'homme déchu
et dégénéré, et cette idée se trouve chez tous les anciens peuples.³
*Aurea prima sata est aetas*⁴ est la devise de toutes les nations.

Apulée, Quinte-Curce, Clément d'Alexandrie, Philostrate, 50
Porphire, Pallade, s'accordent tous dans les éloges qu'ils donnent
à la frugalité extrême des brahmanes, à leur vie retirée et
pénitente, à leur pauvreté volontaire, à leur mépris de toutes les
vanités du monde. Saint Ambroise préfère hautement leurs mœurs
à celles des chrétiens de son temps.⁵ Peut-être est-ce une de ces 55
exagérations qu'on se permet quelquefois, pour faire rougir ses
concitoyens de leurs désordres; on loue les brahmanes pour
corriger les moines: et si saint Ambroise avait vécu dans l'Inde,
il aurait probablement loué les moines pour faire honte aux
brahmanes. Mais enfin il résulte de tant de témoignages, que ces 60
hommes singuliers étaient en réputation de sainteté dans toute la
terre.

Cette connaissance d'un Dieu unique dont tous les philosophes
leur savaient tant de gré, ils la conservent encore aujourd'hui au

---

³ Strabon évoque la sévérité de ces principes qui régissent la vie des brahmanes,
mais il précise aussi qu''après trente-sept années d'une semblable existence', ils sont
libres de vivre une vie moins austère (*Géographia*, livre 15, ch.1). Strabon mentionne
leur rôle d'intermédiaire auprès de la divinité, mais il fait aussi état de la vénération
des Indiens pour les divinités (Zeus Ombrios, le Gange, les génies dits indigètes).
⁴ Ovide, *Métamorphoses*, livre 1, ch.89: 'L'âge d'or commença'.
⁵ Voltaire reçoit, le 21 janvier 1761 (D9563), un recueil contenant notamment les
œuvres de Pallade de Galatie et de saint Ambroise: *Palladius, de gentibus Indiae et
Bragmanibus S. Ambrosius, de moribus Brachmanorum* (Londres, 1665). D'Apulée à
saint Ambroise, Voltaire mélange des sources d'époques et de statuts très divers.

65 milieu des pagodes, [6] et de toutes les extravagances du peuple. Un de nos poètes a dit dans une de ses épîtres, où le faux domine presque toujours:

> L'Inde aujourd'hui voit l'orgueilleux brahmane
> Déifier, brutalement zélé,
> 70   Le diable même en bronze ciselé. [7]

Certainement des hommes qui ne croient point au diable, ne peuvent adorer le diable. Ces reproches absurdes sont intolérables: on n'a jamais adoré le diable en aucun pays du monde: les manichéens n'ont jamais rendu de culte au mauvais principe: on 75 ne lui en rendait aucun dans la religion de Zoroastre. Il est temps que nous quittions l'indigne usage de calomnier toutes les sectes, et d'insulter toutes les nations.

Fausse idée qu'on a des brahmanes en Europe.

Nous avons, comme vous savez, l'*Ezourvédam*, ancien commentaire composé par Chumontou, sur ce *Védam*, sur ce livre 80 sacré que les brames prétendent avoir été donné de Dieu aux hommes. Ce commentaire a été rédigé par un brame très savant, qui a rendu beaucoup de services à notre compagnie des Indes; et il l'a traduit lui-même de la langue sacrée en français. (*a*)

(*a*) Ce manuscrit a été envoyé à la Bibliothèque du roi, où chacun peut le consulter. [8]

67   K: toujours [*avec note*: Rousseau.]
71   61: point le diable
77-78   61: nations. ¶J'ai entre les mains la traduction d'un des plus anciens manuscrits qui soient au monde; ce n'est pas le Védam dont on parle tant dans l'Inde, et qui n'a encore été communiqué à aucun savant de l'Europe; c'est l'*Ezourvédam*
n.*a*   61: J'ai fait présent de ce manuscrit à la Bibliothèque
w68-w75G, K: Ce manuscrit est à la Bibliothèque

[6] Terme qui 'vient des Indes orientales, où il signifie un temple d'idoles' et qui 'se prend aussi pour l'idole qu'on adore dans le temple' (*Dictionnaire de l'Académie*, 1762).
[7] J.-B. Rousseau, *Œuvres* (Bruxelles [Paris], 1743, BV3023), t.1, p.319-20.
[8] BnF, ms. n.a.fr. 452: 'L'Ezour-Védam ou ancien commentaire du védam traduit de la langue du hanscrit par un Brame de Bénares correspondant de la compagnie

Dans cet *Ezourvédam*, dans ce commentaire, Chumontou combat l'idolâtrie; il rapporte les propres paroles du *Védam*. 85 *C'est l'Etre suprême qui a tout créé, le sensible et l'insensible; il y a eu quatre âges différents; tout périt à la fin de chaque âge, tout est submergé, et le déluge est un passage d'un âge à l'autre, etc.*[9]

Lorsque Dieu existait seul, et que nul autre être n'existait avec lui, il forma le dessein de créer le monde; il créa d'abord le temps, ensuite 90 *l'eau et la terre: et du mélange des cinq éléments, à savoir, la terre, l'eau, le feu, l'air et la lumière, il en forma les différents corps, et leur donna la terre pour leur base. Il fit ce globe que nous habitons en forme ovale comme un œuf. Au milieu de la terre est la plus haute de toutes les montagnes nommée Mérou (c'est l'Immaüs). Adimo, c'est le nom du* 95 *premier homme sorti des mains de Dieu. Procriti est le nom de son épouse. D'Adimo naquit Brama, qui fut le législateur des nations et le père des brames.*[10]

Que de choses curieuses dans ce peu de paroles! on y aperçoit d'abord cette grande vérité, que Dieu est le créateur du monde; on 100 voit ensuite la source primitive de cette ancienne fable des quatre *Le Védam* âges, d'or, d'argent, d'airain, et de fer. Tous les principes de la *origine des fables* théologie des anciens sont renfermés dans le *Védam*. On y voit ce *de la Grèce.* déluge de Deucalion, qui ne figure autre chose que la peine extrême qu'on a éprouvée dans tous les temps à dessécher les terres, que la 105 négligence des hommes a laissées longtemps inondées. Toutes les citations du *Védam*, dans ce manuscrit, sont étonnantes; on y

---

des indes apporté en france par Mr de Modave en 1759. donné par luy a M^r de voltaire en 1760 et envoyé a la biblioteque du Roy. de ferney 14 aoust 1761 près du lac de geneve'. Le texte se présente sous la forme d'un 'dialogue': Biache interroge Chumontou, qui 'composa l'Ezour Vedam' afin de 'faire connoistre et sentir' aux hommes 'la verité qu'ils avoient abandonnée pour se livrer a l'idolatrie' (f.1r).

[9] Voltaire assemble des phrases extraites du texte: voir livre 1, ch.3, 'De la première création', f.2v-3v.

[10] La précision entre parenthèses et les expressions 'le législateur des nations' et 'le père des brames' ne se trouvent pas dans le manuscrit. Cf. livre 1, ch.3: 'D'*Adimo* naquit dabord Dokio Bramma qui fut le père de plusieurs enfans et il naquit de son nombril, du coté droit. du même *Adimo* naquirent *Vichnou* et *Chib* du coté gauche' (f.3v).

trouve expressément ces paroles admirables: *Dieu ne créa jamais le vice, il ne peut en être l'auteur. Dieu qui est la sagesse et la sainteté, ne créa jamais que la vertu.*[11]

Voici un morceau des plus singuliers du *Védam*: *Le premier homme étant sorti des mains de Dieu, lui dit; Il y aura sur la terre différentes occupations, tous ne seront pas propres à toutes; comment les distinguer entre eux? Dieu lui répondit; Ceux qui sont nés avec plus d'esprit et de goût pour la vertu que les autres, seront les brames. Ceux qui participent le plus du* rosogoun, *c'est-à-dire, de l'ambition, seront les guerriers; ceux qui participent le plus du* tomogun, *c'est-à-dire, de l'avarice, seront les marchands. Ceux qui participeront du* comogun, *c'est-à-dire, qui seront robustes et bornés, seront occupés aux œuvres serviles.*[12]

On reconnaît dans ces paroles l'origine véritable des quatre castes des Indes, ou plutôt les quatre conditions de la société humaine. En effet, sur quoi peut être fondée l'inégalité de ces conditions, sinon sur l'inégalité primitive des talents? Le *Védam* poursuit et dit: *L'Etre suprême n'a ni corps ni figure*, et l'*Ezourvédam* ajoute: *Tous ceux qui lui donnent des pieds et des mains sont des insensés.*[13] Chumontou cite ensuite ces paroles du *Védam*: *Dans le temps que Dieu tira toutes choses du néant, il créa séparément un individu de chaque espèce, et voulut qu'il portât dans lui son germe, afin qu'il pût produire; il est le principe de chaque chose: le soleil n'est qu'un corps sans vie et sans connaissance, il est entre les mains de Dieu comme une chandelle entre les mains d'un homme.*[14]

Après cela l'auteur du commentaire combattant l'opinion des nouveaux brames, qui admettaient plusieurs incarnations dans le dieu Brama et dans le dieu Vitsnou, s'exprime ainsi.

---

[11] Livre I, ch.4, 'Des Vedans', f.3*v*.

[12] Cf. livre I, ch.5, 'Des Differentes Castes', f.4*v*: le manuscrit indique 'les rois' au lieu de 'les guerriers' (ligne 117) et l''avidité' au lieu de l''avarice' (ligne 118); Voltaire intervertit le 'tomogun' et le 'comogun'.

[13] Livre I, ch.6, 'Du salagraman et du Gange', f.5*v*.

[14] D'après le livre I, ch.7, 'De la production et propagation des Etres', f.5*v*: le manuscrit précise qu'il s'agit du 'premier principe' (ligne 130).

Dis-moi donc, homme étourdi et insensé, qu'est-ce que ce Kochiopo et cette Odité, que tu dis avoir donné naissance à ton Dieu? ne sont-ils pas des hommes comme les autres? et ce Dieu qui est pur de sa nature et éternel de son essence, se serait-il abaissé jusqu'à s'anéantir dans le sein d'une femme pour s'y revêtir d'une figure humaine? ne rougis-tu pas de 140 *nous présenter ce Dieu en posture de suppliant devant une de ses créatures? as-tu perdu l'esprit? ou es-tu venu à ce point d'impiété de ne pas rougir de faire jouer à l'Etre suprême le personnage de fourbe et de menteur?... Cesse de tromper les hommes, ce n'est qu'à cette condition que je continuerai à t'expliquer le Védam; car si tu restes dans les* 145 *mêmes sentiments, tu es incapable de l'entendre, et ce serait le prostituer que de te l'enseigner.*[15]

Au livre 3e de ce commentaire, l'auteur Chumontou réfute la fable que les nouveaux brames inventaient sur une incarnation du dieu Brama, qui selon eux parut dans l'Inde sous le nom de Kopilo, 150 c'est-à-dire, de pénitent; ils prétendaient qu'il avait voulu naître de Déhobuti, femme d'un homme de bien nommé Kordomo.[16]

S'il est vrai, dit le commentateur, *que Brama soit né sur la terre, pourquoi donc portait-il le nom d'Eternel? celui qui est souverainement heureux, et dans qui seul est notre bonheur, aurait-il voulu se soumettre* 155 *à tout ce que souffre un enfant?*[17] etc.

On trouve ensuite une description de l'enfer[18] toute semblable à celle que les Egyptiens et les Grecs ont donnée depuis sous le nom de Tartare. *Que faut-il faire*, dit-on, *pour éviter l'enfer? Il faut aimer Dieu,*[19] répond le commentateur Chumontou: *il faut faire ce qui nous* 160

[15] Cf. livre 2, ch.1, 'De l'incarnation de Bamou et Description du Pelokio', f.6v-7r: à la place des deux occurrences de 'Dieu' (lignes 137, 141), le manuscrit porte l'expression 'Etre suprême'.

[16] Cf. livre 3, ch.1, f.10v: dans le manuscrit, la femme est appelée Debohuti.

[17] Livre 3, ch.1, f.11r.

[18] Livre 3, ch.3, 'De l'Enfer, ses differentes demeures Supplices qu'on y souffre proportionnés au nombre et a l'Enormité des péchés, de la penitence, ses qualités. des bonnes œuvres. De l'amour de Dieu', f.12r.

[19] Cf. livre 3, ch.3: 'Il n'est que Dieu qui puisse nous pardonner nos péchés cherche donc a implorer sa misericorde par les prières, a te l'attirer par les bonnes œuvres et a la meriter par ton Amour pour luy' (f.12v).

est ordonné par le Védam, *et le faire de la façon dont il nous le prescrit.*
Il y a, dit-il, *quatre amours de Dieu.* Le premier est de l'aimer pour
lui-même, *sans intérêt personnel.* Le second, de l'aimer *par intérêt.* Le
troisième, de ne l'aimer que dans les *moments où l'on n'écoute pas ses*
165 *passions.* Le quatrième, de ne l'aimer que pour *obtenir l'objet de ces*
passions mêmes: et ce quatrième amour n'en mérite pas le nom. (*b*)[20]

Tel est le précis des principales singularités du *Védam*, livre
inconnu jusque aujourd'hui à l'Europe, et à presque toute l'Asie.

Les brames ont dégénéré de plus en plus.[21] Leur *Cormovédam*, qui
170 est leur rituel, est un ramas de cérémonies superstitieuses,[22] qui font
rire quiconque n'est pas né sur les bords du Gange ou de l'Indus, ou
plutôt quiconque n'étant pas philosophe s'étonne des sottises des
autres peuples, et ne s'étonne point de celles de son pays.

(*b*) Le *Shasta* est beaucoup plus sublime. Voyez les Mélanges.[23]

n.*b* 61-w68: [*absente*]
    к: Voyez le *Dictionnaire philosophique.*
173-74   61: pays. Dès qu'un enfant est né, il faut prononcer sur lui le mot *Oum*,
sans quoi il serait à jamais malheureux; il faut lui frotter la langue avec de la farine
consacrée, faire sur lui des prières, prononcer à chaque prière le nom d'une divinité.
Il faut ensuite mettre l'enfant à l'air le troisième jour de la lune, et lui tourner la tête du
côté du Septentrion.[24] ¶Le

[20] Cf. livre 3, ch.3, f.12*v*: Voltaire donne du texte une paraphrase assez lointaine.
[21] La religion des Indous 's'est infiniment corrompue et dans l'exercice du culte
public et dans la pratique de la morale', écrit Modave: 'On n'observe plus avec
exactitude que les cérémonies extérieures lesquelles, séparées de leur objet, n'ont
plus rien que de vain et de ridicule' (p.293).
[22] Dans *Dieu et les hommes*, ch.6 (*OCV*, t.69, p.298-99), il est question de
'cérémonies fatigantes'.
[23] Des extraits des quatre premiers chapitres du *Shasta* et un précis du cinquième
sont donnés dans l'art. 'Ange' des *QE* (*OCV*, t.38, p.367-70). Voir aussi ci-dessus,
ch.3, lignes 67-70, 83-90.
[24] Passage repris, remanié et étendu dans *La Philosophie de l'histoire* (ch.17,
OCV, t.59, p.150-51). Dans le manuscrit de l'*Ezourvédam*, Chumontou stigmatise
l'enseignement de Biache qui a été 'le malheureux principe de l'idolatrie et de
l'Erreur' et notamment les 'pratiques Extérieures dans lesquelles [il a] fait consister
toute la vertu' (f.2*r*). Les exemples donnés ne correspondent cependant pas aux
pratiques évoquées ici par Voltaire.

Le détail de ces minuties est immense. C'est un assemblage de toutes les folies que la vaine étude de l'astronomie judiciaire a pu   175
inspirer à des savants ingénieux, mais extravagants ou fourbes. Toute la vie d'un brame est consacrée à ces cérémonies super-stitieuses. Il y en a pour tous les jours de l'année. Il semble que les hommes soient devenus faibles et lâches dans l'Inde à mesure qu'ils ont été subjugués. Il y a grande apparence qu'à chaque conquête les   180
superstitions, et les pénitences du peuple vaincu ont redoublé. Sézac, Madiès, les Assyriens, les Perses, Alexandre, les Arabes, les Tartares, et de nos jours Sha-Nadir, en venant les uns après les autres ravager ces beaux pays, ont fait un peuple pénitent d'un peuple qui n'a pas su être guerrier.[25]   185

Jamais les pagodes n'ont été plus riches que dans les temps d'humiliation et de misère; toutes ces pagodes ont des revenus considérables, et les dévots les enrichissent encore de leurs of-frandes. Quand un raya passe devant une pagode, il descend de son cheval, de son chameau, ou de son éléphant, ou de son palanquin, et   190
marche à pied jusqu'à ce qu'il ait passé le territoire du temple.[26]

Cet ancien commentaire du *Védam* dont je viens de donner l'extrait, me paraît écrit avant les conquêtes d'Alexandre;[27] car on n'y trouve aucun des noms que les vainqueurs grecs imposèrent aux fleuves, aux villes, aux contrées. L'Inde s'appelle Zomboudipo;   195
le mont Immaüs est Mérou; le Gange est nommé Zanoubi.[28] Ces anciens noms ne sont plus connus que des savants dans la langue sacrée.

L'ancienne pureté de la religion des premiers brahmanes ne subsiste plus que chez quelques-uns de leurs philosophes: et ceux-   200

195   K: contrées, en prononçant à leur manière, et soumettant aux terminaisons de leurs langues les noms communs du pays. L'Inde

[25] Modave évoque l'état de l'empire après l'invasion de Nader Chah: dévasta-tions, massacres, extorsions (p.237-40). Sur Sésac, voir ci-dessus, ch.3, lignes 237-38 et n.38.

[26] Nous n'avons pas pu identifier la source de Voltaire.

[27] Voir ci-dessus, ch.3, lignes 11-13 et n.3.

[28] Noms en effet présents dans le manuscrit de l'*Ezourvédam*.

là ne se donnent pas la peine d'instruire un peuple qui ne veut pas être instruit, et qui ne le mérite pas. Il y aurait même du risque à vouloir le détromper; les brames ignorants se soulèveraient; les femmes attachées à leurs pagodes, à leurs petites pratiques super-
205 stitieuses crieraient à l'impiété. Quiconque veut enseigner la raison à ses concitoyens, est persécuté, à moins qu'il ne soit le plus fort; et il arrive presque toujours que le plus fort redouble les chaînes de l'ignorance au lieu de les rompre.

La religion mahométane seule a fait dans l'Inde d'immenses *Peu de*
210 progrès, surtout parmi les hommes bien élevés, parce que c'est la *christianisme* religion du prince, [29] et qu'elle n'enseigne que l'unité de Dieu *dans l'Inde.* conformément à l'ancienne doctrine des premiers brahmanes. [30] Le christianisme n'a pas eu dans l'Inde le même succès, malgré l'évidence et la sainteté de sa doctrine, et malgré les grands
215 établissements des Portugais, des Français, des Anglais, des Hollandais, des Danois. C'est même le concours de ces nations qui a nui au progrès de notre culte. Comme elles se haïssent toutes, et que plusieurs d'entre elles font souvent la guerre dans ces climats, [31] elles y ont fait haïr ce qu'elles enseignent. Leurs usages
220 d'ailleurs révoltent les Indiens; ils sont scandalisés de nous voir boire du vin et manger des viandes qu'ils abhorrent. La conforma-

---

218 61-w68: elles se font

[29] Voltaire la disait religion 'dominante' en 1745 (voir ch.3, ligne 159, var., ligne 13), expression blâmée par la *Critique de l'Histoire universelle* (art.23), à laquelle la *Lettre civile et honnête* répondait en jouant sur le sens du mot ('on appelle religion dominante celle qui domine', parce que c'est celle du Mogol, art.14). Mais la rédaction actuelle apparaissait dès 1753, donc avant la *Critique*.

[30] Cf. Guyon, qui évoque l'adoption du mahométisme comme une nouvelle religion 'qui conservait l'unité de Dieu, la détestation des idoles, et la vénération pour Jésus-Christ, qu'on leur permettait de respecter comme un grand prophète' (t.2, p.347-48).

[31] Lally a été envoyé en 1758 en Inde pour relever la puissance française face à l'Angleterre, mais en 1760, les défaites se succèdent (le Bengale et Karikal sont perdus).

tion de nos organes qui fait que nous prononçons si mal les langues
de l'Asie, est encore un obstacle presque invincible; mais le plus
grand est la différence des opinions qui divisent nos missionnaires. [32]
Le catholique y combat l'anglican, qui combat le luthérien   225
combattu par le calviniste. Ainsi tous contre tous voulant annoncer
chacun la vérité, et accusant les autres de mensonge, ils étonnent un
peuple simple et paisible, qui voit accourir chez lui des extrémités
occidentales de la terre des hommes ardents pour se déchirer
mutuellement sur les rives du Gange.   230

Nous avons eu dans ces climats comme ailleurs, des missionnaires respectables par leur piété, et auxquels on ne peut reprocher
que d'avoir exagéré leurs travaux et leurs triomphes. Mais tous
n'ont pas été des hommes vertueux et instruits, envoyés d'Europe
pour changer la croyance de l'Asie. Le célèbre Niecamp, auteur de   235
l'Histoire de la mission de Tranquebar, [33] avoue, (c) *Que les Portugais
remplirent le séminaire de Goa de malfaiteurs condamnés au bannisse-
ment; qu'ils en firent des missionnaires, et que ces missionnaires
n'oublièrent pas leur premier métier.* [34] Notre religion a fait peu de
progrès sur les côtes, et nul dans les Etats soumis immédiatement au   240
Grand Mogol. La religion de Mahomet et celle de Brama partagent
encore tout ce vaste continent. Il n'y a pas deux siècles que nous
appelions toutes ces nations *la paganie*, tandis que les Arabes, les
Turcs, les Indiens ne nous connaissaient que sous le nom
d'idolâtres.   245

(c) Premier tome, page 223.

239   61-w68: Notre sainte religion
242   w68: pas encore deux

[32] Argument identique à propos de la Chine: voir ci-dessus, ch.2, lignes 89-91 et n.27.
[33] Dans la *Lettre civile et honnête*, Voltaire présente cette *Histoire* comme 'la seule
bonne relation qu'on ait de [la presqu'île de l'Inde]' (art.14), et l'oppose à la *Critique
de l'Histoire universelle*.
[34] Cf. Niecamp: Voltaire cite en créant un raccourci d'expression plus ironique;
les mots 'premier métier' ne figurent pas dans l'original (*Histoire de la mission
danoise*, t.i, p.223).

CHAPITRE 5

De la Perse, au temps de Mahomet le prophète, et de l'ancienne religion de Zoroastre.

En tournant vers la Perse, on y trouve, un peu avant le temps qui me sert d'époque, la plus grande et la plus prompte révolution que nous connaissions sur la terre.

a-267 [*Première rédaction de ce chapitre*: MSP, 45]
a w53: [*pas de rupture*]
    w56: Chapitre 4
b-c w56: *De la Perse, de l'Arabie, et de Mahomet.*
    61: *De la Perse, de l'Arabie, et de Mahomet le prophète. De sa famille, de ses premiers successeurs, des mœurs singulières de son pays et de son temps.*
1 MSP, 45, 53-54N: En remontant vers
    45: avant ce temps

* En 1745, Voltaire survolait les différents peuples orientaux, et l'histoire de la Perse n'avait droit qu'à un rapide résumé qui permettait de la raccorder à l'expansion de l'islam. Il s'appuyait pour cela sur des ouvrages généraux, tels que l'*Histoire universelle, sacrée et profane* du bénédictin Calmet (Strasbourg, 1735-1747), la traduction de l'*Universal History* de G. Sale et G. Psalmanazar (*Histoire universelle*, Amsterdam et Leipzig, 1742-1802), ou l'*Histoire ancienne* de Ch. Rollin (Paris, 1731-1737, BV3008), mais aussi sur des récits de voyages dont ceux de J. Chardin, *Voyages en Perse et autres lieux de l'Orient* (Amsterdam, 1711, BV712), et J.-B. Tavernier, *Six Voyages en Turquie, en Perse et aux Indes* (Paris, 1679, BV3251). Ces derniers textes étaient d'ailleurs recommandés parmi d'autres ouvrages à son ami Fawkener en 1752: 'We have many voiages usefull and entertaining, those of Chardin, Tavernier, Bernier' (D4851). Il s'est aussi ponctuellement reporté à la *Bibliothèque orientale* (Paris, 1697, BV1626) de B. d'Herbelot, ou au *Dictionnaire historique* de Moréri (Amsterdam, 1740, BV2523). Voltaire avait donc beaucoup lu sur la Perse, mais l'histoire antique ne retenait pas son attention. C'est à partir de 1756 que le texte s'étoffe notablement en raison de l'intérêt nouveau que Voltaire y décèle (voir la variante aux lignes 22-244). L'édition de 1756 évoque par prétérition l'antiquité et la grandeur de la Perse, et plus volontiers les fondements d'une philosophie 'toujours allégorique, et quelquefois très profonde', en quoi consiste une religion qui se maintient intacte pendant des siècles: ainsi les Perses (que Voltaire confond avec les Babyloniens) connaissaient l'immortalité de l'âme et la rémunération des actions

Une nouvelle domination, une religion et des mœurs jusqu'alors
inconnues, avaient changé la face de ces contrées; et ce changement   5
s'étendait déjà fort avant en Asie, en Afrique et en Europe.

6   MSP, 45, 54D: s'étendait fort

---

dans une autre vie, grâce à la doctrine formulée par les deux Zoroastre. C'est aller
contre l'interprétation traditionnelle qui fait de ce (ou ces) personnage(s) soit un
imposteur, soit un personnage fabuleux, et qui voit dans la religion perse une forme
d'idolâtrie. Voltaire s'intéresse sérieusement à Zoroastre dès l'époque de *Zadig*
(*OCV*, t.30B, par exemple, p.117, 125, 126, 128, 132). Il l'admire au même titre que
Confucius et Pythagore (voir les art. 'Idole', 'Job' et 'Du juste et de l'injuste' du *DP*,
OCV, t.36, p.216, 250, 284, et *Le Philosophe ignorant*, doutes 38-39, 42, *OCV*, t.62,
p.88-90, 92), et exprime souvent son admiration pour les cent portes du *Sadder* (voir
La Philosophie de l'histoire, ch.11, 17, 48, *OCV*, t.59, p.127, 129, 149, 254). Mais c'est
seulement dans l'édition de 1769 (donc après la rédaction des ch.4 et 7, qui datent de
1761, sur la religion des Indiens et des musulmans) qu'il consacre des pages entières
au '*Zenda-Vesta*', en recopiant à l'identique un long développement sur la religion
des Perses qu'il avait fait paraître en 1763 dans les *Remarques, pour servir de
supplément à l'Essai sur l'histoire générale, et sur les mœurs et l'esprit des nations,
depuis Charlemagne jusqu'à nos jours* ([Genève, Cramer], 1763). Il s'appuie alors sur
l'ouvrage de T. Hyde – fréquemment mentionné par Sale – dont il avait emprunté en
1746 à la bibliothèque du roi la première version, *Historia religionis veterum Persarum*
(1700), et dont il relut pour l'occasion la réédition, *Veterum Persarum [...] religionis
historia* (Oxford, 1760, BV1705), strictement identique à la précédente: voir D11924
(juin, 1764), D12087 (septembre, 1764); *CN*, t.4, p.577-81. Il en ressort que presque
tous les dogmes des Perses sont 'conformes à la religion naturelle de tous les peuples
du monde'. Ainsi Babyloniens et Perses, fondant sur un monothéisme une morale
sage et pure, apparaissent implicitement eux aussi supérieurs aux Juifs, tout juste
capables de leur emprunter certains éléments de leur doctrine; ils participent d'un
vaste mouvement incompris des Occidentaux, comme le montrent finalement en
parallèle les ch.4, 5 et 7, alors même que les débuts de la religion chrétienne sont peu
glorieux (ch.8-11). Moins offensif que le ch.11 de *La Philosophie de l'histoire* de 1764
('Des Babyloniens devenus Persans', p.126-30), postérieur à cette grande addition
sur la religion, ce développement n'en est pas moins proche de textes liés aussi à la
lutte contre l'Infâme, le *DP* et *La Défense de mon oncle* (1767). Moins historique que
philosophique, il défend l'idée d'un monothéisme primitif qui redonne quelque
intérêt à cette histoire ancienne que Voltaire a si souvent décriée. Ainsi, une nouvelle
fois, la religion chrétienne voit se retourner contre elle l'argumentation des
apologistes catholiques (à commencer par Bossuet), selon lesquels l'ancienneté et
la stabilité d'une religion sont ses meilleurs garants.

Pour me faire une idée du mahométisme, qui a donné une nouvelle forme à tant d'empires, je me rappellerai d'abord les parties du monde qui lui furent les premières soumises.

La Perse avait étendu sa domination avant Alexandre, de l'Egypte à la Bactriane, au-delà du pays où est aujourd'hui Samarkande, et de la Thrace jusqu'au fleuve de l'Inde.[1]

Divisée et resserrée sous les Séleucides, elle avait repris des accroissements sous Arsaces le Parthien, deux cent cinquante ans avant notre ère. Les Arsacides n'eurent ni la Syrie, ni les contrées qui bordent le Pont-Euxin: mais ils disputèrent avec les Romains de l'empire de l'Orient, et leur opposèrent toujours des barrières insurmontables.[2]

Du temps d'Alexandre Sévère, vers l'an 226 de notre ère, un simple soldat persan, qui prit le nom d'Artaxare, enleva ce royaume aux Parthes, et rétablit l'empire des Perses,[3] dont l'étendue ne différait guère alors de ce qu'elle est de nos jours.

Vous[4] ne voulez pas examiner ici quels étaient les premiers

---

9   MSP, 45: furent soumises
10   MSP, 45: [*intertitre*] *De la Perse*.
12   MSP: l'Inde et du Gange.
15   MSP, 45, 53-w68: avant Jésus-Christ.
19-20 MSP, 45, 53-54N: 226, Artaxare enleva
20-21 53-54N: royaume et rétablit
21   MSP, 45: aux Arsacides,
22-244 MSP, 45, 53-54N: jours. ¶Au milieu

---

[1] Pour l'étendue de l'ancien empire de Perse, voir Sale, *Histoire universelle*, ch.11, §1, et Calmet, *Histoire universelle*, livre 28, ch.146.

[2] Voltaire reprend l'*Histoire universelle* de Calmet pour ce paragraphe et pour le suivant (livre 57, ch.71) mais il exagère la résistance opposée aux Romains.

[3] Calmet, *Histoire universelle*, livre 57, ch.71. Artaxerxès était désigné comme un 'particulier' 'fils d'un cordonnier', sans autre précision; Moréri le désigne comme 'simple soldat persan', donne la date de 226, et précise que les faits se passèrent sous l'empire de Sévère Alexandre (art. 'Artaxerxes ou Artaxare').

[4] La réapparition du *vous*, renvoyant aux formules de l'Avant-propos revu en 1756, et dont ce passage est contemporain, est frappante. Voltaire explicite ainsi à nouveau le projet commun qui guida l'étude de l'histoire entrepris avec Mme Du Châtelet, disparue en 1749. Le mépris de Voltaire envers les Babyloniens

Babiloniens conquis par les Perses, ni comment ce peuple se vantait
de quatre cent mille ans d'observations astronomiques, dont on ne   25
put retrouver qu'une suite de dix-neuf cents années du temps
d'Alexandre. [5] Vous ne voulez pas vous écarter de votre sujet pour
vous rappeler l'idée de la grandeur de Babilone, et de ces
monuments plus vantés que solides dont les ruines mêmes sont
détruites. Si quelque reste des arts asiatiques mérite un peu notre   30
curiosité, ce sont les ruines de Persépolis décrites dans plusieurs
livres, et copiées dans plusieurs estampes. [6] Je sais quelle admiration
inspirent ces masures échappées aux flambeaux dont Alexandre et
la courtisane Taïs mirent Persépolis en cendre. [7] Mais était-ce un
chef-d'œuvre de l'art qu'un palais bâti au pied d'une chaîne de   35
rochers arides? Les colonnes qui sont encore debout, ne sont
assurément ni dans de belles proportions, ni d'un dessin élégant.
Les chapiteaux surchargés d'ornements grossiers ont presque
autant de hauteur que le fût même des colonnes. Toutes les figures
sont aussi lourdes et aussi sèches que celles dont nos églises   40

---

n'est pas nouveau, comme en témoignent les *Eléments de la philosophie de Newton*, où
il évoque les 'quatre cent trente mille ans depuis leurs premières observations
astronomiques' qui avaient été regardés 'comme un monument de la vanité d'une
nation vaincue, qui voulait, selon la coutume de tous les peuples et de tous les
particuliers, regagner par son antiquité la gloire qu'elle perdait par sa faiblesse'
(*OCV*, t.15, p.481). Mais Voltaire oublie ici l'argument que lui fournissent par
ailleurs ces observations astronomiques contre la chronologie biblique.

[5] Le chiffre de 1900 ans est constamment donné par Rollin (t.2, p.431). Voltaire
modère l'hypothèse extravagante de 472 000 ans de Diodore de Sicile rapportée par
Calmet dans ses *Dissertations qui peuvent servir de prolégomènes de l'Ecriture sainte*
(Paris, 1720, BV616, t.1, p.63; traces de lecture, *CN*, t.2, p.325-26). L'*Histoire
universelle* de Sale parle de 473 000 ans (ch.9, §2). Sur l'astronomie des Babyloniens,
voir ci-dessus, ch.1, lignes 22-25 et n.7.

[6] Voir, par exemple, Chardin, t.3 (signet, *CN*, t.2, p.503); M. Méricam-Bourdet,
'Sélection polémique et citations despotiques: l'utilisation de Chardin dans les
chapitres persans de l'*Essai sur les mœurs*', *Copier/Coller. Ecriture et réécriture chez
Voltaire*, éd. O. Ferret, G. Goggi et C. Volpilhac-Auger (Pise, 2007), p.71-80;
J. Struys, *Voyages en Moscovie, en Tartarie, en Perse, aux Indes* (Amsterdam, 1681;
Amsterdam, 1730, BV3217); J. de Thévenot, *Suite du voyage fait au Levant* (Paris,
1674).

[7] Voir Rollin, t.6, p.442-44.

gothiques sont encore malheureusement ornées.[8] Ce sont des monuments de grandeur, mais non pas de goût;[9] et tout nous confirme que si on s'arrêtait à l'histoire des arts, on ne trouverait que quatre siècles dans les annales du monde; ceux d'Alexandre, d'Auguste, des Médicis et de Louis XIV.[10]

45   Cependant les Persans furent toujours un peuple ingénieux. *Antiquité des* Lokman, qui est le même qu'Esope, était né à Casbin.[11] Cette *Perses.* tradition est bien plus vraisemblable que celle qui le fait originaire

---

[8] 'On appelle architecture gothique celle qui est éloignée des proportions antiques, et qui est chargée d'ornements chimériques' (Rollin, t.11, p.23-24).

[9] Voltaire s'accorde avec Rollin sur la médiocrité des bâtiments: 'il y a lieu de douter si les bâtiments si vantés de [l'Asie et de l'Egypte] étaient autant estimables par la justesse et la régularité, que par l'énorme grandeur qui en faisait peut-être le principal mérite' (t.11, p.12). Dans le ch.11 de *La Philosophie de l'histoire*, Voltaire ne décrie plus les ruines d'un point de vue esthétique, mais les interprète d'un point de vue religieux: elles témoignent de la croyance en l'immortalité (p.128).

[10] Parallèle voulu et totalement rénové avec les quatre âges de l'humanité décrits par Ovide (*Métamorphoses*, I.151-53). Dans *Le Siècle de Louis XIV*, Voltaire écrit, au seuil du ch.1: 'Mais quiconque pense, et, ce qui est encore plus rare, quiconque a du goût, ne compte que quatre siècles dans l'histoire du monde. Ces quatre âges heureux sont ceux où les arts ont été perfectionnés, et qui, servant d'époque à la grandeur de l'esprit humain, sont l'exemple de la postérité' (*OH*, p.616). Puis Voltaire développe cette idée originale sur deux pages (p.616-18). Mais par la suite, il n'y reviendra, et encore de façon fugitive, que deux fois: dans le ch.121 de l'*EM*, et à l'art. 'Arts, beaux-arts' des *QE* (*OCV*, t.39, p.108 et n.7).

[11] Quant à l'identité de Lokman (en arabe: Luqman), l'opinion de Voltaire fluctue. Dans *La Pucelle*, il traite Esope et Lokman comme deux personnages distincts (*OCV*, t.7, p.566, n.6); dans *Le Philosophe ignorant*, il est prêt à admettre la *possibilité* d'une identité commune (doute 47, p.96-97), alors qu'à la fin de sa carrière, dans les 'Articles extraits du *Journal de politique et de littérature*', il n'a plus de doutes: 'Lokman, si connu dans notre Europe sous le nom d'Esope' (*OCV*, t.80c, p.54). Toutefois, toutes les sources dont Voltaire dispose rapprochent l'auteur mythique Lokman d'Esope: voir d'Herbelot, 'Locman'; Chardin, t.2, p.165; Sale, ch.11, §5; quant aux origines de Lokman, Voltaire reprend le *Saint-Fargeau notebook*, en faisant ici de celui qu'il qualifiait d'"écrivain' un 'philosophe': 'Locman était de Casbin à ce que prétendent les Persans, il n'y a pas d'apparence qu'il ait été d'Ethiopie, ce pays là n'ayant guères produit d'écrivains' (*OCV*, t.81, p.128). Parmi les sources de Voltaire, seul Chardin, que Voltaire lit attentivement pour composer les ch.158 et 193 de l'*EM* (1756), fait naître Lokman à Casbin (t.1, p.198). Voir *Les Contes et fables indiennes de Bidpaï et de Lokman*, trad. A. Galland (Paris, 1724).

d'Ethiopie, pays où il n'y eut jamais de philosophes. Les dogmes de l'ancien Zerdust, appelé Zoroastre par les Grecs, [12] qui ont changé 50
tous les noms orientaux, subsistaient encore. On leur donne neuf mille ans d'antiquité; car les Persans, ainsi que les Egyptiens, les Indiens, les Chinois, reculent l'origine du monde autant que d'autres la rapprochent. Un second Zoroastre sous Darius fils

Immortalité de   d'Histaspes, n'avait fait que perfectionner cette antique religion. 55
l'âme.   C'est dans ces dogmes qu'on trouve, ainsi que dans l'Inde, [13] l'immortalité de l'âme, et une autre vie heureuse ou malheureuse. C'est là qu'on voit expressément un enfer. Zoroastre dans les écrits rédigés dans le *Sadder*, [14] dit que Dieu lui fit voir cet enfer, et les peines réservées aux méchants; il y voit plusieurs rois, un entre 60
autres auquel il manquait un pied; il en demande à Dieu la raison.

56-57   w56-w57G: trouve les premières notions de l'immortalité [w56: de l'âme] et d'une
58-59   w56-w57G: écrits conservés par Sadder, feint que
  61, w68: écrits que le Sadder a rédigés,

[12] Sur le premier et le second Zoroastre, voir Rollin: 'il y eut deux Zoroastres [...]. Le premier aura été l'instituteur de cette secte vers l'an du monde 2900, le second, qui a vécu certainement entre le commencement du règne de Cyrus en Orient, et la fin de Darius fils d'Hystaspe, en aura été le réformateur' (t.2, p.447). Rollin s'appuie sur H. Prideaux, *Histoire des Juifs et des peuples voisins* (Paris, 1726, t.2, livre 4, p.44-94), que Voltaire connaît aussi directement (BV2811; *CN*, t.7, p.157-68). Les 9000 ans d'antiquité sont imprécis: cf. *La Philosophie de l'histoire*: 'les Parsis ou Perses prétendaient avoir eu parmi eux, il y a six mille ans, un ancien Zerdust' (ch.11, p.127); mais Voltaire ne dit rien sur l'époque à laquelle vivaient ces Parsis.

[13] Voir ci-dessus, ch.4, ajouté comme ce renvoi en 1761, en particulier lignes 157-66. La comparaison avec l'Ancien Testament, exprimée dès le *Sermon des cinquante* (*M*, t.24, p.449), et qui sera développée quelques lignes ci-dessous, est implicite: c'est aux Orientaux que les Juifs ont emprunté la doctrine de l'immortalité de l'âme. Voir aussi ci-dessus, ch.2, lignes 56-58 et n.17; *La Philosophie de l'histoire*, ch.11 (p.127-28).

[14] Les variantes révèlent des hésitations sur la nature du *Sadder*. L'académicien Paul Foucher (1704-1778) – Voltaire, mal renseigné, crut pendant un temps qu'il était l'auteur du *Supplément à la Philosophie de l'histoire* – avait jeté le ridicule sur cette erreur dans son mémoire sur 'Les Ecrits de Zoroastre' (*Histoire de l'Académie royale des inscriptions et belles-lettres*, Paris, 1761, t.27, année 1755-1757, p.331n). Voltaire ne semble avoir pris connaissance de cet écrit qu'en 1769, et son échange avec l'auteur fut en partie publié dans le *Mercure de France* (voir D15616, D15692,

Dieu lui répond: *Ce roi pervers n'a fait qu'une action de bonté en sa vie.* *Il vit en allant à la chasse un dromadaire qui était lié trop loin de son auge, et qui voulant y manger, ne pouvait y atteindre. Il approcha* ⁶⁵ *l'auge d'un coup de pied; j'ai mis son pied dans le ciel, tout le reste est ici.* [15] Ce trait peu connu fait voir l'espèce de philosophie qui régnait dans ces temps reculés, philosophie toujours allégorique, et quelquefois très profonde. Nous avons rapporté ailleurs ce trait singulier qu'on ne peut trop faire connaître. (*a*)

⁷⁰   Vous savez que les Babiloniens furent les premiers après les Indiens qui admirent des êtres mitoyens entre la Divinité et l'homme. Les Juifs ne donnèrent des noms aux anges que dans le temps de leur captivité à Babilone. [16] Le nom de Satan paraît pour la première fois dans le livre de Job; ce nom est persan, et on prétend

Trait singulier du Sadder.

Paradis et enfer chez toutes les nations.

(*a*) Voyez le [17]

68-70   w56-61: profonde. ¶Les Babyloniens
        w68: profonde. ¶Vous
n.*a*   w56-w75G: [*absente*; w75G*: ⱽ]
    K: Voyez le *Dictionnaire philosophique.*
70-71   w56-61: premiers qui

D15702, D15857, D15863). Arguant de la correction de 1761 pourtant peu satisfaisante – la première version de 1756 assimilait explicitement le *Sadder* à un homme – Voltaire fait montre d'une incroyable mauvaise foi. La discrète rectification finale de 1775, bien opposée à la virulence déployée dans la correspondance publique adressée à Foucher, vient clore le débat et donner raison à ce dernier.

[15] D'après Hyde, éd. 1700, porte 4, p.437-38. Néanmoins Voltaire a sans doute pensé à cette anecdote en lisant Calmet, qui la rapporte sans la situer (*Histoire universelle*, t.4, p.65-66). Voltaire condense beaucoup l'histoire, mentionne la présence de plusieurs rois en enfer alors qu'il n'en a pas été question, et remplace la brebis par un dromadaire.

[16] Voir ci-dessus, ch.3, n.13, 14.

[17] Voltaire cherche à renvoyer au fragment intitulé 'De l'antiquité du dogme de l'immortalité de l'âme' publié dans le t.3 des *Nouveaux Mélanges* (1765) et dans le t.34, p.57-62, de l'édition encadrée. L'anecdote, cette fois-ci correctement traduite du *Sadder* puisque le dromadaire redevient une brebis, est reprise dans *Un chrétien contre six Juifs* (1776), '3ᵉ niaiserie, Du Sadder' (*M*, t.29, p.552). La référence donnée dans la variante de Kehl renvoie à l'art. 'Ame', §10, du *DP*, qui, dans l'édition de Kehl, est formé de la compilation de divers articles et morceaux thématiques de Voltaire (voir *M*, t.17, p.161-62).

que Job l'était. [18] Le nom de Raphaël est employé par l'auteur, quel   75
qu'il soit, de Tobie, qui était captif à Ninive, et qui écrivit en
chaldéen. Le nom d'Israël même était chaldéen et signifiait *voyant*
Dieu. [19] Ce *Sadder* est l'abrégé du *Zenda-Vesta* [20] ou du *Zend* l'un des
trois plus anciens livres qui soient au monde, comme nous l'avons
dit dans la *Philosophie de l'histoire*, [21] qui sert d'introduction à cet   80
ouvrage. Ce mot *Zenda-Vesta* signifiait chez les Chaldéens le culte
du feu, le *Sadder* est divisé en cent articles que les Orientaux
appelaient *portes* ou *puissances*: il est important de les lire, si l'on
veut connaître quelle était la morale de ces anciens peuples. Notre
ignorante crédulité se figure toujours que nous avons tout inventé,   85
que tout est venu des Juifs et de nous qui avons succédé aux Juifs;

75-76   w56-w57G: employé par Tobie
77-238   w56-61: chaldéen. ¶La doctrine
80   w68: dans le discours qui

[18] Voltaire choisit l'hypothèse qui lui convient, et amalgame les peuples babyloniens, chaldéens et persans. Calmet, plus circonspect ('On n'est pas d'accord si Job a
été Iduméen, ou Arabe, ou Syrien, ou même Israélite'), optait pour la dernière
hypothèse: rien n'était donc dit sur l'origine du nom Satan (*Commentaire littéral sur tous*
les livres de l'Ancien et du Nouveau Testament, Paris, 1709-1734, BV613, t.3, p.599).

[19] Dans cet ajout de 1769, Voltaire reprend une affirmation de *La Philosophie de*
l'histoire, ch.49 (p.260), et un ajout de 1767 à l'art. 'Abraham' du *DP* (*OCV*, t.35,
p.296-97 et n.32), où il dit s'appuyer sur la *Relation* de Philon, lue dans l'*Histoire des*
Juifs de Flavius Josèphe (livre 12, ch.2). La signification 'voyant Dieu' est donnée
par les auteurs antiques, dont Philon, alors que Calmet précise qu'elle est erronée:
'Israël signifie prince de Dieu, un grand prince, ou un homme qui a surmonté Dieu,
ou qui a vaincu un ange' (*Commentaire littéral*, t.1, p.255).

[20] La traduction latine de cet abrégé du livre sacré des Perses est donnée par Hyde,
dont Voltaire utilise probablement la seconde édition de 1760: voir les explications
introductives de Hyde sur le *Sadder* et le *Zenda-Vesta* (éd. 1760, '*Sadder. Praefatio*
editoris', p.443-44), dont le sens littéral signifie 'l'allume-feu' (ch.25, p.336). A partir
de la ligne 90, et jusqu'à la ligne 237, Voltaire recopie la onzième de ses *Remarques*,
pour servir de supplément à l'Essai sur l'histoire générale, où il exposait quelques-uns
des préceptes du *Sadder* plus ou moins librement traduits à partir de Hyde (p.36-43).

[21] Le texte fut intégré à l'*EM* en 1769; il se publie séparément dans les *OCV* (voir
t.59, ch.11, p.127). Voltaire fait référence aux autres textes sacrés orientaux dont il a
déjà souligné l'importance: les cinq livres du *King* des Chinois (voir ci-dessus, ch.1,
lignes 60 et suiv., seul livre cité) et le *Shasta* des Indiens (voir ci-dessus, ch.3,
lignes 67 et suiv.).

on est bien détrompé quand on fouille un peu dans l'antiquité. Voici quelques-unes de ces portes qui servirent à nous tirer d'erreur.

90   Ière porte

Le décret du très juste Dieu est que les hommes soient jugés par le bien et le mal qu'ils auront fait. Leurs actions seront pesées dans les balances de l'équité. Les bons habiteront la lumière. La foi les délivrera de Satan. [22]

95   II

Si les vertus l'emportent sur les péchés, le ciel est ton partage: si les péchés l'emportent, l'enfer est ton châtiment. [23]

                            V

Qui donne l'aumône est véritablement un homme; c'est le plus
100 grand mérite dans notre sainte religion, etc. [24]

                            VI

Célèbre quatre fois par jour le soleil; célèbre la lune au commencement du mois. [25]

N B. Il ne dit point, Adore comme des dieux le soleil et la lune,
105 mais célèbre le soleil et la lune comme ouvrages du créateur. Les anciens Perses n'étaient point ignicoles, mais déicoles, comme le prouve invinciblement l'historien de la religion des Perses. [26]

88   w68, κ: serviront

[22] Hyde, éd. 1760, p.448-49. Comme pour toutes les autres portes, Voltaire condense le texte du *Sadder* pour n'en retenir que quelques phrases: il élimine en particulier l'évocation du pont Tchinaver que les hommes doivent franchir afin d'accéder au Paradis.

[23] Hyde, éd. 1760, p.449.

[24] Hyde, éd. 1760, p.451.

[25] Cf. Hyde, éd. 1760, p.452. Voltaire ne rapporte que deux des six commandements de cette porte et se trompe: le soleil doit être célébré trois fois par jour (mais il s'agit de la quatrième injonction, ce qui explique sa méprise: *Quartum est solem celebrare ter quovis die*); la lune doit être honorée au début, mais aussi au milieu et à la fin du mois.

[26] Commentaire qui repose sur une libre interprétation: dans sa traduction, Hyde ne donne que le terme latin *celebrare* (que Voltaire traduit très littéralement pour les besoins de sa cause) et il n'est nullement question de célébrer les astres comme

VII

Dis, *Ahunavar* et *Ashim Vuhû*, quand quelqu'un éternue.

N B. On ne rapporte cet article que pour faire voir de quelle 110 prodigieuse antiquité est l'usage de saluer ceux qui éternuent.[27]

IX

Fuis surtout le péché contre nature, il n'y en a point de plus grand.[28]

N B. Ce précepte fait bien voir combien Sextus Empiricus se 115 trompe, quand il dit que cette infamie était permise par les lois de Perse.[29]

XI

Aie soin d'entretenir le feu sacré, c'est l'âme du monde, etc.[30]

N B. Ce feu sacré devint un des rites de plusieurs nations.[31] 120

XII

N'ensevelis point les morts dans des draps neufs, etc.

'ouvrages du créateur'. Néanmoins, Hyde réfute l'accusation d'idolâtrie, et souligne que les Persans n'ont jamais désigné ni le Soleil ni le feu comme étant Dieu (ch.1).

[27] Note de Voltaire en haut d'un signet dans Hyde: 'ahu / nava / quand / on éter / nue' (éd. 1760, p.452-53; *CN*, t.4, p.580). Voltaire supprime l'explication de cet usage (ayant pour but de chasser le mal du corps et de permettre d'accéder au Paradis) qui pouvait relever de la superstition. Dans les *Mémoires de l'Académie des inscriptions et belles-lettres* (Paris, 1722-1773, BV2415), Voltaire avait marqué les pages d'un mémoire de Henri Morin sur la question de 'Savoir pourquoi on fait des souhaits en faveur de ceux qui éternuent' (t.5, p.410 et suiv.; *CN*, t.5, p.592).

[28] Hyde, éd. 1760, p.454; note en haut d'un signet, p.454-55: 'pederas / tie / horrible' (*CN*, t.4, p.580).

[29] Cf. Sextus Empiricus, *Les Hipotiposes ou Institutions pirronniennes* ([Amsterdam], 1725, BV3158), qui dit seulement que 'c'est une coutume chez les Perses d'aimer impudiquement des garçons' (p.73). Voltaire confirme sa lecture, exposée dans *La Philosophie de l'histoire*, ch.11 (p.129), contestée par Larcher et réaffirmée en 1767 dans *La Défense de mon oncle*, ch.5 (*OCV*, t.64, p.203-204), comme dans *Un chrétien contre six Juifs* (p.552).

[30] Cf. Hyde, éd. 1760, p.456. Voltaire transforme la comparaison (*quia* [*ignis*] *est tibi quasi anima*) en une équivalence.

[31] Hyde, ch.7 (éd. 1760, p.139), effectuait le parallèle avec le culte du feu chez les Juifs et les Romains (culte de Vesta), ou encore chez les Scythes, mais il attribuait ce culte à un commandement divin destiné aux Juifs.

N B. Ce précepte prouve combien se sont trompés tous les auteurs qui ont dit que les Perses n'ensevelissaient point leurs
125 morts. [32] L'usage d'enterrer ou de brûler les cadavres, ou de les exposer à l'air sur des collines, a varié souvent. Les rites changent chez tous les peuples, la morale seule ne change pas.

XIII

Aime ton père et ta mère, si tu veux vivre à jamais.
130 *N B.* Voyez le Décalogue. [33]

XV

Quelque chose qu'on te présente, bénis Dieu. [34]

XIX

Marie-toi dans ta jeunesse; ce monde n'est qu'un passage; il faut
135 que ton fils te suive, et que la chaîne des êtres ne soit point interrompue. [35]

---

[32] Cf. Hyde, éd. 1760, p.457. Interprétation étonnante: il n'est pas question d'"ensevelir' les morts mais de les 'envelopper' dans une étoffe (*involucrum-linteum*). Hyde (ch.34, en partie consacré aux usages funéraires) explique que les Persans, afin de ne pas souiller la terre, n'enterrent pas les corps, mais les exposent aux charognards en haut de tours, ce qu'illustre une gravure (voir p.414). Voir aussi Tavernier, livre 4, ch.8, p.489.

[33] Hyde, éd. 1760, p.457. Voir Exode 20:12, Deutéronome 5:16. Dans *La Philosophie de l'histoire* (ch.25, p.177), postérieure aux *Remarques, pour servir de supplément à l'Essai sur l'histoire générale* (1763) que cet ajout reprend, Voltaire modifie la citation ('Honore ton père et ta mère, afin de mériter le ciel') pour faire apparaître nettement que la vie éternelle suppose l'immortalité de l'âme et l'existence d'un au-delà, à la différence de ce qu'enseigne, si on le suit à la lettre, le texte hébreu qui les ignorait: il ne s'agit plus de montrer implicitement comme ici que l'Ancien Testament doit beaucoup aux religions orientales, mais que celles-ci le surpassent. Ce copier/coller automatique conduit donc à un recul dans la démonstration. Calmet examinait le passage et concluait à la nécessité de comprendre non seulement la lettre mais aussi l'esprit de l'Ancien Testament: la 'longue vie' promise n'exclut pas les biens éternels (*Commentaire littéral*, t.1, 1re partie, p.493).

[34] Hyde, éd. 1760, p.459.

[35] Cf. Hyde, éd. 1760, p.460. Voltaire substitue l'image de la 'chaîne des êtres' à celle du pont, assuré par la descendance, servant à faire accéder au Paradis (voir ci-dessus, n.22).

XXX

Il est certain que Dieu a dit à Zoroastre, Quand on sera dans le doute si une action est bonne ou mauvaise, qu'on ne la fasse pas.

N B. Ceci est un peu contre la doctrine des opinions probables. [36]   140

XXXIII

Que les grandes libéralités ne soient répandues que sur les plus dignes; ce qui est confié aux indignes est perdu. [37]

XXXV

Mais s'il s'agit du nécessaire, quand tu manges, donne aussi à   145 manger aux chiens. [38]

XL

Quiconque exhorte les hommes à la pénitence, doit être sans péché; qu'il ait du zèle, et que ce zèle ne soit point trompeur; qu'il ne mente jamais; que son caractère soit bon, son âme sensible à   150 l'amitié, son cœur et sa langue toujours d'intelligence; qu'il soit éloigné de toute débauche, de toute injustice, de tout péché; qu'il soit un exemple de bonté, de justice devant le peuple de Dieu.

N B. Quel exemple pour les prêtres de tout pays! et remarquez que dans toutes les religions de l'Orient le peuple est appelé le   155 peuple de Dieu. [39]

---

[36] Hyde, éd. 1760, p.467. Précepte de morale que Voltaire juge admirable et qu'il met systématiquement en évidence. Dans *Un chrétien contre six Juifs*, il écrit à ce propos: 'C'est la plus belle maxime qu'on ait jamais donnée en morale, et mon ami l'a répétée, il y a longtemps, dans plusieurs de ses ouvrages, pour l'édification du prochain' (p.553); voir dans les *QE*, les art. 'Beau' (*OCV*, t.39, p.338), 'Conscience' (*M*, t.18, p.236), 'Du juste et de l'injuste' (*M*, t.19, p.549), 'Religion' (*M*, t.20, p.342) et 'Zoroastre' (*M*, t.20, p.616). Quant à son commentaire ('la doctrine des opinions probables'), notons que dans l'art. 'Religion', il écrit: 'ces paroles, qui sont le précis de toute la morale, et qui abrègent toutes les disputes des casuistes' (p.345). Sur la doctrine casuiste des jésuites, voir Pascal, *Provinciales*, 5 (Cologne, 1700, BV2656; trait en marge, *CN*, t.6, p.218-19).

[37] Hyde, éd. 1760, p.468.

[38] Hyde, éd. 1760, p.469.

[39] Hyde, éd. 1760, p.471.

XLI

Quand les *Fervardagans* viendront, fais les repas d'expiation et de bienveillance, cela est agréable au créateur.

N B. Ce précepte a quelque ressemblance avec les *agapes*. [40]

LXVII

Ne mens jamais, cela est infâme, quand même le mensonge serait utile.

N B. Cette doctrine est bien contraire à celle du mensonge officieux. [41]

LXIX

Point de familiarité avec les courtisanes. Ne cherche à séduire la femme de personne. [42]

LXX

Qu'on s'abstienne de tout vol, de toute rapine. [43]

LXXI

Que ta main, ta langue et ta pensée soient pures de tout péché. Dans tes afflictions offre à Dieu ta patience; dans le bonheur rends-lui des actions de grâce. [44]

XCI

Jour et nuit pense à faire du bien, la vie est courte. Si devant servir aujourd'hui ton prochain tu attends à demain, fais pénitence. [45]
Célèbre les six *Gahambârs*; car Dieu a créé le monde en six fois dans

---

[40] Hyde, éd. 1760, p.473. Les *Fervardagans*, qui tissent et cousent les fils de la vie humaine mais assurent aussi la survie de l'âme, correspondent aux Parques. 'Agapes: nom de ces repas, que les premiers chrétiens faisaient dans les églises, [...] abolis à cause des abus qui s'y étaient glissés' (*Dictionnaire de l'Académie*, 1694).

[41] Hyde, éd. 1760, p.489: '*Praeceptum est, ut Mendacium non dicas, ne hoc ipso fias in hoc Mundo Infamis. Nam quamvis à Mendacio tuo procederet Res recta [seu vera] nihilominùs tamen Vita et Dignitas tua Jacturam patietur*' (signet, 'mentir', p.488-89; *CN*, t.4, p.581). 'On appelle *mensonge officieux*, un mensonge fait purement pour faire plaisir à quelqu'un, sans vouloir nuire à personne' (*Dictionnaire de l'Académie*, éd. 1762).

[42] Hyde, éd. 1760, p.490. Voir Exode 20:14, Deutéronome 5:18.

[43] Hyde, éd. 1760, p.491. Voir Exode 20:15, Deutéronome 5:19.

[44] Hyde, éd. 1760, p.492.

[45] Hyde, éd. 1760, p.503.

l'espace d'une année, etc. [46] Dans le temps des six *Gahambârs* ne refuse personne. Un jour le grand roi Giemshid ordonna au chef de ses cuisines de donner à manger à tous ceux qui se présenteraient; le mauvais génie ou Satan se présenta sous la forme d'un voyageur: quand il eut dîné, il demanda encore à manger; Giemshid ordonna qu'on lui servît un bœuf; Satan ayant mangé le bœuf, Giemshid lui fit servir des chevaux; Satan en demanda encore d'autres. Alors le juste Dieu envoya l'ange Behman, qui chassa le diable; mais l'action de Giemshid fut agréable à Dieu.

N B. On reconnaît bien le génie oriental dans cette allégorie.

Baptême des   Ce sont là les principaux dogmes des anciens Perses. Presque
anciens Perses. tous sont conformes à la religion naturelle de tous les peuples du monde; les cérémonies sont partout différentes; la vertu est partout la même; c'est qu'elle vient de Dieu, le reste est des hommes.

Nous remarquerons seulement que les Parsis eurent toujours un baptême, et jamais la circoncision. Le baptême est commun à toutes les anciennes nations de l'Orient; la circoncision des Egyptiens, des Arabes et des Juifs, est infiniment postérieure; car rien n'est plus naturel que de se laver: il a fallu bien des siècles, avant d'imaginer qu'une opération contre la nature et contre la pudeur pût plaire à l'Etre des êtres. [47]

Nous passons tout ce qui concerne des cérémonies inutiles pour nous, ridicules à nos yeux, liées à des usages que nous ne connaissons plus. Nous supprimons aussi toutes les amplifications orientales, et toutes ces figures gigantesques incohérentes et

180

185

190

195

200

---

192   w68: Dieu, et le

[46] Ce précepte et son explication, ainsi que la mise à l'épreuve du roi Giemshid, forment la 94ᵉ porte (Hyde, éd. 1760, p.506-508). Les *Gahambârs* correspondent aux six étapes de la création du monde par Dieu: Voltaire a marqué d'un signet le passage que Hyde leur consacre au ch.9 (p.162-63; *CN*, t.4, p.578: 'les 6 / gaambars'). Cette référence était déjà utilisée dans l'art. 'Genèse' du *DP* (*OCV*, t.36, p.154 et n.38) afin de démontrer que la Bible ne faisait que reprendre la théogonie des Orientaux. Une telle conclusion n'est bien sûr pas celle de Hyde: la religion perse dérive de la religion juive.

[47] Voir Hyde, éd. 1760, p.414. L'art. 'Circoncision' du *DP* était moins véhément à l'encontre de la circoncision, et tentait d'en rendre raison (*OCV*, t.35, p.611).

fausses, si familières à tous ces peuples, chez lesquels il n'y a peut-
205 être jamais eu que l'auteur des fables attribuées à Ésope, qui ait écrit
naturellement.

Nous savons assez que le bon goût n'a jamais été connu dans
l'Orient, parce que les hommes n'y ayant jamais vécu en société
avec les femmes, et ayant presque toujours été dans la retraite,
210 n'eurent pas les mêmes occasions de se former l'esprit, qu'eurent
les Grecs et les Romains. Otez aux Arabes, aux Persans, aux Juifs le
soleil et la lune, les montagnes et les vallées, les dragons et les
basilics, il ne leur reste presque plus de poésie. [48]

Il suffit de savoir que ces préceptes de Zoroastre rapportés dans
215 le *Sadder*, sont de l'antiquité la plus haute; qu'il y est parlé de rois
dont Bérose lui-même ne fait pas mention. [49]

Nous ne savons pas quel était le premier Zoroastre, en quel
temps il vivait, si c'est le Brama des Indiens, et l'Abraham des
Juifs: [50] mais nous savons à n'en pouvoir douter, que sa religion
220 enseignait la vertu; c'est le but essentiel de toutes les religions; elles
ne peuvent jamais en avoir eu d'autre; car il n'est pas dans la nature
humaine, quelque abrutie qu'elle puisse être, de croire d'abord à un
homme qui viendrait enseigner le crime.

Les dogmes du *Sadder* nous prouvent encore que les Perses
225 n'étaient point idolâtres. [51] Notre ignorante témérité accusa long-

222   w68: croire à

[48] Même condamnation dans 'Le Chapitre des arts', par exemple (Pomeau, t.2, p.820-21).

[49] Bérose, historien et prêtre, est une source classique pour la chronologie ancienne grâce à son 'histoire de Babylone' (*Babyloniaka*) appelée aussi 'histoire de la Chaldée' (*Chaldaika*), composée au début du troisième siècle av. J.-C. Il y remonte jusqu'aux origines du monde. Dans ses carnets, Voltaire commente: 'Berose, contemporain d'Alexandre, avait compilé l'ancienne histoire de l'Asie. On a conservé même la suite des rois qu'il rapporte avant le déluge, un des premiers Claur, ouvrier du feu, dont on a fait Crisor, Vulcain, Alcaïn, Tubalcaïn' (*Pierpont Morgan notebook*, *OCV*, t.81, p.181; cf. l'art. 'Ararat' des *QE*, *OCV*, t.38, p.560 et n.3)

[50] L'assimilation d'Abraham à Zoroastre, voire à Brama, apparaissait dans un ajout de 1765 à l'art. 'Abraham' du *DP* (voir p.294-95 et n.25).

[51] Voltaire s'accorde sur ce point avec Hyde (ch.1) et avec Tavernier (p.490).

temps d'idolâtrie les Persans, les Indiens, les Chinois, et jusqu'aux mahométans, [52] si attachés à l'unité de Dieu, qu'ils nous traitent nous-mêmes d'idolâtres. Tous nos anciens livres italiens, français, espagnols, appellent les mahométans *païens*, et leur empire la *paganie*. [53] Nous ressemblions dans ces temps-là aux Chinois, qui se   230
croyaient le seul peuple raisonnable, et qui n'accordaient pas aux autres hommes la figure humaine. La raison est toujours venue tard; c'est une divinité qui n'est apparue qu'à peu de personnes.

Les Juifs imputèrent aux chrétiens des repas de Thieste, et des noces d'Œdipe, les chrétiens aux païens; toutes les sectes s'accu-   235
sèrent mutuellement des plus grands crimes: l'univers s'est calomnié.

Les deux   La doctrine des deux principes est de Zoroastre. Orosmade ou
principes. Oromaze l'ancien des jours, et Arimane le génie des ténèbres, sont l'origine du manichéisme. [54] C'est l'Osiris et le Typhon des   240

228   w68: d'idolâtres faute d'avoir approfondi nos mystères.

Cf., par exemple, Rollin, t.2, p.439-40, ch.4, §4: 'La plus ancienne et la plus générale idolâtrie a été celle qui a eu le soleil et la lune pour objets'; or, 'les Perses adoraient le soleil avec un profond respect'.

[52] Pour la Chine, voir la Querelle des rites, évoquée ci-dessus, ch.2. La littérature ne manquait pas sur les autres peuples: pour les Indiens, voir, par exemple, Tavernier (2e partie, livre 3); pour les musulmans, voir Prideaux (t.2, livre 4).

[53] Même idée en 1761 à propos des Indiens, voir ci-dessus, ch.4, lignes 242-45.

[54] Après le long ajout de 1769 sur la religion des Perses (lignes 77-237), les lignes 238-44 nous font retrouver la rédaction de 1756; d'où un effet d'incohérence, puisque l'affirmation de la croyance en un Dieu unique semble oubliée avec le retour à la doctrine des deux principes. Passage repris du *Saint-Fargeau notebook*: 'Ils retiennent la doctrine de Zoroastre sur Orosmade, l'ancien des jours, et le démon des ténèbres Arimanes son ennemi. C'est l'origine du manichéisme, c'est l'Osiris et le Tiphon des Egiptiens, c'est la Pandore des Grecs, c'est le vain effort de tous les hommes pour expliquer le bien et le mal' (p.128-29). Sur la postérité de la doctrine de Zoroastre, voir I. de Beausobre, *Histoire critique de Manichée et du manichéisme* (Amsterdam, 1734-1739, BV310), où Voltaire relève notamment les passages relatifs à Zoroastre (*CN*, t.1, p.243-51).

Egyptiens; [55] c'est la Pandore des Grecs, c'est le vain effort de tous les sages pour expliquer l'origine du bien et du mal. Cette théologie des mages fut respectée dans l'Orient sous tous les gouvernements; et au milieu de toutes les révolutions, l'ancienne religion s'était toujours soutenue en Perse. Ni les dieux des Grecs, ni d'autres divinités n'avaient prévalu.

245

Noushirvan ou Cosroès le Grand, [56] sur la fin du sixième siècle, avait étendu son empire dans une partie de l'Arabie pétrée, et de celle qu'on nommait heureuse. Il en avait chassé les Abissins, demi-chrétiens qui l'avaient envahie. Il proscrivit, autant qu'il le put, le christianisme de ses propres Etats, forcé à cette sévérité par le crime

250

242-43 w56-61: Cette théurgie des
244 MSP, 45, 53-54N: toutes ces révolutions, l'ancienne religion des mages s'était
245 MSP, 45, 53-54N: Perse, et ni
249 MSP, 45, 53-54N: chassé des Abissins
249-50 MSP, 45, 53-w57G: Abissins chrétiens qui
250 MSP: Il préservit autant
      MSP, 45, 54C, 54D: autant qu'il put

[55] Plutarque rapportait dans 'D'Isis et d'Osiris' (*Œuvres morales et mêlées*, trad. Amyot, Paris, 1575, BV2771) le combat d'Osiris et de son frère Typhon, démon de la tempête et des ténèbres, aussi connu sous le nom de Seth. Il rapprochait aussi la légende égyptienne des enseignements des anciens sages et de la doctrine de Zoroastre (p.328). La triple référence aux deux principes du bien et du mal chez les Perses et les Egyptiens, et à Pandore, deviendra un lieu commun: voir l'art. 'Genèse' du *DP* (p.165-66), *La Philosophie de l'histoire*, ch.6 (p.107), les *Fragments sur l'Inde*, 2e partie, art. 3 (*OCV*, t.75B, p.204).

[56] Dans cette fin de chapitre issue de la première rédaction, Voltaire reprend pour fil directeur l'*Histoire universelle* de Calmet, qui aborde le devenir de la Perse jusqu'à sa défaite par Héraclius (t.6, p.112, 162-63, 220-26, 238-39 mort de Chosroès, etc.), les tribulations des empereurs byzantins et les invasions des 'barbares' (voir la préface, p.5-9, pour le plan général), mais il complète avec d'autres ouvrages. La courte biographie du roi Chosroès Ier (ou Nouschirvan) provient de la notice 'Nouschirvan' de d'Herbelot – 'le premier parmi les Français qui connut bien les langues et les histoires orientales' (*Le Siècle de Louis XIV*, *OH*, p.1168) – mais Voltaire exagère les propos de Chosroès Ier en parlant d'une proscription de la religion chrétienne.

d'un fils de sa femme, qui s'étant fait chrétien, se révolta contre lui. [57]

Les enfants du grand Noushirvan, indignes d'un tel père, désolaient la Perse par des guerres civiles et par des parricides. Les successeurs du législateur Justinien avilissaient le nom de l'empire. Maurice venait d'être détrôné par les armes de Phocas, par les intrigues du patriarche Cyriaque, par celles de quelques évêques, que Phocas punit ensuite de l'avoir servi. Le sang de Maurice et de ses cinq fils avait coulé sous la main du bourreau; et le pape Grégoire le Grand, ennemi des patriarches de Constantinople, tâchait d'attirer le tyran Phocas dans son parti, en lui prodiguant des louanges, et en condamnant la mémoire de Maurice, qu'il avait loué pendant sa vie. [58]

255

260

252 MSP, 45: chrétien fut indigne de l'être, [59] et se

252-53 MSP, 45, 53-W57G: lui. ¶La dernière année du règne de ce fameux roi naquit Mahomet à la Mecque dans l'Arabie pétrée en 570 [W56-W57G: le 5 mai]; son pays défendait alors sa liberté contre les Perses et contre ces [45: les] princes de Constantinople qui retenaient toujours le nom d'empereurs romains. ¶Les

253 MSP: [intertitre] De Mahomet.

255 MSP, 53-61: du sage Justinien

256-57 45, 53-W75G: Phocas, et par

257 MSP, 45, 53-W75G: Cyriaque et de

258 45: l'avoir trop servi

259-64 45: main des bourreaux. ¶L'empire

[57] Le paragraphe qui suivait jusqu'en 1757 devient inutile à partir de l'édition de 1761 dans laquelle le début du ch.6, consacré à la vie de Mahomet, est considérablement remanié et augmenté. Voltaire avait peut-être jusque-là suivi d'Herbelot, qui, à la fin de la notice consacrée à Chosroès, mentionne que 'ce fut sous le règne de Nouschirvan que Mahomet lui-même se vante d'être né' (voir ci-dessus, n.56).

[58] Sur l'empereur d'Orient Maurice (582-602) et la révolte du centurion Phocas proclamé empereur à sa suite, voir Calmet (Histoire universelle, livre 76, ch.30-32); cf. C. Fleury, Histoire ecclésiastique (Paris, 1720-1738, BV1350), qui s'attarde sur le rôle du patriarche Cyriaque et du pape Grégoire Ier (livre 36, ch.45). Voltaire résume à très grands traits.

[59] La mention 'fut indigne de l'être', absente en 1753, ce qui n'est pas sans conséquence sur le sens, fut l'un des points d'appui de Voltaire pour dénoncer la corruption du texte fourni par Néaulme: voir le constat notarié dressé à la demande de Voltaire le 22 février 1754 (D.app.133, t.98, p.472-74).

L'empire de Rome en Occident était anéanti; un déluge de
265 barbares, Goths, Hérules, Huns, Vandales, Francs, inondait l'Europe, quand Mahomet jetait, dans les déserts de l'Arabie, les
fondements de la religion et de la puissance musulmane.

---

265   45: Vandales ayant pour la plupart franchi les barrières de la Tartarie,
inondait
        MSP, 53-W56: Vandales, inondaient [MSP: inondait]
    265-66   45: l'Europe qui était pour eux un nouveau monde quand

2. Manuscrit palatin, Bibliothèque d'Etat de Bavière, Munich,
Cod. Gall. 100-101 (MSP), p.36.

CHAPITRE 6

De l'Arabie, et de Mahomet.

De tous les législateurs et de tous les conquérants, il n'en est aucun dont la vie ait été écrite avec plus d'authenticité et dans un plus

a-464 *[Première rédaction de ce chapitre: MSP, 45]*
a w56-w57G: Chapitre 4
    MSP, 45, 53, 61: *[pas de rupture; MSP, 45: intertitre: De Mahomet.]*
    w56-w57G: *De la Perse, de l'Arabie et de Mahomet.*
1-32 MSP, 45, 53-w57G: On sait que Mahomet était le cadet d'une famille

* Les longs chapitres 6 et 7 consacrés à l'Arabie, et aux conquêtes de Mahomet et de ses successeurs, puis à l'islam, suivent le schéma déjà adopté pour la Chine et l'Inde. Mais ils sont tout aussi décisifs que ceux qui concernent la Chine, tant ils affichent une vision novatrice, voire provocatrice, opposée aux valeurs traditionnelles de l'Europe chrétienne. Mahomet fut-il un imposteur (comme pour Humphrey Prideaux *La Vie de Mahomet, imposteur*, Paris, 1699) ou un législateur (comme pour Boulainvilliers, voir ci-dessous)? Dans *Mahomet ou le fanatisme* (1740), Voltaire avait fait de Mahomet l'imposteur par excellence, un manipulateur et sans scrupules (voir aussi sa lettre de 1740 à Frédéric II, D2386). Mais ici, il lui reconnaît des mérites, et sa vie, rapidement esquissée, permet d'évoquer les principes du Coran, fondés sur des traditions millénaires ou en raison de ces mêmes traditions. Dès 1738, Voltaire avait lu avec attention la traduction en anglais du Coran due à G. Sale (1734, BV1786), dont il ne cessera de vanter les mérites: voir, par exemple, ci-dessous, n.(*a*). Non seulement elle remplaçait la traduction de Du Ryer (1647), mais elle est également précédée d'un 'Preliminary discourse' substantiel, en huit sections, et présente une somme inégalée de connaissances sur l'islam, débarrassée de la plupart des tenaces préjugés européens relatifs à l'"imposteur". Plus tard Voltaire possédera la traduction française de ce Discours (*Observations historiques et critiques sur le mahométisme, ou traduction du discours préliminaire mis à la tête de la version anglaise de l'alcoran, publiée de George Sale*, Genève, 1751, BV3076). Pourtant, dans *De l'Alcoran et de Mahomet* de 1748 (*OCV*, t.20B, p.333-42), bien que l'islam présente quelques aspects estimables, Mahomet et le Coran sont l'objet de vives critiques, critiques que Voltaire se garde bien de reprendre dans son œuvre historique, dont l'inspiration est autre: voir l'art. 'Alcoran' des *QE* (1770; *OCV*, t.38, p.167-77). La publication de l'*EM* de 1756 permet en effet d'étoffer la présentation des mœurs arabes: une longue

addition les rattache, comme celles des Hébreux, à la 'simplicité barbare des temps qu'on nomme héroïques'. Etant donné que c'est l'occasion, ou le prétexte, de mettre à mal une nouvelle fois le peuple qui se dit élu, la comparaison tourne vite à l'avantage des musulmans, magnanimes et civilisés. L'*EM* de 1756 se présente comme l'antidote aux préjugés chrétiens, sans que Voltaire suive pour autant Bayle, qui cherchait surtout à démasquer l'imposture de Mahomet et les mensonges des historiens (*Dictionnaire historique et critique*, art. 'Mahomet', t.3, p.256-72) – ni ne cache son intention profonde: montrer les effets du fanatisme comme ceux de l'alliance du trône et de l'autel. Quant à la relation entre l'islam et le judaïsme (et le christianisme), elle s'oppose radicalement chez Voltaire à ce que dit la tradition chrétienne: loin d'imiter les religions antérieures, l'islam procède d'un fonds commun monothéiste dont il a su conserver l'intégrité. Quelques formules un peu plus critiques ne peuvent rassurer l'orthodoxie chrétienne, qui se répand habituellement en sarcasmes et en imprécations contre 'l'imposteur': le contraste est frappant. Entre 1756 et 1759, une virulente *Critique de l'Histoire universelle de M. de Voltaire au sujet de Mahomet et du mahométisme* dénonce de nombreuses erreurs: cette brochure, bien que protestant de sentiments très chrétiens, n'en frappe pas moins par la qualité de son information et la justesse de ses critiques. En 1760 Voltaire y répond par une ironique *Lettre civile et honnête à l'auteur d'une Critique*, mais les éditions ultérieures de l'*EM* tireront néanmoins profit de plusieurs remarques de la *Critique*, en faisant disparaître certains passages litigieux. Pour rédiger ce chapitre, Voltaire utilise en priorité un nombre restreint de textes incontournables, dont G. Sale et sa traduction du *Koran, commonly called the Alcoran of Mohammed* [...] *to which is prefixed a preliminary discourse* (Londres, 1734, BV1786); J. Gagnier, *De vita et rebus gestis Mahomedis* (Oxford, 1723; trad. fr., Amsterdam, 1732, BV1411); Henri, comte de Boulainvilliers, *Histoire des Arabes avec la Vie de Mahomed* (Londres, 1730; Amsterdam, 1731, éd. citée); et S. Ockley, *The Conquest of Syria, Persia and Egypt by the Saracens* (Cambridge, 1703) et *The History of the Saracens* (Cambridge 1718), trad. fr., *Histoire des Sarrasins* (Paris, 1748, BV2604). Pour certains menus points de détail, il a consulté Dom Calmet, *Histoire universelle sacrée et profane* (Strasbourg, 1735-1747); J. Chardin, *Voyages en Perse* (1686; Amsterdam, 1711, BV712); B. d'Herbelot, *Bibliothèque orientale* (Paris, 1697, BV1626); et T. Hyde, *Historia religionis veterum Persarum eorumque magorum* (Oxford, 1700; réédd., Oxford 1760, BV1705). Mais aucun de ces textes n'aura été plus décisif que la traduction anglaise du *Koran*, et celle du 'Preliminary discourse'. Voir G.-H. Brusquet, 'Voltaire et l'Islam', *Studia islamica* 28 (1968), p.109-26; M. G. Badir, *Voltaire et l'islam*, *SVEC* 125 (1974); D. Hadidi, *Voltaire et l'islam* (Paris, 1974); A. Gunny, *Images of Islam in eighteenth-century writings* (Londres, 1996); D. Venturino, 'Un prophète philosophe? Une *Vie de Mahomed* à l'aube des Lumières', *Dix-huitième siècle* 24 (1992), p.321-31; D. Venturino, 'Imposteur ou législateur? Le Mahomet des Lumières (vers 1750-1789)', dans *Religions en transition dans la seconde moitié du XVIIIe siècle*, éd. L. Châtellier, *SVEC* 2000:02, p.243-62.

grand détail par ses contemporains: ôtez de cette vie les prodiges dont cette partie du monde fut toujours infatuée, le reste est d'une 5 vérité reconnue. Il naquit dans la ville de Mecca, que nous nommons la Mecque, l'an 579 de notre ère vulgaire au mois d'avril.[1] Son père s'appelait Abdala, sa mère Emina: il n'est pas douteux que sa famille ne fût une des plus considérées de la première tribu, qui était celle des Coracites.[2] Mais la généalogie qui 10 le fait descendre d'Abraham en droite ligne, est une de ces fables inventées par ce désir si naturel d'en imposer aux hommes.[3]

Les mœurs et les superstitions des premiers âges que nous connaissons, s'étaient conservées dans l'Arabie. On le voit par le

Mœurs des Arabes.

---

pauvre, qu'il [MSP: qui] fut longtemps au service d'une femme de la Mecque, nommée Caditscha [MSP: Cadishex; 45: Cadishea; w56, w57G: Cadisché] laquelle exerçait le négoce; qu'il l'épousa, et qu'il vécut obscur jusqu'à

3   K: contemporains, que celle de Mahomet. Otez
6-7   K: l'an 569 de notre ère vulgaire au mois de mai.
10   61: ligne paraît une

[1] La longue addition de 1761 (jusqu'à la ligne 32) permet à Voltaire de rectifier quelques-unes des affirmations dénoncées par la *Critique de l'Histoire universelle*, et au contraire d'en renforcer d'autres. La date de la naissance de Mahomet est plus controversée que ne le dit la *Critique*: voir Bayle, *Dictionnaire*, 'Mahomet', et la discrétion des sources habituelles de Voltaire sur le sujet. Gagnier, qui indique les différentes dates en fonction des calendriers en usage, écrit: 'De la naissance de Jésus-Christ, 578' (éd. 1732, t.1, livre 1, ch.1, p.77). Voltaire écrivait '570' (ou l'année de la mort de Cosroës le Grand) dans le chapitre précédent (lignes 252-53 var.) jusqu'à ce que la *Critique* en fasse son premier point (ce qu'éludait la *Lettre civile et honnête*): Cosroës est mort en 579, et Mahomet avait alors sept ans. La correction ne paraît donc qu'à demi satisfaisante. Voltaire élude le second point de la *Critique*: Mahomet était-il le cadet de sa famille?

[2] Les sources donnent *Koraïschites* ou *Coraïschites*. Voltaire francise donc ce nom.

[3] La généalogie détaillée de Mahomet occupe toute la deuxième partie de l'introduction de la *Vie de Mahomet* de Gagnier (t.1, p.19-69). Voltaire y trouve une généalogie beaucoup plus étoffée que chez Calmet, qui se contente par ailleurs d'une simple esquisse de la carrière de Mahomet (*Histoire universelle*, t.6, p.500-505). Boulainvilliers, *Histoire des Arabes*, se contente aussi d'en donner un aperçu fort restreint (livre 2, p.186-202).

vœu que fit son grand-père Abdala Moutaleb de sacrifier un de ses enfants. Une prêtresse de la Mecque lui ordonna de racheter ce fils 15 pour quelques chameaux, que l'exagération arabe fait monter au nombre de cent.[4] Cette prêtresse était consacrée au culte d'une étoile qu'on croit avoir été celle de Sirius; car chaque tribu avait son étoile ou sa planète. (*a*)[5] On rendait aussi un culte à des génies, à des dieux mitoyens; mais on reconnaissait un Dieu supérieur; et c'est 20 en quoi presque tous les peuples se sont accordés.

(*a*) Voyez le *Koran* et la préface du *Koran*, écrite par le savant et judicieux Sale qui avait demeuré vingt-cinq ans en Arabie.[6]

[4] Gagnier raconte qu'Abdala entendit une voix qui lui ordonna de creuser le puits de Zemzem (Introduction, 2e partie, t.1, p.61). Les Koraïschites s'y opposant, Abdala – en quête de renforts – 'fit un vœu à Dieu, que s'il lui envoyait à son secours dix fils, il lui en offrirait un en sacrifice'. D'après Gagnier, la 'prêtresse de la Mecque' était 'la pithonisse qui habitait dans la province de Hegjaz' (p.64-65). Voltaire arrange et simplifie l'histoire qui raconte comment et pourquoi le père est obligé en fait d'aller jusqu'à 100 chameaux pour obtenir le droit de ne pas tenir sa promesse.

[5] Sale, §1, p.17, pour les derniers mots de la phrase seulement.

[6] Par 'préface', Voltaire entend le 'Preliminary discourse' de Sale. Voltaire professait une grande admiration pour Sale (1680-1736), qu'il aurait pu rencontrer à Londres (A.-M. Rousseau, *L'Angleterre et Voltaire*, *SVEC* 145, 1976, p.102). Il reçoit des commentaires positifs pour son 'excellente version de l'Alcoran': voir, par exemple, 'A sa majesté le roi de Prusse', lettre dédicatoire (*OCV*, t.20B, p.154). On ne sait d'où Voltaire a tiré l'information sur le prétendu séjour de Sale en Orient, mais dans les quatre occurrences où il est question de lui, on remarque des fluctuations dans la précision: en 1757, dans le ch.34 du *Siècle de Louis XIV*, Voltaire parle de 'l'Anglais Sale, qui a voyagé si utilement en Arabie' (*OH*, p.1024). En 1761, la note (*a*) ici évoque un séjour de 25 ans en Arabie, tout comme l'art. 'Alcoran, ou plutôt le Koran' des *QE* (*OCV*, t.38, p.170), tandis que l'art. 'Arot et Marot' nous informe que 'le savant Sale [avait] demeuré vingt-quatre ans vers l'Arabie' (t.39, p.30), et l'art. 'Ange' se contente de dire que 'M. Sale avait demeuré longtemps en Arabie' (t.38, p.370). Si quelques commentaires dans le 'Preliminary discourse' laissent supposer que Sale avait visité l'Arabie, tout ce que l'on sait de sa biographie rend impossible un séjour prolongé en Orient (voir *Oxford Dictionary of National Biography*, nouv. éd., 2004, 'Sale, George').

Abdala Moutaleb vécut, dit-on, cent dix ans;[7] son petit-fils *Enfance de*
Mahomet porta les armes dès l'âge de quatorze ans dans une *Mahomet.*
guerre sur les confins de la Syrie; réduit à la pauvreté, un de ses
25 oncles le donna pour facteur à une veuve nommée Cadishé, qui
faisait en Syrie un négoce considérable; il avait alors vingt-cinq
ans. Cette veuve épousa bientôt son facteur, et l'oncle de Mahomet *Marié à vingt-*
qui fit ce mariage donna douze onces d'or à son neveu:[8] environ *cinq ans.*
neuf cents francs de notre monnaie furent tout le patrimoine de
30 celui qui devait changer la face de la plus grande et de la plus belle
partie du monde. Il vécut obscur avec sa première femme Cadishé,
jusqu'à l'âge de quarante ans.[9] Il ne déploya qu'à cet âge les talents
qui le rendaient supérieur à ses compatriotes. Il avait une éloquence
vive et forte, dépouillée d'art et de méthode, telle qu'il la fallait à
35 des Arabes; un air d'autorité et d'insinuation, animé par des yeux *Son caractère.*
perçants et par une physionomie heureuse, l'intrépidité d'Ale-
xandre, sa libéralité, et la sobriété dont Alexandre aurait eu besoin
pour être un grand homme en tout.[10]

L'amour, qu'un tempérament ardent lui rendait nécessaire, et
40 qui lui donna tant de femmes et de concubines,[11] n'affaiblit ni son

22-23 61: son fils Mahomet
35 45: Arabes et à tous les peuples de ces climats;
37 MSP, 45: libéralité avec la
38-39 45: être en tout un grand homme; l'amour

[7] C'est l'âge que lui donne Gagnier, livre 1, ch.3 (t.1, p.93).

[8] Gagnier raconte comment l'oncle, Abu-Taleb, fit la cérémonie des noces, 'et compta de son bien propre à son neveu une dot de douze onces pesant d'or, ou selon Abu'l-Féda, de vingt jeunes chameaux' (livre 1, ch.6, t.1, p.101-102). Voltaire choisit évidemment la version qui ne fait pas sourire. Cf. la *Lettre civile et honnête*, art.2 (*M*, t.24, p.142).

[9] Tous ces détails, fidèlement reproduits (y compris le terme 'facteur', p.98), viennent de Gagnier, livre 1, ch.3-6 (t.1, p.93-104). Facteur: 'Il signifie aussi qui est chargé de quelque négoce, de quelque trafic pour quelqu'un' (*Dictionnaire de l'Académie*, 1762).

[10] D'après Sale, §2, p.41 (voir aussi Gagnier, livre 7, ch.2, t.2, p.317-24, §'Du naturel du Prophète, de son esprit, et de ses mœurs').

[11] Voltaire avait trouvé les éléments nécessaires pour faire un tel commentaire

courage, ni son application, ni sa santé. C'est ainsi qu'en parlent les contemporains; et ce portrait est justifié par ses actions. [12]

Après avoir bien connu le caractère de ses concitoyens, leur ignorance, leur crédulité et leur disposition à l'enthousiasme, il vit qu'il pouvait s'ériger en prophète. [13] Il forma le dessein d'abolir dans sa patrie le sabisme, qui consiste dans le mélange du culte de Dieu et de celui des astres, [14] le judaïsme détesté de toutes les nations, et qui

45

41-42   MSP, 45, 53-61: les Arabes contemporains

42   MSP, 45: actions, seule manière de connaître les hommes.

44   MSP: [*manchette*] *Commencement de sa religion.*

45-62   MSP, 45, 53-W57G: prophète; il feignit des révélations; il parla, il se [45: parla, se] fit croire d'abord dans

---

chez Boulainvilliers et Gagnier. Le premier évoque le tempérament ardent de Mahomet: 'Au reste nous aurons toujours bien de la peine à imaginer comment [...] un homme d'un caractère aussi sérieux qu'un Prophète [...] ait pu être en même temps si emporté et si sensible à des plaisirs qui ne semblent faits que pour des personnes [...] dont l'imagination n'est pas enlevée par des perceptions incomparablement plus vives et plus animées que celles du corps' (livre 2, p.249-51), et ainsi de suite sur un ton de plus en plus choqué. Il parfait le tableau à la p.390 du livre 3: 'Ce prince [des Coptes] reçut l'envoyé avec distinction; et connaissant le faible de son maître pour le sexe, il lui remit une jeune fille de grande beauté, nommée Marie qui devint quelque temps après mère d'Ibrahim'. Gagnier souligne la signification déjà limpide de ces assertions en donnant la liste des femmes de Mahomet (douze), de ses concubines (trois) et de celles 'qui lui échurent comme sa part du butin' (onze) (livre 7, ch.4, t.2, p.326-35).

[12] D'après Sale, §2, p.40.

[13] Voltaire ne répond pas sur ce point aux remarques, assez judicieuses, de la *Critique de l'Histoire universelle* (art.5): est-il si étonnant que Mahomet ait gagné ce pouvoir sur les peuples, si ceux-ci étaient ignorants et crédules? Mais, sans rien dire de ces remarques dans la *Lettre civile et honnête*, il en tient compte: le terme 'prodiges' est supprimé plus loin (ligne 63 var., ligne 50).

[14] Sabisme (ou sabéisme, d'où sabéens): religion qui avait pris une extension considérable dans l'Arabie et la Mésopotamie. Il avait pour base et pour principe le monothéisme, complexifié par un culte rendu aux astres et à des êtres intermédiaires et mal déterminés qui rappellent les anges de la religion juive. La formulation de Voltaire est conforme à celle de Sale (§1, p.15-16) et surtout plus prudente que la précédente (ligne 3, var.), que contestait la *Critique de l'Histoire universelle* (art.8): 'S'exprimer ainsi, c'est vouloir faire entendre que la religion principale des Arabes était le culte des étoiles: ce qui est absolument faux.' De fait, on ne savait si tous les

prenait une grande supériorité dans l'Arabie, enfin le christianisme
qu'il ne connaissait que par les abus de plusieurs sectes répandues
50 autour de son pays; il prétendait rétablir le culte simple d'Abraham
ou Ibrahim, dont il se disait descendu, et rappeler les hommes à
l'unité d'un Dieu, dogme qu'il s'imaginait être défiguré dans toutes
les religions. [15] C'est en effet ce qu'il déclare expressément dans le
troisième *sura* ou chapitre de son Koran. *Dieu connaît, et vous ne*
55 *connaissez pas. Abraham n'était ni juif ni chrétien, mais il était de la*
vraie religion. Son cœur était résigné à Dieu; il n'était point du nombre
des idolâtres. [16]

Il est à croire que Mahomet comme tous les enthousiastes,   *D'abord*
violemment frappé de ses idées, les débita d'abord de bonne foi, [17] les   *prophète chez lui.*
60 fortifia par des rêveries, se trompa lui-même en trompant les autres,
et appuya enfin par des fourberies nécessaires une doctrine qu'il
croyait bonne. Il commença par se faire croire dans sa maison, ce

50-51   61: d'Abraham dont
51   61-w68: se croyait descendu

Arabes étaient 'adorateurs des étoiles' ou si Mahomet ne s'adressait qu'à ceux d'entre
eux qui adoraient les étoiles. L'introduction du sabisme vient de la *Lettre civile et
honnête* (art.4), qui répond à cette objection, mais en détournant la question. Aucune
modification en ce sens néanmoins dans l'art. 'Alcoran' des *QE*.

[15] Dans ce développement Voltaire suit Gagnier, livre 1, ch.7, §'Mission de
Mahomet' (t.1, p.104-105) (sauf pour 'détesté de toutes les nations'), qui explique que
Mahomet avait pour mission de retourner aux sources en réformant le judaïsme et le
christianisme, et de les purger des abus qui s'y étaient introduits. Quant au 'judaïsme
détesté de toutes les nations', Voltaire ne s'écarte guère de Boulainvilliers, 'Les Juifs,
haïs de tous leurs voisins' (livre 1, p.157).

[16] *Koran*, trad. Sale: 'God knoweth, but ye know not. Abraham was neither a Jew
nor a Christian, but he was of a true religion, one resigned unto God, and was not of
the number of the idolaters' (ch.3, p.44); passage repris par Ockley, *Histoire des
Sarrasins*, t.1, p.333: ('abraham / ny juif / ny musul / man. Il / netait pas / du
nombre / de ceux; etc / ch[apitre] 3 alc[oran]'; *CN*, t.6, p.164). Voltaire reproduit
textuellement ce passage dans l'art. 'Abraham' des *QE* (*OCV*, t.38, p.54).

[17] Conforme à Sale, §2, p.39; mais il s'agit surtout d'une prise de position nouvelle
pour Voltaire. Voir le chapitre suivant, n.*.

qui était probablement le plus difficile;[18] sa femme et le jeune Aly
mari de sa fille Fatime furent ses premiers disciples. Ses con-

63-82 MSP, 45, 53-W57G: difficile. En trois ans il eut quarante-deux disciples
persuadés; Omar, son persécuteur, devint son apôtre [45: ministre]; au bout de cinq
ans il en eut 114. ¶[MSP: *manchette: Dogmes.*] Il enseignait aux Arabes adorateurs des
étoiles, qu'il ne fallait adorer que le Dieu qui les a faites: [45: il supposait] que les
livres des Juifs et des chrétiens s'étant [45: étant] corrompus et falsifiés, on devait les   5
avoir en horreur: [45: il annonçait] qu'on était obligé sous peine de [45: du] châtiment
éternel de prier cinq fois par jour; de donner l'aumône; et surtout, en ne
reconnaissant qu'un seul Dieu, de croire en [45: à] Mahomet son dernier prophète;
enfin de hasarder sa vie pour sa foi. ¶Il défendit l'usage du vin, parce que l'abus en est
trop dangereux. Il conserva la circoncision pratiquée par les Arabes, ainsi que par les   10
anciens Egyptiens [MSP, 53-W57G: instituée probablement [MSP: par eux] pour
prévenir ces abus de la première puberté, qui énervent souvent la jeunesse.] ¶Il
permit aux hommes la pluralité des femmes, usage immémorial de tout l'Orient.
[MSP, 53-W57G: Il n'altéra en rien la morale, qui a toujours été la même dans le fond
chez tous les hommes, et qu'aucun législateur n'a jamais corrompue. [W56-W57G: Sa   15
religion était d'ailleurs plus assujetissante qu'aucune autre, par les cérémonies
légales, par le nombre et la forme des prières et des ablutions, rien n'étant plus gênant
pour la nature humaine que des pratiques qu'elle demande [W56: qu'elle ne demande
pas] et qu'il faut renouveler tous les jours.]] ¶Il proposait pour récompense une vie
éternelle, où l'âme serait enivrée de tous les plaisirs spirituels, et où le corps ressuscité   20
avec ses sens [MSP: même; 45: mêmes] goûterait [53, W56: par ces sens même; W56:
mêmes] toutes les voluptés qui lui sont propres. [MSP: sans quoi, disait-il, la
résurrection des corps ne serait qu'un prodige inutile.] Cette [MSP, 45, 53: Sa] religion
s'appela *l'Islamisme* qui signifie *résignation à la volonté de Dieu.* Le livre qui la
contient, s'appela [MSP, 45: s'appelle] *Coran,* [MSP, 53-W57G: c'est-à-dire *le livre* ou   25
[MSP: de] *l'écriture,*] ou *la lecture* par excellence. [45, 53, W56: *se retrouvent au β, ch.7,
lignes 62-84*: Tous les interprètes de ce livre conviennent que sa morale est contenue
dans ces paroles: 'Recherchez qui vous chasse, donnez à qui vous ôte, pardonnez à
qui vous offense, faites du bien à tous, ne contestez point avec les ignorants.' [W65: Il
aurait dû bien plutôt recommander de ne point disputer avec les savants. Mais dans   30
cette partie du monde on ne se doutait pas qu'il y eût ailleurs de la science et des
lumières.] ¶Parmi les déclamations extravagantes [53, W56: incohérentes,] dont ce
livre est rempli, selon le goût oriental, on ne laisse pas de trouver des morceaux qui

[18] La *Critique de l'Histoire universelle* (art.6) ne manque pas d'attaquer cette
affirmation faussement évidente, mais Voltaire n'en tient aucun compte. En revanche,
il modifie profondément la suite (voir var.), qui pouvait renforcer des interprétations
malveillantes de l'islam, en fonction des art.8-10 de cet ouvrage: voir ci-dessous,
ligne 335 (pour 'hasarder sa vie pour sa foi', var., ligne 9), et ch.7, lignes 161-67

65   citoyens s'élevèrent contre lui; il devait bien s'y attendre: sa
réponse aux menaces des Coracites marque à la fois son caractère
et la manière de s'exprimer commune de sa nation. *Quand vous
viendrie\z à moi*, dit-il, *avec le soleil à la droite et la lune à la gauche, je
ne reculerai pas dans ma carrière.* [19]

---

35   peuvent paraître sublimes; Mahomet, par exemple, en parlant de la cessation du
déluge s'exprime ainsi: 'Dieu dit terre englouti tes eaux, Ciel repuise [53, w56: puise]
les ondes que tu as versées'; le ciel et la terre obéirent. ¶La [53, w56: Sa] définition de
Dieu est d'un genre plus véritablement sublime; on lui demandait quel était cet *Alla*
qu'il annonçait; 'c'est celui, répondit-il, qui tient l'Etre de soi-même, et de qui les

40   autres le tiennent, qui n'engendre point et qui n'est point engendré, et à qui rien n'est
semblable dans toute l'étendue des êtres.' ¶Il est vrai que les contradictions, les
absurdités, les anachronismes sont répandus en foule dans ce livre; on y voit surtout
une ignorance profonde de la physique la plus simple et la plus connue.] [MSP, 53,
w56: *se retrouvent au* β, *ch.7, 85-88*: C'est là la pierre de touche des livres que les

45   fausses religions prétendent écrits par la Divinité; car Dieu n'est ni absurde ni
ignorant; mais le vulgaire, [MSP: vulgaire Turc] qui ne voit point ces fautes, les adore;
et les imans [53: docteurs] emploient un déluge de paroles pour les pallier [MSP: imans
n'ont pas de peine à persuader ce que personne n'examine].] ¶Quelques personnes
ont cru sur un passage équivoque de l'Alcoran, que Mahomet ne savait ni lire ni

50   écrire; ce qui ajouterait encore aux prodiges [45: au prodige] de ses succès: mais il
n'est pas vraisemblable qu'un homme qui avait été négociant si longtemps, ne sût pas
ce qui est [MSP, 53-w57G: si] nécessaire au négoce: encore moins est-il probable,
qu'un homme si instruit des histoires et des fables de son pays, ignorât ce que savaient
tous les enfants de sa patrie. D'ailleurs les auteurs arabes rapportent qu'en mourant,

55   Mahomet [45: que Mahomet en mourant] demanda une plume et de l'encre. Persécuté
[45: Mahomet] à la Mecque

67   61-w68: commune à sa

(interdiction du vin); voir également ch.7, ligne 128 (sur la circoncision). Il retire
également l'évocation de Mahomet demandant 'une plume et de l'encre' (var.,
ligne 55), qui lui avait valu les quolibets du même opuscule (art.14: on gravait alors
des feuilles de palmier avec un style), parmi d'autres attaques contre ses erreurs sur
les connaissances des Arabes, ou des formulations équivoques ou approximatives.

   [19] Voltaire amalgame la traduction de Sale ('If they set the sun against him on his
right hand and the moon on his left, he would not leave his enterprise', §2, p.44) et
celle de Gagnier ('Quand bien même ils poseraient le soleil à ma droite et la lune à ma
gauche, je n'en démorderai point, et je n'abandonnerai jamais cette affaire', livre 1,
ch.9, t.1, p.118).

Ses premiers   Il n'avait encore que seize disciples,[20] en comptant quatre femmes,   70
disciples.   quand il fut obligé de les faire sortir de la Mecque où ils étaient
persécutés, et de les envoyer prêcher sa religion en Ethiopie; pour
lui il osa rester à la Mecque, où il affronta ses ennemis, et il fit de
nouveaux prosélytes qu'il envoya encore en Ethiopie au nombre de
cent. Ce qui affermit le plus sa religion naissante, ce fut la   75
conversion d'Omar qui l'avait longtemps persécuté.[21] Omar, qui
depuis devint un si grand conquérant, s'écria dans une assemblée
nombreuse; *J'atteste qu'il n'y a qu'un Dieu, qu'il n'a ni compagnon,*
ni associé, et que Mahomet est son serviteur et son prophète.[22]

Le nombre de ses ennemis l'emportait encore sur ses partisans.   80
Ses disciples se répandirent dans Médine; ils y formèrent une
faction considérable. Mahomet persécuté dans la Mecque, et
condamné à mort, s'enfuit à Médine. Cette fuite qu'on nomme
hégire, devint l'époque de sa gloire et de la fondation de son empire.
De fugitif il devint conquérant. S'il n'avait pas été persécuté, il   85
n'aurait peut-être pas réussi. Réfugié à Médine, il y persuada le
peuple et l'asservit. Il battit d'abord avec cent treize hommes les
Mecquois qui étaient venus fondre sur lui au nombre de mille.
Cette victoire, qui fut un miracle aux yeux de ses sectateurs, les
persuada que Dieu combattait pour eux comme eux pour lui. Dès la   90
première victoire, ils espérèrent la conquête du monde. Mahomet
prit la Mecque, vit ses persécuteurs à ses pieds, conquit en neuf ans,
par la parole et par les armes, toute l'Arabie, pays aussi grand que la

82   MSP: [*manchette*] *Succès de Mahomet.*
82-83   MSP, w56: Mecque, sa fuite qu'on
85-86   MSP, 45, 53-61: conquérant. Réfugié
87   MSP, 45: Il défit d'abord

[20] Sur le nombre de ces disciples, Voltaire a dû évoluer (voir lignes 63-82 var.),
après les remarques de la *Critique de l'Histoire universelle* (art.7).
[21] Gagnier évoque les circonstances de la conversion d'Omar (livre 1, ch.11,
t.1, p.123-30).
[22] Cf. Gagnier: 'J'atteste qu'il n'y a point d'autre Dieu que Dieu, qui n'a [...]
serviteur et son apôtre' (livre 1, ch.11, t.1, p.128-29).

Perse, et que les Perses ni les Romains n'avaient pu conquérir. [23] Il
95   se trouvait à la tête de quarante mille hommes tous enivrés de son
enthousiasme. [24] Dans ses premiers succès, il avait écrit au roi de
Perse Cosroès second, à l'empereur Héraclius, au prince des
Coptes gouverneur d'Egypte, au roi des Abissins, à un roi nommé
Mondar, qui régnait dans une province près du golfe Persique. [25]
100   Il osa leur proposer d'embrasser sa religion; et ce qui est étrange,
c'est que de ces princes il y en eut deux qui se firent mahométans; ce
furent le roi d'Abissinie et ce Mondar. Cosroès déchira la lettre de
Mahomet avec indignation. Héraclius répondit par des présents. Le

94-96   45, 53-54N: conquérir. ¶Dès ses
MSP, w56: conquérir. ¶Dans
102   45: roi des Abyssins, et

[23] D'après Sale, §1, p.13.
[24] Cf. Boulainvilliers, qui ne parlait pas littéralement d'un total de 30 000 soldats
('Il se mit ensuite en campagne [...] avec un corps de 20 000 hommes d'infanterie, et
de 10 000 de cavalerie', livre 3, p.401). En 1761, Voltaire avait peut-être oublié la
leçon où Boulainvilliers avait écrit en toutes lettres: 'Ayant ainsi subjugué presque
toute l'Arabie, Mahomet déclara le dessein qu'il avait formé de conduire ses troupes
victorieuses contre les Romains; ne trouvant pas à propos de cacher à ses soldats,
comme il faisait ordinairement, les fatigues, et les dangers auxquels il prévoyait que
cette expédition devait les exposer: c'est pourquoi ils ne l'entreprirent qu'à regret,
tant à cause de l'éloignement du pays où il fallait se transporter, qu'à cause des forces
des ennemis qu'ils avaient à combattre' (p.400-401). Ce ne sont que les 'chefs de son
armée' qui 'lui témoignèrent leur zèle et leur empressement, en contribuant, chacun
selon son pouvoir, à tout ce qui était nécessaire pour en faire la conquête' (p.401). Le
Dictionnaire de l'Académie (1762) définit le terme *enthousiaste* uniquement de façon
péjorative: visionnaire, fanatique. C'est presque toujours dans ce sens-là, dès les
années 1720, et à l'instar de Locke et de Shaftesbury, que Voltaire lui-même entend
enthousiaste/enthousiasme: voir l'*Essai sur la poésie épique* (*OCV*, t.3B, p.460; *LP*,
3, 13, 22 appendice, t.1, p.33, 175; t.2, p.147; voir aussi les *Notebook fragments*, 21,
'Fanatisme, entousiasme parfait', *OCV*, t.82, p.628). Mais parfois, comme ici, il
entend désigner – comme partout convenu – l'inspiration elle-même, ou un
mouvement causé par l'inspiration, ou bien encore une émotion intense qui
pousse à l'action.
[25] Gagnier décrit les approches faites aux différents princes (livre 5, ch.4, t.2, p.29-
42), et Voltaire suit exactement l'ordre de son récit. Boulainvilliers ne parle que de
celle faite à Cosroès (livre 2, p.328-30).

prince des Coptes lui envoya une fille qui passait pour un chef-
d'œuvre de la nature, et qu'on appelait la belle Marie.²⁶

Il attaque
l'empire romain.

Mahomet au bout de neuf ans se croyant assez fort pour étendre
ses conquêtes et sa religion chez les Grecs et chez les Perses,
commença par attaquer la Syrie soumise alors à Héraclius, et lui
prit quelques villes.²⁷ Cet empereur, entêté de disputes métaphy-
siques de religion, et qui avait pris le parti des monothélites,²⁸ essuya
en peu de temps deux propositions bien singulières; l'une de la part
de Cosroès second, qui l'avait longtemps vaincu, et l'autre de la
part de Mahomet.²⁹ Cosroès voulait qu'Héraclius embrassât la
religion des mages, et Mahomet qu'il se fît musulman.

110

106-107   MSP, 45: étendre ses ravages et
         53-54N: étendre sa conquête et
107   45, 53-54N: religion dans l'empire grec et persan,
109   MSP: entêté des disputes
109-10   45: entêté des nouveautés, toujours funestes à la religion,
112   MSP, 45: qui [MSP: souvent] avait été son vainqueur,
114-26   MSP, 45, 53-54N: musulman. ¶Enfin

²⁶ Depuis la ligne 96, le récit semble emprunté parfois littéralement à Boulainvilliers (livre 3, p.389-90). Gagnier raconte l'arrivée des deux sœurs Marie et Shirin et la
manière dont Mahomet, pris de passion pour la 'beauté de Marie', en fit sa concubine
et sa maîtresse malgré l'interdiction concernant la fornication (livre 5, ch.9, t.2, p.73-
74). Voir ci-dessus, n.11. Boulainvilliers va jusqu'à dire que Mahomet préféra 'la
belle Copte' à toutes ses autres femmes (p.390).

²⁷ Gagnier décrit la Guerre du Tabuk qui mit Mahomet aux prises avec les
Romains et leurs alliés les Syriens (livre 6, ch.11, t.2, p.209-28).

²⁸ Du grec *mono - thelos*: volonté unique. Doctrine qui reconnaît dans le Christ
une seule volonté divine, en admettant sa double nature humaine et divine. C'est
l'empereur Héraclius (vers 622) qui, avec l'aide du patriarche de Constantinople,
Sergius, imagina cette solution pour mettre fin à la querelle du monophysisme (qui
n'admettait qu'une seule nature). Ce fut le point de départ d'une nouvelle mêlée
dogmatique confuse, et l'origine de l'Eglise maronite.

²⁹ C'était en fait une condition de la paix, en réponse aux propositions d'Héraclius;
la critique d'Héraclius. Gagnier raconte qu'à cette occasion Mahomet exhorta
Héraclius 'encore une fois à embrasser l'islamisme' (livre 6, ch.11, t.2, p.224).

115   Le nouveau prophète donnait le choix à ceux qu'il voulait   *Ses progrès.*
subjuguer, d'embrasser sa secte, ou de payer un tribut.[30] Ce tribut
était réglé par l'Alcoran à treize drachmes d'argent par an pour
chaque chef de famille. Une taxe si modique est une preuve que les
peuples qu'il soumit étaient pauvres. Le tribut a augmenté depuis.
120   De tous les législateurs qui ont fondé des religions, il est le seul qui
ait étendu la sienne par les conquêtes. D'autres peuples ont porté
leur culte avec le fer et le feu chez des nations étrangères; mais nul
fondateur de secte n'avait été conquérant. Ce privilège unique est
aux yeux des musulmans l'argument le plus fort, que la Divinité
125   prit soin elle-même de seconder leur prophète.

Enfin Mahomet, maître de l'Arabie, et redoutable à tous ses   *Sa mort.*
voisins, attaqué d'une maladie mortelle à Médine, à l'âge de
soixante-trois ans et demi, voulut que ses derniers moments   *632.*
parussent ceux d'un héros et d'un juste: *Que celui à qui j'ai fait*
130   *violence et injustice paraisse*, s'écria-t-il, *et je suis prêt de lui faire*
réparation. Un homme se leva, qui lui redemanda quelque argent;
Mahomet le lui fit donner, et expira peu de temps après,[31] regardé
comme un grand homme par ceux même qui savaient qu'il était un
imposteur, et révéré comme un prophète par tout le reste.[32]

126   45: l'Arabie, réveré et presque adoré de ses sujets, et
126-27   MSP, 45: à ses ennemis, [45: fut] attaqué
127   MSP: [*manchette illisible*]
       45: attaqué à Médine d'une maladie mortelle à l'âge
128   45: demi; il voulut
130   45: s'écria-t-il, *je suis tout prêt*
131   MSP: homme s'éleva,
133   54: ceux mêmes
133-34   45: même qui le connaissaient pour un imposteur
134-58   W56-W57G: reste. ¶Les Arabes
           53-54N: reste. ¶La [53-54N: Sa] dernière
134-206   MSP, 45: reste. ¶Chapitre 3 / *Des Califes.* / La dernière

[30] Idée reprise ci-dessous, ch.7, lignes 207-209.
[31] Récit et termes quasi identiques dans plusieurs sources, dont Boulainvilliers
(livre 3, p.404-405) et Gagnier (livre 6, ch.19, t.2, p.289-91).
[32] Voltaire omet les circonstances de sa mort (Mahomet empoisonné par une

Mahomet savant   Ce n'était pas sans doute un ignorant, comme quelques-uns l'ont   135
pour son temps.   prétendu. [33] Il fallait bien même qu'il fût très savant pour sa nation
et pour son temps, puisqu'on a de lui quelques aphorismes de
médecine, et qu'il réforma le calendrier des Arabes comme
César celui des Romains. [34] Il se donne à la vérité le titre de prophète
non lettré; [35] mais on peut savoir écrire et ne pas s'arroger le nom de   140
savant. Il était poète; la plupart des derniers versets de ses chapitres
sont rimés; le reste est en prose cadencée. La poésie ne servit pas
peu à rendre son Alcoran respectable. [36] Les Arabes faisaient un très
grand cas de la poésie, et lorsqu'il y avait un bon poète dans une
tribu, les autres tribus envoyaient une ambassade de félicitation à   145
celle qui avait produit un auteur qu'on regardait comme inspiré, et
comme utile. [37] On affichait les meilleures poésies dans le temple de la
Mecque; et quand on y afficha le second chapitre de Mahomet, qui

139-41   61: Romains. Il était

Juive: Boulainvilliers, livre 3, p.389; Gagnier, livre 6, ch.18, t.2, p.272) et les détails
scabreux (Gagnier, livre 6, ch.20, t.2, p.301), que les *Leningrad notebooks* rappellent
deux fois (*OCV*, t.81, p.256, 382-83), tout comme les épisodes merveilleux auxquels
fait place *De l'Alcoran et de Mahomet*: la lune fendue en deux, un voyage au ciel, un
autre à Jérusalem pendant la nuit... (p.333-34).

[33] Cette addition de 1761 (jusqu'à la ligne 157, le paragraphe suivant étant apparu
en 1756) constitue une réplique à la *Critique de l'Histoire universelle* (art.14).

[34] D'après Gagnier, livre 6, ch.17, t.2, p.267-71 (voir *CN*, t.4, p.23). Voltaire
reprend ici l'argumentation développée en 1760 dans la *Lettre civile et honnête* (art.9).

[35] C'est dans le ch.7 (sourate de l'A'Aref: nom de l'espace qui sépare l'Enfer et le
Paradis, et qui constitue une sorte de Purgatoire), 156-57, que Mahomet se désigne le
Prophète illettré (*ennabiyyaa l'oummiyya*). Comme le remarque E. Montet: 'le
contexte [...] semble indiquer un langage emphatique [...] une exagération
intentionnelle pour mettre plus en évidence son rôle d'inspiré de Dieu' (*Mahomet:
Le Coran*, Paris, 1929, p.26, n.1). Et il ajoute: 'Mahomet se sert ici de la figure qu'on
appelle antiphrase. Langage intentionnellement emphatique' (p.254, n.3).

[36] D'après Sale: 'Though it is written in prose yet the sentences generally
conclude in a long continued rhyme [...] It is probable the harmony of expression
which the Arabians find in the Koran might contribute not a little to make them relish
the doctrine therein taught' (§3, p.61-62).

[37] Tiré de Sale, §1, p.27.

commence ainsi, *Il ne faut point douter, c'est ici la science des justes,*
150 *de ceux qui croient aux mystères, qui prient quand il le faut, qui*
donnent avec générosité, [38] etc. alors le premier poète de la Mecque,
nommé Abid, déchira ses propres vers affichés au temple, admira
Mahomet et se rangea sous sa loi. (*b*) [39] Voilà des mœurs, des usages,
des faits si différents de tout ce qui se passe parmi nous, qu'ils
155 doivent nous montrer combien le tableau de l'univers est varié, et
combien nous devons être en garde contre notre habitude de juger
de tout par nos usages.

Les Arabes contemporains écrivirent la vie de Mahomet dans le
plus grand détail. Tout y ressent la simplicité barbare des temps
160 qu'on nomme héroïques. Son contrat de mariage avec sa première   *Naïveté des*
femme Cadishé est exprimé en ces mots: *Attendu que Cadishé est*   *écrivains*
amoureuse de Mahomet, et Mahomet pareillement amoureux d'elle. [40]   *orientaux.*
On voit quels repas apprêtaient ses femmes: on apprend le nom de
ses épées, et de ses chevaux. On peut remarquer surtout dans son
165 peuple des mœurs conformes à celles des anciens Hébreux, (je ne
parle ici que des mœurs) la même ardeur à courir au combat au nom
de la Divinité, la même soif du butin, le même partage des
dépouilles, et tout se rapportant à cet objet.

Mais en ne considérant ici que les choses humaines, et en faisant   *Arabes infiniment*
170 toujours abstraction des jugements de Dieu, et de ses voies   *supérieurs aux*
                                                                Juifs.

(*b*) Lisez le commencement du *Koran*; il est sublime.

158   w56-w57G: écrivirent sa vie dans

[38] Voir le *Koran*, trad. Sale: 'There is no doubt in this book; it is a direction to the
pious, who believe in the mysteries of faith, who observe the appointed times of
prayer, and distribute alms out of what we have bestowed on them' (ch.2, p.2).
[39] Une version légèrement différente dans la *Lettre civile et honnête* (p.145-46):
Labin Ibn Rabia ne déchire pas ses vers.
[40] Cf. Gagnier: '[Abu-Taleb dit] attendu que mondit neveu est amoureux de
Khadigjia, et Khadigjia réciproquement amoureuse de lui' (livre 1, ch.6, t.1, p.102).
Dans *De l'Alcoran et de Mahomet*, c'était le signe qu'il n'existait 'pas beaucoup de
finesse dans leurs procédés' (p.339). La formule avait été retenue dans les *Leningrad
notebooks* (p.382).

inconnues, pourquoi Mahomet et ses successeurs, qui commencèrent leurs conquêtes précisément comme les Juifs, firent-ils de si
grandes choses, et les Juifs de si petites? Ne serait-ce point parce
que les musulmans eurent le plus grand soin de soumettre les
vaincus à leur religion, tantôt par la force, tantôt par la persuasion?   175
Les Hébreux au contraire n'associèrent guère les étrangers à leur
culte. Les musulmans arabes incorporèrent à eux les autres nations;
les Hébreux s'en tinrent toujours séparés. Il paraît enfin que les
Arabes eurent un enthousiasme plus courageux, une politique plus
généreuse et plus hardie. Le peuple hébreu avait en horreur les   180
autres nations, et craignait toujours d'être asservi. Le peuple arabe
au contraire voulut attirer tout à lui, et se crut fait pour dominer.

Si[41] ces Ismaëlites ressemblaient aux Juifs par l'enthousiasme et
par la soif du pillage, ils étaient prodigieusement supérieurs par le
courage, par la grandeur d'âme, par la magnanimité:[42] leur histoire,   185
ou vraie ou fabuleuse avant Mahomet, est remplie d'exemples
d'amitié tels que la Grèce en inventa dans les fables de Pilade et
d'Oreste, de Thésée et de Pirritoüs. L'histoire des Barmécides n'est
qu'une suite de générosités inouïes qui élèvent l'âme. Ces traits
caractérisent une nation. On ne voit au contraire dans toutes les   190
annales du peuple hébreu aucune action généreuse. Ils ne connaissent ni l'hospitalité, ni la libéralité, ni la clémence. Leur
souverain bonheur est d'exercer l'usure avec les étrangers; et cet
esprit d'usure, principe de toute lâcheté, est tellement enraciné dans
leurs cœurs, que c'est l'objet continuel des figures qu'ils emploient   195
dans l'espèce d'éloquence qui leur est propre. Leur gloire est de
mettre à feu et à sang les petits villages dont ils peuvent s'emparer.

176   K: contraire associèrement rarement les
182-206   w56-w57G: dominer. ¶La

[41] Ici commence une longue addition de 1761, où prédominent les thèmes anti-
hébraïques familiers à Voltaire. Le parallèle des Arabes et des Hébreux se trouvait
longuement développé par Boulainvilliers (livre, 1, p.29-38).
[42] Cf. Boulainvilliers: 'les Arabes leur ont été [aux Hébreux] tout à fait supérieurs
par les dons naturels, et les avantages de l'humanité' (livre 1, p.35).

Ils égorgent les vieillards et les enfants; ils ne réservent que les filles nubiles; ils assassinent leurs maîtres quand ils sont esclaves; ils ne
200 savent jamais pardonner quand ils sont vainqueurs; ils sont les ennemis du genre humain. Nulle politesse, nulle science, nul art perfectionné dans aucun temps chez cette nation atroce. Mais dès le second siècle de l'hégire, les Arabes deviennent les précepteurs de l'Europe dans les sciences et dans les arts, malgré leur loi qui
205 semble l'ennemie des arts.

La dernière volonté de Mahomet ne fut point exécutée. Il avait *Abubéker.* nommé Aly son gendre, époux de Fatime, pour l'héritier de son empire. [43] Mais l'ambition, qui l'emporte sur le fanatisme même, engagea les chefs de son armée à déclarer calife, c'est-à-dire vicaire
210 du prophète, le vieux Abubéker son beau-père, dans l'espérance qu'ils pourraient bientôt eux-mêmes partager la succession. Aly resta dans l'Arabie, attendant le temps de se signaler.

Cette division fut la première semence du grand schisme qui sépare aujourd'hui les sectateurs d'Omar et ceux d'Aly, les sunni et
215 les chias, les Turcs et les Persans modernes.

Abubéker rassembla d'abord en un corps les feuilles éparses de l'Alcoran. On lut, en présence de tous les chefs, les chapitres de ce

206   MSP: [*intertitre*] Chapitre [3] / *Des Califes.*
207   MSP: nommé Cali son
        MSP, 45, 53-W57G: gendre et Fatime sa fille pour les héritiers de
209-10   MSP, 45: c'est-à-dire, lieutenant du
211   MSP: Cali
212-16   MSP, 45, 53-W57G: signaler. Abubéker
217-24   45: On les lut, en présence de tous les chefs, et on établit l'authenticité invariable de ce livre, qui est depuis ce temps la règle de la foi des Arabes et de leur langue. ¶Bientôt

[43] Idée réfutée dans la *Critique de l'Histoire universelle* (art.15), et que Voltaire défendait seulement par une pirouette (*Lettre civile et honnête*, art.10), car il semble bien l'avoir inventée: 'Maître, vous me dénoncez à l'empereur de Maroc, au Grand Turc, et au Grand Mogol, comme un perturbateur du repos public. [...] Pourvu que vous ne me défériez pas à l'Inquisition, je me tiendrai très heureux' (p.146).

livre, écrits les uns sur des feuilles de palmier, les autres sur du parchemin, et on établit ainsi son authenticité invariable. Le respect superstitieux pour ce livre alla jusqu'à se persuader que l'original 220 avait été écrit dans le ciel. Toute la question fut de savoir s'il avait été écrit de toute éternité, ou seulement au temps de Mahomet. Les plus dévots se déclarèrent pour l'éternité. [44]

Bientôt Abubéker mena ses musulmans en Palestine, et y défit le frère d'Héraclius. [45] Il mourut peu après avec la réputation du plus 225 généreux de tous les hommes, n'ayant jamais pris pour lui qu'environ quarante sous de notre monnaie par jour de tout le butin qu'on partageait, et ayant fait voir combien le mépris des petits intérêts peut s'accorder avec l'ambition que les grands intérêts inspirent. 230

Testament   Abubéker passe chez les Osmanlis pour un grand homme et
remarquable   pour un musulman fidèle. C'est un des saints de l'Alcoran. Les
d'Abubéker.   Arabes rapportent son testament conçu en ces termes: *Au nom de Dieu très miséricordieux, voici le testament d'Abubéker, fait dans le temps qu'il est prêt à passer de ce monde à l'autre, dans le temps où les* 235 *infidèles croient, où les impies cessent de douter, et où les menteurs disent la vérité.* [46] Ce début semble être d'un homme persuadé.

218-24   MSP, 53-W57G: livre, et on établit son authenticité invariable. ¶Bientôt
219   MSG: son autorité invariable
224   MSP: mena les musulmans
225   45: après l'an 634 avec
      MSP: après <l'an 631> la
      MSG: après l'an 631 avec
230-43   MSP, 45, 53-54N: inspirent. ¶Omar
231   W56-W57G: les Mahométans pour
235   W56-W68: *qu'il allait passer*

[44] D'après Sale, §3, p.64.
[45] Le frère d'Héraclius, Théodore Bogaire, fut vaincu à la bataille d'Ajnadayn en 634.
[46] D'après Ockley, *Histoire des Sarrasins*: 'Au nom de Dieu très miséricordieux. Voici le testament d'Aboubecre Ebn Abi Cohafa, qu'il a fait dans le temps qu'il était sur le point de sortir de ce monde pour entrer dans l'autre, dans ce temps où les infidèles croient, où les impies n'ont plus de doute, et où les menteurs disent la vérité.

Cependant Abubéker, beau-père de Mahomet, avait vu ce prophète de bien près. Il faut qu'il ait été trompé lui-même par le prophète, ou qu'il ait été le complice d'une imposture illustre qu'il regardait comme nécessaire. Sa place lui ordonnait d'en imposer aux hommes pendant sa vie et à sa mort.

Omar, élu après lui, fut un des plus rapides conquérants qui aient désolé la terre. Il prend d'abord Damas, célèbre par la fertilité de son territoire, par les ouvrages d'acier les meilleurs de l'univers, par ces étoffes de soie qui portent encore son nom. [47] Il chasse de la Syrie et de la Phénicie les Grecs qu'on appelait Romains. Il reçoit à composition, après un long siège, la ville de Jérusalem, [48] presque toujours occupée par des étrangers, qui se succédèrent les uns aux autres depuis que David l'eut enlevée à ses anciens citoyens: ce qui mérite la plus grande attention, c'est qu'il laissa aux Juifs et aux chrétiens, habitants de Jérusalem, une pleine liberté de conscience.

Dans le même temps les lieutenants d'Omar s'avançaient en Perse. Le dernier des rois persans, que nous appelons Hormisdas IV, livre bataille aux Arabes à quelques lieues de Madain, devenue la capitale de cet empire. Il perd la bataille et la vie. [49] Les Perses passent sous la domination d'Omar plus facilement qu'ils n'avaient subi le joug d'Alexandre.

Omar.

Année 15 de l'hégire. 636 de l'ère vulgaire.

240
245
250
255

245   45: par ses ouvrages
246   MSP, 45: par les étoffes
          MSP: chassa
248   MSP, 45: composition en 636, après
248-49   MSP, 53-54N: Jérusalem toujours
248-53   45: Jérusalem. ¶Dans
250-53   MSP, 53-W56, W57G: citoyens. ¶Dans
255   45: livra

Je nomme Omar Ebn al Khettab pour vous gouverner après moi; ainsi écoutez-le et obéissez-lui' (t.1, p.146; note en haut d'un signet, p.146-47: 'abubecr<e> / testam<en>t', *CN*, t.6, p.162).

[47] 'Damas: étoffe de soie à fleurs' (*Dictionnaire de l'Académie*, 1692).

[48] Jérusalem fut emportée par Cosroès II, roi de Perse, en 614, et le fut de nouveau sous Omar en 638.

[49] Il s'agit ici sans aucun doute d'une coquille jamais corrigé: Hormisdas IV fut roi

Alors tomba cette ancienne religion des mages, que le vainqueur de Darius avait respectée; car il ne toucha jamais au culte des peuples vaincus.

Des mages. Les mages, adorateurs d'un seul Dieu, ennemis de tout simulacre, révéraient dans le feu qui donne la vie à la nature, l'emblème de la Divinité. Ils regardaient leur religion comme la plus ancienne et la plus pure. La connaissance qu'ils avaient des mathématiques, de l'astronomie et de l'histoire, augmentait leur mépris pour leurs vainqueurs alors ignorants. Ils ne purent abandonner une religion consacrée par tant de siècles pour une secte ennemie qui venait de naître. La plupart se retirèrent aux extrémités de la Perse et de l'Inde. C'est là qu'ils vivent aujourd'hui sous le nom de Gaures ou de Guèbres, de Parsis, d'Ignicoles, ne se mariant qu'entre eux, entretenant le feu sacré, fidèles à ce qu'ils connaissent de leur ancien culte; mais ignorants, méprisés, et, à leur pauvreté près, semblables aux Juifs si longtemps dispersés sans

260

265

270

259   MSG: tombe
262   MSP: [*manchette*] *Religion des mages détruite.*
       MSP, 45, 53-54N: mages, [45: *avec note:* Religion des mages détruite.] fondés par Zoroastre et réformés ensuite par un autre Zoroastre [MSP: un Zoroastre] du temps de Darius, fils d'Histapes, adorateurs [MSP: adorateur] de
264   MSP, 45, 53-54N: Divinité. Ils reconnaissaient de tout temps un mauvais principe, à qui Dieu permettait de faire le mal; ils le nommaient [MSP: ils nommaient] Satan, [MSP, 45: ou Arimane], et c'est parmi eux que Manès avait puisé sa doctrine des deux principes. Ils regardaient
269   MSP, 45, 53-54N: naître. ¶Ils se
271   MSP, 45: de guèbres et de parsis, ne
       53-61: de guèbres, ne
274   MSP: Juifs partout dispersés
       45: Juifs qui sont dispersés

de Perse 579-590. Quoi qu'il en soit, on se demande quelle pourrait être la source qu'utilise Voltaire car, s'il est vrai que Hormisdas VI fut un roi éphémère de 631 à 632, c'est sous le règne de Yazgird III (632-651), à la bataille de Nehawend (642), que les musulmans mirent fin à la dynastie des Sassanides.

275 s'allier aux autres nations, et plus encore aux Banians, qui ne sont
établis et dispersés que dans l'Inde, et en Perse. [50] Il resta un grand
nombre de familles guèbres ou ignicoles à Ispahan, jusqu'au temps
de Sha-Abbas qui les bannit, comme Isabelle chassa les Juifs
d'Espagne. Ils ne furent tolérés dans les faubourgs de cette ville
280 que sous ses successeurs. Les Ignicoles maudissent depuis longtemps dans leurs prières Alexandre et Mahomet. [51] Il est à croire
qu'ils y ont joint Sha-Abbas.

Tandis qu'un lieutenant d'Omar subjugue la Perse, un autre
enlève l'Egypte entière aux Romains, et une grande partie de la
285 Libye. C'est dans cette conquête qu'est brûlée la fameuse biblio-   *Bibliothèque*
thèque d'Alexandrie, monument des connaissances et des erreurs   *d'Alexandrie*
des hommes, commencée par Ptolomée Philadelphe, et augmentée   *brûlée.*
par tant de rois. [52] Alors les Sarrazins ne voulaient de science que

275-83   45: qui se sont établis et dispersés dans l'Inde et vers la Perse. ¶Tandis
276-83   MSP, 53-54N: l'Inde. ¶Tandis
279-80   W56-W57G: d'Espagne. Les
285   MSP, 45: conquête de l'Egypte qu'est
         K: que fut brûlée

[50] Les Banians (du sanskrit *banik* ou *banidj*, qui signifie littéralement un marchand, un négociant) étaient de la religion brahmanique; on les retrouvait dans tous
les marchés de l'Orient et du Moyen-Orient. Au dix-huitième siècle, on comparait
les Banians, âpres au gain, aux Arméniens et aux Juifs. Voltaire suit le mouvement:
voir *Des embellissements de la ville de Cachemire* (*OCV*, t.31B, p.249-50), et l'art.
'Patrie' des *QE* (*M*, t.20, p.181).

[51] Ce passage peut venir de Chardin, t.3, p.130-31; *CN*, t.2, p.503. Le *Saint-
Fargeau notebook* opère le même rapprochement entre Sha-Abbas et Isabelle: 'Quand
ils furent détruits par Omar il resta beaucoup de Guèbres, il y en a encore à Hispahan,
mais Cha Abas les exila pour la plus part, comme Isabelle chassa les Juifs', signalant
ensuite que les Guèbres 'détestent la mémoire d'Alexandre et de Mahomet, et ont
raison' (*OCV*, t.81, p.128, deux notations distinctes). Voltaire connaissait l'ouvrage
de référence sur la question, l'*Historia religionis* de Hyde, qu'il avait emprunté en
1746 (voir ci-dessus, ch.5, n.*). Voir également sa tragédie *Les Guèbres* (1768; *OCV*,
t.66B).

[52] Ainsi est atténué un des reproches principaux faits aux conquérants arabes,
alors que l'épisode est évoqué en détail par Ockley, *The Conquest of Syria*, une des
sources possibles pour la rédaction de 1745. Ptolomée II, dit Philadelphe (*Ami de ses*

l'Alcoran; mais ils faisaient déjà voir que leur génie pouvait s'étendre à tout. L'entreprise de renouveler en Egypte l'ancien canal creusé par les rois, et rétabli ensuite par Trajan, et de rejoindre ainsi le Nil à la mer Rouge, est digne des siècles les plus éclairés. Un gouverneur d'Egypte entreprend ce grand travail sous le califat d'Omar, et en vient à bout. [53] Quelle différence entre le génie des Arabes, et celui des Turcs! Ceux-ci ont laissé périr un ouvrage dont la conservation valait mieux que la conquête d'une grande province. [54]

Les amateurs de l'antiquité, ceux qui se plaisent à comparer les génies des nations, verront avec plaisir combien les mœurs, les usages du temps de Mahomet, d'Abubéker, d'Omar ressemblaient aux mœurs antiques dont Homère a été le peintre fidèle. On voit les chefs défier à un combat singulier les chefs ennemis; on les voit s'avancer hors des rangs et combattre aux yeux des deux armées spectatrices immobiles. Ils s'interrogent l'un l'autre, ils se parlent, ils se bravent, ils invoquent Dieu avant d'en venir aux mains. On livra plusieurs combats singuliers dans ce genre au siège de Damas.

Il est évident que les combats des Amazones dont parlent Homère et Hérodote, ne sont point fondés sur des fables. Les femmes de la tribu d'Imiar, de l'Arabie heureuse, étaient guerrières, et combattaient dans les armées d'Abubéker et d'Omar. [55] On

Mœurs des Arabes semblables à celles des guerriers de l'Iliade.

290

295

300

305

310

289-355   MSP, 45, 53-54N: l'Alcoran. ¶Après Omar tué par un esclave perse, Ali, ce gendre de Mahomet, que
297-347   W56-W57G: province. ¶Les

frères, par antiphrase, car il fit tuer Arsène et persécuta ses autres frères), roi d'Egypte 285-247 av. J.-C., protégea les sciences et les lettres pendant les 38 années de son règne. La célèbre bibliothèque, contenant – aux dires d'Aulu Gelle et d'Ammien – jusqu'à 700 000 volumes, fut détruite en 641 par ordre d'Omar.

[53] Voir Ockley, *Conquest of Syria*, p.362.

[54] Allusion au Parthénon, très sérieusement endommagé en 1687 dans la guerre des Turcs avec les Vénitiens. Cette addition de 1756 permet de souligner le génie civilisateur des Arabes.

[55] Homère parle de Penthésilée, reine des Amazones, qui secourut Priam vers la

ne doit pas croire qu'il y ait jamais eu un royaume des Amazones, où les femmes vécussent sans hommes. Mais dans les temps et dans les pays où l'on menait une vie agreste et pastorale, il n'est pas surprenant que des femmes aussi durement élevées que les hommes aient quelquefois combattu comme eux. On voit surtout au siège de Damas une de ces femmes de la tribu d'Imiar, venger la mort de son mari tué à ces côtés, et percer d'un coup de flèche le commandant de la ville. [56] Rien ne justifie plus l'Arioste et le Tasse, qui dans leurs poèmes font combattre tant d'héroïnes. [57]

315

320   L'histoire vous en présentera plus d'une dans les temps de la chevalerie. Ces usages toujours très rares paraissent aujourd'hui incroyables, surtout depuis que l'artillerie ne laisse plus agir la valeur, l'adresse, l'agilité de chaque combattant, et où les armées sont devenues des espèces de machines régulières qui se meuvent comme par des ressorts.

325   Les discours des héros arabes à la tête des armées, ou dans les combats singuliers, ou en jurant des trêves, tiennent tous de ce naturel qu'on trouve dans Homère; mais ils ont incomparablement plus d'enthousiasme et de sublime.

330   Vers l'an 11 de l'hégire, dans une bataille entre l'armée d'Héraclius et celle des Sarrazins, le général mahométan nommé Dérar est pris; les Arabes en sont épouvantés. Rasi un de leurs capitaines court à eux; *Qu'importe*, leur dit-il, *que Dérar soit pris ou*

---

fin de la Guerre de Troie, et qui fut tuée par Achille (voir l'*Iliade*, III.182-90; VI.168-95), alors qu'Hérodote parle de ces guerrières dans ses *Histoires* (IV.110-17, IX.27). Ockley, *Histoire des Sarrasins*, cite parmi ces femmes, au siège de Damas, Caulah et Ofeirah (t.1, p.300); voir ci-dessous, lignes 315-18.

[56] Le commandant est Thomas, gendre de l'empereur Héraclius. Voltaire suit ici Ockley (*Histoire des Sarrasins*, t.1, p.131, 134, 184, 300; *CN*, t.6, p.161-63), notant sur des signets: 'femme creve / un œil à / Thomas', 'amazone', 'femmes dans le combat', 'femmes / ramenent / les sarrasins / au combat / caula et / ofeira blessées', autant de références qu'il utilise à l'art. 'Amazones' des *QE* (*OCV*, t.38, p.210-15), où ce sont en même temps les Amazones modernes qui l'intéressent.

[57] Essentiellement, Voltaire pense ici à Bradamante et Angélique (Arioste, *Roland furieux*) et à Clorinde (Le Tasse, *Jérusalem délivrée*).

mort? Dieu est vivant et vous regarde, combattez; il leur fait tourner
tête et remporte la victoire. [58]   335

Un autre s'écrie, *Voilà le ciel, combattez pour Dieu, et il vous
donnera la terre.*

Le général Kaled prend dans Damas la fille d'Héraclius, et la
renvoie sans rançon; on lui demande pourquoi il en use ainsi; C'est,
dit-il, que j'espère reprendre bientôt la fille avec le père dans   340
Constantinople.

Quand le calife Mohavia prêt d'expirer, l'an 60 de l'hégire, fit
assurer à son fils Yesud le trône des califes, qui jusqu'alors était
électif, il dit, *Grand Dieu! si j'ai établi mon fils dans le califat, parce
que je l'en ai cru digne, je te prie d'affermir mon fils sur le trône; mais si* 345
je n'ai agi que comme père, je te prie de l'en précipiter. [59]

Tout ce qui arrive alors, caractérise un peuple supérieur. Les
succès de ce peuple conquérant semblent dus encore plus à
l'enthousiasme qui l'anime, qu'à ses conducteurs: car Omar est
assassiné par un esclave perse l'an 653 de notre ère. Otman son   350
successeur l'est en 655 dans une émeute. Aly ce fameux gendre de
Mahomet n'est élu, et ne gouverne qu'au milieu des troubles. Il
meurt assassiné au bout de cinq ans comme ses prédécesseurs, et
cependant les armes musulmanes sont toujours heureuses. Ce calife
Aly, que les Persans révèrent aujourd'hui, et dont ils suivent les   355

349   w56-w57G: qui les anime, et et à l'esprit de la nation qu'à
350   w56-w68: perse en 653 [w56: 603]. Othman
354-55   w56-w57G: heureuses. Cet Ali que

[58] La citation apparaît dans la *Lettre civile et honnête* (art.5): il s'agit alors de
défendre l'idée que 'tout l'Alcoran respire la nécessité de combattre pour la croyance
musulmane', en réponse à la *Critique de l'Histoire universelle* (art.9), selon laquelle le
martyre ne fait pas partie des prescriptions du Coran (voir ci-dessus, lignes 62-63).
Le thème du martyre est donc ici abandonné au profit de l'exaltation du courage et du
'sublime' qu'il suscite, comme le veut aussi le rapprochement avec Homère.

[59] D'après Ockley, *Histoire des Sarrasins*: 'Seigneur, s'il est vrai que j'aie établi
mon fils sur le trône parce que j'ai cru très sincèrement qu'il était doué des qualités
nécessaires pour une si éminente place, affermissez-l'y, je vous prie. Mais si je n'ai agi
en cela que par un mouvement d'affection naturelle, ne l'y affermissez pas' (t.1,
p.172-73).

principes en opposition à ceux d'Omar, avait transféré le siège des
califes de la ville de Médine, où Mahomet est enseveli, dans la ville
de Couffa, sur les bords de l'Euphrate: à peine en reste-t-il
aujourd'hui des ruines. C'est le sort de Babilone, de Séleucie, et
360 de toutes les anciennes villes de la Caldée, qui n'étaient bâties que
de briques.

Il est évident que le génie du peuple arabe mis en mouvement *Beaux siècles*
par Mahomet, fit tout de lui-même pendant près de trois siècles, et *des Arabes.*
ressembla en cela au génie des anciens Romains. C'est en effet sous
365 Valid, le moins guerrier des califes, que se font les plus grandes
conquêtes. Un de ses généraux étend son empire jusqu'à Samarkande en 707. Un autre attaque en même temps l'empire des Grecs
vers la mer Noire. Un autre en 711 passe d'Egypte en Espagne,
soumise aisément tour à tour par les Carthaginois, par les Romains,
370 par les Goths et Vandales, et enfin par ces Arabes qu'on nomme
Maures. [60] Ils y établirent d'abord le royaume de Cordoue. Le sultan
d'Egypte secoue à la vérité le joug du grand calife de Bagdat, et
Abdérame gouverneur de l'Espagne conquise ne reconnaît plus le
sultan d'Egypte: cependant tout plie encore sous les armes
375 musulmanes.

Cet Abdérame, petit-fils du calife Hésham, prend les royaumes
de Castille, de Navarre, de Portugal, d'Arragon. Il s'établit en
Languedoc; il s'empare de la Guienne, et du Poitou; et sans Charles
Martel qui lui ôta la victoire et la vie, la France était une province
380 mahométane. [61]

356   45, 53-w56, w57G: d'Omar, obtint enfin le califat et transféra le
357   53, 54D: califes dans la
358   45: les rives de
360   MSP, 45: de Chaldée
361-81   MSP, 45, 53-54N: briques [45: cuites au soleil]. ¶Après

[60] Valid, ou plutôt Walid Ier (669-715), calife omeyyade de Damas, succédant à
son père Abd-el-Malek en 705, dut l'éclat de son règne aux conquêtes de ses
lieutenants que Voltaire vient de détailler.
[61] C'est à la bataille de Poitiers, le 10 octobre 732, que Charles Martel défit l'armée
d'Abdérame (Abd al-Rahman al-Rhafiqi), gouverneur général d'al Andalus.

Après le règne de dix-neuf califes de la maison des Ommiades, [62] commence la dynastie des califes abassides vers l'an 752 de notre ère. [63] Abougiafar Almanzor, second calife abasside, fixa le siège de ce grand empire à Bagdat au delà de l'Euphrate dans la Caldée. Les Turcs disent qu'il en jeta les fondements. Les Persans assurent qu'elle était très ancienne, et qu'il ne fit que la réparer. C'est cette ville qu'on appelle quelquefois Babilone, et qui a été le sujet de tant de guerres entre la Perse et la Turquie.

385

La domination des califes dura six cent cinquante-cinq ans: despotiques dans la religion, comme dans le gouvernement, ils n'étaient point adorés ainsi que le grand lama, mais ils avaient une autorité plus réelle; et dans les temps même de leur décadence, ils furent respectés des princes qui les persécutaient. Tous ces sultans turcs, arabes, tartares, reçurent l'investiture des califes, avec bien

390

381   MSP, 45, 53-54N: de seize califes

381-83   MSP, 53-54N: Ommiades, régnèrent les califes Abassides. C'est Abougiafar [53, 54C, 54N: Abougrafar] Almanzor

45: Ommiades régnèrent les califes et Acassides; le célèbre Aaron Rachild en est le cinquième; ce titre de Rachild est le plus beau des titres, et les musulmans n'avaient pas osé le donner à Mahomet. Aaron Rachild et son fils Abouabdalla étaient contemporains de Charlemagne. Ce fut cet Abdouabdalla qui transporta le siège

383   53-54N: abasside, qui fixa

384-85   45: à Bagdad, dans la Chaldée; on dit qu'il bâtit cette ville. Les Persans

386-87   45: et que les Arabes ne firent que la réparer et l'embellir. On l'appelle

387-88   45: et elle a été et elle est un sujet de guerre entre

394   45: tartares, qui s'élevèrent depuis, reçurent

394-95   MSP: avec moins

394-98   45: califes. ¶Si

[62] La *Critique de l'Histoire universelle* a beau jeu de reprendre les coquilles ou l'orthographe des premières éditions: *Ommiades*, *Abbasides*, et non *Ammiades*, *Acassides*; *Khalifes* pour *Califes* (la *Critique* en compte d'ailleurs 14), *Haroun al Raschild* pour *Aaron al Rachild*. Voltaire tient compte de la *Critique*, selon laquelle le titre de *Raschild* signifie seulement 'le justicier' et ne mérite pas tant d'attention (voir var.).

[63] Voltaire pouvait trouver maint récit des conquêtes arabes. La rapidité de celui-ci incite à penser qu'il a pu consulter l'*Universal History* de Sale (t.6, p.543 et suiv.), mais sans aucune certitude.

395 moins de contestation, que plusieurs princes chrétiens ne l'ont
reçue des papes. On ne baisait point les pieds du calife, mais on se
prosternait sur le seuil de son palais. [64]

Si jamais puissance a menacé toute la terre, c'est celle de ces
califes; car ils avaient le droit du trône et de l'autel, du glaive et de
400 l'enthousiasme. Leurs ordres étaient autant d'oracles, et leurs
soldats autant de fanatiques.

Dès l'an 671 ils assiégèrent Constantinople, qui devait un jour
devenir mahométane; les divisions, presque inévitables parmi tant
de chefs audacieux n'arrêtèrent pas leurs conquêtes. Ils ressem-
405 blèrent en ce point aux anciens Romains, qui parmi leurs guerres
civiles avaient subjugué l'Asie Mineure. [65]

A mesure que les mahométans devinrent puissants, ils se   *Aaron al*
polirent. Ces califes, toujours reconnus pour souverains de la   *Rachild.*
religion, et en apparence de l'empire, par ceux qui ne reçoivent plus

395-96 MSP, 53-W57G: n'en ont reçu
398 MSG: [*manchette*] *Puissance des califes.*
398-99 MSP, 45: celle des califes
402 45: 671 de notre ère ils
404 MSP, 45, 53-W57G: chefs féroces, n'arrêtèrent
406-407 MSP, 45, 53-54N: Mineure. ¶On les voit en 711 passer d'Egypte en
Espagne, soumise aisément tour à tour par les Carthaginois, par les Romains, par les
Goths et Vandales, et enfin par ces Arabes qu'on nomme Maures. Ils y établissent [53-
54N: d'abord] le royaume de Cordoue; le sultan d'Egypte secoue, à la vérité, le joug
5 du Grand Calife de Bagdad, et Abdérame gouverneur de l'Espagne conquise ne
reconnaît [MSP, 45: connaît] plus le sultan d'Egypte; cependant tout plie encore sous
les armes musulmanes. [MSP, 53-54N: ¶Cet Abdérame, petit-fils du calife Hétam,
prend les royaumes de Castille, de Navarre, de Portugal, d'Arragon, il établit les
siens en Languedoc, il s'empare de la Guyenne et du Poitou; et sans Charles Martel,
10 qui lui ôta la victoire et la vie, la France était une province mahométane.] ¶A
407 45: les califes [45: *avec note*: Beaux-Arts sous les califes.] devinrent
409 45: de tout l'empire

[64] Voir ci-dessous, ch.13, lignes 133-47, et n.23, 24, 25, qui traitent de l'usage de
baiser les pieds, en signe de soumission, usage que Voltaire trouve répugnant.
[65] L'exaltation causée par la victoire de Charles Martel et par la résistance au péril
sarrasin, à peine effleurée aux lignes 378-80, est supprimée en 1756: nuisait-elle à
l'idée que les Arabes répandaient partout la civilisation et la prospérité?

leurs ordres de si loin, tranquilles dans leur nouvelle Babilone, y   410
font bientôt renaître les arts. Aaron al Rachild, contemporain de
Charlemagne,[66] plus respecté que ses prédécesseurs, et qui sut se
faire obéir jusqu'en Espagne et aux Indes, ranima les sciences, fit
fleurir les arts agréables et utiles, attira les gens de lettres, composa
des vers, et fit succéder dans ses vastes Etats la politesse à la   415
barbarie. Sous lui les Arabes, qui adoptaient déjà les chiffres
indiens, les apportèrent en Europe. Nous ne connûmes en
Allemagne et en France le cours des astres, que par le moyen de
ces mêmes Arabes. Le mot seul d'*Almanach* en est encore un
témoignage.[67]   420

Arts des Arabes.   L'Almageste de Ptolomée fut alors traduit du grec en arabe par
l'astronome Ben-Honaïn.[68] Le calife Almamon fit mesurer géo-
métriquement un degré du méridien, pour déterminer la grandeur
de la terre: opération qui n'a été faite en France que plus de neuf
cents ans après sous Louis XIV.[69] Ce même astronome Ben-Honaïn   425

410   45: dans Couffa, dans Damas, dans Bagdad, y
411   MSP, 45, 53-54N: font enfin renaître
       45: arts. Cet Aaron
411-12   45: Rachild, plus
413   MSP, 45: et au fleuve de l'Inde, ranima toutes les
415   45: dans ces [*errata*: les] vastes
       53, 54C, 54N: la politique à
417   45, 53-54N: indiens, nous les apportèrent; nous ne
422   MSP, 45: l'astrologue Benhonain
       53-54N: Benhonain. Ce calife
       45: Almanon, petit-fils d'Aaron Rachild, fit
425   MSP, 53, 54N: après. Sous Louis XIV ce
       45: Louis XIV. L'astronome

[66] Le rapprochement entre les deux contemporains est traditionnel; mais il permet
ici de renforcer le propos critique contre l'européocentrisme: tout ce dont on a
crédité l'empereur d'Occident peut être aussi attribué au calife – la brutalité en moins
(à ce propos, voir ci-dessous, n.72).

[67] D'après d'Herbelot, 'Gedoval'.

[68] Tiré de d'Herbelot, 'Almagesthi'.

[69] Sur les mesures de la grandeur de la terre entreprises en France, voir les
Eléments de la philosophie de Newton, *OCV*, t.15, p.465-71.

poussa ses observations assez loin, reconnut ou que Ptolomée avait
fixé la plus grande déclinaison du soleil trop au septentrion, ou que
l'obliquité de l'écliptique avait changé. Il vit même que la période
de trente-six mille ans qu'on avait assignée au mouvement
430 prétendu des étoiles fixes d'occident en orient, devait être beaucoup
raccourcie.

La chimie et la médecine étaient cultivées par les Arabes. La
chimie, perfectionnée aujourd'hui par nous, ne nous fut connue
que par eux. Nous leur devons de nouveaux remèdes, qu'on
435 nomme les *minoratifs*,[70] plus doux et plus salutaires que ceux qui
étaient auparavant en usage dans l'école d'Hippocrate et de Galien.
L'algèbre fut une de leurs inventions. Ce terme le montre encore
assez; soit qu'il dérive du mot *Algiabarat*, soit plutôt qu'il porte le
nom du fameux Arabe Geber qui enseignait cet art dans notre
440 huitième siècle.[71] Enfin, dès le second siècle de Mahomet, il fallut
que les chrétiens d'Occident s'instruisissent chez les musulmans.

Une preuve infaillible de la supériorité d'une nation dans les arts   *Beaux vers*
de l'esprit, c'est la culture perfectionnée de la poésie. Je ne parle pas   *arabes.*
de cette poésie enflée et gigantesque, de ce ramas de lieux communs
445 insipides sur le soleil, la lune et les étoiles, les montagnes et les
mers: mais de cette poésie sage et hardie, telle qu'elle fleurit du
temps d'Auguste, telle qu'on l'a vue renaître sous Louis XIV. Cette
poésie d'image et de sentiment fut connue du temps d'Aaron al

426   MSP, 45, 53, 54C-54N: poussa les observations
    MSP, 45: loin; il reconnut
428-29   53, 54C-54N: que le période [*erreur*]
429   53-54N: assigné
433   MSP, 45, 53-54N: perfectionnée par
436-40   MSP, 45, 53-W57G: Galien. Enfin dès
441   MSP, 45, 53-54N: musulmans.//

[70] 'Terme de médecine et de pharmacie, qui se dit d'un remède qui purge
doucement' (*Dictionnaire de l'Académie*, 1762).
[71] D'Herbelot ('Gebr') conteste la version que préfère Voltaire: 'Cependant les
Arabes ne se servent jamais de ce mot seul pour signifier ce que nous entendons par
l'Algebra' (p.365).

Rachild. En voici entre autres exemples un qui m'a frappé, et que je rapporte ici parce qu'il est court. Il s'agit de la célèbre disgrâce de Giafar le Barmécide.

450

> Mortel, faible mortel, à qui le sort prospère
> Fait goûter de ses dons les charmes dangereux,
> Connais quelle est des rois la faveur passagère,
> Contemple Barmécide, et tremble d'être heureux. [72]

455

Ce dernier vers surtout est traduit mot à mot. Rien ne me paraît plus beau que *tremble d'être heureux*. La langue arabe avait l'avantage d'être perfectionnée depuis longtemps; elle était fixée avant Mahomet, et ne s'est point altérée depuis. Aucun des jargons qu'on parlait alors en Europe, n'a pas seulement laissé la moindre trace. De quelque côté que nous nous tournions, il faut avouer que nous n'existons que d'hier. Nous allons plus loin que les autres peuples en plus d'un genre; et c'est peut-être parce que nous sommes venus les derniers.

460

[72] D'Herbelot ('Barmekia'n') donne une version notablement différente de ce passage: 'Nourrisson de la fortune qui sucez pendant quelques jours le lait de la prospérité qui coule de ses mamelles empoisonnées / Ne te vante pas trop du bonheur de cet état, pendant que tu es encore dans le berceau suspendu et branlant de la vie / Souviens-toi seulement du temps auquel tu as vu la grandeur des Barmécides.' Voltaire a pu oublier la source première en reprenant ce poème, qu'on trouve sous cette forme dans le *Saint-Fargeau notebook*: 'O faible nourisson de la fortune ennemie / Quelle abreuve se jouant de son lait dangereux, / Tandis que tu es suspendu dans le berceau de la vie / Regarde Barmecide, et tremble d'être heureux' (p.127; la note signale qu'il s'agit d'une version de travail). L'évocation de Giafar (le Djâfar des *Mille et une nuits*), doté de toutes les qualités, favori du calife Aaron al Rachild qui finit par l'assassiner, n'amène pas Voltaire à critiquer un prince connu pour ses cruautés, et qu'il cite dans *EM* de manière très laudative (par exemple, ci-dessous, ch.16, lignes 190-92), mais pas ailleurs, sauf dans l''Epître dédicatoire' des *Scythes*: 'Ce satrape avait l'âme aussi grande que Giafar le Barmécide' (*M*, t.6, p.264).

CHAPITRE 7

De l'Alcoran et de la loi musulmane. Examen si la religion musulmane était la nouvelle, et si elle a été persécutante.

Le précédent chapitre a pu nous donner quelque connaissance des mœurs de Mahomet et de ses Arabes, par qui une grande partie de

a-253 [*Première rédaction de ce chapitre*: MSP]
a   61: Chapitre 6
c   61, W68: *était nouvelle*

---

* Continuation du précédent, ce chapitre doit son existence à la virulente *Critique de l'Histoire universelle de M. de Voltaire*. Dès 1761, sans doute pour répondre au critique anonyme, Voltaire se donne un nouveau fil conducteur: faire de Mahomet le héros fondateur d'une religion digne de respect. L'actuel ch.7 fait en conséquence son apparition, reprenant quelques phrases soustraites au précédent (voir ch.6, lignes 63-82, correspondant aux lignes 62-66, 70-79, 82-83 du ch.7) et suivant point par point l'exposé de Sale, pour rendre justice au Coran. Quant au ch.6, il devient à force d'additions un des plus longs de l'*EM*. Celles-ci les résument toutes: '[Mahomet] se trompa lui-même en trompant les autres', s'attaquant d'abord à l'idolâtrie. Les Arabes? 'un peuple supérieur' (ch.6, ligne 347). Le Coran? malgré ses 'déclamations incohérentes' (ch.7, ligne 70) est un livre où 'on ne laisse pas de trouver des morceaux qui peuvent paraître sublimes' (ch.7, lignes 71-72); voir aussi les *Leningrad notebooks*: 'Mahomet était poète. Son Alcoran est en vers' (*OCV*, t.81, p.382). Voltaire veut ignorer tout ce qui ferait de tel calife un cruel despote ou révélerait une faiblesse de Mahomet, alors même que parfois (mais c'est extrêmement rare) il peut pourtant aller jusqu'à émettre un jugement négatif (voir, par exemple, *Les Honnêtetés littéraires*, *OCV*, t.63B, p.126; *Fragment d'une lettre sur les dictionnaires satiriques*, *M*, t.29, p.3-4; *Commentaire sur l'Esprit des lois*, *OCV*, t.80B, p.411). Législateur et imposteur (qui peut se dire inspiré sans l'être?), et surtout fondateur d'une religion digne d'admiration: tel est le Mahomet que Voltaire aura fini par construire dans l'*EM*, tandis qu'il va jusqu'à faire de l'islam, 'le simple théisme, la religion naturelle, et par conséquent la seule véritable' (*L'Examen important de milord Bolingbroke*, 1766, ch.37; *OCV*, t.62, p.338) et à placer Mahomet, pour le courage, au-dessus de Jésus (*Le Dîner du comte de Boulainvilliers*, 1767; *OCV*, t.63A, p.376). Prises de position provocatrices, qui n'en devaient pas moins 'enterr[er] la tradition dévote sur l'islam' (D. Hadidi, *Voltaire et l'islam*, Paris, 1974, p.195). Le renversement est donc la terre éprouva une révolution si grande et si prompte. Il faut tracer à présent une peinture fidèle de leur religion.

C'est un préjugé répandu parmi nous, que le mahométisme n'a [5] fait de si grands progrès que parce qu'il favorise les inclinations voluptueuses.[1] On ne fait pas réflexion que toutes les anciennes religions de l'Orient ont admis la pluralité des femmes. Mahomet réduisit à quatre le nombre illimité jusqu'alors. Il est dit que David avait dix-huit femmes, et Salomon trois cents avec sept cents [10] concubines. Ces rois buvaient du vin avec leurs compagnes.[2] C'était donc la religion juive qui était voluptueuse, et celle de Mahomet était sévère.

9-14   61: jusqu'alors. ¶C'est
10   MSP: Salomon sept cents

complet, même si ce qu'écrit alors Voltaire est conforme à ce qu'il avait pu trouver chez Sale dès 1738. Les annotations sur son ouvrage, quoique nombreuses, sont loin de rendre compte de ce rôle, car elles se rapportent généralement aux Juifs (CN, t.4, p.654-64): on peut penser que la rédaction de 1761 a donné lieu à une relecture approfondie, d'un esprit tout différent. La source principale, constamment utilisée, dans la rédaction de ce chapitre est de nouveau G. Sale et sa traduction du Coran (*The Koran, commonly called the Alcoran*, Londres, 1734, BV1786). Pour divers détails, Voltaire se base encore sur Boulainvilliers et d'Herbelot, auxquels il convient d'ajouter saint Justin, *Opera quae exstant omnia* (Venise, 1747, BV1768).

[1] Voir, par exemple, Boulainvilliers (*Histoire des Arabes avec la Vie de Mahomed*, Amsterdam, 1731), qui rejette absolument les préjugés selon lesquels Mahomet se serait donné pour tâche de réformer la religion de son pays et de la rendre 'plus croyable et plus conforme au goût général des peuples, en rejetant ce qu'il trouverait dans [la morale du judaïsme et du christianisme] de trop contraire aux inclinations naturelles des hommes vers le plaisir et l'usage des femmes' (livre 2, p.213-14).

[2] Voltaire se base sur les chiffres donnés par Dom Calmet, *Commentaire littéral*: '[David] eut en tout huit femmes et dix concubines' (t.2, p.518). Voltaire répétera l'information dans, par exemple: *Saül* (OCV, t.56A, p.488 et n.10), *L'Examen important de milord Bolingbroke* (p.201), et dans *Dieu et les hommes*, ch.18 (OCV, t.69, p.358), où le texte est repris mot à mot. Quant à Salomon, Voltaire se trompe parfois de chiffres: les 300 femmes et 700 concubines se trouvent dans la *Canonisation de saint Cucufin* (M, t.27, p.421), l'art. 'Catéchisme chinois' du DP (OCV, t.35, p.465), mais dans d'autres textes Voltaire dote Salomon (à l'instar de I Rois 11:3) de 700 femmes et de 300 concubines: art. 'Juifs' (M, t.19, p.514-25), *Précis du Cantique des cantiques* (M, t.9, p.502, n.3: remarque), *Les Questions de Zapata* (OCV, t.62, p.393), etc.

C'est un grand problème parmi les politiques, si la polygamie est
utile à la société et à la propagation.[3] L'Orient a décidé cette
question dans tous les siècles, et la nature est d'accord avec les
peuples orientaux, dans presque toute espèce animale, chez qui
plusieurs femelles n'ont qu'un mâle. Le temps perdu par les
grossesses, par les couches, par les incommodités naturelles aux
femmes, semble exiger que ce temps soit réparé. Les femmes dans
les climats chauds cessent de bonne heure d'être belles et fécondes.
Un chef de famille, qui met sa gloire et sa prospérité dans un grand
nombre d'enfants, a besoin d'une femme qui remplace une épouse
inutile. Les lois de l'Occident semblent plus favorables aux
femmes, celles de l'Orient aux hommes et à l'Etat; il n'est point
d'objet de législation qui ne puisse être un sujet de dispute. Ce n'est
pas ici la place d'une dissertation; notre objet est de peindre les
hommes plutôt que de les juger.

On déclame tous les jours contre le paradis sensuel de Mahomet;
mais l'antiquité n'en avait jamais connu d'autre. Hercule épousa
Hébé dans le ciel, pour récompense des peines qu'il avait éprouvées
sur la terre. Les héros buvaient le nectar avec les dieux; et puisque
l'homme était supposé ressusciter avec ses sens, il était naturel de
supposer aussi qu'il goûterait, soit dans un jardin, soit dans quelque
autre globe, les plaisirs propres aux sens qui doivent jouir,
puisqu'ils subsistent. Cette créance fut celle des Pères de l'Eglise
du second et du troisième siècle. C'est ce qu'atteste précisément
saint Justin dans la seconde partie de ses Dialogues: *Jérusalem*, dit-
il, *sera agrandie et embellie, pour recevoir les saints, qui jouiront
pendant mille ans de tous les plaisirs des sens.*[4] Et enfin le mot de
paradis ne désigne qu'un jardin planté d'arbres fruitiers.

Polygamie.

*Paradis de
Mahomet, le
même que chez
tous les anciens.*

30-31   61: Hercule avait épousé Hébé
31-32   61: avait essuyées sur
36   61-w75G: créance même fut
40-42   61-w75G: *sens.* ¶Cent

[3] Voir, par exemple, *Lettres persanes* (1721), lettre 114 (*OCM*, 110); la question est
en effet classique.

[4] Dans son *Dialogue avec Tryphon* (ch.80.5). Dans ses annotations sur l'édition de

Cent auteurs qui en ont copié un, ont écrit que c'était un moine nestorien qui avait composé l'Alcoran. Les uns ont nommé ce moine Sergius, les autres Boheïra.[5] Mais il est évident que les chapitres de l'Alcoran furent écrits suivant l'occurrence, dans les voyages de Mahomet, et dans ses expéditions militaires.[6] Avait-il toujours ce moine avec lui? On a cru encore sur un passage équivoque de ce livre, que Mahomet ne savait ni lire ni écrire. Comment un homme qui avait fait le commerce vingt années, un poète, un médecin, un législateur aurait-il ignoré ce que les moindres enfants de sa tribu apprenaient?[7]

L'Alcoran.   Le *Koran*, que je nomme ici *Alcoran*, pour me conformer à notre vicieux usage,[8] veut dire, *le livre* ou *la lecture*. Ce n'est point un livre

---

1747 des *Opera* de Justin, Voltaire montre pourtant le plus grand mépris pour cet auteur (*CN*, t.4, p.638-40).

[5] Voltaire aurait pu citer Moréri, où on trouve, dans l'art. 'Alcoran', une première version de la supercherie supposée, cependant moins détaillée que la seconde qui se trouve sous la rubrique 'Mahomet'. Pour illustrer le point de vue de Voltaire, citons le texte que l'on y trouve: 'comme il était extrêmement ambitieux, il ne travailla que pour devenir le maître de ses compagnons. Il s'associa Batiras hérétique jacobite, Sergius moine nestorien, et quelques Juifs, afin que sa secte prît quelque chose à chaque religion. Avec eux il compila son Alcoran, qui est une pièce remplie d'impertinences. Ainsi sa religion, composée en partie du judaïsme, en partie des rêveries des hérétiques, accommodée à la sensualité de la nature corrompue, fut embrassée par des méchants et des voleurs, qui ne connaissent ni Dieu, ni justice.' Parfois identifié à Sergius même (voir *The Modern part of An universal history from the earliest account of time*, éd. G. Sale, G. Psalamazar *et al.*, Londres, 1759, t.1, p.26), Boheïra est celui qui, voyant Mahomet enfant de douze ou treize ans au monastère de Bosra en Syrie, prédit qu'il deviendrait un personnage extraordinaire. Boulainvilliers se penche sur la 'supposition' d'une supercherie, en esquisse la raison d'être probable, et finit par la rejeter comme un 'conte si mal inventé' qu'il est 'impossible d'y pouvoir donner la moindre croyance' (livre 2, p.212-16). Aux p.254-56, il revient sur la supposition pour la rejeter une seconde fois. Sale y consacre à son tour un commentaire sévère dans la 'Preliminary discourse' de sa *Koran* (ch.16, p.223-24n). Voltaire donne une esquisse de cette genèse supposée dans l'art. 'Alcoran' des *QE* (*OCV*, t.38, p.176 et n.38).

[6] D'après Sale, 'Preliminary discourse' (en 8 sections) de son *Koran*, §3, p.65.

[7] Reprise du ch.6, ligne 135.

[8] Cette remarque est curieuse en ce sens précis que l'usage que Voltaire fait des

historique dans lequel on ait voulu imiter les livres des Hébreux, et
55 nos évangiles; ce n'est pas non plus un livre purement de lois
comme le Lévitique ou le Deutéronome, ni un recueil de psaumes
et de cantiques, ni une vision prophétique et allégorique dans le
goût de l'Apocalypse. C'est un mélange de tous ces divers genres,
un assemblage de sermons dans lesquels on trouve quelques faits,
60 quelques visions, des révélations, des lois religieuses et civiles.[9]

Le *Koran* est devenu le code de la jurisprudence, ainsi que la loi
canonique, chez toutes les nations mahométanes. Tous les interprètes de ce livre conviennent que sa morale est contenue dans ces
paroles: *Recherchez qui vous chasse; donnez à qui vous ôte; pardonnez à*
65 *qui vous offense; faites du bien à tous; ne contestez point avec les*
ignorants.[10]

Il aurait dû bien plutôt recommander de ne point disputer avec
les savants: mais dans cette partie du monde on ne se doutait pas
qu'il y eût ailleurs de la science et des lumières.

---

54   61: livres sacrés des
55   61: nos saints évangiles
59   61-w75G: faits historiques,
62-84   [*se retrouvent au ch.6, lignes 63-82, variante de 45, lignes 27-42*]
66-70   53-54N: *ignorants.* ¶Parmi

---

termes *Coran* et *Alcoran* – le second, massivement présent, submerge le premier –
pendant sa carrière ne justifie pas son dédain qui ne peut être que feint. S'agirait-il
plutôt d'une allusion humoristique à la manière habituelle dont on désignait ce texte
(voir, par exemple, le *Koran* de Sale; voir également le 'Preliminary discourse',
§3, p.57)? Le souci philologique de Voltaire est mis à mal par l'auteur de la *Critique de*
l'Histoire universelle, qui donne pour seul sens 'le livre'; le terme de *lecture* est
conforme à Sale, §3, p.56.

[9] D'après Sale, §3, p.63 (notamment: 'among which are many excellent things
intermixed not unworthy [of] even a Christian's perusal').

[10] D'Herbelot, *Bibliothèque orientale*, 'Alcoran': 'Recherchez celui qui vous
chasse, donnez à celui qui vous ôte, pardonnez à celui qui vous offense: car Dieu
veut que vous jettiez dans vos âmes les racines de ses grandes perfections'. Selon
d'Herbelot, ces préceptes sont tirés de l'Evangile, l'islam venant en fait des chrétiens
et des Juifs. Il s'agit des explications données à Mahomet par Gabriel.

Parmi les déclamations incohérentes dont ce livre est rempli   70
selon le goût oriental,[11] on ne laisse pas de trouver des morceaux
qui peuvent paraître sublimes. Mahomet, par exemple, parlant de la
cessation du déluge, s'exprime ainsi: *Dieu dit, Terre, engloutis tes*
eaux: Ciel, puise les ondes que tu as versées: le ciel et la terre obéirent.[12]

Sa définition de Dieu est d'un genre plus véritablement sublime.   75
On lui demandait quel était cet Alla qu'il annonçait; *C'est celui,*
répondit-il, *qui tient l'être de soi-même, et de qui les autres le tiennent;*
qui n'engendre point et qui n'est point engendré, et à qui rien n'est
semblable dans toute l'étendue des êtres.[13] Cette fameuse réponse
consacrée dans tout l'Orient, se trouve presque mot à mot dans   80
l'antépénultième chapitre du *Koran.*[14]

70   61: les déclarations incohérentes
72   53-w57G: exemple, en parlant
75   msp: La définition
76   msp: demandait qu'il était
79-82   53-61: *êtres.* ¶Il

[11] Sur les 'déclamations incohérentes' ou les contradictions du Coran, voir Sale, §3, p.66; voir aussi F. Douay-Soublin, 'Le style oriental en France de 1675 à 1800 (Géographie symbolique)', *Orients. Détours d'écriture* 8 (s.d.), p.185-201.

[12] D'Herbelot, 'Alcoran': 'Les interprètes de l'Alcoran disent tous unanimement que le passage le plus éloquent de tout ce livre est celui qui est couché au Coran, chapitre 'Houd', où Dieu pour faire cesser le déluge, dit ces paroles: "Terre, engloutis tes eaux, Ciel, puise celles que tu as versées. L'eau s'écoula aussitôt, le commandement de Dieu fut accompli".' Le paragraphe suivant fait appel aux 'mêmes interprètes' et cite le passage évoqué ci-dessus, lignes 64-66.

[13] Cf. *Koran*, trad. Sale: 'Say, God is one God; the eternal God: he begetteth not, neither is he begotten: and there is not any one like unto him' (ch.112, p.507, *CN*, t.4, p.664). En haut d'un signet (p.506-507): 'dieu / est letre eternel / il n'a ny fils / ny pere. rien / n'est semblable / a luy.' Mais la source est plus probablement d'Herbelot, 'Allah': 'C'est ce Dieu qui est unique, qui tient l'être de soi-même, de qui toutes les créatures ont reçu le leur, qui n'engendre point et qui n'est point engendré, et enfin celui auquel il n'y a rien de semblable dans toute l'étendue des êtres'. L'idée était notée (sans référence) dans le *Saint-Fargeau notebook*: 'Dieu qui n'engendre point, et qui n'est point engendré, paroles tirées du chapitre de l'Alcoran Ekla' (*OCV*, t.81, p.127).

[14] La *Critique de l'Histoire universelle* désigne le danger: en abolissant l'idée de Trinité, Voltaire se fait 'sectateur de M. de Boulainvilliers'. Il conteste donc la qualification de 'sublime' (art.21).

Il est vrai que les contradictions, les absurdités, les anachronismes sont répandus en foule dans ce livre. On y voit surtout une ignorance profonde de la physique la plus simple et la plus connue.
85 C'est là la pierre de touche des livres que les fausses religions prétendent écrits par la Divinité; car Dieu n'est ni absurde, ni ignorant; mais le peuple qui ne voit pas ces fautes, les adore; et les imans emploient un déluge de paroles pour les pallier.

Les commentateurs du *Koran* distinguent toujours le sens positif
90 et l'allégorique, la lettre et l'esprit. On reconnaît le génie arabe dans les commentaires comme dans le texte; un des plus autorisés commentateurs dit, *que le* Koran *porte tantôt une face d'homme, tantôt une face de bête*, pour signifier l'esprit et la lettre. [15]

Une chose qui peut surprendre bien des lecteurs, c'est qu'il n'y
95 eut rien de nouveau dans la loi de Mahomet, sinon que Mahomet était prophète de Dieu.

En premier lieu, l'unité d'un Etre suprême créateur et conservateur était très ancienne. Les peines et les récompenses dans une autre vie, la croyance d'un paradis et d'un enfer avaient été
100 admises chez les Chinois, les Indiens, les Perses, les Egyptiens, les Grecs, les Romains, et ensuite chez les Juifs, et surtout chez les chrétiens, dont la religion consacra cette doctrine. [16]

L'Alcoran reconnaît des anges et des génies; et cette créance

Que la religion mahométane était très ancienne.

---

82   MSP: que la contradiction,
83   53, 54-W57G: répanducs
85   MSP: touche de ces livres
87   53-W57G: le vulgaire [MSP: turc] qui ne voit point ces
87-88 53-54D: et les docteurs emploient
88   MSP: imans n'ont pas de peine à persuader ce que personne n'examine.
102   61: la divine religion

---

[15] Résumé fidèle de Sale, §3, p.68.
[16] Boulainvilliers avait écrit: 'Mais pour venir au fait, disons qu'il y a beaucoup d'apparence que les Arabes ont longtemps conservé, ou plutôt, qu'ils n'ont jamais perdu l'idée d'un Dieu suprême, Créateur de l'univers' (livre 1, p.140). En règle générale, dans ce paragraphe, Voltaire semble résumer Boulainvilliers.

vient des anciens Perses.[17] Celle d'une résurrection et d'un jugement dernier, était visiblement puisée dans le Talmud et dans le christianisme. Les mille ans que Dieu emploiera, selon Mahomet, à juger les hommes,[18] et la manière dont il y procédera, sont des accessoires qui n'empêchent pas que cette idée ne soit entièrement empruntée. Le pont aigu sur lequel les ressuscités passeront, et du haut duquel les réprouvés tomberont en enfer, est tiré de la doctrine allégorique des mages.[19]

C'est chez ces mêmes mages, c'est dans leur *Jannat* que Mahomet a pris l'idée d'un paradis, d'un jardin, où les hommes revivant avec tous leurs sens perfectionnés, goûteront par ces sens mêmes toutes les voluptés qui leur sont propres, sans quoi ces sens leur seraient inutiles.[20] C'est là qu'il a puisé l'idée de ses *houris*, de ces femmes célestes qui seront le partage des élus, et que les mages appelaient *hourani*, comme on le voit dans le *Sadder*.[21] Il n'exclut point les femmes de son paradis, comme on le dit souvent parmi nous. Ce n'est qu'une raillerie sans fondement, telle que tous les

105

110

115

120

[17] D'après Sale, §4, p.118-22; mais Sale dit aussi qu'elle est inspirée de la doctrine juive.

[18] D'après Sale, §4, p.84; mais il évoque aussi le chiffre de 5000 ans.

[19] D'après Sale, §4, p.91 ('finer than a hair and sharper than the edge of a sword'), y compris pour le rapprochement avec les mages. Mais Voltaire avait annoté un passage de T. Hyde, qu'il connaissait déjà (voir ci-dessus, ch.5, n.*), cette fois en l'annotant d'un signet, en relevant qu'on ne franchit ce 'pont aigu' qu'à condition de ne 'point mentir' (*Veterum Persarum et Parthorum et Medorum religionis historia*, Oxford, 1760, BV1705, p.477; *CN*, t.4, p.581).

[20] *Jannat* ou plutôt *al-Janna*, mot qui signifie littéralement 'jardin'. Pour sa compréhension particulière du terme, Voltaire est redevable à Sale: 'But all these glories will be eclipsed by the resplendent and ravishing girls of paradise, called, from their large black eyes, *Hûr al oyûn*, the enjoyment of whose company will be a principal felicity of the faithful. [...] The name which the *Mohammedans* usually give to this happy mansion, is *al Jannat*, or *the garden*' (§4, p.96-97).

[21] Même rapprochement chez Sale, qui ne donne pas le nom de *houris*, mis sur un signet (p.432-33) par Voltaire (*CN*, t.4, p.663: 'ouris / p 433'). Sale met tout simplement 'damsels' (*Koran*, ch.55, p.433). Mais plus besoin d'avoir recours à Sale, car Voltaire connaît le terme depuis au moins 1748 (*De l'Alcoran et de Mahomet*, *OCV*, t.20B, p.337).

peuples en font les uns des autres. Il promet des jardins, c'est le nom du paradis; [22] mais il promet pour souveraine béatitude la vision, la communication de l'Etre suprême.

Le dogme de la prédestination absolue [23] et de la fatalité qui semble aujourd'hui caractériser le mahométisme, [24] était l'opinion de toute l'antiquité; elle n'est pas moins claire dans l'Iliade que dans l'Alcoran.

A l'égard des ordonnances légales, comme la circoncision, les ablutions, les prières, le pèlerinage de la Mecque, Mahomet ne fit que se conformer pour le fond aux usages reçus. [25] La circoncision était pratiquée de temps immémorial chez les Arabes, chez les anciens Egyptiens, chez les peuples de la Colchide, et chez les Hébreux. [26] Les ablutions furent toujours recommandées dans l'Orient comme un symbole de la pureté de l'âme.

Point de religion sans prières: la loi que Mahomet porta de prier cinq fois par jour, était gênante; et cette gêne même fut respectable. Qui aurait osé se plaindre que la créature soit obligée d'adorer cinq fois par jour son créateur? [27]

Quant au pèlerinage de la Mecque, aux cérémonies pratiquées dans le *Kaaba*, et sur la pierre noire, peu de personnes ignorent que cette dévotion était chère aux Arabes depuis un grand nombre de siècles. [28] Le *Kaaba* passait pour le plus ancien temple du monde; et quoiqu'on y vénérât alors trois cents idoles, il était principalement

[22] Cf. lignes 40-41.

[23] Voltaire simplifie considérablement la question complexe de la libre détermination dans la religion musulmane (voir aussi, ci-dessous, ligne 241).

[24] D'après Sale (par exemple, §3, p.64; §4, p.103), mais Sale ne mentionne pas l'*Iliade*. Par ce rapprochement, Voltaire relativise une question importante et contestée (voir ci-dessous, ligne 241).

[25] Cf. ch.6, ligne 63, var. lignes 10-12; la *Critique de l'Histoire universelle* (art.11) reprochait à Voltaire d'avoir laissé entendre que la circoncision était recommandée par le Coran.

[26] Mêmes rapprochements chez Sale, §4, p.106-107.

[27] D'après Sale, §4, p.107; mais l'interprétation est propre à Voltaire.

[28] La Caaba appartient à l'antiquité la plus reculée, car construite à l'origine par Seth, fils d'Adam, et reconstruite par Abraham et son fils Ismaël à l'endroit indiqué par Gabriel. L'ange leur apporta lui-même la première pierre à cet effet, la fameuse

sanctifié par la pierre noire, qu'on disait être le tombeau d'Ismaël.[29] Loin d'abolir ce pèlerinage, Mahomet pour se concilier les Arabes, en fit un précepte positif.[30] 145

Le jeûne était établi chez plusieurs peuples, et chez les Juifs et chez les chrétiens. Mahomet le rendit très sévère, en l'étendant à un mois lunaire, pendant lequel il n'est pas permis de boire un verre d'eau, ni de fumer avant le coucher du soleil; et ce mois lunaire 150 arrivant souvent au plus fort de l'été, le jeûne devint par là d'une si grande rigueur, qu'on a été obligé d'y apporter des adoucissements, surtout à la guerre.[31]

Il n'y a point de religion dans laquelle on n'ait recommandé l'aumône. La mahométane est la seule qui en ait fait un précepte 155 légal, positif, indispensable.[32] L'Alcoran ordonne de donner deux

147   61-W75G: peuples, particulièrement chez

pierre noire. Gagnier raconte comment un différend survenu à propos de la Caaba permit à Mahomet de donner 'une preuve signalée de sa profonde sagesse' (*Vie de Mahomet*, trad. Amsterdam 1732, BV1411, t.1, livre 1, ch.4, p.97-98). D'après Sale, §4, p.119; mais ce que Sale juge fort répandu, c'est seulement la description de la Kaaba (dans le sens de 'la pierre noire'). Ce mot étant féminin en français (voir d'Herbelot, 'Caaba'), on comprend mal pourquoi Voltaire persiste à en faire un substantif masculin comme dans l'*Histoire des voyages de Scarmentado* (*M*, t.21, p.130), et *Il faut prendre un parti* (*OCV*, t.74B, p.65).

[29] D'après d'Herbelot, elle perpétue le souvenir du bélier sacrifié à la place d'Ismaël. Sale insiste sur le chiffre de 360 idoles (§1, p.20).

[30] D'après Sale, §4, p.119-21. Boulainvilliers écrit à ce propos: 'Le P. Prophète se tournait au commencement de sa mission de la cité de Jérusalem quand il priait, mais il changea cette pratique, tant pour s'accommoder à l'idée de vénération que les Arabes ont toujours eue pour le temple de la Mecque que pour s'éloigner entièrement des cérémonies des Juifs, en ordonnant à ses sectateurs de tourner leurs faces vers la Kaaba, comme vers un lieu distingué entre tous les autres par la présence du Tout-Puissant' (livre 2, p.365-66).

[31] D'après Sale, qui ne parle pas de fumer, mais d'avoir commerce avec des femmes, ni des adoucissements pour cause de guerre, ni bien sûr d'un mois lunaire qui tomberait 'souvent au plus fort de l'été' (§4, p.112).

[32] D'après Sale, qui parlait aussi des aumônes pratiquées par les Juifs (§4, p.109-10). Le montant avait été noté dans le *Leningrad notebook*, où il est précisé que: '[La loi mahométane] ordonne l'aumoine, $2^{1/2}$ pour cent quand on a au-dessus de 200 livres, le dixième quand on [a] au-dessus' (p.256).

et demi pour cent de son revenu, soit en argent, soit en denrées. On voit évidemment que toutes les religions ont emprunté tous leurs dogmes et tous leurs rites les unes des autres.

160   Dans toutes ces ordonnances positives, vous ne trouvez rien qui ne soit consacré par les usages les plus antiques. Parmi les préceptes négatifs, c'est-à-dire, ceux qui ordonnent de s'abstenir,[33] vous ne trouverez que la défense générale à toute une nation de boire du vin, qui soit nouvelle et particulière au mahométisme. Cette
165 abstinence dont les musulmans se plaignent et se dispensent souvent dans les climats froids, fut ordonnée dans un climat brûlant, où le vin altérait trop aisément la santé et la raison. Mais d'ailleurs, il n'était pas nouveau que des hommes voués au service de la Divinité, se fussent abstenus de cette liqueur. Plusieurs
170 collèges de prêtres en Egypte, en Syrie, aux Indes, les nazaréens, les récabites chez les Juifs s'étaient imposé cette mortification. (a)

    Elle ne fut point révoltante pour les Arabes: Mahomet ne prévoyait pas qu'elle deviendrait un jour presque insupportable à ses musulmans dans la Thrace, la Macédoine, la Bosnie et la Servie.
175 Il ne savait pas que les Arabes viendraient un jour jusqu'au milieu de la France,[34] et les Turcs mahométans devant les bastions de Vienne.

    (a) Voyez dans les *Questions sur l'Encyclopédie* les articles *Arot* et *Marot*.[35]

157-60   61-w75G: denrées. ¶Dans

[33] Voltaire suit le plan de Sale; il reprend donc dans ce paragraphe la §5, p.123; mais chez Sale les seuls à se plaindre sont les Turcs et les Persans; l'idée de dispense dans certains climats ne s'y trouve pas, dans ce passage du moins. La question avait été soulevée par la *Critique de l'Histoire universelle* (art.10), selon laquelle la question est controversée dans l'Alcoran, ce à quoi Voltaire répond dans la *Lettre civile et honnête à l'auteur d'une Critique* (art.6).

[34] Seule trace d'un thème du ch.6 supprimé en 1756 (lignes 406-407).

[35] La formulation 'les articles' est trompeuse. L'entrée intitulé 'Arot et Marot' est tout d'une pièce (*OCV*, t.39, p.28-29). D'ailleurs il n'y mentionne ni des 'hommes voués au service de la divinité', ni des 'collèges de prêtres', mais uniquement les 'sectateurs' de Mahomet.

Il en est de même de la défense de manger du porc, du sang et des bêtes mortes de maladies; ce sont des préceptes de santé: le porc surtout est une nourriture très dangereuse dans ces climats, aussi bien que dans la Palestine, qui en est voisine. Quand le mahométisme s'est étendu dans les pays plus froids, l'abstinence a cessé d'être raisonnable, et n'a pas cessé de subsister. [36]

La prohibition de tous les jeux de hasard est peut-être la seule loi dont on ne puisse trouver d'exemple dans aucune religion. [37] Elle ressemble à une loi de couvent plutôt qu'à une loi générale d'une nation. Il semble que Mahomet n'ait formé un peuple que pour prier, pour peupler, et pour combattre.

Toutes ces lois, qui à la polygamie près, sont si austères, et sa doctrine qui est si simple, attirèrent bientôt à sa religion le respect et la confiance. Le dogme surtout de l'unité d'un Dieu, [38] présenté sans mystère, et proportionné à l'intelligence humaine, rangea sous sa loi une foule de nations; et jusqu'à des nègres dans l'Afrique, et à des insulaires dans l'Océan indien.

Cette religion s'appela l'*Islamim*, c'est-à-dire, résignation à la volonté de Dieu; [39] et ce seul mot devait faire beaucoup de prosélytes. Ce ne fut point par les armes que l'*Islamim* s'établit dans plus de la

180

185

190

195

---

195   53-54N: Sa religion
MSP, 53-w56: s'appela l'*ismamisme* qui signifie résignation

---

[36] D'après Sale, §5, p.127, pour qui il s'agit plutôt d'une répugnance ancienne des Arabes, et qui ne parle pas de climat. Pour de plus amples détails sur la pensée de Voltaire, voir l'art. 'Climat' des *QE* (*M*, t.18, p.200).

[37] Sale dit le contraire, avec l'exemple du Talmud (§5, p.126), venant après celui de plusieurs nations où c'est effectivement une loi civile. Voltaire omet d'autres préceptes, comme l'interdiction de l'infanticide.

[38] Sale y insistait beaucoup dès la §2.

[39] D'après Sale, §4, p.71, qui emploie le mot *islam*; la leçon *islamim* n'est donc sans doute qu'une corruption du terme *islamisme*, employé jusqu'en 1756. La coquille *ismamisme* ayant été régulièrement reprise, la *Critique de l'Histoire universelle* avait beau jeu de la critiquer.

moitié de notre hémisphère, ce fut par l'enthousiasme, par la persuasion, et surtout par l'exemple des vainqueurs, qui a tant de force sur les vaincus. Mahomet dans ses premiers combats en Arabie contre les ennemis de son imposture, faisait tuer sans miséricorde ses compatriotes rénitents. [40] Il n'était pas alors assez puissant pour laisser vivre ceux qui pouvaient détruire sa religion naissante. Mais sitôt qu'elle fut affermie dans l'Arabie par la prédication et par le fer, les Arabes franchissant les limites de leur pays dont ils n'étaient point sortis jusqu'alors, ne forcèrent jamais les étrangers à recevoir la religion musulmane. Ils donnèrent toujours le choix aux peuples subjugués d'être musulmans, ou de payer tribut. [41] Ils voulaient piller, dominer, faire des esclaves, mais non pas obliger ces esclaves à croire. Quand ils furent ensuite dépossédés de l'Asie par les Turcs et par les Tartares, ils firent des prosélytes de leurs vainqueurs mêmes; et des hordes de Tartares devinrent un grand peuple musulman. Par là on voit en effet qu'ils ont converti plus de monde qu'ils n'en ont subjugué.

Le peu que je viens de dire, dément bien tout ce que nos historiens, nos déclamateurs et nos préjugés nous disent; mais la vérité doit les combattre.

Bornons-nous toujours à cette vérité historique; le législateur des musulmans, homme puissant et terrible, établit ses dogmes par son courage et par ses armes; cependant, sa religion devint indulgente et tolérante. L'instituteur divin du christianisme vivant dans l'humilité et dans la paix, prêcha le pardon des

[40] Quoiqu'il existe dans la langue depuis 1555, attesté dans un contexte médical ('qui offre une certaine résistance à la pression'), le mot est toujours extrêmement rare au dix-huitième siècle. Il ne figure pas dans le *Dictionnaire de l'Académie* (1762), et ne se trouve que trois fois chez Voltaire: ici même, dans le *Traité sur la tolérance* (*OCV*, t.56C, p.234), et dans l'*Histoire du parlement de Paris* (*OCV*, t.68, p.497). Le Littré cite Voltaire lui-même pour en illustrer l'usage (les trois cas citées).

[41] Tout le paragraphe vient de Sale, qui ajoutait une troisième possibilité: laisser le combat par l'épée en décider (§6, p.144).

outrages; et sa sainte et douce religion est devenue par nos fureurs la plus intolérante de toutes, et la plus barbare. (*b*)

Sectes mahométanes. Les mahométans ont eu comme nous des sectes et des disputes scolastiques; il n'est pas vrai qu'il y ait soixante et treize sectes chez eux, c'est une de leurs rêveries. Ils ont prétendu que les mages en avaient soixante et dix, les Juifs soixante et onze, les chrétiens soixante et douze, et que les musulmans, comme plus parfaits, devaient en avoir soixante et treize. Etrange perfection, et bien digne des scolastiques de tous les pays![42]

Les diverses explications de l'Alcoran formèrent chez eux les sectes qu'ils nommèrent orthodoxes, et celles qu'ils nommèrent hérétiques. Les orthodoxes sont les sonnites, c'est-à-dire les traditionnistes, docteurs attachés à la tradition la plus ancienne, laquelle sert de supplément à l'Alcoran. Ils sont divisés en quatre sectes, dont l'une domine aujourd'hui à Constantinople, une autre en Afrique, une troisième en Arabie, et une quatrième en Tartarie

225

230

235

(*b*) Voyez tous les articles concernant les Albigeois, les Vaudois, les Hussites, Merindol, Cabrières, le massacre de Vassi, la St Barthélemi, les massacres d'Irlande et douze millions d'hommes égorgés en Amérique au nom de Jésus-Christ et de la bonne vierge sa mère.[43]

224-25 61-w75G: toutes. ¶Les
233 61-w68: nomment
n.*b* 61-w75G: [*absente*; w75G*: ᵛ]

[42] D'après Sale, §8, p.158, qui était cependant moins critique. Le *Catéchisme de l'honnête homme* (1763) dira même que l'islam est resté identique depuis son origine (*M*, t.24, p.523). Il y a peut-être dans ces lignes qui évoquent la multiplication des sectes un souvenir confus de saint Jean Damascène, qui, dans *Des hérésies*, qualifia l'islam de 101ᵉ secte chrétienne.

[43] Cet ajout très tardif permet à Voltaire d'accumuler les exemples de persécutions pour fait de religion (voir des énumérations identiques dans, par exemple, *Le Dîner du comte de Boulainvilliers*, p.382-83). Pour une méditation détaillée sur la presque totalité de ces atrocités (quoique dans un ordre légèrement différent), voir *Des conspirations contre les peuples* (*M*, t.26, p.1-15). Sur les Vaudois, voir ci-dessous, ch.10, n.30.

et aux Indes; elles sont regardées comme également utiles pour le
240 salut.

Les hérétiques sont ceux qui nient la prédestination absolue, ou
qui diffèrent des sonnites sur quelques points de l'école.[44] Le
mahométisme a eu ses pélagiens, ses scotistes, ses thomistes, ses
molinistes, ses jansénistes. Toutes ces sectes n'ont pas produit plus
245 de révolutions que parmi nous. Il faut pour qu'une secte fasse naître
de grands troubles, qu'elle attaque les fondements de la secte
dominante, qu'elle la traite d'impie, d'ennemie de Dieu et des
hommes, qu'elle ait un étendard que les esprits les plus grossiers
puissent apercevoir sans peine, et sous lequel les peuples puissent
250 aisément se rallier. Telle a été la secte d'Aly, rivale de la secte
d'Omar; mais ce n'est que vers le seizième siècle que ce grand
schisme s'est établi; et la politique y a eu beaucoup plus de part que
la religion.

[44] Voltaire, qui reprend exactement *traditionists* (voir ci-dessus, ligne 235:
'traditionnistes') sans toutefois mentionner la 'Sunnat' (c'est-à-dire: *la loi traditionnelle*), fait la synthèse de Sale (§8, p.158), en modifiant notablement la quatrième, peu
répandue en dehors de l'Arabie, les Tartares relevant en fait de la première. Dans le
Catéchisme de l'honnête homme, il minimise singulièrement l'opposition entre chiites
et sunnites (p.523, 534).

CHAPITRE 8

De l'Italie et de l'Eglise, avant Charlemagne. Comment le christianisme s'était établi. Examen s'il a souffert autant de persécutions qu'on le dit.

Rien n'est plus digne de notre curiosité que la manière dont Dieu voulut que l'Eglise s'établît, en faisant concourir les causes

a-293　[*Première rédaction de ce chapitre*: w 56]
a　w 56: Chapitre 5
　61: Chapitre 7

* A la religion musulmane, glorieuse dès son origine, succède à partir de 1756, au chapitre suivant, la religion chrétienne. Cette entorse à l'ordre chronologique vise non seulement à mieux inviter à une comparaison entre le mahométisme et le christianisme, mais aussi à dénoncer l'hagiographie qui tient lieu d'histoire à ce dernier. Cette intention est nettement trahie dès l'édition de 1761 où les compléments que Voltaire apporte à son titre démontrent assez qu'en centrant ce chapitre sur les premiers siècles du christianisme, son but était d'en donner l'image la plus négative possible, intention qui sera renforcée par des additions à partir de 1769. 'Attachons-nous uniquement à l'historique' est le mot d'ordre affiché, ce que semblent conforter ses opuscules contemporains, 'De Dioclétien' (*M*, t.18, p.384-89) et 'Du siècle de Constantin' (*M*, t.18, p.244-47), qui traitent aussi, en 1756, des débuts du christianisme. Mais, ce faisant, Voltaire décrit moins la progression de la religion chrétienne (obscure et si mal connue que de ses premiers progrès en Europe, on n'a que des 'fables') qu'il ne montre les 'fraudes pieuses' de 'notre religion sainte, qui n'avait pas besoin de cet appui honteux'. Malgré quelques protestations de pure forme et le recours à des notions fort orthodoxes, il cherche clairement ici à saper les fondements de l'Eglise romaine en les démythifiant: se distinguant d'abord mal des Juifs, qui les haïssent (thème renforcé en 1761), inconnus des historiens (comme le veut une addition de 1769), les chrétiens, tolérés voire favorisés par les empereurs romains (voir, par exemple, le ch.50 de *La Philosophie de l'histoire*, *OCV*, t.59, p.262-65), se multiplient insensiblement, librement et sûrement, sans jamais avoir été persécutés avant la fin du règne de Dioclétien (en 1769 Voltaire tend même à réhabiliter cet empereur 'tolérant'). Un des arguments des apologistes, étayé par l'*Histoire de l'Eglise* d'Eusèbe de Césarée (trad. fr., Paris, 1675, BV 1250) ou l'*Histoire ecclésiastique* de Fleury, le *Commentaire littéral* de Dom Calmet sur la Bible

secondes à ses décrets éternels.[1] Laissons respectueusement ce qui
est divin à ceux qui en sont les dépositaires, et attachons-nous
uniquement à l'historique. Des disciples de Jean s'établissent
d'abord dans l'Arabie voisine de Jérusalem; mais les disciples de
Jésus vont plus loin.[2] Les philosophes platoniciens d'Alexandrie,

6-7   w56-w75G: disciples du Christ s'étendent partout. Les

---

ou encore l'*Histoire romaine* de L. Echard (Paris, 1728, BV1200; Paris, 1737, 1736-
1742, BV1201), était le nombre considérable des persécutions et des martyrs. Mais
Voltaire reprend ces sources pour montrer qu'elles contredisent tous les autres
témoignages historiques, et qu'elles sont tout simplement 'contraire[s] à la vérité'. Il
privilégie même tout ce qui, chez Eusèbe, Calmet et Fleury, peut appuyer sa
démonstration. Enfin, la plus longue addition (lignes 62-119), qui conteste
l'ancienneté de la puissance papale, revient en 1769 sur la croyance traditionnelle
à la présence de l'apôtre Pierre à Rome: Voltaire retrouve là un de ses thèmes favoris
à partir des années 1760 (voir M.-H. Cotoni, 'Variations critiques sur l'apôtre Pierre
dans l'*Essai sur les mœurs* et dans les *Questions sur l'Encyclopédie*', dans *Copier/Coller:
écriture et réécriture chez Voltaire*, éd. O. Ferret, G. Goggi et C. Volpilhac-Auger,
Pise, 2007, p.167-73). Mais il recourt alors à une ironie ravageuse qui constitue une
nouveauté radicale pour l'écriture de l'histoire. Il est alors plus proche d'ouvrages
comme le *Dictionnaire philosophique*, *L'Examen important de milord Bolingbroke*
(1766, *OCV*, t.62), le *Discours de l'empereur Julien* (c.1769; *OCV*, t.71B). L'histoire,
qui bénéficie des mêmes armes que le conte, les œuvres philosophiques ou le
pamphlet, et qui n'atteint la vérité qu'à force de dissiper les erreurs, se révèle le
moyen le plus efficace de dénoncer l'imposture.

[1] Les 'causes secondes' – qui sont les créatures, autant qu'elles sont causes elles-
mêmes, comparativement à Dieu qui est la cause première – font partie du
vocabulaire de Bossuet. Or, comme on le voit à son attitude (lignes 3-4), rien
n'est plus étranger à Voltaire que le providentialisme. Dans le *Saint-Fargeau
notebook*, il note: 'On voit dans l'ingénieuse et véridique satire de Julien combien
Constantin était voluptueux. Il ne se fit bâtiser qu'à la mort et par un évêque arien,
nouvelle preuve contre le *Labarom*, et que Dieu laisse agir les causes secondes'
(*OCV*, t.81, p.150). Même désapprobation goguenarde dans le ch.51 de *La
Philosophie de l'histoire* (p.265), dans les art. 'Autels' (*OCV*, t.39, p.242), 'Climat'
(*M*, t.18, p.202), et 'Contradictions' (*M*, t.18, 266) des *QE*, et – dans l'*A.B.C.* –
'Huitième entretien' (*M*, t.27, p.355).

[2] Actes des apôtres 19: Paul rencontra une douzaine de johannites à Ephèse. L'art.
'Christianisme, recherches historiques' du *DP* (*OCV*, t.35, p.552) en citera quelques
versets et admettra la présence des disciples de Jean-Baptiste en Syrie, en Arabie, en
Egypte et dans l'Asie Mineure.

où il y avait tant de Juifs, se joignent aux premiers chrétiens, qui empruntent des expressions de leur philosophie, comme celle du *Logos*, sans emprunter toutes leurs idées.[3] Il y avait déjà quelques chrétiens à Rome du temps de Néron: on les confondait avec les Juifs, parce qu'ils étaient leurs compatriotes, parlant la même langue, s'abstenant comme eux des aliments défendus par la loi mosaïque. Plusieurs même étaient circoncis, et observaient le sabbat.[4] Ils étaient encore si obscurs, que ni l'historien Joseph, ni Philon n'en parlent dans aucun de leurs écrits.[5] Cependant on voit évidemment que ces demi-juifs, demi-chrétiens étaient dès le commencement partagés en plusieurs sectes, ébionites, marcionites, carpocratiens, valentiniens, caïnites.[6] Ceux d'Alexandrie

9   w56: comme celles du
10 w56: emprunter leurs
15-23 w56-61: sabbat. ¶Les Juifs étaient

[3] Thèmes souvent repris par Voltaire, depuis le *Sermon des cinquante* (*M*, t.24, p.454) jusqu'à l'*Histoire de l'établissement du christianisme* (*M*, t.31, p.49-51): voir dans le *DP*, art. 'Christianisme' (p.561), 'Religion' (*OCV*, t.36, p.478: 'Le *Logos* qui chez Platon signifiait la sagesse, la raison de l'Etre Suprême, devint chez nous le Verbe, et une seconde personne de Dieu') et 'Tolérance' (t.36, p.561); *L'Examen important de milord Bolingbroke*, ch.22 (*OCV*, t.62, p.263-65); l''Examen' du *Discours de l'empereur Julien* (*OCV*, t.71B, p.262-63), soulignant le rôle du clergé grec; et *Dieu et les hommes*, ch.38 et l''Addition du traducteur', où Voltaire affirme: 'Donc Platon est le véritable fondateur du christianisme' (*OCV*, t.69, p.458-64, 504).

[4] Dans le *Saint-Fargeau notebook*, Voltaire écrit: 'On confondit les Juifs et les Chrétiens et les Samaritains' (p.148). Pour prouver ce maintien de la circoncision, montrant donc combien les tout premiers chrétiens restaient proches des Juifs, Voltaire soutiendra dans les art. 'Baptême' et 'Christianisme' du *DP* (*OCV*, t.35, p.399 et n.13, p.555 et n.31, les notes indiquant les sources, Epiphane, Eusèbe et Middleton) que les 15 premiers évêques de Jérusalem furent tous circoncis (même déclaration dans l'art. 'Contradictions' des *QE*, p.258). Voir aussi J. E. Grabe, *Spicilegium S S. patrum, ut et haereticorum* (Oxford, 1700, BV1509), où l'on trouve un signet: '15 episco / pi circum / cisi' (t.1, p.44-45; *CN*, t.4, p.167).

[5] Addition de 1769 qui reprend une remarque de la fin du ch.15 de *L'Examen important*: 'Ils étaient si peu de chose que ni Flavian Joseph, ni Philon, ni Plutarque ne daignent en parler' (p.242).

[6] Les ébionites croyaient que le Christ était un homme né naturellement de Joseph et de Marie, et que l'observation de la loi de Moïse était obligatoire; les marcionites

20 étaient fort différents de ceux de Syrie, les Syriens différaient des
Achaïens. Chaque parti avait son évangile, et les véritables Juifs
étaient les ennemis irréconciliables de tous ces partis. [7]
Ces Juifs également rigides et fripons étaient encore dans Rome *Juifs toujours*
au nombre de quatre mille. Il y en avait eu huit mille du temps *privilégiés.*
25 d'Auguste; mais Tibère en fit passer la moitié en Sardaigne pour
peupler cette île, et pour délivrer Rome d'un trop grand nombre
d'usuriers. Loin de les gêner dans leur culte, on les laissait jouir de
la tolérance qu'on prodiguait dans Rome à toutes les religions. On
leur permettait des synagogues et des juges de leur nation, comme
30 ils en ont aujourd'hui dans Rome chrétienne, où ils sont en plus
grand nombre. [8] On les regardait du même œil que nous voyons les
nègres, comme une espèce d'hommes inférieure. [9] Ceux qui dans les

30   w56-w57G: Rome moderne où
31-41   w56-w57G: nombre. Leur haine pour les chrétiens était implacable. ¶Ils
les accusèrent de l'incendie

---

niaient la résurrection des corps et soutenaient que Jésus-Christ n'avait eu que les
apparences de la chair; les carpocratiens enseignaient que le monde avait été créé par
les anges et que le Christ était pareil aux autres hommes, sauf qu'il avait reçu une âme
pure; les valentiniens n'admettaient ni la génération éternelle du Verbe, ni son
incarnation, ni la divinité de Jésus-Christ, ni la rédemption du genre humain, et
professaient la doctrine de l'émanation et la croyance aux éons (les intelligences
éternelles); les caïnites honoraient Caïn et Judas, et vénéraient les Sodomites.
    [7] Cf. ch.9, lignes 14-21. *L'Examen important*, ch.29, énumérait déjà ces diverses
sectes 'opposées les unes aux autres, et toutes ennemies de la religion dominante'
(p.304).
    [8] Pour le nombre de Juifs à Rome, voir F. Josèphe, *Histoire des Juifs* (Paris, 1735-
1736, BV1743), t.5, livre 5, ch.7; signet: '8000 juifs a Rome' (*CN*, t.4, p.599). A propos
de la déportation de 4000 Juifs en Sardaigne, voir Tacite, *Annales*, 2, 85; elle est aussi
mentionnée dans le *Traité sur la tolérance*, ch.8 n.(*f*) (*OCV*, t.56c, p.167), où
Voltaire insiste également sur les droits des Juifs à Rome, malgré le mépris dans
lequel ils étaient tenus.
    [9] Cette addition de 1761 suggère cette même hiérarchie des races humaines que
nous devinons déjà dans le *Traité de métaphysique*, ch.1 (*OCV*, t.14, p.420-23). Les
ch.141 et 145 de l'*EM* insistent également sur l'infériorité de la race noire. Voir J.-M.
Moureaux, 'Race et altérité dans l'anthropologie voltairienne', dans *L'Idée de 'race'
dans les sciences humaines et la littérature (XVIIIe-XIXe siècles)*, éd. S. Moussa (Paris,
2003), p.41-53.

colonies juives n'avaient pas assez de talent pour s'appliquer à quelque métier utile, et qui ne pouvaient couper du cuir et faire des sandales, faisaient des fables. Ils savaient les noms des anges, de la seconde femme d'Adam, et de son précepteur, et ils vendaient aux dames romaines des philtres pour se faire aimer. [10] Leur haine pour les chrétiens, ou galiléens, ou nazaréens, comme on les nommait alors, tenait de cette rage dont tous les superstitieux sont animés contre tous ceux qui se séparent de leur communion. Ils accusèrent les Juifs chrétiens de l'incendie qui consuma une partie de Rome sous Néron. Il était aussi injuste d'imputer cet accident aux chrétiens qu'à l'empereur. Ni lui, ni les chrétiens, ni les Juifs n'avaient aucun intérêt à brûler Rome: mais il fallait apaiser le peuple qui se soulevait contre des étrangers également haïs des Romains et des Juifs. On abandonna quelques infortunés à la vengeance publique. Il semble qu'on n'aurait pas dû compter parmi les persécutions faites à leur foi, cette violence passagère; elle n'avait rien de commun avec leur religion qu'on ne connaissait pas, et que les Romains confondaient avec le judaïsme protégé par les lois autant que méprisé. [11]

35

40

45

50

51   w56-w57G: lois.

[10] Sur ces railleries visant les rabbins, voir l'art. 'Adam' du *DP* (1767), où les notes (*OCV*, t.35, p.301) indiquent les sources de Voltaire. Pour les noms et caractéristiques des anges, voir l'art. 'Ange' (p.338-39). Les accusations concernant 'des philtres pour se faire aimer' visent toutefois les Juifs en général; ils étaient censés être doués de pouvoirs occultes (dont notamment celui-ci), comme le démontrent les passages de *La Philosophie de l'histoire*, ch.35 (p.209-10), des *Dernières paroles d'Epictète* (*M*, t.25, p.126), et de *L'Examen important*, ch.27 (p.285); voir aussi les art. 'Enchantement' et 'Philosophe' des *QE* (*M*, t.18, p.538-39; t.20, p.200), les *Lettres de Memmius à Cicéron* (*M*, t.28, p.439) et *Un chrétien contre six Juifs* (*M*, t.29, p.515).

[11] Cette haine des Juifs pour leurs frères séparés est exprimée en termes comparables dans le *Traité sur la tolérance*, ch.8 (p.165-66), qui souligne également que les exécutions de chrétiens après l'incendie de Rome n'avaient pas pour cause l'intolérance religieuse (voir aussi le *Saint-Fargeau notebook*, p.147). On trouve chez Tacite (*Annales*, 15, 44) l'accusation portée par Néron contre les chrétiens. Mais

S'il est vrai qu'on ait trouvé en Espagne des inscriptions où Néron est remercié *d'avoir aboli dans la province une superstition nouvelle*, l'antiquité de ces monuments est plus que suspecte. [12] S'ils sont authentiques, le christianisme n'y est pas désigné: et si enfin ces monuments outrageants regardent les chrétiens, à qui peut-on les attribuer qu'aux Juifs jaloux établis en Espagne, qui abhorraient le christianisme comme un ennemi né dans leur sein?

Nous nous garderons bien de vouloir percer l'obscurité impénétrable qui couvre le berceau de l'Eglise naissante, et que l'érudition même a quelquefois redoublée.

Mais ce qui est très certain, c'est qu'il n'y a que l'ignorance, le fanatisme, l'esclavage des écrivains copistes d'un premier imposteur, qui aient pu compter parmi les papes, l'apôtre Pierre, Lin, Clet, et d'autres dans le premier siècle. [13]

Il n'y eut aucune hiérarchie pendant près de cent ans parmi les chrétiens. Leurs assemblées secrètes se gouvernaient comme celles des primitifs ou quakers d'aujourd'hui. Ils observaient à la lettre le précepte de leur maître, *les princes des nations dominent, il n'en sera*

57   w56-w57G: jaloux et établis
61-120   w56-61: redoublée. ¶Ce

Tacite rapporte aussi que Néron voulait une ville nouvelle qui porterait son nom (*Annales*, 15, 40). Voltaire ne retient ni la responsabilité de Néron, ni son accusation contre les chrétiens, mentionnés pourtant par Fleury (livre 2, ch.11).

[12] Pour cette inscription de Marquesia (Maravesar) en Lusitanie, jugée aujourd'hui apocryphe, Voltaire suit Fleury (livre 2, année 67, §25), qui se réfère à Sulpice Sévère et à Orose.

[13] Les huit paragraphes ajoutés en 1769 jettent le doute sur l'histoire de la primitive Eglise. Eusèbe présente la succession des papes du premier siècle: Pierre, Lin et Anenclètos, puis Clément (livre 3, ch.2, 4, 13; livre 5, ch.6). Lin aurait été pape de 66 à 78, peut-être après avoir été coadjuteur de saint Pierre dès 55. Son successeur aurait été, selon Fleury (livre 2, année 67, §26), soit Clément, soit Clet ou Anaclet, pape de 78 à 91. Mais, dès Eusèbe, une confusion s'est faite entre Clet et Anaclet, et Fleury reconnaît que l'ordre des trois premiers papes, Lin, Clément et Clet, est incertain. Dans l'art. 'Apôtres' des *QE* (*OCV*, t.38, p.508, 510-13), Voltaire discutera à nouveau la primauté de Pierre, en développant d'autres arguments.

pas ainsi entre vous: quiconque voudra être le premier sera le dernier.[14] La 70
hiérarchie ne put se former que quand la société devint nombreuse,
et ce ne fut que sous Trajan qu'il y eut des surveillants *episcopoi* que
nous avons traduit par le mot d'*évêque*, des *presbiteroi*, des *pistoi*, des
énergumènes, des catéchumènes.[15] Il n'est question du terme *pape*
dans aucun des auteurs des premiers siècles. Ce mot grec était 75
inconnu dans le petit nombre de demi-juifs, qui prenaient à Rome
le nom de chrétiens.[16]

Il est reconnu par tous les vrais savants que Simon Barjone,
surnommé Pierre, n'alla jamais à Rome. On rit aujourd'hui de la
preuve que des idiots tirèrent d'une épître attribuée à cet apôtre, né 80
en Galilée. Il dit dans cette épître qu'il est à Babilone.[17] Les seuls
qui parlent de son prétendu martyre, sont des fabulistes décriés, un
Hégésippe, un Marcel, un Abdias, copiés depuis par Eusèbe.[18] Ils

[14] Matthieu 20:25-27; Marc 10:42-44; Luc 22:25-26. L'affirmation sur le manque
de hiérarchie dans la primitive Eglise, déjà présente dans l'art. 'Pierre' du *DP* (*OCV*,
t.36, p.450), est assez peu exacte: l'intervention, dès 96, du pape saint Clément dans
les affaires de l'Eglise de Corinthe (Fleury, livre 2, année 69, §33) montre le prestige
particulier dont ont joui les évêques de Rome dès le premier siècle. A propos des
quakers, cf. l'art. 'Tolérance II' du *DP*: 'S'il est une secte qui rappelle les temps des
premiers chrétiens, c'est sans contredit celle des quakers' (*OCV*, t.36, p.563).

[15] Les détails de cette énumération sont déjà présents dans l'art. 'Christianisme'
(p.570). Voltaire profite de l'occasion pour rectifier ici une erreur remarquée dans le
Journal helvétique en juin 1766.

[16] Le titre de 'pape', donné à l'origine à tous les évêques, fut réservé en Occident à
l'évêque de Rome à partir du cinquième siècle.

[17] L'affirmation que saint Pierre n'alla jamais à Rome se trouve répétée, avec des
développements plus ou moins longs, dans une vingtaine d'ouvrages publiés et dans
la correspondance de 1764 à 1771, par exemple les art. 'Christianisme' et 'Pierre' du
DP déjà cités, ainsi que dans l'art. 'Voyage de saint Pierre à Rome' des *QE* (*M*, t.20,
p.592-96); voir Cotoni, 'Variations critiques sur l'apôtre Pierre'. Voir aussi
C. Middleton, *A Letter from Rome*, dont Voltaire possède la traduction française
(Amsterdam, 1744, BV2448). Pour saint Pierre à Babylone, voir 1 Pierre 5:13. Voir
aussi Calmet, 'Dissertation sur le voyage de saint Pierre à Rome' (*Commentaire
littéral*, t.15, où il énumère les objections à sa présence à Rome émises, depuis Calvin,
par Scaliger, Basnage et quelques catholiques; *CN*, t.2, p.147-48).

[18] Voltaire confond Hégésippe l'historien (deuxième siècle), souvent cité par
Eusèbe, avec Hégésippe (quatrième siècle), auteur de la fable concernant Pierre et
Simon le Magicien (Moréri, *Le Grand Dictionnaire historique*, Amsterdam, 1740,

content que Simon Barjone et un autre Simon, qu'ils appellent *le*
85 *magicien*, disputèrent sous Néron à qui ressusciterait un mort, et à
qui s'élèverait le plus haut dans l'air; que Simon Barjone fit tomber
l'autre Simon, favori de Néron, et que cet empereur irrité fit
crucifier Barjone, lequel par humilité voulut être crucifié la tête en
bas. [19] Ces inepties sont aujourd'hui méprisées de tous les chrétiens
90 instruits; mais depuis Constantin elles furent autorisées jusqu'à la
renaissance des lettres et du bon sens.

Pour prouver que Pierre ne mourut point à Rome, il n'y a qu'à
observer que la première basilique bâtie par les chrétiens dans cette
capitale, c'est celle de *saint Jean de Latran*; c'est la première église
95 latine; l'aurait-on dédiée à Jean, si Pierre avait été pape? [20]

La liste frauduleuse des prétendus premiers papes est tirée d'un
livre apocryphe, intitulé *le Pontificat de Damase*, qui dit en parlant
de Lin, prétendu successeur de Pierre, que Lin fut pape jusqu'à la
treizième année de l'empereur Néron. Or c'est précisément cette

---

BV2523, 'Hégésippe', ne les confond pas). Eusèbe n'a donc pu connaître le second,
pas plus que Marcel, qui a probablement vécu aussi à la fin du quatrième siècle, ni
qu'Abdias, qui se donne pour contemporain des apôtres et que Voltaire croit du
premier siècle. Mais l'existence d'Abdias est douteuse et l'*Histoire apostolique* qui lui
est attribuée date probablement du huitième ou neuvième siècle. Eusèbe mentionne
bien la présence simultanée, à Rome, de Pierre et de Simon le Magicien (livre 2,
ch.15), mais il ne relate pas l'épisode burlesque évoqué par Voltaire, tandis que Fleury
(livre 2, année 66, §23) mentionne l'accident de Simon en présence de Pierre et de
Paul.
    [19] A partir de 1764, Voltaire développe cette anecdote avec des détails cocasses et
un grand souci de mise en scène: voir, par exemple, l'art. 'Christianisme' (p.565-66)
et le *Mandement du révérendissime père en Dieu Alexis* (*M*, t.25, p.348-49). La
Collection d'anciens évangiles contient la *Relation de Marcel*, qui raconte cette
compétition bouffonne (*OCV*, t.69, p.230-35). Voir le signet placé dans le *Codex
apocryphus Novi Testamenti* de Fabricius (Hambourg, 1719-1743, BV1284; *CN*, t.3,
p.467: 'marcel. / de simon / pierre / et paul'), qui se réfère au t.3, p.632-53.
    [20] Cf. Fleury (livre 11, année 326, §36), qui explique que Constantin fit construire
dans le palais de Fausta, anciennement maison de Latran, une église initialement
consacrée au Sauveur: on y ajouta un baptistère, et l'église fut seulement alors
nommée saint Jean de Latran. Information que Voltaire continue d'ignorer dans
l'art. 'Voyage de saint Pierre à Rome' (p.593).

année 13 qu'on fait crucifier Pierre. Il y aurait donc eu deux papes à   100
la fois. [21]

Enfin, ce qui doit trancher toute difficulté aux yeux de tous les
chrétiens, c'est que ni dans les Actes des apôtres, ni dans les Epîtres
de Paul, il n'est pas dit un seul mot d'un voyage de Simon Barjone à
Rome. [22] Le terme de siège, de pontificat, de papauté attribué à   105
Pierre, est d'un ridicule sensible. Quel siège qu'une assemblée
inconnue de quelques pauvres de la populace juive!

C'est cependant sur cette fable que la puissance papale est
fondée et se soutient encore aujourd'hui après toutes ses pertes. [23]
Qu'on juge après cela comment l'opinion gouverne le monde,   110
comment le mensonge subjugue l'ignorance, et combien ce
mensonge a servi pour asservir les peuples, les enchaîner et les
dépouiller.

C'est ainsi qu'autrefois les annalistes barbares de l'Europe
comptaient parmi les rois de France un Pharamond, et son père   115

110-11   w68-w75G: monde, et comment
111-14   w68-w75G: l'ignorance. ¶C'est

[21] Voltaire insiste souvent, en puisant dans la 'Dissertation sur le voyage de
saint Pierre à Rome' (voir ci-dessus, n.17), sur les divergences à propos des dates et
de la longueur du séjour de Pierre à Rome, les uns le situant sous Claude (par
exemple, Eusèbe, saint Jérôme, Adon et Paul Orose), un autre sous Néron (par
exemple, Lactance): voir *CN*, t.2, p.147, où des traits marginaux au crayon identifient
les passages où Calmet se penche sur les dates supposées du séjour de Pierre à Rome.
Le *Pontificat de Damase* n'apparaît pas dans l'art. 'Apocryphe', des *QE* (*OCV*, t.38,
p.449-86).

[22] Argument exact emprunté aux auteurs cités par Calmet, concernant saint Paul
et saint Luc (*CN*, t.2, p.147).

[23] Voltaire insiste sur la fragilité et l'irrationalité des fondements du pouvoir
papal, qui ne tiendraient qu'à cette fable dans, par exemple, *L'Examen important*
(note ajoutée en 1771): 'Y a-t-il rien au monde de plus ridicule et de plus grossier que
la fable du voyage de Simon Barjone à Rome? C'est cependant sur cette impertinence
qu'est fondé le trône du pape; c'est ce qui a plongé tous les évêques de sa communion
dans sa dépendance [...] C'est enfin ce qui a donné aux papes les domaines des
empereurs en Italie. C'est ce qui a dépouillé trente seigneurs italiens pour enrichir
cette idole' (ch.21, note (*c*), p.262). Sur le problème de la genèse du pouvoir papal,
voir, ci-dessous, ch.12, 13.

Marcomir, et des rois d'Espagne, de Suède, d'Ecosse depuis le déluge.[24] Il faut avouer que l'histoire ainsi que la physique n'a commencé à se débrouiller que sur la fin du seizième siècle.[25] La raison ne fait que de naître.

120   Ce qui est encore certain, c'est que le génie du sénat ne fut jamais de persécuter personne pour sa créance, que jamais aucun empereur ne voulut forcer les Juifs à changer de religion, ni après la révolte sous Vespasien, ni après celle qui éclata sous Adrien. On insulta toujours à leur culte; on s'en moqua; on érigea des statues

125 dans leur temple avant sa ruine; mais jamais il ne vint dans l'idée d'aucun césar, ni d'aucun proconsul, ni du sénat romain, d'empêcher les Juifs de croire à leur loi.[26] Cette seule raison sert à faire voir quelle liberté eut le christianisme de s'étendre en secret, après s'être formé obscurément dans le sein du judaïsme.

130   Aucun des césars n'inquiéta les chrétiens jusqu'à Domitien. Dion Cassius dit qu'il y eut sous cet empereur quelques personnes

Examen des persécutions contre les chrétiens.

---

120   w56-61: est certain
128-30   w56-w57G: secret. ¶Aucun

---

[24] Le légendaire chef franc Pharamond fait son apparition en 727 dans le *Liber Historiae Francorum* (longtemps attribué à Grégoire de Tours); il est censé être le premier roi de France (plus ou moins mythique), à qui l'on attribue la loi salique. Voltaire le mentionne rarement, et – malgré le relief historique et politique que le personnage prend dès le seizième siècle – il sert tout simplement de référence à Voltaire pour désigner des temps très lointains; voir, par exemple, D8687 du 1er janvier 1760, et D12659 du 25 juin 1765.

[25] Sur la naissance d'une histoire fiable (qui daterait selon Voltaire de Guichardin et de Machiavel), voir ci-dessous, ch.10, lignes 56-60 et n.12.

[26] Dans le ch.8 du *Traité sur la tolérance* (p.162-63), comme dans l'art. 'Tolérance' du *DP* (p.553 et n.5), Voltaire insistera à nouveau sur cette qualité des Romains. Il y reviendra dans *L'Examen important*, ch.27, en soulignant que les Juifs, à la différence des chrétiens, ne s'en prenaient pas à la religion de l'empire (p.285-86). Ce qui leur valut châtiment, ce sont leurs révoltes sous Vespasien, Trajan et Adrien, que Voltaire avait étudiées dans Josèphe, t.4, 5 ('Histoire de la guerre des Juifs contre les Romains'), et dans Echard, livre 5, ch.1, 2 (voir signets: 'detestable / cruauté / des juifs / sous trajan' et 'barcoche / bas', *CN*, t.3, p.340). Le siège de Jérusalem, par Vespasien et Titus, dû à 'l'esprit séditieux' du peuple juif, puis la répression, sous Adrien, des Juifs réunis autour de Barcochébas sont évoqués en 1756 dans l'opuscule *Des Juifs* (*M*, t.19, p.518).

condamnées comme athées, et comme imitant les mœurs des Juifs. [27]
Il paraît que cette vexation sur laquelle on a d'ailleurs si peu de
lumières, ne fut ni longue ni générale. On ne sait précisément ni
pourquoi il y eut quelques chrétiens bannis, ni pourquoi ils furent   135
rappelés. [28] Comment croire Tertullien, qui sur la foi d'Hégésippe
rapporte sérieusement, que Domitien interrogea les petits-fils de
l'apôtre saint Jude de la race de David, dont il redoutait les droits au
trône de Judée, et que les voyant pauvres et misérables, il cessa la
persécution? S'il eût été possible qu'un empereur romain craignît   140
des prétendus descendants de David quand Jérusalem était
détruite, sa politique n'en eût donc voulu qu'aux Juifs, et non
aux chrétiens. Mais comment imaginer que le maître de la terre
connue ait eu des inquiétudes sur les droits de deux petits-fils de
saint Jude au royaume de la Palestine, et les ait interrogés? Voilà   145
malheureusement comme l'histoire a été écrite par tant d'hommes
plus pieux qu'éclairés. (a) [29]

    Nerva, Vespasien, Tite, Trajan, Adrien, les Antonins, ne furent

(a) Voyez L

n.a   w56-w75G: [*absente*; w75G*: V]

[27] Dans le *Saint-Fargeau notebook*, Voltaire détaille les raisons de croire qu'il y
avait eu 'beaucoup moins de persécutions dans les premiers siècles qu'on ne le dit'
(p.147-48). Dion Cassius, *Histoire romaine*, livre 67, ch.14, situe le commencement
des persécutions sous Domitien (81-96), le dernier des douze césars. Voltaire
l'évoque dans l'art. 'Christianisme' (p.568). Vers l'an 89 eut lieu cette première
persécution qui visait à la fois les chrétiens, les Juifs, les philosophes, l'aristocratie et
la famille impériale. D'après Dion Cassius, Domitien fit massacrer son neveu, le
consul Flavius Clemens, parce qu'une accusation d'impiété avait été portée contre
lui; pour la même raison beaucoup d'autres furent condamnés, pour s'être laissés
entraîner aux coutumes des Juifs.

[28] En fait Voltaire suggère souvent que c'est pour des raisons personnelles, ou
politiques, mais non pour des raisons religieuses que les chrétiens furent persécutés:
voir, par exemple, le *Traité sur la tolérance*, ch.9 (p.168, 169, 176), et l'art.
'Christianisme' (p.573-74).

[29] Voir par exemple *L'Examen important*, ch.20. Le fragment d'Hégésippe se
trouve non dans Tertullien mais dans Eusèbe, livre 3, ch.20 (signet: 'petitfils de / Jud
parents / de Jesu', *CN*, t.3, p.441), histoire reprise par Fleury, livre 2, année 95, §52.
Voltaire y revient au ch.10 (lignes 43-50) et dans l'art. 'Apôtres' (p.507 et n.13).

point persécuteurs. [30] Trajan qui avait renouvelé les défenses portées
par la loi des douze tables contre les associations particulières, écrit
à Pline: *Il ne faut faire aucune recherche contre les chrétiens* [31]. Ces mots
essentiels, *il ne faut faire aucune recherche*, prouvent qu'ils purent se
cacher, se maintenir avec prudence, quoique souvent l'envie des
prêtres, et la haine des Juifs les trainât aux tribunaux et aux
supplices. [32] Le peuple les haïssait, et surtout le peuple des provinces,

149-50   w56-w57G: avait défendu les associations
155-57   w56-w57G: provinces. Il excitait

[30] Eusèbe (livre 3, ch.20), suivi par Fleury (livre 2, année 96, §53), indique que, sous
Nerva, l'apôtre Jean put revenir de son exil; il note aussi que Vespasien n'éprouvait
aucune animosité contre les chrétiens (livre 3, ch.17). Dans le *Saint-Fargeau notebook*,
Voltaire note: 'Ni Trajan, ni Adrien, ni Vespasien, ni les Antonins ne persécutèrent', et
'Titus, Nerva, Trajan, Antonin, Marc Aurèle n'étaient pas hommes à faire mourir des
innocents pour leur religion' (p.147-48). Même genre d'énumération dans le *Traité sur
la tolérance*, ch.9 (p.168). Eusèbe se réfère à Tertullien: il rappelle que Marc Aurèle
menaça de mort ceux qui cherchaient à accuser les chrétiens, et ajoute que les lois
cruelles promulguées contre les chrétiens ne furent jamais exécutées par un Vespasien,
ni un Hadrien, ni celui qu'on a surnommé le Pieux, et que Trajan les annula en partie
(livre 5, ch.5). Fleury indique qu'Antonin le Pieux promulgua quelques édits
favorables aux chrétiens (livre 3, année 150, §42) mais que Marc Aurèle, quoiqu'il
se piquât de clémence, souffrit des persécutions particulières (ch.45).
[31] Voltaire ne retient qu'une partie de la lettre de Trajan à Pline le Jeune,
gouverneur de Bithynie (Pline, *Epistolae*, lettre 97). L'empereur ajoute que si les
chrétiens sont dénoncés et revendiquent leur appartenance au christianisme, il faut
les condamner: voir Eusèbe (livre 3, ch.33), qui reprend Tertullien, suivi par Fleury
(livre 3, année 98, §3). A propos de la relative tolérance de Trajan, Voltaire s'appuie
sur L.-E. Dupin, *Nouvelle Bibliothèque des auteurs ecclésiastiques* (Paris, 1690-1730,
BV1167), qui, tout en rappelant le martyre d'Ignace, de Siméon et de quelques autres,
limite le nombre de témoignages certains concernant la persécution sous Trajan
(voir signets: 'fausses / persécutions / faux martirs' et: 'faux /martirs', *CN*, t.3,
p.313). Le martyre de saint Ignace, évêque d'Antioche (voir Fleury, livre 3, année
106, §12), est mentionné ci-dessous (ch.9, lignes 93-96 et n.21), dans le *Traité sur la
tolérance*, ch.9 (p.176-77), et dans l'art. 'Christianisme' (p.573-74), mais Voltaire
invite au doute sur ses causes réelles. Sur l'opinion opposée de l'abbé Nonnotte
concernant le comportement des empereurs romains envers les chrétiens, voir l'art.
'Persécution' du *DP* (*OCV*, t.36, p.429, n.3).
[32] Dans le *Traité sur la tolérance*, ch.8-9, Voltaire souligne aussi la responsabilité
des Juifs dans la lapidation de saint Jacques et celle de saint Etienne (p.164) et affirme
que 'les emportements du peuple' furent souvent la cause des martyres (p.176).

toujours plus dur, plus superstitieux, et plus intolérant que celui de la capitale: il excitait les magistrats contre eux, il criait qu'on les exposât aux bêtes dans les cirques. [33] Adrien non seulement défendit à Fondanus, proconsul de l'Asie Mineure, de les persécuter; mais son ordonnance porte; *si on calomnie les chrétiens, châtiez sévèrement le calomniateur.* [34]

C'est cette justice d'Adrien qui a fait si faussement imaginer qu'il était chrétien lui-même. Celui qui éleva un temple à Antinoüs, en aurait-il voulu élever à Jésus-Christ? [35]

Marc-Aurèle ordonna qu'on ne poursuivit point les chrétiens pour cause de religion. [36] Caracalla, Héliogabale, Alexandre, Philippe, Gallien, les protégèrent ouvertement. [37] Ils eurent donc tout le temps d'étendre et de fortifier leur Eglise naissante. Ils tinrent cinq conciles dans le premier siècle, seize dans le second, et trente-six dans le troisième. [38] Les autels étaient magnifiques dès le temps

160

165

170

[33] Cf. le *Saint-Fargeau notebook*: 'Hadrien [...] dans son rescrit à un proconsul d'Asie défend que les peuples traitent durement les chrétiens, défend qu'on crie dans les théâtres, Christianos ad leones' (p.147).

[34] Eusèbe (livre 4, ch.9), suivi par Fleury (livre 3, année 124, §23), cite la lettre d'Hadrien à Minucius Fundanus disant qu'il ne faut pas poursuivre sans jugement.

[35] Voir aussi *L'Examen important*, ch.24 (p.274). Après sa mort en 130, Antinoüs, favori d'Adrien, fut déifié par ce dernier et on lui éleva des temples dans tout l'empire romain.

[36] Pour cautionner ses thèses, Voltaire choisit de privilégier dans Eusèbe (livre 4, ch.26) une apologie que cite ce dernier, dans laquelle Méliton fait appel à la justice de Marc Aurèle contre les brigandages dont sont victimes les chrétiens, et rappelle que, à l'exception de Néron et de Domitien, leur religion a été favorisée par ses prédécesseurs, et contribue à la gloire de l'Empire (voir signet: 'Meliton. / douceur des Empereurs / envers les chretiens', *CN*, t.3, p.441-42). Voltaire en citera un extrait dans l'art. 'Martyrs' des *QE*, 'pour mieux repousser la calomnie contre la mémoire sacrée de Marc Aurèle' (*M*, t.20, p.40). Voir aussi Fleury (livre 4, année 170, §1-2).

[37] La liste de ceux qui protégèrent les chrétiens se trouve mot à mot dans le *Saint-Fargeau notebook* (p.148). Voir aussi, en 1756, 'Du siècle de Constantin' (p.245). Voltaire se tait sur Valérien, empereur de 252 à 260, dont Fleury rappelle une persécution qui dura trois ans et demi (livre 7, année 257, §33). Eusèbe indique que Gallien y mit fin (livre 7, ch.13): on sait que l'édit de tolérance date de 260.

[38] Le *Traité sur la tolérance*, ch.9, mentionne 56 conciles pendant les trois premiers siècles (p.172); l'art. 'Christianisme', 30 pendant le troisième siècle (p.574). Pour le détail et les sources de Voltaire, voir l'art. 'Conciles' du *DP* (*OCV*, t.35, p.614-31).

de ce troisième siècle. L'histoire ecclésiastique en remarque quelques-uns ornés de colonnes d'argent qui pesaient ensemble trois mille marcs. Les calices faits sur le modèle des coupes romaines, et les patènes, étaient d'or pur.[39]

175   Les chrétiens jouirent d'une si grande liberté, malgré les cris et les persécutions de leurs ennemis, qu'ils avaient publiquement dans plusieurs provinces, des églises élevées sur les débris de quelques temples tombés ou ruinés.[40] Origène et saint Cyprien l'avouent; et il faut bien que le repos de l'Eglise ait été long, puisque ces deux
180 grands hommes reprochent déjà à leurs contemporains le *luxe*, la *mollesse*, l'*avarice*, suite de la félicité et de l'abondance. Saint Cyprien

---

177-78   w56-w57G: débris des temples abattus. Origène

[39] Au départ, selon Felix Marcus Minutius (dans Dupin, *Nouvelle Bibliothèque*, et *De idolorum vanitate*, Paris, 1643, BV2463), les chrétiens, par aversion pour les pratiques du paganisme, n'avaient ni autels, ni statues, ni temples (voir *CN*, t.3, p.312, signet 'chrétiens / détestent / les temples'; *CN*, t.5, p.647-48, signets: 'cruces nec colimus / nec optamus /non templa non / arae' et 'non arae'). Un changement commença toutefois à s'opérer vers le début du règne de Dioclétien, et peu à peu, sous le règne de Constantin (306-337), les chrétiens se dotèrent d'édifices magnifiques si richement meublés qu'Eusèbe ne peut manquer d'évoquer leur splendeur (livre 10, ch.4), et que Fleury peut parler de la multitude des vases d'or et d'argent, de l'abondance des luminaires et des parfums (livre 11, année 326, §36). C'est dans *L'Examen important*, ch.29, que Voltaire indique que, 'passant de la simplicité d'une Eglise pauvre et cachée, à la magnificence d'une Eglise opulente et pleine d'ostentation, [les temples] étalaient des vases d'or et des ornements éblouissants' (p.303).

[40] La correction de 1761 est significative: on ne peut guère parler de 'temples abattus' que sous Constantin dont Fleury mentionne la détermination à ruiner l'idolâtrie en faisant détruire des temples et bâtir des églises sur leur emplacement (livre 11, année 326, §32-34). En revanche, dans la période antérieure, ne paraît vraisemblable que la construction d'églises à la place d'anciens temples trop vétustes pour tenir debout. Voir encore *L'Examen important*, ch.29, où Voltaire lui-même écrit: 'Quelques-uns de leurs temples s'élevaient sur les ruines d'anciens périptères païens abandonnés' (p.303). Voltaire n'ajoute pas, comme ici, la caution de Cyprien et d'Origène, difficilement vérifiable sans référence précise et peu utile s'agissant d'une pratique banale: Eusèbe indique qu'à la fin du troisième siècle, avant les persécutions de Dioclétien et de Galère, on faisait sortir du sol de vastes et larges églises (livre 8, ch.1).

se plaint expressément que plusieurs évêques imitant mal les saints exemples qu'ils avaient sous leurs yeux, *accumulaient de grandes sommes d'argent, s'enrichissaient par l'usure, et ravissaient des terres par la fraude.*[41] Ce sont ses propres paroles: elles sont un témoignage évident du bonheur tranquille dont on jouissait sous les lois romaines. L'abus d'une chose en démontre l'existence.

Si Décius, Maximin, et Dioclétien persécutèrent les chrétiens, ce fut pour des raisons d'Etat: Décius, parce qu'ils tenaient le parti de la maison de Philippe soupçonné, quoique à tort, d'être chrétien lui-même:[42] Maximin, parce qu'ils soutenaient Gordien.[43] Ils jouirent de la plus grande liberté pendant vingt années sous Dioclétien. Non seulement ils avaient cette liberté de religion que le gouvernement romain accorda de tout temps à tous les peuples, sans adopter leurs

Dioclétien protecteur des chrétiens.

185

190

192-203   w56-w57G: Dioclétien. Enfin en 303

[41] Citation exacte du Traité intitulé 'De ceux qui sont tombés pendant la persécution' de saint Cyprien (*Œuvres*, Rouen, 1716, BV925). Voltaire résume ici des indications sur le goût des richesses et de la bonne chère chez certains évêques qui ne servent pas Dieu mais 'leur ventre' (lettre 63) et usent de 'trafics honteux' ('Traité'): voir signets: 'Evêques qui aiment / les richesses, et / gourmands' et 'Evêques / aux foires' (*CN*, t.2, p.848). Eusèbe déplore aussi cette dégradation des mœurs qui suivit la profonde paix (livre 8, ch.1), cf. Fleury (livre 6, année 249, §24; signet: 'chrétiens / riches / et voluptueux / friponneries/ Episcopales', *CN*, t.3, p.484). Voir aussi *L'Examen important*, ch.27, 29: 'Chacun d'eux, *dit-il, dans son livre Des tombés*, court après les biens et les honneurs avec une fureur insatiable. Les évêques sont sans religion; les femmes sans pudeur; la friponnerie règne; on jure; on se parjure; les animosités divisent les chrétiens; les évêques abandonnent les chaires pour courir aux foires et pour s'enrichir par le négoce' (p.296), et encore: 'comme le remarque Eusèbe, tant de prospérité avait produit l'insolence, l'usure, la mollesse, et la dépravation des mœurs' (p.303).
[42] Même remarque dans le *Saint-Fargeau notebook* (p.148). Eusèbe indique aussi que c'est par haine pour Philippe que Décius suscita une persécution contre les églises (livre 6, ch.39). Dans *L'Examen important*, ch.27, Voltaire affirme aussi qu'on réprima les chrétiens surtout sous l'empire de Décius (249-251) (p.296); mais il les rend responsables de ces persécutions en les liant aux troubles qu'entraînaient leurs rivalités (ch.31).
[43] Eusèbe explique que Maximin devint persécuteur par animosité contre la maison d'Alexandre, composée d'un assez grand nombre de chrétiens (livre 6, ch.28).

195 cultes; mais ils participaient à tous les droits des Romains. Plusieurs chrétiens étaient gouverneurs de provinces. Eusèbe cite deux chrétiens, Dorothée et Gorgonius, officiers du palais, à qui Dioclétien prodiguait sa faveur. Enfin il avait épousé une chrétienne. [44] Tout ce que nos déclamateurs écrivent contre Dioclétien,

200 n'est donc qu'une calomnie fondée sur l'ignorance. [45] Loin de les persécuter, il les éleva au point qu'il ne fut plus en son pouvoir de les abattre.

En 303 César Galérius [46] qui les haïssait, engage Dioclétien à faire

198-99   61: faveur. Tout

[44] Cette addition de 1761, où Voltaire tente d'accumuler les preuves innocentant Dioclétien, révèle une utilisation sélective d'Eusèbe, qui mentionne en effet, comme particulièrement honorés, Dorothée et Gorgonius (livre 8, ch.1), mais ajoute qu'ils furent plus tard martyrisés et étranglés (ch.6). Dans *L'Examen important*, ch.29, Voltaire lie aussi les avantages reçus par les chrétiens au fait que l'empereur avait épousé la chrétienne Prisca (p.303). Dans l'*Histoire de l'établissement du christianisme*, Voltaire renchérit pour donner une liste encore plus impressionnante: 'Il leur [aux chrétiens] ouvrit son palais; ses principaux officiers, Gorgonius, Dorothéos, Migdon, Mardon, Pétra, étaient chrétiens. Enfin il épousa une chrétienne Prisca. Il ne lui manquait plus que d'être chrétien lui-même. Mais on prétend que Constance le Pâle, nommé par lui césar, était de cette religion' (*M*, t.31, p.85).

[45] Voilà un jugement sans nuances, sans concessions. Pour y voir un peu plus clair (et un peu plus juste), on n'a qu'à consulter l'article que Moréri consacre à Dioclétien, où il écrit: 'Mais il vint à un tel excès de vanité et de folie, qu'il voulut qu'on l'adorât comme un Dieu, et qu'on lui baisât les pieds: et sa haine contre les chrétiens, qu'il avait témoignée à son avènement à l'empire, se déborda si furieusement qu'on ne vit jamais une si étrange persécution dans l'Église.' Or, plus loin, Moréri, ayant détaillé ses méfaits, ajoute: 'Au reste, quoique la haine du nom *chrétien* ait fait une terrible tache à la réputation de cet empereur, et que les auteurs catholiques se soient emportés contre sa cruauté et son avarice, il est pourtant sûr, selon le témoignage des désintéressés, qu'il était un prince d'éminent esprit, qui formait de grands desseins, modeste, et sans effronterie; et qui savait bien commander à ses passions, et réprimer les mouvements de sa colère.'

[46] Dioclétien s'associa Galerius Valerius Maximianus (?-311 ap. J.-C.) dans le gouvernement de l'empire, et le nomma césar en mars 293. A l'abdication de Dioclétien (mai 305), devenant empereur à son tour, il se mit immédiatement à exciter de nouvelles persécutions contre les chrétiens. Pendant l'hiver de 310-311, il fut frappé d'une grave maladie qu'il attribua à la colère du Dieu des chrétiens. Dans le but de l'apaiser, il promulgua un édit de tolérance (30 avril 311). Rien n'y fit, et il

démolir l'église cathédrale de Nicomédie élevée vis-à-vis le palais de l'empereur. Un chrétien plus qu'indiscret déchire publiquement l'édit; on le punit. Le feu consume quelques jours après une partie du palais de Galérius; on en accuse les chrétiens: cependant il n'y eut point de peine de mort décernée contre eux. L'édit portait qu'on brûlât leurs temples et leurs livres, qu'on privât leurs personnes de tous les honneurs. [47]

Origine de la persécution.
Jamais Dioclétien n'avait voulu jusque-là les contraindre en matière de religion. Il avait après sa victoire sur les Perses donné des édits contre les manichéens attachés aux intérêts de la Perse, et secrets ennemis de l'empire romain. La seule raison d'Etat fut la cause de ces édits. S'ils avaient été dictés par le zèle de la religion, zèle que les conquérants ont si rarement, les chrétiens y auraient été enveloppés. Ils ne le furent pas; [48] ils eurent par conséquent vingt années entières sous Dioclétien même pour s'affermir, et ne furent maltraités sous lui que pendant deux années; encore Lactance,

205   w56-w57G: chrétien déchire

---

mourut quelques jours après, ayant connu des souffrances atroces. Lactance (*De mortibus persecutorum*, ch.33) et Eusèbe (livre 8, ch.16) attribuent sa maladie (que ce dernier décrit avec un plaisir évident et force détails crus) à une punition divine.

[47] Sur ce qu'on appelle la Grande Persécution (inaugurée par l'édit du 24 février 303), voir, en 1756, 'De Dioclétien' (p.386), puis le *Traité sur la tolérance*, ch.8-9 (p.169, 178). Comme d'habitude, Voltaire prétend que le coupable fut Galère; les raisons qu'il allègue de son animosité contre les chrétiens varient: ici, pure haine; dans 'De Dioclétien', insubordination dans l'armée (p.386); *L'Examen important* incrimine un 'esprit de sédition' (ch.29, p.303), alors que l'*Histoire de l'établissement du christianisme* parle d'un affront qu'on lui aurait infligé (p.85). Le chrétien coupable de cet acte de lèse-majesté fut, selon Lactance (*De mortibus persecutorum*), arrêté et mis à mort; d'après le *Martyrologe syrien* (éd. F. Nau, *Patrologia orientalis*, t.10, Paris, 1973, p.13), il s'appelait Evethius. Sur le contenu de l'édit, les sources (Eusèbe, Lactance, Fleury), et sur les manipulations de Voltaire qui intervertit l'ordre des faits et minimise le nombre de morts, voir l'art. 'Christianisme' (p.577, n.112).

[48] 'Du siècle de Constantin' indique que les édits contre les manichéens (que Dioclétien proscrivit en 296 comme ennemis de l'empire) n'englobaient pas les chrétiens (p.246); cf. *L'Examen important*, ch.29, qui suggère même que les chrétiens étaient à l'origine de ces édits (p.303-304). Selon Fleury, les chrétiens étaient également visés (livre 8, année 296, §25).

220 Eusèbe, et l'empereur Constantin lui-même imputent ces violences au seul Galérius, et non à Dioclétien.[49] Il n'est pas en effet vraisemblable qu'un homme assez philosophe pour renoncer à l'empire, l'ait été assez peu pour être un persécuteur fanatique.

Dioclétien n'était à la vérité qu'un soldat de fortune; mais c'est
225 cela même qui prouve son extrême mérite. On ne peut juger d'un prince que par ses exploits et par ses lois. Ses actions guerrières furent grandes et ses lois justes. C'est à lui que nous devons la loi qui annule les contrats de vente, dans lesquels il y a lésion d'outremoitié.[50] Il dit lui-même que l'humanité dicte cette loi,
230 *humanum est*.

Il fut le père des pupilles trop négligés, il voulut que les capitaux de leurs biens portassent intérêt.[51]

C'est avec autant de sagesse que d'équité qu'en protégeant les

223-38   w56-61: fanatique. L'ignorance

[49] Voir Echard, qui opine: 'S'il persécuta les chrétiens avec une cruauté barbare, c'est principalement à Galère qu'il faut s'en prendre' (livre 5, ch.6; voir *CN*, t.3, p.354). Voltaire insiste constamment sur la responsabilité de Galère pour innocenter Dioclétien (voir l'art. 'Persécution', p.428 et n.2, pour la controverse avec Nonnotte). Inversement, Fleury rappelle l'habitude que l'empereur avait de consulter, avant de prendre une décision, afin de pouvoir éventuellement rejeter le blâme sur d'autres (livre 8, années 298-302, §27-28), et insiste sur les martyrs de Nicomédie (ch.29). Sur la responsabilité de Galère, outre les indications données par Lactance et Eusèbe (voir ci-dessus, n.47), Voltaire se réfère aussi, dans 'De Dioclétien', aux lettres de Constantin qui admet que Dioclétien eut beaucoup moins de part aux persécutions que Galère (p.387).

[50] Il s'agit ici de la disposition légale par laquelle le vendeur d'un immeuble pouvait (et peut toujours) demander l'annulation du contrat lorsqu'il en résulte à son préjudice une lésion de plus de *sept douzièmes* (d'où: outremoitié), c'est-à-dire lorsque le prix moyennant lequel il a aliéné son immeuble est inférieur de plus de sept douzièmes à la valeur réelle de l'immeuble.

[51] Cette initiative (tout comme celle visant la *lésion d'outremoitié*) fut incorporée dans les *Institutiones* de Justinien, livre 1, ch.20, 'De Atiliano tutore', qui stipule quels sont les devoirs des tuteurs quant aux capitaux appartenant à leurs pupilles (7, *Cum pupillorum tutores negotia*). Sous l'Ancien Régime, on reconnaissait toujours ces devoirs (voir C. Serres, *Les Institutions du droit français suivant l'ordre de celles de Justinien*, Paris, 1753). Il en allait de même pour la lésion d'outremoitié.

mineurs, il ne voulut pas que jamais ces mineurs pussent abuser de cette protection, en trompant leurs débiteurs. Il ordonna qu'un   235
mineur qui aurait usé de fraude serait déchu du bénéfice de la loi. Il réprima les délateurs et les usuriers. [52] Tel est l'homme que l'ignorance se représente d'ordinaire comme un ennemi armé sans cesse contre les fidèles, et son règne comme une saint Barthélemi continuelle, ou comme la persécution des Albigeois.   240
C'est ce qui est entièrement contraire à la vérité. L'ère des martyrs qui commence à l'avènement de Dioclétien, n'aurait donc dû être datée que deux ans avant son abdication, puisqu'il ne fit aucun martyr pendant vingt ans. [53]

Faux martyrs.   C'est une fable bien méprisable, qu'il ait quitté l'empire de   245
regret de n'avoir pu abolir le christianisme. S'il l'avait tant persécuté, il aurait au contraire continué à régner pour tâcher de le détruire; et s'il fut forcé d'abdiquer, comme on l'a dit sans preuve, il n'abdiqua donc pas par dépit et par regret. [54] Le vain plaisir d'écrire des choses extraordinaires, et de grossir le nombre des   250

238   w56-61: d'ordinaire Dioclétien comme
240   w56-61: continuelle. C'est

[52] Ces deux paragraphes et demi (lignes 224-37) ajoutés en 1769 soulignent la valeur de Dioclétien, dont les origines modestes, les circonstances de l'accession au trône et la valeur de soldat et de prince étaient évoquées dès 1756 dans 'De Dioclétien' (p.384-87). Echard explicite les mesures et les lois par lesquelles l'empereur s'est montré 'un très grand prince et un excellent politique' (livre 5, ch.6, t.6, p.386-87; *CN*, t.3, p.354), bien qu'on juge, par ailleurs, qu'il faisait le mal avec adresse.

[53] Même critique, dans 'De Dioclétien', de l'expression 'l'ère des martyrs' employée à tort (p.385); même distinction, dans *L'Examen important*, ch.29, entre les poursuites limitées de l'empereur romain contre les chrétiens et les massacres qu'ils ont perpétrés entre eux (p.307).

[54] Fleury explique que Galère profita de la maladie de Dioclétien pour le forcer à abdiquer (livre 9, année 305, §10; signet: 'abdication / de Diocletien', *CN*, t.3, p.489) et évoque sa mort au milieu des inquiétudes et des tourments (ch.45; signet: *CN*, t.3, p.491: 'mort de diocleti / en'). Echard indique même que quand il eut perdu la raison, Galère l'obligea sous la menace à renoncer à l'empire (livre 5, ch.6), mais il écarte les 'causes chimériques' (n'avoir pu écraser le christianisme) que Lactance, Eusèbe et Constantin auraient avancées.

martyrs, a fait ajouter des persécutions fausses et incroyables à celles qui n'ont été que trop réelles. On a prétendu que du temps de Dioclétien en 287, Maximien-Hercule César envoya au martyre au milieu des Alpes une légion entière appelée Thébaine, composée de

255   six mille six cents hommes tous chrétiens, qui tous se laissèrent massacrer sans murmurer. Cette histoire si fameuse ne fut écrite que près de deux cents ans après par l'abbé Eucher, qui la rapporte sur des ouï-dire.[55] Mais comment Maximien-Hercule aurait-il, comme on le dit, appelé d'Orient cette légion pour aller apaiser

260   dans les Gaules une sédition réprimée depuis une année entière? Pourquoi se serait-il défait de six mille six cents bons soldats dont il avait besoin pour aller réprimer cette sédition? Comment tous étaient-ils chrétiens sans exception? Pourquoi les égorger en chemin? Qui les aurait massacrés dans une gorge étroite, entre

265   deux montagnes près de Saint Maurice en Valais, où l'on ne peut mettre quatre cents hommes en ordre de bataille, et où une légion

253   w56-61: en 297,
258   w56-w68: ouï-dire. Quand même il y aurait eu une légion Thébaine ou Thébéenne, ce qui est fort douteux [w68: très faux], comment
259-61   w56-61: apaiser une sédition dans les Gaules. Pourquoi
264-67   w56-w57G: massacrés? A
265-67   61: où six mille hommes pourraient aisément résister à cent mille? A

[55] La légende de la légion thébaine (que Voltaire appelle constamment 'une fable absurde') prend sa source dans le massacre, prétendument commandé en 287 par Maximien-Hercule, de cette cohorte de 'six mille chrétiens à pied' et 'sept cents chrétiens à cheval' (*La Guerre civile de Genève*, *OCV*, t.63A, p.112) qui auraient refusé de prendre les armes contre des coreligionnaires, et de sacrifier au culte de l'empereur. Leur martyre fut commémoré dans le récit de saint Eucher, moine de Lérins et évêque de Lyon, composé vers 440, et cautionné par Dom T. Ruinart dans *Les Véritables Actes des martyrs* (Paris, 1708, BV3052), t.1, p.393-403. L'incrédulité envahissante de Voltaire lui valut les honneurs d'une contre-assertion de la part de Claude-François Nonnotte. Ce fut le début d'une obstination quasi-obsessionnelle pour prouver que celui-ci se trompait, car la fin de la carrière de Voltaire est émaillée d'interventions réitérées sur cette supercherie qui, pour lui, défait le bon sens. Dans plus de dix textes, allant de *L'Examen important*, ch.27, 29 (p.292, 307) jusqu'au *Commentaire historique sur les œuvres de l'auteur de La Henriade* (*M*, t.1, p.121), il est évident que son irritation ne connaît plus de bornes.

résisterait aisément à la plus grande armée? A quel propos cette boucherie dans un temps où l'on ne persécutait pas, dans l'époque de la plus grande tranquillité de l'Eglise, tandis que sous les yeux de Dioclétien même, à Nicomédie vis-à-vis son palais, les chrétiens avaient un temple superbe? *La profonde paix et la liberté entière dont nous jouissions*, dit Eusèbe, *nous fit tomber dans le relâchement*. Cette profonde paix, cette entière liberté s'accorde-t-elle avec le massacre de six mille six cents soldats? Si ce fait incroyable pouvait être vrai, (*b*) Eusèbe l'eût-il passé sous silence? [56] Tant de vrais martyrs ont scellé l'Evangile de leur sang, qu'on ne doit point faire partager leur gloire à ceux qui n'ont pas partagé leurs souffrances. Il est certain que Dioclétien les deux dernières années de son empire, et Galérius quelques années encore après, persécutèrent violemment les chrétiens de l'Asie Mineure et des contrées voisines. [57] Mais dans les Espagnes, dans les Gaules, dans l'Angleterre, qui étaient alors le partage de Constance Clore, loin d'être poursuivis, ils virent leur religion dominante, et Eusèbe a dit que Maxence élu empereur à Rome en 306, ne persécuta personne. [58]

Vrais martyrs.

270

275

280

(*b*) Voyez les éclaircissements sur cette histoire générale.

n.*b*   w56-w68: [*absente*]

[56] Dans les *Eclaircissements historiques*, auxquels il renvoie à partir de l'édition de 1775, Voltaire fait remonter cette légende à Grégoire de Tours, qui l'attribuait pour sa part à Eucher, mort en 454, et il met en lumière (encore une fois) anachronismes et invraisemblances ('Sixième sottise de Nonnotte', *M*, t.24, p.487). Voltaire cite avec exactitude Eusèbe, qui ne mentionne pas le martyre de la légion thébaine (livre 8, ch.1). Mais Fleury évoque assez longuement l'histoire de ces 6000 hommes exécutés pour avoir refusé de persécuter les chrétiens (livre 8, ch.18).

[57] Eusèbe évoque la persécution menée par le seul Galère et son changement d'attitude quand il crut voir dans ses maladies repoussantes un châtiment divin, ce qui entraîna la fin des persécutions en 312-313 (livre 8, ch.16).

[58] Eusèbe dit, en effet, que Maxence ordonna, au commencement, de relâcher la persécution contre les chrétiens, feignant même de partager leur foi (livre 8, ch.14). Mais il donne quantité d'exemples et de sa très grande corruption et d'une tyrannie extrêmement cruelle, ajoutant qu'il en vint à des persécutions plus violentes et plus fréquentes que ses prédécesseurs.

285   Ils servirent utilement Constance Clore qui les protégea, et dont la concubine Hélène embrassa publiquement le christianisme. [59] Ils firent donc alors un grand parti dans l'Etat. [60] Leur argent, et leurs armes contribuèrent à mettre Constantin sur le trône. [61] C'est ce qui le rendit odieux au sénat, au peuple romain, aux prétoriens, qui tous

290   avaient pris le parti de Maxence son concurrent à l'empire. [62] Nos historiens appellent Maxence, *tyran*, parce qu'il fut malheureux. Il est pourtant certain qu'il était le véritable empereur, puisque le sénat et le peuple romain l'avaient proclamé.

286   w56-61: la femme Hélène

[59] Sur les sources de Voltaire, qui suit l'*Histoire* de Zosime (trad. L. Cousin, Paris, 1678, BV3858) en ce qui concerne Hélène, traitée même de 'préposée à l'écurie' dans *L'Examen important* (ch.29, n.(*a*), p.305), voir l'art. 'Christianisme' (p.579, n.117).

[60] *Saint-Fargeau notebook*: 'Il est clair qu'ils [les chrétiens] formaient un grand parti dans l'état du temps de Constance Chlore' (p.148). Et plus bas: 'Les chrétiens étaient déjà si considérable[s] que Constance Chlore dont la seconde femme Hélène, était chrétienne se mit à la tête de leur parti' (p.148).

[61] Même insistance sur les chrétiens enrichis par le négoce dans *L'Examen important*, ch.23 (p.268).

[62] Dans 'De Constantin', Voltaire mentionne également cette adhésion générale à Maxence, ce qui ôte sa légitimité à Constantin: 'Le sénat, le peuple et les gardes prétoriennes, élurent d'un consentement unanime Maxence, fils du césar Maximien Hercule, déjà césar lui-même [...]. Ce Maxence est appelé tyran, usurpateur par nos historiens, qui sont toujours pour les gens heureux. Il était le protecteur de la religion païenne contre Constantin, qui déjà commençait à se déclarer pour les chrétiens. Païen et vaincu, il fallait bien qu'il fût un homme abominable' (p.248). Voir aussi l'art. 'Christianisme' (p.579) et *L'Examen important*, ch.30 (p.309).

CHAPITRE 9

Que les fausses légendes des premiers chrétiens n'ont point nui à l'établissement de la religion chrétienne.

Jésus-Christ avait permis que les faux évangiles se mêlassent aux véritables dès le commencement du christianisme; et même pour mieux exercer la foi des fidèles, les évangiles qu'on appelle aujourd'hui *apocryphes* précédèrent les quatre ouvrages sacrés qui sont aujourd'hui les fondements de notre foi; cela est si vrai 5 que les pères des premiers siècles, citent presque toujours quelqu'un de ces évangiles, qui ne subsistent plus. [1] Ni Barnabé, ni Clément, ni Ignace, enfin tous, jusqu'à Justin ne citent que ces

---

a-184   [*Première rédaction de ce chapitre*: w68]

---

* Ce chapitre, étant ajouté en 1769, doit beaucoup aux développements du *DP*, de *L'Examen important de milord Bolingbroke* (1766; *OCV*, t.62) et du *Supplément au Discours de l'empereur Julien* (*c.*1769; *OCV*, t.71B) sur les mêmes sujets; et il se réfère aux mêmes sources, avec les additions importantes de l'*Examen critique des apologistes de la religion chrétienne* (s.l., 1766, BV2546) de Lévesque de Burigny (attribué à Fréret) et *Les Véritables Actes des martyrs* recueillis par T. Ruinart (Paris, 1708, BV3052), que Voltaire redécouvre en 1762 (voir D5850, D10857, D10885); Voltaire utilise le tome 1. La polémique l'amène aussi à répéter ici des critiques ajoutées, également en 1769, dans les ch.8 et 10 de l'*EM*. Son but est, en effet, de saper l'autorité du christianisme en dévalorisant les Evangiles canoniques par un amalgame avec les textes apocryphes, présentés comme des fraudes, et en réduisant le nombre des martyrs chrétiens (cette fois-ci c'est surtout saint Théodote qui fait les frais de son scepticisme), comme il le faisait déjà dans le ch.8 du *Traité sur la tolérance*, 'Si les Romains ont été tolérants' (*OCV*, t.56c). Le titre et le dernier paragraphe de ce chapitre indiquent assez qu'il veut renverser une situation selon lui totalement irrationnelle et, par ses dénonciations répétées, mettre fin à une imposture.

[1] En 1766, Voltaire consacrait un chapitre de *L'Examen important* aux évangiles et en dénombrait plus de 50 (p.230-37). En 1767, dans l'art. 'Evangile' du *DP* (*OCV*, t.36, p.79-86), il multipliait les précisions érudites, en utilisant l'*Examen critique* de Lévesque de Burigny. Voltaire avait lu avec admiration cet ouvrage en juin 1766 (voir D13345, et l'art. 'Evangile', n.1).

apocryphes.[2] Clément, par exemple, dans le VIIIᵉ chap. épit. II,
s'exprime ainsi: *Le Seigneur dit, dans son Evangile; si vous ne gardez
pas le petit, qui vous confiera le grand?* Or ces paroles ne sont ni dans
Matthieu, ni dans Marc, ni dans Luc, ni dans Jean. Nous avons
vingt exemples de pareilles citations.[3]

Il est bien évident que dans les dix ou douze sectes qui
partageaient les chrétiens dès le premier siècle, un parti ne se
prévalait pas des évangiles de ses adversaires, à moins que ce ne fût
pour les combattre; chacun n'apportait en preuves que les livres de
son parti.[4] Comment donc les Pères de notre véritable Eglise, ont-
ils pu citer les évangiles qui ne sont point canoniques? il faut bien

12-14   w68: Jean. ¶Il

[2] Cette remarque est calquée sur une phrase de Burigny: voir aussi l'art. 'Evangile'
(p.79); *L'Examen important*, ch.14 (p.236). Voltaire estime que les quatre Evangiles
canoniques, fabriqués un siècle ap. J.-C., ont été entre les mains du public seulement
dans les dernières années de Dioclétien (sur cette datation et les variations de
Voltaire, voir l'art.'Evangile', n.18). Dans *L'Examen important*, ch.32 (p.317), et
l'art. 'Conciles' du *DP* (1767; *OCV*, t.35, p.618), Voltaire explique par un épisode
burlesque la distinction, faite lors du concile de Nicée, entre les livres apocryphes et
les autres.

[3] Sur saint Clément, pape du premier siècle, et sur les ouvrages qui lui ont été
faussement attribués, voir le *Discours de l'empereur Julien* (*OCV*, t.71B, p.376-77,
n.7). Dans l'art. 'Evangile', Voltaire ajoute qu'on pourrait trouver 'cent exemples'
comparables (p.81) alors que l'*Examen critique des apologistes* se borne à en compter
cinq. L'authenticité de la seconde épître de saint Clément aux Corinthiens étant plus
que douteuse, selon Eusèbe même (*Histoire de l'Eglise*, trad. fr., Paris, 1675, BV1250,
livre 3, ch.38), Voltaire cite un texte apocryphe pour 'prouver' que les Pères citaient
des évangiles apocryphes (ce texte se trouve dans *S. Clementis Epistolae duae ad
Corinthios*). On trouve le même procédé dans l'art. 'Evangile' (p.80-81), dans la
Collection d'anciens évangiles (*OCV*, t.69, p.75, 85, et n.3, 61, renvoyant à Fabricius,
Codex apocryphus Novi Testamenti, Hambourg, 1719-1743, BV1284), et dans l'art.
'Apocryphe' des *QE* (*OCV*, t.38, p.464; voir aussi p.480, n.89).

[4] Idée développée dans l'art. 'Tolérance II' du *DP*: 'Il y eut bientôt trente
évangiles [on passe de 30 à 50 dans l'édition Varberg de 1765], dont chacun
appartenait à une société différente; et dès la fin du premier siècle on peut compter
trente sectes de chrétiens dans l'Asie Mineure, dans la Syrie, dans Alexandrie, et
même dans Rome' (*OCV*, t.36, p.561); *L'Examen important* notait aussi, ch.14:
'chacun de ces petits troupeaux voulut faire son évangile' (p.230).

que ces écrits fussent regardés alors comme authentiques et comme   20
sacrés. [5]

Ce qui paraîtrait encore plus singulier si on ne savait pas de quel
excès la nature humaine est capable, ce serait que dans toutes les
sectes chrétiennes réprouvées par notre Eglise dominante, il se fût
trouvé des hommes, qui eussent souffert la persécution pour leurs   25
évangiles apocryphes. Cela ne prouverait que trop que le faux zèle
est martyr de l'erreur, ainsi que le véritable zèle est martyr de la
vérité. [6]

On ne peut dissimuler les fraudes pieuses, que malheureusement
les premiers chrétiens de toutes les sectes employèrent pour   30
soutenir notre religion sainte, qui n'avait pas besoin de cet appui
honteux. On supposa une lettre de Pilate à Tibère, dans laquelle
Pilate dit à cet empereur: 'Le Dieu des Juifs leur ayant promis de
leur envoyer son saint du haut du ciel, qui serait leur roi à bien juste
titre, et ayant promis qu'il naîtrait d'une vierge, le Dieu des Juifs l'a   35
envoyé en effet, moi étant président en Judée.' [7]

23   w68: capable, c'est que
24-25   w68: se soit trouvé des hommes qui aient souffert
26   w68: prouve

[5] Voltaire les fait connaître en publiant, en avril-mai 1769, à partir du *Codex* de
Fabricius, sa *Collection d'anciens évangiles*. L'art. 'Apocryphe' consacrera une section
aux 'livres apocryphes de la nouvelle loi' (p.461-65).

[6] Même remarque, plus développée, dans l'art. 'Evangile', où, évoquant les
'premiers hérétiques qui moururent pour ces évangiles apocryphes', Voltaire ajoute:
'Il y eut donc des faussaires, des séducteurs et des gens séduits qui moururent pour
l'erreur; ce n'est donc pas une preuve de la vérité de notre religion que des martyrs
soient morts pour elle' (p.83), remarque tirée de l'*Examen critique des apologistes*
(p.23, 142-58).

[7] Le *Traité sur la tolérance*, ch.10, mentionnait déjà les 'fraudes pieuses' (p.184),
auxquelles sont consacrés cinq chapitres (15, 16, 17, 20, 21) de *L'Examen important* et
le ch.36, 'Fraudes innombrables des chrétiens', de *Dieu et les hommes*. *L'Examen
important*, ch.20, condense également cette lettre (p.252), déjà mentionnée dans l'art.
'Christianisme, recherches historiques' du *DP* (*OCV*, t.35, p.564) et dans le
Supplément au Discours de l'empereur Julien (p.365-66). Sur le contenu et les sources,

On supposa un prétendu édit de Tibère, qui mettait Jésus au rang des dieux; on supposa des lettres de Sénèque à Paul, et de Paul à Sénèque.[8] On supposa le testament des douze patriarches, qui
40 passa très longtemps pour authentique, et qui fut même traduit en grec par saint Jean Chrysostome.[9] On supposa le testament de Moïse, celui d'Enoc, celui de Joseph: on supposa le célèbre livre d'Enoc que l'on regarde comme le fondement de tout le christianisme; puisque c'est dans ce seul livre qu'on rapporte l'histoire de
45 la révolte des anges précipités dans l'enfer, et changés en diables pour tenter les hommes.[10] Ce livre fut forgé dès le temps des apôtres, et avant même qu'on eût les épîtres de saint Jude qui cite les prophéties de cet Enoc *septième homme après Adam*. C'est ce que nous avons déjà indiqué dans le chapitre des Indes.[11]

48-50   w68-w75G: *Adam.* ¶On

voir la *Collection d'anciens évangiles*, '1re Lettre de Pilate à l'empereur Tibère' (p.218 et n.1). Voltaire y a joint une autre lettre de Pilate et une 'Relation du gouverneur Pilate, envoyée à l'empereur Tibère qui était à Rome' (p.221-24). Dans le ch.10, ligne 36, Voltaire fera à nouveau allusion à la lettre mentionnée ici.

[8] D'après Eusèbe, qui mentionne la proposition, faite par l'empereur et rejetée par le Sénat, d'admettre Jésus-Christ comme dieu (livre 2, ch.2): voir ci-dessous, ch.10, lignes 35-40. Termes semblables dans le ch.20 de *L'Examen important* pour l'édit de Tibère et les lettres échangées par Paul et Sénèque (p.253-54), la source étant toujours Fabricius (voir signet: 'lettres ridicules / de paul', *CN*, t.3, p.465). Sur cet ensemble de quatorze lettres, voir le *Supplément au Discours de l'empereur Julien* (p.366, n.9).

[9] L'exégèse chrétienne accordait de l'importance à ces textes en raison de leur date très ancienne et du fait que leur auteur était manifestement un chrétien. Pour le texte intégral, voir J. P. Migne, *Patrologia cursus, series graeca* (Paris, 1857-1912, t.2, p.1025-159); on trouve aussi dans J. E. Grabe, *Spicilegium SS. Patrum, ut et haereticorum* (Oxford, 1700, BV1509), p.134-35, un signet qui porte: 'livre / dhenoc, / testam<en>t / des douze / patriar<ches> / traduit / de lhé/breu par / st jean / chrisostome' (*CN*, t.4, p.169). Dans *L'Examen important*, ch.21, ce Testament (également évoqué dans l'art. 'Apocryphe') est mentionné comme 'une des plus anciennes impostures de ces novateurs énergumènes' (p.256).

[10] Indications très proches de celles données par *L'Examen important*, ch.21 (p.257). Le testament de Moïse figure dans la liste donnée par Grabe (*CN*, t.4, p.169-70).

[11] Pour la précédente mention d'Enoch et de Jude, voir ci-dessus, ch.3, lignes 99-

On supposa une lettre de Jésus-Christ à un prétendu roi 50
d'Edesse, dans le temps qu'Edesse n'avait point de roi et qu'elle
appartenait aux Romains. (a)[12]

On supposa les voyages de saint Pierre, l'apocalypse de saint
Pierre, les actes de saint Pierre, les actes de saint Paul, les actes de
Pilate; on falsifia l'histoire de Flavien Joseph, et on fut assez 55
malavisé pour faire dire à ce Juif si zélé pour sa religion juive que
Jésus était le Christ, le Messie.[13]

(a) On donne à ce prétendu roi le nom propre d'Abgare. *Le roi Abgare
à Jésus*. Et Abgare était le titre des anciens princes de ce petit pays.

n.a　w68: [*absente*]

---

102 et n.17. Cette même citation (Jude 14) se trouve dans *L'Examen important*, ch.21
(p.257). Calmet, dans sa *Préface sur l'Epître de saint Jude* (*Commentaire littéral*, t.15,
p.340), explique que l'on a contesté la canonicité de cette épître parce que le livre
d'Enoch y est cité comme une prophétie véritable. Voltaire a marqué d'un trait en
marge le verset cité: 'Enoch, qui a été le septième depuis Adam' (*CN*, t.2, p.164).
Dans la Troisième Homélie des *Homélies prononcées à Londres* (1767), Voltaire cite
les versets 13-14 et y voit l'origine de la croyance à la chute des mauvais anges (*OCV*,
t.62, p.464). Voir aussi *La Philosophie de l'histoire*, ch.48 (*OCV*, t.59, p.255-58), et
Dieu et les hommes, ch.5 (*OCV*, t.69, p.293).

[12] La même mention d'une lettre de Jésus-Christ à un certain Abgare, roi d'Edesse
en Mésopotamie, alors qu'il n'y avait plus de roi à Edesse, se trouve dans l'art.
'Christianisme' (p.564), dans *L'Examen important*, ch.21 (p.258), et dans le
Supplément au Discours de l'empereur Julien (p.366). Une source possible est
J. Basnage, *Histoire des Juifs, depuis Jésus-Christ jusqu'à présent* (Paris, 1710,
BV282; Voltaire a marqué le passage d'un signet: 'abgar / non / roi / d'Edesse',
CN, t.1, p.226). Mais plus loin (voir ch.10, lignes 31-34), il rend, à juste titre, Eusèbe
(livre 1, ch.13) responsable de cette légende. D'autres sources possibles sont Grabe
(voir *CN*, t.4, p.173) et Fabricius; voir le *Supplément au Discours de l'empereur Julien*
(p.366, n.8). Par l'addition de la note (a), en 1775, Voltaire renforce sa critique.

[13] Cette même énumération, encore allongée, se lit dans *L'Examen important*,
ch.21 (p.258). La source est encore Fabricius, *Codex* (voir *CN*, t.3, p.461-62, 466-67).
La plupart des textes mentionnés dans ce chapitre de l'*EM* seront évoqués dans l'art.
'Apocryphe' (p.449-86). Le début de l'art. 'Christianisme', et la note (a), ajoutée en
1769, mentionnent cette falsification du texte de Josèphe. Voltaire utilise
W. Warburton, *The Divine Legation of Moses* (Londres, 1755, BV3826); il a
également consulté et annoté J.-F. Bernard, *Dissertations mêlées* (Amsterdam,

On écrivit le roman de la querelle de saint Pierre avec Simon le magicien, d'un mort, parent de Néron, qu'ils se chargèrent de ressusciter, de leur combat dans les airs, du chien de Simon qui apportait des lettres à saint Pierre, et qui rapportait les réponses. [14]

On supposa des vers des sibylles, qui eurent un cours si prodigieux qu'il en est encore fait mention dans les hymnes que les catholiques romains chantent dans leurs églises:

Teste David cum sibylla. [15]

Enfin on supposa un nombre prodigieux de martyrs que l'on confondit, comme nous l'avons déjà dit, avec les véritables. [16]

Nous avons encore les actes du martyre de saint André l'apôtre,

60

65

63-65   w68-w75G: dans nos hymnes: ¶*Teste*

1740, BV365), où figure (t.2) une 'Dissertation sur le témoignage en faveur de Jésus-Christ, qu'on trouve au XVIIIe livre des Antiquités judaïques de Joseph' (*CN*, t.1, p.301-302, fait état d'une dizaine de corrections minimes de la part de Voltaire). Sur les critiques et les discussions suscitées autour de cette question en 1769, voir l'art. 'Christianisme' (p.545-46 et n.2-3).

[14] Pour cette querelle, voir ci-dessus, ch.8 et n.19. Voltaire ajoute ici le détail cocasse des chiens messagers, qui se trouve également dans le *Supplément au Discours de l'empereur Julien*: 'après s'être fait tous deux des compliments par leurs chiens qui parlaient très bon latin' (p.365 et n.6). Ils figurent aussi dans le *Mandement du révérendissime père en Dieu Alexis* (*M*, t.25, p.349), et *Le Dîner du comte de Boulainvilliers* (*OCV*, t.63A, p.375).

[15] Voltaire s'est servi de D. Blondel, *Des sibylles célébrées tant par l'antiquité païenne que par les saints Pères* (Paris, 1649, BV428). Les vers dont il s'agit s'appuient à la fois sur les prédictions de David et celles de la sibylle. Voltaire évoque fréquemment ces vers, par exemple dans *La Philosophie de l'histoire*, ch.32 (p.197); *La Défense de mon oncle* (*OCV*, t.64, p.248); le *Supplément au Discours de l'empereur Julien* (p.367); *Dieu et les hommes*, ch.36 (p.441); et l'art. 'Apocryphe' (p.486).

[16] Dans le *Traité sur la tolérance*, ch.9 (p.168-79), et l'art. 'Martyre' du *DP* (*OCV*, t.36, p.334-38), Voltaire adoptait déjà la position de Dodwell, *Dissertationes Cyprianicae* (1682), selon qui le nombre de martyrs de l'Eglise primitive était bien inférieur à celui qu'on supposait généralement. Sur l'ouvrage de Dodwell, la controverse avec Ruinart et le jugement de Voltaire, voir le *Traité sur la tolérance* (p.299, n.27).

qui sont reconnus pour faux par les plus pieux et les plus savants critiques, de même que les actes du martyre de saint Clément.[17] 70

Eusèbe de Césarée au quatrième siècle recueillit une grande partie de ces légendes. C'est là qu'on voit d'abord le martyre de saint Jacques frère aîné de Jésus-Christ, qu'on prétend avoir été un bon Juif, et même récabite,[18] et que les Juifs de Jérusalem appelaient Jacques le juste. Il passait les journées entières à prier 75 dans le temple. Il n'était donc pas de la religion de son frère. Ils le pressèrent de déclarer que son frère était un imposteur, mais Jacques leur répondit: sachez qu'il est assis à la droite de la souveraine puissance de Dieu, et qu'il doit paraître au milieu des nuées, pour juger de là tout l'univers.[19] 80

Ensuite vient un Siméon, cousin germain de Jésus-Christ, fils d'un nommé Cléophas, et d'une Marie, sœur de Marie mère de Jésus. On le fait libéralement évêque de Jérusalem. On suppose qu'il fut déféré aux Romains comme descendant en droite ligne du roi David, et on fait voir par là qu'il avait un droit évident au 85 royaume de Jérusalem aussi bien que saint Jude. On ajoute que

85   w68-w75G: David; qu'il
86-87   w68-w75G: Jude; que Trajan, qui craignait extrêmement

[17] Les Actes du martyre de saint Clément sont cités parmi les actes incertains ou fabuleux par L.-E. Dupin dans sa *Nouvelle Bibliothèque des auteurs ecclésiastiques* (Paris, 1690-1730, BV1167), t.1, p.757 (signet: 'fausses / persécutions / faux martirs', *CN*, t.3, p.313). Les gestes du bienheureux apôtre André, jugés plus que suspects, ceux de Jacques le Majeur et de quelques autres seront rapportés dans l'art. 'Apocryphe' (p.468-71).

[18] Le groupe des récabites est déjà mentionné dans Jérémie 35:2. En résumant ce chapitre dans son *Commentaire* (p.314-15), Calmet insiste sur leur constante obéissance aux règles imposées par leur ancêtre (signet, 'Récabites', *CN*, t.2, p.321). Pour s'y conformer, ils ne buvaient pas de vin, vivaient sous la tente, ne devaient pas faire de semaille, ni avoir de possession. Cette austérité de vie se retrouve dans le portrait que trace Voltaire de Jacques le Mineur dans l'art. 'Apôtres' des *QE*: 'Il était récabite, ne se faisant jamais raser, marchant pieds nus, allant se prosterner dans le temple des Juifs deux fois par jour, et surnommé par les Juifs *Oblia*, qui signifie *Le Juste* (*OCV*, t.38, p.509 et n.20, pour les sources, Ruinart et Eusèbe).

[19] Eusèbe (livre 2, ch.1, 23); voir *CN*, t.3, p.440, signet: 'St Jacques / le premier / de tous'. Ruinart évoque également ce martyre (p.1-6), mais il s'appuie en fait sur Eusèbe.

Trajan, craignant extrêmement la race de David, ne fut pas si clément envers Siméon, que Domitien l'avait été envers les petits-fils de Jude, et qu'il ne manqua pas de faire crucifier Siméon de peur
90 qu'il ne lui enlevât la Palestine. Il fallait que ce cousin germain de Jésus-Christ fût bien vieux, puisqu'il vivait sous Trajan dans la 107ème année de notre ère vulgaire. [20]

On supposa une longue conversation entre Trajan et saint Ignace à Antioche. Trajan lui dit: *Qui es-tu, esprit impur, démon infernal?*
95 Ignace lui répondit: *Je ne m'appelle* point *esprit impur*. Je m'appelle *porte-Dieu*. Cette conversation est tout à fait vraisemblable. [21]

Vient ensuite une sainte Symphorose avec ses sept enfants qui allèrent voir familièrement l'empereur Adrien, dans le temps qu'il bâtissait sa belle maison de campagne à Tibur. Adrien, quoiqu'il ne
100 persécutât jamais personne, fit fendre en sa présence le cadet des sept frères, de la tête en bas, et fit tuer les six autres avec la mère par des genres différents de mort, pour avoir plus de plaisir. [22]

[20] Pour les deux histoires évoquées, Voltaire suit toujours Eusèbe (livre 3, ch.11, 22, 32), suivi par Fleury, *Histoire ecclésiastique* (livre 2, année 85, §52 pour les petits-fils de Jude; livre 3, §1 pour Siméon qui fut crucifié à 120 ans par ordre du gouverneur Atticus). Siméon, évêque de Jérusalem, et Ignace, évêque d'Antioche, sont mentionnés par Dupin (t.1, p.757; *CN*, t.3, p.313). Sur les petit-fils de Jude, voir ci-dessus, ch.8, lignes 136-45 et n.29.

[21] Ignace, évêque d'Antioche, désirant le supplice pour l'amour de Jésus, traita de démons les dieux de ce Trajan qu'il avait rencontré à Séleucie. Puis, ajoutant la provocation à l'insolence, il se nomma *Théophore*. Excédé, Trajan le condamna à être dévoré par des bêtes sauvages. Son histoire est rapportée par Ruinart (p.8-25). Voltaire a déjà dénoncé cette invraisemblance dans le *Traité sur la tolérance*, ch.9 (p.176-77, n.(*g*)). Une brève allusion à cette conversation figure aussi dans *L'Examen important*, ch.27 (p.290).

[22] Symphorose avait appelé démons les dieux d'Adrien, et avait outragé les dieux lares en sacrifiant à Dieu devant eux, si bien qu'ils refusèrent les sacrifices rituels que l'empereur voulait faire pour l'inauguration de son palais de Tivoli. Comparaissant devant lui, elle demande le martyre pour rejoindre son mari et son beau-frère, déjà exécutés. Battue, suspendue par les cheveux, elle est finalement jetée dans le fleuve. Le lendemain, ses sept fils sont également martyrisés. L'histoire de Symphorose, que l'on trouve chez Ruinart (p.25-29), suivi par Fleury (livre 3, année 134, §31), est brièvement évoquée dans *L'Examen important*, ch.27 (p.290), et plus longuement dans l'art. 'Martyrs' des *QE* (*M*, t.20, p.37-38), où figure la référence au livre des Maccabées pour expliquer la répétition, d'une histoire à l'autre, de l'exécution de sept enfants.

Sainte Félicité et ses sept enfants, car il en faut toujours sept, est interrogée avec eux, jugée et condamnée par le préfet de Rome dans le champ de Mars, où on ne jugeait jamais personne. Le préfet 105 jugeait dans le prétoire; mais on n'y regarda pas de si près. [23]

Saint Polycarpe étant condamné au feu, on entend une voix du ciel, qui lui dit: *Courage, Polycarpe, sois ferme*; et aussitôt les flammes du bûcher se divisent et forment un beau dais sur sa tête, sans le toucher. [24] 110

Un cabaretier chrétien nommé saint Théodote, [25] rencontre dans un pré le curé Fronton, auprès de la ville d'Ancyre, on ne sait pas trop quelle année, et c'est bien dommage; mais c'est sous l'empereur Dioclétien. *Ce pré*, dit la légende recueillie par le révérend père Bollandus, [26] *était d'un vert naissant, relevé par les* 115

[23] Voir Fleury (livre 3, année 150, §42), qui suit Ruinart (p.26-27). Sainte Félicité est parfois associée à sainte Perpétue, dans *L'Examen important*, ch.27 (p.289), et dans l'art. 'Martyrs' (p.41-42: '2° Sainte Félicité et encore sept enfants'). Sa légende était déjà mentionnée dans le *Traité sur la tolérance*, ch.10 (p.181-82).

[24] Voir Fleury (livre 3, année 167, §48) et Ruinart (t.1, p.39-60). Voltaire émet les mêmes doutes sur l'histoire de Polycarpe dans le *Traité sur la tolérance*, ch.9 (p.177), *L'Examen important*, ch.27 (p.290), et plus longuement dans l'art. 'Martyrs' (p.39).

[25] Pour la légende de saint Théodote et des sept vierges d'Ancyre, Voltaire suit Ruinart (p.531-90) plutôt que la version moins détaillée de Fleury (livre 8, année 302, §35-37) qu'il ridiculise (voir l'art. 'Martyre', p.335, où Voltaire prétend que Fleury 'a déshonoré [son livre] par des contes qu'une vieille femme de bon sens ne ferait pas à des petits enfants'). Ce chapitre est le plus long de Ruinart, qui insiste sur le caractère *vécu* du témoignage: 'auctore Nilo teste oculato'. Voltaire évoque déjà la légende dans le *Traité sur la tolérance*, ch.10 (p.180-81), et la répète dans l'art. 'Martyre' (p.335-36). Périodiquement – et jusqu'à la fin de sa vie (voir les *Lettres chinoises, indiennes et tartares*, *M*, t.29, p.455) – il reviendra sur Théodote afin de dénoncer de façon fugitive et péremptoire 'ces détestables absurdités' (*Le Pyrrhonisme de l'histoire*, *OCV*, t.67, p.266). Mais c'est dans *L'Examen important*, ch.27, que, cédant à sa verve, il en fait un conte burlesque (p.293-95): voir P. Rétat, 'La bouffonnerie voltairienne: une leçon de tolérance?', dans *La Tolérance au risque de l'histoire, de Voltaire à nos jours*, éd. M. Cornaton (Lyon, 1995), p.199-204. Voltaire reproduit ici à peu près la même version avec de nouvelles fioritures; il la remanie quelque peu en 1771 pour y incorporer de nouvelles touches humoristiques dans l'art. 'Martyrs' des *QE* (p.42-44).

[26] Le P. J. Bolland commença le vaste travail des vies des saints, connu sous le nom d'*Acta sanctorum*, en 1643. Le premier volume connut un succès si considérable que le pape Alexandre VII le pressa de continuer ses travaux à Rome. Son grand

nuances diverses que formaient les divers coloris des fleurs. Ah! le beau pré, s'écria le saint cabaretier, *pour y bâtir une chapelle! Vous avez raison*, dit le curé Fronton, *mais il me faut des reliques. Allez, allez*, reprit Théodote, *je vous en fournirai.*[27] Il savait bien ce qu'il disait. Il y avait dans Ancyre sept vierges chrétiennes d'environ soixante et douze ans chacune. Elles furent condamnées par le gouverneur à être violées par tous les jeunes gens de la ville, selon les lois romaines; car ces légendes supposent toujours qu'on faisait souffrir ce supplice à toutes les filles chrétiennes.

Il ne se trouva heureusement aucun jeune homme qui voulût être leur exécuteur, il n'y eut qu'un jeune ivrogne,[28] qui eut assez de courage pour s'attaquer d'abord à sainte Técuse, la plus jeune de toutes, qui était dans sa soixante et onzième année. Técuse se jeta à ses pieds, lui montra la *peau flasque de ses cuisses décharnées, et toutes ses rides pleines de crasse, etc.*:[29] cela désarma le jeune homme; le gouverneur indigné que les sept vieilles eussent conservé leur pucelage, les fit sur-le-champ prêtresses de Diane et de Minerve, et elles furent obligées de servir toutes nues ces deux déesses, dont pourtant les femmes n'approchaient jamais que voilées de la tête aux pieds.

Le cabaretier Théodote les voyant ainsi toutes nues, et ne pouvant souffrir cet attentat fait à leur pudeur, pria Dieu avec larmes, qu'il eût la bonté de les faire mourir sur-le-champ; aussitôt le gouverneur les fit jeter dans le lac d'Ancyre une pierre au cou.

La bienheureuse Técuse apparut la nuit à saint Théodote. 'Vous dormez, mon fils, lui dit-elle, sans penser à nous. Ne souffrez pas,

---

âge ne le lui permettait pas, Bolland se fit remplacer par les PP. Henschen et Papebroeck (voir ci-dessous, n.37).

[27] Voltaire transcrit fidèlement le texte de Ruinart (t.i, p.551), à une seule exception près. Théodote ne dit pas 'Allez, allez, je vous en fournirai', mais 'C'est mon affaire, répliqua Théodote'.

[28] Ruinart parle tout simplement du 'plus effronté de la troupe' (p.553), alors que Fleury le désigne comme le 'plus imprudent de la troupe' (livre 8, année 302, §36).

[29] Ces détails, que Voltaire condense et arrange quelque peu, se trouvent chez Ruinart (t.i, p.553-54). Fleury se contente d'évoquer 'ses cheveux blancs' (livre 8, année 302, §36).

mon cher Théodote, que nos corps soient mangés par les truites.'[30]
Théodote rêva un jour entier à cette apparition.

La nuit suivante il alla au lac avec quelques-uns de ses garçons.
Une lumière éclatante marchait devant eux, et cependant la nuit   145
était fort obscure. Une pluie épouvantable tomba, et fit enfler le lac.
Deux vieillards *dont les cheveux, la barbe et les habits étaient blancs*
comme de la neige, lui apparurent alors, et lui dirent: Marchez, ne
craignez rien, voici un flambeau céleste, et vous trouverez auprès du lac,
un cavalier céleste, armé de toutes pièces qui vous conduira.[31]   150

Aussitôt l'orage redoubla. Le cavalier céleste se présenta avec
une lance énorme. Ce cavalier était le glorieux martyr Soziandre
lui-même, à qui Dieu avait ordonné de descendre du ciel sur un
beau cheval pour conduire le cabaretier.[32] Il poursuivit les sentinelles
du lac la lance dans les reins. Les sentinelles s'enfuirent. Théodote   155
trouva le lac à sec, ce qui était l'effet de la pluie; on emporta les sept
vierges, et les garçons cabaretiers les enterrèrent.

La légende ne manque pas de rapporter leurs noms: c'étaient
sainte Técuse, sainte Alexandra, sainte Phainé, hérétiques; et sainte
Claudia, sainte Euphrasie, sainte Matrone, et sainte Julite, catho-   160
līques.

Dès qu'on sut dans la ville d'Ancyre que ces sept pucelles
avaient été enterrées, toute la ville fut en alarmes et en combustion,[33]
comme vous le croyez bien. Le gouverneur fit appliquer Théodote
à la question.[34] *Voyez*, disait Théodote, *les biens dont Jésus-Christ*   165

---

[30] Ruinart (p.560) et Fleury (livre 8, année 302, §36) disent 'mangé des poissons'
et 'en proie aux poissons.'

[31] Voltaire reproduit Ruinart presque textuellement (p.562, 563). Fleury se
contente d'une rapide paraphrase.

[32] C'est Ruinart qui, ayant déjà évoqué 'S. Sosiandre' (p.563), l'appelle 'le
glorieux martyr Sosiandre' (p.564). Fleury l'appelle 'le martyr Sozandre'. Les
variantes ne nous aident pas à l'identifier: il n'a pas laissé de traces ailleurs.

[33] Cf. Ruinart, 'cette nouvelle mit toute la ville en combustion' (p.564); et
Fleury,'toute la ville fut en rumeur' (livre 8, année 302, §36).

[34] Paraphrase plus que rapide de Ruinart, où il est évident que 'la question'
implique toutes sortes de supplices infligés à Théodote 'guindé sur un chevalet'
(p.564-75).

comble ses serviteurs, il me donne le courage de souffrir la question, et bientôt je serai brûlé. Il le fut en effet. Mais il avait promis des reliques au curé Fronton pour mettre dans sa chapelle, et Fronton n'en avait point. Fronton monta sur un âne pour aller chercher ses reliques à Ancyre, et chargea son âne de quelques bouteilles d'excellent vin, car il s'agissait d'un cabaretier.[35] Il rencontra des soldats qu'il fit boire. Les soldats lui racontèrent le martyre de saint Théodote. Ils gardaient son corps, quoiqu'il eût été réduit en cendres. Il les enivra si bien qu'il eut le temps d'enlever le corps. Il l'ensevelit et bâtit sa chapelle. *Eh bien*, lui dit saint Théodote, *t'avais-je pas bien dit que tu aurais des reliques?*[36]

Voilà ce que les jésuites Bollandus et Papebroc ne rougirent pas de rapporter dans leur Histoire des saints.[37] Voilà ce qu'un moine nommé dom Ruinart a l'insolente imbécillité d'insérer dans ses Actes sincères. (*b*)

(*b*) Le Franc évêque du Puy-en-Velai, dans une pastorale aux habitants de ce pays,[38] a pris le parti de tous ces outrages ridicules faits à la raison, et à la vraie piété. Que ne dit-il aussi que le prépuce de la verge de Jésus-Christ soigneusement gardé au Puy-en-Velai, est une

n.*b*   w68: [*absente*]
n.*b*, 4   w75G: Jésus-Christ, est [w75G*: ᵛ]
n.*b*, 4-5   ᴋ: Puy-en-Velay, et une vieille statue d'Isis qu'on y prend pour une image de la Vierge, sont des pièces authentiques?

[35] On aurait sans doute tendance à trouver ici une interpolation humoristique voltairienne. Il n'en est rien. Ruinart écrit: '[le prêtre Fronton] conduisait aussi une ânesse chargée de deux outres d'excellent vin vieux qui était de son cru' (p.583).

[36] La dernière phrase du récit de ce chapitre est de l'invention de Voltaire.

[37] Le P. D. Papebroeck continua inlassablement dès 1659 le travail de Bolland (mort en 1665). Il figure ici à double titre car c'est lui qui avait traduit l'histoire originale des sept vierges du grec en latin.

[38] Dans l'*Instruction pastorale de Mgr l'évêque du Puy sur la prétendue philosophie des incrédules modernes* (Puy, 1763, BV1996), J.-G. Lefranc de Pompignan attaque Voltaire et défend les récits de miracles rapportés par Fleury, récits que Voltaire avait vertement condamnés dans l'art. 'Martyre' (p.335).

Tant de fraudes, tant d'erreurs, tant de bêtises dégoûtantes, dont nous sommes inondés depuis dix-sept cents années, n'ont pu faire tort à notre religion. Elle est sans doute divine, puisque dix-sept siècles de friponneries et d'imbécillités n'ont pu la détruire, et nous révérons d'autant plus la vérité que nous méprisons le mensonge.   185

---

pièce authentique? [39] Quelle infamie de vouloir toujours tromper les   5
hommes! et quelle sottise de s'imaginer qu'on les trompe aujourd'hui!

[39] Depuis le *Traité sur la tolérance*, ch.20 (qui faisait déjà allusion à l'adoration des reliques du saint nombril et du saint prépuce de Jésus, p.244), jusqu'aux *Lettres chinoises, indiennes et tartares* (p.489), Voltaire ne se fait pas faute de dénoncer ces aberrations: voir, par exemple, les art. 'Géographie' et 'Superstition' des *QE* (*M*, t.19, p.255; t.20, p.447), et *Notebook fragments*, 42 (*OCV*, t.82, p.674).

CHAPITRE 10

Suite de l'établissement du christianisme. Comment Constantin en fit la religion dominante. Décadence de l'ancienne Rome.

Le règne de Constantin est une époque glorieuse pour la religion chrétienne, qu'il rendit triomphante. On n'avait pas besoin d'y

a-196 [*Première rédaction de ce chapitre*: w56]
a w56: [*pas de rupture*]
   61: Chapitre 8
1-2 w56-61: religion, qu'il

---

* Le titre de ce chapitre souligne déjà la corrélation, évidente aux yeux de Voltaire, entre la montée du christianisme et la décadence de Rome. Tous les traits rapportés concourent à donner de l'empereur Constantin un portrait fort sombre. Voltaire voit en lui le responsable du déclin de Rome, comme du triomphe du christianisme, qui n'alla pas sans querelles sanglantes, et du dangereux enrichissement des évêques. La polémique est accentuée par les additions de 1769, tendant à ridiculiser un des plus célèbres panégyristes de Constantin, Eusèbe de Césarée. Voltaire avait écrit, expressément pour Mme Du Châtelet, un opuscule qui fut publié en 1756, sous le titre de 'De Constantin' (*M*, t.18, p.247-51), où il montrait l'empereur comme un ambitieux qui voulait 'être le maître en tout' (p.250). La longue citation, tardivement ajoutée, de la prétendue donation de Constantin, souligne encore le lien que l'auteur veut établir entre christianisme et imposture. Voltaire revient maintes fois sur le règne et surtout la personne de Constantin, sans doute l'un des personnages historiques qu'il détestait le plus cordialement. Déjà, dans les années 1750, comme le prouve le *Saint-Fargeau notebook* (*OCV*, t.81, p.149-50), il l'avait en horreur, non pas uniquement comme le génie tutélaire d'un christianisme vite devenu intolérant et constamment persécuteur, mais surtout peut-être pour ses défauts de caractère. Dans de nombreux ouvrages englobant les vingt dernières années de sa vie, il le traite de 'scélérat' et de 'parricide', d'hypocrite consommé, de 'tyran' et de 'monstre', même du 'plus sanguinaire tyran qui [ait] souillé le trône des Titus': voir les art. 'Arius', 'Baptême' et 'Julien le philosophe' du *DP* (*OCV*, t.35, p.371, 399; t.36, p.267); *L'Examen important de milord Bolingbroke* (1766; *OCV*, t.62, ch.30, p.309-11); le *Discours de l'empereur Julien* (c.1769; *OCV*, t.71B, p.243, 244, 253); *De la paix perpétuelle* (*M*, t.28, p.120, 123). A la fin de sa vie, la haine qu'il lui voue est toujours la même: dans le *Prix de la justice et de l'humanité* (1777; *OCV*, t.80B, p.151), il

joindre des prodiges, comme l'apparition du *labarum* dans les
nuées, sans qu'on dise seulement en quel pays cet étendard apparut.
Il ne fallait pas écrire que les gardes du *labarum* ne pouvaient jamais 5
être blessés.[1] Le bouclier tombé du ciel dans l'ancienne Rome,
l'*oriflamme* apporté à saint Denis par un ange, toutes ces imitations

---

l'appelle 'le plus débauché des empereurs'. Ce sont les critiques que Voltaire adresse
à Constantin dans l'*EM* même qui lui valent la riposte de Nonnotte: 'Tout ce qui se
pourrait dire de plus affreux des Tibère et des Néron, on l'emploie pour faire le
caractère du premier des empereurs chrétiens. On répand un fiel amer sur toutes ses
actions et sur toute sa conduite; on s'efforce de faire naître dans toutes les âmes des
sentiments d'horreur au seul nom de Constantin. On nous le représente comme un
injuste usurpateur de l'empire, un despote fastueux et capricieux dans les conciles, un
perfide et sanguinaire rival de ses collègues, un monstre dans sa famille' (*Les Erreurs
de Voltaire*, Amsterdam [Paris], 1766, BV2579, ch.4, 'De Constantin le Grand').
Comme dans les chapitres précédents, Voltaire a utilisé particulièrement les livres
d'Eusèbe, de Fleury, de l'historien L. Echard, de L.-E. Dupin, *L'Histoire des
empereurs* de Le Nain de Tillemont (Bruxelles, 1707-1712, BV2034), mais aussi un
texte de P. Du Moulin, *Nouveauté du papisme, opposée à l'antiquité du vrai
christianisme* (Genève, 1633, BV1148).
[1] Cf. le *Saint-Fargeau notebook*: 'Labarum, drapeau ancien des romains. Si
Constantin et l'armée avaient vu dans ce drapeau et le nom de Jésus-Christ dans le
ciel Constantin ne l'eût-il pas dit dans quelque édict ? Il y avait dans ces anciens
drapeaux une figure en forme de croix. Le P dont il est chargé n'est point le
monograme du Christ; on ne dit point dans quel endroit ni dans quel royaume ce signe
apparut. Eusèbe est l'auteur de ce conte. Oiselle l'a réfuté dans son Trésor des
médailles' (p.149). C'est au moment de la lutte finale de Constantin avec Maxence
qu'on place la vision qu'il eut en 312 d'une croix lumineuse qu'il aperçut dans le ciel
avec l'inscription *in hoc signo vinces*. Par la suite, Constantin fit mettre à la place de
l'aigle une croix (également dénommée *labarum*) avec un chiffre exprimant le nom de
Jésus. Voir Eusèbe, *Vie de l'empereur Constantin* (insérée dans l'*Histoire de l'Eglise*),
livre 1, ch.29-31 (passage concernant le combat contre Maxence, marqué d'un signet:
'labarum', *CN*, t.3, p.444), repris par Fleury (*Histoire ecclésiastique*, livre 9, année 312,
§43), et aussi Echard (*Histoire romaine*, éd. 1737, t.6, livre 5, ch.7), qui note également
la vertu protectrice de cet étendard, détail enseigné aux fidèles. Moréri, par exemple,
dans son art. 'Labarum', écrit que Constantin se servit toujours du nouveau *labarum*
'comme d'un rempart, qui le mettait à couvert de toutes sortes d'ennemis' (*Le Grand
Dictionnaire historique*, Amsterdam, 1740, BV2523). Voltaire se moque de cette 'fable'
dans, par exemple, l'opuscule 'De Constantin' (p.248); l'art. 'Julien' du *DP* (*OCV*,
t.36, p.268); l'*Histoire de l'établissement du christianisme*, ch.17, 'Du labarum' (*M*, t.31,
p.91-92); et dans l'art. 'Vision de Constantin' du fonds de Kehl (*M*, t.20, p.582-88).

du *Palladium* de Troye ne servent qu'à donner à la vérité l'air de la fable. [2] De savants antiquaires ont suffisamment réfuté ces erreurs
10 que la philosophie désavoue, et que la critique détruit. Attachons-nous seulement à voir comment Rome cessa d'être Rome. [3]

Pour développer l'histoire de l'esprit humain chez les peuples chrétiens, il fallut remonter jusqu'à Constantin, et même au-delà. C'est une nuit dans laquelle il faut allumer soi-même le flambeau
15 dont on a besoin. On devrait attendre des lumières d'un homme tel qu'Eusèbe évêque de Césarée, confident de Constantin, ennemi d'Athanase, homme d'Etat, homme de lettres, qui le premier fit l'histoire de l'Eglise. [4]

11-64   w56-61: Rome. ¶Constantin

[2] Voltaire mêle légendes païennes et chrétiennes en évoquant l'ancile, bouclier que le roi Numa prétendait tombé du ciel et auquel le sort de Rome aurait été attaché. L'oriflamme était à l'origine la bannière de l'abbaye de Saint-Denis et l'enseigne militaire de ses abbés et des suzerains, puis des rois de France. Sur la statue de Pallas, précipitée du ciel par Zeus et tombée en Troade au moment où Ilos allait fonder Troie, voir les art. 'Idole, idolâtre, idolâtrie' et 'Miracles' du *DP* (*OCV*, t.36, p.209 et n.11, p.376). Voir aussi A. Banier, *La Mythologie et les fables expliquées par l'histoire* (Paris, 1740, BV257, t.2, p.407-408), ouvrage que Voltaire a acheté puis emprunté à Walther (D1447, D5009). Parmi les 'savants antiquaires', Voltaire fait allusion sans doute aux réfutations dans le *Thesaurus selectorum numismatum* de J. Oiselius (ou Loisel) (Amsterdam, 1677), mentionnées dans le *Saint-Fargeau notebook* (voir ci-dessus, n.1), et 'De Constantin' (p.248). Echard mentionne également ces divergences, mais s'en rapporte à Eusèbe car il disait avoir su de Constantin même les circonstances de l'apparition (t.6, livre 5, ch.7)

[3] Voltaire déplore souvent les différences entre la Rome antique et la Rome papale: voir, en particulier, en 1751, le *Dialogue entre Marc Aurèle et un récollet*, où il met en relief les changements qu'il juge pour le moins choquants pour l'humanité (*OCV*, t.32A, p.133-41).

[4] Bien qu'il puise souvent dans son *Histoire de l'Eglise*, Voltaire n'est pas un grand admirateur d'Eusèbe dont il dénonce ordinairement la sotte crédulité, et l'admiration pour Constantin: voir l'annotation critique qu'il fait de l'*Histoire de l'Eglise* (*CN*, t.3, p.440-48), et à titre d'exemple la *Lettre sur les panégyriques* (*OCV*, t.63B, p.215-16); les *Conseils raisonnables à M. Bergier* (*M*, t.27, p.40); et l'*Histoire de l'établissement du Christianisme* (p.92). Ne nous étonnons donc pas si, le moment étant propice, les neuf paragraphes ajoutés en 1769 (lignes 12-63) se concentrent sur Eusèbe. Il glisse ici une première allusion aux querelles qui divisèrent les chrétiens sur la nature de Jésus (voir l'art. 'Christianisme, recherches historiques' du *DP*, *OCV*, t.35, p.582-84, et

Eusèbe historien Mais qu'on est étonné quand on veut s'instruire dans les écrits de
romanesque. cet homme d'Etat père de l'histoire ecclésiastique![5]   20

On y trouve, à propos de l'empereur Constantin, que 'Dieu a
mis les nombres dans son unité, qu'il a embelli le monde par le
nombre de deux, et que par le nombre de trois il le composa de
matière et de forme; qu'ensuite ayant doublé le nombre de deux, il
inventa les quatre éléments: que c'est une chose merveilleuse qu'en   25
faisant l'addition d'un, de deux, de trois et de quatre on trouve le
nombre de dix qui est la fin, le terme et la perfection de l'unité; et
que ce nombre dix si parfait multiplié par le nombre plus parfait de
trois qui est l'image sensible de la Divinité, il en résulte le nombre
des trente jours du mois.' (*a*)[6]   30

C'est ce même Eusèbe qui rapporte la lettre dont nous avons
déjà parlé, d'un Abgare roi d'Edesse à Jésus-Christ, dans laquelle il
lui offre sa *petite ville qui est assez propre*, et la réponse de Jésus-
Christ au roi Abgare.[7]

Il rapporte d'après Tertullien, que sitôt que l'empereur Tibère   35
eut appris par Pilate la mort de Jésus, Tibère, qui chassait les Juifs
de Rome, ne manqua pas de proposer au sénat d'admettre au
nombre des dieux de l'empire, celui qu'il ne pouvait connaître

(*a*) Eusèbe, Panégyrique de Constantin, chap. IV et V.

36 w75G: Jésus-Christ,

L'Examen important, ch.32, p.315-19). Cette dispute mérita constamment le mépris
de Voltaire; voir, par exemple, *De la paix perpétuelle* ('Plus la dispute était absurde,
plus elle devint sanglante: une diphtongue de plus ou de moins ravagea l'empire
romain trois cents années', p.121).

[5] Avant de se faire l'historien de l'Eglise, Eusèbe écrivit une *Chronique*, un résumé
de l'Histoire universelle depuis les Chaldéens jusqu'à l'an 303, et un *Recueil des Actes
des martyrs* dont il existe toujours des traces dans son *Histoire de l'Eglise*. Voltaire ne
pouvait que désapprouver son approche car il y fait œuvre de propagandiste et
d'apologiste (de façon très sélective) pour le christianisme.

[6] Reproduction approximative d'un long passage du ch.5 de la *Harangue à la
louange de l'empereur Constantin*, insérée dans l'*Histoire de l'Eglise* (signet: 'belle
arith / metique', *CN*, t.3, p.445).

[7] Eusèbe, livre 1, ch.13. Voir ci-dessus, ch.9, lignes 50-52 et n.12.

encore que comme un homme de Judée, que le sénat n'en voulut
40   rien faire, et que Tibère en fut extrêmement courroucé. [8]

Il rapporte d'après Justin la prétendue statue élevée à Simon le
magicien; il prend les Juifs thérapeutes pour des chrétiens. [9]

C'est lui qui sur la foi d'Hégésippe, prétend que les petits-
neveux de Jésus-Christ par son frère Jude, furent déférés à
45   l'empereur Domitien, comme des personnages très dangereux,
qui avaient un droit tout naturel au trône de David; que cet
empereur prit lui-même la peine de les interroger, qu'ils répondirent qu'ils étaient de bons paysans, qu'ils labouraient de leurs
mains un champ de trente-neuf arpents, le seul bien qu'ils
50   possédassent. [10]

Il calomnie les Romains autant qu'il le peut, parce qu'il était
Asiatique. Il ose dire que de son temps le sénat de Rome sacrifiait
tous les ans un homme à Jupiter. Est-il donc permis d'imputer aux
Titus, aux Trajans, aux divins Antonins des abominations dont
55   aucun peuple ne se souillait alors dans le monde connu? [11]

[8] Eusèbe, livre 2, ch.2. Voir ci-dessus, ch.9, lignes 37-38 et n.8. La source est bien
chez Tertullien, *Apologeticus adversus gentes*, 5.3, qui rapporte que Tibère, ayant agi
comme Voltaire le décrit, se mit en colère contre le sénat qui lui avait opposé une fin
de non-recevoir quant à la déification de Jésus, et menaça de mort les accusateurs des
chrétiens.

[9] Voltaire possédait de Justin *Opera quae exstant omnia* (Venise, 1747, BV1768).
C'est soit ici, dans son *Apologia* (1, p.60), qu'il trouve le détail concernant la statue
élevée à Simon (*CN*, t.4. p.638-39: 'simoni / deo sancto / ah le menteur / le cuistre'),
soit chez Eusèbe (livre 2, ch.13), soit encore chez Dupin: 'c'est un fait que des
critiques révoquent en doute avec assez de vraisemblance' (t.1, p.798; signet:
'ridicule / fable / de simon', *CN*, t.3, p.314). Dans une lettre du 1er février 1764
au marquis d'Argence, Voltaire écrit: 'Il n'est fait aucune mention dans les Actes des
apôtres, du voyage de Simon Barjone à Rome. Justin est le premier qui ait imaginé la
fable de Simon Barjone et de Simon le Magicien à Rome' (D11676). Les thérapeutes,
que l'on trouvait surtout aux environs d'Alexandrie (et que l'on apparente aux
esséniens), s'adonnaient à la prière, à la vie austère et à la contemplation, dans des
semnées semblables aux monastères. Voltaire en donne lui-même une définition assez
détaillée dans *La Bible enfin expliquée* (*M*, t.30, p.296); voir aussi Eusèbe (livre 2,
ch.16, 17).

[10] Voir ci-dessus, ch.8, lignes 136-45 et n.29.

[11] Cette formule, qui sert de vecteur à l'incrédulité de Voltaire devant l'attitude

C'est ainsi qu'on écrivait l'histoire dans ces temps où le changement de religion donna une nouvelle face à l'empire romain. Grégoire de Tours ne s'est point écarté de cette méthode, et on peut dire que jusqu'à Guichardin et Machiavel, nous n'avons pas eu une histoire bien faite. [12] Mais la grossièreté même de tous 60 ces monuments nous fait voir l'esprit du temps dans lequel ils ont été faits, et il n'y a pas jusqu'aux légendes qui ne puissent nous apprendre à connaître les mœurs de nos nations.

Conduite de Constantin, devenu empereur malgré les Romains, ne pouvait
Constantin. être aimé d'eux. [13] Il est évident que le meurtre de Licinius son 65 beau-frère assassiné malgré la foi des serments, Licinien son neveu

---

intraitable du christianisme orthodoxe vis-à-vis des païens vertueux de l'antiquité, devient au fil des textes des années 1762-1772 comme une sorte de rengaine. Ici il ne manque que l'habituel membre de phrase: 'les délices du genre humain'. Voir, par exemple, le *Traité sur la tolérance*, ch.22 (p.250); les art. 'Dogmes' et 'Persécution' du *DP* (*OCV*, t.36, p.35, 429); le *Commentaire sur le livre des délits et des peines* (*M*, t.25, p.571); l'*Anecdote sur Bélisaire* (*OCV*, t.63A, p.185); les art. 'Confiscation', 'Directeur' et 'Homme' des *QE* (*M*, t.18, p.233, 395; t.19, p.383). Voltaire a marqué d'un trait le passage de la *Harangue à la louange de l'empereur Constantin* (insérée dans *l'Histoire de l'Eglise*) où Eusèbe affirme qu'à l'époque même où il écrivait on immolait, à Rome, un homme le jour de la fête du Jupiter du Latium. Il conteste aussi que, chez les païens, la coutume d'égorger des victimes n'ait été abolie que sous le règne de l'empereur Adrien, 117-138 (signet: 'quel mensonge / impudent! Devant / quels ignorants / parloit il donc!', *Harangue*, p.807, 821; *CN*, t.3, p.446, 448).

[12] Voici une scie, mieux une 'signature', encore mieux connue que la précédente (lignes 53-54), car Voltaire y a souvent recours pour balayer dédaigneusement les historiens, tant anciens que modernes, dont il désapprouve les méthodes et l'idéologie. Elle fait son apparition en 1765 dans *La Philosophie de l'histoire*, ch.46 (*OCV*, t.59, p.248), et est, jusqu'en 1777, rarement absente de ses écrits: voir, par exemple, la *Réponse catégorique au sieur Cogé* (*OCV*, t.63A, p.226); *La Défense de mon oncle* (*OCV*, t.64, p.195, note de Voltaire); *La Bible enfin expliquée* (p.272) et le *Commentaire sur l'Esprit des lois* (*OCV*, t.80B, p.422). En 1765, Voltaire demande à Cramer 'un Grégoire de Tours', qui 'sera un secours utile pour l'*Histoire générale*, qui est beaucoup corrigée et augmentée' (D12982), ce qui ne l'empêche pas de surnommer l'auteur 'le grand menteur' (D17166). Il possède également *La Historia d'Italia* (Genève, 1621, BV1569) de F. Guicciardini, qu'il juge 'un poco cicalatore' (D4851); en revanche dans la même lettre il estime que Machiavel est le Tite-Live de Florence.

[13] Voir ci-dessus, ch.8, lignes 288-90 et n.62.

massacré à l'âge de douze ans, Maximien son beau-père égorgé par
son ordre à Marseille, son propre fils Crispus mis à mort après lui
avoir gagné des batailles, son épouse Fausta étouffée dans un bain,
70 toutes ces horreurs n'adoucirent pas la haine qu'on lui portait. C'est
probablement la raison qui fit transférer le siège de l'empire à
Bizance. [14] On trouve dans le code Théodosien un édit de Constantin, où il déclare *qu'il a fondé Constantinople par ordre de Dieu*. [15]
Il feignait ainsi une révélation pour imposer silence aux murmures.
75 Ce trait seul pourrait faire connaître son caractère. [16] Notre avide
curiosité voudrait pénétrer dans les replis du cœur d'un homme tel
que Constantin, par qui tout changea bientôt dans l'empire romain;
séjour du trône, mœurs de la cour, usages, langage, habillements,
administration, religion. Comment démêler celui qu'un parti a
80 peint comme le plus criminel des hommes, et un autre comme le
plus vertueux? [17] Si on pense qu'il fit tout servir à ce qu'il crut son
intérêt, on ne se trompera pas.

[14] Cf. le *Saint-Fargeau notebook*: 'Des jalousies le portant à égorger son propre fils
Chrispe, son épouse Fausta, son neveu le jeune Licinius [...]. Ces crimes qu'il commit
à Rome parurent d'autant plus horribles aux Romains que c'était l'ennemi de leur
religion qui les commettait: voilà sans doute la véritable cause de sa retraite à
Constantinople' (p.150). On trouve la même énumération dans 'De Constantin'
(p.247) et la même explication pour le transfert de l'empire à Byzance, réaffirmée
dans les notes en marge de l'édition de 1750 des *Considérations sur les* [...] *Romains* de
Montesquieu (*CN*, t.5, p.721: 'cest / quon / le detes / tait a / rome'). Outre Eusèbe,
Voltaire utilise l'*Histoire romaine* de Zosime (trad. L. Cousin, Paris, 1678, BV3858);
sur le détail des sources, voir l'art. 'Arius' du *DP* (p.371, n.8). Il revient sur les crimes
de Constantin dans l'art. 'Christianisme' du *DP* (p.580) et beaucoup plus longuement au ch.30 de *L'Examen important* (p.309-11). Voir encore 'Portrait de
l'empereur Julien' (*OCV*, t.71B, p.243-44) et l'art. 'Quisquis' des *QE* (*M*, t.20,
p.324), contre Nonnotte qui prétend que Constantin était très doux et honnête dans
sa famille.

[15] En 438 Théodose II, dit le Jeune (401-450), chargea sept jurisconsultes de
composer le recueil connu sous le nom de *Code théodosien*. L'origine de l'édit de
Constantin cité ici nous échappe.

[16] Même précision sur le caractère de Constantin, sur un ton plus polémique, dans
'De Constantin' (p.248).

[17] Dans 'De Constantin', Voltaire énumère, pour le premier parti, Julien, Zosime,
Victor et, curieusement, Sozomène (p.247); pour le second, Eusèbe, Grégoire de

De savoir s'il fut cause de la ruine de l'empire, c'est une recherche digne de votre esprit. [18] Il paraît évident qu'il fit la décadence de Rome. [19] Mais en transportant le trône sur le Bosphore de Thrace, il posait dans l'Orient des barrières contre les invasions des barbares qui inondèrent l'empire sous ses successeurs, et qui trouvèrent l'Italie sans défense. Il semble qu'il ait immolé l'Occident à l'Orient. L'Italie tomba quand Constantinople s'éleva. [20] Ce serait une étude curieuse et instructive que l'histoire politique de ces temps-là. Nous n'avons guère que des satires et des panégyriques. C'est quelquefois par les panégyriques même qu'on peut trouver la vérité. Par exemple, on comble d'éloges Constantin pour avoir fait dévorer par les bêtes féroces dans les jeux du cirque tous les chefs des Francs avec tous les prisonniers qu'il avait faits dans une expédition sur le Rhin. C'est ainsi que furent traités les prédécesseurs de Clovis et de Charlemagne. [21] Les écrivains qui ont

85

90

95

Nazianze et Lactance (p.247). Sur les positions des historiens concernant Constantin et Julien, avec citations de leurs ouvrages, voir *Discours de l'empereur Julien contre les chrétiens* (p.243-47). Fleury ne masque pas les taches de la vie de Constantin (livre 11, année 337, §60); les continuateurs d'Echard évoquent successivement ses vertus, puis ses défauts (éd. 1738, t.7, ch.1).

[18] La présence de ce 'vous', curieusement solitaire dans le contexte de ce chapitre, s'explique sans doute par le fait que Voltaire avait constamment à portée de sa main, lors de la rédaction de ce chapitre, l'opuscule 'De Constantin' écrit à l'intention de Mme Du Châtelet, où la présence de son 'interlocutrice' était quasi constante, et où l'entrée en matière était ainsi conçue: 'Parmi les siècles qui suivirent celui d'Auguste, vous avez raison de distinguer celui de Constantin'; suivent dix apartés qui rappellent la curiosité vigilante de son egérie. Comme toutefois (en dehors de la matière traitée), il n'y a aucune similitude textuelle entre ce chapitre et le texte de 1756, on ne peut imputer cette 'présence' insolite à une négligence éditoriale lors d'une réécriture pour un public différent. Il se peut que Voltaire veuille demeurer fidèle au souvenir d'un problème qui les avait unis; il se peut également que ce 'vous' (visible parce qu'il détonne) soit là pour cautionner encore une fois le sérieux de l'enquête et de la réflexion.

[19] Même affirmation dans 'De Constantin' (p.250).

[20] Voir ci-dessous, ch.11, où cette affirmation sera développée.

[21] Echard situe ces actes de cruauté en 313 (t.6, livre 5, ch.7). Dans 'De Constantin', Voltaire dit que ces 'prédécesseurs de Clovis et de Charlemagne' étaient 'probablement de la famille de notre Pharamond et de notre Clodion le

été assez lâches pour louer des actions cruelles, constatent au moins ces actions, et les lecteurs sages les jugent. Ce que nous avons de
100 plus détaillé sur l'histoire de cette révolution, est ce qui regarde l'établissement de l'Eglise et ses troubles.

Ce qu'il y a de déplorable, c'est qu'à peine la religion chrétienne fut sur le trône, que la sainteté en fut profanée par des chrétiens, qui se livrèrent à la soif de la vengeance, lors même que leur triomphe devait leur inspirer l'esprit de paix. Ils massacrèrent dans la Syrie et
105 dans la Palestine tous les magistrats qui avaient sévi contre eux; ils noyèrent la femme et la fille de Maximin, ils firent périr dans les tourments ses fils et ses parents. [22] Les querelles au sujet de la *consubstantialité du Verbe* troublèrent le monde et l'ensanglan-
110 tèrent. [23] Enfin, Ammian Marcellin dit que *les chrétiens de son temps se déchiraient entre eux comme des bêtes féroces.* (b) Il y avait de

(b) *N B.* Ces propres paroles se trouvent au livre 22 d'Ammien Marcellin chapitre 4. Un misérable cuistre de collège, ex-jésuite, nommé

103   w56-61: chrétiens indignes de ce nom,
n.*b*   w56-w75G: [*absente*; w75G*: [V]]
n.*b*, 2   w75G*: [V]exjésuite <auteur d'un> nommé

Chevelu' (p.247-48). Voltaire laissa des traces de lecture dans Ch. Le Beau, *Histoire du Bas-Empire* (Paris, 1757-1776, BV1960; signet: 'constan / tin 2 / franc s/ aux be / tes', *CN*, t.5, p.231), et beaucoup plus tard, il notera dans *De la félicité publique* de Chastellux (Amsterdam, 1772, BV722): 'il livra aux/ betes les/ ayeux de/ clovis', *CN*, t.2, p.561), ce qui trahit le retentissement de cet épisode. Il y reviendra dans l'art. 'Franc' des *QE*, précisant qu'ils furent livrés aux bêtes dans l'amphithéâtre de Trèves (*M*, t.19, p.176).
[22] Voir Echard (t.6, livre 5, ch.7, passage relatant la victoire de Licinius contre Maximin; signet: 'licinius', *CN*, t.3, p.341). Mais il insiste moins sur la responsabilité des chrétiens que sur la soif de vengeance de Licinius, après l'affrontement causé par l'ambition de Maximin. Sur l'interprétation semblable de Fleury, et sur les mentions de ces meurtres dans le *Saint-Fargeau notebook* (p.149-50), voir l'art 'Christianisme' du *DP* (p.581, n.122-23). Mêmes exemples, avec une raillerie sur le 'zèle charitable' des chrétiens, dans *L'Examen important*, ch.30 (p.311).
[23] Sur le problème de l'arianisme, 'qui a produit plus d'horreurs que l'ambition des princes', voir l'art. 'Arius' du *DP* (p.369-74). Dans *L'Examen important*, ch.31, Voltaire précise que la querelle fut la cause de 'trois cents ans de carnage' (p.314).

grandes vertus qu'Ammian ne remarque pas: elles sont presque toujours cachées, surtout à des yeux ennemis, et les vices éclatent.

L'Eglise de Rome fut préservée de ces crimes et de ces malheurs; elle ne fut d'abord ni puissante, ni souillée; elle resta longtemps tranquille et sage au milieu d'un sénat et d'un peuple qui la méprisaient. Il y avait dans cette capitale du monde connu sept cents temples grands ou petits dédiés aux dieux *majorum et minorum gentium*. Ils subsistèrent jusqu'à Théodose; et les peuples de la campagne persistèrent longtemps après lui dans leur ancien culte. [24]

C'est ce qui fit donner aux sectateurs de l'ancienne religion le nom de *païens*, *pagani*, du nom des bourgades appelées *pagi*, dans lesquelles on laissa subsister l'idolâtrie, jusqu'au huitième siècle; de sorte que le nom de païens ne signifie que paysans, villageois. [25]

115

120

Nonotte, auteur d'un libelle intitulé *Erreurs de V...*, a osé soutenir que ces paroles ne sont pas dans Ammien Marcellin. Il est utile qu'un calomniateur ignorant soit confondu. [26]

5

n.*b*, 5   K: confondu: *Nullas infestias hominibus bestias, ut sunt sibi ferales plerique christianorum, expertus.* Ammien. *Idem dicit Chrysostomus, homelia in Ep. Pauli ad Cor.* ajoute naïvement Henri de Valois dans ses notes sur Ammien.

116-17   w56-w68: peuple idolâtre. Il

123-25   w56-w68: siècle. ¶On

[24] C'est-à-dire jusqu'à la première moitié du cinquième siècle, puisqu'il s'agit de Théodose le Jeune.

[25] Cf. le *Saint-Fargeau notebook*, où Voltaire, conscient d'un problème d'étymologie, écrit: 'Il y avait encore beaucoup de païens dans l'Europe chrétienne et même en Italie. Pagani *a pagis*' (p.113). Même développement dans l'art. 'Idole', envoyé à D'Alembert pour l'*Encyclopédie* (D7139), et publié dans les *Œuvres alphabétiques*: 'On n'appela personne païen avant Théodose le Jeune; ce nom fut donné alors aux habitants des bourgs d'Italie, *Pagorum incolae pagani*, qui conservèrent leur ancienne religion' (*OCV*, t.33, p.187; t.36, p.206). Pour la référence au *Codex theodosianus*, pour les premières apparitions du sens chrétien du terme 'païen', et pour une source possible, voir l'art. 'Idole' du *DP* (*OCV*, t.36, p.206, n.4).

[26] Nonnotte dit seulement qu'Ammien prêtait ce propos à l'empereur Julien (t.1, ch.6, p.61-62).

125   . On sait assez sur quelle imposture est fondée la donation de
Constantin;[27] mais cette pièce est aussi rare que curieuse. Il est utile
de la transcrire ici pour faire connaître l'excès de l'absurde
insolence de ceux qui gouvernaient les peuples, et l'excès de
l'imbécillité des gouvernés. C'est Constantin qui parle:[28]

130   'Nous, avec nos satrapes, et tout le sénat, et le peuple soumis au
glorieux empire, nous avons jugé utile de donner au successeur du
prince des apôtres une plus grande puissance que celle que notre
sérénité, et notre mansuétude ont sur la terre. Nous avons résolu de
faire honorer la sacro-sainte Eglise romaine plus que notre

125-73   w56-w75G: donation de Constantin [w75G: *avec note*: Voyez le contenu
de cette donation prétendue dans l'histoire du christianisme par Mallé. Elle commence
par ces mots: *Nous avec nos satrapes. C'est un monument curieux.*]; mais on ne sait
point assez combien cette imposture a été longtemps accréditée. Ceux qui la niaient,
5   furent souvent punis en Italie et ailleurs. Qui croirait qu'en 1478 il y eut des hommes
brûlés à Strasbourg pour avoir combattu cette erreur? ¶Constantin donna
        w75G*: donation de Constantin [*note de* w75G *barrée*] W<Même> VMais
[β: *ajout de Wagnière sur un cahier de quatre pages, suivi d'un aliéna dans la main de
Voltaire lignes 168-72*] ¶Constantin donna
129   K: parle [*avec note*: Voyez l'ouvrage connu sous le titre de *Décret de Gratien*,
où cette pièce est insérée. Ce décret est une compilation faite par Gratien, bénédictin
du douzième siècle.]

[27] Dans Du Moulin, livre 4, ch.13, Voltaire a placé un signet: 'donation / de /
Constantin' (*CN*, t.3, p.298). Il reviendra sur cette imposture dans *La Défense de mon
oncle*, ch.21 (p.248), et dans l'*Histoire de l'établissement du christianisme* (p.95-97),
précisant que l'existence de cette prétendue donation a été soutenue jusqu'au
seizième siècle.

[28] L'addition de w75G* (lignes 126-72) est traduite en abrégé et adaptée du
Decretum Gratiani (Lyon, 1613), auquel renvoie l'édition de Kehl. Le renvoi de w75G
à 'l'histoire du christianisme par Mallé' ne correspond ni à l'abbé Edme Mallet, qui a
donné à l'*Encyclopédie* des articles concernant la Bible et la religion chrétienne, ni à
l'historien Paul-Henri Mallet, ni à Jacques Mallet Du Pan. Or, un Gédéon Mallet,
ministre du saint Evangile, avait publié à Genève, en 1768, un *Abrégé de l'histoire
sacrée* et, en 1774, une *Exposition de la foi chrétienne, suivie d'une courte réfutation des
erreurs de l'Eglise romaine*: est-ce à ce texte que Voltaire faisait allusion? Ou s'agit-il
d'une erreur, corrigée ultérieurement? C'est ce même Mallet qui, le 7 décembre 1770,
fut nommé par les autorités de Genève l'un des cinq commissaires pour examiner les
trois premiers volumes des *QE* où 'il y a bien des morceaux qui attaquent la religion
révélée' (D.app.338).

puissance impériale, qui n'est que terrestre; et nous attribuons au   135
sacré siège du bienheureux Pierre toute la dignité, toute la gloire, et
toute la puissance impériale. Nous possédons les corps glorieux de
saint Pierre et de saint Paul, et nous les avons honorablement mis
dans des caisses d'ambre, que la force des quatre éléments ne peut
casser. Nous avons donné plusieurs grandes possessions en Judée,   140
en Grèce, dans l'Asie, dans l'Afrique et dans l'Italie, pour fournir
aux frais de leurs luminaires. Nous donnons en outre à Silvestre et à
ses successeurs, notre palais de Latran, qui est plus beau que tous
les autres palais du monde.'

'Nous lui donnons notre diadème, notre couronne, notre mitre,   145
tous les habits impériaux que nous portons, et nous lui remettons la
dignité impériale, et le commandement de la cavalerie. Nous
voulons que les révérendissimes clercs de la sacro-sainte romaine
Eglise, jouissent de tous les droits du sénat. Nous les créons tous
patrices et consuls. Nous voulons que leurs chevaux soient   150
toujours ornés de caparaçons blancs, et que nos principaux officiers
tiennent ces chevaux par la bride, comme nous avons conduit nous-
même par la bride le cheval du sacré pontife.'

'Nous donnons en pur don au bienheureux pontife la ville de
Rome, et toutes les villes occidentales de l'Italie, comme aussi les   155
autres villes occidentales des autres pays. Nous cédons la place au
saint-père; nous nous démettons de la domination sur toutes ces
provinces; nous nous retirons de Rome, et transportons le siège de
notre empire en la province de Bizance; n'étant pas juste qu'un
empereur terrestre ait le moindre pouvoir dans les lieux où Dieu a   160
établi le chef de la religion chrétienne.'

'Nous ordonnons que cette notre donation demeure ferme
jusqu'à la fin du monde; et que si quelqu'un désobéit à notre
décret, nous voulons qu'il soit damné éternellement, et que les
apôtres Pierre et Paul lui soient contraires en cette vie et en l'autre,   165
et qu'il soit plongé au plus profond de l'enfer avec le diable. Donné
sous le consulat de Constantin et de Gallicanus.'

Croira-t-on un jour qu'une si ridicule imposture, digne de Gille
et de Pierrot ou de Nonotte, ait été généralement adoptée pendant

170 plusieurs siècles?[29] croira-t-on qu'en 1478 on brûla dans Strasbourg des chrétiens qui osaient douter que Constantin eût cédé l'empire romain au pape?[30]

Constantin donna en effet, non au seul évêque de Rome, mais à la cathédrale qui était l'église de saint Jean, mille marcs d'or, et *Donation de* *Constantin.*
175 trente mille d'argent, avec quatorze mille sous de rente, et des terres dans la Calabre. Chaque empereur ensuite augmenta ce patrimoine.[31] Les évêques de Rome en avaient besoin. Les missions qu'ils envoyèrent bientôt dans l'Europe païenne, les évêques chassés de leurs sièges, auxquels ils donnèrent un asile, les pauvres
180 qu'ils nourrirent, les mettaient dans la nécessité d'être très riches. Le crédit de la place supérieur aux richesses, fit bientôt du pasteur des chrétiens de Rome, l'homme le plus considérable de l'Occident.[32] La piété avait toujours accepté ce ministère; l'ambition le

[29] Ce document, forgé probablement en pays franc dans la seconde moitié du huitième siècle, fut utilisé pendant le Moyen Age pour appuyer les prétentions des papes. Sa fausseté fut dénoncée par Nicolas de Cues *c*.1430 et démontrée en 1440 par l'humaniste Lorenzo Valla, dont le *De falso credita et ementita Constantini donatione libellus* fut imprimé en 1520.

[30] C'est en fait le 10 mars 1458 qu'ont été brûlés à Strasbourg Friedrich Reiser et sa compagne. Reiser fut nommé évêque des Vaudois de Bâle en 1432. Il fut arrêté à Strasbourg le 6 mars 1458 à cause de ses activités de missionnaire, et l'Inquisition eut vite fait de le condamner. Cette secte des Vaudois, condamnée dès 1184 au concile de Vérone, voulait faire renaître une vie apostolique fondée sur la pauvreté et la prédication errante: les Vaudois estimaient que la prétendue donation de Constantin enlisait le christianisme institutionnel dans la richesse et la volonté de puissance. Voir F. Rapp, *Réforme et Réformation à Strasbourg* (Paris, 1974).

[31] Eusèbe (livre 10, ch.2) et Fleury (livre 11, année 337, §36) indiquent les mesures prises par Constantin en faveur des églises chrétiennes ainsi que les richesses qui leur sont accordées. Eusèbe précise que les évêques recevaient d'une manière courante des lettres, des honneurs et de riches cadeaux de l'empereur (voir aussi livre 10, ch.4, 6) et, dans sa *Vie de Constantin*, il cite la lettre que l'empereur lui adressa personnellement (livre 2, ch.46). Sozomène signale que l'empereur fournissait de l'argent, après avoir écrit aux évêques de chaque ville, pour la restauration, l'agrandissement ou la construction de lieux de prière (*Histoire ecclésiastique*, 1.8).

[32] Voltaire avait écrit à Formey en 1751-1752: 'Si vous avez quelque histoire des papes où l'on trouve leur naissance, faites-moi le plaisir de me l'envoyer. Je serai bien aise de voir combien de pauvres diables sont devenus vice-dieu' (D4647).

brigua. On se disputa la chaire; il y eut deux antipapes dès le milieu du quatrième siècle, et le consul Prétextat idolâtre disait en 466, 185 *Faites-moi évêque de Rome, et je me fais chrétien.*[33]

Cependant cet évêque n'avait d'autre pouvoir que celui que peut donner la vertu, le crédit, ou l'intrigue dans des circonstances favorables. Jamais aucun pasteur de l'Eglise n'eut la juridiction contentieuse, encore moins les droits régaliens. Aucun n'eut ce 190 qu'on appelle *jus terrendi*, ni droit de territoire, ni droit de prononcer *do, dico, addico.*[34] Les empereurs restèrent les juges suprêmes de tout, hors du dogme. Ils convoquèrent les conciles. Constantin à Nicée reçut et jugea les accusations que les évêques portèrent les uns contre les autres. Le titre de *Souverain Pontife* 195 resta même attaché à l'empire.[35]

[33] Voltaire a relevé dans Fleury la déclaration suivante: 'il est certain d'ailleurs que du temps de Décius, l'évêque d'Arles se nommait Marcien, et favorisait l'antipape Novatien' (livre 6, année 250, §49; signet, *CN*, t.3, p.485: antipape / des le / milieu / du 3eme / siecle / novatien). Novatien fut antipape de 251 à 258. Félix II fut proclamé en 355, puis Urcisin en 366 (Fleury, livre 13, année 355, §21). Le *Saint-Fargeau notebook* rapporte l'anecdote suivante en donnant la date exacte: 'En 367 le pape Damase Ier dispute l'évêché de Rome à main armée à Ursicinus, et le consul Pretextat, païen, car Rome en était pleine disait à ce Damase, je me ferai volontiers chrétien pourvu qu'on me fasse évêque de Rome' (p.160).

[34] La juridiction contentieuse consiste à prononcer un jugement sur des litiges relatifs à l'application des lois. Les droits régaliens sont les droits attachés à la souveraineté royale. *Do, dico, addico* était la formule sacramentelle que prononçait le préteur et qui résumait ses attributions judiciaires: *dare* (*judicem, judicium*), donner un juge et une sentence; *dicere* (*jus*), déclarer le droit; addicere, confirmer la volonté des parties. L'art. 'Rome (cour de)' des *QE* affirme aussi que si l'évêque de Rome fut protégé et enrichi sous Constantin, il fut toujours sujet des empereurs, comme les autres évêques, sans jouir d'une souveraineté véritable jusqu'à Innocent VIII, pape de 1484 à 1492 (*M*, t.20, p.377-81).

[35] Eusèbe cite la lettre d'admonestation que Constantin envoya au clergé d'Alexandrie, avant de convoquer le concile de Nicée en 325 (*Vie de l'empereur Constantin*, livre 2, ch.64; signet: 'lettre de / constantin / aux eveq / sur la grande / dispute', *CN*, t.3, p.444; voir l'art. 'Conciles' du *DP*, *OCV*, t.35, p.616 et n.8). Le titre de pontife ne fut pris par les papes qu'au sixième siècle.

CHAPITRE 11

Causes de la chute de l'empire romain.

Si quelqu'un avait pu raffermir l'empire, ou du moins retarder sa chute, c'était l'empereur Julien. Il n'était point un soldat de fortune comme les Dioclétiens et les Théodoses. Né dans la pourpre, élu par les armées, chéri des soldats, il n'avait point de factions à
5 craindre; on le regardait, depuis ses victoires en Allemagne, comme le plus grand capitaine de son siècle. Nul empereur ne fut plus équitable et ne rendit la justice plus impartialement, non pas même Marc-Aurèle. Nul philosophe ne fut plus sobre et plus continent. Il régnait donc par les lois, par la valeur et par l'exemple.
10 Si sa carrière eût été plus longue, il est a présumer que l'empire eût moins chancelé après sa mort. [1]

a-120 [*Première rédaction de ce chapitre*: w68]

* Ce chapitre a été ajouté en 1769. Certaines des questions traitées avaient déjà été abordées dans le ch.51 de *La Philosophie de l'histoire* (1765; *OCV*, t.59), mais aussi dans divers articles du *DP*, dans *L'Examen important de milord Bolingbroke* (1766; *OCV*, t.62) et dans le *Discours de l'empereur Julien contre les chrétiens* (1769; *OCV*, t.71B). Les sources sont donc les mêmes que dans ces ouvrages. Voltaire reprend ici, en un contraste non dénué de visées polémiques, l'éloge de l'empereur Julien revenu au paganisme, puis l'évocation critique des controverses entre chrétiens des premiers siècles, particulièrement manifestes lors des nombreux conciles. Il insiste sur la dégénérescence de Rome et sa faiblesse face aux barbares, provoquées, selon lui, par le développement du christianisme et des querelles théologiques.

[1] En 1756, dans l'opuscule 'De Julien' (*M*, t.19, p.541-46), et en 1767 dans l'art. 'Julien le philosophe' du *DP* (*OCV*, t.36, p.267-80), Voltaire avait déjà célébré les mérites de Julien, passant sous silence son idolâtrie, sa superstition, ses persécutions couvertes contre les chrétiens, soulignées par Fleury (*Histoire ecclésiastique*, livre 13, année 355, §16, 25; livre 14, année 361, §34; livre 15, année 362, §5, 36). En mars 1769, il publie le *Discours de l'empereur Julien contre les chrétiens*. Pour plus de détails sur tous les points concernant l'empereur Julien abordés dans ce chapitre, voir l'annotation de J.-M. Moureaux, SVEC 322 (1994); sur les aspects historiographiques, voir J. S. Spink, 'The reputation of Julian the "apostate" in the

Deux fléaux détruisirent enfin ce grand colosse, les barbares et les disputes de religion.

Quant aux barbares, il est aussi difficile de se faire une idée nette de leurs incursions que de leur origine. Procope, Jornandès nous ont débité des fables que tous nos auteurs copient. Mais le moyen de croire que des Huns venus du nord de la Chine aient passé les Palus-Méotides à gué et à la suite d'une biche, et qu'ils aient chassé devant eux comme des troupeaux de moutons des nations belliqueuses, qui habitaient les pays aujourd'hui nommés la Crimée, une partie de la Pologne, l'Ukraine, la Moldavie, la Valachie.[2] Ces peuples robustes et guerriers, tels qu'ils le sont encore aujourd'hui, étaient connus des Romains sous le nom général de *Goths*. Comment ces Goths s'enfuirent-ils sur les bords du Danube dès qu'ils virent paraître les Huns? Comment demandèrent-ils à mains jointes que les Romains daignassent les recevoir? Et comment, dès qu'ils furent passés, ravagèrent-ils tout jusqu'aux portes de Constantinople à main armée?

17 w68: que les Huns
18 w68: gué, à

Enlightenment', *SVEC* 57 (1967), p.1399-415; et M.-H. Cotoni et L. Viglieno, 'Julien au siècle des Lumières', dans *L'Empereur Julien*, éd. J. Richer, t.2, *De la légende au mythe* (Paris, 1981), p.11-40. Le parallèle avec Marc Aurèle est fréquent: voir *Discours de l'empereur Julien*, *OCV*, t.71B, p.246, et n.12. Voltaire sous-entend probablement ici ce qu'il répète dans l'*'Examen'* du *Discours de l'empereur Julien* et dans le *Supplément*: s'il avait vécu plus longtemps, il aurait renversé la religion chrétienne; voir p.259, n.2, et p.370, n.22.

[2] Le récit en est fait dans Procope, *Histoire mêlée* (trad. dans L. Cousin, *Histoire de Constantinople*, Paris, 1671-1674, BV891; avec traces de lecture, *CN*, t.2, p.778-80). Voltaire se méfie de Procope; voir *Le Siècle de Louis XIV*, ch.25 (passage ajouté en 1756): 'L'*Histoire secrète de Justinien*, par Procope, est une satire dictée par la vengeance; et, quoique la vengeance puisse dire la vérité, cette satire, qui contredit l'histoire publique de Procope, ne paraît pas toujours vraie' (*OH*, p.889). Mais associer ainsi Procope à Jornandès (évêque et historien goth du sixième siècle, qui a laissé une *Histoire générale des Goths*) évoque plutôt Montesquieu, qui les cite, à propos du même épisode, dans une note au ch.17 des *Considérations sur les causes de la grandeur des Romains*. Voltaire connaissait l'ouvrage depuis 1734 et l'édition de

Tout cela ressemble à des contes d'Hérodote, et à d'autres
30   contes non moins vantés. [3] Il est bien plus vraisemblable que tous ces
peuples coururent au pillage les uns après les autres. Les Romains
avaient volé les nations; les Goths et les Huns vinrent voler les
Romains.

Mais pourquoi les Romains ne les exterminèrent-ils pas comme
35   Marius avait exterminé les Cimbres? [4] C'est qu'il ne se trouvait point
de Marius, c'est que les mœurs étaient changées, c'est que l'empire
était partagé entre les ariens et les athanasiens. On ne s'occupait
que de deux objets, les courses du cirque et les trois hypostases. [5]
L'empire romain avait alors plus de moines que de soldats, et ces
40   moines couraient en troupes de ville en ville pour soutenir ou pour
détruire la consubstantialité du verbe. Il y en avait soixante et dix
mille en Egypte. [6]

1750, abondamment annotée, se trouve dans sa bibliothèque (BV2495; *CN*, t.5,
p.708-26): voir *OCM*, t.2, ch.17, p.231, n.(*n*).

[3] L'auteur de *Des mensonges imprimés* (*OCV*, t.31B, p.380-83), du ch.11 de *La
Philosophie de l'histoire* et du *Pyrrhonisme de l'histoire* (*OCV*, t.67) ne pouvait jamais
trop condamner la crédulité d'Hérodote. Mais Voltaire est capable de faire la
différence entre les deux Hérodotes qu'il croyait pouvoir discerner dans ses écrits:
voir ce qu'il dit dans le très éclairant art. 'Histoire', rédigé pour l'*Encyclopédie* et
publié dans les *Œuvres alphabétiques*: 'Presque tout ce qu'il raconte sur la foi des
étrangers est fabuleux: mais tout ce qu'il a vu est vrai' (*OCV*, t.33, p.169-70).

[4] Ancien peuple établi, vers le deuxième siècle av. J.-C., dans le Jutland et sur la
côte méridionale de la mer Baltique, vaincu par Marius à Verceil en 101. Quelle source
Voltaire utilise-t-il? Marius n'avait pas exterminé les Cimbres (même déclaration
catégorique dans l'art. 'Roi' des *QE*, *M*, t.20, p.376), il en avait tué la moitié.

[5] C'est-à-dire les trois personnes distinctes en Dieu: voir Fleury, livre 17,
année 376, §29. Sur les ariens et les athanasiens, voir ci-dessus, ch.10, lignes 15-18.

[6] Sur les discussions, après le concile de Nicée, concernant la consubstantialité,
voir l'art. 'Conciles' du *DP* (*OCV*, t.35, p.619, n.15). Sur les querelles et guerres qui
en ont découlé, voir *Dieu et les hommes*, ch.42: 'On sait de quelles horreurs et de
combien de guerres civiles le seul mot de consubstantiel fut l'origine et le prétexte.
Cet incendie embrasa tout l'empire à plusieurs reprises et se ralluma dans toutes les
provinces dévastées par les Goths, les Bourguignons, les Vandales pendant quatre
cents années' (*OCV*, t.69, p.481). Les fréquentes traces de lecture dans Fleury
montrent l'intérêt de Voltaire pour ces querelles (voir *CN*, t.3, p.492, 493, 495, 497).
Il a aussi consulté P.-A. Alletz, *Dictionnaire portatif des conciles* (Paris, 1758, BV53).

Le christianisme ouvrait le ciel, mais il perdait l'empire: car non seulement les sectes nées dans son sein se combattaient avec le délire des querelles théologiques; mais toutes combattaient encore 45 l'ancienne religion de l'empire; religion fausse, religion ridicule sans doute, mais sous laquelle Rome avait marché de victoire en victoire pendant dix siècles. [7]

Les descendants des Scipions étant devenus des controversistes, les évêchés étant plus brigués que ne l'avaient été les couronnes 50 triomphales, la considération personnelle ayant passé des Hortensius et des Cicérons aux Cyrilles, aux Grégoires, aux Ambroises, tout fut perdu; et si l'on doit s'étonner de quelque chose, c'est que l'empire romain ait subsisté encore un peu de temps. [8]

Théodose, qu'on appelle *le grand Théodose*, paya un tribut au 55 superbe Alaric sous le nom de pension du trésor impérial. Alaric mit Rome à contribution la première fois qu'il parut devant les

[7] L'éclatement du christianisme primitif dès le second siècle ap. J.-C. et le foisonnement des sectes qui s'ensuivit deviennent un des *leitmotive* majeurs de la critique anti-chrétienne de Voltaire. Il dénonce de mille manières, et sur tous les tons, l'ensemble des sectes, autant de systèmes d'erreur (parties intégrantes du problème du Mal), qui, intolérantes les unes pour les autres, n'ont été que des facteurs inéluctables de désunion, de désaccord et de conflits meurtriers.

[8] Voici trois choix qui ne sont pas fortuits chez Voltaire, admirateur inconditionnel de l'empereur Julien. Saint Cyrille d'Alexandrie (376-444), auteur du *Contra Julianum*, est particulièrement attaqué dans le ch.36 de *L'Examen important* et dans l'"Examen' du *Discours de l'empereur Julien* (p.260-62). Dans son exemplaire des *Antiquités judaïques* de J. Basnage (Amsterdam, 1713, BV281), Voltaire mit un signet: 'le grand julien / indignement surnommé / l'apostat, a raison / contre cirille si / sottement surnommé / le st' (*CN*, t.1, p.224-25). De Grégoire de Nazianze (*c.*330-390) Voltaire possédait le *Discours contre l'empereur Julien l'Apostat* (Lyon, 1735, BV1533), que, selon lui, 'on ne peut lire sans horreur' (*L'Examen important*, ch.33, p.325). Dans une lettre du 22 avril 1773 à Frédéric II, il écrit: 'Je remercie votre Majesté de prendre toujours sous votre protection la Majesté de Julien qui était assurément une très respectable Majesté, malgré l'insolent Grégoire et l'impertinent Cyrille' (D18331). Quant à saint Ambroise (340-397), il avait soutenu, avec d'autres Pères de l'Eglise (suivis par Calmet et La Bléterie), que l'empereur Julien avait involontairement accompli la prophétie de Jésus annonçant qu'il ne resterait pas pierre sur pierre du temple de Jérusalem (Luc 21:5-11), en ordonnant d'en démolir les anciennes fondations.

murs, et la seconde il la mit au pillage.[9] Tel était alors l'avilissement de l'empire, que ce Goth dédaigna d'être roi de Rome, tandis que le misérable empereur d'Occident Honorius tremblait dans Ravenne où il s'était réfugié.[10]

Alaric se donna le plaisir de créer dans Rome un empereur nommé Attale qui venait recevoir ses ordres dans son antichambre. L'histoire nous a conservé deux anecdotes concernant Honorius qui montrent bien tout l'excès de la turpitude de ces temps. La première, qu'une des causes du mépris où Honorius était tombé, c'est qu'il était impuissant; la seconde, c'est qu'on proposa à cet Attale empereur, valet d'Alaric, de châtrer Honorius pour rendre son ignominie plus complète.[11]

Après Alaric vint Attila qui ravageait tout de la Chine jusqu'à la Gaule. Il était si grand et les empereurs Théodose, et Valentinien III si petits, que la princesse Honoria, sœur de Valentinien III, lui proposa de l'épouser. Elle lui envoya son

[9] Sous le règne de Théodose Ier le Grand (346-395), le christianisme devint religion d'Etat. Voltaire souligne volontiers ailleurs les cruautés de cet empereur (voir, par exemple, *Des conspirations contre les peuples*, M, t.26, p.4, devenues l'art. 'Conspirations' des *QE*), alors que Fleury fait de lui un portrait élogieux (par exemple, livre 17, année 378, §43). Voltaire préfère ici montrer son impuissance face aux barbares, à qui il eut l'imprudence de laisser une si grande place dans l'empire. Le premier siège de Rome par Alaric, auquel il mit fin quand il reçut or, argent, soie, cuir et épices, est daté de 409 par Fleury (livre 22, année 409, §19). Le sac de Rome par Alaric eut lieu le 24 août 410.

[10] Flavius Honorius (384-423), fils cadet de Théodose le Grand, empereur de l'Occident dès 395, transféra sa capitale de Mediolanum à Ravenne en 402 quand il fut confronté à la première incursion des Visigoths.

[11] En novembre 409, Alaric contraignit le Sénat à décider la déchéance d'Honorius et à proclamer Attale comme 'Auguste'. Il n'était, en effet, que la potiche d'Alaric. Le 'on' de la ligne 67 est Jove, un des membres de la cour d'Honorius. Voltaire abrège, ne retenant que les faits les plus spectaculaires: voir *Histoire du Bas-Empire* de Ch. Le Beau (Paris, 1757-1776, BV1960), livre 28, ch.54, t.6, p.352-53 (signet: 'honorius / impuissant / on veut / encor le / chatrer', CN, t.5, p.237). Voir aussi Fleury, sur les deuxième et troisième sièges de Rome par Alaric et les rapports entre Alaric, Attale et Honorius (livre 22, année 410, §20-21). *La Philosophie de l'histoire*, ch.51, relate aussi la destruction de l'empire par des barbares et les querelles sanglantes au sein du christianisme (p.266, 267, sur Théodose soudoyant Alaric et sur Honorius).

anneau pour gage de sa foi; mais avant qu'elle eût réponse d'Attila elle était déjà grosse de la façon d'un de ses domestiques. [12]   75

Lorsque Attila eut détruit la ville d'Aquilée, [13] Léon évêque de Rome vint mettre à ses pieds tout l'or qu'il avait pu recueillir des Romains pour racheter du pillage les environs de cette ville, dans laquelle l'empereur Valentinien III était caché. L'accord étant conclu, les moines ne manquèrent pas d'écrire que le pape Léon   80 avait fait trembler Attila, qu'il était venu à ce Hun avec un air et un ton de maître, qu'il était accompagné de saint Pierre et de saint Paul, armés tous deux d'épées flamboyantes qui étaient visiblement les deux glaives de l'évêque de Rome. Cette manière d'écrire l'histoire a duré chez les chrétiens jusqu'au seizième siècle sans interruption. [14]   85

Bientôt après des déluges de barbares inondèrent de tous côtés ce qui était échappé aux mains d'Attila. [15]

[12] Il est vrai que les ancêtres d'Attila envahirent la Mandchourie et la Chine, et occupèrent le pays en 240-254 ap. J.-C.; mais les grandes expéditions d'Attila (406-453) l'emmenèrent, non vers l'est, mais vers l'ouest. C'est en 450 qu'il partit à la conquête du royaume des Visigoths, et progressa jusqu'à Paris, Orléans et Châlons (où, le 20 juin 451, l'armée de Flavius Aëtius et Théodoric Ier remporta sur lui une victoire à la Pyrrhus). Valentinien III (419-455), fils unique de Constance III et petit-fils par sa mère de Théodose Ier, fut proclamé empereur en 424. Son règne fut marqué par l'éclatement de l'empire d'Occident, la conquête de l'Afrique romaine par les Vandales et la perte d'une partie des territoires d'Hispanie et de Gaule. Voltaire a pu puiser ces renseignements sur Honoria dans le *Dictionnaire historique* de Bayle (Rotterdam, 1697, BV292), 'Honoria'. Il revient sur cette anecdote dans des lettres à Catherine II (D17204, 25 mai 1771) et à D'Alembert (D18634, 19 novembre 1773).

[13] Le 18 juillet 452. Le sac et la ruine entière d'Aquilée furent la cause immédiate de la fondation de Venise.

[14] Voir F. Bruys, *Histoire des papes* (La Haye, 1732-1734, BV563), année 445-447 (signet, *CN*, t.1, p.550, concernant Léon Ier, qui fut pape de 440 à 461). Voir aussi le *Dictionnaire* de Bayle, 'Attila': Bayle évoque la rencontre avec Attila et la belle harangue qui toucha ce dernier; mais il juge fabuleux le miracle qu'on y ajoute. Bien qu'une célèbre fresque de Raphaël, *Saint Léon arrêtant Attila*, représente aussi le pape accompagné de saint Pierre et de saint Paul, Fleury donne un récit sobre de cette rencontre (livre 28, année 452, §39).

[15] Même écho des invasions suivantes dans le ch.51 de *La Philosophie de l'histoire*: 'L'Italie, les Gaules, l'Espagne, l'Afrique furent la proie de quiconque voulut y entrer' (p.268).

Que faisaient cependant les empereurs? Ils assemblaient des conciles. C'était tantôt pour l'ancienne querelle des partisans
90 d'Athanase, tantôt pour les donatistes; et ces disputes agitaient l'Afrique quand le Vandale Genseric la subjugua. [16] C'était ailleurs pour les arguments de Nestorius, et de Cyrille, pour les subtilités d'Eutichès, [17] et la plupart des articles de foi se décidaient quelquefois à grands coups de bâton, comme il arriva sous Théodose II dans un
95 concile convoqué par lui à Ephèse, concile qu'on appelle encore aujourd'hui le brigandage. [18] Enfin pour bien connaître l'esprit de ces malheureux temps, souvenons-nous qu'un moine ayant été rebuté

[16] Sur les partisans d'Athanase, voir ci-dessus, ch.10, lignes 15-18 et n.4. Le donatisme trouva sa genèse dans la Grande Persécution de Dioclétien et tournait à l'origine essentiellement autour du refus de validité des sacrements délivrés par les évêques qui avaient failli (les *lapsi*) lors de ces moments difficiles. Sur Donat, fondateur de la secte des donatistes, voir l'art. 'Tolérance' du *DP* (*OCV*, t.36, p.555, n.11), *L'Examen important*, ch.31 (p.313-14), *Le Dîner du comte de Boulainvilliers* (*OCV*, t.63A, p.381-82) et *Dieu et les hommes*, ch.42 (p.480). Profitant des troubles suscités par les donatistes, Genseric passa en Afrique en 429, et avec l'aide des Maures conquit tout le territoire de ce qui constitue de nos jours le Maroc et le nord de l'Algérie. En 439 il prit Carthage, et en 442 Rome reconnut le royaume des Vandales en Afrique en tant que pays indépendant. Voltaire abrège Fleury (livre 26, année 439, §42, 48, sur l'Afrique).

[17] Sur l'opposition entre Cyrille et Nestorius, qui refuse de donner à Marie le titre de mère de Dieu, et sur leur conflit au concile d'Ephèse en 431, voir Fleury (livre 25). Voir aussi l'art. 'Conciles' du *DP* (p.620-21, indiquant comme sources Dupin et Alletz, outre Bayle, *Dictionnaire*, 'Nestorius'), *L'Examen important*, ch.37 (p.336), et *Dieu et les hommes* (ch.40, p.471 et n.13). Eutichès (378-454), archimandrite d'un monastère près de Constantinople, combattit avec ardeur le nestorianisme, qui supposait deux personnes distinctes en Jésus-Christ et, ce faisant, tomba dans l'excès contraire. Il fut excommunié par le concile de Constantinople (448). Voir Fleury, livre 27, année 448, §23; livre 28, année 451, §6. Sur la personnalité d'Eutichès et sa résistance à Nestorius, sur le résumé de leurs doctrines, et sur les sources, voir l'art. 'Conciles' (p.621-22, n.22, 23) et *L'Examen important*, ch.37 (p.337).

[18] Sur le concile d'Ephèse de 449, sur les violences exercées par Dioscore, successeur de saint Cyrille à Alexandrie, et sur les précisions données par Alletz et par J. Hermant, *Histoire des conciles* (Rouen, 1755, BV1629), voir l'art. 'Conciles' (p.622). L'expression 'brigan / dage d'Ephèse', rapportée par Hermant, est reproduite sur le signet marquant la relation de ce concile dans Le Beau (livre 31, ch.82; *CN*, t.5, p.241).

un jour par Théodose II qu'il importunait, le moine excommunia l'empereur, et que ce césar fut obligé de se faire relever de l'excommunication par le patriarche de Constantinople.[19]

Pendant ces troubles mêmes les Francs envahissaient la Gaule; les Visigoths s'emparaient de l'Espagne; les Ostrogoths sous Théodose dominaient en Italie, bientôt après chassés par les Lombards. L'empire romain du temps de Clovis n'existait plus que dans la Grèce, l'Asie Mineure et dans l'Egypte, tout le reste était la proie des barbares;[20] Scythes, Vandales et Francs se firent chrétiens pour mieux gouverner les provinces chrétiennes assujetties par eux: car il ne faut pas croire que ces barbares fussent sans politique, ils en avaient beaucoup, et en ce point tous les hommes sont à peu près égaux. L'intérêt rendit donc chrétiens ces déprédateurs; mais ils n'en furent que plus inhumains.[21] Le jésuite Daniel, historien français,[22] qui déguise tant de choses, n'ose dissimuler que Clovis fut beaucoup plus sanguinaire, et se souilla

101   w68: troubles-là même les

[19] Voir Le Beau (livre 29, ch.55, t.6, p.456); signet 'theodose / 2 / excommunié / par un /moine' (*CN*, t.5, p.238).

[20] Voir Daniel, *Histoire de France* (1696; Paris, 1729, BV938), t.1, p.5; trait en marge, qui note les progressions des Bourguignons et des Visigoths en Gaule, ainsi que la domination des barbares en Italie (*CN*, t.3, p.26). *L'Examen important*, ch.36, 37, parle d'un empire envahi 'par vingt nations barbares' (p.334), d'un 'grand colosse devenu faible et ridicule' (p.337).

[21] *L'Examen important*, ch.37, précise que les barbares voulurent ainsi mener les nations conquises 'par les licous qu'elles s'étaient faits elles-mêmes' (p.337). Sur Clovis converti au christianisme 'pour gouverner plus sûrement des chrétiens', voir l'art. 'Préjugés' du *DP* (*OCV*, t.36, p.459).

[22] Voltaire a abondamment utilisé Daniel (1649-1728), bibliothécaire de la maison professe à Paris, théologien, philosophe et surtout historien. Daniel fut même nommé Historiographe de France, après la publication de son *Histoire de France* en 1713 (t.1 en 1696). Les écrits de Voltaire sont souvent émaillés de remarques mémorables à son encontre, parce qu'il ne s'intéressait nullement aux fondements de la nouvelle histoire inaugurée par Voltaire lui-même: les usages, les mœurs, les lois, les finances, les institutions: voir le 'Catalogue des écrivains' qui accompagne *Le Siècle de Louis XIV* (*OH*, p.1154-55).

de plus grands crimes après son baptême, que tandis qu'il était
païen. Et ces crimes n'étaient pas de ces forfaits héroïques, qui
éblouissent l'imbécillité humaine, c'étaient des vols et des parricides. Il suborna un prince de Cologne qui assassina son père, après
quoi il fit massacrer le fils, et tua un roitelet de Cambrai qui lui
montrait ses trésors. Un citoyen moins coupable eût été traîné au
supplice, et Clovis fonda une monarchie. [23]

[23] D'après Daniel (t.1 p.71; signet: 'assassinats / infames / de clovis', *CN*, t.3, p.28), c'est Clodoric qui aurait décidé l'assassinat de son père Sigebert, roi de Cologne, mais de telle manière qu'on crut cet assassinat manigancé de concert par Clodoric et Clovis. Daniel reconnaît que Clovis fit ensuite assassiner Clodoric. Même raillerie dans *L'Examen important*, à propos de ce 'bon catholique' qui 'fit assassiner trois rois ses voisins pour voler leur argent comptant' (p.337).

CHAPITRE 12

Suite de la décadence de l'ancienne Rome.

Quand les Goths s'emparèrent de Rome après les Herules,[1] quand
le célèbre Théodoric non moins puissant que fut depuis Charlemagne, eut établi le siège de son empire à Ravenne au commencement de notre sixième siècle, sans prendre le titre d'empereur
d'Occident qu'il eût pu s'arroger;[2] il exerça sur les Romains   5

a-103   [*Première rédaction de ce chapitre*: w56]
a   w56, 61: [*pas de rupture*]

* Ce chapitre doit beaucoup à l'abbé Fleury (*Histoire ecclésiastique*) dont Voltaire
donne de nombreux abrégés assez lapidaires. La teneur de la thèse proposée par
Voltaire fait penser toutefois, et par son contenu et par la formulation de certains
développements, à l'abbé de Vertot, *Origine de la grandeur de la cour de Rome*
(Lausanne, 1745, BV3434). Le chapitre suit *grosso modo* le canevas du *Saint-Fargeau
notebook* (*OCV*, t.81, p.114-19). Publié en 1756, il resta inchangé jusqu'en 1768,
époque à laquelle Voltaire ajouta les deux derniers paragraphes qui insistent sur la
pauvreté du clergé et de la papauté. C'est une lettre au président Hénault du 12 mai
1754 (D5810) qui insiste sur les enjeux idéologiques de ce chapitre, et qui soulève le
problème de la 'première origine' de la 'cour de Rome'; l'ajout de 1768 y revient en
articulant le propos avec des considérations politiques: l'anarchie profite aux papes
(lignes 82-83). Ce chapitre propose aussi en filigrane une thèse chère à Voltaire:
depuis *La Henriade* (*OCV*, t.2, p.535), la notion que tout est sujet à transformation
(ligne 84) à cause du passage du temps, que les faibles de ce monde profitent de la
faiblesse grandissante de leurs supérieurs pour devenir à leur tour les maîtres, est une
des constantes de sa pensée. Elle devient insistante dès l'époque du *DP* (*OCV*, t.36,
p.75) et, fait digne de remarque puisque l'ajout de 1768 soulève le même problème,
elle est particulièrement visible dans l'*Histoire du parlement de Paris*. C'est dans ce
dernier texte, également de 1768, que l'on trouve le plus grand nombre de
déclarations de cette sorte (voir l'Introduction, *OCV*, t.68, p.65-73).

[1] Les Hérules, peuple de l'ancienne Germanie, se divisèrent au quatrième siècle en
deux nations composées des Visigoths et des Ostrogoths. Vers la fin du siècle, ces
derniers émigrèrent, s'installant dans la région du Danube, sur le territoire des Gètes
et des Daces. Parfois alliés de Rome, mais de plus en plus souvent prédateurs, les
Ostrogoths envahirent l'Italie à plusieurs reprises. Sous la conduite d'Odoacre, ils y
fondèrent (476) un royaume.

[2] Théodoric le Grand, roi des Ostrogoths en 475, protégé à Constantinople de

précisément la même autorité que les césars, conservant le sénat, laissant subsister la liberté de religion, soumettant également aux lois civiles, orthodoxes, ariens, et idolâtres; jugeant les Goths par les lois gothiques, et les Romains par les lois romaines,[3] présidant par ses commissaires aux élections des évêques, défendant la simonie, apaisant des schismes.[4] Deux papes se disputaient la chaire épiscopale; il nomma le pape Simmaque, et ce pape Simmaque étant accusé, il le fit juger par ses *Missi Dominici*.[5]

Atalaric son petit-fils régla les élections des papes, et de tous les autres métropolitains de ses royaumes, par un édit qui fut observé; édit rédigé par Cassiodore son ministre, qui depuis se retira au Mont-Cassin, et embrassa la règle de saint Benoît; édit auquel le pape Jean II se soumit sans difficulté.[6]

---

l'empereur Zénon, alla en Italie avec la permission de défaire Odoacre (*Saint-Fargeau notebook*, p.114). Il gagna trois batailles contre lui, et obligea Odoacre à se renfermer dans Ravenne (490), où il le tint assiégé trois ans. L'ayant contraint à se rendre en 493 (Fleury, livre 30, année 492, §27), il fut reconnu roi d'Italie par l'empereur Anasthase. Fleury n'explique pas pourquoi Théodoric établit son siège à Ravenne, mais ce fut sans doute pour rendre plus sensible sa victoire sur le roi déchu.

[3] Cette phrase se trouve mot à mot dans le *Saint-Fargeau notebook* (p.114).

[4] Théodoric conserva à Rome et dans chaque ville les magistrats, les tribunaux et le régime municipal, adopta en partie les lois des Romains, leur langue pour tous les actes civils, assura la liberté religieuse et, quoiqu'attaché à l'arianisme, respecta les privilèges de l'Eglise romaine et pratiqua une très large tolérance envers les catholiques.

[5] Symmaque fut élu canoniquement en novembre 498. Le patrice Festus, qui avait promis à l'empereur Anasthase de faire accepter par le pape son édit contre le concile de Chalcédoine, prévoyant que Symmaque n'y consentirait jamais, résolut de faire nommer un autre pape nommé Laurent. Les deux partis en appelèrent à Théodoric, qui prononça en faveur de Symmaque (voir le *Saint-Fargeau notebook*, p.114, 115; Fleury, livre 30, année 498-501, §48-50). Ce fut vers 500 ou 501 que les schismatiques renouvelèrent leur campagne contre lui, l'accusant de divers crimes, notamment d'adultère. Quant aux *missi dominici*, on s'explique mal cet anachronisme de la part de Voltaire: fonctionnaires ayant pour mission de contrôler la bonne gestion des domaines royaux et de la justice, ils furent la création de Charles Martel et de Pépin le Bref. C'est en réalité un concile d'évêques, réuni à Palma au mois de juillet 501, qui intruisit l'affaire, et qui au mois d'octobre 501 déclara Symmaque innocent.

[6] Tout ce paragraphe se trouve quasi textuellement dans le *Saint-Fargeau notebook* (p.115). Athalric succéda à son grand-père, Théodoric, comme roi des Ostrogoths en

Quand Bélizaire vint en Italie, et qu'il la remit sous le pouvoir impérial, on sait qu'il exila le pape Silverius, et qu'en cela il ne passa   20 point les bornes de son autorité, s'il passa celles de la justice. Bélizaire, et ensuite Narsès ayant arraché Rome au joug des Goths, d'autres barbares, Gépides, Francs, Germains, inondèrent l'Italie. [7] Tout l'empire occidental était dévasté et déchiré par des sauvages. Les Lombards établirent leur domination dans toute l'Italie   25 citérieure. Albouin fondateur de cette nouvelle dynastie, n'était qu'un brigand barbare; mais bientôt les vainqueurs adoptèrent les mœurs, la politesse, la religion des vaincus. [8] C'est ce qui n'était pas

28   w56-61: la politesse, la langue, la religion

Italie (525). Pour les élections des papes, etc., réglées par Athalric, et la vie de Cassiodore, voir également Fleury (livre 32, année 531, §25; livre 33, année 552, §62). Cassiodore, secrétaire du roi, puis questeur, et enfin maître des offices sous Théodoric, décida en 524 de se retirer. Rappelé par Amalasonte (mère du jeune Athalric), il devint préfet du prétoire. Théodat et Vitigès, successeurs d'Athalric, le conservèrent comme secrétaire. La fin de sa carrière d'homme d'Etat coïncida avec l'expédition de Bélisaire (537) et il se retira définitivement au Mont-Cassin, monastère fondé en 529 par saint Benoît. Jean II fut pape de 532 à 535.

[7] Les lignes 19-21 se trouvent textuellement dans le *Saint-Fargeau notebook* (p.115), cf. Fleury (livre 32, année 535, §47). Bélisaire fut chargé par Justinien de rétablir la puissance impériale en Italie, et par sa femme, l'impératrice Théodore, de chasser Sylvère (élu pape le 20 juin 536) pour le remplacer par le diacre Virgile. Il prit la Sicile, se rendit maître de Naples, défendit Rome, s'empara de Ravenne, capitale des Goths, et fit prisonnier Vitigès (540). Puis Bélisaire accusa Sylvère d'avoir voulu livrer la ville de Rome aux Goths, et l'envoya en exil à Patare. Narsès, envoyé par Justinien en Italie pour combattre les Goths, y vainquit Totila (552), et réussit à anéantir à jamais (555) leur domination. Mais une fois Narsès mort (568), les Lombards arrivèrent et l'Italie fut perdue pour l'empire d'Orient. D'après Fleury: 'avec les Lombards, Alboin avait amené plusieurs autres barbares: Gépides, Bulgares, Pannoniens, Suèves, Noriques et autres' (livre 34, année 572, §20). Les Gépides: peuple de l'antique Dacie; les Francs étaient à l'origine un peuple germain de la région de Rhénanie; les Germains (désignation plutôt floue) englobaient toutes les peuplades de la forêt Hercynienne. Voltaire parle de ces derniers plus longuement dans l'*Avant-propos* (ci-dessus, lignes 143-74).

[8] Les Lombards s'établirent au premier siècle entre l'Elbe et l'Oder, et vers l'an 548, en Pannonie. Vingt ans plus tard, fuyant les Huns, et ayant eux-mêmes envahi l'Italie du Nord, ils y proclamèrent leur chef roi du pays. Albouin, roi des Lombards

arrivé aux premiers Francs, aux Bourguignons, qui portèrent dans
30 les Gaules leur langage grossier, et leurs mœurs encore plus
agrestes.[9] La nation lombarde était d'abord composée de païens
et d'ariens. Leur roi Rotharis publia vers l'an 640 un édit qui donna
la liberté de professer toutes sortes de religions, de sorte qu'il y
avait dans presque toutes les villes d'Italie un évêque catholique, et
35 un évêque arien, qui laissaient vivre paisiblement les peuples
nommés idolâtres, répandus encore dans les villages.[10]

Entière liberté de conscience en Italie, mais courte.

Le royaume de Lombardie s'étendit depuis le Piémont jusqu'à
Brindes et à la terre d'Otrante; il renfermait Bénévent, Bari,
Tarente;[11] mais il n'eut ni la Pouille, ni Rome, ni Ravenne. Ces
40 pays demeurèrent annexés au faible empire d'Orient. L'Eglise
romaine avait donc repassé de la domination des Goths à celle des
Grecs. Un *exarque* gouvernait Rome au nom de l'empereur; mais il

35-36 w56-w57G: les idolâtres

(561-572), invité par Narsès à passer en Italie, conquit la péninsule (sauf Rome,
l'exarchat de Ravenne et Venise), et y fonda un nouvel état qui avait Pavie pour
capitale. Fleury parle d'Albouin et des ravages des Lombards et de l'anarchie qui
accompagna leur invasion (livre 34, année 572, §20, 21, 34). Il détaille certaines de
leurs exactions et déprédations. Dans le *Saint-Fargeau notebook*, faisant sans doute
référence à ce qu'il avait lu dans Fleury, Voltaire écrit: 'Albouin y fonda le royaume
de Lombardie. On rapporte de lui des barbaries dignes d'un Gépide tel qu'il l'était'
(p.116).

[9] Les Burgundi de la nation des Vandales passèrent le Rhin et, en 407, vinrent se
fixer entre l'Aar et le Rhône. Ci-dessous, ch.17, Voltaire déplore la barbarie des
Bourguignons, des Goths et des Francs arrivés en Gaule, où ils 'rendirent les autres
peuples sauvages' (ligne 49).

[10] 'La nation lombarde était composée de païens et d'ariens. Le roi Rotharis
regardé comme un grand prince donna vers l'année 640 un édit qui donna la liberté
de professer toutes sortes de religions; il y avait dans presque toutes ses villes un
évêque catholique, et un évêque arien' (*Saint-Fargeau notebook*, p.116). La source de
ce dernier renseignement est Fleury: 'Rotharis brave et justicier, mais arien: ainsi
presque toutes les villes de son royaume avaient deux évêques, un catholique et un
hérétique' (livre 38, année 638, §17).

[11] 'Ces Lombards étendirent bientôt leur domination depuis le Piemont jusqu'aux
portes de Rome'; 'Le royaume de Lombardie renferma bientôt Benevent, Barri,
Tarente, Brinde, et la terre d'Otrante' (*Saint-Fargeau notebook*, p.116); voir aussi
Fleury (livre 34, année 572, §20; 576, §31).

ne résidait point dans cette ville presque abandonnée à elle-même. Son séjour était à Ravenne, d'où il envoyait ses ordres au duc ou préfet de Rome, et aux sénateurs qu'on appelait encore *Pères conscrits*.[12] L'apparence du gouvernement municipal subsistait toujours dans cette ancienne capitale si déchue, et les sentiments républicains n'y furent jamais éteints. Ils se soutenaient par l'exemple de Venise, république fondée d'abord par la crainte et par la misère, et bientôt élevée par le commerce, et par le courage. Venise était déjà si puissante, qu'elle rétablit au huitième siècle l'exarque Scolasticus, qui avait été chassé de Ravenne.[13]

Quelle était donc aux septième et huitième siècles la situation de Rome? Celle d'une ville malheureuse, mal défendue par les exarques, continuellement menacée par les Lombards, et reconnaissant toujours les empereurs pour ses maîtres. Le crédit des papes augmentait dans la désolation de la ville. Ils en étaient souvent les consolateurs et les pères, mais toujours sujets; ils ne pouvaient être consacrés qu'avec la permission expresse de l'exarque. Les formules par lesquelles cette permission était demandée et accordée, subsistent encore. (*a*)[14] Le clergé romain écrivait au métropolitain de Ravenne, et demandait la protection de *sa Béatitude* auprès du gouverneur; ensuite le pape envoyait à ce métropolitain sa profession de foi.[15]

45

50

55

60

Papes ne peuvent être consacrés qu'avec la permission de l'exarque.

(*a*) Dans le *Diarium Romanum*.

n.*a* w56-w68: [*absente; ajout de* w75G]

[12] 'Il y avait alors en Italie un Exarque à Ravenne de la part de l'empereur' (*Saint-Fargeau notebook*, p.116); voir aussi Fleury: 'A Ravenne résidait le gouverneur d'Italie pour l'empereur, que l'on commença alors à nommer exarque, et le premier fut Longin' (livre 34, année 572, §20). Les *Pères conscrits* pourtant ne se trouvent pas dans le *Saint-Fargeau notebook*. Le terme désigne les sénateurs: voir Tite-Live, *Histoire de Rome*, livre 2, §1.

[13] 'Venise était déjà si puissante qu'elle rétablit l'exarque' (*Saint-Fargeau notebook*, p.118); voir aussi Fleury (livre 43, année 753, §4).

[14] La source de cette déclaration concernant la subordination du pape à l'exarque semble être Vertot, p.2-3.

[15] Voir la lettre à Hénault, écrite de Colmar le 12 mai 1754: 'Le Diurnal Romain du

65   Le roi lombard Astolphe s'empara enfin de tout l'exarchat de
Ravenne, en 751, et mit fin à cette vice-royauté impériale qui avait
duré cent quatre-vingt-trois ans. [16]
Comme le duché de Rome dépendait de l'exarchat de Ravenne,
Astolphe prétendit avoir Rome par le droit de sa conquête. [17] Le
70   pape Etienne II, seul défenseur des malheureux Romains, envoya
demander du secours à l'empereur Constantin surnommé Copronyme. Ce misérable empereur envoya pour tout secours un officier
du palais avec une lettre pour le roi lombard. C'est cette faiblesse
des empereurs grecs qui fut l'origine du nouvel empire d'Occident,
75   et de la grandeur pontificale. [18]
Vous ne voyez avant ce temps aucun évêque qui ait aspiré à la

76-103   w56-61: [absentes; ajout de w68]

---

septième et huitième siècle est un monument de l'histoire bien curieux, et qui fait voir
évidemment ce qu'étaient les papes dans ce temps-là. On a eu grand soin au Vatican
d'empêcher que le reste de ce Diurnal ne fût imprimé. La cour de Rome fait comme
les grandes maisons qui cachent autant qu'elles le peuvent leur première origine.'
Dans les *Annales*, Voltaire cite aussi la formule utilisée par le clergé romain: '*Saint-
Père, nous supplions Votre Béatitude d'obtenir du seigneur exarque l'ordination dont il
s'agit*. Ils devaient aussi en écrire aux juges de Ravenne qu'ils appelaient *Vos
Eminences*' (Introduction, p.222). Voltaire formule les mêmes objections dans ses
Remarques pour servir de supplément à l'Essai sur les mœurs (Pomeau, t.2, p.919).

[16] Cf. le *Saint-Fargeau notebook*: '751. Le roi Lombard Astolphe s'empara enfin de
tout l'exarcat de Ravenne, et mit fin à cette vice-royauté qui avait duré 183 ans'
(p.118); voir aussi Fleury (livre 43, année 753, §4).

[17] La source de cette dernière formule assez pointue serait plutôt Vertot (p.31), car
ici Fleury se contente de dire qu'Astolphe attaqua ensuite le duché de Rome, voulant
se rendre maître de toute la province (livre 43, année 753, §4).

[18] Etienne II succéda le 27 mars 752 à Zacharie, mais mourut deux jours plus tard
avant d'être consacré. La plupart des écrivains ecclésiastiques ont soit refusé de le
mettre au catalogue des papes (comme Fleury, livre 43, année 753, §4), soit l'ont
confondu avec Etienne III qui lui succéda. La confusion qui peut s'ensuivre (présente
même chez Fleury), est évidente ci-dessous, ch.13, lignes 38 et suiv., et var. Sur
Constantin V, dit Copronyme (l'Ordurier), empereur d'Orient depuis 741, voir le
Saint-Fargeau notebook: 'Le pape Etienne II [III] envoie demander des secours à
l'empereur grec Constantin Copronime. Constantin envoie un chambellan avec une
lettre à Astolphe, qui se mit à rire de ce beau secours' (p.119). Fleury évoque en détail

moindre autorité temporelle, au moindre territoire.[19] Comment l'auraient-ils osé? leur législateur fut un pauvre qui catéchisa des pauvres. Les successeurs de ces premiers chrétiens furent pauvres. Le clergé ne fit un corps que sous Constantin premier, mais cet empereur ne souffrit pas qu'un évêque fût propriétaire d'un seul village.[20] Ce ne peut être que dans des temps d'anarchie que les papes aient obtenu quelques seigneuries.[21] Ces domaines furent d'abord médiocres. Tout s'agrandit et tout tombe avec le temps.

Lorsqu'on passe de l'histoire de l'empire romain à celle des peuples qui l'ont déchiré dans l'Occident, on ressemble à un voyageur, qui au sortir d'une ville superbe se trouve dans des déserts couverts de ronces. Vingt jargons barbares succèdent à cette belle langue latine, qu'on parlait du fond de l'Illyrie au mont Atlas. Au lieu de ces sages lois qui gouvernaient la moitié de notre hémisphère, on ne trouve plus que des coutumes sauvages. Les

---

cette demande de secours, mais nulle trace chez lui de la réaction d'Astolphe au reçu de la lettre de l'empereur (livre 43, année 753, §5).

[19] Voltaire ajouta ces deux derniers paragraphes en 1769 pour servir de trait d'union avec le chapitre suivant qui avait été considérablement augmenté en 1761. Quant aux résultats de la faiblesse des empereurs grecs que Voltaire mentionne (lignes 82-83), on note que le même genre de remarque se trouve chez Vertot (p.32).

[20] C'est à partir de 312, que Constantin Ier, dit le Grand, s'entoura d'évêques et accorda de nombreux privilèges et immunités aux ecclésiastiques, les exempta de toutes fonctions civiles et promulgua à Milan (313) l'édit de tolérance. Quant au problème de la *propriété* (déjà abordé, ch.10, lignes 187-93), on trouve là-dessus maints développements chez Fleury (livre 10, année 313, §2; livre 11, année 325, §25; livre 12, année 341, §13; livre 42, ch.26). Voir le *Saint-Fargeau notebook*: 'Aucun évêque n'eut ni *jus terrendi*, ni droit de territoire et ne peut prononcer *do, dico, addico. /* Les empereurs défendirent souvent les donations d'immeubles à l'église. *Je ne me plains pas de cette loi*, dit saint Ambroise, *mais de ce que nous l'avons méritée*' (p.114). Ce ne fut qu'à partir du pape Etienne II (752-757) que les affaires temporelles furent confondues avec les choses spirituelles.

[21] Déjà dans le ch.10 (lignes 125-26), Voltaire avait rejeté sans ménagement la fable, ou l'imposture, de la donation faite par Constantin au pape Sylvestre, point de vue renforcé par l'ajout de 1775. En 1761, dans le ch.13 (lignes 148-64), il reviendra sur d'autres prétendues donations (comme celles de Pépin), et répétera son incrédulité relativement à Constantin: voir aussi les art. 'Donations' et 'Rome, cour de' des *QE* (*M*, t.18, p.415-16; t.20, p.378-79).

cirques, les amphithéâtres élevés dans toutes les provinces sont changés en masures couvertes de paille. Ces grands chemins si beaux, si solides, établis du pied du Capitole jusqu'au mont Taurus,
95 sont couverts d'eaux croupissantes. La même révolution se fait dans les esprits, et Grégoire de Tours, le moine de saint Gal, Frédégaire, sont nos Polybes et nos Tite-Lives. [22] L'entendement humain s'abrutit dans les superstitions les plus lâches et les plus insensées. Ces superstitions sont portées au point que des moines
100 deviennent seigneurs et princes. Ils ont des esclaves, et ces esclaves n'osent pas même se plaindre. L'Europe entière croupit dans cet avilissement jusqu'au seizième siècle, et n'en sort que par des convulsions terribles.

---

[22] Pour Voltaire, le mont Taurus est proprement cette chaîne de montagnes que nous nommons le Caucase. Mêmes remarques quasiment partout chez Voltaire sur la décadence de l'infrastructure de la civilisation romaine. Il montre constamment pour l'œuvre de Grégoire de Tours, auteur de l'*Historia Francorum*, le mépris le plus total, l'accusant de crédulité et de 'fourberie'; voir, par exemple, le *Saint-Fargeau notebook*, p.117; *La Philosophie de l'histoire*, ch.52 (*OCV*, t.59, p.272); *Le Pyrrhonisme de l'histoire*, ch.13 (*OCV*, t.67, p.304-305); et l'*Histoire du parlement de Paris*, ch.34 (p.338). Selon Voltaire, Frédégaire, l'auteur présumé d'une chronique mérovingienne est un débiteur d'âneries; voir l'art. 'Franc ou Franq; France, François, Français' des *QE* (*M*, t.19, p.175); le 'Discours historique et critique' de *Don Pèdre* (*M*, t.7, p.251), et encore *La Philosophie de l'histoire*, ch.52 (p.272-73). La *Chronique* de Frédégaire fut publiée comme une addition à l'*Historia Francorum*, et en constitua le onzième livre.

CHAPITRE 13

Origine de la puissance des papes. Digression sur le sacre des rois. Lettre de saint Pierre à Pépin, maire de France, devenu roi. Prétendues donations au Saint-Siège.

Il n'y a que trois manières de subjuguer les hommes, celle de les policer en leur proposant des lois, celle d'employer la religion pour

a-242 [*Première rédaction de ce chapitre*: MSP]
a 61: Chapitre 9
a-e w56: Chapitre 6 / *Origine de la puissance des papes.* / /
MSP, MSG, 53-54N: [*début original, supprimé en 1756*] [MSP: Chapitre 4] *Etat de l'Italie et de l'église chrétienne* / Plus l'empire de Mahomet florissait [53: fleurissait], plus Constantinople et Rome étaient avilies. Rome ne s'était jamais relevée du coup fatal que lui porta Constantin en transférant le siège de l'empire. La gloire, l'amour de la patrie n'animèrent plus les Romains. Il n'y eut plus de fortune à espérer pour les 5 habitants de l'ancienne capitale: le courage s'énerva; les arts tombèrent; on ne reconnut [53: connut] plus dans le séjour des Scipions et des césars que des contestations entre les juges séculiers et l'évêque. Prise [53: et] reprise, saccagée tant de fois par les barbares, elle obéissait encore aux empereurs. Depuis Justinien,

* Les textes de référence utilisés par Voltaire pour ce chapitre sont de nouveau l'*Histoire ecclésiastique* de l'abbé Fleury et l'*Origine de la grandeur de la cour de Rome* de l'abbé de Vertot (Lausanne, 1745, BV3434). Il est de même évident que, sur divers points de détail, Voltaire consulta Dom Calmet, *Commentaire littéral*. La rédaction primitive de ce chapitre – à l'ossature assez peu compliquée – devait beaucoup évoluer, non seulement il connaît trois stades d'une élaboration de plus en plus détaillée (MSP, 53; w56-w57G; 61), mais aussi il manifeste une confiance de plus en plus évidente dans le récit de l'abbé Fleury et celui de l'abbé de Vertot (dont le scepticisme politique était à l'évidence du goût de Voltaire). Ce chapitre reprend, comme principal sujet de réflexions, la thèse qui consistait à proposer (voir le chapitre précédent, n.*) que tout est sujet à transformation et que les faibles de ce monde profitent de la faiblesse grandissante de leurs supérieurs et maîtres pour finir par les supplanter. Parmi les problèmes ponctuels et récurrents de la pensée de Voltaire, qu'il aborde de nouveau ici, signalons la question de la cérémonie du sacre (lignes 40-112) et du rôle qu'y jouait la sainte ampoule (lignes 87-96), et celle des prétendues donations faites au Saint-Siège (lignes 148-64, 184-89, 201-19).

10 un vice-roi sous le nom d'exarque la gouvernait mais ne daignait plus la regarder comme la capitale de l'Italie. Il demeurait à Ravenne, et de là il envoyait ses ordres [MSP, MSG: au préfet de Rome, il ne restait aux empereurs en Italie que le pays qui s'étend des bornes de la Toscane jusqu'aux extrémités de la Calabre. Les Lombards possédaient le Piédmont, le Milanais, le Mantouë, Gênes, Parme, Modène, la Toscane,

15 la Romagne. Ces états composaient le royaume de Lombardie. Ces Lombards étaient originairement des Tartares idolâtres. Ils s'étaient d'abord emparés de la Pannonie, et ils y avaient embrassé l'arianisme qui était la religion dominante, ayant pénétré en Italie par le Tirol. Ils s'y étaient établis et y avaient affermi leur domination, en se soumettant à la religion catholique. Rome dont les murailles étaient abattues, et qui

20 n'était défendue que par les troupes de l'exarque, était souvent menacée de tomber au pouvoir des Lombards, elle était alors si pauvre que l'exarque n'en retirait par an pour toute imposition, qu'un sou d'or par chaque homme domicilié. Elle était au rang de ces terres stériles et éloignées, qui sont à charge à leurs maîtres. ¶Dans cet avilissement même de la ville l'évêque établissait sa grandeur. Les Romains étaient pauvres, mais

25 l'Eglise ne l'était pas. Constantin avait donné à la seule basilique de Latran, plus de mille marcs d'or, et environ trente mille d'argent, et lui avait assigné quatorze mille sous de rente. ¶Les papes qui nourissaient les pauvres et qui envoyaient des missions dans tout l'Occident ayant eu besoin de secours plus considérables les avaient obtenus sans peine. Les empereurs et les rois lombards mêmes leur avaient accordé des terres,

30 ils possédaient auprès de Rome, des revenus et des châteaux, qu'on appelait les justices de saint Pierre. Plusieurs citoyens s'étaient empressés à enrichir par donation ou par testament une Eglise dont l'évêque était regardé comme le père de la patrie. Le crédit des papes était trop supérieur à leurs richesses. Il était impossible de ne pas réverer une suite presque non interrompue de pontifes, qui avaient consolé l'Eglise, étendu la

35 religion, adouci les mœurs des Hérules, des Goths, des Vandales, des Lombards et des Francs, enfin le temps vint où les papes conçurent le dessein de délivrer à la fois Rome et des Lombards qui la menaçaient sans cesse et des empereurs grecs qui la défendaient mal.] [53: aux romains. L'évêque dans ces temps de barbarie augmentait de jour en jour son autorité par l'avilissement même de la ville. Les richesses de son Eglise se

40 multipliaient. Le préfet de Rome ne pouvait pas s'opposer sans cesse aux prétentions de l'évêque, toujours appuyées de la sainteté du ministère. En vain l'Eglise de Ravenne contestait mille droits à celle de Rome. On reconnaissait l'Eglise de Rome dans tout l'Occident chrétien comme la mère commune. On la consultait, on lui demandait des missionnaires, et dans la servitude de la ville l'évêque dominait au

45 dehors. ¶Le reste de l'Italie citérieure obéissait aux rois lombards, qui régnaient dans Pavie, ils se frayaient toujours le chemin à la conquête de Rome, et le peuple romain aurait voulu n'être soumis ni aux Lombards, ni aux empereurs grecs.] Les papes [53: conçurent dans ce huitième siècle le dessein de se rendre eux-mêmes maîtres de Rome; ils] virent [MSP, MSG: donc alors] avec prudence que ce qui dans d'autres temps

50 n'eut été qu'une révolte et une sédition impuissante, pouvait devenir une révolution excusable par la necessité, et respectable [53: illustre] par le succés. /
[MSP: *Paragraphe 2e.*] *Origine de la puissance des papes.*

appuyer ces lois, celle enfin d'égorger une partie d'une nation pour gouverner l'autre; je n'en connais pas une quatrième.[1] Toutes les trois demandent des circonstances favorables. Il faut remonter à 5 l'antiquité la plus reculée pour trouver des exemples de la première; encore sont-ils suspects. Charlemagne, Clovis, Théodoric, Albouin, Alaric, se servirent de la troisième; les papes employèrent la seconde.

Le pape n'avait pas originairement plus de droit sur Rome, que 10 saint Augustin n'en aurait eu, par exemple, à la souveraineté de la petite ville d'Hippone. Quand même saint Pierre aurait demeuré à Rome, comme on l'a dit, sur ce qu'une de ses épîtres est datée de Babilone, quand même il eût été évêque de Rome, dans un temps où il n'y avait certainement aucun siège particulier, ce séjour dans 15 Rome ne pouvait donner le trône des césars; et nous avons vu que les évêques de Rome ne se regardèrent pendant sept cents ans que comme des sujets.[2]

Rome tant de fois saccagée par les barbares, abandonnée des empereurs, pressée par les Lombards, incapable de rétablir 20 l'ancienne république, ne pouvait plus prétendre à la grandeur.[3]

b-e   MSP, MSG, 53-54N, W56: [MSP: paragraphe 2².] Origine de la puissance des papes.//

1-18   53-W57G: [absentes]
1-28   MSP: [absentes]

[1] Voltaire s'en prend ici à Montesquieu qui, ayant prétendu que 'lorsqu'un peuple est conquis, le droit que le conquérant a sur lui suit quatre sortes de lois', mentionne les quatre manières par lesquelles un 'Etat qui en a conquis un autre le traite' (De l'esprit des lois, livre 10, ch.3). La quatrième manière n'est ni plus ni moins que le génocide, explication que Voltaire rejette sans ménagement dans le Commentaire sur l'Esprit des lois (1777), §39 (OCV, t.80B, p.382).

[2] Sur saint Pierre à Rome, voir ci-dessus, ch.8, lignes 78-81 et notes. Voir aussi, ci-dessus, ch.12, par exemple lignes 9-21, 53-64; et Fleury: 'Ce qui est de remarquable, c'est que les lettres de ce pape, aussi bien que des autres, sont datées du règne de l'empereur de C.P. comme étant toujours le vrai souverain de Rome: et le sénat et le peuple de Rome écrivant à Pépin, ne nomment point le pape leur seigneur, mais seulement leur pasteur et leur père' (livre 43, année 757, §31).

[3] Voir ci-dessus, ch.12, n.7-10.

Il lui fallait du repos: elle l'aurait goûté si elle avait pu dès lors être gouvernée par son évêque, comme le furent depuis tant de villes d'Allemagne; et l'anarchie eût au moins produit ce bien. Mais il n'était pas encore reçu dans l'opinion des chrétiens, qu'un évêque pût être souverain, quoiqu'on eût dans l'histoire du monde tant d'exemples de l'union du sacerdoce et de l'empire dans d'autres religions. [4]

Le pape Grégoire III recourut le premier à la protection des Francs contre les Lombards, et contre les empereurs. [5] Zacharie son successeur, animé du même esprit, reconnut Pépin, ou Pipin, maire du palais, usurpateur du royaume de France, pour roi légitime. On a prétendu que Pépin, qui n'était que premier ministre, fit demander d'abord au pape, quel était le vrai roi, ou de celui qui n'en avait que le droit et le nom, ou de celui qui en avait l'autorité et le mérite? et que le pape décida que le ministre devait être roi. [6] Il n'a

---

29-32   MSP, 53: Le pape Grégoire III fut le premier qui imagina de se servir du bras des Français pour ôter l'Italie aux empereurs et aux Lombards. Son successeur Zacharie reconnut Pépin [MSP: le plus] usurpateur

31-32   53-W57G: Pépin, usurpateur

34   MSP: roi, ou celui

35   MSP: nom, ou celui

---

[4] Bien que cette déclaration ait l'air d'une rengaine, des formulations aussi concrètes sont rares dans les écrits de Voltaire. Ici il pense sans doute aux Incas, exemple le plus frappant d'un tel cumul. Ajoutons-y Salem et le Japon (*Saint-Fargeau notebook*, *OCV*, t.81, p.133; l'art. 'Prêtre' du *DP*, *OCV*, t.36, p.463). S'il entend désigner la théocratie en tant que telle, il convient d'y ajouter l'Egypte et l'Inde (*La Philosophie de l'histoire*, ch.9, *OCV*, t.59, p.118-19; *La Défense de mon oncle*, ch.21, *OCV*, t.64, p.252). D'après *La Bible enfin expliquée*, le roi David aussi avait connu de telles velléités (*M*, t.30, p.191, n.1).

[5] Grégoire III implora l'appui de Charles Martel à la fois contre les empereurs Léon et Constantin Copronyme, et les Lombards d'Italie: voir Fleury: '[Il] demanda du secours à Charles Martel' en lui envoyant une légation en 741: 'on n'avait jamais ouï parler en France d'une pareille légation' (livre 42, année 741, §24), passage marqué d'un papillon dans l'exemplaire de Voltaire (*CN*, t.3, p.504-505).

[6] Voir Fleury: 'Saint Burchard, évêque de Virsbourg [...] fut envoyé avec Fulrad chapelain du prince Pepin, pour consulter le pape Zacarie touchant les rois de France, qui depuis longtemps n'avaient plus que le nom sans aucune autorité: savoir s'il était

Le pape vient implorer le maire Pépin en 754.

jamais été prouvé qu'on ait joué cette comédie; mais ce qui est vrai, c'est que le pape Etienne III appela Pépin à son secours contre les Lombards, qu'il vint en France se jeter aux pieds de Pépin, et ensuite le couronner avec des cérémonies qu'on appelait *sacre*. [7] 40 C'était une imitation d'un ancien appareil judaïque. Samuël avait

38   MSP: Etienne III (je l'appelle Etienne III en comptant Etienne II qui ne tint le Siège que quatre jours) appela

38-114 53-54N, W57G: secours, qu'il feignit une lettre de saint Pierre adressée du ciel à Pépin et à ses fils, qu'il vint en France, qu'il donna dans Saint-Denis l'onction royale à Pépin, premier roi sacré en Europe. Non seulement ce premier usurpateur reçut l'onction sacrée du pape, après l'avoir reçue de saint Boniface qu'on appelait *l'apôtre d'Allemagne*, mais Etienne III défendit sous peine d'excommunication aux   5 Français de se donner

38-120 MSP: secours, qu'il écrivit une lettre au nom de saint Pierre adressée du ciel à Pépin et à ses fils, 'si vous ne combattez pour moi, disait saint Pierre dans cette lettre, je vous déclare, par la Sainte Trinité et par mon apostolat, que vous n'aurez jamais de part au ciel.' Pépin qui avait besoin du pape obéit à saint Pierre. Le pontife vint en France, il se jeta aux pieds du roi, ainsi que tout son clergé, ayant tous la tête   5 couverte de cendre et le corps revêtu d'un cilice. C'était l'ancienne manière de supplier et il paraît que depuis elle fut abolie. Le pape donna l'onction royale à Pépin, premier roi sacré en Europe ¶[*manchette*: *Pépin sacré*.] Non seulement cet usurpateur reçut l'onction sacrée du pape, après l'avoir reçue de Boniface, qu'on appelait l'apôtre d'Allemagne, mais Etienne défendit sous peine d'excommunication aux   10 Français de se donner jamais des rois d'une autre race. Ainsi cet évêque, chassé de sa patrie [*manchette*: *Autorité du pape Etienne III en France*.] et suppliant dans une terre étrangère avait le courage de donner des lois. Sa politique prenait une autorité qui assurait celle de Pépin, et ce prince pour mieux jouir de ce qui ne lui était pas dû, laisse prendre au pape un droit qui ne lui appartenait pas davantage. ¶Hugues Capet   15

à propos que les choses demeurassent en cet état. Le pape répondit que pour ne point renverser l'ordre, il valait mieux donner le nom de roi à celui qui en avait le pouvoir' (livre 43, année 752, §1). La source de cette information pourrait tout aussi bien être Vertot (*Origine*, p.29-30). Rien ne permet de trancher.

[7] Fleury rapproche cette démarche de celles de Grégoire III et de Zacharie (livre 39, année 656, §21; livre 43, année 754, §11). Pour les confusions dans le texte de Voltaire entre Etienne II et Etienne III – une seule et même personne – voir ci-dessus, ch.12, n.18. C'est probablement la table analytique des matières chez Fleury qui l'induit en erreur. Voltaire considère la cérémonie du sacre et du couronnement comme une coûteuse coutume doublée d'un geste de propagande ou de manipulation, non comme une loi fondamentale.

versé de l'huile sur la tête de Saül. [8] Les rois lombards se faisaient ainsi sacrer; les ducs de Bénévent même avaient adopté cet usage pour en imposer aux peuples. [9] On employait l'huile dans l'installa-
45 tion des évêques; et on croyait imprimer un caractère de sainteté au diadème, en y joignant une cérémonie épiscopale. Un roi goth, nommé Vamba, fut sacré en Espagne avec de l'huile bénite en 674. [10] Mais les Arabes vainqueurs firent bientôt oublier cette cérémonie, que les Espagnols n'ont jamais renouvelée.

50 Pépin ne fut donc pas le premier roi sacré en Europe, comme nous l'écrivons tous les jours. [11] Il avait déjà reçu cette onction de l'Anglais Boniface, missionnaire en Allemagne, et évêque de Mayence, qui ayant voyagé longtemps en Lombardie, le sacra suivant l'usage de ce pays. [12]

55 Remarquez attentivement que ce Boniface avait été créé évêque de Mayence par Carloman, frère de l'usurpateur Pépin, sans aucun concours du pape, sans que la cour romaine influât alors sur la

Pépin n'est pas le premier roi sacré en Europe, comme on le dit.

42-43   61-w75G: faisaient aussi sacrer
43-44   61-w75G: usage. On
49   61-w75G: n'ont pas renouvelée

---

[8] 1 Samuel 10:1.

[9] Ni Fleury ni Vertot ne font mention de la cérémonie du sacre chez les Lombards et les ducs de Bénévent. Mais voir le *Saint-Fargeau notebook*: 'Arechis se fit oindre à Benevent comme Duc' (p.121), ainsi que l'*Histoire du parlement de Paris*, ch.34 (*OCV*, t.68, p.338).

[10] Succédant au roi Receswinthe, Vamba fut élu roi des Visigoths en 672. Cf. Fleury: '[Il] fut sacré à Tolède avec l'huile benite, répandue sur sa tête par l'archevêque Quirice: et c'est le premier exemple que je trouve de l'onction des rois', passage marqué d'un signet portant 'ᵉʳ / sacre / vamba' (livre 39, année 674, §51; *CN*, t.3, p.503).

[11] A commencer par Voltaire lui-même: voir la variante 53-w57G aux lignes 38-114, ligne 3. Voltaire présente plus loin Pépin comme 'le premier roi sacré en France' (ligne 79).

[12] Où Voltaire trouva-t-il ces détails? Se peut-il qu'il ait mal lu Fleury, car celui-ci évoque deux brefs séjours de Boniface en Lombardie et de longs voyages en Allemagne (livre 41, années 716-719, §35-37; livre 42, année 741, §25).

nomination des évêchés dans le royaume des Francs. [13] Rien ne vous convaincra plus que toutes les lois civiles et ecclésiastiques sont dictées par la convenance, que la force les maintient, que la faiblesse les détruit, et que le temps les change. Les évêques de Rome prétendaient une autorité suprême, et ne l'avaient pas. Les papes sous le joug des rois lombards auraient laissé toute la puissance ecclésiastique en France au premier Franc qui les aurait délivrés du joug en Italie.

Second sacre de Pépin. Le pape Etienne avait plus besoin de Pépin, que Pépin n'avait besoin de lui; il y paraît bien, puisque ce fut le prêtre qui vint implorer la protection du guerrier. Le nouveau roi fit renouveler son sacre par l'évêque de Rome dans l'église de Saint Denis: ce fait paraît singulier; on ne se fait pas couronner deux fois, quand on croit la première cérémonie suffisante. [14] Il paraît donc que dans l'opinion des peuples, un évêque de Rome était quelque chose de plus saint, de plus autorisé, qu'un évêque d'Allemagne; que les moines de Saint Denis, chez qui se faisait le second sacre, attachaient plus d'efficacité à l'huile répandue sur la tête d'un Franc, par un évêque romain, qu'à l'huile répandue par un missionnaire de Mayence, et que le successeur de saint Pierre avait plus droit qu'un autre de légitimer une usurpation.

Pépin fut le premier roi sacré en France, et non le seul qui l'y ait été par un pontife de Rome: car Innocent III couronna depuis, et

79-81   61: France et le seul qui jamais l'y ait été par un pontife de Rome. Clovis

[13] Fleury mentionne l'établissement de saint Boniface à Mayence en 747 et évoque, la même année, la mort de Carloman qui avait donné de grandes preuves 'de sa piété et de son amour pour la religion, en protégeant saint Boniface' (livre 42, année 744, §44).
[14] Voir Fleury, 'Second sacre de Pepin' (livre 43, année 754, §14). Pépin fut couronné et sacré à Saint Denis par Etienne le 28 juillet 754. Pour Voltaire (comme pour Vertot) cette cérémonie ne constituait qu'un vulgaire marché: voir également *Le Pyrrhonisme de l'histoire*, ch.15 (*OCV*, t.67, p.310-12), ainsi que les *Annales*, 'Charlemagne' (p.226-27). Dans l'édition Lambert de 1757 de ce dernier texte, Voltaire précise que 'cette cérémonie fut une imitation de l'onction donnée aux rois hébreux'.

sacra Louis le Jeune à Rheims. Clovis n'avait été ni couronné, ni sacré roi par l'évêque Rémi. Il y avait longtemps qu'il régnait quand il fut baptisé. S'il avait reçu l'onction royale, ses successeurs auraient adopté une cérémonie si solennelle, devenue bientôt

85 nécessaire. Aucun ne fut sacré jusqu'à Pépin, qui reçut l'onction dans l'abbaye de Saint Denis. [15]

Ce ne fut que trois cents ans après Clovis que l'archevêque de Rheims Hincmar écrivit qu'au sacre de Clovis un pigeon avait apporté du ciel une fiole qu'on appelle la *sainte ampoule*. Peut-être

90 crut-il fortifier par cette fable le droit de sacrer les rois, que ces métropolitains commençaient alors à exercer. Ce droit ne s'établit qu'avec le temps, comme tous les autres usages: et ces prélats longtemps après sacrèrent les rois, depuis Philippe I jusqu'à Henri IV, qui fut couronné à Chartres, et oint de l'ampoule de

95 saint Martin, parce que les ligueurs étaient maîtres de l'ampoule de saint Rémi. [16]

93   61-w75G: sacrèrent tous les rois, depuis
      k: sacrèrent constamment les

[15] En fait c'est Innocent II qui couronna et sacra Louis VII le 25 octobre 1131. Sur le baptême de Clovis, Fleury prend pour source Hincmar, mais n'évoque pas l'anecdote sur la sainte ampoule (livre 30, année 496, §44). Quelle est la source des informations de Voltaire sur Hincmar et la sainte ampoule, voilà qui n'est pas établi incontestablement. Peut-être se sert-il de l'abbé de Vertot, 'Dissertation au sujet de la sainte ampoule conservée à Rheims pour le sacre de nos rois', *Mémoires de littérature tirez des registres de l'Académie des inscriptions et belles-lettres*, 2 (1717, p.669-83), qui met en doute le récit de Hincmar (360 ans après le prétendu sacre). Sur le rôle joué par Hincmar dans la formation de la légende, voir M. Bloch, *Les Rois thaumaturges* (Paris 1961, p.225-27). Voltaire mentionne cette fiction pour la première fois dans une addition de 1738, faite aux *Remarques sur les pensées de Pascal* (*M*, t.22, p.60-61). C'est à partir de l'art. 'Préjugés' du *DP* qu'il commence systématiquement à ironiser sur la sainte ampoule (p.459): voir, par exemple, *Extrait des sentiments de Jean Meslier* (*OCV*, t.56A, p.125); *Le Pyrrhonisme de l'histoire*, ch.13 (p.304); *Histoire du parlement de Paris*, ch.34 (p.338-39); et le *Pierpont Morgan*, et les *Piccini notebooks* (*OCV*, t.81, p.174, 353, 411; t.82, p.523).

[16] Voir F. E. de Mézeray, *Histoire de France depuis Faramond* (Paris, 1685), t.3, p.1105-106.

Il est vrai que ces cérémonies n'ajoutent rien aux droits des monarques, mais elles semblent ajouter à la vénération des peuples.

Origine du sacre.   Il n'est pas douteux que cette cérémonie du sacre, aussi bien que l'usage d'élever les rois francs, goths et lombards sur un bouclier,   100 ne vinssent de Constantinople. L'empereur Cantacusène nous apprend lui-même que c'était un usage immémorial d'élever les empereurs sur un bouclier soutenu par les grands officiers de l'empire et par le patriarche; après quoi l'empereur montait du trône au pupitre de l'église, et le patriarche faisait le signe de la   105 croix sur sa tête, avec un plumasseau trempé dans de l'huile bénite; les diacres apportaient la couronne. Le principal officier, ou le prince du sang impérial le plus proche, mettait la couronne sur la tête du nouveau césar. Le patriarche et le peuple criaient, *Il en est digne.* [17] Mais au sacre des rois d'Occident, l'évêque dit au peuple   110 *Voulez-vous ce roi?* Et ensuite le roi fait serment au peuple après l'avoir fait aux évêques, et s'être prosterné devant eux.

Le pape Etienne ne s'en tint pas avec Pépin à cette cérémonie; il défendit aux Français, sous peine d'excommunication, de se donner jamais des rois d'une autre race. [18] Tandis que cet évêque, chassé de   115 sa patrie, et suppliant dans une terre étrangère, [19] avait le courage de donner des lois, sa politique prenait une autorité qui assurait celle de Pépin; et ce prince, pour mieux jouir de ce qui ne lui était pas dû, laissait au pape des droits qui ne lui appartenaient pas.

112-13   61-W75G, K: évêques. ¶Le
119-27   54N: pas. ¶Tous

[17] Cf. L. Cousin, *Histoire de Constantinople* (Paris, 1671-1674, BV891), t.7, p.182-84. Voltaire simplifie le début de la cérémonie du sacre détaillée dans Jean VI Cantacuzène, *Histoire des empereurs Androniques* (livre 1, ch.41).
[18] Voir Fleury: '[Il] défendit aux seigneurs français de l'autorité de saint Pierre sous peine d'excommunication que jamais eux ni leurs descendants se donnassent des rois d'une autre race' (livre 43, année 754, §14). Même déclaration chez Vertot (*Origine*, p.33-34).
[19] Etienne III fut chassé de Rome par Astolphe, roi des Lombards, en 753. D'après Fleury, il partit de son plein gré (livre 43, année 753, §4; 754, §9).

120   Hugues Capet en France, et Conrad en Allemagne, firent voir
depuis qu'une telle excommunication n'est pas une loi fondamentale. [20]

120-242   MSP, 53-54N: Hugues Capet fit voir depuis ce que valait une telle
défense et une telle excommunication. Les fruits de cette union avec Pépin furent
[MSP: bientôt] l'anéantissement du pouvoir des empereurs dans Rome, la révolution
de l'Occident et la puissance de l'Eglise romaine. ¶Les Lombards venaient de
5   s'emparer de l'exarcat de Ravenne. Pépin, après les avoir vaincus et leur avoir ôté ce
[53: le] reste du domaine des empereurs, fit présent au pape d'une partie des biens
qu'il avait conquis. [MSP: à ce qu'on dit. On prétend qu'il donna; 54: On a prétendu,
mais sans preuves, qu'il donna] Il donna Ravenne, Bologne, Incola, Fuenza, Forli,
Ferrare, Rimini, Pesaro, Ancone, Urbin; [54: Ce qui est bien sûr, c'est que Rome ne
10   fut pas] mais Rome n'y fut pas comprise, et l'évêque n'osa pas s'emparer de la capitale
de son souverain. Le peuple alors ne l'eût pas souffert, tant le nom de Rome et ses
débris imprimaient encore de respect à ses citoyens. [MSP: S'il est vrai que Pépin ait
donné des terres au pape] [MSP manchette: Evêque de Rome premier seigneur intemporel
parmi les évêques]. Cet évêque fut le premier prêtre chrétien qui devint seigneur
15   temporel et qu'on pût mettre au rang des princes; aucun ne le fut jamais en Orient.
Sous les yeux du maître, les sujets restent sujets; mais loin du souverain et dans le [54:
les] temps de trouble, il fallait bien que de nouvelles puissances s'établissent dans un
pays abandonné; mais il ne faut pas croire que [54: si les papes reçurent des terres de
Pépin et de Charlemagne, ils en jouirent paisiblement.] les papes jouirent
20   paisiblement de cette donation; non seulement les terres [MSP: données] furent
bientôt reprises par les Lombards, mais lorsqu'ensuite Charlemagne eut confirmé
cette donation et ajouté encore tant de nouveaux domaines au patrimoine de Saint-
Pierre, les seigneurs de ces patrimoines, ou ceux qui les envahirent ne regardèrent
pas la donation de Charlemagne comme un droit incontestable. [MSP manchette:
25   Papes sans crédit en Orient.] L'autorité spirituelle des papes, déjà grande dans
l'Occident qui tenait d'eux la religion chrétienne, ne dominait point ainsi en Orient.
Les papes ne convoquèrent point les six premiers conciles œcuméniques, et dès le
sixième siècle, on voit que Jean le Jeûneur, patriarche de Constantinople, reconnu
pour saint chez les Grecs, prenait le titre d'évêque universel, titre qui semblait permis
30   au pasteur de la ville impériale. On voit au huitième siècle ce patriarche se nommer
pape dans un acte public. Au deuxième concile de Nicée, on appelait ce patriarche très

[20] D'après Fleury, les vassaux d'Hugues Capet méprisèrent l'interdit fulminé par
Etienne (livre 57, année 989, §18). Il faut pourtant reconnaître qu'Hugues Capet
exerçait déjà l'autorité royale sous Louis V, tout comme les Pépin sous les derniers
Mérovingiens, et qu'il en guignait le titre officiel même. Le Conrad dont il s'agit est
Conrad IV, fils de Frédéric II qui fut excommunié par Innocent IV en 1245,
'convaincu de sacrilège et d'hérésie [...] et déchu de l'empire' (*Annales*, p.355).

Cependant l'opinion qui gouverne le monde, imprima d'abord dans les esprits un si grand respect pour la cérémonie faite par le pape à Saint Denis qu'Eginhart secrétaire de Charlemagne, dit en termes exprès, que le *roi Hilderic fut déposé par ordre du pape Etienne.*[21]

Tous ces événements ne sont qu'un tissu d'injustice, de rapine, de fourberie. Le premier des domestiques d'un roi de France dépouillait son maître Hilderic III, l'enfermait dans le couvent de Saint Bertin, tenait en prison le fils de son maître dans le couvent de Fontenelle en Normandie;[22] un pape venait de Rome consacrer ce brigandage.

Usage de baiser les pieds. On croirait que c'est une contradiction que ce pape fût venu en France se prosterner aux pieds de Pépin, et disposer ensuite de la couronne: mais non; ces prosternements n'étaient regardés alors que comme le sont aujourd'hui nos révérences. C'était l'ancien usage de l'Orient.[23] On saluait les évêques à genoux; les évêques

---

saint père. Le pape était toujours nommé le premier, excepté dans quelques actes passés entre lui et le patriarche de [53: à] Constantinople; mais cette primauté purement spirituelle n'avait rien de la souveraineté; [MSP: le métropolitain de Milan sous les rois Lombards, celui de Ravenne, celui d'Aquilée, ordonnaient les évêques dans leur district et chaque patriarche était indépendant de ses confrères;] le pape était le premier des évêques et n'était le maître d'aucun évêque.//

126-33 W56, W57G: *Etienne.* ¶On

[21] Dans la *Vita Karoli Magni Imperatoris* de Eginhard (éd. L. Halphen, Paris, 1967), on trouve une traduction fidèle – reprise telle quelle dans les *Annales* (p.195) – du texe original de cette déclaration qui est ainsi conçu: '[Hildericus] qui jussu Stephani Romani pontificis depositus' (p.8).

[22] Voir Fleury, livre 43, année 752, §1. Ce fut en 742 que Pépin tira Childéric III de l'obscurité d'un cloître et le nomma roi, continuant lui-même à régner *de facto*. En 750 Pépin lui signifia l'ordre de se rendre à Saint-Omer, dans l'abbaye de Saint-Bertin. En même temps, Théoderic, le fils de Childéric, fut relégué dans le monastère de Saint Wandrille de Fontenelle.

[23] L'usage de baiser les pieds, venu d'Orient (usage adopté par les papes et que Voltaire – voir aussi l'*EM*, ch.46, 48 – trouve répugnant), est évoqué déjà dans l'opuscule 'De Dioclétien' de 1756. C'est Dioclétien, affirme Voltaire, qui avait introduit cette coutume (*M*, t.18, p.385). La perspective réprobatrice de Voltaire prévaut aussi chez F. Bruys, *Histoire des papes* (La Haye, 1732-1734, BV563), année 816.

saluaient de même les gouverneurs de leurs diocèses. Charles fils de
Pépin avait embrassé les pieds du pape Etienne à Saint Maurice en
140 Valais: Etienne embrassa ceux de Pépin. Tout cela était sans
conséquence.[24] Mais peu à peu les papes attribuèrent à eux seuls
cette marque de respect. On prétend que le pape Adrien I fut celui
qui exigea qu'on ne parût jamais devant lui sans lui baiser les pieds.[25]
Les empereurs et les rois se soumirent depuis comme les autres à
145 cette cérémonie, qui rendait la religion romaine plus vénérable à la
populace mais qui a toujours indigné tous les hommes d'un ordre
supérieur.

On nous dit que Pépin passa les monts en 754, que le Lombard
Astolphe intimidé par la seule présence du Franc, céda aussitôt au
150 pape tout l'exarchat de Ravenne, que Pépin repassa les monts, et
qu'à peine s'en fut-il retourné, qu'Astolphe au lieu de donner
Ravenne au pape, mit le siège devant Rome.[26] Toutes les
démarches de ces temps-là étaient si irrégulières, qu'il se pourrait
à toute force que Pépin eût donné aux papes l'exarchat de Ravenne
155 qui ne lui appartenait point, et qu'il eût même fait cette donation

Donation de
Pépin aux papes
très suspecte.

145-48   w56-w75G: vénérable [w56, 61, w68: aux peuples]. ¶On

[24] Cf. Fleury, qui raconte qu'à Pontyon, Pépin 'se prosterna avec la reine sa femme,
ses enfants et les seigneurs de sa cour'; le lendemain, le pape 'se prosterna aux pieds du
roi' et 'demeura en cette posture jusqu'à ce que Pépin et les seigneurs lui eussent tendu
la main' (livre 43, année 754, §11). Fleury effectue cependant une interprétation
politique de ce geste: le pape 'voulut que le roi lui-même le relevât de terre, en signe de
la délivrance dont il l'assurait'. Cf. le *Saint-Fargeau notebook*: 'Etienne, successeur de
Zacharie sacre Pepin, il lui baise les pieds; on l'a bien rendu depuis aux papes' (p.402).

[25] Dans les *Annales*, Voltaire prétend que c'est le successeur d'Adrien, Léon III,
exalté en 795, qui introduisit l'usage de baiser les pieds des papes (p.195).

[26] Fleury, qui prend pour source Anastase, dit le Bibliothécaire, mentionné ci-
dessous lignes 160-62 (livre 43, année 754, §15); voir également Vertot: '[Pépin]
réduisit Astolfe à s'enfermer dans Pavie, où il l'assiégea' (*Origine*, p.34-35). Sur
l'intervention du pape, qui 'le pria encore d'épargner le sang chrétien', 'Astolfe et
tous les seigneurs de sa nation promirent [...] de rendre incessamment Ravenne et
plusieurs autres villes' par un 'traité': 'quand Pepin fut repassé en France, Astolfe
bien loin de rendre les places qu'il avait promises, recommença à maltraiter les
Romains', voir le *Saint-Fargeau notebook* (p.119).

singulière du bien d'autrui, sans prendre aucune mesure pour la faire exécuter. Cependant il est bien peu vraisemblable qu'un homme tel que Pépin, qui avait détrôné son roi, n'ait passé en Italie avec une armée que pour y aller faire des présents. [27] Rien n'est plus douteux que cette donation citée dans tant de livres. Le bibliothé- 160 caire Anastase, qui écrivait cent quarante ans après l'expédition de Pépin, est le premier qui parle de cette donation. Mille auteurs l'ont citée, mais les meilleurs publicistes d'Allemagne la réfutent, la cour romaine ne peut la prouver: mais elle en jouit. [28]

Il régnait alors dans les esprits un mélange bizarre de politique et 165 de simplicité, de grossièreté et d'artifice, qui caractérise bien la *Lettre de* décadence générale. Etienne feignit une lettre de saint Pierre, *saint Pierre.* adressée du ciel à Pépin et à ses enfants; elle mérite d'être rapportée; la voici; [29] 'Pierre appelé apôtre par Jésus-Christ fils du

156   w56-w57G: singulière, sans
163-65   w56-w75G: réfutent [w56, 61, w68: aujourd'hui]. ¶Il

[27] Il s'agit ici d'un élément de la controverse régalienne, toujours à l'ordre du jour au dix-huitième siècle: voir, par exemple, J. Basnage, *Histoire de l'Eglise depuis Jésus-Christ jusqu'à présent* (Rotterdam, 1699): 'On doit donc recevoir ces présents comme des effets de la libéralité de Pépin, au lieu de les produire comme des preuves de l'autorité des papes' (t.1, p.263).

[28] En dehors de Fleury, voir, par exemple, Vertot (*Origine*, p.37-38, 51). Anastase, bibliothécaire du Vatican au neuvième siècle, laissa une *Histoire ecclésiastique* et une histoire des papes depuis saint Pierre jusqu'à Nicolas Ier. Voltaire plaisante sur cette donation, dans le *Pyrrhonisme de l'histoire*, ch.15 (p.310-11), et l'art. 'Donations' des *QE* (*M*, t.18, p.415). C. F. Nonnotte, dans *Les Erreurs de Voltaire* (Amsterdam [Paris], 1766, BV2579, t.1, p.125-26), reproche à Voltaire le recours à une source postérieure pour réfuter la donation, et pour contester ses dires invoque le témoignage d'Eginhard et des *Annales de Fulde*. Quant aux publicistes allemands Voltaire fait probablement allusion ici à Leibniz et à Vossius.

[29] Le début et la fin de cette citation sont proches du texte cité par Fleury (livre 43, année 755, §17); le passage central (lignes 178-82) présente des différences importantes: 'je vous conjure [...] par le Dieu vivant, de ne pas permettre que ma ville de Rome et mon peuple, soient plus longtemps déchirés par les Lombards: afin que vos corps et âmes ne soient pas déchirés dans le feu éternel, ni que les brebis du troupeau que Dieu m'a confié soient dispersées, de peur qu'il ne vous rejette, et ne vous disperse comme le peuple d'Israël.' Fleury ajoute que 'cette lettre est importante pour connaître le génie de ce siècle-là, et jusqu'où les hommes les plus graves savaient pousser la fiction quand ils la croyaient utile'.

170 Dieu vivant, etc... Comme par moi toute l'Eglise catholique apostolique romaine, mère de toutes les autres Eglises, est fondée sur la pierre, et afin qu'Etienne évêque de cette douce Eglise romaine, et que la grâce et la vertu soient pleinement accordées du Seigneur notre Dieu pour arracher l'Eglise de Dieu

175 des mains des persécuteurs. A vous excellents Pépin, Charles, et Carloman trois rois, et à tous saints évêques et abbés, prêtres et moines, et même aux ducs, aux comtes, et aux peuples, moi Pierre, apôtre, etc... je vous conjure, et la vierge Marie qui vous aura obligation, vous avertit, et vous commande, aussi bien que les

180 trônes, les dominations... Si vous ne combattez pour moi, je vous déclare par la Sainte Trinité et par mon apostolat, que vous n'aurez jamais de part au paradis.' (a)

La lettre eut son effet. Pépin passa les Alpes pour la seconde fois. Il assiégea Pavie, et fit encore la paix avec Astolphe. Mais est-il

185 probable qu'il ait passé deux fois les monts uniquement pour donner des villes au pape Etienne? [30] Pourquoi saint Pierre dans sa lettre ne parle-t-il pas d'un fait si important? Pourquoi ne se plaint-il pas à Pépin de n'être pas en possession de l'exarchat? Pourquoi ne le redemande-t-il pas expressément?

190 Tout ce qui est vrai, c'est que les Francs qui avaient envahi les Gaules, voulurent toujours subjuguer l'Italie, objet de la cupidité de tous les barbares; non que l'Italie soit en effet un meilleur pays que les Gaules, mais alors elle était mieux cultivée; les villes bâties,

(a) Comment accorder tant d'artifice [31] et tant de bêtise! c'est que les hommes ont toujours été fourbes, et qu'alors ils étaient fourbes et grossiers.

189-203   w56-w57G: expressément? ¶Le

[30] Voltaire suit Fleury (livre 43, années 754-755, §11, 12, 18). Pépin retourna en Italie en 755, promettant de 'faire rendre [au pape] l'exarcat de Ravenne et les places de l'empire' (§11), promesse respectée à l'assemblée de Quiercy (§12).

[31] Le mot 'artifice' se trouve aussi chez Fleury, qui parle d'un 'artifice sans exemple [...] dans toute l'histoire de l'Eglise' (§17), et dans Vertot (Origine, p.37).

accrues et embellies par les Romains, subsistaient; et la réputation de l'Italie tenta toujours un peuple pauvre, inquiet et guerrier. Si Pépin avait pu prendre la Lombardie, comme fit Charlemagne, il l'aurait prise sans doute; et s'il conclut un traité avec Astolphe, c'est qu'il y fut obligé. Usurpateur de la France, il n'y était pas affermi. Il avait à combattre des ducs d'Aquitaine et de Gascogne, dont les droits sur ces pays valaient mieux que les siens sur la France.[32] Comment donc aurait-il donné tant de terres aux papes, quand il était forcé de revenir en France, pour y soutenir son usurpation?

Le titre primordial de cette donation n'a jamais paru. On est donc réduit à douter. C'est le parti qu'il faut prendre souvent en histoire comme en philosophie. Le Saint-Siège d'ailleurs n'a pas besoin de ces titres équivoques; le temps lui a donné des droits aussi réels sur ses Etats, que les autres souverains de l'Europe en ont sur les leurs. Il est certain que les pontifes de Rome avaient dès lors de grands patrimoines dans plus d'un pays; que ces patrimoines étaient respectés, qu'ils étaient exempts de tribut. Ils en avaient dans les Alpes, en Toscane, à Spolette, dans les Gaules, en Sicile, et jusque dans la Corse,[33] avant que les Arabes se fussent rendus maîtres de cette île au huitième siècle. Il est à croire que Pépin fit augmenter beaucoup ce patrimoine dans le pays de la Romagne, et qu'on l'appela le patrimoine de l'exarchat. C'est probablement ce mot de *patrimoine* qui fut la source de la méprise. Les auteurs postérieurs supposèrent dans des temps de ténèbres, que les papes

195

200

205

210

215

200   61: valaient bien les
206-207   w56-61: équivoques. Il a des droits aussi incontestables sur ses

[32] Dans les *Annales*, Voltaire nous apprend que Gaïfre, duc d'Aquitaine, ayant révoqué le serment de fidélité qu'il avait juré à Pépin, celui-ci dut faire la guerre aux Aquitains et à leurs auxiliaires les Gascons pendant neuf ans (années 758-760, p.229).

[33] Le *Saint-Fargeau notebook* précise que 'les donations qu'on faisait à ces églises dans des pays éloignés, s'appellaient du nom du pays où le bien était situé; ainsi les patrimoines de saint Pierre aux Alpes cottiennes, en Sicile, en Corse, à Spolette, en Toscane: ce qui a fait croire à des auteurs dans des temps de ténèbres que les papes avaient été maîtres de ces pays' (p.117).

avaient régné dans tous les pays où ils avaient seulement possédé des villes et des territoires.

220 Si quelque pape sur la fin du huitième siècle prétendit être au rang des princes, il paraît que c'est Adrien I. La monnaie qui fut frappée en son nom (si cette monnaie fut en effet fabriquée de son temps) fait voir qu'il eut les droits régaliens;[34] et l'usage qu'il introduisit de se faire baiser les pieds, fortifie encore cette
225 conjecture. Cependant il reconnut toujours l'empereur grec pour son souverain. On pouvait très bien rendre à ce souverain éloigné un vain hommage, et s'attribuer une indépendance réelle appuyée de l'autorité du ministère ecclésiastique.

Voyez par quels degrés la puissance pontificale de Rome s'est
230 élevée. Ce sont d'abord des pauvres qui instruisent des pauvres dans les souterrains de Rome; ils sont au bout de deux siècles à la tête d'un troupeau considérable. Ils sont riches et respectés sous Constantin; ils deviennent patriarches de l'Occident; ils ont d'immenses revenus et des terres; enfin ils deviennent de grands
235 souverains; mais c'est ainsi que tout s'est écarté de son origine. Si les fondateurs de Rome, de l'empire des Chinois, de celui des califes, revenaient au monde, ils verraient sur leurs trônes des Goths, des Tartares et des Turcs.

Avant d'examiner comment tout changea en Occident par la
240 translation de l'empire, il est nécessaire de vous faire une idée de l'Eglise de l'Orient. Les disputes de cette Eglise ne servirent pas peu à cette grande révolution.

228-39   w56: du saint ministère. ¶Avant
          w57G: ecclésiastique. ¶Avant
229   61: degrés a passé la
239   w56-w57G: Avant de voir comment

[34] Adrien Ier fut pape de 772 à 795. Sur les droits régaliens, voir ci-dessus, ch.10, n.34; et les *Annales*, année 774, p.231.

CHAPITRE 14

Etat de l'Eglise en Orient avant Charlemagne. Querelle pour les images. Révolution de Rome commencée.

Que les usages de l'Eglise grecque et de la latine aient été différents comme leurs langues; que la liturgie, les habillements, les orne-

a-137 [*Première rédaction de ce chapitre*: MSP]
a MSP: Chapitre 5
   w56-w57G: Chapitre 7
   61: Chapitre 10
b-d MSP: *Etat de l'Eglise en Orient.//*
   53-w57G: *Etat de l'Eglise en Orient avant Charlemagne.//*
1-19 MSP: La domination temporelle ne troubla point les églises d'Orient, d'autres querelles non moins funestes y furent irritées par des disputes interminables, nées de l'esprit sophistique des Grecs et de leurs disciples. Le divin auteur du christianisme n'ayant rien
1-18 53-54N: En Orient, les chefs de la religion ne pouvant se faire une domination temporelle, y excitèrent d'autres troubles par ces querelles interminables, fruit de l'esprit sophistique des Grecs et de leurs disciples. ¶Depuis que Constantin eut donné une liberté entière aux chrétiens, auxquels on ne pouvait plus l'ôter, et dont le parti l'avait mis sur le trône, cette liberté était devenue une source   5
intarissable de querelles, car

* Pour les grandes lignes de ce chapitre, Voltaire consulta de nouveau l'*Histoire ecclésiastique* de l'abbé Fleury. La problématique qu'il y traite l'amena toutefois à se tourner vers l'*Histoire de l'hérésie des iconoclastes* du P. Louis Maimbourg (Paris, 1679). Selon toute probabilité, il se référa aussi à C.-M. Chardon, *Histoire des sacrements* (Paris, 1745, BV713), et saint Epiphane, *Divi Epiphani episcopi Constantiae, contra octoginta haereses opus* (Paris, 1564, BV1226). Dans ce chapitre apparaissent deux grands thèmes de la pensée de Voltaire, éléments majeurs de son offensive contre l'Infâme des années 1760-1778: la théologie (s'éloignant progressivement – sous l'impulsion de l'Eglise d'Orient – du message très simple du Sauveur) ne fut et n'est toujours qu'une oiseuse dispute de mots; les papes à Rome songeaient par contre, dans ces premiers siècles, moins à disputer théologiquement qu'à préparer leur domination temporelle, possibilité interdite aux patriarches et évêques soumis au pouvoir de Constantinople. D'édition en édition, ce chapitre subit peu de

244

ments, la forme des temples, celle de la croix n'aient pas été les mêmes; que les Grecs priassent debout, et les Latins à genoux, ce
5 n'est pas ce que j'examine.[1] Ces différentes coutumes ne mirent point aux prises l'Orient et l'Occident; elles servaient seulement à nourrir l'aversion naturelle des nations devenues rivales. Les Grecs surtout qui n'ont jamais reçu le baptême que par immersion, en se plongeant dans les cuves des baptistères, haïssaient les Latins, qui
10 en faveur des chrétiens septentrionaux introduisirent le baptême par aspersion.[2] Mais ces oppositions n'excitèrent aucun trouble.

La domination temporelle, cet éternel sujet de discorde dans l'Occident, fut inconnue aux Eglises d'Orient. Les évêques sous les yeux du maître restèrent sujets; mais d'autres querelles non moins
15 funestes y furent excitées par ces disputes interminables, nées de l'esprit sophistique des Grecs et de leurs disputes.

La simplicité des premiers temps disparut sous le grand nombre de questions que forma la curiosité humaine; car le fondateur de la religion n'ayant jamais rien écrit, et les hommes voulant tout

16   w56: leurs disciples.
19   w56: n'ayant rien

---

modifications majeures. La première rédaction de l'entrée en matière, reprise sous une forme remaniée et augmentée dès 53-54N, est non seulement moins pondérée, mais est aussi infiniment moins instructive quant aux diverses différences rituelles qui séparaient Rome de Constantinople, et surtout quant à leurs différents statuts qui devaient engendrer deux devenirs diamétralement opposés: volonté de domination temporelle chez les Romains, de domination doctrinale chez les Orientaux sophistiqués et vétilleux (travers inconnu à Rome à cette époque-là, à l'exception d'Honorius Ier).

[1] Voir ci-dessous, ch.31, lignes 30-38.

[2] Voltaire évoque très souvent la question du baptême: voir, par exemple, les *Notebook fragments*, 19, 'Batême' (*OCV*, t.82, p.623-24), et l'art. 'Baptême' du *DP*: 'Les Grecs conservèrent toujours le baptême par immersion: les Latins vers la fin du huitième siècle, ayant étendu leur religion dans les Gaules et la Germanie, et voyant que l'immersion pouvait faire périr les enfants dans les pays froids, substituèrent la simple aspersion, ce qui les fit souvent anathématiser par l'Eglise grecque' (*OCV*, t.35, p.397-405, p.400).

savoir, chaque mystère fit naître des opinions, et chaque opinion 20
coûta du sang.

C'est une chose très remarquable, que de près de quatre-vingts
sectes qui avaient déchiré l'Eglise depuis sa naissance, aucune
n'avait eu un Romain pour auteur, si on excepte Novatian, qu'à
peine encore on peut regarder comme un hérétique.[3] Aucun 25
Romain dans les cinq premiers siècles ne fut compté ni parmi les
Pères de l'Eglise, ni parmi les hérésiarques. Il semble qu'ils ne
furent que prudents. De tous les évêques de Rome il n'y en eut
qu'un seul qui favorisa un de ces systèmes condamnés par l'Eglise;
c'est le pape Honorius Ier. On l'accuse encore tous les jours d'avoir 30
été monothélite.[4] On croit par là flétrir sa mémoire; mais si on se

21-45   53-54N: sang. ¶Fallut-il décider si le fils
24-51   MSP: excepte Novatien et que de tous les papes il n'y en eut qu'un seul qui
sembla favoriser un de ces systèmes condamnés depuis par l'Eglise universelle. Il n'y
eut que le pape Honorius qu'on accusa en effet d'avoir penché vers le monothélisme.
Encore paraît-il qu'il aimait beaucoup plus la paix que l'hérésie. ¶L'Eglise qui s'était
toujours gouvernée en république eut la destinée des républiques d'être divisée en   5
factions. Fallut-il décider si le fils était consubstantiel au Père? Le monde chrétien fut
partagé et une moitié persécuta l'autre. Voulut-on savoir si la mère de Jésus-Christ
était la mère de Dieu ou de Jésus? Si le Christ avait deux natures et deux volontés
dans une personne, ou deux personnes et une volonté? Toutes
25-28   w56-61: hérétique. ¶De

[3] Voir Fleury, où l'on trouve un signet annoté: 'antipape / des le / milieu du
3eme / siecle / novatien' (livre 6, année 250, §49; *CN*, t.3, p.485). Dans l'art.
'Massacres' des *QE*, on lit ce texte tendancieux: 'Les chrétiens avaient déjà excité
quelques troubles à Rome lorsque l'an 251 de notre ère vulgaire, le prêtre Novatien
disputa ce que nous appellons *la chaire de Rome*, la papauté au prêtre Corneille: car
c'était déjà une place importante qui valait beaucoup d'argent. Et précisément dans le
même temps la chaire de Carthage fut disputée de même par Cyprien et un autre
prêtre nommé Novat qui avait tué sa femme à coups de pied dans le ventre. Ces deux
schismes occasionnèrent beaucoup de meurtres dans Carthage et dans Rome' (*M*,
t.20, p.48; même texte dans *Dieu et les hommes*, ch.42, *OCV*, t.69, p.479). A l'époque,
on traitait toujours Novatien d'hérésiarque et d'hérétique; voir, par exemple, Moréri,
Le Grand Dictionnaire historique (Amsterdam, 1740, BV2523), t.4, p.47.
[4] Lors des disputes avec les Eutychiens, Sergius, patriarche de Constantinople, se
fit le propagateur du monothélisme. L'Empereur Heraclius adopta cette hérésie, et
Sergius écrivit à Honorius pour lui recommander ses idées théologiques. Honorius

donne la peine de lire sa fameuse lettre pastorale, dans laquelle il n'attribue qu'une volonté à Jésus-Christ, on verra un homme très sage. *Nous confessons*, dit-il, *une seule volonté dans Jésus-Christ.*

35 *Nous ne voyons point que les conciles, ni l'Ecriture nous autorisent à penser autrement: mais de savoir si à cause des œuvres de divinité et d'humanité qui sont en lui, on doit entendre une opération ou deux, c'est ce que je laisse aux grammairiens, et ce qui n'importe guère.* (a)[5]

Lettre admirable d'un pape qu'on croit hérétique.

Peut-être n'y a-t-il rien de plus précieux dans toutes les lettres

40 des papes que ces paroles. Elles nous convainquent que toutes les disputes des Grecs étaient des disputes de mots, et qu'on aurait dû assoupir ces querelles de sophistes dont les suites ont été si funestes.[6] Si on les avait abandonnées aux grammairiens, comme le veut ce judicieux pontife, l'Eglise eût été dans une paix inaltérable. Mais

45 voulut-on savoir si le Fils était consubstantiel au Père, ou

(*a*) En effet toutes les misérables querelles des théologiens n'ont jamais été que des disputes de grammaire, fondées sur des équivoques, sur des questions absurdes, inintelligibles, qu'on a mises pendant quinze cents ans à la place de la vertu.

n.*a* MSP, 53-W68: [*absente*]
45-46 53-54N, W57G: consubstanciel [54-W57G ou semblable] au Père? Le
w56: Père? Le

adopta, peut-être trop allègrement, les vues conciliatrices de Sergius. Quarante-trois ans après sa mort, il fut anathématisé (mars 681) par décision du concile de Constantinople (680-681) comme fauteur du monothélisme (Fleury, livre 37, années 629-633, §41, 43, 44; livre 40, année 681, §22).

[5] Voltaire reproduit assez cavalièrement le texte qui se trouve dans Fleury (livre 37, année 633, §44).

[6] Les sarcasmes que Voltaire décoche contre les disputes logomachiques des théologiens sont légion dans les trente dernières années de sa vie: voir, par exemple, la remarque du *Traité sur la tolérance*, ch.22, où, parlant des chrétiens, il évoque les querelles 'tantôt pour un mot nouveau, tantôt pour une seule lettre de l'alphabet' (*OCV*, t.56C, p.249). Nous voilà au cœur de la dispute des ariens, qui était – selon la célèbre remarque d'Edward Gibbon – une dispute qui tournait autour d'une seule voyelle.

seulement de même nature, ou d'une nature inférieure? [7] Le monde chrétien fut partagé; la moitié persécuta l'autre, et en fut persécutée. Voulut-on savoir si la mère de Jésus-Christ était la mère de Dieu, ou de Jésus? si le Christ avait deux natures et deux volontés dans une même personne, ou deux personnes et une 50 volonté, ou une volonté et une personne? [8] Toutes ces disputes, nées dans Constantinople, dans Antioche, dans Alexandrie, excitèrent des séditions. Un parti anathématisait l'autre; la faction dominante condamnait à l'exil, à la prison, à la mort, et aux peines éternelles après la mort l'autre faction, qui se vengeait à son tour par les 55 mêmes armes.

Point de dispute   De pareils troubles n'avaient point été connus dans l'ancienne
dogmatique chez religion des Grecs et des Romains que nous appelons le paganisme;
les anciens. la raison en est, que les païens dans leurs erreurs grossières, n'avaient point de dogmes, et que les prêtres des idoles, encore 60 moins les séculiers, ne s'assemblèrent jamais juridiquement pour disputer.

Dans le huitième siècle on agita dans les Eglises d'Orient s'il fallait rendre un culte aux images. La loi de Moïse l'avait

47-48   53-54N: l'autre. Voulut-on
56-63   MSP: armes, avant que l'Eglise entière eût prononcé, espèce de fureur inconnue au paganisme qui, tranquille dans ses erreurs grossières, avait abandonné les disputes aux philosophes suivis par des hommes oisifs et négligés par les hommes d'Etat. ¶Dans
57-58   MSP, 53-W75G: connus dans le paganisme
63   MSP: [*manchette*] *De la querelle des eunuques.*
64   54N: images. Cette loi
64-65   MSP: de Moïse les avait expressément défendues.

[7] Voir l'art. 'Arius' du *DP* (*OCV*, t.35, p.369-74). Dans le domaine des 'égarements de l'esprit humain par rapport à la religion chrétienne', Voltaire était bien armé: il possédait le *Dictionnaire des hérésies* de l'abbé Pluquet (Paris, 1762, BV2770).

[8] Les hérétiques auxquels Voltaire fait allusion ici sont respectivement les nestoriens, les monothélites et les monophysites. Ce sont les nestoriens qui croyaient en la séparation des deux natures du Christ, divine et humaine, en vertu de laquelle la Vierge Marie était mère du Christ, mais non pas mère de Dieu: voir, par exemple, l'art. 'Religion' du *DP* (*OCV*, t.36, p.478 et n.34).

65 expressément défendu. [9] Cette loi n'avait jamais été révoquée; et les premiers chrétiens, pendant plus de deux cents ans, n'avaient même jamais souffert d'images dans leurs assemblées.

Peu à peu la coutume s'introduisit partout d'avoir chez soi des *Images.* crucifix. Ensuite on eut les portraits vrais ou faux des martyrs ou 70 des confesseurs. Il n'y avait point encore d'autels érigés pour les saints, point de messes célébrées en leur nom. Seulement, à la vue d'un crucifix et de l'image d'un homme de bien, le cœur, qui surtout dans ces climats a besoin d'objets sensibles, s'excitait à la piété.

75 Cet usage s'introduisit dans les églises. Quelques évêques ne l'adoptèrent pas. On voit qu'en 393 saint Epiphane arracha d'une église de Syrie une image devant laquelle on priait. [10] Il déclara que la religion chrétienne ne permettait pas ce culte: et sa sévérité ne causa point de schisme.

80 Enfin cette pratique pieuse dégénéra en abus, comme toutes les choses humaines. Le peuple, toujours grossier, ne distingua point Dieu et les images. Bientôt on en vint jusqu'à leur attribuer des vertus et des miracles. Chaque image guérissait une maladie. On les mêla même aux sortilèges, qui ont presque toujours séduit la

66-67   54N: ans; n'en avaient jamais
67-68   MSP: assemblées. ¶Ces représentations qui auraient peut-être semblé à quelques-uns tenir de l'intérieur de la religion païenne qui les persécutait, peu à peu
73-74   53-61: la vertu.

[9] Exode 20:4-5 (également Deutéronome 5:8, sous une forme légèrement différente). Le christianisme naissant se garda de tous les usages qui avaient une ressemblance avec ceux du paganisme. S'étant établi, le christianisme s'appropria toutefois ce qui lui paraissait exploitable dans les cultes païens, à commencer par les représentations et images. D'où la réaction contraire des *iconoclastes.* Sur le problème des images dans son contexte historique, voir l'art.'Idole, Idolâtre, Idolâtrie' du *DP* (*OCV*, t.36, p.205-28).
[10] Saint Epiphane fut élu évêque de Constance en 367. Mû par son enthousiasme (au sens où l'entendait le siècle des Lumières), il montra parfois un zèle indiscret dans sa recherche des hérésies (réelles ou supposées). Voltaire possédait *Divi Epiphani episcopi Constantiae, contra octoginta haereses opus* (BV1226).

crédulité du vulgaire. Je dis non seulement le vulgaire du peuple, 85
mais celui des princes, et même celui des savants.

Guerre civile   En 727 l'empereur Léon l'Isaurien voulut, à la persuasion de
pour les images. quelques évêques, déraciner l'abus; mais, par un abus peut-être
plus grand, il fit effacer toutes les peintures. Il abattit les statues et
les représentations de Jésus-Christ avec celles des saints; en ôtant 90
ainsi tout d'un coup aux peuples les objets de leur culte, il les
révolta; on désobéit: il persécuta; il devint tyran, parce qu'il avait
été imprudent.[11]

Il est honteux pour notre siècle qu'il y ait encore des
compilateurs et des déclamateurs comme Mainbourg qui répètent 95
cette ancienne fable, que deux Juifs avaient prédit l'empire à Léon,
et qu'ils avaient exigé de lui qu'il abolît le culte des images; comme
s'il eût importé à des Juifs que les chrétiens eussent ou non des
figures dans leurs églises. Les historiens qui croient qu'on peut
ainsi prédire l'avenir, sont bien indignes d'écrire ce qui s'est passé.[12] 100

86   MSP, 53-w68: des princes et des savants
87   MSP: [*manchette*] *Léon l'Isaurien. Fables qu'on débite de lui.*
88-89   MSP, 53-61: abus encore plus
90   MSP, 53-54N: Jésus-Christ et des
93-101   MSP, 53-54N: imprudent. ¶Son
95   MSP, w56-w75G: compilateurs qui
96-97   w57-w75G: prédit à Léon qu'il serait empereur et qu'ils avaient
97-99   w57-w75G: images. Ceux qui croyaient qu'on
100   MSP: qui est passé

[11] Léon III l'Isaurien (680-741) parvint à l'empire à la mort de Théodose III (717).
Il promulgua (727) le premier édit contre le culte des images et persécuta la même
année les opposants, persécution intensifiée dès 730. L'année suivante, il donna ordre
à l'exarque de faire publier un édit par lequel il commandait d'enlever des églises
toutes les images comme autant d'idoles, déclarant le pape déchu du pontificat au cas
où il refuserait de recevoir cette ordonnance (Fleury, livre 42, années 726-730, §5).
[12] Traiter un érudit de compilateur était pour Voltaire le comble du dédain car
cela signifiait un manque total d'intelligence critique (comme, par exemple,
Maimbourg, La Beaumelle, Lenglet Du Fresnoy, Le Vassor, Nonnotte, Trublet,
Velly). Voltaire jugea sévèrement l'*Histoire de l'hérésie des iconoclastes* de Maimbourg: voir *Des mensonges imprimés*, 1 (*OCV*, t.31B, p.353); *Le Pyrrhonisme de
l'histoire*, ch.1 (*OCV*, t.67, p.260), ainsi que le signet inséré dans la *Dissertation*

Son fils, Constantin Copronyme, fit passer en loi civile et
ecclésiastique l'abolition des images. Il tint à Constantinople un
concile de trois cent trente-huit évêques; ils proscrivirent d'une
commune voix ce culte, reçu dans plusieurs églises, et surtout à
105 Rome. [13]

Cet empereur eût voulu abolir aussi aisément les moines, qu'il
avait en horreur, et qu'il n'appelait que les abominables; [14] mais il
ne put y réussir: ces moines, déjà fort riches, défendirent plus
habilement leurs biens que les images de leurs saints.

110 Les papes Grégoire II et III, et leurs successeurs, ennemis secrets
des empereurs, et opposés ouvertement à leur doctrine, ne
lancèrent pourtant point ces sortes d'excommunications, depuis
si fréquemment et si légèrement employées. Mais soit que ce vieux
respect pour les successeurs des césars contînt encore les métro-
115 politains de Rome, soit plutôt qu'ils vissent combien ces excom-

101   MSP: [*manchette*] *754.*

110   MSP, 53-54N: Le pape Grégoire III et ses successeurs,

112-13   MSP: point contre ces princes ces sortes d'excommunications si fréquemment et si légèrement employées depuis: mais soit

---

historique sur les duchés de Parme et de Plaisance (Cologne, 1722, BV1072), p.116-17,
où il est question de la prédiction des deux Juifs, et où Voltaire nota: 'mensonge / des
2 / juifs / a leon / le charetier / betise de / main / bourg' (*CN*, t.3, p.156).
Maimbourg traite des deux Juifs qui avaient prédit l'empire à Léon (t.1, p.18-21, 23-
28, 36-38).

[13] D'après Maimbourg. Constantin V Copronyme, fit condamner le culte des
images dans un concile tenu à Constantinople en 754 (Maimbourg, t.1, p.178-82).

[14] Cf. Maimbourg: 'Il en voulait particulièrement aux moines, dont il était
l'implacable ennemi, et auxquels il faisait donner la chasse partout, comme à tout
autant de bêtes féroces' et 'Il déchargea principalement sa fureur sur les solitaires et
sur les moines, contre lesquels il avait conçu une haine implacable, parce qu'ils
s'opposaient toujours, avec un courage invincible, à son impiété' (t.1, p.198, 241). Ni
Fleury ni Maimbourg n'utilisent l'épithète *les abominables*. Phénomène assez rare
chez lui pour l'histoire ecclésiastique, Voltaire se tourne vers l'*Histoire universelle* de
Calmet: 'Dans le même temps l'empereur Constantin persécutait les catholiques
d'Orient, surtout les moines, qui étaient les plus fermes adversaires de son hérésie. Il
ne les pouvait souffrir, et les nommait ordinairement les abominables' (t.7, p.219).

munications, ces interdits, ces dispenses du serment de fidélité seraient méprisés dans Constantinople, où l'Eglise patriarcale s'égalait au moins à celle de Rome, les papes tinrent deux conciles en 728, et en 732, où l'on décida que tout ennemi des images serait excommunié, sans rien de plus, et sans parler de l'empereur. [15] Ils songèrent dès lors plus à négocier qu'à disputer. Grégoire II se rendit maître des affaires dans Rome, pendant que le peuple soulevé contre les empereurs ne payait plus les tributs. Grégoire III se conduisit suivant les mêmes principes. [16] Quelques

120

116   54C: ces interdits et dispenses

118-19   MSP: Rome, Grégoire III se contenta d'un concile en 732, où

53-54N: Rome, les papes se contentèrent d'un concile en 732, où

121-37   MSP: l'empereur. Il paraît que les papes songeaient plutôt à négocier qu'à disputer et qu'en agissant au dehors en évêques fermes, ils se conduisirent secrètement en vrais politiques et préparèrent la révolution d'Occident. Ce prince irrité confisqua dans la Calabre les revenus du pape qui se montaient à trois talents d'or et demi, ce qui fait à présent trois cent cinquante mille livres de notre monnaie. Les papes ne répondirent point par ce qu'on appelle les foudres de l'Eglise à cet acte de souveraineté. Mais ils empêchèrent qu'on payât les tributs à l'empereur.//

5

53-54N: l'empereur. Il paraît que les papes songèrent plutôt à négocier qu'à disputer et [53: qu']en agissant au [53: aux] dehors en évêques fermes, mais modérés, se conduisirent en vrais politiques et préparèrent la révolution d'Occident.//

[15] La version du manuscrit conférait aux papes un pouvoir de résistance qui cadrait mal avec l'ensemble de la démonstration, mais qui confirmait leur habileté et le sens 'politique' que leur reconnaît la version de 1753-1754.

[16] Grégoire II (669-731) convoqua à Rome un concile dans lequel il fit décréter formellement le culte des images (Maimbourg, t.1, p.106-108) et fit excommunier Léon l'Isaurien (730). Grégoire III (731-741) continua la lutte de son prédécesseur. Tâchant d'apaiser l'ardeur de l'empereur, il lui envoya des lettres monitoires, l'avertissant de renoncer à son hérésie (Fleury, livre 42, année 731, §7-9; Maimbourg, t.1, p.128-29). Mais Léon ayant fait arrêter son émissaire et Grégoire n'ayant pu le convaincre qu'il faisait fausse route, celui-ci assembla un second concile (732) où le culte des saintes images fut de nouveau solennellement confirmé, et les iconoclastes excommuniés (Fleury, livre 42, année 732, §16; Maimbourg, t.1, p.129-30). Ces diverses condamnations furent renouvelées dans les conciles de 766 et de 769, et enfin par le concile général de Nicée en 787 (Fleury, livre 44, année 787, §30-38; Maimbourg, t.1, p.225, 229-31, 238, 320-22).

125 auteurs grecs postérieurs[17] voulant rendre les papes odieux, ont
écrit que Grégoire II excommunia et déposa l'empereur, et que tout *L'évêque de*
le peuple romain reconnut Grégoire II pour son souverain. Ces *Rome.*
Grecs ne songeaient pas que les papes qu'ils voulaient faire
regarder comme des usurpateurs, auraient été dès lors les princes
130 les plus légitimes. Ils auraient tenu leur puissance des suffrages du
peuple romain: ils eussent été souverains de Rome à plus juste titre
que beaucoup d'empereurs. Mais il n'est ni vraisemblable, ni vrai,
que les Romains menacés par Léon l'Isaurien, pressés par les
Lombards, eussent élu leur évêque pour seul maître, quand ils
135 avaient besoin de guerriers. Si les papes avaient eu dès lors un si
beau droit au rang des césars, ils n'auraient pas depuis transféré ce
droit à Charlemagne.

---

[17] Cf., par exemple, Théophane Isaurus, *dit* le Confesseur (758-818), *Chrono-graphia* (Paris, 1655), p.342.

CHAPITRE 15

De Charlemagne. Son ambition, sa politique.
Il dépouille ses neveux de leurs Etats. Oppression
et conversion des Saxons, etc.

Le royaume de Pépin, ou Pipin, s'étendait de la Bavière aux
Pyrénées et aux Alpes. Karl son fils, que nous respectons sous le
nom de Charlemagne, recueillit cette succession tout entière; car

a-178   [*Première rédaction de ce chapitre*: MSP]
a   MSP: Chapitre 6
    w56: Chapitre 8
    61: Chapitre 11
b-d   MSP, 53-54N: *Renouvellement de l'empire en Occident.// [couvre ch.15 et 16*
sans interruption]
    w56-w57G: *De Charlemagne.//*
1-2   MSP, 53-w56: de Pépin s'étendait du Rhin aux
2-3   MSP, 53-w57G: Alpes. Charlemagne, son fils aîné, recueillit

* L'*EM* se veut, on le sait, une suite, ainsi qu'une réponse, au très catholique
Discours sur l'Histoire universelle (1681) de Bossuet, dont la première partie, intitulée
'Les époques', s'achevait justement avec le règne de Charlemagne. Fidèle en cela à la
tradition historiographique, Voltaire accorde une place importante au grand
empereur auquel sont consacrés huit chapitres de l'*EM* dont les deux ici considérés
sont les seuls conformes au traditionnel récit des événements, les six autres (voir ci-
dessous, ch.17-22) étant consacrés à une histoire culturelle dans laquelle Voltaire fait
réellement œuvre de pionnier. Dans ce récit, il s'inspire à de multiples reprises de ses
propres *Annales de l'Empire depuis Charlemagne*, composées en 1753 et parues l'année
suivante. Pour lui, en effet, Charlemagne n'est pas véritablement un 'roi de France',
ainsi que le présentent par exemple des auteurs comme Mézeray ou Daniel, mais
avant tout un roi des Francs devenu le premier empereur du Saint Empire romain
germanique. (Dans son exemplaire du *Aux mânes de Louis XV* de P.-P. Gudin de La
Brenellerie, Deux-Ponts, 1776, BV1563, p.9, Voltaire note: 'charlemagne né en
austrasie était il / français'; voir *CN*, t.4, p.240.) Les ch.15 et 16, dans la version MSP
et 53 ne formant qu'un chapitre, ne sont placés sous le nom de Charlemagne qu'à
partir de 1756; le second chapitre grossit alors de près de moitié en raison du
problème historiographique posé par la prétendue donation de Charlemagne au pape

un de ses frères était mort après le partage, et l'autre s'était fait
5 moine auparavant au monastère de Saint Sylvestre. [1] Une espèce de

---

(lignes 78-144), évoquée seulement de manière incidente par l'abbé Fleury dans son
Histoire ecclésiastique, source principale de Voltaire dans ces pages. Mais en 1764 ces
chapitres changent d'orientation: d'abord mesurés contre le conquérant, si cruel soit-
il, ils multiplient maintenant les accusations (injustice, barbarie, inceste; voir ch.15,
lignes 26-28, 130-38; ch.16, lignes 35-40, 203-204) contre un empereur que l'Eglise a
canonisé et que l'abbé et ex-jésuite P.-F. Velly loue hautement dans son *Histoire de
France* (Paris, 1755-1774, BV3409). Les éditions suivantes (1775 et Kehl) confirment
cette tendance (ch.16, lignes 40-42). S'appuyant essentiellement sur l'*Abrégé
chronologique de l'Histoire de France* de F. Eudes de Mézeray (Amsterdam, 1673-
1674, BV 2443; 1701, BV2443; éd. consultée, Paris, 1717), et l'*histoire de France* du
père jésuite G. Daniel, et répondant ponctuellement aux attaques du jésuite C.-F.
Nonnotte dans *Les Erreurs de Voltaire* (Avignon, 1762; Amsterdam [Paris], 1766,
BV2579; Lyon, 1770), Voltaire dispose d'une importante masse documentaire qui le
contraint à travailler en deux temps. D'abord il sélectionne un événement significatif,
parmi bien d'autres similaires qu'il ne retient pas. L'événement peut être considéré
comme capital par la tradition (par exemple le sacre à Rome en 800) ou non (le
massacre des 4500 Saxons au bord de l'Aller, parfois mentionné par les sources, mais
en passant). Il aurait tout aussi bien pu retenir un autre carnage, tel celui de 30 000
otages évoqué par Mézeray, ou encore, fût-ce d'un mot, évoquer les voyages
effectués à Rome avant 800 par Charlemagne, ce qu'il ne fait pas. L'épisode ainsi
sélectionné est ensuite grossi, mis en scène spectaculairement, soit pour résumer
toute une politique (le voyage à Rome en 800 est exemplaire de la politique de
Charlemagne en Italie), soit pour lui donner valeur d'exemple (le massacre de
l'Aller, symbole de la cruauté sans scrupule du 'saint empereur'). En cinq pages, avec
une dizaine d'épisodes, et une dizaine de personnages retenus, Voltaire en dit autant
qu'un Daniel ou un Fleury qui auraient besoin pour faire de même de mentionner des
événements à l'infini et des personnages par centaines. Mais surtout il s'inscrit contre
toute la tradition historiographique, essentiellement catholique, qui, malgré des
variations de détail non négligeables, fait de Charlemagne le héros de l'Eglise. Le
monarque qui convertit les Saxons 'à coups de sabre' doit certes être replacé en son
temps, à une époque où les mœurs sont autres, aussi Voltaire ajoute-t-il en 1756 une
mise au point sur la polygamie (ch.16, lignes 9-15) qui permet également de
relativiser l'incontinence sexuelle supposée de Charlemagne. Mais il tend clairement
à démythifier celui qui prouve que 'les succès justifient l'injustice et donnent la gloire'
(ch.15, ligne 14).

  [1] Selon Mézeray, année 768, suivi ici par Voltaire, Gilles, le cadet des trois frères
de Charlemagne, était en effet entré très jeune au monastère de Saint-Sylvestre,
fondé à Soracte non loin de Rome, par leur grand-oncle Carloman (*c.*715-754),
frère de Pépin le Bref, mentionné ci-dessous, ligne 8; voir aussi Fleury, livre 62,

piété qui se mêlait à la barbarie de ces temps, enferma plus d'un prince dans le cloître; ainsi Rachis, roi des Lombards, un Carloman, frère de Pépin, un duc d'Aquitaine, avaient pris l'habit de bénédictin. Il n'y avait presque alors que cet ordre dans l'Occident. Les couvents étaient riches, puissants, respectés; c'étaient des asiles honorables pour ceux qui cherchaient une vie paisible. Bientôt après ces asiles furent les prisons des princes détrônés.

Conduite de Charlemagne. La réputation de Charlemagne est une des plus grandes preuves que les succès justifient l'injustice et donnent la gloire. [2] Pépin son père avait partagé en mourant ses Etats entre ses deux enfants, Karlman, ou Carloman, et Karl. Une assemblée solennelle de la nation avait ratifié le testament. [3] Carloman avait la Provence, le Languedoc, la Bourgogne, la Suisse et l'Alsace, et quelques pays circonvoisins. Karl ou Charles jouissait de tout le reste. Les deux frères furent toujours en mésintelligence. Carloman mourut subitement, et laissa une veuve et deux enfants en bas âge. Charles *771.* s'empara d'abord de leur patrimoine. La malheureuse mère fut obligée de fuir avec ses enfants chez le roi des Lombards Désidérius, que nous nommons Didier, ennemi naturel des

7-8   MSP: Lombards, Carloman
10   W57G: couvents étaient des
12-30   MSP, 53-W57G: détrônés. ¶Pépin n'avait pas à beaucoup près le domaine direct [MSP: et utile] de tous ces [MSP: ses] Etats. L'Aquitaine
22   61-W75G: La mère

---

année 1078, §54-55. Quant au frère cadet de Charlemagne également prénommé Carloman (751-771), il avait reçu en 768 la moitié orientale du royaume (voir ci-dessous lignes 15-21).

[2] Prenant le contre-pied de l'historiographie traditionnelle qui ne cesse de célébrer la gloire du grand empereur, Voltaire, dans cet ajout de 1761, en fait un tyran cruel et cynique, qui a joué de la religion pour mieux assurer son pouvoir.

[3] Daniel, année 768: le 'partage' effectué avant la mort de Pépin 'ne subsista point, soit que l'un des deux princes, soit que tous les deux ne s'en accommodassent pas, et la chose fut réglée autrement dans une assemblée des seigneurs du royaume'. Dans les *Annales*, Voltaire écrit qu''après la mort de Pépin, les seigneurs modifient ses volontés' (p.229).

25 Francs;[4] ce Didier était beau-père de Charlemagne, et ne l'en haïssait pas moins, parce qu'il le redoutait. On voit évidemment que Charlemagne ne respecta pas plus le droit naturel et les liens du sang que les autres conquérants.

Pépin son père n'avait pas eu à beaucoup près le domaine direct
30 de tous les Etats que posséda Charlemagne. L'Aquitaine, la Bavière, la Provence, la Bretagne, pays nouvellement conquis, rendaient hommage et payaient tribut.

Deux voisins pouvaient être redoutables à ce vaste Etat, les Germains septentrionaux et les Sarrasins. L'Angleterre, conquise
35 par les Anglo-Saxons, partagée en sept dominations,[5] toujours en guerre avec l'Albanie qu'on nomme Ecosse,[6] et avec les Danois, était sans politique et sans puissance. L'Italie, faible et déchirée, n'attendait qu'un nouveau maître qui voulût s'en emparer.

Les Germains septentrionaux étaient alors appelés Saxons. On *Saxons.*
40 connaissait sous ce nom tous ces peuples qui habitaient les bords du Véser et ceux de l'Elbe, de Hambourg à la Moravie, et du bas-Rhin à la mer Baltique. Ils étaient païens, ainsi que tout le septentrion. Leurs mœurs et leurs lois étaient les mêmes que du temps des Romains. Chaque canton se gouvernait en république; mais ils

39   MSP: [*manchette*] *Une partie de l'Allemagne subjuguée et contrainte d'être chrétienne.*

MSP: étaient appelés
41-42   MSP, 53-W57G: Moravie et de Mayence à

[4] D'après Daniel, année 771.
[5] En 1154, dans son *Historia anglorum*, l'évêque Henry de Huntingdon avait en effet décrit l'Angleterre saxonne des septième et huitième siècles comme une 'heptarchie' composée des royaumes de Northumbrie, Mercie, Kent, East Anglia, Essex, Sussex et Wessex. Cette présentation commode, mais qui cache une réalité plus complexe, est encore vivace au dix-huitième siècle. L'*Encyclopédie* de Diderot et D'Alembert lui consacre d'ailleurs un article.
[6] 'Il y a une province de l'Ecosse septentrionale qui porte encore aujourd'hui le nom d'Albanie, qu'on a quelquefois donné à l'Ecosse entière' (*Encyclopédie*, art. 'Albanie').

élisaient un chef pour la guerre. [7] Leurs lois étaient simples comme 45
leurs mœurs, leur religion grossière: ils sacrifiaient, dans les grands
dangers, des hommes à la Divinité, ainsi que tant d'autres nations;
car c'est le caractère des barbares, de croire la Divinité malfaisante:
les hommes font Dieu à leur image. [8] Les Francs quoique déjà
chrétiens, eurent sous Théodebert cette superstition horrible: ils 50
immolèrent des victimes humaines en Italie, au rapport de
Procope, [9] et vous n'ignorez pas que trop de nations, ainsi que les
Juifs, avaient commis ces sacrilèges par piété. [10] D'ailleurs les
Saxons avaient conservé les anciennes mœurs germaniques, leur
simplicité, leur superstition, leur pauvreté. Quelques cantons 55
avaient surtout gardé l'esprit de rapine, et tous mettaient dans
leur liberté leur bonheur et leur gloire. Ce sont eux qui sous le nom
de Cattes, de Chéruskes et de Bructères, avaient vaincu Varus, et
que Germanicus avait ensuite défaits. [11]

49   MSP, 53-W57G: Les Français quoique
52-53   MSP, 53-W57G: Procope; [53-W57G: et] les Juifs
53   MSP, 53-W57G: commis quelquefois ces
53-57   MSP, 53-W57G: D'ailleurs ces peuples [MSP: Germains] cultivaient la
justice, ils mettaient leur gloire et leur bonheur dans la liberté. Ce

[7] Voltaire condense l'"état de la Saxe', que dresse Daniel, année 772.
[8] Cette idée revient à de multiples reprises sous la plume de Voltaire. Ainsi, par
exemple, dès 1752, dans la troisième partie du *Poème sur la loi naturelle*, où un Dieu
'barbare' reflète l'intolérance réciproque des catholiques et des protestants pendant
les guerres de religion (*OCV*, t.32B, p.71, lignes 30-40), ou encore, en 1774, dans *De
l'âme, par Soranus, médecin de Trajan* (§5, 'Action de Dieu sur l'homme', *M*, t.29,
p.341). Voltaire avait par ailleurs noté dans les *Leningrad notebooks*, 'Si Dieu nous a
faits à son image, nous le lui avons bien rendu' (*OCV*, t.81, p.363).
[9] Procope de Césarée (*c.*500-560), historien du règne de l'empereur Justinien, cité
dans L. Cousin, *Histoire de Constantinople* (Paris, 1671-1674, BV891), §'Histoire de la
guerre contre les Goths', livre 2, ch.25.
[10] Lieu commun chez Voltaire: voir, par exemple, les articles 'Jephté' et 'Religion'
du *DP* (*OCV*, t.36, p.242, 486).
[11] En l'an 9, le général romain Varus fut vaincu par les armées germaines à
Teutoburg, en Westphalie. Caius Julius Caesar, dit 'Germanicus', mena victo-
rieusement dans les années suivantes plusieurs expéditions punitives qui lui valurent
son surnom.

60 Une partie de ces peuples vers le cinquième siècle, appelée par les Bretons insulaires contre les habitants de l'Ecosse, subjugua la Bretagne qui touche à l'Ecosse, et lui donna le nom d'Angleterre. Ils y avaient déjà passé au troisième siècle; et au temps de Constantin, les côtes de cette île étaient appelées les côtes 65 saxoniques.[12]

Charlemagne, le plus ambitieux, le plus politique, et le plus grand guerrier de son siècle,[13] fit la guerre aux Saxons trente années avant de les assujettir pleinement. Leur pays n'avait point encore ce qui tente aujourd'hui la cupidité des conquérants: les riches mines 70 de Goslar et de Friedberg, dont on a tiré tant d'argent, n'étaient point découvertes; elles ne le furent que sous Henri l'oiseleur.[14] Point de richesses accumulées par une longue industrie, nulle ville digne de l'ambition d'un usurpateur. Il ne s'agissait que d'avoir pour esclaves des millions d'hommes qui cultivaient la terre sous 75 un climat triste, qui nourrissaient leurs troupeaux, et qui ne voulaient point de maîtres.

63   MSP: passé probablement au troisième siècle, car au
      w56-w68: siècle; car au
64   K: les côtes orientales de
70   MSP, 54: Goslar, dont
71   MSP: point encore découvertes
74   MSP: esclaves un million d'hommes
76-82 MSP, 53-54N: maîtres. ¶Ils

[12] Sur les origines de l'expression 'rivage saxonique', voir J.-B. Dubos, *Histoire critique de l'établissement de la monarchie française dans les Gaules* (Amsterdam, 1734, BV1109), t.1, livre 1, ch.8; papillons, *CN*, t.3, p.165-66.

[13] Dans ses *Eclaircissements historiques* (1763), 'VIIIe erreur de Nonnotte', Voltaire cite ce passage en réponse à l'abbé Nonnotte qui, dans *Les Erreurs de Voltaire*, l'accuse d'avoir écrit 'que Charlemagne n'était qu'un heureux brigand', puis l'apostrophe ainsi: 'Il est vrai que Charlemagne fit massacrer un jour quatre mille cinq cents prisonniers; on demande au libelliste s'il aurait voulu être le prisonnier de saint Charlemagne' (*M*, t.24, p.488-89).

[14] Henri Ier l'Oiseleur, roi de Germanie de 919 à 936, fonde en effet Goslar en 923, où l'on découvre des mines d'argent en 968: voir Moréri, *Dictionnaire*, 'Goslar'. Quant à 'Friedberg', il s'agit en fait de Freiberg, ville en Saxe, non loin de Chemnitz, fondée en 1186 au cœur des 'Monts Métallifères' (Erzgebirge).

La guerre contre les Saxons avait commencé pour un tribut de trois cents chevaux, et de quelques vaches que Pépin avait exigé d'eux, et cette guerre dura trente années. [15] Quel droit les Francs avaient-ils sur eux? [16] Le même droit que ces Saxons avaient eu sur 80
l'Angleterre.

Ils étaient mal armés; car je vois dans les Capitulaires de Charlemagne une défense rigoureuse de vendre des cuirasses aux Saxons. [17] Cette différence des armes, jointe à la discipline, avait rendu les Romains vainqueurs de tant de peuples: elle fit 85
triompher enfin Charlemagne. [18]

Vitikind. Le général de la plupart de ces peuples était ce fameux Vitikind, dont on fait aujourd'hui descendre les principales maisons de l'empire: homme tel qu'Arminius, mais qui eut enfin plus de fai-

83-84 MSP: cuirasses et des casques aux
85-86 MSP: fit aussi triompher Charlemagne
87 MSP: [*manchette*] *De Vitikind.*

[15] Mézeray, année 752, évoque la 'première expédition de guerre' de Pépin en Saxe: 'y étant entré bien avant, il contraignit un de leurs peuples de lui payer tous les ans trois cents chevaux de tribut' (ch.22), mais le détail des vaches semble propre à Voltaire.

[16] Voltaire insiste ici sur l'absence de toute base juridique justifiant la conquête, mais demeure cependant sceptique, en homme de son siècle, quant à la protection que le 'droit des gens' est en mesure d'assurer aux peuples: 'Il semble que ces Traités du droit des gens, de la guerre, et de la paix, qui n'ont jamais servi ni à aucun traité de paix ni à aucune déclaration de guerre, ni à assurer le droit d'aucun homme, soient une consolation pour les peuples des maux qu'ont faits la politique et la force. Ils donnent l'idée de la justice, comme on a les portraits des personnes célèbres qu'on ne peut voir'(*Le Siècle de Louis XIV*, 'Catalogue des écrivains', article 'Barbeyrac' (*OH*, p.1136); voir aussi l'art. 'Guerre' du *DP* (*OCV*, t.36, p.185-94).

[17] Vingtième défense, mentionnée dans le *Saint-Fargeau notebook* (*OCV*, t.81, p.151) sous le titre 'Capitulaires de Charlemagne': voir E. Baluze, *Capitularia regum Francorum* (Paris, 1677), t.1, col.198. On trouve une mention identique dans les *Annales*, année 772.

[18] Les *Annales*, année 773, signalaient déjà que Charlemagne avait la bonne habitude de retenir 'plus longtemps sous le drapeau' les paysans mobilisés, lesquels allaient, sinon, 'faire leurs moissons après une bataille perdue ou gagnée' (p.231).

90 blesse. [19] Charles prend d'abord la fameuse bourgade d'Eresbourg; [20] *772.*
car ce lieu ne méritait ni le nom de ville, ni celui de forteresse. Il fait
égorger les habitants; il y pille et rase ensuite le principal temple du
pays, élevé autrefois au dieu Tanfana, [21] principe universel, si jamais
ces sauvages ont connu un principe universel. Il était alors dédié au
95 dieu Irminsul; soit que ce dieu fût celui de la guerre, l'Arès des
Grecs, le Mars des Romains, soit qu'il eût été consacré au célèbre
Herman Arminius, vainqueur de Varus et vengeur de la liberté
germanique.

On y massacra les prêtres sur les débris de l'idole renversée. [22] On   *Saxons convertis*
100 pénétra jusqu'au Véser avec l'armée victorieuse. Tous ces cantons   *à coups de sabre.*
se soumirent. Charlemagne voulut les lier à son joug par le
christianisme. Tandis qu'il court à l'autre bout de ses Etats à
d'autres conquêtes, il leur laisse des missionnaires pour les
persuader, et des soldats pour les forcer. Presque tous ceux qui

90   MSP: la célèbre bourgade
94-99   MSP, 53-54N: universel, et dédié alors au dieu Irminsul; temple révéré en
Saxe comme celui de Sion chez les Juifs. On y
96-97   W56-W57G: au fameux Herman
101   MSP: Charlemagne les voulut lier

[19] Dans les *Annales*, année 772, Voltaire présente 'Vitikind' (Widukind le Grand,
roi de Saxe de *c.*755 à 810) comme 'le plus grand défenseur de la liberté germanique
après Hermann que nous nommons Arminius', p.230. Voir aussi le portrait très
favorable qu'en donne Daniel, année 774.
[20] Eresburg, à la frontière des royaumes franc et saxon, aujourd'hui Obermars-
berg, entre Paderborn et Kassel.
[21] Déesse tutélaire des Marses, peuple germain installé entre le Rhin, l'Ems et la
Lippe.
[22] Voltaire semble suivre Daniel (année 772), qui évoque les deux hypothèses.
Irminsul (*die Irminsäule*, 'la colonne d'Irmin'), un arbre ou un tronc totémique
sculpté, était dédié à la divinité saxonne de la guerre, Irmin. Symbole du paganisme
auquel était remise une offrande après chaque victoire, il fut abattu en 772 sur ordre
de Charlemagne.

habitaient vers le Véser, se trouvèrent en un an chrétiens, mais 105
esclaves. [23]

Vitikind, retiré chez les Danois, qui tremblaient déjà pour leur
liberté et pour leurs dieux, [24] revient au bout de quelques années. Il
ranime ses compatriotes, il les rassemble. Il trouve dans Brême,
capitale du pays qui porte ce nom, un évêque, une église, et ses 110
Saxons désespérés, qu'on traîne à des autels nouveaux. Il chasse
l'évêque, qui a le temps de fuir et de s'embarquer. Il détruit le
christianisme, qu'on n'avait embrassé que par la force. Il vient
jusqu'auprès du Rhin, suivi d'une multitude de Germains. Il bat les
lieutenants de Charlemagne. [25] 115

Ce prince accourt: il défait à son tour Vitikind; mais il traite de
révolte cet effort courageux de liberté. Il demande aux Saxons
tremblants qu'on lui livre leur général; et sur la nouvelle qu'ils l'ont
laissé retourner en Dannemarck, il fait massacrer quatre mille cinq
cents prisonniers au bord de la petite rivière d'Alre. [26] Si ces 120
prisonniers avaient été des sujets rebelles, un tel châtiment aurait
été une sévérité horrible; mais traiter ainsi des hommes qui
combattaient pour leur liberté et pour leurs lois, c'est l'action
d'un brigand, que d'illustres succès et des qualités brillantes ont
d'ailleurs fait grand homme. [27] 125

105-106　MSP, 53-54N: chrétiens et esclaves
113　MSP: par la crainte. Il revient
121-22　MSP: aurait encore été
123　MSP: lois, n'est-ce pas au fond l'action

[23] D'après Daniel, année 779.
[24] D'après Daniel, année 778.
[25] Voltaire condense Daniel, année 782.
[26] Daniel, année 782, parle d'un 'châtiment terrible'. Voir aussi Mézeray,
année 782: 'il ne voulut point pardonner aux Saxons, à moins que le pays ne lui
livrât quatre mille des plus mutins qui avaient été de la partie, à tous lesquels il fit
trancher la tête sur le bord de la rivière Alare'. L'Aller est un affluent de la Weser, au
sud de Brême.
[27] A rapprocher de ce passage des *LP*, 12, 'Sur le chancelier Bacon': 'Il n'y a pas
longtemps que l'on agitait dans une compagnie célèbre cette question usée et

Il fallut encore trois victoires avant d'accabler ces peuples sous le joug. Enfin, le sang cimenta le christianisme et la servitude.[28] Vitikind lui-même, lassé de ses malheurs, fut obligé de recevoir le baptême, et de vivre désormais tributaire de son vainqueur.[29]

130 Charles, pour mieux s'assurer du pays, transporta environ dix mille familles saxonnes en Flandre, en France et dans Rome. Il établit des colonies de Francs dans les terres des vaincus. On ne voit depuis lui aucun prince en Europe qui transporte ainsi des peuples malgré eux.[30] Vous verrez de grandes émigrations, mais

135 aucun souverain qui établisse ainsi des colonies suivant l'ancienne méthode romaine; c'est la preuve de la politique et de l'excès du

Colonies.

803 et 804.

126 MSP: fallut trois
129-38 MSP, 53-W57G: vainqueur. Le roi pour mieux s'assurer du pays, transporta des colonies saxonnes jusqu'en Italie, et établit des colonies de Francs dans les terres des vaincus; mais il joignit à cette politique sage [MSP: sage politique] la cruauté
130-34 MSG: transporta des colonies de Francs dans les terres des vaincus, mais
136 K: preuve de l'excès

---

frivole, quel était le plus grand homme, de César, d'Alexandre, de Tamerlan, ou de Cromwell. Quelqu'un répondit que c'était sans contredit Isaac Newton. Cet homme avait raison [...] un homme comme M. Newton, tel qu'il s'en trouve à peine en dix siècles, est véritablement le grand homme; et ces politiques et ces conquérants dont aucun siècle n'a manqué ne sont d'ordinaire que d'illustres méchants. [...] c'est à celui qui connaît l'univers, non à ceux qui le défigurent, que nous devons nos respects' (p.152).

[28] Voltaire résume Daniel, années 783, 784, 785. La formule employée ici est aussi brutale que la réalité qu'elle décrit. C'est le genre de phrase, sans doute, qui fait écrire à l'abbé Nonnotte (*Examen critique ou réfutation du livre des mœurs*, Paris, 1757), que l'auteur 'fait tous ses efforts pour faire passer la religion chrétienne pour religion sanguinaire' (p.62).

[29] D'après Daniel, année 785. La conversion forcée fut la règle pour les Saxons en général, mais celle de Widukind, 'parrainée' par Charlemagne, et à laquelle Voltaire ne faisait pas allusion dans les *Annales*, année 786, était habituellement présentée comme sincère par les écrivains catholiques.

[30] Daniel, année 802, relate le fait: 'Ce remède fut violent, mais il fut efficace.' Même mention sans commentaire dans Fleury, livre 45, année 804, §28. Des allusions éparses se retrouvent chez les autres historiens, mais aucun n'insiste sur cette pratique qui leur paraît justifiée.

despotisme, de contraindre ainsi les hommes à quitter le lieu de leur naissance. Charles joignit à cette politique la cruauté de faire poignarder par des espions les Saxons qui voulaient retourner à leur culte.[31] Souvent les conquérants ne sont cruels que dans la   140
guerre: la paix amène des mœurs et des lois plus douces. Charlemagne au contraire fit des lois qui tenaient de l'inhumanité de ses conquêtes.

Il institua une juridiction plus abominable que l'Inquisition ne le fut depuis. C'était la cour Veimique,[32] ou la cour de Vestphalie dont   145

143-58   MSP: conquêtes et de la férocité de ses nouveaux sujets. ¶Son capitulaire saxon établit la peine de mort contre quiconque refusera le baptême, contre celui qui brûlera les morts selon le rite païen au lieu de les enterrer selon le rite chrétien, enfin contre celui qui n'observera pas le carême. Ces lois sanguinaires sont scellées par un Hildebade archevêque de Cologne. C'est ainsi que la foi chrétienne fut prêchée dans   5
une grande partie de la Germanie. ¶La révolution de cette partie du monde inspira tant de crainte aux Danois que, tout féroces qu'ils étaient, ils tirèrent un large fossé dans cet isthme qui joint le Holstein au Danemark et élevèrent une palissade le long de ce fossé pour se garantir des incursions des sujets de Charlemagne. ¶[intertitre] *Conduite de Charlemagne avec les musulmans.* ¶Ayant   10
          w56-w68: conquêtes. ¶Ayant

[31] Nonnotte souligne qu''on ne trouve dans aucun de[s] historiens contemporains cet horrible trait que Voltaire raconte' (*Les Erreurs de Voltaire*, t.1, 1re partie, ch.10), ce que confirment les sources principales. Voltaire n'évoque pas ailleurs ce fait, au contraire de la cour veimique qui suit.

[32] Ce thème est presque obsessionnel chez Voltaire, qui, avant cet ajout de 1775, en parle à de nombreuses reprises en termes identiques: voir en particulier les *Annales* (années 'depuis 778 jusqu'à 792': 'La plus barbare de toutes fut cette loi de Westphalie, cet établissement de la cour vémique, dont il est bien étrange qu'il ne soit pas dit un seul mot dans *De l'esprit des lois* ni dans l'*Abrégé chronologique* du président Hénault', p.234); *Commentaire sur le livre Des délits et des peines* (1766), ch.13; *Précis du siècle de Louis XV* (1768), ch.40; et *Fragment sur l'histoire générale* (1773), art.7. 'Veimique' ou 'vehmique' est formé sur *Vehme*, qui, en vieil allemand, signifie 'juridiction criminelle, tribunal secret'. Si le capitulaire *de partibus Saxonis* promettait (ch.10) en 787 la peine de mort aux Saxons qui refuseraient de se convertir, la cour 'veimique' à proprement parler ne fut instituée à Dortmund que longtemps après le règne de Charlemagne: voir l'*Abrégé chronologique de l'histoire et du droit public d'Allemagne* (Paris, 1754, BV2709) du juriste colmarien C. F. Pfeffel von Kriegelstein, que Voltaire apprécia d'ailleurs vivement lors de son séjour en

le siège subsista longtemps dans le bourg de Dortmund. Les juges prononçaient peine de mort sur des délations secrètes, sans appeler les accusés. On dénonçait un Saxon possesseur de quelques bestiaux, de n'avoir pas jeûné en carême. Les juges le condam-
150 naient, et on envoyait des assassins qui l'exécutaient et qui saisissaient ses vaches. Cette cour étendit bientôt son pouvoir sur toute l'Allemagne: il n'y a point d'exemple d'une telle tyrannie, et elle était exercée sur des peuples libres. Daniel ne dit pas un mot de cette cour Veimique! et Véli qui a écrit sa sèche histoire n'a pas
155 été instruit de ce fait si public! et il appelle Charlemagne religieux monarque, ornement de l'humanité. [33] C'est ainsi parmi nous que des auteurs gagés par des libraires écrivent l'histoire!

Ayant vu comment ce conquérant traita les Germains, obser-
vons comment il se conduisit avec les Arabes d'Espagne. Il arrivait
160 déjà parmi eux ce qu'on vit bientôt après en Allemagne, en France et en Italie. Les gouverneurs se rendaient indépendants. [34] Les émirs de Barcelone et ceux de Sarragosse s'étaient mis sous la protection de Pépin. L'émir de Sarragosse, nommé Ibnal Arabi, c'est-à-dire, Ibnal l'Arabe, en 778 vient jusqu'à Paderborn prier Charlemagne

156-58   w75G: l'humanité. ¶Ayant
158-59   MSP, 53-w57G: les Allemands [w56: Germains] idolâtres, voyons comment il se conduit [53-w57G: se conduisit] avec les Mahométans d'Espagne
163-64   MSP, 53-61: Saragosse en 778

Alsace en 1753-1754 (*VST*, t.1, p.256). Pfeffel évoque, année 803, le règne de Conrad II de Germanie (1024-1039) comme la période à laquelle les Saxons exigèrent du souverain qu'il confirmât les lois 'sanguinaires' de Charlemagne contre les païens: 'telle fut l'origine de la fameuse cour vehmique', conclut-il.

[33] Très exactement, 'l'ornement et la gloire de l'humanité' (Velly, année 814, §'Mort de *Charlemagne*', §'Son portrait', t.1, p.266). Il s'agit là, cependant, de la tonalité habituelle: aucune histoire générale qui ne fasse, en effet, de grands éloges de l'empereur.

[34] Allusion à la naissance de la féodalité.

de le soutenir contre son souverain. Le prince français prit le parti 165
de ce musulman; [35] mais il se donna bien garde de le faire chrétien.
D'autres intérêts, d'autres soins. Il s'allie avec des Sarrasins contre
des Sarrasins; mais après quelques avantages sur les frontières
d'Espagne, son arrière-garde est défaite à Roncevaux, vers les
montagnes des Pyrénées, par les chrétiens mêmes de ces mon- 170
tagnes, mêlés aux musulmans. C'est là que périt Roland son neveu. [36]
Ce malheur est l'origine de ces fables qu'un moine écrivit au
onzième siècle, sous le nom de l'archevêque Turpin, et qu'ensuite
l'imagination de l'Arioste a embellies. [37] On ne sait point en quel
temps Charles essuya cette disgrâce; et on ne voit point qu'il ait tiré 175
vengeance de sa défaite. Content d'assurer ses frontières contre des
ennemis trop aguerris, il n'embrasse que ce qu'il peut retenir, et
règle son ambition sur les conjonctures qui la favorisent.

166-67   MSP: musulman. Il ne lui proposa pas comme à Vitikind d'embrasser le
christianisme. D'autres
172   MSP: écrit
174   MSP: ne sait pas en

[35] D'après Daniel, année 774, §'Il entre en Saxe avec une armée', deux derniers
paragraphes.
[36] D'après Daniel, année 778. Rédaction assez proche dans les *Annales*, année 778,
mais sans allusion à Turpin ni à l'Arioste.
[37] Daniel évoque 'le fameux Roland, si renommé dans les contes de l'archevêque
Turpin, quoique dans les histoires véritables il ne soit parlé de lui qu'à cette seule
occasion' (année 778, t.2, p.40). La *Chanson de Roland* (composée par Turold à la fin
du onzième siècle, mais dont le manuscrit original ne fut redécouvert que sous la
Restauration) fut longtemps attribuée à Tilpin (erronément appelé 'Turpin' par
Turold), archevêque de Reims et auteur à la fin du huitième siècle d'une *Historia
Caroli et Rolandi*. Oubliant les combattants basques au profit des Sarrasins, la
Chanson faisait de Roland un véritable héros de légende, et le neveu de l'empereur.
Au dix-huitième siècle, le mythe de Roland est incarné par le *Roland furieux* de
l'Arioste, auquel Voltaire voue une constante admiration.

CHAPITRE 16

Charlemagne empereur d'Occident.

C'est à Rome et à l'empire d'Occident que cette ambition aspirait. La puissance des rois de Lombardie était le seul obstacle; [1] l'Eglise de Rome, et toutes les Eglises sur lesquelles elle influait; les moines, déjà puissants, les peuples, déjà gouvernés par eux, tout appelait Charlemagne à l'empire de Rome. Le pape Adrien, né Romain, homme d'un génie adroit et ferme, aplanit la route. D'abord il l'engage à répudier la fille du roi lombard Didier, [2] chez qui

a-213 [*Première rédaction de ce chapitre*: MSP]
a   MSP, 53-54N: [*pas de rupture*]
    W56-W57G: Chapitre 9
    61: Chapitre 12
b   MSP: [*intertitre*] L'*Empire transféré à Charlemagne.*
    W56-W57G: *Charlemagne empereur.*
4-5   MSP: eux appellaient Charlemagne
7-16   MSP, 53-54N: Didier et Charlemagne la répudie après un an de mariage, sans en donner d'autre raison, sinon qu'elle ne lui plaisait pas. Didier qui voit cette union [53-54N: fatale] du roi et
7-9   W56-W57G: Didier. ¶Les

* Voir la note liminaire du ch.15.
[1] C'est Didier de Toscane (757-774) qui règne alors en Lombardie.
[2] Sur cette répudiation de Désirée, fille de Didier de Toscane, voir J. Heiss von Kogenheim, *Histoire de l'Empire* (La Haye, 1685, BV1604; Paris, 1731, BV1605), t.1, livre 1, ch.2, et Daniel, *Histoire de France*, années 771-772. Mézeray, *Abrégé chronologique* (éd. consultée, Paris, 1717), mentionne, années 770, 773, la répudiation en 771, parce qu'elle était 'infirme', d'Hildegarde, deuxième femme de Charlemagne, que sa mère, Berthe au Grand Pied, l'avait obligé à épouser après la mort de Pépin le Bref, exigeant qu'il quitte sa première femme. Mézeray présente Hildegarde tantôt comme une des filles de Didier, tantôt comme sa sœur, et ignore le nom de la première femme de Charlemagne, et s'ils étaient mariés ou seulement concubins. Quant à l'identité du pape, Voltaire fait erreur, Adrien Ier n'étant élu qu'en 772. Comme l'écrit Fleury, *Histoire ecclésiastique*, c'est le pape Etienne III (768-772) qui s'oppose à ce mariage (livre 43, année 769, §59), rompu, après quelques mois seulement, en 770 par Charlemagne, sur 'le conseil des plus saints évêques'.

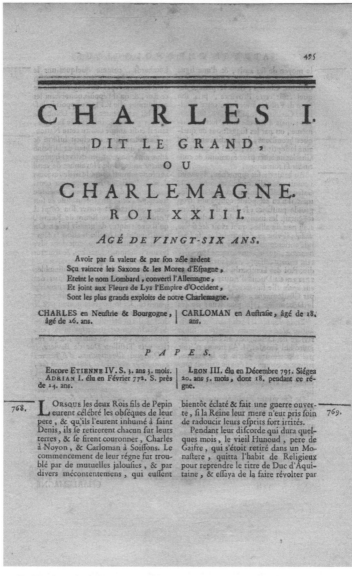

3. F. Eudes de Mézeray, *Abrégé chronologique de l'histoire de France* (Amsterdam, 1755), t.1, p.495.

l'infortunée belle-sœur de Charles s'était réfugiée avec ses enfants. [3]

Les mœurs et les lois de ce temps-là n'étaient pas gênantes, du *Polygamie.*
10 moins pour les princes. Charles avait épousé cette fille du roi
lombard dans le temps qu'il avait déjà, dit-on, une autre femme. [4] Il
n'était pas rare d'en avoir plusieurs à la fois. Grégoire de Tours
rapporte que les rois Gontran, Caribert, Sigebert, Chilpéric avaient
plus d'une épouse. [5] Charles répudie la fille de Didier sans aucune
15 raison, sans aucune formalité. [6]

Le roi lombard qui voit cette union fatale du roi et du pape
contre lui, prend un parti courageux. Il veut surprendre Rome, et
s'assurer de la personne du pape; mais l'évêque habile fait tourner
la guerre en négociation. Charles envoie des ambassadeurs pour
20 gagner du temps. Il redemande au roi de Lombardie sa belle-sœur
et ses deux neveux. Non seulement Didier refuse ce sacrifice, mais
il veut faire sacrer rois ces deux enfants, et leur faire rendre leur
héritage. Charlemagne vient de Thionville à Genève, tient dans
Genève un de ces parlements qui en tout pays souscrivirent
25 toujours aux volontés d'un conquérant habile. Il passe le Mont-
Cenis, il entre dans la Lombardie. Didier après quelques défaites *Fin du royaume*
s'enferme dans Pavie sa capitale; Charlemagne l'y assiège au milieu *Lombard.*
774.

19 MSP: en négociant.
20-27 MSP, 53-W57G: temps. Enfin il passe les Alpes, une partie des troupes de
Didier l'abandonne. Ce roi malheureux s'enferme

[3] Gerberge, veuve de Carloman en décembre 771, en a deux fils, Pépin et
Syagrius. C'est au mépris de leurs droits que Charlemagne a pris possession du
royaume du défunt.
[4] Himiltrude, sa première femme, dont il a eu un fils, Pépin le Bossu.
[5] Voltaire s'inspire peut-être des chapitres de l'abbé Velly, *Histoire de France*, sur
Caribert et Chilpéric, années 562-84, qui eux-mêmes se fondent sur Grégoire de
Tours. A la fin du chapitre sur Childebert, 'Clotaire seul roi', §'Mort de Clotaire',
années 560, 561, 562, Velly donne aussi la liste des 'femmes' de Clotaire. C.-F.
Nonnotte, *Les Erreurs de Voltaire* (Avignon, 1762; Lyon, 1770; Amsterdam [Paris],
1766, BV2579), déclare que Grégoire ne parle pas de la vie privée de Sigebert et
mentionne seulement que Gontran, Caribert et Chilpéric eurent des maîtresses (t.1,
1re partie, ch.10).
[6] Heiss écrit pourtant qu'il lui reprochait d'être 'infestée de lèpre' (livre 1, ch.2), et
Mézeray 'qu'elle était trop infirme' (année 773).

de l'hiver. La ville, réduite à l'extrémité, se rend après un siège de six mois. [7] Ainsi finit ce royaume des Lombards, qui avaient détruit en Italie la puissance romaine, et qui avaient substitué leurs lois à celles des empereurs. Didier, le dernier de ces rois, fut conduit en France dans le monastère de Corbie, où il vécut et mourut captif et moine, [8] tandis que son fils [9] allait inutilement demander des secours dans Constantinople à ce fantôme d'empire romain, détruit en Occident par ses ancêtres. Il faut remarquer que Didier ne fut pas le seul souverain que Charlemagne enferma; il traita ainsi un duc de Bavière et ses enfants. [10]

    La belle-sœur de Charles et ses deux enfants furent remis entre les mains du vainqueur. Les chroniques ne nous apprennent point s'ils furent aussi confinés dans un monastère, ou mis à mort. [11] Le

30

35

40

    29   MSP, 53-W57G: mois. Didier pour toute condition obtint [53, W56: obtient] la vie. Ainsi

    36-43   MSP: enferma dans un cloître. Il traita ainsi un duc de Bavière et ses fils. ¶Charlemagne n'osait

    37-43   53-W57G: enfants. ¶Charlemagne n'osait

    40-43   61-W75G: mort. ¶Charlemagne n'osait

    [7] D'après Fleury, livre 44, année 774, §5.
    [8] Corbie est située en Picardie, non loin d'Amiens. Tonalité évidemment bien plus positive chez Fleury: 'il [y] acheva saintement ses jours dans les veilles, les prières, les jeûnes et les bonnes œuvres' (livre 44, année 774, §5).
    [9] Adalgis, mort à Byzance en 788.
    [10] D'après Daniel, année 788, qui effectue le rapprochement avec la fin de Didier. Condamné à mort pour félonie puis gracié, le roi de Bavière Tassilon III (749-788) est interné successivement dans les abbayes de Saint-Goar, Jumièges, puis Lorsch, en Rhénanie, où il décède en 794. Voltaire annote ainsi F. J. de Chastellux, *De la félicité publique* (Amsterdam, 1772, BV722): 'le duc de / baviere / fut condamné / à mort / sous charlemagne' (t.2, p.24; *CN*, t.2, p.568).
    [11] Mézeray signale, année 774, que 'les enfants et la veuve de Carloman' sont livrés au 'vainqueur' et ajoute qu''on ne dit point ce qu'ils devinrent'. Voltaire revient plusieurs fois sur le sujet, par exemple à l'art.7 du *Fragment sur l'histoire générale* (1773; *M*, t.29, p.247), émettant toujours le même doute sur le sort de la reine et de ses fils. P. Gioffredo, *Nicaea civitas sacris monumentis illustrata* (1657; Turin, 1658), affirmait que Syagrius était devenu, avec l'appui de Charlemagne, le premier abbé du monastère de Saint-Pons, puis le premier évêque de Nice (1re partie,

silence de l'histoire sur cet événement est une accusation contre Charlemagne.

Il n'osait pas encore se faire souverain de Rome; il ne prit que le titre de roi d'Italie, tel que le portaient les Lombards. [12] Il se fit
45 couronner comme eux dans Pavie d'une couronne de fer, qu'on garde encore dans la petite ville de Monza. [13] La justice s'administrait toujours à Rome, au nom de l'empereur grec. Les papes recevaient de lui la confirmation de leur élection. C'était l'usage que le sénat écrivît à l'empereur ou à l'exarque de Ravenne, quand il y en avait
50 un: *Nous vous supplions d'ordonner la consécration de notre père et pasteur.* [14] On en donnait part au métropolitain de Ravenne. L'élu était obligé de prononcer deux professions de foi. Il y a loin de là à la tiare; mais est-il quelque grandeur qui n'ait eu de faibles commencements?

55 Charlemagne prit, ainsi que Pépin, le titre de *patrice*, que Théodoric et Attila avaient aussi daigné prendre; ainsi ce nom d'empereur, qui dans son origine ne désignait qu'un général d'armée, signifiait encore le maître de l'Orient et de l'Occident. Tout vain qu'il était, on le respectait, on craignait de l'usurper; on

Rome.

Charlemagne patrice.

45 MSP: couronne où il y a un cercle de fer qu'on
47 MSP, W56: papes même recevaient
48-55 MSP, 53-W57G: élection. Charlemagne prenait seulement ainsi que Pépin
56 MSP: avaient daigné

tit.11, §3, 4). Mais ces affirmations, dont Voltaire n'eut apparemment pas connaissance, paraissent aujourd'hui très peu vraisemblables.

[12] Ce paragraphe et le suivant sont à peu près semblables dans les *Annales*, année 774.

[13] D'après Mézeray, année 774, qui indique que le couronnement a lieu 'près de Milan', à 'Modèce', forme francisée de *Modecia*, ancien nom de Monza.

[14] Aucun des ouvrages consultés ne mentionne ce fait précis. Il est exact qu'il était d'usage, depuis le sixième siècle, que l'exarque de Ravenne confirmât, au nom du basileus de Byzance, l'élection du pape; toutefois, depuis la querelle des Images, au début du huitième siècle, les relations s'étaient à ce point distendues entre Rome et Byzance que le pape Etienne III (752-757) et ses successeurs s'étaient mis sous la protection des souverains francs.

n'affectait que celui de *patrice*, qui autrefois voulait dire sénateur   60
romain. [15]

Les papes, déjà très puissants dans l'Eglise, très grands seigneurs
à Rome, et possesseurs de plusieurs terres, n'avaient dans Rome
même qu'une autorité précaire et chancelante. Le préfet, le peuple,
le sénat, dont l'ombre subsistait, s'élevaient souvent contre eux.   65
Les inimitiés des familles qui prétendaient au pontificat, remplissaient Rome de confusion.

Charlemagne   Les deux neveux d'Adrien conspirèrent contre Léon III son
empereur.   successeur, élu père et pasteur [16] selon l'usage par le peuple et le
clergé romain. Ils l'accusent de beaucoup de crimes; ils animent les   70
Romains contre lui: on traîne en prison, on accable de coups à
Rome celui qui était si respecté partout ailleurs. Il s'évade, il vient
se jeter aux genoux du patrice Charlemagne à Paderborn. Ce
prince qui agissait déjà en maître absolu, le renvoya avec une

61-62   MSP: romain et qui alors signifiait lieutenant indépendant d'un empereur
sans pouvoir. ¶Charles confirma [V]dit-on[+] non seulement la donation de Pépin [V]et[+]
donna même aux papes de nouvelles terres, les provinces de Venete et de Listre, le
duché de Spolète et de Bénévent. Je ne vois point dans le bibliothécaire Anastase que
Charles ait donné le duché de Rome comme on l'a prétendu. Il ne laissa au pape dans   5
cette capitale d'autre autorité que celle d'un évêque et il continua d'agir en souverain
de Rome sous le titre de Patrice. ¶Les
63   MSP: [*manchette*] *Donation à l'Eglise*.
      MSP, 53-54N: à [MSP: dans] Rome et princes temporels dans un petit pays,
n'avaient
65   MSP: s'élevait
69   MSP: élu selon
      53-W75G: élu pape selon
74   MSP: en prince absolu
      MSG: renvoie

[15] Voir Heiss, livre 1, ch.2: 'Il était déclaré patrice de la ville de Rome, qui était le
degré le plus proche de l'empire; et en cette qualité il avait le droit, comme l'avaient
eu les empereurs précédents [...] de confirmer l'élection du pape, et de donner
l'investiture des évêchés dans toute l'étendue de ses Etats' (p.125) Voir aussi
Mézeray, année 774, et Daniel, année 796. En 754, le pape Etienne III avait déjà
donné à Pépin le Bref ce titre, à l'origine essentiellement honorifique, créé en 315 par
l'empereur Constantin. Charlemagne le porte à partir de 774.
[16] D'après Fleury, livre 45, années 795-796, §5.

75 escorte et des commissaires pour le juger. Ils avaient ordre de le trouver innocent. [17] Enfin Charlemagne, maître de l'Italie, comme de l'Allemagne et de la France, juge du pape, arbitre de l'Europe, vient à Rome à la fin de l'année 799. [18] L'année commençait alors à Noël chez les Romains. [19] Léon III le proclame empereur d'Occi-
80 dent pendant la messe le jour de Noël en 800. Le peuple joint ses acclamations à cette cérémonie. Charles feint d'être étonné. [20] Et notre abbé Véli copiste de nos légendaires, dit, *que rien ne fut égal à sa surprise.* [21] Mais la vérité est que tout était concerté entre lui et le

78-145   MSP, 53-54N: Rome en 800 [MSG: 53-54N: 801]. Il se fait reconnaître et [MSP: *manchette: Charlemagne empereur 801.*] couronner empereur d'Occident, titre qui était éteint depuis près de 300 [MSG: plus de 300; 53-54N: 500] années. ¶Alors régnait en Orient

81-90   w68: étonné, mais il n'en fait pas moins valoir l'autorité de son nouvel empire. Ces droits étaient légitimes puisqu'enfin les suffrages de tout un peuple sont le premier des droits. ¶Voilà

81-94   w56-w68: étonné, mais il n'en fait pas moins valoir l'autorité de son nouvel empire. Ces droits étaient légitimes puisqu'enfin les suffrages de tout un peuple sont le premier des droits. ¶On

[17] Fleury, livre 45, année 799, §10, ne dit nulle part que les juges agissaient sur ordre de Charlemagne. Le commentaire de Voltaire conviendrait mieux à une assemblée ultérieure, tenue à Rome, le 23 décembre 800, par le roi franc lui-même, où furent examinées, et anéanties, 'les accusations intentées contre le pape'. C'est en avril 799 que Léon III avait dû quitter Rome pour se réfugier auprès de Charlemagne.

[18] La phrase induit (volontairement?) en erreur: en fait, il y est déjà venu à quatre reprises, ce que Voltaire ne dit pas. Il simplifie et dramatise, en ne retenant que l'épisode le plus marquant.

[19] Remarque tirée de Fleury, livre 45, année 800, §21.

[20] Cette élévation surprise à l'empire est évoquée par Fleury, livre 45, année 800, §21, et Mézeray, année 800. Daniel déclare toutefois: 'Si cette protestation fut sincère, elle fut l'effet et la marque d'une grande modestie: mais Charlemagne aimait beaucoup la gloire et il était fort politique; et si ces titres lui furent donnés malgré lui, il parut dans la suite les retenir fort volontiers' (année 800, §'Élévation de Charlemagne à l'empire d'Occident'). Voltaire annote ainsi son exemplaire des *Scaligerana, Thuana, Perroniana, Pithoeana et Colomesiana* de P. Des Maizeaux (Amsterdam, 1740, BV1012): 'charlemagne usurpateur sans la concession du pape' (t.1, p.480; *CN*, t.3, p.127).

[21] Velly: 'On ne peut exprimer quelle fut la surprise de Charlemagne' (année 800, t.1, 250). Il est ensuite question des 'magnifiques présents' faits 'aux églises'.

pape, et qu'il avait apporté des présents immenses qui lui assuraient le suffrage de l'évêque et des premiers de Rome. On voit par des 85 chartes accordées aux Romains en qualité de patrice, qu'il avait déjà brigué hautement l'empire; on y lit ces propres mots, *Nous espérons que notre munificence pourra nous élever à la dignité impériale.* (*a*) [22]

Voilà donc le fils d'un domestique, d'un de ces capitaines francs 90 que Constantin avait condamnés aux bêtes, élevé à la dignité de Constantin. D'un côté un Franc, de l'autre une famille thrace partagent l'empire romain. Tel est le jeu de la fortune.

On a écrit, on écrit encore, que Charles avant même d'être empereur, avait confirmé la donation de l'exarchat de Ravenne, 95 qu'il y avait ajouté la Corse, la Sardaigne, la Ligurie, Parme, Mantouë, les duchés de Spolette et de Bénévent, la Sicile, Venise, et qu'il déposa l'acte de cette donation sur le tombeau dans lequel on prétend que reposent les cendres de saint Pierre et saint Paul. [23]

Donation de On pourrait mettre cette donation à côté de celle de Con- 100
Charlemagne stantin. (*b*) On ne voit point que jamais les papes aient possédé
très douteuse.

(*a*) Voyez l'annaliste *rerum italiarum*, tom. II.
(*b*) Voyez les éclaircissements. [24]

n.*b*   w56-w57G: [*absente*]

[22] Nous n'avons pas pu identifier cette citation du propos de Charlemagne, qui ne se trouve pas dans L. Muratori, *Rerum Italicarum Scriptores* (Milan, 1723-1751), t.2, 1re partie, 'Annales Bertiniani', années 800-801.
[23] D'après Daniel, année 774. En 1769, Voltaire reprend plus longuement la discussion sur l'étendue de cette donation dans *Le Pyrrhonisme de l'histoire*, ch.21-23 (*OCV*, t.67); voir aussi le *Saint-Fargeau notebook* (*OCV*, t.81, p.119).
[24] Voir l'art. 'Donations' des *QE*; aussi 'XXVIIIe Sottise de Nonnotte. Sur la donation de Pépin', dans les *Eclaircissements historiques* (*M*, t.24, p.508). Voltaire écrivait le 6 juin 1754: 'Je crois, par exemple, que les donations de Pépin et de Charlemagne peuvent être mises avec celles de Constantin, et que les papes n'ont pas plus besoin de ces vains titres pour être reconnus souverains du pays qu'ils possèdent que les bains d'Aix-la-Chapelle n'ont besoin d'avoir été fondés par un nommé Granus, frère de Néron' (D5837); puis, le 8 septembre, à d'Argental: 'Les donations de Pépin et de Charlemagne sont des chimères; cela me paraît démontré' (D5922).

aucun de ces pays jusqu'au temps d'Innocent III. S'ils avaient eu l'exarchat, ils auraient été souverains de Ravenne et de Rome; mais dans le testament de Charlemagne qu'Eginhart nous a conservé, ce
105 monarque nomme à la tête des villes métropolitaines qui lui appartiennent, Rome et Ravenne, auxquelles il fait des présents.[25] Il ne put donner ni la Sicile, ni la Corse, ni la Sardaigne qu'il ne possédait pas, ni le duché de Bénévent, dont il avait à peine la souveraineté, encore moins Venise qui ne le reconnaissait pas pour
110 empereur. Le duc de Venise reconnaissait alors pour la forme l'empereur d'Orient, et en recevait le titre *d'hippatos*. Les lettres du pape Adrien parlent des patrimoines de Spolette, et de Bénévent; mais ces patrimoines ne se peuvent entendre que des domaines que les papes possédaient dans ces deux duchés. Grégoire VII lui-
115 même avoue dans ses lettres que Charlemagne donnait douze cents livres de pension au Saint-Siège.[26] Il n'est guère vraisemblable qu'il eût donné un tel secours à celui qui aurait possédé tant de belles provinces. Le Saint-Siège n'eut Bénévent que longtemps après, par la concession très équivoque qu'on croit que l'empereur Henri le
120 Noir lui en fit vers l'an 1047.[27] Cette concession se réduisit à la ville, et ne s'étendit point jusqu'au duché. Il ne fut point question de confirmer le don de Charlemagne.

   Ce qu'on peut recueillir de plus probable au milieu de tant de doutes, c'est que du temps de Charlemagne, les papes obtinrent en

---

118-20   w56-61: par la donation de l'empereur Henri le Noir vers
119   w68: concession qu'on

---

[25] Le testament de Charlemagne publié par Eginhard (*c.*770-840), à la fin de sa *Vita Karoli Magni*, mentionne en effet Rome et Ravenne en tête des vingt et une villes 'qui, dans son royaume, sont reconnues comme métropoles' et auxquelles l'empereur fait un legs.

[26] D'après Fleury, livre 63, §11.

[27] Fleury écrit que l'empereur cède au pape Léon IX plusieurs terres, 'entre autres Benevent pour Bamberg' (livre 43, année 1052, §59). Parent de l'empereur Henri III (1039-1056), Brunon d'Egisheim-Dagsburg est pape sous le nom de Léon IX (1048-1054). C'est en 1051 que l'empereur, l'ayant pris aux Normands, cède le duché de Bénévent au Saint-Siège.

propriété une partie de la marche d'Ancone, outre les villes, les   125
châteaux et les bourgs qu'ils avaient dans les autres pays. Voici sur
quoi je pourrais me fonder. Lorsque l'empire d'Occident se
renouvela dans la famille des Othons au dixième siècle,
Othon III assigna particulièrement au Saint-Siège la marche
d'Ancone, en confirmant toutes les concessions faites à cette   130
Eglise: on prétend que l'acte est faux. Mais il paraît que
Charlemagne avait donné cette marche, et que les troubles
survenus depuis en Italie avaient empêché les papes d'en jouir.[28]
Nous verrons qu'ils perdirent ensuite le domaine utile de ce petit
pays sous l'empire de la maison de Suabe.[29] Nous les verrons tantôt   135
grands terriens, tantôt dépouillés presque de tout, comme plusieurs
autres souverains. Qu'il nous suffise de savoir qu'ils possèdent
aujourd'hui la souveraineté reconnue d'un pays de cent quatre-
vingts grands milles d'Italie en longueur, des portes de Mantouë
aux confins de l'Abbruzze le long de la mer Adriatique, et qu'ils en   140
ont plus de cent milles en largeur, depuis Civita-Vecchia jusqu'au
rivage d'Ancone d'une mer à l'autre. Il a fallu négocier toujours, et
souvent combattre pour s'assurer cette domination.

Tandis que Charlemagne devenait empereur d'Occident,
régnait en Orient cette impératrice Irène, fameuse par son courage   145
et par ses crimes, qui avait fait mourir son fils unique, après lui
avoir arraché les yeux. Elle eût voulu perdre Charlemagne; mais

---

125   w56-61: propriété la marche
131   w56-w57G: Eglise. Il paraît donc que
       w68-w75G: faux. Il paraît donc que
147   53, 54C: voulu prendre Charlemagne
       54: voulu prendre vengeance de Charlemagne

---

[28] C'est Velly, année 774, qui évoque cette donation par Charlemagne au pape,
entre autres territoires, de la marche d'Ancône. Aucune allusion à Othon III dans
Fleury (livre 56, année 960, §1), qui évoque en revanche la confirmation en 962 de la
donation de Pépin et de Charlemagne par Othon II, sans d'ailleurs évoquer sa
validité. Voir aussi ci-dessous, ch.37, lignes 56-58 et n.16.

[29] Voir *EM*, ch.40, lignes 12-15.

trop faible pour lui faire la guerre, elle voulut, dit-on, l'épouser, et réunir les deux empires. [30] Ce mariage est une idée chimérique. Une
150 révolution chasse Irène d'un trône qui lui avait tant coûté. [31] *802.* Charles n'eut donc que l'empire d'Occident. Il ne posséda presque rien dans les Espagnes; car il ne faut pas compter pour domaine le vain hommage de quelques Sarrasins. [32] Il n'avait rien sur les côtes d'Afrique. Tout le reste était sous sa domination.

155 S'il eût fait de Rome sa capitale, si ses successeurs y eussent fixé leur principal séjour, et surtout si l'usage de partager ses Etats à ses enfants n'eût point prévalu chez les barbares, il est vraisemblable qu'on eût vu renaître l'empire romain. [33] Tout concourut depuis à démembrer ce vaste corps, que la valeur et la fortune de

148   MSP, 53-W57G: voulut l'épouser

149-50   MSP, 53-W68: réunir ainsi les [W68: réunir les] deux empires. Tandis qu'on ménageait ce mariage, une révolution

150   MSP: [*manchette*] *Irène déposée à Constantinople.*

154   MSP: d'Afrique, ni dans Naples et Sicile. Tout

[30] D'après L. Le Gendre, *Nouvelle Histoire de France* (Paris, 1718-1719, BV2006), année 800, qui explique que le projet de mariage échoue en raison du complot du premier eunuque, qui 'aimait Irène'. Voir *Annales*, année 801: 'Le mariage eût été entre deux empires plutôt qu'entre Charlemagne et la vieille Irène' (p.237). Née en 752, la 'vieille Irène', âgée de 48 ans en l'an 800, avait dix ans de moins que Charlemagne. Elle avait épousé en 768 le futur empereur Léon IV (775-780). Régente au nom de son fils Constantin VI, elle rétablit le culte des images, se rapprochant ainsi de Rome. Ecartée du pouvoir à l'avènement de Constantin, en 790, elle se vengea ensuite cruellement.

[31] 'Révolution' racontée en détail par Daniel, année 802. Renversée en 802, Irène est exilée à Lesbos où elle meurt l'année suivante.

[32] La 'marche d'Espagne', constituée de la Navarre et d'une partie de la Catalogne, y compris Barcelone, est soumise entre 785 et 801 par Charlemagne.

[33] Le droit d'aînesse est en effet inconnu à Rome et chez les peuples germaniques. Il apparaît dans le cadre du développement de la féodalité, afin d'éviter l'émiettement des propriétés, mais ne se généralisera dans les familles nobles qu'à partir du treizième siècle.

Charlemagne avaient formé; mais rien n'y contribua plus que ses descendants. 160

Il n'avait point de capitale: seulement Aix-la-Chapelle était le séjour qui lui plaisait le plus. Ce fut là qu'il donna des audiences, avec le faste le plus imposant, aux ambassadeurs des califes, et à ceux de Constantinople. [34] D'ailleurs, il était toujours en guerre ou en voyage, ainsi que vécut Charles-Quint longtemps après lui. Il partagea ses Etats, et même de son vivant, comme tous les rois de ce temps-là. 165

Charlemagne ordonne à son fils de se couronner lui-même.

Mais enfin, quand de ses fils qu'il avait désignés pour régner, il ne resta plus que ce Louis, [35] si connu sous le nom de *Débonnaire*, auquel il avait déjà donné le royaume d'Aquitaine, il l'associa à l'empire dans Aix-la-Chapelle, et lui commanda de prendre lui-même sur l'autel la couronne impériale, pour faire voir au monde que cette couronne n'était due qu'à la valeur du père et au mérite du fils, et comme s'il eût pressenti qu'un jour les ministres de l'autel voudraient disposer de ce diadème. [36] 170 175

Il avait raison de déclarer son fils empereur de son vivant; car cette dignité, acquise par la fortune de Charlemagne, n'était point assurée au fils par le droit d'héritage; mais en laissant l'empire à Louis, et en donnant l'Italie à Bernard fils de son fils Pépin, [37] ne déchirait-il pas lui-même cet empire, qu'il voulait conserver à sa postérité? N'était-ce pas armer nécessairement ses successeurs les uns contre les autres? Etait-il à présumer que le neveu roi d'Italie 180

---

170   54C *errata*: ne lui resta
183   MSP: que le roi

---

[34] D'après Daniel, année 801.
[35] Successivement, Charlemagne avait vu mourir quatre de ses fils légitimes: Lothaire en 779, Pépin d'Italie en 810, Charles et Pépin en 811.
[36] Voir Heiss, livre 1, ch.10: 'pour faire voir qu'il ne la [la couronne] tenait que de Dieu et de son père, dont il était le légitime successeur'.
[37] Voir Heiss, livre 1, ch.3.

278

obéirait à son oncle empereur, ou que l'empereur voudrait bien
185 n'être pas le maître en Italie?

Charlemagne mourut en 814, avec la réputation d'un empereur
aussi heureux qu'Auguste, aussi guerrier qu'Adrien, mais non tel
que les Trajans et les Antonins, auxquels nul souverain n'a été
comparable. [38]

190 Il y avait alors en Orient un prince qui l'égalait en gloire comme
en puissance; c'était le célèbre calife Aaron al Rachild, qui le

---

185-86   MSP, W56-W57G: Italie? ¶[MSP: *manchette*: *803*.] Quoi qu'il en soit,
Charlemagne mourut en 803 [W56: 814]

185-86   53: Italie? ¶Il paraît que dans les dispositions de sa famille, il n'agit ni en
roi, ni en père. Partager ses Etats est-il d'un sage conquérant? Et puisqu'il les
partageait, laisser trois autres enfants sans aucun héritage, à la discrétion de Louis,
était-il d'un père juste? ¶Il est vrai qu'on a cru que ces trois enfants ainsi abandonnés,
5   nommés Drogon, Thierry et Hugues, étaient bâtards; [39] mais on l'a cru sans preuve.
D'ailleurs les enfants des concubines héritaient alors. Le grand Charles Martel était
bâtard et n'avait point été déshérité. ¶Quoi qu'il en soit, Charlemagne mourut en 813

191   MSP: [*manchette*] *Aaron Rachild*.

---

[38] Au moment du bilan, l'historiographie classique se montre très favorable à
l'égard de Charlemagne: 'un des plus savants et des plus éloquents hommes de son
siècle', 'clément, miséricordieux et aumônier', selon Mézeray (année 771, t.1, p.252);
Daniel célèbre 'sa bonté, sa patience, sa modération, son humeur bienfaisante et
généreuse, ses manières aimables' (année 814); Heiss déclare que 'sa conduite a été
telle que jamais nulle de ses guerres n'a été résolue par un esprit d'ambition, de vaine
gloire, ou d'avarice' (livre 1, ch.2). L'historiographie protestante est cependant plus
sévère: voir Bruys, *Histoire des papes*, ch.2, qui parle d'un 'désir immodéré de
domination', de son 'aveugle fantaisie d'étendre la religion chrétienne par la
violence, quand il n'y pouvait réussir par l'instruction' (année 816, t.1, p.615).
Trajan (98-117) étendit l'empire romain jusqu'en Mésopotamie.

[39] Heiss donne pour 'enfants naturels' à Charlemagne: 'Pépin le Bossu moine à
Prume', 'Drogon, ou Dreux évêque de Metz' et 'Hugues le Grand *dit* l'Abbé' (livre 1,
ch.11). Il mentionne également un Thierry présenté comme 'son parent' (livre 1,
ch.2). Pépin le Bossu, fils légitime d'Himiltrude, enfermé à l'abbaye de Prüm après
une révolte, était mort en 811. Drogon et Hugues étaient les fils illégitimes de Régina,
tandis que Thierry était le fils illégitime d'Adelinde.

surpassa beaucoup en justice, en science, en humanité.[40]

J'ose presque ajouter à ces deux hommes illustres le pape Adrien, qui dans un rang moins élevé, dans une fortune presque privée, et avec des vertus moins héroïques, montra une prudence à   195 laquelle ses successeurs ont dû leur agrandissement.[41]

La curiosité des hommes, qui pénètre dans la vie privée des princes, a voulu savoir jusqu'au détail de la vie de Charlemagne, et au secret de ses plaisirs. On a écrit qu'il avait poussé l'amour des femmes jusqu'à jouir de ses propres filles.[42] On en a dit autant   200

192-93 MSP: beaucoup en science, en humanité, comme *en puissance*, car il possédait l'Egypte, l'Afrique, une grande partie de l'Asie Mineure, la Perse, la Transoxiane et une partie des Indes. Avec ce vaste pouvoir, il fut pourtant surnommé le Juste et Charlemagne n'eut que le nom de Grand. ¶J'ose
199 MSP: qu'il poussa
200 MSP: en avait dit

---

[40] Même parallèle dans les *Annales*, année 806. Nonnotte s'en indigne (1re partie, ch.10, 'De Charlemagne'), démontre la grandeur de Charlemagne et rapporte à l'inverse des traits de cruauté dont le souverain musulman se serait rendu coupable. Sur le calife abbasside Haroun al-Rachid (766-809), voir ci-dessus, ch.6 ('De l'Arabie, et de Mahomet'), lignes 411-16 et n.67.

[41] Eloge inattendu, qui ne se rattache à aucune tradition historiographique. On verra ci-dessous, ch.20 (lignes 22-26, 68-85, 101-107), que c'est l'attitude généralement modeste et pacifique du pape, tant à l'égard de l'accession du laïc Taraise à la dignité de patriarche de Constantinople que lors de la querelle du *filioque*, qui lui vaut les faveurs de Voltaire.

[42] Nonnotte dénonce l'accusation: 'Qu'il cite un historien contemporain qui ait rapporté ces faits honteux, qu'il dise où les autres les ont puisés; qu'il en apporte les preuves, et qu'il les justifie' ('De Charlemagne'). Voltaire ne lui a pas répondu sur ce point précis. Quoique l'incontinence sexuelle de Charlemagne embarrasse fort ses historiens, les sources consultées ne disent en effet rien de tel. Mézeray, année 814, évoque seulement son 'incontinence pour les femmes' et son 'trop d'indulgence pour la mauvaise conduite de ses maîtresses et de ses filles' (t.1, p.295). Fleury avoue que 'la multitude de ses femmes et de ses concubines a donné quelque atteinte à sa réputation', ergote sur le terme de concubine qui lui paraît inapproprié et finit par considérer comme invraisemblable 'qu'un prince occupé dans sa vieillesse aussi saintement que nous l'avons vu, ait fini dans la débauche' (livre 46, année 814, §9). C'est dans la *Karlamagnus saga*, chanson de geste norvégienne du douzième siècle, elle-même compilation de textes plus anciens pour la plupart perdus, que se trouve la

d'Auguste;[43] mais qu'importe au genre humain le détail de ces faiblesses, qui n'ont influé en rien sur les affaires publiques? L'Eglise a mis au nombre des saints cet homme qui répandit tant de sang, qui dépouilla ses neveux, et qui fut soupçonné d'inceste.[44]

205   J'envisage son règne par un endroit plus digne de l'attention d'un citoyen. Les pays qui composent aujourd'hui la France et l'Allemagne jusqu'au Rhin, furent tranquilles pendant près de cinquante ans, et l'Italie pendant treize, depuis son avènement à l'empire. Point de révolution, point de calamité pendant ce demi-

210   siècle, qui par là est unique. Un bonheur si long ne suffit pas pourtant pour rendre aux hommes la politesse et les arts. La rouille de la barbarie était trop forte, et les âges suivants l'épaissirent encore.[45]

201   MSP: les détails
202-205   MSP, 53-W57G: publiques? ¶J'envisage
209   MSP, 53-W56: révolution en France,
213   MSP: encore. ¶Longtemps après la mort de Charlemagne, Henri l'Oiseleur le fit mettre à Rome au nombre des saints. Il avait sans doute en vue les apothéoses des premiers empereurs et des premiers héros, dans lesquels on considérait moins l'homme pieux que le grand homme.//

première accusation d'inceste contre Charlemagne, mais avec sa sœur Gisèle, et non avec ses filles. Peut-être est-ce la raison pour laquelle Voltaire ne revint pas sur le sujet?

[43] Accusation répétée dans l'art. 'Auguste Octave' des *QE* (1770; *OCV*, t.39, p.211-22). Voir aussi les *Leningrad notebooks* (*OCV*, t.81, p.370).

[44] Cf. Fleury, livre 46, année 814, §9: 'plusieurs Eglises particulières l'invoquent comme saint'. Charlemagne est canonisé le 29 décembre 1165: voir R. Folz, *Le Souvenir et la légende de Charlemagne dans l'Empire germanique médiéval* (Genève, 1973), p.203-37.

[45] Bilan tout aussi négatif dans les *Annales*, année 814, et bien typique du regard que portent les hommes des Lumières sur le 'Moyen Age', sorte de trou noir intermédiaire entre l'antiquité révérée et la Renaissance qui en redécouvre les valeurs. Voir aussi ci-dessous, ch.17, lignes 85-90.

CHAPITRE 17

Mœurs, gouvernement et usages vers le temps de Charlemagne.

Je m'arrête à cette célèbre époque pour considérer les usages, les lois, la religion, les mœurs qui régnaient alors. Les Francs avaient

a-140 [*Première rédaction de ce chapitre*: w56-w57G, *sauf les deux premières lignes*]
a MSP: Chapitre 7
w56-w57G: Chapitre 10
61: Chapitre 13
b-c MSP, 53: *Des usages du temps de Charlemagne.*
w56-w57G: *Mœurs et usages vers le temps de Charlemagne.*
1-ch.19, ligne 13 MSP, 53-54N: les usages, les mœurs, les lois, la religion, [53-54N: Les usages, les lois, la religion, les mœurs] l'esprit qui régnaient alors. ¶ [MSP: *manchette*: *De la guerre.*] J'examine d'abord l'art de la guerre, par lequel Charlemagne établit cette puissance que perdirent ses enfants. ¶Je trouve peu de nouveaux règlements, mais une grande fermeté d'exécuter [53-54N: à faire exécuter] 5 les anciens. ¶Voici à peu près les lois en usage, que sa valeur fit servir à tant de succès et que sa prudence perfectionna. ¶Des ducs amovibles gouvernaient les provinces et levaient les troupes à peu près comme font aujourd'hui les beglierbeis des Turcs. Ces ducs avaient [*pas de ch.17 et 18; le texte reprend à la ligne 13 du ch.19*]

* A l'origine (dans les manuscrits et l'édition de 1753), n'existait des ch.17-19 que le dernier, beaucoup plus court qu'en l'état actuel. C'est seulement en 1756, en s'appuyant sur Daniel, *Histoire de France*, et J.-B. Dubos, *Histoire critique de l'établissement de la monarchie française*, avec quelques incursions dans des sources plus savantes et plus précises, que Voltaire prétend brosser un tableau des 'usages du temps de Charlemagne'. Les quelques remarques initiales, tirées de Fleury, *Histoire ecclésiastique*, de Mézeray, *Abrégé chronologique* (éd. consultée, Paris, 1717), et de F. Le Blanc, *Traité historique des monnaies de France* (Amsterdam, 1692, BV1963; Voltaire l'utilise abondamment et de manière critique), portaient sur les armées, le commerce et surtout la monnaie (plutôt que les 'finances', comme le veut le titre du ch.19 actuel). En 1756, elles se renforcent de considérations sur l'état des connaissances élémentaires et de la musique: les sciences proprement dites sont tenues pour inexistantes et ne sont même pas envisagées. Des remarques sommaires sur la langue et le vêtement concluent ce bilan fort maigre, et par son contenu, et par sa méthode. La même édition fait apparaître l'essentiel du ch.17, qui insiste sur la

barbarie des temps antérieurs: Voltaire doit pour cela remonter jusqu'aux fondements de la monarchie française, bien avant Charlemagne qu'il mentionne seulement
pour lui attribuer une 'lueur de politesse' (l'édition de 1761 le distingue même de la
nation des Francs). Les invasions germaniques ont détruit tout le commerce et ruiné
le prospère empire romain (Montesquieu disait exactement le contraire dans *De
l'esprit des lois*, livre 23, ch.23: l'opposition est-elle volontaire?); mais surtout les
Francs apparaissent comme des 'sauvages' qui ont apporté la désolation et fait
régresser la civilisation. Voltaire prend plusieurs fois à témoin le lecteur ('Qu'on
juge...'), sur le ton de l'indignation, à propos des 'mœurs des peuples', uniformément
cruelles, voire monstrueuses et superstitieuses. Pour pallier le défaut de sources, il les
déduit de celles des princes mais aussi des lois; refusant, à dessein semble-t-il, d'user
du terme habituel de 'compositions', il dénonce comme un véritable droit à
l'impunité le rachat des crimes et délits à prix d'argent, caractéristique des lois
germaniques, dont Montesquieu faisait un chef-d'œuvre de justesse et de justice
(livre 31, ch.19); ces pages seront d'ailleurs reprises dans le *Commentaire sur L'Esprit
des lois* (1777; OCV, t.80B). La vivacité du ton n'est donc pas seulement en faveur de
l'humanité: elle relève de la polémique, contre tous ceux qui entendent réhabiliter ces
temps reculés. Enfin, il établit qu'avant Charlemagne, les 'rois' sont seulement des
chefs militaires qui n'appellent le clergé au pouvoir que pour consolider leur
usurpation (idée renforcée en 1761), ce qui permet de conclure ce chapitre, devenu
relativement long, en revenant à un des fils conducteurs de l'*EM*: le rôle croissant de
l'Eglise dans les processus politiques, alors même que le fil chronologique a été
rompu. Le bref ch.18, qui s'intercale en 1761 et ne connaît aucune modification
ensuite, est censé compléter le tableau des usages, mais il traite surtout, en fait, de
définitions politiques. Tous les historiens ont vu dans les Carolingiens des
usurpateurs; Voltaire reprend le terme et l'idée, mais non les conséquences positives
qui, dans la vulgate historique du dix-huitième siècle, justifiaient finalement le coup
de force de Pépin et légitimaient a posteriori ses successeurs. Montesquieu adoptait
quant à lui une position novatrice, à laquelle Voltaire s'oppose de manière plus
frontale encore, et la formule initiale ('On demande si Charlemagne [...] étai[t]
despotique'), apparemment anodine, révèle en fait toute l'ampleur de l'enjeu. En
effet, selon Montesquieu, Pépin et ses successeurs, loin d'être des usurpateurs,
bénéficiaient en fait d'une double légitimité: celle de l'élection par la nation et celle de
la continuité dynastique (livre 31, ch.16-18). L'évocation ou plutôt l'éloge de
Charlemagne par Montesquieu montrait des Francs respectueux de leurs institutions
premières, inspirées par l'esprit de liberté proprement germanique, et conduits par le
plus modéré et le plus prévoyant des princes (livre 31, ch.17-18). Interprétation
insupportable à Voltaire, qui ne voit là que le droit du plus fort assis sur des
'superstitions', et fait de Charlemagne un 'despote'. En assimilant l'empereur et les
Francs aux hordes asiatiques, Voltaire fait donc davantage que s'opposer aux
courants historiographiques dominants et ramener l'histoire chrétienne et européenne à de plus justes proportions: il réfute les lectures politiques d'inspiration
germaniste qui, depuis le comte de Boulainvilliers et son *Histoire de l'ancien*

toujours été des barbares, et le furent encore après Charlemagne. [1]
Remarquons attentivement que Charlemagne paraissait ne se point
regarder comme un Franc. [2] La race de Clovis et de ses compagnons   5
francs fut toujours distincte des Gaulois. L'Allemand Pépin et Carl
son fils, furent distincts des Francs. Vous en trouverez la preuve dans
le capitulaire de Carl ou Charlemagne, concernant ses métairies,
article 4. *Si les Francs commettent quelque délit dans nos possessions,*
qu'ils soient jugés suivant leur loi. [3] Il semble par cet ordre que les   10
Francs alors n'étaient pas regardés comme la nation de Charlemagne. A Rome la race carlovingienne passa toujours pour
allemande. Le pape Adrien IV, dans sa lettre aux archevêques de
Mayence, de Cologne et de Trèves, s'exprime en ces termes remar-

3-25   w57G-61: Charlemagne. ¶Son règne
        w56: Charlemagne. Son règne seul eut

---

gouvernement de la France (1727), conféraient à la 'nation' un pouvoir fondé sur
l'égalité des guerriers, constituant l'essence de la monarchie française, érodé
seulement sous les successeurs de Charlemagne et disparaissant avec la révolution
capétienne. On sait d'ailleurs avec quel acharnement il soutiendra les thèses
romanistes de l'abbé Dubos, mises à mal dans *De l'esprit des lois* (*Commentaire sur*
L'Esprit des lois et l'art. 'Lois, Esprit des' des *QE*, 1771). Mais dans le même temps,
comme dans les deux chapitres précédents, il refuse de penser le Moyen Age
autrement que comme un temps d'anarchie et de grossièreté: tout en réfutant le cliché
simpliste d'un Charlemagne sans reproche, bienfaiteur de l'humanité, il renforce
l'idée tout aussi sommaire d'un âge ténébreux de l'Europe.

[1] Voltaire note en marge de son *De l'esprit des lois*: 'guerres des / francs contre /
francs. / tout cela semblable aux mœurs / tartares' (*CN*, t.5, p.750).

[2] Cf. Dubos, livre 6, ch.17: 'Charlemagne tenait à grand honneur d'être franc
d'origine' (t.3, p.549). Cet ajout de 1769 (lignes 4-24), repris avec des remaniements
dans l'art. 'Francs' des *QE* (1771; *M*, t.19, p.178) et largement postérieur à la lecture
de Dubos, semble confirmé par un signet placé dans *De l'esprit des lois*: 'othons
reputés / francs, carlemagn / franc', qui semble renvoyer à ce passage (livre 28,
ch.15; *CN*, t.5, p.750).

[3] E. Baluze, *Capitularia regum Francorum* (Paris, 1677) (nous traduisons): 'Quant
aux Francs qui résident dans nos fiscs ou nos domaines, quelle que soit la faute qu'ils
auront commise, qu'ils s'appliquent à la racheter *selon leur loi*' (t.1, col.332). Voltaire
connaissait le livre de Baluze, qu'il compare avec un ouvrage allemand (D5848). Il
semble être la source pour les commentaires 'Capitulaires de Charlemagne' du *Saint-*
Fargeau notebook (*OCV*, t.81, p.150-53).

15 quables, *L'empire fut transféré des Grecs aux Allemands, leur roi ne fut empereur qu'après avoir été couronné par le pape... tout ce que l'empereur possède il le tient de nous. Et comme Zacharie donna l'empire grec aux Allemands, nous pouvons donner celui des Allemands aux Grecs.* [4]

Cependant en France le nom de Franc prévalut toujours. La race
20 de Charlemagne fut souvent appelée *franca* dans Rome même et à Constantinople. La cour grecque désignait même du temps des Othons les empereurs d'Occident par le nom d'usurpateurs francs, barbares francs; elle affectait pour ces Francs un mépris qu'elle n'avait pas.

25 Le règne seul de Charlemagne eut une lueur de politesse qui fut probablement le fruit du voyage de Rome, ou plutôt de son génie. [5]

Ses prédécesseurs ne furent illustres que par des déprédations. *Barbarie de ces*
Ils détruisirent des villes, et n'en fondèrent aucune. Les Gaulois *siècles.*
avaient été heureux d'être vaincus par les Romains. [6] Marseille,
30 Arles, Autun, Lyon, Trèves étaient des villes florissantes qui jouissaient paisiblement de leurs lois municipales, subordonnées aux sages lois romaines. Un grand commerce les animait. On voit par une lettre d'un proconsul à Théodose, qu'il y avait dans Autun et dans sa banlieue vingt-cinq mille chefs de famille; [7] mais dès que

33-34   w56-w68:   Autun vingt-cinq

[4] Citation partiellement donnée dans M. de Vulson, *De la puissance du pape et des libertés de l'Eglise gallicane* (Genève, 1635), p.40.

[5] 'Politesse' doit être ici compris au sens ancien de 'culture morale et intellectuelle des sociétés', et 'génie' au sens de 'talent, inclination ou disposition naturelle pour quelque chose d'estimable, et qui appartient à l'esprit' (*Dictionnaire de l'Académie*, 1762). Le lien entre l'acquisition de la 'politesse' et le contact, à Rome, avec l'héritage antique est souligné, même si Voltaire en rend responsable, au premier chef, le 'génie' de Charlemagne. Notons que Voltaire persiste à ne laisser imaginer au lecteur qu'un seul voyage de l'empereur à Rome; voir ci-dessus, ch.16, n.18.

[6] En ayant été vaincus par les Romains, les Gaulois 'avaient été favorisés par la fortune' (*Dictionnaire de l'Académie*, 1762).

[7] D'après Dubos, livre 1, ch.12. *Augustodunum* (Autun), une des principales métropoles de la Gaule romaine, fondée sous le règne d'Auguste, possédait aussi le plus vaste théâtre de l'empire romain d'Occident.

les Bourguignons, les Goths, les Francs arrivent dans la Gaule, on 35
ne voit plus de grandes villes peuplées. Les cirques, les amphithéâtres construits par les Romains jusqu'au bord du Rhin, sont
démolis ou négligés. Si la criminelle et malheureuse reine
Brunehaut conserve quelques lieues de ces grands chemins qu'on
n'imita jamais, on en est encore étonné.[8] 40

Qui empêchait ces nouveaux venus de bâtir des édifices
réguliers sur des modèles romains? Ils avaient la pierre, le
marbre, et de plus beaux bois que nous.[9] Les laines fines couvraient
les troupeaux anglais et espagnols comme aujourd'hui. Cependant,
les beaux draps ne se fabriquaient qu'en Italie. Pourquoi le reste de 45
l'Europe ne faisait-il venir aucune des denrées de l'Asie? Pourquoi
toutes les commodités qui adoucissent l'amertume de la vie,
étaient-elles inconnues, sinon parce que les sauvages qui passèrent
le Rhin, rendirent les autres peuples sauvages? Qu'on en juge par
ces lois saliques, ripuaires, bourguignonnes que Charlemagne lui- 50
même confirma, ne pouvant les abroger. La pauvreté et la rapacité
Lois de ces avaient évalué à prix d'argent la vie des hommes, la mutilation des
sauvages. membres, le viol, l'inceste, l'empoisonnement.[10] Quiconque avait

42 w56-w68: sur les modèles
45 w57G: fabriquent

[8] D'après Daniel, qui cite le témoignage du moine Aimoin (année 613). Sur
l'importance des chaussées comme indice de civilisation, voir ci-dessous, ch.29,
lignes 15-16 et n.2. Sur Brunehaut, voir ci-dessous, n.16. Selon *Ly Myreur des Histors*
(quatorzième siècle) du chroniqueur liégeois Jean d'Outremeuse ou Jean des Preis,
les '*chaussées de Brunehaut*', anciennes voies romaines exceptionnellement main-
tenues en état, auraient relié entre elles différentes villes de la Gaule belgique.

[9] A comprendre dans le sens de 'de plus grandes forêts'. Depuis l'expansion
démographique et les défrichements des douzième et treizième siècles, le bois est
exploité en Europe occidentale de façon très intensive, à la fois pour la construction et
comme combustible, notamment sous forme de charbon de bois, réduisant ainsi
d'autant le domaine forestier. Il est assez curieux de voir ici Voltaire énoncer une
affirmation qu'on aurait plus volontiers attendue sous la plume de Jean-Jacques
Rousseau.

[10] Sur ces lois barbares, que Voltaire a lues dans le recueil de Baluze, et d'autres

286

quatre cents sous, c'est-à-dire, quatre cents écus du temps à
donner, pouvait tuer impunément un évêque. Il en coûtait deux
cents sous pour la vie d'un prêtre, autant pour le viol, autant pour
avoir empoisonné avec des herbes. [11] Une sorcière qui avait mangé
de la chair humaine, en était quitte pour deux cents sous; et cela
prouve qu'alors les sorcières ne se trouvaient pas seulement dans la
lie du peuple, comme dans nos derniers siècles, mais que ces
horreurs extravagantes étaient pratiquées chez les riches. Les
combats et les épreuves décidaient, comme nous le verrons, de la
possession d'un héritage, de la validité d'un testament. La
jurisprudence était celle de la férocité et de la superstition.

Qu'on juge des mœurs des peuples par celles des princes. Nous
ne voyons aucune action magnanime. La religion chrétienne qui
devait humaniser les hommes, n'empêche point le roi Clovis de
faire assassiner les petits régas [12] ses voisins et ses parents. Les deux
enfants de Clodomir sont massacrés dans Paris en 533 par un
Childebert, et un Clotaire ses oncles, qu'on appelle rois de France;
et Clodoald le frère de ces innocents égorgés, est invoqué sous le
nom de saint Cloud, parce qu'on l'a fait moine. [13] Un jeune barbare,

Mœurs atroces.

54   w56-w57G: écus à
68   w56-w57G: voisins.
72-76 w56-w57G: moine. ¶Sous

---

exemples de ces 'tarifs' des peines au temps de Charlemagne, voir le *Saint-Fargeau notebook* (*OCV*, t.81, p.120, 150 et suiv.).

[11] Mézeray: 'Il fallait payer 800 sols d'or pour le meurtre d'un évêque, 600 pour un prêtre, 400 pour un diacre, et autant pour un moine' (t.1, p.491). Les *capitulaires* de Charlemagne (Baluze, t.1, col.972) donnent d'autres chiffres encore, conformes à ceux qui figurent dans le *Commentaire sur l'Esprit des lois*: 600 sous pour le meurtre d'un diacre, 400 pour un prêtre et 900 pour un évêque (§291). Pour les deux cents sous, voir Baluze, t.1, col.322 (année 798, cap.67, §3).

[12] On ignore d'où Voltaire tire ce terme inusité, également employé ci-dessous, ligne 73, et qui semble synonyme de 'roitelets'. Clodomir, deuxième fils du roi Clovis, avait été couronné 'roi d'Orléans' en 511, comme Chilpéric, 'roi de Soissons' (ci-dessous, ligne 76).

[13] D'après Dubos, livre 5, ch.8, qui cite Grégoire de Tours, *Historia Francorum*.

nommé Chram, fait la guerre à Clotaire son père, réga d'une partie
de la Gaule. Le père fait brûler son fils avec tous ses amis
prisonniers en 559.[14]   75

Sous un Chilpéric, roi de Soissons en 562, les sujets esclaves
désertent ce prétendu royaume, lassés de la tyrannie de leur maître,
qui prenait leur pain et leur vin, ne pouvant prendre l'argent qu'ils
n'avaient pas. Un Sigebert, un autre Chilpéric sont assassinés.[15]
Brunehaut, d'arienne devenue catholique, est accusée de mille   80
meurtres; et un Clotaire II non moins barbare qu'elle, la fait traîner,
dit-on, à la queue d'un cheval dans son camp, et la fait mourir par ce
nouveau genre de supplice en 616.[16] Si cette aventure n'est pas
vraie, il est du moins prouvé qu'elle a été crue comme une chose
ordinaire, et cette opinion même atteste la barbarie du temps. Il ne   85
reste de monuments de ces âges affreux que des fondations de
monastères, et un confus souvenir de misère et de brigandages.
Figurez-vous des déserts où les loups, les tigres et les renards

83-85   w56-61: 616. Il ne
87-91   w56-w57G: brigandages. ¶Il

[14] D'après Daniel, année 558.

[15] Daniel signale que les habitants de Soissons se rendent à Sigebert, contre lequel
Chilpéric est en guerre, mais n'en détaille pas les motifs (année 575). Sur l'assassinat
de Sigebert commandité par Frédegonde, voir Daniel et Mézeray (année 575); sur la
mort de Chilpéric II en 720 ou 721, voir Daniel ('vers l'an 721'), et Mézeray
(année 721), mais aucun ne parle d'assassinat.

[16] Voltaire suit Daniel, année 613: les détails évoqués ne constituent que la fin du
supplice de Brunehaut, reine d'Austrasie (567-613), et victime, dans l'historiographie
médiévale et moderne, d'une 'légende noire' que suit ici Voltaire. Comme le
confirme l'ajout de 1775 qui suit, Voltaire fait de cet épisode un symbole de ces
époques de barbarie: dans *Le Pyrrhonisme de l'histoire*, ch.14 (*OCV*, vol.67, p.307), il
effectue le rapprochement avec d'autres manifestations, 'chez les chrétiens septentrionaux', de la barbarie de la 'lie du peuple'. Le dédain avec lequel Voltaire traite cet
épisode (ce que confirme le *Commentaire sur l'Esprit des lois*, 'Des Francs', p.431)
répond sans doute à l'intérêt que lui porte Montesquieu, qui en traite longuement car
il y voit l'exemple extraordinaire et dangereux d'une reine jugée par 'la nation', et
donc l'affaiblissement de la fonction royale (livre 30, ch.1).

égorgent un bétail épars et timide; c'est le portrait de l'Europe
90 pendant tant de siècles.

Il ne faut pas croire que les empereurs reconnussent pour rois ces *Premiers rois*
chefs sauvages qui dominaient en Bourgogne, à Soissons, à Paris, à *francs ne sont*
Metz, à Orléans. Jamais ils ne leur donnèrent le titre de *basilees*.[17] *pas reconnus rois*
Ils ne le donnèrent pas même à Dagobert II qui réunissait sous son *empereurs.*
95 pouvoir toute la France occidentale jusqu'auprès du Véser. Les
historiens parlent beaucoup de la magnificence de ce Dagobert, et
ils citent en preuve l'orfèvre saint Eloy, qui arriva, dit-on, à la cour
avec une ceinture garnie de pierreries, c'est-à-dire, qu'il vendait
des pierreries, et qu'il les portait à sa ceinture. On parle des édifices
100 magnifiques qu'il fit construire. Où sont-ils? La vieille église de
Saint-Paul n'est qu'un petit monument gothique. Ce qu'on connaît
de Dagobert, c'est qu'il avait à la fois trois épouses, qu'il assemblait
des conciles, et qu'il tyrannisait son pays.[18]

Sous lui, un marchand de Sens nommé Samon, va trafiquer en
105 Germanie. Il passe jusque chez les Slaves, barbares qui dominaient
vers la Pologne et la Bohême. Ces autres sauvages sont si étonnés
de voir un homme qui a fait tant de chemin pour leur apporter les
choses dont ils manquent, qu'ils le font roi. Ce Samon fit, dit-on, la

105-106 w56-w57G: Slaves. Ces

[17] Daniel rapporte que, contrairement à l'habitude des prédécesseurs de Michel,
les ambassadeurs de Constantinople font à Charlemagne un compliment en grec 'où
ils affectèrent de lui donner plusieurs fois le titre, qui dans leur langue répondait à
celui d'empereur' (année 811). Il précise, en note: 'Les empereurs d'Orient donnaient
volontiers à nos empereurs français le titre de [...] *rex*; mais ce ne fut que par
contrainte qu'ils leur donnaient celui de βασιλευς' (t.i, p.161).

[18] D'après Daniel, qui évoque saint Eloi et ses 'ceintures d'or garnies de pierreries'
et, en se fondant sur le témoignage de 'nos écrivains ecclésiastiques', mentionne les
'temples magnifiques' et les monastères qui ont été bâtis (année 638, t.i,
p.416). 'Gothique' est un terme péjoratif sous la plume de Voltaire. C'est l'une des
acceptions signalées par le *Dictionnaire de l'Académie*, 1762: 'se dit aussi par une sorte
de mépris, de ce qui paraît trop ancien et hors de mode'. L'église Saint-Paul-des-
Champs côtoyait le cimetière Saint-Paul, fondé en 632 par saint Eloi sur la rive droite
de la Seine en face de l'île Saint-Louis.

guerre à Dagobert; et si le roi des Francs eut trois femmes, le
nouveau roi slavon en eut quinze. [19]

Maires du
palais.

C'est sous ce Dagobert que commence l'autorité des *maires du*
palais. Après lui viennent les rois fainéants, la confusion, le
despotisme de ces maires. [20] C'est du temps de ces maires, au
commencement du huitième siècle, que les Arabes vainqueurs de
l'Espagne, pénètrent jusqu'à Toulouse, prennent la Guyenne,
ravagent tout jusqu'à la Loire, et sont prêts d'enlever les Gaules
entières aux Francs qui les avaient enlevées aux Romains. Jugez en
quel état devaient être alors les peuples, l'Eglise, et les lois.

Les évêques n'eurent aucune part au gouvernement jusqu'à
Pépin ou Pipin, père de Charles Martel, [21] et grand-père de l'autre

Le clergé ne fait
un ordre dans
l'Etat que sous
Pépin.

Pépin qui se fit roi. Les évêques n'assistaient point aux assemblées de
la nation franque. Ils étaient tous ou Gaulois ou Italiens, peuples
regardés comme serfs. [22] En vain l'évêque Rémi, qui baptisa Clovis,

110

115

120

117-30   w57G: Romains. Seulement
117-18   w56: Romains. Qu'on juge en quel état étaient alors les peuples,
l'Eglise, et les lois.//
118   w57G: lois.//

[19] D'après Daniel (année 629), qui cependant n'attribue que douze femmes à
'Samon' (année 630). Le règne de Samo est attesté en Bohême de 623 à 658.

[20] En attribuant aux maires du palais la faiblesse du royaume, Voltaire
(*Commentaire sur l'Esprit des lois*) rejette sans examen la thèse de *De l'esprit des*
lois (livre 31, ch.3-5), qui développe des observations de Boulainvilliers, selon lequel
ils sont devenus maîtres des armées, détiennent la réalité du pouvoir et, élus de la
nation selon l'ancienne coutume des Germains, sont tout aussi légitimes et beaucoup
plus respectés que les rois, choisis pour leur naissance (p.434-36). Fidèle à
l'interprétation 'romaniste' des premiers temps de la monarchie française, Voltaire
privilégie au contraire l'autorité fondée sur la succession héréditaire (voir ligne 132,
l'emploi du terme 'majordomes'). En employant le terme 'rois fainéants', Voltaire est
tributaire d'une tradition qui remonte au seizième siècle: voir E. M. Peters, '"Roi
fainéant": the origins of an historical common-place', *Bibliothèque Humanisme et*
Renaissance 3 (1968), p.537-47.

[21] Pépin de Herstal (mort en 714), maire du palais en Austrasie et en Neustrie.

[22] Le point de vue opposé était soutenu par Dubos: 'il n'est guère fait mention
d'aucune assemblée de notables, convoquée par les rois mérovingiens, qu'on ne voie
les évêques y prendre séance' (livre 6, ch.8, t.3, p.383). La servitude de la nation

290

avait écrit à ce roi sicambre cette fameuse lettre où l'on trouve ces
125   mots: *Gardez-vous bien surtout de prendre la préséance sur les évêques;*   Lettre
prenez leurs conseils; tant que vous serez en intelligence avec eux, votre   remarquable.
administration sera facile. [23] Ni Clovis ni ses successeurs ne firent du
clergé un ordre de l'Etat. Le gouvernement ne fut que militaire.
On ne peut le mieux comparer qu'à celui d'Alger et de Tunis,
130   gouvernés par un chef et une milice. Seulement les rois consultaient
quelquefois les évêques quand ils avaient besoin d'eux.

Mais quand les majordomes, ou maires de cette milice,
usurpèrent insensiblement le pouvoir, ils voulurent cimenter leur
autorité par le crédit des prélats et des abbés, en les appelant aux
135   assemblées du champ de mai.

Ce fut, selon les annales de Metz, en 692 que le maire Pépin Ier
du nom procura cette prérogative au clergé; [24] époque bien négligée
par la plupart des historiens, mais époque très considérable, et
premier fondement du pouvoir temporel des évêques et des abbés
140   en France et en Allemagne.

130-32   61: milice. ¶Mais

---

vaincue (que l'on peut appeler gauloise ou romaine) est pourtant un des fondements
de la théorie de Boulainvilliers (*CN*, t.1, p.436-37, réfutée par Dubos: cette addition
de 1761 révèle peut-être plus de latitude par rapport aux données initiales). La
question du rôle des 'évêques gaulois' dans 'l'administration publique' avant leur
entrée au parlement sous 'le rebelle Pépin' fait partie des questions que, dans
L'A. B. C. (1768), Voltaire reprochera à *De l'esprit des lois* de n'avoir pas traitées
(*M*, t.27, p.321).
[23] D'après Dubos (t.2, p.271; signet, 'fameuse lettre / de Remi', *CN*, t.3, p.177).
Des versions légèrement différentes de cette 'fameuse lettre' se trouvent dans l'art.
'Lois (esprit des)' des *QE*, et le *Commentaire sur l'Esprit des lois* (p.425-26): dans les
deux cas Voltaire l'utilise contre Montesquieu (livre 30, ch.24) pour confirmer la
thèse de Dubos selon laquelle Clovis était soumis à l'empire romain, et pour montrer
l'autorité de l'évêque sur le nouveau baptisé – ce qu'il se garde bien de reprendre ici,
comme l'indiquent les lignes 127-28. Voir aussi le *Pierpont Morgan notebook* (*OCV*,
t.81, p.185).
[24] D'après Daniel, 'annales de Metz 692'.

CHAPITRE 18

Suite des usages du temps de Charlemagne, et avant lui. S'il était despotique, et le royaume héréditaire.

On demande si Charlemagne, ses prédécesseurs et ses successeurs, étaient despotiques, et si leur royaume était héréditaire par le droit de ces temps-là. Il est certain que par le fait Charlemagne était despotique, et que par conséquent son royaume fut héréditaire, puisqu'il déclare son fils empereur en plein parlement. [1] Le droit est un peu plus incertain que le fait; voici sur quoi tous les droits étaient alors fondés.

Les habitants du Nord et de la Germanie étaient originairement des peuples chasseurs; et les Gaulois, soumis par les Romains, étaient agriculteurs, ou bourgeois. Des peuples chasseurs, toujours armés, doivent nécessairement subjuguer des laboureurs et des pasteurs, occupés toute l'année de leurs travaux continuels et pénibles, et encore plus aisément des bourgeois paisibles dans leurs foyers. Ainsi les Tartares ont asservi l'Asie; ainsi les Goths sont venus à Rome. Toutes les hordes de Tartares et de Goths, de Huns, de Vandales et de Francs, avaient des chefs. Ces chefs d'émigrants étaient élus à la pluralité des voix, et cela ne pouvait être autrement; car quel droit pourrait avoir un voleur de commander à ses camarades? Un brigand habile, hardi, surtout heureux, dut à la longue acquérir beaucoup d'empire sur des brigands subordonnés, moins habiles, moins hardis, et moins heureux que lui. Ils avaient tous également part au butin; et c'est la loi la plus inviolable de tous les premiers peuples conquérants. Si on avait besoin de preuves

---

a-69 [*Première rédaction de ce chapitre*: 61]
a 61: Chapitre 14

* Voir la note liminaire du ch.17.
[1] Voir ci-dessus, ch.16, lignes 166-76.

pour faire connaître cette première loi des barbares, on la
25 trouverait aisément dans l'exemple de ce guerrier franc, qui ne
voulut jamais permettre que Clovis ôtât du butin général un vase de
l'église de Reims, et qui fendit le vase à coups de hache, sans que le
chef osât l'en empêcher. [2]

Clovis devint despotique à mesure qu'il devint puissant; c'est la
30 marche de la nature humaine. Il en fut ainsi de Charlemagne; il était
fils d'un usurpateur. Le fils du roi légitime était rasé et condamné à
dire son bréviaire dans un couvent de Normandie. [3] Il était donc
obligé à de très grands ménagements devant une nation de
guerriers assemblée en parlement. *Nous vous avertissons*, dit-il,
35 dans un de ses capitulaires, *qu'en considération de notre humilité et de
notre obéissance à vos conseils que nous vous rendons par la crainte de
Dieu, vous nous conserviez l'honneur que Dieu nous a accordé, comme
vos ancêtres l'ont fait à l'égard de nos ancêtres.* [4]

Ses ancêtres se réduisaient à son père, qui avait envahi le
40 royaume; lui-même avait usurpé le partage de son frère, et avait
dépouillé ses neveux. [5] Il flattait les seigneurs en parlement: mais le
parlement dissous, malheur à quiconque eût bravé ses volontés.

Quant à la succession, il est naturel qu'un chef de conquérants
les ait engagés à élire son fils pour son successeur. Cette coutume
45 d'élire, devenue avec le temps plus légale et plus consacrée, se
maintient jusqu'à nos jours dans l'empire d'Allemagne. L'élection
était si bien regardée comme un droit du peuple conquérant, que
lorsque Pépin usurpa le royaume des Francs sur le roi dont il était le

---

[2] L'anecdote, rapportée par Grégoire de Tours (*Historia Francorum*, livre 2,
ch.27), est très souvent reprise par les théoriciens-historiens de la monarchie. Elle
peut aussi servir à justifier le pouvoir absolu du souverain: voir Daniel, année 486,
§'Il pousse ses conquêtes jusques à la Seine', dernier paragraphe. Voir aussi
H. Duranton, 'L'épisode du vase de Soissons vu par les historiens du XVIIIe
siècle', *Revue de synthèse* 96 (1975), p.283-316.

[3] Sur la déposition de Childéric III, voir ci-dessus, ch.13, lignes 126-32 et n.22.

[4] Référence non identifiée dans E. Baluze, *Capitularia regum Francorum*. Elle n'a
pu non plus être retrouvée dans *Monumenta Germaniae historica. Legum sectio II.
Capitularia regum Francorum*, t.1 (Hanovre, 1883).

[5] Voir ci-dessus, ch.15, lignes 1-28.

domestique, le pape Etienne, avec lequel cet usurpateur était
d'accord, prononça une excommunication contre ceux qui éliraient   50
pour roi un autre qu'un descendant de la race de Pépin;[6] cette
excommunication était à la vérité un grand exemple de superstition, comme l'entreprise de Pépin était un exemple d'audace.
Mais cette superstition même est une preuve du droit d'élire; elle
fait voir encore que la nation conquérante élisait parmi les   55
descendants d'un chef celui qui lui plaisait davantage. Le pape
ne dit pas, Vous élirez les premiers nés de la maison de Pépin, mais,
Vous ne choisirez point ailleurs que dans sa maison.

Code
diplomatique,
pag. 4.

Charlemagne dit dans un capitulaire: *Si de l'un des trois princes*
mes enfants il naît un fils, tel que la nation le veuille pour succéder à son   60
père, nous voulons que ses oncles y consentent.[7] Il est évident par ce titre
et par plusieurs autres, que la nation des Francs eut, du moins en
apparence, le droit de l'élection. Cet usage a été d'abord celui de
tous les peuples, dans toutes les religions, et dans tous les pays.[8] On
le voit s'établir chez les Juifs, chez les autres Asiatiques,[9] chez les   65
Romains; les premiers successeurs de Mahomet sont élus; les
soudans d'Egypte, les premiers miramolins[10] ne règnent que par
ce droit; et ce n'est qu'avec le temps qu'un Etat devient purement
héréditaire. Le courage, l'habileté et le besoin font toutes les lois.

[6] Voir ci-dessus, ch.13, lignes 113-15 et n.18.

[7] D'après Mézeray, *Abrégé chronologique*, année 806. Voir aussi J. Dumont, *Corps*
universel diplomatique du droit des gens (Amsterdam et La Haye, 1726), t.1, p.4;
Baluze, t.1, ch.5, col.442, année 806. Montesquieu, qui citait aussi ces lignes, les
traduisait en en renforçant la lecture politique: 'tel que le peuple veuille l'élire pour
qu'il succède au royaume de son père. Ses oncles y consentiront' (*De l'esprit des lois*,
livre 31, ch.17), ce que conteste Voltaire dans son commentaire: 'du moins en
apparence', lignes 62-63.

[8] Voir l'*EM*, ch.195: 'Nous voyons que tous les peuples ont commencé par élire
des chefs pour la guerre; ensuite ces chefs sont devenus absolus, excepté chez
quelques nations d'Europe. Le droit héréditaire s'établit et devient sacré avec le
temps' (Pomeau, t.2, p.789-90).

[9] Géographiquement, le Moyen-Orient fait partie de l'Asie.

[10] Selon Moréri, *Dictionnaire*: 'Nom des rois d'Afrique, de la race des Almo-
ravides'; voir ci-dessous, ch.28, ligne 71.

CHAPITRE 19

Suite des usages du temps de Charlemagne.
Commerce, finances, sciences.

Charles Martel, usurpateur et soutien du pouvoir suprême dans une grande monarchie, vainqueur des conquérants arabes qu'il repoussa jusqu'en Gascogne, n'est cependant appelé que *sousroitelet*, *subregulus*, par le pape Grégoire II qui implore sa
5 protection contre les rois lombards. [1] Il se dispose à aller secourir l'Eglise romaine; mais il pille en attendant les églises des Francs, il donne les biens des couvents à ses capitaines, il tient son roi Thierri en captivité. [2] Pépin fils de Charles Martel, lassé d'être *subregulus* se fait roi, et reprend l'usage des parlements francs. Il a toujours des
10 troupes aguerries sous le drapeau; et c'est à cet établissement que

a-188 [*Première rédaction de ce chapitre*: MSP]
a   MSP: [*pas de rupture*]
    w56-w57G: Chapitre 11
    61: Chapitre 15
b-c 53: *Des usages du temps de Charlemagne.*
    w56-w57G: *Lois et usages du temps de Charlemagne.*//
1-13 MSP, 53-54N: Ces ducs avaient
7-11 w56-w57G: roi captif. Nous avons vu ce qu'ont fait son fils Pépin et son petit-fils Charlemagne. ¶Les grandes conquêtes de Charlemagne sont dues au soin qu'il avait de tenir continuellement sous le drapeau des troupes aguerries. Elles se levaient
8-9   61-w75G: Martel de *Subregulus* se fait

* Voir la note liminaire du ch.17.
[1] Le terme 'usurpateur' se trouve chez Mézeray, *Abrégé chronologique*, t.I, années 737-738, qui écrit 'Sous-Roy, ou Vice-Roy', année 741.
[2] Thierry IV (727-731), enfermé à partir de 715 à l'abbaye de Chelles, puis à Château-Thierry. Bien que libéré à son avènement, il demeure sous l'étroite surveillance de Charles Martel.

Charlemagne doit toutes ses conquêtes. Ces troupes se levaient par des ducs gouverneurs des provinces, comme elles se lèvent aujourd'hui chez les Turcs par les béglier-beys.[3] Ces ducs avaient été institués en Italie par Dioclétien. Les comtes, dont l'origine me paraît du temps de Théodose, commandaient sous les ducs, et

Milices. assemblaient les troupes chacun dans son canton.[4] Les métairies, les bourgs, les villages fournissaient un nombre de soldats proportionné à leurs forces. Douze métairies donnaient un cavalier armé d'un casque et d'une cuirasse; les autres soldats n'en portaient point: mais tous avaient le bouclier carré long, la hache d'armes, le javelot et l'épée. Ceux qui se servaient de flèches, étaient obligés d'en avoir au moins douze dans leur carquois. La province qui fournissait la milice, lui distribuait du blé et les provisions nécessaires pour six mois: le roi en fournissait pour le reste de la campagne. On faisait la revue au premier de mars ou au premier de mai.[5] C'est d'ordinaire dans ces temps qu'on tenait les parlements.

Armes. Dans les sièges, on employait le bélier, la baliste, la tortue, et la

15

20

25

22 MSP, 53-54N: carquois. Leur habit me paraît ressembler à celui des troupes prussiennes d'aujourd'hui. La
25 MSP: les revues
27 MSP, 53-54N: sièges de ville [MSP: des villes] on

[3] 'Nom qu'on donne en Turquie au gouverneur général d'une grande étendue de pays' et qui 'signifie *seigneur des seigneurs*', selon l'*Encyclopédie*, art. 'Beglerbeg' (qui signale d'autres orthographes, mais pas celle-ci).

[4] Le long passage qui commence à la ligne 13 et s'achève à la ligne 62 provient des premières versions des *Annales* (1753), section intitulée 'Coutumes du temps de Charlemagne'. Ce passage fut retranché des *Annales* après 1757, et Voltaire insère à la place la mention: 'Si l'on veut savoir les coutumes du temps de Charlemagne dans le civil, le militaire, l'ecclésiastique, on les trouve dans *l'Essai sur les mœurs et l'esprit des nations*' (*M*, t.13, p.235; voir aussi la note de Beuchot, p.234). Voir ci-dessous, ch.20, n.35; ch.21, n.*; ch.22, n.1. *Dux* est un titre militaire de l'armée romaine apparu en 276 sous Probus, et devenu d'usage courant sous Dioclétien. *Comes* est un titre donné, à partir de Constantin, aux principaux personnages de l'empire.

[5] Voir E. Baluze, *Capitularia regum Francorum* (Paris, 1677), t.1, année 812, col.489-92.

plupart des machines des Romains. [6] Les seigneurs nommés *barons*, *leudes*, *richeomes*, composaient avec leurs suivants le peu de
30 cavalerie qu'on voyait alors dans les armées. Les musulmans d'Afrique et d'Espagne avaient plus de cavaliers.

Charles avait des forces navales, c'est-à-dire, de grands bateaux aux embouchures de toutes les grandes rivières de son empire; avant lui on ne les connaissait pas chez les barbares; après lui on les
35 ignora longtemps. Par ce moyen et par sa police guerrière, il arrêta ces inondations des peuples du Nord: il les contint dans leurs climats glacés; mais sous ses faibles descendants ils se répandirent dans l'Europe. [7]

Forces navales.

Les affaires générales se réglaient dans des assemblées qui
40 représentaient la nation. Sous lui ses parlements n'avaient d'autre volonté que celle d'un maître qui savait commander et persuader.

28   MSP: Romains, car de tous leurs arts, celui de la guerre fut presque le seul qui subsista, et ce fut pour leur ruine. ¶Les

31-32   MSP: cavaliers. Il me paraît qu'on prit depuis chez eux l'usage de couvrir de fer les hommes et les chevaux et de combattre avec les lances. ¶Charles

32-33   MSP, 53-54N: navales aux

33-34   MSP: empire depuis l'Elbe jusqu'au Tigre. Avant lui

34   MSP: barbares, et après

35   MSP: par la police guerrière qu'il fit observer sur toutes les côtes il

36   MSP: Nord qui alors exerçaient le métier de pirates. Il

40   MSP: nation selon l'usage des anciens Germains, des Gaulois et des peuples du Nord. Sous lui les parlements

41   MSP: celle du maître

[6] Voir Daniel, *Histoire de France*, t.1, année 585, qui entre dans plus de détails, mais ne mentionne pas la baliste.

[7] Toutes les sources mentionnent les flottes de Charlemagne. Cf. les *Annales*, année 799: 'Dans ce temps-là les Normands, c'est-à-dire, les *hommes du nord*, les habitants des côtes de la mer Baltique, étaient des pirates. Charles équipe une flotte contre eux, et en purge les mers.' 807-808-809: 'Petites flottes établies à l'embouchure des fleuves.' 811: 'Flotte établie à Boulogne sur la Manche. Phare de Boulogne relevé' (p.237, 239). Voir aussi P. F. Velly, *Histoire de France* (Paris, 1755-1774, BV3409), v. 'Charlemagne', année 808; Daniel, année 794, 'Charlemagne châtie les Saxons et en fait transporter une partie hors de leur pays'.

Commerce.   Il fit fleurir le commerce, parce qu'il était le maître des mers; ainsi les marchands des côtes de Toscane et ceux de Marseille allaient trafiquer à Constantinople chez les chrétiens, et au port d'Alexandrie chez les musulmans, qui les recevaient, et dont ils   45 tiraient les richesses de l'Asie.

Venise et Gènes, si puissantes depuis par le négoce, n'attiraient pas encore à elles les richesses des nations; mais Venise commençait à s'enrichir et à s'agrandir. Rome, Ravenne, Milan, Lyon, Arles, Tours, avaient beaucoup de manufactures d'étoffes de laine.   50 On damasquinait le fer à l'exemple de l'Asie: on fabriquait le verre; mais les étoffes de soie n'étaient tissues dans aucune ville de l'empire d'Occident. [8]

Les Vénitiens commençaient à les tirer de Constantinople; mais ce ne fut que près de quatre cents ans après Charlemagne que les   55 princes normands établirent à Palerme une manufacture de soie. [9] Le linge était peu commun. Saint Boniface dans une lettre à un évêque d'Allemagne, lui mande qu'il lui envoie du drap à longs poils pour se laver les pieds. Probablement ce manque de linge était la cause

42   MSP: [*manchette*] *Du commerce.*

MSP: commerce dans ses vastes Etats parce qu'il

43-44   MSP: Toscane allaient

49   MSP: Ravenne, Lyon

51   MSP: fer: on

54-57   MSP: Constantinople où elles n'étaient connues que depuis l'empereur Justinien, mais ce ne fut que près de quatre cents ans après Charlemagne que les Maures travaillèrent la soie à Cordoue et que les princes normands qui conquirent le royaume de Naples et de Sicile, établirent ensuite à Palerme une manufacture de soie. Presque tous les ouvrages d'industrie et de recherche se faisaient dans l'empire d'Orient. Le linge

57-58   MSP: lettre écrite à un évêque établi en Allemagne

[8] Voltaire fait ici une synthèse des données recueillies chez différents auteurs, qui consacrent un chapitre aux 'mœurs et coutumes' à l'époque carolingienne, notamment L. Le Gendre, *Nouvelle Histoire de France* (Paris, 1718-1719, BV2006), et Velly.

[9] D'après Ch. Rollin, *Histoire ancienne* (Paris, 1731-1737, BV3008), t.10, livre 22, ch.2, art.3, §9 'Etoffes de soie'.

60 de toutes ces maladies de la peau, connues sous le nom de *lèpre*, si générales alors; car les hôpitaux nommés *léproseries* étaient déjà très nombreux. [10]

La monnaie avait à peu près la même valeur que celle de l'empire *Monnaie.* romain depuis Constantin. Le sou d'or était le *solidum romanum*. Ce
65 sou d'or équivalait à quarante deniers d'argent. Ces deniers, tantôt plus forts, tantôt plus faibles, pesaient, l'un portant l'autre, trente grains. [11]

Le sou d'or vaudrait aujourd'hui en 1740 environ quinze francs, le denier d'argent trente sous de compte.

70 Il faut toujours, en lisant les histoires, se ressouvenir qu'outre ces monnaies réelles d'or et d'argent, on se servait dans le calcul d'une autre dénomination. On s'exprimait souvent en monnaie de compte, monnaie fictive, qui n'était, comme aujourd'hui, qu'une manière de compter.

61 MSP: générales car les hôpitaux nommés léproseries déjà étaient très

62-63 MSP: nombreux. ¶[*manchette: Du commerce.*] On dit que du temps de Charlemagne on avait déjà de grandes vues pour le commerce, puisqu'on commença ce fameux canal qui devait joindre le Rhin au Danube, et ouvrir ainsi une communication de la Mer Noire à l'océan. L'esprit de conquête y pouvait avoir
5 autant de part que l'utilité publique. ¶La

64 MSP: *solidum romain* que les barbares nommaient *sol* par cette habitude qu'ils avaient de contracter tous les noms. Ainsi d'*Augustus*, ils ont fait *aout*, de *Forum Julii*, *Fréjus*. Ce

65-70 MSP: d'argent dans toute l'étendue de l'empire de Charlemagne, ces deniers, tantôt plus forts, tantôt plus faibles, pesaient environ trente grains. ¶Le sou d'or vaudrait aujourd'hui en 1740 environ quinze francs ou livres de France, sept florins et demi de Hollande et six florins d'Allemagne. Ainsi, lorsqu'on voit qu'aux
5 VIIe, VIIIe, IXe et Xe siècles on payait une amende de cent sous d'or, on doit croire que cette amende répondait à quinze cents livres numéraires d'aujourd'hui. ¶Il

70 MSP: lisant l'histoire

[10] Notation laconique du *Saint-Fargeau notebook*: 'Bains communs avant Charlemagne, peu de linge' (p.147). Pour les léproseries, voir Le Gendre, t.3, 'Mœurs et coutumes dans les différents temps de la monarchie'.

[11] D'après Le Blanc, p.39-41. D'après le *Dictionnaire de l'Académie* (1762), 'Grain, se dit d'un petit poids faisant la soixante et douzième partie d'une drachme, d'un gros', ce qui équivaut aujourd'hui à 0,0532 gramme.

Les Asiatiques et les Grecs comptaient par mines et par talents, 75
les Romains par grands sesterces, sans qu'il y eût aucune monnaie
qui valût un grand sesterce ou un talent.

La livre numéraire du temps de Charlemagne, était réputée le
poids d'une livre d'argent de douze onces. [12] Cette livre se divisait
numériquement, en vingt parties. Il y avait à la vérité des sous 80
d'argent semblables à nos écus, dont chacun pesait la 20e, 22e ou 24^e
partie d'une livre de douze onces: et ce sou se divisait, comme le
nôtre, en douze deniers. Mais Charlemagne ayant ordonné que le
sou d'argent serait précisément la 20e partie de douze onces, on
s'accoutuma à regarder dans les comptes numéraires vingt sous 85
comme une livre. [13]

Pendant deux siècles les monnaies restèrent sur le pied où
Charlemagne les avait mises; mais petit à petit les rois, dans leurs
besoins, tantôt chargèrent les sous d'alliage, tantôt en diminuèrent
le poids; de sorte que, par un changement qui est peut-être la honte 90
des gouvernements de l'Europe, [14] ce sou, qui était autrefois ce qu'est

80   MSP, 53-w68: numériquement comme aujourd'hui en
81   MSP: écus, desquels chacun
85-86   54C: sous pour une
86-87   MSP: livre, et cette manière de compter subsiste encore dans l'Europe,
malgré le prodigieux affaiblissement arrivé dans le titre et dans le poids des sous.
¶Pendant
89   MSP: changèrent
90   MSP: est la
        53-w57G: est presque la
91-92   MSP: sou qui équivalait à peu près à un écu d'argent de nos jours, n'est

[12] Une once équivaut à 30 grammes et demi environ (huit gros, pesant chacun 72
grains).
[13] D'après Le Blanc (p.95). Voir aussi le *First Paris notebook* (*OCV*, t.82, p.467-
69).
[14] Un passage quasiment identique se trouve dans *Observations sur MM. Jean
Lass, Melon et Dutot* (1738). Cependant, Voltaire est loin d'y être aussi critique à
l'égard des mutations monétaires en général, estimant seulement qu'en matière
monétaire la France a été 'de toutes les nations [...] la plus changeante', et qu'elle a
'poussé à un excès intolérable l'abus d'une loi naturelle, qui ordonne à la longue le

à peu près un écu d'argent, n'est plus qu'une légère pièce de cuivre
avec un onzième d'argent tout au plus; et la livre, qui était le signe
représentatif de douze onces d'argent, n'est plus en France que le
signe représentatif de vingt de nos sous de cuivre. Le denier, qui
était la deux cent vingt-quatrième partie d'une livre d'argent, n'est
plus que le tiers de cette vile monnaie qu'on appelle un liard.
Supposé donc qu'une ville de France dût à une autre cent vingt sous
ou solides de rente, elle s'acquitterait aujourd'hui de sa dette en
payant ce que nous appelons un écu de six francs. [15]

La livre de compte des Anglais, celle des Hollandais, ont moins
varié. Une livre sterling d'Angleterre vaut environ vingt-deux
francs de France, et une livre de compte hollandaise vaut environ

96   MSP: la 240ᵉ partie d'une livre pesant d'argent
      53-W57G: la 124ᵉ partie;
      K: la 240ᵉ
97   MSP: monnaie de cuivre qu'on
98-99   MSP: 120 sous d'argent de rente du temps de Charlemagne, elle
      53-W57G: 120 livres de rente, c'est-à-dire 1440 onces d'argent du temps
de Charlemagne, elle
103   MSP: francs ou livres de France

---

soulagement des débiteurs opprimés' (*OCV*, t.18A, p.249-50). Le plaidoyer
'chrysohédoniste' considérant le titre des monnaies comme une valeur en soi,
étonne donc quelque peu, ici, surtout si on le compare au passage suivant, extrait de
l'art. 'Argent' des *QE*: 'Pourvu qu'on ait un gage d'échange pour les choses
nécessaires à la vie, le commerce se fait toujours. Il n'importe que ce gage d'échange
soit de coquilles, ou de papier. L'or et l'argent à la longue n'ont prévalu partout que
parce qu'ils sont plus rares' (*OCV*, t.38, p.586-87). Les idées de Voltaire en matière
économique ont fluctué et évolué: d'abord en partie influencé par le mercantilisme, il
se rapprochera de plus en plus, au fil du temps, d'un libéralisme tempéré. Voir à ce
sujet B. Bernard, 'Economie', *DgV*, p.393-95, et S. Meyssonier, *La Balance et
l'horloge. La genèse de la pensée libérale en France* (Paris, 1989).

[15] Le franc et la livre sont équivalents. Un écu ne vaut en principe que trois francs;
un 'écu de six francs' a donc une valeur réelle équivalant à la moitié de sa valeur
nominale. Pour la concordance entre les monnaies anciennes et les modernes,
Voltaire s'inspire encore de Le Blanc (p.296-312; voir aussi les 'Tables contenant
année par année les prix de marc d'or et d'argent depuis l'an 1444', p.313-33).

douze francs de France; ainsi les Hollandais se sont écartés moins
que les Français de la loi primitive, et les Anglais encore moins. [16]   105

Toutes les fois donc que l'histoire nous parle de monnaie sous le
nom de livres, nous n'avons qu'à examiner ce que valait la livre au
temps et dans le pays dont on parle, et la comparer à la valeur de la
nôtre. [17] Nous devons avoir la même attention en lisant l'histoire
grecque et romaine. C'est, par exemple, un très grand embarras   110
pour le lecteur, d'être obligé de réformer toujours les comptes qui
se trouvent dans l'Histoire ancienne d'un célèbre professeur de
l'université de Paris, [18] dans l'Histoire ecclésiastique de Fleuri, et
dans tant d'autres auteurs utiles. Quand ils veulent exprimer en
monnaie de France les talents, les mines, les sesterces, ils se servent   115
toujours de l'évaluation que quelques savants ont faite avant la
mort du grand Colbert. [19] Mais le marc de huit onces, qui valait
vingt-six francs et dix sous dans les premiers temps du ministère de

108-109   MSP: valeur numéraire de
111   MSP, 53-54N: réformer à chaque page les
113-14   MSP, 53-54N: de Paris et dans tant d'autres auteurs. Quand
117   MSP: grand ministre Colbert
117-19   MSP, 53-W57G: valait sous ce ministre vingt-six francs et dix sous vaut

[16] C'est à dessein que Voltaire choisit de mettre en avant la santé monétaire du
Royaume-Uni et des Provinces-Unies en contraste avec la dégradation de la
situation en France. Ces deux pays, en effet les plus prospères du dix-huitième
siècle, sont également pour lui, tant en matière institutionnelle que du point de vue de
la vie sociale, des modèles à suivre.

[17] Phrase équivalente dans Velly, année 866, §'Monnoies réelles'.

[18] Charles Rollin.

[19] Allusion transparente à Le Blanc, dont la documentation est en effet rassemblée
au temps du ministère de Colbert. Voltaire n'est en rien prisonnier de sa source: il
modifie profondément cette matière première; il simplifie à l'extrême les longs
passages très techniques du *Traité historique*; il l'actualise jusqu'à la date de rédaction,
donc 1740, mentionnée dans une variante du manuscrit (lignes 65-70) et retenu dans
le texte de base (ligne 68); il établit enfin des parallèles avec des monnaies étrangères,
ce qui n'était qu'esquissé par Le Blanc.

Colbert, vaut depuis longtemps quarante-neuf livres dix sols: ce
120 qui fait une différence de près de la moitié. [20] Cette différence qui a
été quelquefois beaucoup plus grande, pourra augmenter ou être
réduite. Il faut songer à ces variations; sans quoi on aurait une idée
très fausse des forces des anciens Etats, de leur commerce, de la
paye de leurs soldats, et de toute leur économie.

125 Il paraît qu'il y avait alors huit fois moins d'espèces circulantes
en Italie et vers les bords du Rhin, qu'il ne s'en trouve aujourd'hui.
On n'en peut guère juger que par le prix des denrées nécessaires à la
vie; et je trouve la valeur de ces denrées, du temps de Charlemagne,
huit fois moins chère qu'elle ne l'est de nos jours. Vingt-quatre
130 livres de pain blanc valaient un denier d'argent, par les capitulaires. [21]
Ce denier était la quarantième partie d'un sou d'or, qui valait
environ quinze à seize livres de notre monnaie d'aujourd'hui. Ainsi

119   MSP: longtemps 50 francs, ce
        53-54N: longtemps 49 francs, ce
120-35   MSP, MSG: moitié. Ces fautes donnent une idée des forces des anciens
gouvernements, de leur commerce, de la paie des soldats, extrêmement contraire à la
vérité. ¶Il paraît qu'il y avait alors environ sept à huit [MSG: sept] fois moins d'argent
à peu près en France, en Italie et vers le Rhin, qu'il y en a aujourd'hui. On n'en peut
5   juger que par le prix des denrées nécessaires, et je le trouve près de sept fois au-
dessous du prix d'aujourd'hui. 24 livres de pain blanc valaient un denier d'argent par
les capitulaires de Charlemagne. Ce denier était évalué la quarantième partie d'un
sou d'or qui [MSG: lequel] valait environ quinze francs de notre monnaie au cours de
1740. Ainsi la livre de pain ne revenait qu'à un peu moins d'un liard et demi et elle en
10   vaut aujourd'hui environ huit dans les années communes. ¶Dans
        53-54N, 54C *paragraphe corrigé au moyen d'un carton*: moitié. Ces fautes
donnent une idée des forces des anciens gouvernements, de leur commerce, de la paie
de leurs soldats, extrêmement contraire à la vérité. Il paraît qu'il y avait alors autant
d'argent à peu près en France, en Italie et vers le Rhin qu'il y en a aujourd'hui. On
5   n'en peut juger que par le prix des denrées, et je le trouve presque le même; 24 livres
de pain blanc valaient un denier d'argent par les capitulaires de Charlemagne. Ce
denier était la 40ᵉ partie d'un sou d'or, qui valait environ 15 francs de notre monnaie;
ainsi la livre de pain revenait à près de cinq liards, ce qui ne s'éloigne pas du prix
ordinaire dans les bonnes années. ¶Dans

[20] Un marc pèse environ 245,15 grammes.
[21] Baluze, t.1, col.806, année 817.

la livre de pain revenait à un liard et quelque chose, ce qui est en effet la huitième partie de notre prix ordinaire. [22]

Dans les pays septentrionaux l'argent était beaucoup plus rare: le prix d'un bœuf y fut fixé, par exemple, à un sou d'or. Nous verrons dans la suite comment le commerce et les richesses se sont étendus de proche en proche. 135

Sciences. Les sciences et les beaux-arts ne pouvaient avoir que des commencements bien faibles dans ces vastes pays tout sauvages encore. Eginhart secrétaire de Charlemagne nous apprend, que ce conquérant ne savait pas signer son nom. Cependant il conçut par la force de son génie combien les belles-lettres étaient nécessaires. Il fit venir de Rome des maîtres de grammaire et d'arithmétique. [23] Les ruines de Rome fournissent tout à l'Occident qui n'est pas encore formé. Alcuin cet Anglais alors fameux, et Pierre de Pise qui enseigna un peu de grammaire à Charlemagne, avaient tous deux étudié à Rome. [24] 140 145

Il y avait des chantres dans les églises de France; et ce qui est à

135   MSP: septentrionaux nouvellement conquis, l'argent
136   MSP: bœuf d'un an fut
138-88   MSP, 53-54N: proche. En voilà déjà trop pour un abrégé.//

[22] Repentir non daté dans le *First Paris notebook*: 'Je crois m'être trompé sur la proportion de l'argent du temps de Charlemagne et du nôtre' (p.468). Impression confirmée par les multiples corrections apportées au fil des rééditions.

[23] Voir Fleury, *Histoire ecclésiastique*: '[le roi signa la donation] de sa main [...] c'est-à-dire qu'il y mit une croix, ou un monogramme: car quoique savant d'ailleurs il ne savait pas écrire' (livre 44, années 772-774, §5). Voir aussi J. Barre, *Histoire générale d'Allemagne* (Paris, 1748, BV270), qui débat du sujet, et conclut par l'affirmative (livre 9, année 790, t.2, p.400). Pour les maîtres de grammaire et d'arithmétique, voir Fleury, livre 44, année 787, §42.

[24] J. Heiss von Kogenheim, *Histoire de l'Empire* (La Haye, 1685, BV1604; Paris, 1731, BV1605), t.1, livre 1, ch.2: 'Pierre Pisan diacre lui avait enseigné la logique, et Alcuin la rhétorique, l'astrologie, l'arithmétique et les autres sciences.' Entré au service de Charlemagne après la conquête du royaume lombard en 776, Pierre de Pise (744-799) retourne en Italie en 790. Alcuin d'York (*c*.735-804) rejoint la cour en 781 et y dirige l'école du palais jusqu'en 796, date à laquelle il est nommé évêque de Tours.

150 remarquer, c'est qu'ils s'appelaient *chantres gaulois*. La race des
conquérants francs n'avait cultivé aucun art. Ces Gaulois prétendaient, comme aujourd'hui, disputer du chant avec les
Romains. La musique grégorienne, qu'on attribue à saint Grégoire
surnommé *le Grand*, n'était pas sans mérite, et avait quelque dignité
155 dans sa simplicité. Les chantres gaulois, qui n'avaient point l'usage
des anciennes notes alphabétiques, avaient corrompu ce chant, et
prétendaient l'avoir embelli. Charlemagne dans un de ses voyages
en Italie les obligea de se conformer à la musique de leurs maîtres.
Le pape Adrien leur donna des livres de chant notés; et deux
160 musiciens italiens furent établis pour enseigner la note alphabé-
tique, l'un dans Metz, l'autre dans Soissons. Il fallut encore envoyer
des orgues de Rome. [25]

Il n'y avait point d'horloge sonnante dans les villes de son
empire, et il n'y en eut que vers le treizième siècle. De là vient
165 l'ancienne coutume qui se conserve encore en Allemagne, en
Flandre, en Angleterre, d'entretenir des hommes qui avertissent de
l'heure pendant la nuit. Le présent que le calife Aaron al Rachild fit
à Charlemagne d'une horloge sonnante, fut regardé comme une
merveille. [26] A l'égard des sciences de l'esprit, de la saine philosophie,
170 de la physique, de l'astronomie, des principes de la médecine,
comment auraient-elles pu être connues? Elles ne viennent que de
naître parmi nous. [27]

153-54   w56-w57G: saint Grégoire le Grand
169   w57G, 61: la philosophie

[25] Développement tiré de Fleury (livre 44, année 787, §42). Voir aussi Daniel
(année 789, t.2, p.64-65). Les 'anciennes notes alphabétiques', empruntées aux Grecs
par les Romains, consistaient en quatre lettres (équivalant à nos la, sol, fa et mi)
représentant la succession des tons du tétracorde ou *phorminx*, instrument rituel à
cordes grattées de la Grèce antique.

[26] Voir le *First Paris notebook*: 'Usages – Ils sont si forts qu'on crie l'heure en
Allemagne parce qu'on la criait avant qu'il y eût des horloges' (p.462); voir aussi
Daniel, qui décrit cette horloge à ressort (année 807).

[27] Allusion notamment aux découvertes faites par Newton, D'Alembert, Clairaut
et Boerhaave, lesquels avaient, dans la première moitié du dix-huitième siècle,

On comptait encore par nuits, et de là vient qu'en Angleterre on dit encore *sept nuits*, pour signifier une semaine, et *quatorze nuits* pour deux semaines. La langue romance commençait à se former 175 du mélange du latin avec le tudesque. Ce langage est l'origine du français, de l'espagnol, et de l'italien. Il dura jusqu'au temps de Frédéric II, et on le parle encore dans quelques villages des Grisons, et vers la Suisse. [28]

Les vêtements, qui ont toujours changé en Occident depuis la 180 ruine de l'empire romain, étaient courts, excepté aux jours de cérémonie, où la saie [29] était couverte d'un manteau souvent doublé de pelleterie. On tirait comme aujourd'hui ces fourrures du Nord, et surtout de la Russie. La chaussure des Romains s'était conservée. On remarque que Charlemagne se couvrait les jambes de bandes 185 entrelacées en forme de brodequins, comme en usent encore les montagnards d'Ecosse, seul peuple chez qui l'habillement guerrier des Romains s'est conservé.

---

174   W56-W57G: encore *quatorze*
175   W56: pour signifier deux

---

révolutionné leurs disciplines respectives: voir *Dictionnaire européen des Lumières*, éd. M. Delon (Paris, 1997).

[28] Respectivement *se'night*, expression abandonnée au cours du dix-neuvième siècle, et *fortnight*. Selon A. Furetière, *Dictionnaire universel* (La Haye et Rotterdam, 1690), la 'langue romance' est une 'ancienne langue romaine un peu corrompue, soit en français, soit en espagnol. Les Français ont écrit autrefois en langue *romance*'. Le *romanche*, quant à lui, est la langue parlée dans la majeure partie du canton des Grisons, au sud-est de la Suisse. Au dix-huitième siècle, les trois 'Ligues grises' (*die Graubünden*'), qui se sont alliées au quinzième siècle pour dominer la vallée de la Valteline, constituent encore une entité distincte de la Suisse, ce qui explique la formulation de Voltaire. Elles ne rejoindront la Confédération helvétique qu'en 1803.

[29] Selon Furetière: 'Vieux mot qui signifiait autrefois une casaque ou un habit de gens de guerre dont usaient les Grecs et les Romains, et qui était propre aux Gaulois.'

CHAPITRE 20

De la religion du temps de Charlemagne.

Si nous tournons à présent les yeux sur les biens que fit la religion,
sur les maux que les hommes s'attirèrent quand ils en firent un

a-241   [*Première rédaction de ce chapitre*: MSP]
a   MSP: Chapitre 8
     W56-W57G: Chapitre 12
     61: Chapitre 16
b   MSP: *De la religion et de l'Eglise.*
     53: *De la religion.*
1-6   MSP, 53-54N: La querelle des images est ce qui s'offre de plus singulier en
matière de religion. Je vois d'abord que l'impératrice

* Les deux chapitres consacrés à la religion permettent en fait d'aborder non
seulement la politique de Charlemagne, mais les 'usages' annoncés par les titres
d'autres chapitres. Ils sont publiés pour la première fois en 1753 (d'un seul tenant,
comme dans les manuscrits), séparés seulement en 1761, et connaissent dès 1756 des
remaniements importants. Le premier ne s'accroît alors que de quelques précisions
d'ordre historiographique (sur les fausses décrétales, les conséquences de la croyance
en la fin du monde, les bénédictins); mais en 1761 il s'étoffe davantage pour mieux
dénoncer les subtilités théologiques, avec les livres carolins, la question du symbole
et l'évocation de la fin du monde. Le second, à l'inverse, double de volume en 1756 et
ne connaît plus ensuite que quelques ajouts qui renforcent les premiers: sur la messe
et le baptême, puis sur la confession. Le ch.20 est centré sur le pouvoir et la structure
hiérarchique de l'Eglise; il fait la part belle au pape Adrien Ier, dont la 'politique
intéressée' et habile, ménageant l'empire d'Orient toujours sccoué par la crise
iconoclaste, contribue considérablement à l'essor de la papauté; Charlemagne
n'apparaît que pour envenimer la situation afin d'arracher Rome à l'Orient. Le
ch.21, qui jusqu'en 1753 présente surtout les limites de l'expansion du christianisme
dans le nord de l'Europe, multiplie à partir de 1756 les occasions de montrer que les
rites changent et fluctuent: ceux auxquels la religion catholique tient tant (messe,
eucharistie, confession, carême) apparaissent en fait comme issus de processus
historiques, ce qui permet à Voltaire de renouer ici avec un thème majeur de
l'entretien avec le quaker des *Lettres philosophiques* (1734). Désormais ces deux
aspects alternent, dans un chapitre sans grande unité. En 1761 s'y ajoute une
remarque sur la supposée 'idolâtrie', qui rend le même son que *La Philosophie de
l'histoire* (1765) et le *Dictionnaire philosophique* (1765), dans lequel on retrouve même

instrument de leurs passions, sur les usages consacrés, sur les abus de ces usages; la querelle des iconoclastes et des iconolâtres est d'abord ce qui présente le plus grand objet.[1]

L'impératrice Irène, tutrice de son malheureux fils Constantin Porphirogénète, pour se frayer le chemin à l'empire, flatte le peuple et les moines, à qui le culte des images, proscrit par tant d'empereurs depuis Léon l'Isaurien, plaisait encore.[2] Elle y était elle-même attachée, parce que son mari les avait eues en horreur. On avait persuadé à Irène que pour gouverner son époux il fallait mettre sous le chevet de son lit les images de certaines saintes. La crédulité entre même dans les esprits politiques. L'empereur son mari avait puni les auteurs de cette superstition.[3] Irène, après la mort

11 MSP: son mari il

12-14 MSP, 53-54N: lit [MSP: quelques images de saintes; 53: les images de certaines saintes]. La plus ridicule crédulité entre dans les esprits politiques. [MSP: les plus politiques et surtout dans ceux des femmes. Irène avait eu cette faiblesse.] L'empereur son époux en avait puni les auteurs. Irène

---

des emprunts textuels à ce chapitre. Quelques années plus tard, tous ces développements alimenteront les *Questions sur l'Encyclopédie* (1770-1772). Ce chapitre est donc central dans la critique des rites religieux, qui semble ici importer plus à Voltaire qu'une étude proprement historique, comme le montre également une digression de 1756 sur les confesseurs royaux. Du point de vue des sources, s'il suit surtout Fleury, il a aussi le choix entre de nombreux autres auteurs, lesquels proposent d'innombrables hypothèses; mais cela l'amène surtout à constater leurs défaillances. La question historiographique récurrente de l'*EM* (que peut-on savoir sur des époques aussi reculées et aussi barbares?) aboutit donc à renforcer la dénonciation par Voltaire d'une Eglise intransigeante et dominatrice, qui se fonde sur des usages arbitraires érigés en articles de foi.

[1] Voltaire insiste sur le fait que c'est parce que les hommes en font 'les instruments de leurs passions' que les religions sont devenues des sources de conflits et d'atrocités, la religion en elle-même ne portant aucun mal. Ce plaidoyer contre les 'passions' religieuses est un leitmotiv sous sa plume. Voir, par exemple, l'art. 'Fanatisme' des *QE* (*M*, t.19, p.73).

[2] Voir ci-dessus, ch.16, lignes 144-47, et ci-dessous, ch.29, lignes 41-42. Irène, veuve de Léon IV, assura la régence de 780 à 802. Pour Léon l'Isaurien, voir ci-dessus, ch.14.

[3] Ni Fleury, *Histoire ecclésiastique*, livre 44, année 780, §16, ni L. Cousin, *Histoire*

15 de son mari, donne un libre cours à son goût et à son ambition.
Voilà ce qui assemble en 786 le second concile de Nicée, septième   *Second concile*
concile œcuménique, commencé d'abord à Constantinople.[4] Elle   *de Nicée.*
fait élire pour patriarche un laïque, secrétaire d'Etat, nommé
Taraise.[5] Il y avait eu autrefois quelques exemples de séculiers
20 élevés ainsi à l'évêché, sans passer par les autres grades; mais alors
cette coutume ne subsistait plus.
    Ce patriarche ouvrit le concile. La conduite du pape Adrien est
très remarquable. Il n'anathématise pas ce secrétaire d'Etat qui se
fait patriarche; il proteste seulement avec modestie dans ses lettres à
25 Irène contre le titre de patriarche universel; mais il insiste qu'on lui
rende les patrimoines de la Sicile. Il redemande hautement ce peu
de bien, tandis qu'il arrachait, ainsi que ses prédécesseurs, le
domaine utile de tant de belles terres qu'il assure avoir été données

15-16 MSP: ambition? Ce n'est pas la première fois que ceux qui gouvernent ont
fait par passion et par intérêt des choses qui en elles-mêmes étaient justes. Elle
assembla en 787 le
20-22 MSP: ainsi élevé à l'évêché sans avoir passé par les autres. Nectaire[6]
n'était [MSG: autres grades. Il n'était] pas même baptisé le jour qu'il avait été nommé
patriarche, mais alors cette coutume n'existait plus. ¶Taraise ouvrit
23 MSP: n'anathématise point ce
28 MSP, 53-54N: terres données

de Constantinople (Paris, 1671-1674, BV891), t.8, Table chronologique, année 780, ne
donnent de telles motivations à Irène: ils accusent plutôt Léon de dissimulation et de
cruautés.
[4] 787 dans l'art. 'Conciles' du *DP* (*OCV*, t.35, p.625), et chez la plupart des
auteurs. Mais Fleury précise que le concile de Nicée avait commencé à Constantinople en 786 (livre 44, année 786, §28).
[5] Selon Fleury, Taraise n'était contesté que par les iconoclastes (livre 44, année
784, §24; 786, §28).
[6] Nectaire fut le premier patriarche de Constantinople (381-397). Fleury parle de
lui, 'vieillard vénérable et homme de lettres' (livre 22, année 408, §16), comme d'un
païen, mais il ne dit pas qu'il ait été patriarche. Le mot 'grades' manque dans MSP, et
'Nectaire' dans MSG; 'Il' se réfère donc à Taraise.

par Pépin et par Charlemagne.[7] Cependant le concile œcuménique de Nicée, auquel président les légats du pape et ce ministre patriarche, rétablit le culte des images. 30

C'est une chose avouée de tous les sages critiques, que les pères de ce concile, qui étaient au nombre de trois cent cinquante,[8] y rapportèrent beaucoup de pièces évidemment fausses; beaucoup de miracles, dont le récit scandaliserait dans nos jours; beaucoup de 35 livres apocryphes.[9] Ces pièces fausses ne firent point de tort aux vraies, sur lesquelles on décida.

Anathématisé par le concile de Francfort. Mais quand il fallut faire recevoir ce concile par Charlemagne et par les églises de France, quel fut l'embarras du pape? Charles s'était déclaré hautement contre les images. Il venait de faire écrire 40 les livres qu'on nomme *Carolins*, dans lesquels ce culte est anathématisé.[10] Ces livres sont écrits dans un latin assez pur; ils font voir que Charlemagne avait réussi à faire revivre les lettres;[11] mais ils font voir aussi qu'il n'y a jamais eu de dispute théologique sans invectives. Le titre même est une injure. *Au nom de notre* 45

30   MSP: président à la fois les
33   MSP: [*manchette*] *Second concile de Nicée.*
35   MSP, 53-54N: récit n'aurait que scandalisé d'autres temps, beaucoup
36   MSP, 53-W57G: apocryphes. Mais ces pièces
37-38 MSP: décida. Il n'y avait point assez de science dans les ennemis des images ni dans les vénérateurs pour exciter de nouvelles querelles sur ces points de critique. ¶Mais
42-53 MSP, 53-W57G: anathématisé. Il assemblait en 794 un

[7] Sur l'appréciation de la conduite d'Adrien Ier (772-795), voir ci-dessus, ch.16, n.41. Dans le ch.16, Voltaire a déjà formellement contesté la donation de la Sicile au pape par Pépin et Charlemagne (lignes 107-108).

[8] 377 selon Fleury, livre 44, année 787, §29.

[9] Fleury, livre 44, année 787, §34. Voir aussi l'art. 'Apocryphe' des *QE* (*OCV*, t.38, p.449-88).

[10] *Annales*, année 794 (p.235-36). Fleury se contente *in fine* de dire que les livres carolins rejettent les conclusions du concile de Nicée, jugé illégitime (livre 44, année 790, §47).

[11] Fleury évoque les efforts de Charlemagne pour renforcer l'instruction (livre 44, année 789, §46).

Seigneur et Sauveur Jésus-Christ, commence le livre de l'illustrissime et excellentissime Charles etc. contre le synode impertinent et arrogant, tenu en Grèce pour adorer des images. Le livre était attribué par le titre au roi Charles, comme on met sous le nom des rois les édits qu'ils n'ont point rédigés:[12] il est certain que tous les peuples des royaumes de Charlemagne regardaient les Grecs comme des idolâtres.[13]

Ce prince en 794 assembla un concile à Francfort, auquel il présida selon l'usage des empereurs et des rois: concile composé de trois cents évêques ou abbés tant d'Italie que de France, qui rejetèrent d'un consentement unanime le service (*servitium*) et l'adoration des images.[14] Ce mot équivoque d'adoration était la

53-54   MSP: Francfort, composé
54   W56-W57G: l'usage de tous les empereurs
56   MSP: d'un commun consentement le
      53: rejettait
      54-W57G: rejettaient
56-57   MSP, 53-W57G: service et l'adoration
57   MSP: Ce nom évoque

[12] Le texte en fut publié par J. Du Tillet en 1549 dans *La Chronique des rois de France, depuis Pharamond jusques au roi Henri second* sous le titre *In nomine Domini et Salvatori Nostri Jesu Christi. Opus illustrissimi et excellentissimi seu spectabilis viri, Caroli* [...] *contra Synodum, quae in partibus Graeciae* [...] *imaginibus stolide et arroganter gesta est.* Il fut réédité au dix-huitième siècle, mais Voltaire a pu se contenter de lire Bayle, *Dictionnaire historique et critique* (Rotterdam, 1697, BV292), 'Tillet, Jean Du', remarque B, qui évoque l'ouvrage et conclut que, malgré les controverses sur le rôle réel de l'empereur dans sa composition, 'c'est un écrit que Charlemagne approuva et adopta'. Voir aussi H. Du Quesne, *Réflexions anciennes et nouvelles sur l'Eucharistie* (Genève, 1718, BV1179), p.121.

[13] Cf. ci-dessous, ch.21, ligne 117; l'art. 'Conciles' du *DP*, à propos du concile de Francfort (p.625-26); *La Philosophie de l'histoire*, ch.30 (*OCV*, t.59, p.187-90). Fleury présente de manière nuancée la question des idoles, du culte des images, la différence des cultes dans les royaumes de Charlemagne et chez les Grecs, ainsi que l'adroite politique du pape (livre 42, année 726, §3; 731, §8; 732, §18; livre 44, année 787, §35).

[14] D'après Fleury, qui mentionne aussi la 'mauvaise interprétation' des termes utilisés (livre 44, année 794, §58). Voltaire écrivait déjà en 1753 dans les *Doutes sur*

311

source de tous ces différends; car si les hommes définissaient les mots dont ils se servent, il y aurait moins de disputes; et plus d'un royaume a été bouleversé pour un malentendu.   60

Habileté du pape. Tandis que le pape Adrien envoyait en France les actes du second concile de Nicée, il reçoit les livres Carolins, opposés à ce concile; et on le presse au nom de Charles de déclarer hérétiques l'empereur de Constantinople et sa mère. On voit assez par cette conduite de Charles, qu'il voulait se faire un nouveau droit de   65 l'hérésie prétendue de l'empereur, pour lui enlever Rome sous couleur de justice.

Le pape, partagé entre le concile de Nicée qu'il adoptait, et Charlemagne qu'il ménageait, prit, me semble, un tempérament politique, qui devrait servir d'exemple dans toutes ces mal-   70 heureuses disputes qui ont toujours divisé les chrétiens. [15] Il explique les livres Carolins d'une manière favorable au concile de Nicée, et par là réfute le roi sans lui déplaire; il permet qu'on ne rende point de culte aux images; ce qui était très raisonnable chez les Germains, à peine sortis de l'idolâtrie, et chez les Francs encore grossiers, qui   75 n'avaient ni sculpteurs ni peintres. Il exhorte en même temps à ne point briser ces mêmes images. Ainsi il satisfait tout le monde, et laisse au temps à confirmer ou à abolir un culte encore douteux. Attentif à ménager les hommes et à faire servir la religion à ses intérêts, il écrit à Charlemagne: 'Je ne peux déclarer Irène et son fils   80

61-62   MSP: du concile
70-71   MSP: malheureuses querelles qui
75-76   MSP, 53-w57G: les Français grossiers qui avaient peu de [53: des] sculpteurs et de peintres.
77   MSP: briser le peu d'images qu'on peut avoir.
78   MSP: ou à obéir un
79   MSP: et à concilier la religion avec ses

---

quelques points de l'histoire de l'Empire, §9: 'ce concile de Francfort condamne [...] non seulement l'adoration, qui est un terme équivoque, mais *servitium*, le service, le culte, ce qui est la chose du monde la plus claire' (*M*, t.24, p.38).

[15] Voltaire suit manifestement Fleury, qui souligne l'habileté et la réussite d'Adrien Ier (livre 44, année 794, §59).

hérétiques, après le concile de Nicée; mais je les déclarerai tels s'ils ne me rendent les biens de Sicile.'[16]

On voit la même politique intéressée de ce pape dans une dispute encore plus délicate, et qui seule eût suffi en d'autres temps pour 85 allumer des guerres civiles. On avait voulu savoir si le Saint-Esprit procède du Père et du Fils, ou du Père seulement.

Grande dispute sur le Saint-Esprit.

On avait d'abord dans l'Orient ajouté au premier concile de Nicée qu'il procédait du Père; ensuite en Espagne, et puis en France, et en Allemagne, on ajouta qu'il procédait du Père et du 90 Fils: c'était la croyance de presque tout l'empire de Charles. Ces mots du symbole attribué aux apôtres, *qui ex patre filioque procedit,* étaient sacrés pour les Français; mais ces mêmes mots n'avaient jamais été adoptés à Rome.[17] On presse, de la part de Charlemagne, le pape de se déclarer. Cette question, décidée avec le temps

82-83   MSP: de la Sicile. ¶Les succès de Charles en Italie le délivrèrent du soin de se servir de ces armes de la religion. ¶On voit la même prudence de
83   MSP: [*manchette*] *Sagesse du pape Adrien.*
53-61: même prudence de
86-91   MSP, 53-54N: seulement? Toute l'Eglise grecque avait toujours cru qu'il ne procédait que du Père. Tout l'empire de Charlemagne croyait la procession du Père et du fils. Ces mots [53-54N: du symbole] *Qui ex*
93   MSP: on pressa de
94   61-w75G: Cette matière éclaircie avec
94-104   MSP, 53-w57G: déclarer. Le pape répond qu'il est de l'avis du roi, [w56: qu'il ne condamne point le sentiment du roi] mais

[16] Voltaire condense Fleury: 'C'est pourquoi, si vous le trouvez bon, en rendant grâce à l'empereur du rétablissement des images, nous le presserons encore pour la restitution de la juridiction et des patrimoines; et s'il la refuse nous le déclarerons hérétique' (livre 44, année 794, §59).
[17] Voir ci-dessous, ch.31, ligne 24, et *Annales*, année 806: 'Cette addition n'était point encore reçue à Rome; elle le fut bientôt après' (p.238). Le sujet revient en 1764 dans l'art. 'Christianisme' du *DP* (*OCV*, t.35), et en 1767 dans *L'Examen important de milord Bolingbroke*, ch.26 (*OCV*, t.62, p.282-83). Fleury présente la discussion en termes quelque peu différents (livre 44, ch.25). Le *filioque*, apparu en Espagne au sixième siècle, puis en Gaule et en Germanie, est notamment un outil de lutte contre l'arianisme, déjà condamné lors des conciles de Nicée (325) et de Constantinople (381). Le Credo romain ne l'intègre définitivement qu'au onzième siècle.

par les lumières de l'Eglise romaine infaillible, semblait alors très   95
obscure. On citait des passages des Pères, et surtout celui de
saint Grégoire de Nice, où il est dit, *qu'une personne est* cause, *et*
l'autre vient de cause; *l'une sort immédiatement de la première, l'autre*
en sort par le moyen du Fils; par lequel moyen le Fils se réserve la
propriété d'unique, sans exclure l'Esprit saint de la relation du Père.[18]   100
Ces autorités ne parurent pas alors assez claires. Adrien Ier ne
conclut rien: il savait qu'on pouvait être chrétien sans pénétrer dans
la profondeur de tous les mystères. Il répond qu'il ne condamne
point le sentiment du roi, mais ne change rien au symbole de Rome.
Il apaise la dispute en ne la jugeant pas, et en laissant à chacun ses   105
usages. Il traite, en un mot, les affaires spirituelles en prince; et trop
de princes les ont traitées en évêques.[19]

Fausses   Dès lors la politique profonde des papes établissait peu à peu
décrétales. leur puissance. On fait bientôt après un recueil de faux actes connus
aujourd'hui sous le nom de *Fausses décrétales.* C'est, dit-on, un   110
Espagnol nommé Isidore Mercator, ou Piscator, ou Peccator, qui

95   61-w75g: l'Eglise semblait
101-102   61-w75g: ne décida rien
105   msp, 53-w57g: dispute en ne décidant rien, en laissant
109   w56: fait un recueil
109-12   msp, 53-54n: puissance. Ce même Adrien fait paraître adroitement au
jour un recueil de faux actes connus aujourd'hui sous le nom de *fausses décrétales.*
[msp: Elles étaient faites longtemps avant lui, mais c'est sous ce pontificat qu'elles
furent connues.] Il ne se hasarde pas à les donner lui-même. [53-54n: C'est un
Espagnol, nommé Isidore, qui les digère.] Ce sont les [msp: des] évêques   5

[18] Cité d'après L.-E. Dupin, *Bibliothèque des auteurs ecclésiastiques du quatrième*
siècle (Paris, 1730, BV1159), t.2, p.832-33 (signets et rubans, *CN*, t.3. p.310).
[19] Voltaire fait sans doute allusion ici à l'avidité qui, au cours des premiers siècles
du christianisme, a permis aux évêques, profitant de l'anarchie ambiante, de se
'monseigneuriser' ainsi qu'il l'écrit, c'est-à-dire de s'arroger le pouvoir et les terres
des seigneurs laïcs. Voir aussi les art. 'Abbé' du *DP* (*OCV*, t.35, p.286-88) et
'Quakers' des *QE* (*M*, t.20, p.311-12); *Idées républicaines*, §6 (1762; *M*, t.24, p.414);
et ci-dessous, lignes 144-45 et msp, var., lignes 10-11.

les rédige.[20] Ce sont les évêques allemands, dont la bonne foi fut trompée, qui les répandent et les font valoir. On prétend avoir aujourd'hui des preuves incontestables qu'elles furent composées par un Algeram abbé de Senones, évêque de Metz;[21] elles sont en manuscrit dans la bibliothèque du Vatican. Mais qu'importe leur auteur? Dans ces fausses décrétales on suppose d'anciens canons, qui ordonnent qu'on ne tiendra jamais un seul concile provincial sans la permission du pape, et que toutes les causes ecclésiastiques

112   w56: les digère. Ce
112-13 msp: foi trompée
113-17 msp, 53-54n: les répandent [msp: reprend] et les font [msp: fait] valoir [msp: dans ces fausses décrétales]. Dans
119   msp: pape que

[20] Dans l'art. 'Décrétales' des *QE*, Voltaire précise qu'elles étaient destinées à 'étendre l'autorité du pape et des évêques' (*M*, t.18, p.319). Il suit maintenant sans doute P. Du Moulin, *Nouveauté du papisme* (Genève, 1633, BV1148), 1re partie, ch.59: 'Que les papes ont mis leurs canons et décrets non seulement au même rang, mais aussi par-dessus les Ecritures canoniques' (signet: Decretales, *CN*, t.3, p.295-301). Du Moulin voit dans cette entreprise 'une des plus [...] subtiles ruses de Satan pour affaiblir l'autorité de l'Ecriture sainte [...] afin que l'évidence de la fausseté et absurdité de ces livres fasse douter de la vérité des autres livres qui sont divinement inspirés.' Selon Dupin, les fausses décrétales ont été 'attribué[es] à Isidore surnommé Marchand, ou Pécheur' (t.1, p.680); cf. Fleury: 'Isidore Mercator, qui paraît avoir été espagnol' (livre 44, année 785, §22). Voltaire peut aussi utiliser le 'Quatrième discours sur l'Histoire ecclésiastique', introduisant le t.16 de l'ouvrage de Fleury (p.i-xxvii), où l'auteur critique longuement les changements arrivés dans la discipline de l'Eglise et qui ont été, d'après lui, en grande partie, introduits 'par ignorance, par erreur, fondée sur des pièces fausses comme les décrétales d'Isidore' (p.xxvii). Ces hésitations pourraient justifier la leçon *digère* (voir var.), surtout si l'on se réfère au sens figuré du mot: 'Examiner, discuter une affaire, la réduire par la méditation dans l'ordre, dans l'état où elle doit être' (*Dictionnaire de l'Académie*, 1762).
[21] Fleury donne 'Ingelram ou Enguerran évêque de Metz' (livre 44, année 785, §22), ce qui devient dans le *Saint-Fargeau notebook*: 'Les savants assurent aujourd'hui qu'Angelram abbé de Senones, évêque de Mets, en est l'auteur' (*OCV*, t.81, p.126). On se rappelle que Dom Calmet était abbé de Senones, ce qui explique peut-être cette précision.

315

ressortiront à lui. [22] On y fait parler les successeurs immédiats des 120
apôtres; on leur suppose des écrits. Il est vrai que tout étant de ce
mauvais style du huitième siècle, tout étant plein de fautes contre
l'histoire et la géographie, l'artifice était grossier; mais c'était des
hommes grossiers qu'on trompait. On avait forgé dès la naissance
du christianisme, comme on l'a déjà dit, de faux évangiles, les *vers* 125
sibyllins, les livres *d'Hermas*, les *constitutions apostoliques*; et mille
autres écrits que la saine critique a réprouvés. [23] Il est triste que pour
enseigner la vérité on ait si souvent employé des actes de faussaire.

Ces fausses décrétales ont abusé les hommes pendant huit
siècles; et enfin, quand l'erreur a été reconnue, les usages établis 130
par elle ont subsisté dans une partie de l'Eglise: l'antiquité leur a
tenu lieu d'authenticité. [24]

Dès ces temps les évêques d'Occident étaient des seigneurs
temporels, et possédaient plusieurs terres en fief; mais aucun n'était
souverain indépendant. Les rois de France nommaient souvent aux 135

120   MSP: lui, que lui seul pourra juger les évêques, et il y
123   MSP: et contre la géographie
124-29   MSP, 53-61: trompait. [MSP: L'autorité s'affermit aisément sur l'ignorance.] Ces
127-29   w68: réprouvés. ¶Ces
132   MSP, 53-w57G: lieu de vérité.
133   MSP: d'Occident commencèrent à devenir seigneurs
134   MSP: terres; mais
135   MSP, 53-w57G: nommaient aux

[22] L'idée se trouve chez Fleury, livre 44, année 785, §22.
[23] Sur les *vers sibyllins*, voir ci-dessus, ch.9, ligne 65, et *La Philosophie de l'histoire*,
ch.32 (p.195-200). Sur les constitutions apostoliques et les livres d'Hermas, voir l'art.
'Apocryphe', §20, 29 (p.472-76, 482-84). Les *Livres sibyllins* sont un antique recueil
d'oracles romains; *Le Pasteur d'Hermas* est un texte chrétien du deuxième siècle; les
Constitutions apostoliques sont un recueil de doctrine, de liturgie et de discipline
ecclésiastique attribué aux douze apôtres, mais datant de la fin du quatrième siècle.
[24] D'après Fleury, livre 44, année 785, §22. Ce n'est qu'en 1559 que le caractère
apocryphe des décrétales a été démontré: c'était l'œuvre d'un faussaire français non
identifié du neuvième siècle, peut-être un moine de l'abbaye de Corbie, non loin
d'Amiens.

évêchés; plus hardis en cela et plus politiques que les empereurs des Grecs, et que les rois de Lombardie, qui se contentaient d'interposer leur autorité dans les élections.

Les premières églises chrétiennes s'étaient gouvernées en *Gouvernement ecclésiastique.* républiques sur le modèle des synagogues. Ceux qui présidaient à ces assemblées, avaient pris insensiblement le titre d'évêque, d'un mot grec, dont les Grecs appelaient les gouverneurs de leurs colonies. [25] Les anciens de ces assemblées se nommaient prêtres, qui signifie en grec *vieillard*. [26]

136-37 MSP: empereurs de Grèce et les
137-38 MSG: se bornaient à interpreter leur
137-39 MSP: Lombardie. ¶Les
142 MSP: appelaient des gouverneurs des villes de leurs
143-44 K: colonies et qui signifie *inspecteur*. Les anciens
144-45 MSP: *vieillard*. Ces assemblées avaient établi des règles secrètes sous les empereurs païens. Les empereurs chrétiens les confirmèrent et les étendirent. Chaque évêque appela son district du nom de diocèse, terme dont se servaient les empereurs pour exprimer les provinces et les gouvernements. Bientôt après il se trouva qu'il y avait dans le monde deux puissances, la temporelle et la spirituelle. Les évêques
5 gouvernèrent les aumônes qui auparavant avaient été administrées par ceux d'entre les chrétiens qu'on nommait prêtres ou diacres. Ces prêtres ou ces anciens ne faisaient pas ordinairement un corps à part. Tous les chrétiens composaient l'Eglise, terme emprunté des assemblées du peuple d'Athènes. Ce gouvernement entièrement
10 populaire changea avec le temps, et tout change avec lui. Ce qui avait été aumône, devient vente, biens-fonds, puis enfin baronnie, marquisat, duché, principauté. En France, le clergé jouissait paisiblement des décimes dès le VIe siècle. Cette rétribution juste leur est confirmée par Clotaire second. ¶Sous Charlemagne plusieurs évêques avaient de grands biens, de belles terres, mais non encore ces titres de comtes et de
15 princes. Ils étaient à la tête de leurs clercs qu'on appelle aujourd'hui chanoines, à peu près comme un abbé à la tête de ses moines. Il y avait même une règle pour ces chanoines. Les bornes de leur juridiction dans leurs diocèses, celles de l'autorité du pape sur eux, celles de la juridiction séculière dans leurs causes civiles, où il se mêle du spirituel, n'ont jamais été fixées, et sont comme les limites des Etats, tantôt étendues,
20 tantôt resserrées. Les évêques de chaque province tenaient souvent des conciles. Ils n'avaient pas toujours besoin pour s'assembler de la permission du prince. De là vint l'accroissement de leur puissance. Ils réglaient dans ces conciles la discipline qui a toujours varié selon les temps et étendaient toujours leur pouvoir qui a varié de même. ¶Charlemagne dans sa vieillesse leur accorda un droit

[25] Du grec *episkopos*: 'gardien', 'surveillant'.
[26] La version manuscrite présentait en détail la structure de l'Eglise et son rapport

Fausse loi.   Charlemagne dans sa vieillesse accorda aux évêques un droit   145
dont son propre fils devint la victime. Ils firent accroire à ce prince
que dans le code rédigé sous Théodose, une loi portait que si de
deux séculiers en procès, l'un prenait un évêque pour juge, l'autre
était obligé de se soumettre à ce jugement sans en pouvoir appeler.
Cette loi, qui jamais n'avait été exécutée, passe chez tous les   150
critiques pour supposée. C'est la dernière du code Théodosien; elle
est sans date, sans nom de consuls. [27] Elle a excité une guerre civile
sourde entre les tribunaux de la justice et les ministres du
sanctuaire; mais comme en ce temps-là tout ce qui n'était pas
clergé, était en Occident d'une ignorance profonde, il faut   155
s'étonner qu'on n'ait pas donné encore plus d'empire à ceux qui
seuls étant un peu instruits, semblaient seuls mériter de juger les
hommes. [28]

Moines riches.   Ainsi que les évêques disputaient l'autorité aux séculiers, les
moines commençaient à la disputer aux évêques, qui pourtant   160

146-47   MSP: victime. On interpola dans le code rédigé sous Théodose une loi
qui portait

   150   MSP: qui n'avait jamais été

   150-52   MSP: chez les critiques pour supposée. Elle

   157   MSP: mériter par là de

   159   MSP: [*manchette*] *Moines.*

---

au temporel, mais d'une manière peu élaborée, presque sous la forme de notes.
Voltaire y insistait sur le fonctionnement démocratique de l'Eglise des premiers
siècles (lignes 8-10), conformément au sens du terme grec *ecclesia*, 'assemblée du
peuple'; c'est une thématique tout à fait courante chez les auteurs protestants.
D'autres détails relatifs aux institutions religieuses sont supprimés plus loin
(lignes 197, 201, 227).

[27] Remarque reprise du *Saint-Fargeau notebook* (p.114). Le code théodosien est
une compilation de constitutions impériales éditée en 438 sur ordre de l'empereur
Théodose II. Il constitue jusqu'au treizième siècle la source principale du droit
romain en Europe occidentale.

[28] Le monopole, bien réel et ici souligné par Voltaire, du clergé sur la culture et
l'érudition médiévales, explique à ses yeux, face à un pouvoir civil alors affaibli, la
plupart des abus dont l'Eglise et ses membres ont su se prévaloir par la suite.

étaient leurs maîtres par les canons. Ces moines étaient déjà trop riches pour obéir. Cette célèbre formule de Marculfe était bien souvent mise en usage: *Moi, pour le repos de mon âme, et pour n'être pas placé après ma mort parmi les boucs, je donne à tel monastère, etc.* [29]

On crut dès le premier siècle de l'Eglise que le monde allait finir; on se fondait sur un passage de saint Luc, qui met ces paroles dans la bouche de Jésus-Christ. 'Il y aura des signes dans le soleil, dans la lune et dans les étoiles; les nations seront consternées; la mer et les fleuves feront un grand bruit; les hommes sécheront de frayeur dans l'attente de la révolution de l'univers, les puissances des cieux seront ébranlées, et alors ils verront le Fils de l'homme venant dans une nuée avec une grande puissance et une grande majesté. Lorsque vous verrez arriver ces choses, sachez que le royaume de Dieu est proche. Je vous dis en vérité, en vérité, que cette génération ne finira point sans que ces choses soient accomplies.' [30]

Plusieurs personnages pieux, ayant toujours pris à la lettre cette prédiction non accomplie, en attendaient l'accomplissement: ils pensaient que l'univers allait être détruit, et voyaient clairement le jugement dernier, où Jésus-Christ devait venir dans les nuées. On se fondait aussi sur l'épître de saint Paul à ceux de Thessalonique, qui dit: *Nous qui sommes vivants nous serons emportés dans l'air, au-devant de Jésus.* [31] De là toutes ces suppositions de tant de prodiges

Fin du monde annoncée.

162   w56, w68: était déjà bien
162-63   w57G: était souvent
163   MSP: le remède de
163-64   MSP: n'être point placé parmi
164-89   MSP, 53-54N: *etc.* Elle avait enrichi ceux qui s'étaient consacrés à la pauvreté. Des
165-84   w56-w57G: finir, et cette
177-79   61-w68: prédiction qui selon les commentateurs regarde Jérusalem, pensaient que l'univers allait être détruit et attendaient le jugement

[29] C'est seulement en 1754 (D5850) que Voltaire fait mention de E. Baluze, *Capitularia regum Francorum* (Paris, 1677), dont le t.2 contient les *Formulae* de Marculfe, abbé de Saint-Denis au septième siècle. Cf. encore ci-dessous, n.32.

[30] Luc 21:25-32.

[31] Cf. I Thessaloniciens 4:17: 'Puis nous autres qui sommes vivants et qui seront

aperçus dans les airs. Chaque génération croyait être celle qui devait voir la fin du monde, et cette opinion se fortifiant dans les siècles suivants, on donnait ses terres aux moines, comme si elles eussent dû être préservées dans la conflagration générale. Beaucoup de chartes de donation commencent par ces mots, *Adventante mundi vespero.* [32]

Abbés seigneurs.   Des abbés bénédictins, longtemps avant Charlemagne, étaient assez puissants pour se révolter. Un abbé de Fontenelle avait osé se mettre à la tête d'un parti contre Charles Martel, et assembler des troupes. Le héros fit trancher la tête au religieux; exécution qui ne contribue pas peu à toutes ces révélations que tant de moines eurent depuis de la damnation de Charles Martel. [33]

185

190

192-93   MSP, 53-54N: exécution juste qui ne contribua

demeurés jusqu'alors, nous serons emportés avec eux [les morts] dans les nuées, pour aller au-devant du Seigneur au milieu de l'air.' Cf. Calmet, *Commentaire littéral sur tous les livres de l'Ancien et du Nouveau Testament*, t.22, p.309; avec signet, 'Jesus dans les nuées. Les morts iront au devant de lui' (*CN*, t.2, p.301). Texte plusieurs fois utilisé dès lors que la question de l'annonce de la fin du monde devient un lieu commun de la critique biblique: voir, par exemple, *La Philosophie de l'histoire*, ch.32 (p.198, lignes 114-15), et l'art. 'Résurrection' du *DP* (*OCV*, t.36, p.490-95).

[32] Nous n'avons pas trouvé cette expression dans les *Formulae* de Marculfe, mais l'idée s'y trouve bien: voir Baluze, t.2, 'Marculfi monachi Formularum', livre 2, ch.3, et 'Formulae Sirmondicae', ch.1, qui commence par la formule 'Mundi terminum adpropinquantem'; ou encore le *Codex legum antiquarum* de F. Lindenbrog (Francfort, 1613), t.2, 3e partie, §13, 'Epistola donationis', qui commence par 'Mundi terminum ruinis crebrescentibus adpropinquare'.

[33] Daniel dit que, parmi d'autres, Widon ou Wido s'est soulevé contre Charles Martel (*Histoire de France*, année 736). Mais ce dernier meurt en 741 et Wido est abbé de Fontenelle (devenue Saint-Wandrille) de 742 à 744. Dénoncer la participation des ecclésiastiques aux combats est un lieu commun au dix-huitième siècle: voir B. Grosperrin, *La Représentation de l'histoire de France* (Lille, 1982), t.1, p.253. La 'vision' de saint Eucher, évêque d'Orléans mort en 738, était dénoncée par beaucoup d'historiens ecclésiastiques, notamment Fleury (livre 49, année 858, §40) et Daniel (année 741); elle est longuement citée dans *De l'esprit des lois* (livre 31, ch.11): l'historiographie des Lumières s'accorde à approuver la politique de confiscation des biens du clergé exercée par Charles Martel (Grosperrin, t.1, p.260-61). Voir aussi l'art. 'Abbaye' du fonds de Kehl (*M*, t.17, p.19).

195   Avant ce temps, on voit un abbé de Saint Rémi de Rheims, et
l'évêque de cette ville, susciter une guerre civile contre Childebert
au sixième siècle: crime qui n'appartient qu'aux hommes puissants. [34]
Les évêques et les abbés avaient beaucoup d'esclaves. On
reproche à l'abbé Alcuin d'en avoir eu jusqu'à vingt mille. [35] Ce
200   nombre n'est pas incroyable: Alcuin possédait plusieurs abbayes,
dont les terres pouvaient être habitées par vingt mille hommes. Ces

195-96   MSP: Rheims, uni à l'évêque
197   MSP: [*manchette*] *Richesse des monastères.*
197-98   MSP: puissants. ¶Pour se faire une idée de la richesse des monastères, il
faut voir ce que rapporte la chronique de l'abbaye du Mont Cassin, tige de toutes les
abbayes des bénédictins. [36] Il est dit que vers l'an 844 un des compétiteurs au duché de
Bénévent enleva de cette abbaye 865 livres pesant en argent, 130 livres pesant en or,
5   2.000 écus d'or et une couronne d'or ornée d'émeraudes estimées 3.000 écus. ¶Les
199   MSP: Alewin, précepteur de Charlemagne d'en
        w56-w57G: Alcwin
200   MSP, 53-w57G: avait trois abbayes
201   MSP: hommes. Tous appartenaient au seigneur. Ces

[34] L'abbé de Saint-Rémi, sacré évêque de Reims en 459 (mort en 533), qui s'illustre
par sa rigueur morale, a été de son vivant le personnage religieux le plus célèbre du
Nord. Il pouvait avoir des démêlés avec Childéric, mentionné par les historiens du
dix-huitième siècle comme le seul roi chassé par ses sujets en raison de son
comportement. Cf. Grosperrin, t.11, p.690-91. Montesquieu parle de l'expulsion de
Childéric de ses états pour des raisons de mœurs (*De l'esprit des lois*, livre 18, ch.25).
Childebert est au contraire cité comme bon exemple par l'évêque dans une lettre pour
le fait d'avoir respecté l'Eglise. Cet entremêlement des noms des deux rois peut être
mis en rapport avec le fait que Voltaire mentionne comme des fables dans *La
Philosophie de l'histoire* (ch.52) les aventures supposées des rois des premiers temps de
l'histoire de France ou plutôt des écritures qui en relatent l'histoire: 'On voit autant de
meurtres, autant d'assassinats dans les annales des Clovis, des Thierri, des Childebert, des Chilpéric, et des Clotaire, que dans celles des rois de Juda et d'Israël.'
[35] Tout ce passage jusqu'à la fin du chapitre, provient du texte qui fut enlevé après
1757 de la notice 'Charlemagne' des *Annales*: voir ci-dessus, ch.19, n.4; ci-dessous,
ch.21, n.*; ch.22, n.1.
[36] Cf. Fleury, qui dit '365 livres d'argent' et ne parle pas d'écus, mais de sous
(livre 48, année 843, §14). La chronique du Mont-Cassin de Léon d'Ostie
(bibliothécaire du Mont-Cassin, Léon de Marsi ou Massicato, ensuite cardinal-
évêque d'Ostie), *Chronica Monasteri Casinensis*, est une compilation du onzième
siècle qui présente des documents démontrant la richesse du couvent du même nom
(détruit et brûlé en 881) et montre des épisodes de résistance des membres de l'élite

esclaves, connus sous le nom de *serfs*, ne pouvaient se marier ni changer de demeure sans la permission de l'abbé. Ils étaient obligés de marcher cinquante lieues avec leurs charrettes, quand il l'ordonnait. Ils travaillaient pour lui trois jours de la semaine, et il partageait tous les fruits de la terre.[37]

On ne pouvait à la vérité reprocher à ces bénédictins de violer par leurs richesses, leur vœu de pauvreté; car ils ne font point expressément ce vœu; ils ne s'engagent, quand ils sont reçus dans l'ordre, qu'à obéir à leur abbé.[38] On leur donna même souvent des terres incultes, qu'ils défrichèrent de leurs mains, et qu'ils firent ensuite cultiver par des serfs. Ils formèrent des bourgades, des petites villes même autour de leurs monastères. Ils étudièrent; ils furent les seuls qui conservèrent les livres en les copiant; et enfin dans ces temps barbares où les peuples étaient si misérables, c'était une grande consolation de trouver dans les cloîtres une retraite assurée contre la tyrannie.

En France et en Allemagne plus d'un évêque allait au combat avec ses serfs. Charlemagne dans une lettre à Frastade une de ses femmes, lui parle d'un évêque qui a vaillamment combattu auprès de lui, dans une bataille contre les Avares, peuples descendus des Scythes, qui habitaient vers le pays qu'on nomme à présent

205

210

215

220

206-18   MSP, 53-54N: terre. ¶En
208-209   W56-W57G: point ce
219-20   MSP, 53-W57G: à une de ses femmes, nommée Frastade, lui
220   MSP: [*manchette*] *Ecclésiastiques à la guerre.*
222-23   MSP: nomme aujourd'hui l'Autriche

---

rurale (Fleury, livre 48, année 843, §14; cf. L. Feller, 'Les premiers contrats agraires du Mont-Cassin', *Histoire des sociétés rurales* 5.21, 2004, p.133-85).

[37] Sur le servage, voir l'*EM*, ch.83. C'est beaucoup plus tard, à partir de 1770, que Voltaire s'attaquera à la forme contemporaine du servage, la mainmorte, chez les bénédictins de Saint-Claude. Voir notamment *La Voix du curé sur le procès des serfs du Mont Jura* (1772; *OCV*, t.74B, p.135-53) et B. Bernard, 'Serfs du Mont-Jura', *DgV*, p.1111-13.

[38] Selon Calmet, *Commentaire littéral, historique et moral, sur la règle de Saint-Benoît* (Paris, 1734), les bénédictins doivent en effet obéissance, mais ni chasteté ni pauvreté (t.2, p.318).

l'Autriche. [39] Je vois de son temps quatorze monastères qui doivent fournir des soldats. Pour peu qu'un abbé fût guerrier, rien ne 225 l'empêchait de les conduire lui-même. Il est vrai qu'en 803 un parlement se plaignit à Charlemagne du trop grand nombre de prêtres qu'on avait tués à la guerre. Il fut défendu alors, mais inutilement, aux ministres de l'autel d'aller aux combats. [40]

Il n'était pas permis de se dire clerc sans l'être, de porter la tonsure *Clercs.* 230 sans appartenir à un évêque. De tels clercs s'appelaient *acéphales.* On les punissait comme vagabonds. On ignorait cet état aujourd'hui si commun, qui n'est ni séculier ni ecclésiastique. Le titre d'abbé, qui signifie père, n'appartenait qu'aux chefs des monastères. [41]

Les abbés avaient dès lors le bâton pastoral que portaient les 235 évêques, et qui avait été autrefois la marque de la dignité pontificale dans Rome païenne. Telle était la puissance de ces abbés sur les moines, qu'ils condamnaient quelquefois aux peines afflictives les plus cruelles. Ils prirent le barbare usage des empereurs grecs, de faire brûler les yeux; et il fallut qu'un concile leur défendît cet 240 attentat, qu'ils commençaient à regarder comme un droit.

225   53-54N: 603
227-28   53-W57G: alors aux ministres
         MSP, 53-54N: fut alors défendu aux
227-29   MSP: <Il fut alors défendu aux ministres de l'autel d'aller aux combats, mais l'usage fut longtemps contraire à la loi, et depuis même l'usage fut une espèce de loi. ¶Il est indubitable qu'alors les prêtres se mariaient, car le cinquième titre du premier capitulaire de Charlemagne prive des fonctions sacerdotales tout prêtre qui a
5   plus d'une femme.> [*dans la marge*: Les lois bavaroises et les capitulaires de Charlemagne défendaient aux prêtres d'avoir chez eux d'autres femmes que leurs mères et leurs sœurs; mais c'est en cela surtout que la loi cédait à l'usage.] ¶Il n'est pas
233-34   MSP: chefs de la république de Gênes.
234-35   MSG: monastères, ou même à des séculiers constitués en dignité; on donna par exemple ce titre au chef de la république de Gênes. ¶Les
235   MSP: été la marque
238   MSP, 53-54N: Ils furent les premiers qui prirent

[39] Baluze, t.i, col.256. Il faut lire *Fastrade*.
[40] Cf. Fleury, livre 45, année 803, §26, mais Voltaire ne reprend pas les raisons qu'il donne: les évêques craignaient, s'ils prenaient les armes, d'être considérés comme inutiles à l'Etat et d'être dépossédés de leurs biens.
[41] Voir aussi l'art. 'Abbé', du *DP* (*OCV*, t.35, p.286-88).

CHAPITRE 21

Suite des rites religieux du temps de Charlemagne.

De la messe. La messe était différente de ce qu'elle est aujourd'hui, et plus encore de ce qu'elle était dans les premiers temps. Elle fut d'abord une cène, un festin nocturne; ensuite la majesté du culte augmentant avec le nombre des fidèles, cette assemblée de nuit se changea en une assemblée du matin: la messe devint à peu près ce qu'est la   5

a-184   [*Première rédaction de ce chapitre*: MSP]
a   MSP, 53-W57G: [*pas de rupture*]
    61: Chapitre 17
1   MSP: [*manchette*] Cérémonies.
1-114   MSP: Quant aux cérémonies de l'Eglise, la messe était différente de ce qu'elle est aujourd'hui, et encore plus de ce qu'elle fut aux premiers siècles. On n'en disait qu'une dans chaque église. Les rois se faisaient dire rarement des messes privées. ¶La première confession auriculaire qu'on nomme confession générale est celle de Saint Eloi au VIᵉ siècle. Les ennemis de l'Eglise romaine qui se sont élevés   5
contre une institution si salutaire semblent avoir ôté aux hommes le plus grand frein qu'on puisse mettre à leurs crimes secrets. Les sages de l'antiquité en avaient même senti l'importance. S'ils n'avaient pu en faire un devoir à tous les hommes, ils en avaient établi la pratique chez ceux qui prétendaient à une vie plus pure. C'était la première expiation [MSG: des] initiée chez les anciens Egyptiens et aux mystères de   10
Cérès Eleusine. Ainsi la religion chrétienne a consacré des choses dont Dieu avait permis que la sagesse humaine entrevît et embrassât les ombres. ¶La religion ne
2-53   53-54N: temps. ¶La
3   W56-W57G: cène; ensuite
4-5   W56-W57G: fidèles, elle fut à peu près

* Voir la note liminaire du ch.20. En ce qui concerne l'Angleterre (ligne 150 et suiv.), Voltaire suit l'*Histoire d'Angleterre* de P. Rapin de Thoyras (La Haye, 1724-1737; nouv. éd., Paris, 1749, BV2871), qu'il commande dès sa première parution (D186, mars 1724). La version manuscrite pour les lignes 1-114 est presque identique à un passage du texte qui fut enlevé après 1757 de la notice 'Charlemagne' des *Annales*, et les lignes 115-32 en sont très proches: voir ci-dessus, ch.19, n.4; ch.20, n.35; ch.22, n.1.

324

grand'messe aujourd'hui.[1] Il n'y eut jusqu'au cinquième siècle qu'une messe commune dans chaque église. Le nom de *synaxe* qu'elle a chez les Grecs, et qui signifie *assemblée*, les formules qui subsistent et qui s'adressent à cette assemblée, tout fait voir que les messes privées durent être longtemps inconnues. Ce sacrifice, cette assemblée, cette commune prière avait le nom de *missa* chez les Latins, parce que selon quelques-uns on renvoyait, *mittebantur*, les pénitents qui ne communiaient pas; et selon d'autres, parce que la communion était envoyée, *missa erat*, à ceux qui ne pouvaient venir à l'église.[2]

Il semble qu'on devrait savoir la date précise des établissements de nos rites; mais aucune n'est connue. On ne sait en quel temps commença la messe telle qu'on la dit aujourd'hui; on ignore l'origine précise du baptême par aspersion, de la confession auriculaire, de la communion avec du pain azyme, et sans vin; on ne sait qui donna le premier le nom de sacrement au mariage, à la confirmation, à l'onction qu'on administre aux malades.

Quand le nombre des prêtres fut augmenté, on fut obligé de dire des messes particulières. Les hommes puissants eurent des aumôniers; Agobard évêque de Lyon s'en plaint au neuvième siècle.[3] Denys le petit, dans son Recueil des canons, et beaucoup

Messes.

15-23   w56-w57G: l'église. ¶Quand

---

[1] Cf. les art. 'Christianisme' du *DP* (*OCV*, t.35, p.570) et 'Messe' des *QE* (*M*, t.20, p.58-62). Plusieurs des questions traitées ici réapparaissent plus loin, au ch.45: les questions rituelles alimentent alors les hérésies et donc les disputes.

[2] Voltaire dispose sur ce sujet d'une importante documentation: Du Cange, *Glossarium ad scriptores mediae et infimae latinitatis* (Paris, 1733-1736, BV1115), 'Eucharistia', t.3, col.176 (*CN*, t.3, p.222 et suiv.); P. Du Moulin, *Anatomie de la messe* (Genève, 1641, BV1146; *CN*, t.3, p.294); H. Du Quesne, *Réflexions anciennes et nouvelles sur l'Eucharistie* (Genève, 1718, BV1179; *CN*, t.3, p.324). La question était controversée: Moréri, *Dictionnaire*, et Jaucourt dans l'*Encyclopédie* donnent encore d'autres explications du terme.

[3] Agobard, réformateur de l'Eglise (*c.*779-840), est impliqué dans les révoltes des fils du roi Louis le Débonnaire: il prend partie pour Lothaire contre son père. Il est un des plus fervents critiques de sa politique malchanceuse, par laquelle le roi a essayé de

d'autres, confirment que tous les fidèles communiaient à la messe publique. [4] Ils apportaient de son temps le pain et le vin que le prêtre consacrait; chacun recevait le pain dans ses mains. Ce pain était fermenté comme le pain ordinaire; il y avait très peu d'églises où le pain sans levain fût en usage; on donnait ce pain aux enfants comme *Communion.* aux adultes. La communion sous les deux espèces était un usage universel sous Charlemagne; il se conserva toujours chez les Grecs, et dura chez les Latins jusqu'au douzième siècle. On voit même que dans le treizième il était encore pratiqué quelquefois. L'auteur de la relation de la victoire que remporta Charles d'Anjou sur Mainfroi en 1264, rapporte que ses chevaliers communièrent avec le pain et le vin avant la bataille. [5] L'usage de tremper le pain dans le vin s'était établi avant Charlemagne: celui de sucer le vin avec un chalumeau ou un siphon de métal, ne s'introduisit qu'environ deux cents ans après, et fut bientôt aboli. Tous ces rites, toutes ces pratiques changèrent selon la conjoncture des temps, et selon la prudence des pasteurs, ou selon le caprice, comme tout change. [6]

L'Eglise latine était la seule qui priât dans une langue étrangère inconnue au peuple. Les inondations des barbares qui avaient introduit dans l'Europe leurs idiomes, en étaient cause. Les Latins étaient encore les seuls qui conférassent le baptême par la seule

30-32   w56-w57G: fermenté et n'était point encore azyme. On le donnait même aux enfants. La

43-44   w56-w68: pasteurs. ¶L'Eglise

---

réduire le pouvoir de l'Eglise, assuré par Charlemagne. Voltaire consacrera à la critique du règne de Louis le Débonnaire (dont il interprète le nom comme 'Faible') tout le ch.23 où il détaille la dégradation de l'empire carolingien. Il met des signets dans l'*Histoire ecclésiastique*, où Fleury parle du rôle d'Agobard agissant contre le roi, mais Fleury présente d'autres activités de l'évêque (livre 47, année 833, §39, 40).

[4] D'après Denys le Petit, *Codex canonum ecclesiasticorum* (Paris, 1643), ch. 'Incipit Synodus apud Carthaginem Africanorum', §37, la communion se faisait sous les deux espèces, mais rien n'indique que tous les fidèles y participaient.

[5] Voir l'*EM*, ch.61. Daniel rapporte qu'avant la bataille de Bénévent Charles 'se servit d'un grand nombre de religieux dominicains et cordeliers pour entendre pendant la nuit les confessions des soldats dont la plûpart communièrent' (année 1266, t.4, p.237).

aspersion; indulgence très naturelle pour des enfants nés dans les climats rigoureux du septentrion, et convenance décente dans le
50 climat chaud d'Italie. Les cérémonies du baptême des adultes, et de celui qu'on donnait aux enfants, n'étaient pas les mêmes. Cette différence était indiquée par la nature.[7]

La confession auriculaire s'était introduite, dit-on, dès le sixième *Confession.* siècle.[8] Les évêques exigèrent d'abord que les chanoines se
55 confessassent à eux deux fois l'année, par les canons du concile d'Attigny[9] en 763, et c'est la première fois qu'elle fut commandée expressément. Les abbés soumirent leurs moines à ce joug, et les séculiers peu à peu le portèrent. La confession publique ne fut

53   53-54N: auriculaire commençait à s'introduire
55-57   53-54N: eux. Les

[6] Voltaire veut montrer que de nombreux rites ressentis par les fidèles comme intangibles et sacrés ne sont en fait que des usages arbitraires, qui changent au gré des évolutions de l'Eglise elle-même.

[7] Voir les art. 'Baptême' du *DP* (*OCV*, t.35, p.400 et n.18) et des *QE* (*OCV*, t.39, p.311 et suiv.).

[8] L'art. 'Confession' du *DP* distingue seulement confession secrète et confession publique (*OCV*, t.35, p.632-36), sans s'étendre sur la confession auriculaire comme le fera, au §8, celui des *QE*, qui la date du septième siècle. Un long passage du *Saint-Fargeau notebook* constitue, sous le titre 'Confession', la première étape de la réflexion, dont on retrouve ici des fragments puisque Voltaire suit le développement qu'il y esquisse et qui peut être considéré comme la matrice de ce chapitre, tel qu'il apparaît en 1753: 'Nulle trace jusqu'au 12ème siècle de la forme de confession auriculaire pratiquée dans les confessionnaux des églises. On ne voit aucun confesseur en titre d'aucun roi. Aucun passage où il soit dit que le roi se confessa et communia. Cependant Ch[arle]mag[ne] se confessait, et Martel. Ce n'est pas que la confession ne fût établie comme la pénitence, mais il n'y avait certainement rien de réglé, point de formule – et les dix commandements de l'église n'étaient pas même encore écrits. On n'en trouve aucune trace dans aucun auteur des douze premiers siècles' (*OCV*, t.81, p.131-34). Nous signalons les autres rapprochements à leur place. Voltaire n'a pas utilisé un passage qui énumère les recommandations de plusieurs conciles, mais conclut ainsi: 'mais aucun n'en prescrit les règles et la forme telle qu'elle est établie depuis le treizième siècle'; il reconnaît celui de Latran au douzième siècle comme 'le premier qui ait établi la confession telle qu'elle est établie aujourdui' (p.134).

[9] Résidence royale depuis le règne de Clovis.

jamais en usage dans l'Occident; car lorsque les barbares embras-
sèrent le christianisme, les abus et les scandales qu'elle entraînait   60
après elle, l'avaient abolie en Orient, sous le patriarche Nectaire, à
la fin du quatrième siècle;[10] mais souvent les pécheurs publics
faisaient des pénitences publiques dans les églises d'Occident,
surtout en Espagne, où l'invasion des Sarrasins redoublait la
ferveur des chrétiens humiliés. Je ne vois aucune trace jusqu'au   65
douzième siècle de la formule de la confession, ni des confessionnaux établis dans les églises, ni de la nécessité préalable de se
confesser immédiatement avant la communion.

Vous observerez que la confession auriculaire n'était point reçue
aux huitième et neuvième siècles dans les pays au delà de la Loire,   70
dans le Languedoc, dans les Alpes. Alcuin s'en plaint dans ses
lettres. Les peuples de ces contrées semblent avoir eu toujours
quelques dispositions à s'en tenir aux usages de la primitive Eglise,
et à rejeter les dogmes et les coutumes que l'Eglise plus étendue
jugea convenable d'adopter.   75

Carêmes.   Aux huitième et neuvième siècles il y avait trois carêmes, et
quelquefois quatre comme dans l'Eglise grecque, et on se con-

---

65   54C: humiliés. Il est indubitable qu'alors les prêtres se mariaient; car le
cinquième titre du premier capitulaire de Charlemagne prive des fonctions
sacerdotales tout prêtre qui a plus d'une femme.[11] Je
65-114   53-54N: humiliés. ¶La
68-76   w56-w57G: communion. Aux
76-77   w56-w57G: carêmes et on
61-w68: carêmes, comme

---

[10] *Saint-Fargeau notebook*: 'Socrate et Sosomène rapportent tous deux l'abolition
ordonnée par Necter de la confession publique. Il y avait alors un prêtre appelé le
pénitencier devant qui les fidèles s'accusaient tout haut des fautes les plus graves. Ces
deux espèces de confession ayant été abolies pour les inconvénients qui en
résultaient, la confession devint plus secrète, surtout en occident' (p.134). Exemple
développé dans l'art. 'Confession' des *QE* (1770; *M*, t.18, p. 225), et répété
notamment dans les *Eclaircissements historiques*, 'XIIe sottise de Nonnotte. Sur la
confession' (1763; *M*, t.24, p.491-92), et *Fragment sur l'histoire générale*, art.8 (1773;
M, t.29, p.254).
[11] En 769. Voir le *Saint-Fargeau notebook*, p.150.

fessait d'ordinaire à ces quatre temps de l'année. Les commandements de l'Eglise, qui ne sont bien connus qu'après le troisième (a)
80 concile de Latran en 1215, imposèrent la nécessité de faire une fois
l'année ce qui semblait auparavant plus arbitraire. [12]
　Au temps de Charlemagne il y avait des confesseurs dans les
armées. Charles en avait un pour lui en titre d'office; il s'appelait
Valdon, et était abbé d'Augi près de Constance. [13]
85 　Il était permis de se confesser à un laïque, et même à une femme,　　*Laïques ont droit*
en cas de nécessité. (b) [14] Cette permission dura très longtemps. C'est　*de confesser.*
pourquoi Joinville dit qu'il confessa en Afrique un chevalier, et
qu'il lui donna l'absolution selon le pouvoir qu'il en avait. *Ce n'est*
pas tout à fait un sacrement, dit saint Thomas, *mais c'est comme*
90 *sacrement.* [15]

　(a)　Que d'autres nomment le quatrième.
　(b)　Voyez les éclaircissements.

78　w56-w68: ces trois temps
79-80　w56-w68: le quatrième concile
n.b　w56-w68: [absente]

　[12] Voir Fleury, *Histoire ecclésiastique*, livre 47, année 831, §36. Voltaire a beaucoup
annoté tout ce qui se rapporte au carême: *CN*, t.3, p.480, 492, 499-503, 525, et aussi le
Saint-Fargeau notebook: 'Au huitième et neuvième siècles trois confessions aux trois
carêmes' (p.132). Voir aussi le ch.45.
　[13] Cf. le *Saint-Fargeau notebook*, p.132.
　[14] Question développée dans l'art. 'Confession' des *QE*, qui reprend textuellement plusieurs passages sur l'ensemble du sujet. Voltaire répond à une critique de
Nonnotte dans la 'vingt-deuxième sottise' des *Eclaircissements* (*M*, t.24, p.504-505);
il reprend la question dans sa correspondance (D17702, 19 avril 1772) en se référant à
Fleury: 'au 13ᵉ siècle les abesses en Espagne confessaient les religieuses et prêchaient'
(t.15, p.246; *CN*, t.3, p.542 et n.615).
　[15] Souvenir approximatif des *Mémoires de Joinville* (Paris, 1666), ch.72: il s'agit de
délier un homme de son serment. Cf. le *Saint-Fargeau notebook*: 'Confession d'un
laïque en cas de nécessité est comme sacrement, non pas tout à fait sacrement, ainsi
Joinville avait confessé un chevalier' (p.132). Selon un concile de Bénévent en 1374,
en cas de nécessité on peut se confesser à un laïque, à une femme, mais non à un
hérétique: 'Sine confessione homo salvus non est aliter sola contritio sufficit' (titre 6,
ch.1). Le texte original de la *Somme théologique* de saint Thomas d'Aquin (Lyon,

Ancienneté de la   On peut regarder la confession comme le plus grand frein des
confession.   crimes secrets. Les sages de l'antiquité avaient embrassé l'ombre de
cette pratique salutaire. On s'était confessé dans les expiations chez
les Egyptiens, et chez les Grecs, et dans presque toutes les
célébrations de leurs mystères. Marc-Aurèle en s'associant aux   95
mystères de Cérès Eleusine, se confessa à l'*hiérophante*. [16]

     Cet usage si saintement établi chez les chrétiens, fut malheu-
reusement depuis l'occasion de quelques funestes abus. La faiblesse
du sexe rendit quelquefois les femmes plus dépendantes de leurs
confesseurs que de leurs époux. Presque tous ceux qui confessèrent   100
les reines, se servirent de cet empire secret et sacré pour entrer dans
les affaires d'Etat. Lorsqu'un religieux domina sur la conscience
d'un souverain, tous ses confrères s'en prévalurent, et plusieurs
employèrent le crédit du confesseur pour se venger de leurs
ennemis. [17] Enfin, il arriva que dans les divisions entre les empereurs   105
et les papes, dans les factions des villes, les prêtres ne donnaient pas
l'absolution à ceux qui n'étaient pas de leur parti. C'est ce qu'on a
vu en France du temps du roi Henri IV. Presque tous les
confesseurs refusaient d'absoudre les sujets qui reconnaissaient
leur roi. La facilité de séduire les jeunes personnes, et de les porter   110

     98   K: l'occasion des plus funestes
     98-105   w56-w57G: abus, surtout lorsque dans
     110-12   w56-w57G: roi. Telle

1738, BV3292, 3e partie, p.255) est cité par Voltaire dans l'art. 'Confession' des *QE* et
ainsi traduit: 'La confession faite à un laïque au défaut d'un prêtre est sacramentale en
quelque façon' (*M*, t.18, p.229). Cf. *Saint-Fargeau notebook*: 'St Tomas distinction 17,
livre 3, question première pèse le sentiment de ceux qui pensent qu'il ne faut se
confesser qu'à dieu. Enfin il est d'opinion qu'il ne suffit pas de dieu si on peut avoir un
homme. Examine aussi si les laïques peuvent confesser. On doutait donc.
Supplément troisième partie, question 39, artic. 2' (p.132; ce passage précède celui
qui évoque Joinville).
     [16] Voltaire consacre à ces mystères l'ensemble du ch.37 de *La Philosophie de
l'histoire* (*OCV*, t.59, p.215-19). Il parle d'*hiérophante* avec ironie dans l'art.
'Confession' du *DP* (p.632).
     [17] Voir l'art. 'Directeur' des *QE* (*M*, t.18, p.395). Pour l'application de cette
dernière remarque aux jésuites, voir l'*EM*, ch.139.

au crime dans le tribunal même de la pénitence, fut encore un écueil très dangereux. [18] Telle est la déplorable condition des hommes, que les remèdes les plus divins ont été tournés en poison.

La religion chrétienne ne s'était point encore étendue au nord plus loin que les conquêtes de Charlemagne. La Scandinavie, le Dannemarck, qu'on appelait le *pays des Normands*, avaient un culte que nous appelons ridiculement *idolâtrie*. [19] La religion des idolâtres serait celle qui attribuerait la puissance divine à des figures, à des images; ce n'était pas celle des Scandinaves; ils n'avaient ni peintre ni sculpteur. Ils adoraient Odin, et ils se figuraient qu'après leur mort le bonheur de l'homme consistait à boire dans la salle d'Odin de la bière dans le crâne de ses ennemis. On a encore de leurs anciennes chansons traduites, qui expriment cette idée. [20] Il y avait

Peuples nommés idolâtres.

115
120

116-20   MSP, 53-W57G: *Normands*, étaient plongés dans une idolâtrie grossière. Ils adoraient

123-28   MSP, 53-W57G: idée. C'était beaucoup pour eux [53-W57G: que] de croire une autre vie. ¶La

[18] Cf. l'art. 'Confession' du *DP* (p.634), où l'idée est appliquée aux Guelfes et aux Gibelins et l'*EM*, ch.173. Les 'jeunes personnes' évoquent peut-être l'affaire Girard-La Cadière? Attirée en 1728 par les sermons du jésuite Jean Baptiste Girard, Marie-Catherine Cadière (1709-?) est bientôt l'objet de stigmates et de visions. Le P. Girard profite de la situation pour abuser d'elle. Jugée pour sorcellerie à Toulon, puis Aix-en-Provence, elle est d'abord condamnée en septembre 1731 à la pendaison, puis innocentée en octobre. Pour l'opinion, cette affaire devient le symbole de la corruption des jésuites.

[19] Voltaire distingue soigneusement idolâtrie et paganisme. L'idée, évoquée ci-dessus, ch.10 (lignes 121-24), est développée au ch.30 de *La Philosophie de l'histoire* et dans l'art. 'Idole, idolâtre, idolâtrie' du *DP* (*OCV*, t.36, p.205-28).

[20] Ce passage pose problème, car il figure dans les manuscrits et il est publié en 1753; Voltaire ne peut connaître alors, de P.-H. Mallet, l'*Introduction à l'histoire du Danemark* (Copenhague, 1755, BV2292), qu'il commande à Cramer seulement en 1763 (D11287), et *Monuments de la mythologie et de la poésie des Celtes* (Copenhague, 1756, BV2293; *CN*, t.5, p.509), ouvrages qui révèlent en France la mythologie des Scandinaves. Mais Voltaire connaissait Mallet dès en 1752 (D4964, D4965, D4996, D5014) et a pu obtenir de lui certains renseignements. Il note, sans référence de source, dans les *Notebook fragments*, 27, 'Celtes': 'Chez les scites dans tout le nord et chez les celtes il n'y avait de sauvé que ceux qui mouraient à la guerre. Par leur religion ils devaient conquérir le monde. Ils chantaient dans leurs hymnes, Nous boirons de bonne

longtemps que les peuples du Nord croyaient une autre vie. Les druides avaient enseigné aux Celtes qu'ils renaîtraient pour combattre, et les prêtres de la Scandinavie persuadaient aux hommes qu'ils boiraient de la bière après leur mort. 125

La Pologne n'était ni moins barbare, ni moins grossière. Les Moscovites, aussi sauvages que le reste de la grande Tartarie, en savaient à peine assez pour être païens: mais tous ces peuples vivaient en paix dans leur ignorance: heureux d'être inconnus à Charlemagne, qui vendait si cher la connaissance du christianisme. [21] 130

Angleterre.   Les Anglais commençaient à recevoir la religion chrétienne. Elle y avait été apportée peu auparavant par Constance Clore, protecteur secret de cette religion, alors persécutée. Elle n'y domina point; l'ancien culte du pays eut le dessus encore long- 135 temps. [22] Quelques missionnaires des Gaules cultivèrent grossière- ment un petit nombre de ces insulaires. Le fameux Pélage, trop zélé défenseur de la nature humaine, [23] était né en Angleterre; mais il n'y fut point élevé, et il faut le compter parmi les Romains. [24] 140

128   MSP, 53-W57G: barbare, ni moins idolâtre.
129   MSP, 53-54N: Moscovites, plus sauvages
133   MSP: [*manchette*] *Christianisme en Angleterre.*
       MSP: à mieux s'instruire de la
134   MSP: portée longtemps auparavant
       W56: apportée un peu
135   MSP: persécutée. Mais elle
136   MSP, 53-61: point. L'idolâtrie eut [MSP: toujours] le dessus

bière dans le crâne / De nos ennemis, dans la sale d'Odin. / Ils croyaient ressusciter une seule fois' (*OCV*, t.82, p.637).

[21] Sur la christianisation de la Pologne et de la Moscovie aux dixième et onzième siècles, voir l'*EM*, ch.43.

[22] Voir ci-dessus, ch.8, lignes 280-87 et n.58-60.

[23] Voltaire s'appuie sans doute ici sur A. Du Chesne, *Histoire générale d'Angleterre, d'Ecosse et d'Irlande* (Paris, 1614), ainsi que sur Rapin de Thoyras.

[24] Né en Irlande vers 360, Pélage niait le péché originel. Voir l'art. 'Grâce' du *DP* (*OCV*, t.36, p.177, n.3).

L'Irlande qu'on appelait Ecosse,[25] et l'Ecosse connue alors sous le nom d'Albanie, ou du pays des Pictes, avaient reçu aussi quelques semences du christianisme, étouffées toujours par l'ancien culte, qui dominait. Le moine Colomban, né en Irlande, était du sixième siècle; mais il paraît par sa retraite en France, et par les monastères qu'il fonda en Bourgogne, qu'il y avait peu à faire et beaucoup à craindre pour ceux qui cherchaient en Irlande et en Angleterre de ces établissements riches et tranquilles, qu'on trouvait ailleurs à l'abri de la religion.

Après une extinction presque totale du christianisme dans l'Angleterre, l'Ecosse et l'Irlande, la tendresse conjugale l'y fit renaître. Ethelbert, un des rois barbares anglo-saxons de l'heptarchie d'Angleterre, qui avait son petit royaume dans la province de Kent, où est Cantorbéri, voulut s'allier avec un roi de France.[26] Il épousa la fille de Childebert roi de Paris. Cette princesse chrétienne, qui passa la mer avec un évêque de Soissons, disposa son mari à recevoir le baptême, comme Clotilde avait soumis Clovis. Le pape Grégoire le Grand envoya Augustin, que les Anglais nomment Austin, avec d'autres moines romains en 598. Ils

---

141   MSP: appelait l'Ecosse alors connue sous
      MSG: appelait Ecosse et l'Ecosse alors connue
142   MSP: avait reçût
      53-W56: avait reçu
143-44   MSP, 53-W57G: par l'idolâtrie qui
155   MSP, 53-54N: Chérébert
158-59   MSP: envoya un Augustin avec

---

[25] Cf. Rapin de Thoyras: 'On commença aussi à distinguer les Ecossais qui habitaient dans l'Ile d'Albion, d'avec ceux qui demeuraient en Irlande ou dans les îles voisines. Les premiers furent nommés *Albins*, et les autres, *Irenois* ou *Irlandois*. De là vint aussi la distinction entre la Grande et la Petite Ecosse' (t.i, 'Introduction à l'histoire d'Angleterre', §'Distinction entre les Ecossais et la Grande et la Petite Ecosse', p.15).

[26] Toutes les précisions sur la conversion des Anglais au christianisme proviennent de l'*Historia ecclesiastica gentes anglorum* de Bède, et sont lieu commun pour les historiens de l'Angleterre: voir, par exemple, Rapin de Thoyras, qui en parle dans son t.i, livre 3, années 568-616. A la ligne 155, il s'agit cependant de Caribert roi de Paris (comme dans la variante) et non de Childebert.

firent peu de conversions; car il faut au moins entendre la langue du
pays, pour en changer la religion; mais, favorisés par la reine, ils
bâtirent un monastère. [27]

Ce fut proprement la reine qui convertit le petit royaume de
Cantorbéri. Ses sujets barbares, qui n'avaient point d'opinions,
suivirent aisément l'exemple de leurs souverains. Cet Augustin
n'eut pas de peine à se faire déclarer primat par Grégoire le Grand.
Il eût voulu même l'être des Gaules; mais Grégoire lui écrivit qu'il
ne pouvait lui donner de juridiction que sur l'Angleterre. Il fut
donc premier archevêque de Cantorbéri, premier primat de
l'Angleterre. Il donna à l'un de ses moines le titre d'évêque de
Londres, à l'autre celui de Rochester. On ne peut mieux comparer
ces évêques, qu'à ceux d'Antioche et de Babilone, qu'on appelle
évêques *in partibus infidelium*. Mais avec le temps, la hiérarchie
d'Angleterre se forma. Les monastères surtout étaient très riches au
huitième et au neuvième siècle. Ils mettaient au catalogue des saints
tous les grands seigneurs qui leur avaient donné des terres; d'où
vient que l'on trouve parmi leurs saints de ce temps-là, sept rois,
sept reines, huit princes, seize princesses. Leurs chroniques disent
que dix rois et onze reines finirent leurs jours dans des cloîtres. Il est
croyable que ces dix rois et ces onze reines se firent seulement
revêtir à leur mort d'habits religieux, et peut-être porter, à leurs
dernières maladies, dans des couvents, comme on en a usé en
Espagne: mais non pas qu'en effet ils aient en santé renoncé aux
affaires publiques, pour vivre en cénobites.

160

165

170

175

180

165-66   MSP: Cet Augustin que les Anglais appellent Austin, n'eut
169-70   MSP: Cantorbéri et premier primat. Il
172   MSP, 53-54N: ces évêchés
179   MSP, 53-54N: cloîtres; mais il est
182-83   53-w68: couvents, mais

[27] Selon Rapin de Thoyras, 596 est la date de l'envoi des missionnaires, 598 celle
de la conversion, notée aussi en manchette de l'*Histoire d'Angleterre* (t.I, livre 3,
§'L'état de l'Eglise d'Angleterre depuis que les Anglais se convertirent à la religion
chrétienne', année 598). Voir au même endroit pour les conversions obtenues par
Augustin (mort en 604) et les différents épisodes mentionnés ici. Voltaire reprend les
doutes de Rapin.

CHAPITRE 22

Suite des usages du temps de Charlemagne. De la justice, des lois. Coutumes singulières. Epreuves.

Des[1] comtes nommés par le roi rendaient sommairement la justice. *Comtes.* Ils avaient leurs districts assignés. Ils devaient être instruits des lois,

a-145   [*Première rédaction de ce chapitre*: MSP]
a   MSP: Chapitre 9 [*pas de chapitre 8*]
      W56-W57G: Chapitre 13
      61: Chapitre 18
c   MSP, 53-W57G: *des lois et coutumes singulières.* //
1   MSP: [*manchette*] *Justice.*
1-2   MSP, 53-54N: La justice se rendait ordinairement par les comtes [MSP: que le roi nommait] [53-54N: nommés par le roi]. Ils avaient

* Avec le ch.22 et la justice se clôt le 'tableau' des usages du temps de Charlemagne. L'orientation en est double, politique autant qu'historique: reprenant la grille de lecture de J. B. Dubos, *Histoire critique de l'établissement de la monarchie française dans les Gaules* (Amsterdam, 1734, BV1109), Voltaire présente un système politique centralisé, où le roi délègue et contrôle le pouvoir de justice, et dans lequel de nombreux délits se règlent par le paiement d'une amende (en 1756, cette question des 'compositions' passe dans le ch.17). Il s'étend particulièrement sur les ordalies (mais évite d'employer ce terme) et autres 'jugements de Dieu', sans mentionner les critiques qu'ils suscitaient à l'époque, comme pour mieux dénoncer l'absurdité et la cruauté de 'ces siècles grossiers'. Le mépris pour ces 'épreuves' étant général au dix-huitième siècle, Voltaire n'innove qu'en cherchant les moyens qui permettaient de les éluder ou d'en manipuler l'issue, et exerce surtout son esprit critique à repérer la fourberie des juges ou des accusés, plutôt qu'à trouver au fait même un fondement, ou au moins une explication. Cela lui permettra d'alimenter, après 1770, aussi bien les *QE* que le *Commentaire sur L'Esprit des lois* et les *Fragments sur l'Inde.* Les historiens distinguaient habituellement les usages des peuples guerriers du nord, le duel notamment, de ceux des peuples du midi; ou encore les jugements réservés aux nobles de ceux destinés au bas peuple, comme, par exemple, l'épreuve de l'eau froide. Voltaire, ne pouvant reprendre cette analyse puisqu'il récuse l'existence d'une noblesse chez les Francs (lignes 126-29), procède plutôt à des distinctions fondées sur la nature du délit, et y cherche, en 1756, une source religieuse, d'origine grecque ou

qui n'étaient ni si difficiles ni si nombreuses que les nôtres. La procédure était simple: chacun plaidait sa cause en France et en Allemagne. Rome seule, et ce qui en dépendait, avait encore retenu 5 beaucoup de lois et de formalités de l'empire romain. Les lois lombardes avaient lieu dans le reste de l'Italie citérieure.

Chaque comte avait sous lui un lieutenant, nommé *viguier*, sept assesseurs, *scabini*, et un greffier, *notarius*. Les comtes publiaient dans leur juridiction l'ordre des marches pour la guerre, enrôlaient 10 les soldats sous des centeniers, les menaient aux rendez-vous, et laissaient alors leurs lieutenants faire les fonctions de juge.[2]

3 MSP: n'étaient ni si obscures ni
6 MSP: l'empereur romain
9 MSP: *Scabini* pris dans la cité. ¶A l'exemple des anciens sénateurs romains, ils étaient à la fois guerriers et juges. Il leur était même ordonné de ne paraître jamais dans leur tribunal sans leur bouclier, mais il n'était permis sous Charlemagne ni aux autres citoyens, ni aux soldats mêmes d'être armés en temps de paix. Cette loi si sage, conforme à celle des Romains et des Musulmans, prévenait ces querelles et ces duels 5 continuels qui depuis désolèrent l'Europe, quand la coutume s'introduisit de ne jamais quitter l'épée, d'aller armé chez ses amis, aux tribunaux, aux églises; abus porté si loin qu'en Espagne et dans tous les pays soumis aux Espagnols, le juge, l'avocat, le procureur, le mendiant même, marchent aujourd'hui l'épée au côté, comme s'ils allaient se battre. ¶Ces comtes 10
10 MSP: l'ordre de marcher pour
11 MSP: rendez-vous des troupes et
12-13 MSP: juge dans les bourgades que je n'ose appeler villes. ¶Les

latine. Il en fait alors une caractéristique de la 'simplicité des premiers temps', ce qui lui permet en 1769 d'évoquer le peuple juif, adonné à de telles pratiques. C'est une des modifications principales d'un chapitre qui trouve sa conclusion en 1756, avec Charlemagne se souciant du produit de ses métairies. L'évocation est rapide, mais touche à ce que Voltaire annonce alors comme l'essentiel de son œuvre: 'des lois, des mœurs et des usages dont à peine il reste des traces'.

[1] Les lignes 1-26 et 31-69, ainsi que les variantes manuscrites des lignes 9 et 26-31, sont presque identiques à quelques passages du texte qui furent retranchés après 1757 de la notice 'Charlemagne' des *Annales*: voir ci-dessus, ch.19, n.4; ch.20, n.35; ch.21, n.*.

[2] Voltaire a pu tirer ces renseignements de E. Baluze, *Capitularia regum francorum* (Paris, 1677) (voir ci-dessus, ch.17, n.3). Mézeray (*Abrégé chronologique*, t.I,

Les rois envoyaient des commissaires avec lettres expresses, *missi dominici*, qui examinaient la conduite des comtes. Ni ces
15 commissaires, ni ces comtes ne condamnaient presque jamais à la mort, ni à aucun supplice; car si on en excepte la Saxe, où Charlemagne fit des lois de sang, presque tous les délits se rachetaient dans le reste de son empire. Le seul crime de rébellion était puni de mort, et les rois s'en réservaient le jugement. La loi
20 salique, celle des Lombards, celle des Ripuaires, avaient évalué à prix d'argent la plupart des autres attentats, ainsi que nous l'avons vu.[3]

Leur jurisprudence, qui paraît humaine, était peut-être en effet plus cruelle que la nôtre. Elle laissait la liberté de mal faire à
25 quiconque pouvait la payer. La plus douce loi est celle qui mettant

20   54: salique ou ripuaire, celle des Lombards
21-23   MSP: attentats qu'on punit aujourd'hui par la perte de la vie ou par de grandes peines. ¶Leur
        53-54N: attentats. ¶La jurisprudence
23   MSP, 53-61: était en effet

---

v. 'Clotaire II', §'Mœurs et coutumes' et 'Charlemagne', §'Mœurs et coutumes sous la seconde race'), ou L. Le Gendre (*Nouvelle Histoire de France*, Paris, 1718-1719, BV2006), qui renferme une partie intitulée 'Mœurs et coutumes dans les differens temps de la monarchie', évoquent, comme beaucoup d'autres historiens, les formalités de justice, mais sans entrer dans les mêmes détails ni user du même vocabulaire.

[3] Voir ci-dessus, ch.17, n.11. Ce chapitre a été considérablement modifié: en 1756 la question des compositions passe au ch.17. Le texte déplacé ou supprimé (var. MSP, 53-54N, pour les lignes 26-31) pouvait aussi trouver sa source dans Baluze, t.1, 'Dagoberti Regis Capitulare secundum', tit.60, §1, 2, pour 'il en coûtait cent sous' (lignes 3-4; mais le texte ne mentionne respectivement que 12 et 40 sous), et §3 pour 'On distinguait [...] cervelle' (lignes 18-20); 'Capitularium Karoli Magni et Ludovici Pii', 'Liber Sextus', §291, pour 'Le meurtre d'un diacre' (lignes 4-5) et pour 'La loi salique remise [...] d'or' (lignes 8-9), §421 pour 'épouser sa commère' (lignes 30-31); 'Dagoberti Regis Capitulare tertium', tit.11, §1, pour 'Le troisième chapitre [...] déterminée' (lignes 5-8); 'Capitularia Karoli Magni', année 798, tit.29, pour 'Il en coûtait 700 sous [...] adulte' (lignes 22-23). Des remarques sur ces points figurent aussi dans le *Saint-Fargeau notebook* (*OCV*, t.81, p.152-53).

le frein le plus terrible à l'iniquité, prévient ainsi le plus de crimes; mais on ne connaissait pas encore la question, la torture, usage dangereux qui, comme on sait, ne sert que trop souvent à perdre l'innocent, et à sauver le coupable. [4]

26   MSP: [*manchette*] *Amendes.*

26-30   W56: crimes. ¶Les

26-31   MSP, 53-54N: crimes. ¶Par les anciennes lois [53-54N: ripuaires] rédigées [MSP: depuis] sous Théodoric et depuis sous le roi des Francs Dagobert, il en coûtait cent sous pour avoir coupé une oreille à un homme, et si la surdité ne suivait pas [MSP: la perte de l'oreille], on était quitte pour cinquante sous. [MSP: Le meurtre d'un diacre était taxé à 400 sous, celui d'un prêtre desservant la paroisse à 600.] ¶Le   5
troisième chapitre de la loi ripuaire permettait au meurtrier d'un évêque de racheter son crime avec autant d'or qu'en pouvait peser une tunique de plomb de la hauteur du coupable et d'une épaisseur déterminée. ¶La loi salique remise en vigueur sous Charlemagne fixe le prix de la vie d'un évêque à 900 sous d'or. [MSP: à 400 sous d'or, et il est si vrai qu'on rachetait ainsi sa vie que beaucoup de ces lois sont exprimées   10
ainsi: *componat tercentum, ducentum, centum solidis,* que le coupable compose pour 300, 200 ou 100 sous d'or.] ¶On donnait la question, mais seulement aux esclaves; et celui qui avait fait mourir dans les tourments de la question l'esclave innocent d'un [53-54N: autre] maître, était obligé de lui en donner deux pour toute satisfaction. ¶Charlemagne qui corrigea les lois saliques et lombardes, ne fit que hausser le prix   15
des crimes. Ils étaient tous spécifiés. [MSP: On distinguait ce que valait un coup qui laissait voir la cervelle d'avec un coup qui avait ôté seulement un os de la tête. Le premier était évalué à 45 sous, le second à vingt; 53-54N: On distinguait ce que valait un coup qui avait ôté seulement un os de la tête d'avec un coup qui laissait voir la cervelle.] ¶Je trouve qu'une sorcière convaincue d'avoir mangé de la chair humaine   20
était condamnée à 200 sous: et cet article est un témoignage bien humiliant pour la nature humaine [MSP: des excès où la superstition l'entraîne.] ¶Il en coûtait 700 sous pour le meurtre d'une femme grosse, 200 pour celui d'une fille non encore adulte. ¶Tous les outrages à la pudicité avaient aussi leurs prix fixes. Le rapt d'une femme [53-54N: non] mariée ne valait [MSP: coûtait] que 200 sous. Si on avait violé une fille   25
sur le grand chemin, on ne payait que 40 sous. [MSP: si on enlevait une fille de condition servile, l'amende était de quatre sous], et on la rendait à son maître. De ces lois barbares, la plus sévère était précisément celle qui devait être la plus douce. Charlemagne lui-même, au livre VI [MSP: 6e livre] de ses capitulaires, dit que d'épouser sa commère est un crime digne de mort et qui ne peut se racheter qu'en   30
passant toute sa vie en pèlerinage. [5] ¶Parmi

[4] Cette addition de 1761 trouve un écho dans l'art. 'Torture' du *DP* (1769; *OCV*, t.36, p.567-73).

[5] Voir ci-dessus, n.1. Quelques éléments profondément modifiés de ce passage se retrouvent dans le ch.17.

30   Les lois saliques furent remises en vigueur par Charlemagne. *Lois.*
Parmi ces *lois saliques*, il s'en trouve une qui marque bien
expressément dans quel mépris étaient tombés les Romains chez
les peuples barbares. Le Franc qui avait tué un citoyen romain, ne
payait que mille cinquante deniers; et le Romain payait pour le sang
35   d'un Franc deux mille cinq cents deniers.[6]
Dans les causes criminelles indécises, on se purgeait par
serment.[7] Il fallait non seulement que la partie accusée jurât,
mais elle était obligée de produire un certain nombre de témoins
qui juraient avec elle. Quand les deux parties opposaient serment à
40   serment, on permettait quelquefois le combat; tantôt à fer émoulu,
tantôt à outrance.[8]

31   MSP: trouva
32-33   MSP: étaient le franc qui
40-42   MSP, 53-54N: combat, mais ce combat n'était point ce qu'on appela depuis
combat à outrance. [MSP: Les barbares bourguignons établirent d'abord vers le Ve
siècle la coutume de décider par le fer en champ clos de l'innocence ou du crime mais
du temps de Charlemagne l'usage était de se servir de bâtons et de boucliers d'osier.]
¶Ces

[6] Voir Le Gendre, qui renferme 'Mœurs et coutumes dans les différents temps de
la monarchie' (p.35-37). Les sommes indiquées par Baluze sont différentes, mais avec
une pareille dissymétrie (t.1, partie 'Capitularia Karoli Magni', année 798).

[7] Décalqué de l'expression usitée en la matière: *purgation canonique.* Voir
C. P. Duclos, 'Sur les épreuves par le duel et par les éléments', *Mémoires de
littérature tirez des registres de l'Académie des inscriptions et belles-lettres* (Paris, 1743),
t.15, p.617-38. Ce mémoire a été lu le 13 novembre 1739. Voltaire, qui connaît bien
Duclos, a pu être informé avant publication et s'en souvenir dès la première phase
de composition, dont relèvent les manuscrits Palatin et de Gotha. La distinction selon
les cas (voir aussi ci-dessous, lignes 83-84) semble propre à Voltaire.

[8] *Emoulu* est pourtant ainsi défini: 'Aiguisé, affilé, pointu. [...] Combattre à fer
émoulu [...] tout de bon et à outrance' (*Dictionnaire de l'Académie,* 1762). Voltaire
l'emploie d'ailleurs en ce sens dans l'*EM,* ch.99. *Outrance:* 'On appelait autrefois
combat à outrance, un duel qui ne devait se terminer que par la mort d'un des
combattants.' Selon Duclos, le duel était l'épreuve réservée aux nobles (p.622, 628-
30). Les distinctions sociales, ou plutôt 'd'ordre', sont rappelées par tous les
historiens qui traitent du sujet.

Duels,
jugements de
Dieu.

Ces combats (a) étaient appelés, *le jugement de Dieu*; c'est aussi le nom qu'on donnait à une des plus déplorables folies de ce gouvernement barbare. [9] Les accusés étaient soumis à l'épreuve de l'eau froide, de l'eau bouillante ou du fer ardent. Le célèbre Etienne 45 Baluze a rassemblé toutes les anciennes cérémonies de ces épreuves. [10] Elles commençaient par la messe; on y communiait l'accusé. On bénissait l'eau froide, on l'exorcisait. Ensuite l'accusé était jeté, garrotté, dans l'eau. S'il tombait au fond, il était réputé innocent. S'il surnageait, il était jugé coupable. M. de Fleuri dans 50 son *Histoire ecclésiastique* dit que c'était une manière sûre de ne trouver personne criminel. J'ose croire que c'était une manière de faire périr beaucoup d'innocents. [11] Il y a bien des gens qui ont la

    (a) Voyez le chapitre des duels. [12]

n.*a*   MSP, 53-W57G: [*absente*]
42   MSP: [*manchette*] *Jugement de Dieu*.
     MSP, 53-61: appelés, comme on sait [MSP: dit], *le*
43-44   MSP: ces gouvernements barbares.
53   MSP: des hommes qui

[9] Voltaire se garde bien de reconnaître, comme le fait Duclos, que ces pratiques, certes renforcées par un capitulaire de Charlemagne en 808, étaient en fait condamnées par l'Eglise (Fleury, *Histoire ecclésiastique*, manchette du livre 47, année 829, §30, 'Epreuves superstitieuses'), et que Louis le Débonnaire les interdit (voir Baluze, t.1, année 829, col.668, passage signalé par Fleury).

[10] Baluze signale plutôt les cas où ces jugements doivent intervenir, et que tous les historiens évoquent, avec des variantes, en les réprouvant hautement, par exemple Fleury. Voir aussi les *Annales* (p.255), l'art. 'Epreuve' des *QE* (1771; *M*, t.18, p.593-96) et les *Fragments sur l'Inde* (1773), art.30, 'Epreuves' (*M*, t.29, p.190, où il est cependant signalé que Rome s'y opposait): le thème devient récurrent chez Voltaire, qui reste insensible aux arguments développés par Montesquieu pour comprendre un phénomène qu'il refuse de considérer comme une simple superstition (*De l'esprit des lois*, 1748, ch.28, §16-17: avec note marginale 'epreuves loi salique'; *CN*, t.5, p.751).

[11] 'C'était le moyen de les trouver souvent innocents' (Fleury, livre 47, année 829, §30). Duclos en jugeait de même (p.625).

[12] Le ch.100 ('Des duels') apparaît en 1761, comme cette note.

poitrine assez large et les poumons assez légers, pour ne point
55 enfoncer, lorsqu'une grosse corde qui les lie par plusieurs tours,
fait avec leur corps un volume moins pesant qu'une pareille
quantité d'eau. Cette malheureuse coutume, proscrite depuis
dans les grandes villes, s'est conservée jusqu'à nos jours dans
beaucoup de provinces. On y a très souvent assujetti, même par
60 sentence de juge, ceux qu'on faisait passer pour sorciers; car rien ne
dure si longtemps que la superstition: et il en a coûté la vie à plus
d'un malheureux. [13]

Le jugement de Dieu par l'eau chaude s'exécutait en faisant
plonger le bras nu de l'accusé dans une cuve d'eau bouillante. Il
65 fallait prendre au fond de la cuve un anneau bénit. Le juge, en
présence des prêtres et du peuple, enfermait dans un sac le bras du
patient, scellait le sac de son cachet; et si trois jours après il ne
paraissait sur le bras aucune marque de brûlure, l'innocence était
reconnue.

70 Tous les historiens rapportent l'exemple de la reine Teutberge, *Epreuves.*
bru de l'empereur Lothaire petit-fils de Charlemagne, accusée
d'avoir commis un inceste avec son frère moine et sous-diacre. [14] Elle
nomma un champion qui se soumit pour elle à l'épreuve de l'eau

55   MSP, 53-W57G: lie avec plusieurs
63   MSP: [*manchette*] *Epreuve.*
67   MSP: patient, et scellait
68-70   MSP: brûlure, ou si la marque était jugée légère, l'innocence était
reconnue. On voit aisément que les juges pouvaient plier à leur volonté ces étranges
lois puisqu'ils étaient les maîtres de décider si la cicatrice était assez grande pour
constater le crime. ¶Tous

[13] Cf. Duclos, p.625-36. Selon lui, cette épreuve était celle du petit peuple. 'Le
parlement de Paris la défendit [en] 1601. On dit qu'on en trouve encore des vestiges
mais non pas juridiques dans quelques provinces' (p.626). Selon *Le Siècle de
Louis XIV*, seule la 'déclaration du roi de 1672, qui défendit aux tribunaux
d'admettre les simples accusations en sorcellerie', mit fin à cette pratique (*OH*,
ch.31, 'Des sciences', p.1000).
[14] Voir ci-dessous, ch.30.

341

bouillante, en présence d'une cour nombreuse. Il prit l'anneau
bénit sans se brûler. Il est certain qu'on a des secrets pour soutenir   75
l'action d'un petit feu sans péril pendant quelques secondes. J'en ai
vu des exemples. Ces secrets étaient alors d'autant plus communs
qu'ils étaient plus nécessaires. [15] Mais il n'en est point pour nous
rendre absolument impassibles. Il y a grande apparence que dans
ces étranges jugements on faisait subir l'épreuve d'une manière   80
plus ou moins rigoureuse selon qu'on voulait condamner ou
absoudre.

Epreuves des   Cette épreuve de l'eau bouillante était destinée particulièrement
Juifs.   à la conviction de l'adultère. [16] Ces coutumes sont plus anciennes,
et se sont étendues plus loin qu'on ne pense.   85

Epreuves   Les savants n'ignorent pas qu'en Sicile, dans le temple des dieux
païennes.   Paliques, on écrivait son serment qu'on jetait dans un bassin d'eau,

74-101   MSP: Il saisit l'anneau bénit sans se brûler. Les hommes crédules
prenaient ces épreuves pour autant de miracles. Mais les hommes instruits savent
qu'il y a beaucoup de secrets comme l'esprit de soufre, l'huile de vitriol, qui peuvent à
la longue sécher l'épiderme, l'endurcir et le rendre insensible à l'action du feu pour
quelques moments. Ces secrets ne sont pas ignorés des charlatans, et ils devien-   5
draient un art fort commun si la condamnation et la justification des hommes en
dépendait. ¶la troisième

75-101   53-54N: brûler. Plusieurs hommes crédules, fondés sur de telles histoires, pensent qu'il y a des secrets qui peuvent rendre la peau insensible à l'action de
l'eau bouillante; mais il n'y en a aucun; et tout ce qu'on peut dire sur cette aventure et
sur toutes celles qui lui ressemblent, c'est qu'elles ne sont pas vraies, ou que les juges
fermaient les yeux sur les artifices dont on se servait pour faire croire qu'on plongeait   5
la main dans l'eau chaude; car on pouvait aisément faire une cuve à double fond, l'air
échauffé pouvait par des tuyaux soulever l'eau à peine tiède et la faire paraître
bouillante. Il y a bien des manières de tromper, mais aucune d'être invulnérable. ¶La

76   w56-w68: l'action du feu

85-86   w56-w68: pense. Les femmes accusées chez les Juifs étaient soumises par
la loi de Moïse à l'épreuve des *eaux de jalousie.* Elles buvaient en présence des prêtres
d'une eau dans laquelle on jetait un peu de cendre consacrée. Cette eau salutaire à
l'innocence faisait enfler et crever sur le champ les coupables. ¶Les

[15] Duclos évoque plusieurs moyens similaires (p.636), tout aussi détaillés que
ceux qui figuraient dans la version manuscrite.
[16] Cette affirmation semble propre à Voltaire (voir ci-dessus, n.7).

et que si le serment surnageait, l'accusé était absous. Le temple de Trezène était fameux par de pareilles épreuves. [17] On trouve encore au bout de l'Orient dans le Malabar et dans le Japon des usages semblables, fondés sur la simplicité des premiers temps, et sur la superstition commune à toutes les nations. Ces épreuves étaient autrefois si autorisées en Phénicie, qu'on voit dans le Pentateuque, [18] que lorsque les Juifs errèrent dans le désert, ils faisaient boire d'une eau mêlée avec de la cendre à leurs femmes soupçonnées d'adultère. Les coupables ne manquaient pas, sans doute, d'en crever, mais les femmes fidèles à leurs maris buvaient impunément. Il est dit dans l'Evangile de saint Jacques que le grand-prêtre ayant fait boire de cette eau à Marie et à Joseph, les deux époux se réconcilièrent. [19]

La troisième épreuve était celle d'une barre de fer ardent, qu'il fallait porter dans la main l'espace de neuf pas. [20] Il était plus difficile de tromper dans cette épreuve que dans les autres; [21] aussi je ne vois

90   w56-w57g: Orient dans le Japon
92-101 w56-61: nations. ¶La
96   w68: pas d'en
97-101 w68: impunément. ¶La
101   msp: ardente

[17] Macrobe parle des dieux paliques dans ses *Saturnales* (livre 5, ch.19, §22). Voltaire a pu lire une dissertation de l'abbé Massieu, 'Sur les serments des Anciens' (*Mémoires de littérature tirez des registres de l'Académie des inscriptions et belles-lettres*, Paris, 1723), t.4, p.1-29, où cet oracle de Sicile est mentionné (p.8), sans que soient toutefois mentionnés les dieux paliques, divinités gémellaires identifiées à la Sicile. Hypothèse renforcée par la référence aux 'savants', témoignant du respect condescendant de Voltaire à l'égard de ces académiciens. La ville de Trezène est située du nord-est du Péloponnèse.

[18] Nombres 5:17-28; signet dans Calmet, *Commentaire littéral* [...] *de l'ancien et du Nouveau Testament*, p.48-49; *CN*, t.2, p.22.

[19] Voltaire publie l'apocryphe *Protévangile de Jacques* dans la *Collection d'anciens évangiles* en 1769; il s'agit du ch.16 (*OCV*, t.69, p.128): cette addition tardive (1775) bénéficie de ces recherches commencées vers 1765.

[20] Voir Fleury (livre 47, année 829, §30), ou Le Gendre (p.78-80), mais on n'y trouve pas le détail de 'neuf pas' peut-être issu d'une confusion avec les neuf barres de fer, mentionnées par Duclos (p.625), et sur lesquelles doit parfois passer l'accusé.

[21] Duclos, selon lequel le fer ardent était réservé aux nobles, dit le contraire

personne qui s'y soit soumis dans ces siècles grossiers. On veut savoir qui de l'Eglise grecque ou de la latine établit ces usages la première. On voit des exemples de ces épreuves à Constantinople jusqu'au treizième siècle; et Pachimère dit qu'il en a été témoin. [22] Il est vraisemblable que les Grecs communiquèrent aux Latins ces superstitions orientales.

A l'égard des lois civiles, voici ce qui me paraît de plus remarquable. Un homme qui n'avait point d'enfants, pouvait en adopter. Les époux pouvaient se répudier en justice; et après le divorce il leur était permis de passer à d'autres noces. Nous avons dans Marculfe le détail de ces lois. [23]

Mais ce qui paraîtra peut-être plus étonnant, et ce qui n'en est pas moins vrai, c'est qu'au livre deuxième de ces formules de Marculfe, on trouve que rien n'était plus permis ni plus commun que de déroger à cette fameuse *loi salique*, par laquelle les filles n'héritaient pas. On amenait sa fille devant le comte ou le commissaire, et on disait: 'Ma chère fille, un usage ancien et impie ôte parmi nous toute portion paternelle aux filles; mais ayant considéré cette impiété, j'ai vu que, comme vous m'avez été donnés tous de Dieu également, je dois vous aimer de même;

La loi salique regardée comme barbare.

105

110

115

120

104-10   MSP, 53-w56: grossiers. ¶A
110   MSP: [*manchette*] *Adoption.*
114   MSP: Marculfe plusieurs de ces lois
115   MSP: [*manchette*] *Loi salique.*
120-21   MSP: et on prononçait ces paroles: 'Un usage

(p.624, 636); comme d'autres historiens, il signale des personnages célèbres qui furent soumis à cette épreuve, ainsi Luitprand (p.633).

[22] L'*Histoire des empereurs Michel et Andronique* de G. Pachymeres, historien byzantin du treizième siècle, est renfermée dans L. Cousin, *Histoire de Constantinople depuis le règne de l'ancien Justin jusqu'à la fin de l'empire.* Fleury renvoyait à ce passage (livre 84, année 1259, §61). Voltaire est seul à poser la question telle qu'elle figure dans cette addition de 1756.

[23] Les *Formules* de Marculfe, recueil d'actes et de procédures, sont reproduites dans Baluze, t.2, 'Marculfi monachi Formularum. Libri duo', v. 'Liber Secundus', tit.13, pour l'adoption, et tit.30, pour le divorce. Voir ci-dessus, ch.20, n.29.

ainsi, ma chère fille, je veux que vous héritiez par portion égale
125 avec vos frères dans toutes mes terres, etc.'[24]

On ne connaissait point chez les Francs, qui vivaient suivant la
loi salique et *ripuaire*, cette distinction de nobles et de roturiers, de
nobles de nom et d'armes, et de nobles *ab avo*,[25] ou gens vivant
noblement. Il n'y avait que deux ordres de citoyens, les libres et les
130 serfs, à peu près comme aujourd'hui dans les empires mahométans
et à la Chine. Le terme *nobilis* n'est employé qu'une seule fois dans
les Capitulaires au livre cinquième, pour signifier les officiers, les
comtes, les centeniers.[26]

Toutes les villes d'Italie et de France étaient gouvernées selon
135 leur droit municipal. Les tributs qu'elles payaient au souverain,
consistaient en *foderum, paratam, mansionaticum*, fourrages,

125 MSP: terres.'
126 MSP: [*manchette*] *Point de nobles chez les Francs.*
131-45 MSP, 53-54N: Chine.//

[24] Traduction fidèle d'un passage des *Formulae* de Marculfe, reproduites dans
Baluze, t.2, partie 'Marculfi monachi Formularum. Libri duo', tit.12, 'Charta ut filia
cum fratribus in paterna succedat allode'; cette fidélité est renforcée par la correction
de 1753, qui traduit *dulcissima filia mea*. Cette citation est reprise dans le *Commentaire
sur L'Esprit des lois* ('De la loi salique', *OCV*, t.80B, p.441-47).

[25] 'Noblesse *patre et avo* [on sous-entend *consulibus*]' (le père et le grand-père
ayant été consuls), est celle qui n'est acquise aux descendants d'un anobli par charge
qu'autant que le père et le fils ont rempli successivement une de ces charges qui
donnent commencement à la noblesse' (art. 'Noblesse patre et avo' de l'*Encyclopédie*,
1765, t.11). Ici jeu de mots avec l'expression latine *ab ovo* (depuis l'œuf, i.e. depuis
l'origine), prise au pied de la lettre par l'édition de 1756? Tous ces termes, 'noblesse
de nom et d'armes', 'vivant noblement', ont un sens précis.

[26] Baluze, t.1, 'Capitularium Karoli Magni et Ludovici Pii', 'Liber Quintus',
tit.260, comme l'indiquent le *Saint-Fargeau notebook* (p.120, 126), où il est question
de la noblesse 'ab ævo'. Selon Dubos, il n'existait aucun ordre de noblesse chez les
Francs (livre 6, ch.4), ce que Montesquieu avait vivement contesté (*De l'esprit des
lois*, livre 31, ch.25). Dans cette addition de 1756, Voltaire confirme son soutien à
Dubos, tirant parti pour cela d'une lecture plus approfondie de Baluze en 1754, même
si elle ne fut peut-être pas personnelle (D5901). Sur la loi salique, voir l'*EM*, ch.75, et
l'art. 'Des lois' du *DP* (*OCV*, t.36, p.312).

vivres, meubles de séjour.[27] Les empereurs et les rois entretinrent longtemps leurs cours avec leurs domaines, et ces droits payés en nature quand ils voyageaient. Il nous reste un capitulaire de Charlemagne concernant ses métairies.[28] Il entre dans le plus grand détail. Il ordonne qu'on lui rende un compte exact de ses troupeaux. Un des grands biens de la campagne consistait en abeilles. Enfin les plus grandes choses, et les plus petites de ce temps-là nous font voir des lois, des mœurs, et des usages dont à peine il reste des traces.

[27] Le *Saint-Fargeau notebook* (p.131-34), qui reprend les mêmes termes, conclut plus explicitement: 'Il y avait si peu d'argent que tout se payait en denrées' (p.120).

[28] Baluze, t.1, année 800 (cité ci-dessus, ch.17, ligne 8), signalé aussi dans le *Saint-Fargeau notebook* (p.152).

346

CHAPITRE 23

Louis le Faible, ou le Débonnaire, déposé par ses enfants et par des prélats.

L'histoire des grands événements de ce monde n'est guère que

a-206 [*Première rédaction de ce chapitre*: MSP]
a   MSP: Chapitre 10.
   W56-W57G: Chapitre 14
   61: Chapitre 19
b-c   MSP, 53-54N: *Louis* [53-54N: *le*] *Débonnaire.*//
   W56-W57G: *Louis le faible ou le débonnaire.*//

* Voltaire suit le fil chronologique pour évoquer, avec l'effondrement de l'empire carolingien, la division et l'affaiblissement de l'Europe chrétienne (ch.23-27). Entre Charlemagne et son fils Louis le Débonnaire, le contraste est patent – d'autant plus que Voltaire qui, au ch.23, s'appuie essentiellement sur Daniel et accessoirement sur Fleury, gauchit systématiquement ses sources, très favorables à l'empereur, pour attribuer tous les troubles aux manœuvres des ecclésiastiques (moines, évêques, et jusqu'au pape), alors que les historiens s'accordaient généralement pour dénoncer d'abord les fils de Louis, tenus pour 'factieux'. Et surtout ils vantaient l'édifiante piété de l'empereur, ses efforts de conciliation, sa conduite à la fois ferme et politique; chez Voltaire, Louis (devenu 'le Faible' en 1756) apparaît comme un mari trop amoureux et un père trop tendre, foncièrement inapte à l'exercice du pouvoir, timide devant une Eglise dont l'audace sort renforcée de cet affrontement, et qui finalement peut être tenue pour la grande responsable de la désagrégation de l'empire, comme l'indique la version finale du titre. Pour le ch.23, Voltaire puise dans Daniel (*Histoire de France*, t.2, v. 'Louis le Débonnaire, empereur', et 'Louis le Débonnaire'), Fleury (*Histoire ecclésiastique*, livre 46, 47) et Mézeray (*Abrégé chronologique*, t.1, v. 'Louis I dit le Débonnaire'). Le mouvement se prolonge au ch.24, où Voltaire, qui se conforme davantage ici à la tradition historiographique, se tourne, pour l'essentiel de son information, vers l'Eglise, souvent prise comme arbitre et instrumentalisée par les rois, bien que ceux-ci aient besoin d'elle pour renforcer leur autorité souvent chancelante. Faute de dispositif successoral, c'est la loi du plus fort qui règne. Mais en fait la faiblesse est générale et en un demi-siècle, il ne reste plus rien du florissant empire d'Occident au sein duquel surgissent même des royaumes éphémères. Rien de positif ne peut être retenu dans cette succession de luttes fratricides, alors que les *Annales*, qui reprennent tant de formules de cette partie de l'*EM*, font place à une

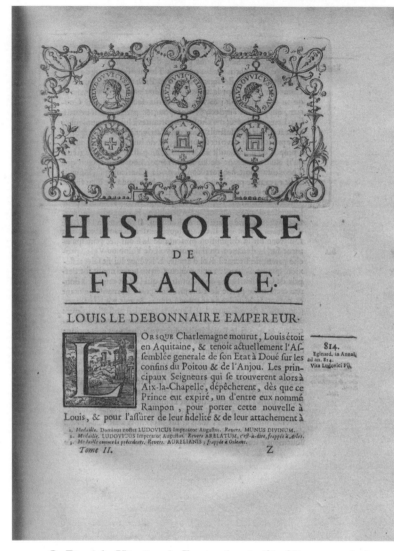

HISTOIRE
DE
FRANCE.

LOUIS LE DEBONNAIRE EMPEREUR.

ORSQUE Charlemagne mourut, Louis étoit en Aquitaine, & tenoit actuellement l'Assemblée generale de son Etat à Doué sur les confins du Poitou & de l'Anjou. Les principaux Seigneurs qui se trouverent alors à Aix-la-Chapelle, dépêcherent, dès que ce Prince eut expiré, un d'entre eux nommé Rampon, pour porter cette nouvelle à Louis, & pour l'assûrer de leur fidelité & de leur attachement à

814.
Eginard. in Annal. ad an. 814.
Vita Ludovici Pii.

1. Medaille. Dominus noster LUDOVICUS Imperator Augustus. Revers. MUNUS DIVINUM.
2. Medaille. LUDOVICUS Imperator Augustus. Revers ARELATUM, c'est-à-dire, frappée à Arles.
3. Medaille comme la précedente. Revers. AURELIANIS, frappée à Orleans.

Tome II.   Z

4. G. Daniel, *Histoire de France depuis l'établissement de la monarchie française dans les Gaules* (Paris, 1729), t.2, p.177.

l'histoire des crimes.[1] Il n'est point de siècle que l'ambition des
séculiers et des ecclésiastiques n'ait rempli d'horreurs.

A peine Charlemagne est-il au tombeau, qu'une guerre civile
5 désole sa famille et l'empire.

Les archevêques de Milan et de Crémone allument les premiers *Le Débonnnaire*
feux. Leur prétexte est que Bernard, roi d'Italie, est le chef de la *fait crever les*
maison carlovingienne, né du fils aîné de Charlemagne. Ces *yeux à son neveu*
Bernard.
évêques se servent de ce roi Bernard pour exciter une guerre
10 civile.[2] On en voit assez la véritable raison dans cette fureur de
remuer, et dans cette frénésie d'ambition, qui s'autorise toujours
des lois mêmes faites pour la réprimer. Un évêque d'Orléans entre
dans leurs intrigues; l'empereur[3] et Bernard, l'oncle et le neveu

2   MSP, W56-W57G: crimes. Je ne vois point
6   53-54N: allumèrent
8-10   MSP, 53-W75G: carlovingienne, le fils de l'aîné [MSP: fils aîné] de
Charlemagne. On voit
13   MSP, 53-W75G: intrigues; l'oncle

---

personnalité vigoureuse comme le pape Léon IV. Ces pages, publiées pour la
première fois en 1753, connaissent peu d'augmentations, si ce n'est au ch.24: quelques
remarques critiques envers l'Eglise jusqu'en 1775, et surtout l'apparition en 1761
d'une réflexion sur les 'intérêts' des princes, 'qui font toujours la destinée de la terre';
leçon cynique et lucide qui correspond aussi à l'addition du titre: la séparation
irrémédiable de l'Allemagne et de l'empire français due à 'trois enfants dénaturés' a
pour conséquence l'affaiblissement de l'Europe, bientôt livrée aux invasions
normandes qu'évoquent les deux chapitres suivants.

[1] Bien qu'elle ne soit nulle part ailleurs textuellement reprise par Voltaire, cette
formule saisissante résume bien la part de pessimisme que contient une philosophie
de l'histoire pourtant globalement optimiste. Voir, sur cet aspect contradictoire,
J. H. Brumfitt, *Voltaire historian* (Oxford, 1958), p.125-28.

[2] Les évêques de Milan, Crémone et plus bas d'Orléans sont mentionnés par
Daniel (année 817), mais celui-ci désigne Bernard comme le principal instigateur des
troubles, dans lesquels sont aussi impliqués plusieurs laïques. L'épisode occupe
moins d'une page chez Fleury (livre 46, année 817, §35), qui nomme aussi ces trois
évêques: Fleury a pu fournir le canevas, que Daniel permet d'étoffer.

[3] Louis le Pieux, ou le Débonnaire, empereur de 814 à 840. Voltaire évite ici de
parler de son couronnement à Reims et donc de l'hommage du pape Etienne IV,
souvent traité par les historiens, et mentionné dans les *Leningrad notebooks* (*OCV*,
t.81, p.402).

349

lèvent des armées. On est prêt d'en venir aux mains à Châlons sur Saone; mais le parti de l'empereur gagne par argent et par 15 promesses la moitié de l'armée d'Italie. On négocie, c'est-à-dire, on veut tromper. Le roi est assez imprudent pour venir dans le camp de son oncle. Louis, qu'on a nommé *le Débonnaire*, parce qu'il était faible, et qui fut cruel par faiblesse, fait crever les yeux à

819. son neveu, qui lui demandait grâce à genoux. [4] Le malheureux roi 20 meurt dans les tourments du corps et de l'esprit, trois jours après cette exécution cruelle. Il fut enterré à Milan, et on grava sur son

Saint: nom tombeau: *Ci-gît Bernard de sainte mémoire.* Il semble que le nom de

honorifique. saint en ce temps-là ne fut qu'un titre honorifique. [5] Alors Louis fait tondre et enfermer dans un monastère trois de ses frères, dans la 25 crainte qu'un jour le sang de Charlemagne, trop respecté en eux, ne suscitât des guerres. [6] Ce ne fut pas tout. L'empereur fait arrêter tous les partisans de Bernard, que ce roi misérable avait dénoncés à son oncle sous l'espoir de sa grâce. Ils éprouvent le même supplice que le roi. Les ecclésiastiques sont exceptés de la sentence. On les 30

19   MSP: et qu'il fut
22-24   MSP, 53-54N: cette exécution cruelle [MSP: cette exécution]. Alors
25   MSP, 53-54N: ses trois frères
27   MSP: Ce n'est pas
28-29   MSP, 53-W75G: roi avait nommés [MSP: nommé] sous
29   MSP: éprouvèrent

[4] Daniel montre surtout Louis agissant avec fermeté et habileté, et adoucissant la peine de mort, votée '[du] consentement unanime des seigneurs' (année 817). Il représente Bernard moins dramatiquement, 'ses armes à ses pieds'. Il reproche longuement à Louis d'avoir eu des remords injustifiés après la mort de son neveu, coupable d'un 'crime notoire' (année 821), alors que Mézeray, y voit 'une trop extrême rigueur': 'les Français ne lui pardonnèrent point cette cruauté' (année 817). Voltaire suit Daniel et le réinterprète, sans pour autant se rapprocher de Mézeray.

[5] Cette citation, ajoutée en 1756, est également tirée de Daniel (année 817); Fleury n'en dit rien. Voltaire cherche ici, comme souvent, à relativiser le concept catholique de 'sainteté': voir J. Hellegouarc'h, 'Canonisation de Saint-Cucufin', *DgV*, p.172-73.

[6] Daniel évoque le danger de 'semblables factions' (année 817), avant de détailler d'autres révoltes (par exemple, celle de Liutduit), que Voltaire omet pour mieux se concentrer sur certains épisodes, qui font tous intervenir la famille de Louis.

épargne, eux qui étaient les auteurs de la guerre. La déposition ou
l'exil sont leur seul châtiment. Louis ménageait l'Eglise; et l'Eglise
lui fit bientôt sentir qu'il eût dû être moins cruel et plus ferme.

Dès l'an 817 Louis avait suivi le mauvais exemple de son père, en
35 donnant des royaumes à ses enfants; et n'ayant ni le courage
d'esprit de son père, ni l'autorité que ce courage donne, il s'exposait
à l'ingratitude. Oncle barbare et frère trop dur, il fut un père trop
facile. [7]

Ayant associé à l'empire son fils aîné Lothaire, donné l'Aqui-
40 taine au second nommé Pépin, la Bavière à Louis son troisième fils,
il lui restait un jeune enfant d'une nouvelle femme. [8] C'est ce Charles
le Chauve, qui fut depuis empereur. Il voulut après le partage, ne
pas laisser sans Etats cet enfant d'une femme qu'il aimait.

Une des sources du malheur de Louis le Faible, et de tant de
45 désastres plus grands qui depuis ont affligé l'Europe, fut cet abus
qui commençait à naître, d'accorder de la puissance dans le monde
à ceux qui ont renoncé au monde. [9]

31-34 MSP: guerre. Louis les ménageait. Il ne les punit que par la déposition et
par l'exil, châtiments qui leur laissaient le pouvoir et l'envie de se venger. ¶Dès
32-34 53-54N: et l'Eglise fit bientôt sentir qu'il faut être ferme pour être
respecté. ¶Dès
34 MSP: le dangereux exemple
44 MSP, 53-54N: Louis le Débonnaire,
47-53 MSP, 53-54N: monde. ¶Cette scène mémorable commença par un moine

[7] Daniel montre Louis inquiet et très conscient des difficultés de ces partages,
surtout après la naissance de son dernier fils. L'impératrice est présentée comme une
habile politique et Lothaire apparaît comme un fauteur de troubles (année 828).

[8] Respectivement Lothaire le Pieux, empereur (840-855); Pépin Ier, roi d'Aquitaine (817-838); Louis II le Germanique, roi de Germanie 843-876; Charles le
Chauve, empereur (843-877).

[9] Voir aussi ci-dessous, lignes 72-75. La dénonciation des méfaits du clergé
régulier constitue une sorte de leitmotiv dans l'œuvre de Voltaire, et ce dès La
Henriade (1723): 'Répandus dans le siècle, ils en ont pris les mœurs: / Leur sourde
ambition n'ignore point les brigues; / Souvent plus d'un pays s'est plaint de leurs
intrigues' (chant 5, vers 40-42, OCV, t.2, p.470-71). Voir aussi, J. L. Quantin,
'Monachisme', DgV, p.828-30.

L'abbé Vala.   Vala, abbé de Corbie, son parent par bâtardise, commença cette scène mémorable. C'était un homme furieux par zèle ou par esprit de faction, ou par tous les deux ensemble, et l'un de ces chefs de 50 parti qu'on a vus si souvent faire le mal en prêchant la vertu, et troubler tout par l'esprit de la règle. [10]

Abbé séditieux.   Dans un parlement, tenu en 829 à Aix-la-Chapelle, parlement où étaient entrés les abbés, parce qu'ils étaient seigneurs de grandes terres, ce Vala reproche publiquement à l'empereur tous les 55 désordres de l'Etat: 'C'est vous, lui dit-il, qui en êtes coupable.' [11] Il parle ensuite en particulier à chaque membre du parlement avec plus de sédition. Il ose accuser l'impératrice Judith d'adultère. [12] Il veut prévenir et empêcher les dons que l'empereur veut faire à ce fils qu'il a eu de l'impératrice. Il déshonore et trouble la famille royale, 60 et par conséquent l'Etat, sous prétexte du bien de l'Etat même.

    Enfin l'empereur irrité renvoie Vala dans son monastère, dont il

---

[54: abbé de Corbie] nommé Vala: c'était un de ces hommes qui prennent la dureté pour la vertu et l'opiniâtreté pour la constance; qui, fiers d'une dévotion mal entendue, [53-54N: se croyent] en droit d'éclater avec scandale contre des abus moins grands que celui qui leur laisse cette liberté; et qui factieux par zèle pensent remplir 5 leur devoir en faisant le mal avec un air de christianisme. ¶Dans un de ces parlements [53-54N: un parlement] tenu en 823 à

48   w56-w57G: Un parent de l'empereur, nommé Vala [w56: abbé de Corbie], commença

53-54   MSP: où siégeaient les

56   MSG: vous, dit-il

[10] Mézeray mentionne 'Adelard abbé de Corbie, et Walla son frère' (année 817, dernière ligne); Daniel (années 817, 828, 829) et Fleury (livre 47, année 828, §22) en font un personnage pieux et compétent, fort éloigné de l'image qu'en donne Voltaire.

[11] Adaptation dramatisée de Daniel: 'C'est vous, Seigneur, lui-dit-il, que tous ces désordres doivent toucher plus que personne, vous devez en répondre à Dieu, et si vous n'y remédiez pas, vous attendre à être puni plus sévèrement qu'aucun autre' (année 828). Selon Daniel, c'est seulement plus tard, et par d'autres, que Judith est accusée.

[12] Les *Leningrad notebooks* disent plus familièrement: 'Il était cocu par un nommé Bernard. C'est le moine Vala qui le dit' (p.403).

n'eût jamais dû sortir. Il se résout, pour satisfaire sa femme, à donner à son fils une petite partie de l'Allemagne vers le Rhin, le
65 pays des Suisses et la Franche-Comté.

Si dans l'Europe les lois avaient été fondées sur la puissance paternelle, si les esprits eussent été pénétrés de la nécessité du respect filial comme du premier de tous les devoirs, ainsi que je l'ai remarqué de la Chine; [13] les trois enfants de l'empereur, qui avaient
70 reçu de lui des couronnes, ne se seraient point révoltés contre leur père qui donnait un héritage à un enfant du second lit.

D'abord ils se plaignirent: aussitôt l'abbé de Corbie se joint à l'abbé de Saint Denis, plus factieux encore, et qui ayant les abbayes de Saint Médard, de Soissons et de Saint Germain-des-Prés, pouvait
75 lever des troupes, et en leva ensuite. Les évêques de Vienne, de Lyon, d'Amiens, unis à ces moines, poussent les princes à la guerre civile, en déclarant rebelles à Dieu, et à l'Eglise, ceux qui ne seront pas de leur parti. [14] En vain le Débonnaire, au lieu d'assembler des armées, convoque quatre conciles, [15] dans lesquels on fait de bonnes

Evêques contre l'empereur.

64-65   MSP: les pays
67-68   MSP: pénétrés de respect
72   MSP: Ce moine de Corbie
75-76   MSP: d'Amiens, de Lyon
78   MSP, 53-54N: vain Louis le
      MSP: d'assembler d'abord des
79   MSP: lesquels l'on fait

[13] Voir ci-dessus, ch.1, lignes 335-37 et n.77.

[14] La liste des ecclésiastiques et de leurs attributions (sauf la mention de l'abbé de Saint-Denis) se trouve exactement chez Daniel, qui montre Vala poussé par les seigneurs et mal reçu de Louis, et fomentant finalement la révolte (année 829); l'expression 'rebelles à Dieu et à l'Eglise' se trouve aussi chez Daniel, quelques lignes plus bas.

[15] Le détail provient de Daniel, fort critique à leur égard, mais qui les plaçait en 828, donc après l'assemblée d'Aix-la-Chapelle. Ces conciles se tiennent simultanément à Mayence, Lyon, Paris et Toulouse. Daniel montre que, conformément à sa réputation de piété, l'empereur demande conseil aux évêques à la fois à propos de ce qu'il faut réformer 'dans l'ordre du clergé et dans les autres choses de l'Etat, mais même dans sa propre personne et dans celle des princes ses enfans', ce que Voltaire n'a garde de rapporter, préférant ironiser sur les 'bonnes et inutiles lois'.

et d'inutiles lois. Ses trois fils prennent les armes. C'est, je crois, la 80
première fois qu'on a vu trois enfants soulevés ensemble contre
leur père. L'empereur arme à la fin. On voit deux camps remplis
d'évêques, d'abbés et de moines. [16] Mais du côté des princes est le
pape Grégoire IV dont le nom donne un grand poids à leur parti.
C'était déjà l'intérêt des papes d'abaisser les empereurs. [17] Déjà 85
Etienne, prédécesseur de Grégoire, s'était installé dans la chaire
pontificale sans l'agrément de Louis le Débonnaire. Brouiller le
père avec les enfants, semblait le moyen de s'agrandir sur leurs
ruines. [18] Le pape Grégoire vient donc en France, et menace
l'empereur de l'excommunier. Cette cérémonie d'excommunica- 90
tion n'emportait pas encore l'idée qu'on voulut lui attacher depuis.
On n'osait pas prétendre qu'un excommunié dût être privé de ses
biens par la seule excommunication. Mais on croyait rendre un
homme exécrable, et rompre par ce glaive tous les liens qui peuvent
attacher les hommes à lui. 95

829.
Evêques des
Francs résistent
au pape.

Les évêques du parti de l'empereur se servent de leur droit, et
font dire courageusement au pape: SI EXCOMMUNICATURUS
VENIET, EXCOMMUNICATUS ABIBIT: *S'il vient pour excommunier,*

85-86   MSP, 53-W56:   Déjà un Etienne
88-89   MSP: leurs communes ruines. Grégoire IV vient
90   MSP: l'excommunication. Cette
92   MSP: dût à ce titre seul être
93   MSP: biens mais on
94-96   MSP: peuvent unir les hommes. ¶Les
96   MSP, 53-W57G: se servirent
96-97   MSP: leurs droits. Ils font
97   MSP: courageusement à l'évêque de Rome:

---

[16] Daniel: les trois frères 'remplissaient leur camp d'évêques, de moines et d'abbés
mécontents' (année 833).
[17] Allusion à la lutte pour le pouvoir suprême sur la chrétienté occidentale qui
opposera papes et empereurs jusqu'à l'avènement de la Réforme.
[18] Selon Fleury, le pape Grégoire IV (828-844) voulait au contraire réconcilier le
père et ses enfants (livre 47, année 833, §38).

il retournera excommunié lui-même.[19] Ils lui écrivent avec fermeté, en
100 le traitant à la vérité de pape, mais en même temps de frère.
Grégoire, plus fier encore, leur mande: 'Le terme de frère sent trop
l'égalité, tenez-vous-en à celui de pape; reconnaissez ma supériorité: sachez que l'autorité de ma chaire est au-dessus de celle du
trône de Louis.'[20] Enfin il élude dans cette lettre le serment qu'il a
105 fait à l'empereur.

La guerre tourne en négociation. Le pontife se rend arbitre.[21] Il
va trouver l'empereur dans son camp. Il y a le même avantage que
Louis avait eu autrefois sur Bernard. Il séduit ses troupes, ou il
souffre qu'elles soient séduites. Il trompe Louis, ou il est trompé
110 lui-même par les rebelles au nom desquels il porte la parole. A
peine le pape est-il sorti du camp, que la nuit même la moitié des
troupes impériales passe du côté de Lothaire son fils. Cette *Champ du*
désertion arriva près de Bâle, sur les confins de l'Alsace; et la *mensonge.*

99   MSP: écrivirent
100   MSP: pape mais de frère.
101   MSP: encore plus fier
105-107   MSP, 53-W57G: l'empereur [MSP, 53-54N: son maître]. ¶Au milieu de
cette guerre, on négocie. [MSP, 53-54N: La supériorité devait donc être du côté du
pape. Il était prêtre et italien. Louis était faible.] Le pontife [W56: Le pontife se rend
arbitre. Il] va
108-10   MSP, 53-54N: troupes. A
111   MSP: camp de l'empereur que la nuit même plus de la moitié
113   MSP, 53-W57G: Bâle; et

[19] Le texte en style direct de Voltaire apparaît déjà en latin dans les *Leningrad
notebooks* (p.403). Daniel évoque la controverse et cite la lettre des évêques
reconstituée en français et au style indirect: 'On n'a pas la lettre des évêques, mais
on a la réponse du pape où ces particularités sont marquées' (année 833). Voir
également Fleury (livre 47, année 833, §38). Il est étonnant que Voltaire n'ait pas saisi
cette belle occasion de démontrer que les thèses de la supériorité du concile sur le
pape étaient déjà bien ancrées dans une partie au moins du clergé français.
[20] Condensé de Fleury (livre 47, année 833, §38) et de Daniel (année 833), qui
écrivent tous deux en style indirect.
[21] Daniel souligne plutôt l'autorité de Louis, qui reproche au pape d'abuser de ses
pouvoirs (année 833).

plaine où le pape avait négocié, s'appelle encore le *Champ du mensonge.* [22] Nom qui pourrait être commun à plusieurs lieux où l'on a négocié. Alors le monarque malheureux se rend prisonnier à ses fils rebelles, avec sa femme Judith, objet de leur haine. Il leur livre son fils Charles, âgé de dix ans, prétexte innocent de la guerre. Dans des temps plus barbares, comme sous Clovis et ses enfants, ou dans des pays tels que Constantinople, je ne serais point surpris qu'on eût fait périr Judith et son fils, et même l'empereur. Les vainqueurs se contentèrent de faire raser l'impératrice, [23] de la mettre en prison en Lombardie, de renfermer le jeune Charles dans le couvent de Prum, au milieu de la forêt des Ardennes, et de détrôner leur père. Il me semble, qu'en lisant le désastre de ce père trop bon, on ressent au moins une satisfaction secrète, [24] quand on voit que ses fils ne furent guère moins ingrats envers cet abbé Vala, le premier auteur de ces troubles, et envers le pape qui les avait si bien soutenus. Le pontife retourna à Rome, méprisé des vainqueurs, et Vala se renferma dans un monastère en Italie.

115

120

125

130

114-16   MSP: s'appela longtemps le *champ du mensonge.* Alors
115-16   53-61: *mensonge.* Alors
126   MSP: une consolation secrète
129   MSP: Le pape retourna dans Rome
129-30   53-54N: soutenus. On voit avec plaisir le pape retourner à Rome, méprisé des vainqueurs, et Vala se renfermer dans
130-31   MSP: Italie tant il était devenu odieux à tous les partis. ¶Lothaire

[22] Quand l'*Abrégé* paraît en 1753, Voltaire réside à Colmar, non loin de là. Les *Annales* précisent que ce 'champ de mensonge' est 'auprès de Rouffac dans la haute Alsace' (p.245). Daniel (année 833), comme Fleury (livre 47, année 833, §39), attribuent clairement à Lothaire le rôle du traître corrupteur.

[23] Aucune des sources consultées ne dit que l'impératrice a eu la tête rasée. Fleury évoque successivement: l'exil de Judith 'à Tortone en Lombardie'; puis celui de l'empereur 'à Soissons, et enfermé dans le monastère de Saint-Médard', ce qui suppose sans doute qu'il est, lui, rasé; enfin, l'enfermement de Charles au monastère de Prüm, 'mais sans lui couper les cheveux' (livre 47, année 833, §38): l'erreur vient sans doute de là. Prüm est situé en Allemagne, au nord de Trèves.

[24] Intervention de Voltaire relativement rare sous cette forme, d'autant plus remarquable qu'elle n'est en rien amenée par les ouvrages consultés, qui attribuent

356

Lothaire, d'autant plus coupable qu'il était associé à l'empire, traîne son père prisonnier à Compiègne. Il y avait alors un abus funeste introduit dans l'Eglise, qui défendait de porter les armes, et d'exercer les fonctions civiles pendant le temps de la pénitence
135 publique. Ces pénitences étaient rares, et ne tombaient guère que sur quelques malheureux de la lie du peuple. On résolut de faire subir à l'empereur ce supplice infamant, sous le voile d'une humiliation chrétienne et volontaire, et de lui imposer une pénitence perpétuelle, qui le dégraderait pour toujours. [25]
140 Louis est intimidé: il a la lâcheté de condescendre à cette proposition, qu'on a la hardiesse de lui faire. Un archevêque de Rheims, [26] nommé Ebbon, tiré de la condition servile malgré les lois, élevé à cette dignité par Louis même, dépose ainsi son souverain et son bienfaiteur. On fait comparaître le souverain, entouré de trente
145 évêques, de chanoines, de moines, dans l'église de Notre-Dame de Soissons. [27] Son fils Lothaire présent, y jouit de l'humiliation de son père. On fait étendre un cilice devant l'autel. L'archevêque ordonne à l'empereur d'ôter son baudrier, son épée, son habit, et de se prosterner sur ce cilice. Louis, le visage contre terre, demande
150 lui-même la pénitence publique, qu'il ne méritait que trop en s'y

Louis le Faible en pénitence. 829.

---

134 MSP: d'exercer aucune fonction civile pendant
142 53-54N: Elbon
144 MSP: le monarque devant ce prélat entouré
146 MSP: [*manchette*] *803.*
    MSG: [*manchette*] *833.*
    MSG: Lothaire est présent à l'humiliation
    MSP, 53-54N: Lothaire son fils présent

---

un rôle très secondaire à Vala (voir Fleury, livre 47, année 833, §38). Daniel le montre même essentiellement soucieux 'du bien des peuples et de l'Eglise' (année 829).

[25] D'après Daniel, qui ne porte pas de jugement négatif (année 833).

[26] Les lignes 144-58 ('On fait comparaître [...] empereur') sont identiques dans les *Annales* (année 833). A la ligne 146, la leçon de MSG est celle du texte des *Annales*.

[27] Voir *CN*, t.3, p.508, où Voltaire annote en ce sens des passages de Fleury qui disent tout autre chose (livre 47, année 833, §41). Aucune des sources consultées ne donne le chiffre de trente évêques.

357

soumettant. L'archevêque le force de lire à haute voix un écrit, dans lequel il s'accuse de sacrilège et d'homicide. Le malheureux lit posément la liste de ses crimes, parmi lesquels il est spécifié qu'il avait fait marcher ses troupes en carême, et indiqué un parlement un jeudi saint.[28] On dresse un procès-verbal de toute cette action: monument encore subsistant d'insolence et de bassesse. Dans ce procès-verbal on ne daigne pas seulement nommer Louis du nom d'empereur: il y est appelé DOMINICUS LUDOVICUS, *noble homme, vénérable homme*.[29] C'est le titre qu'on donne aujourd'hui aux marguilliers de paroisse.

Exemple de pénitence. On tâche toujours d'appuyer par des exemples les entreprises extraordinaires. Cette pénitence de Louis fut autorisée par le souvenir d'un certain roi visigoth nommé Vamba, qui régnait en Espagne en 681. C'est le même qui avait été oint à son couronnement. Il devint imbécile et soumis à la pénitence publique dans un concile de Tolède. Il s'était mis dans un cloître. Son successeur Hervique avait reconnu qu'il tenait sa couronne des évêques.[30] Ce

155

160

165

---

151   53-54N, W56: un papier dans
151-53   MSP: voix la liste
154   MSP: en curé, et
159-61   MSP, W56-W75G: *homme.* ¶On
159-81   53-54N: *homme.* ¶Louis
160   MSP: [*manchette*] *Louis Débonnaire déposé.*
161   MSP: d'appuyer d'exemples
161-62   MSP: les attentats extraordinaires
162-63   MSG: par l'exemple d'un
164-65   MSP, W56-W57G: 681: devenu imbécile

---

[28] Daniel loue le caractère et la piété de Louis dans une telle épreuve (année 833). Voltaire ne retient qu'une partie d'un des huit graves griefs formulés par Ebbon: voir Fleury, livre 47, année 833, §40; signets, *CN*, t.3, p.511.

[29] D'après Fleury, 'Seigneur Louis' (livre 47, année 833, §40: 'homme vénérable'), que Voltaire retraduit en latin.

[30] Fleury renvoie lui-même à Vamba comme exemple d'abus du pouvoir des évêques (livre 40, année 682, §29). Sur le sacre de Vamba, voir ci-dessous, ch.27, lignes 47-53. Le nom de son successeur, ici 'barbarisé', est Ervige chez Fleury.

fait était cité, comme si un exemple pouvait justifier un attentat. On alléguait encore la pénitence de l'empereur Théodose; mais elle fut 170 bien différente. Il avait fait massacrer quinze mille citoyens à Thessalonique, non pas dans un mouvement de colère, comme on le dit tous les jours très faussement dans de vains panégyriques, mais après une longue délibération.[31] Ce crime réfléchi, pouvait attirer sur lui la vengeance des peuples, qui ne l'avaient pas élu pour 175 en être égorgés. Saint Ambroise fit une très belle action en lui refusant l'entrée de l'église, et Théodose en fit une très sage d'apaiser un peu la haine de l'empire, en s'abstenant d'entrer dans l'église pendant huit mois; est-ce une satisfaction pour le forfait le plus horrible, dont jamais un souverain se soit souillé, d'être huit 180 mois sans entendre la grand'messe?

Louis fut enfermé un an dans une cellule du couvent de *Louis en prison.* Saint Médard de Soissons, vêtu du sac de pénitent, sans domestiques, sans consolation, mort pour le reste du monde.[32] S'il n'avait eu qu'un fils, il était perdu pour toujours; mais ses trois enfants disputant ses 185 dépouilles, leur désunion rendit au père sa liberté et sa couronne.

168-81   MSP: était hautement cité comme si l'exemple de l'usurpation la pouvait justifier. ¶Louis

172   w56-w57G: jours faussement,

178-81   w56-w75G: mois; faible et misérable satisfaction pour le forfait le plus horrible dont jamais un souverain se soit souillé. ¶Louis

183   MSP: consolation. S'il

184   MSP: enfants se disputaient ses

185   MSG: leur dissension rendit

[31] Ce thème est fréquent chez Voltaire: voir ci-dessous ch.29, lignes 30-32; ch.31, lignes 46-50; et surtout l'art. 'Théodose' des *QE* (1774), où Voltaire défend le chiffre de 15 000 victimes contre les 7000 des 'panégyristes' (*M*, t.20, p.512). De fait, c'est celui que donnent Fleury (livre 19, année 388, §20, 'Massacre de Thessalonique'), ainsi que E. Fléchier (*Histoire de Théodose le Grand*, Paris, 1679, livre 4, année 390, ch.4), dont le 'Panégyrique historique' est mentionné dans le *Saint-Fargeau notebook*. Mais, contrairement à ce qu'affirme Voltaire à cet endroit, Fléchier raconte que l'affaire fut mûrement calculée. Fléchier semble donc directement visé dans ce passage, omis par erreur en 1753. Voir l'ébauche, 'Différence entre la pénitence de Théodose, et celle de Louis' (*Saint-Fargeau notebook*, *OCV*, t.81, p.153).

[32] D'après Daniel, année 833. Les lignes 181-82 sont identiques dans les *Annales*.

Transféré à Saint Denis, deux de ses fils, Louis et Pépin, vinrent le rétablir, et remettre entre ses bras sa femme et son fils Charles. [33] L'assemblée de Soissons est anathématisée par une autre à Thionville; mais il n'en coûta à l'archevêque de Rheims que la perte de son siège; encore fut-il jugé et déposé dans la sacristie: l'empereur l'avait été en public, aux pieds de l'autel. Quelques évêques furent déposés aussi. L'empereur ne put ou n'osa les punir davantage. [34]

Bientôt après un de ces mêmes enfants qui l'avaient rétabli, Louis de Bavière, se révolte encore. Le malheureux père mourut de chagrin dans une tente auprès de Mayence, en disant: *Je pardonne à Louis, mais qu'il sache qu'il m'a donné la mort.* [35]

Il confirma, dit-on, solennellement par son testament la donation de Pépin et de Charlemagne à l'Eglise de Rome. [36]

Mort de Louis le Faible. 20 juin 840.

190

195

186   MSP: [*manchette*] *834.*
186-87   MSP: Pépin, y vinrent le rétablir et remirent entre
188   MSP: [*manchette*] *835.*
    MSP: Soissons fut anathématisée
191-92   MSP: quelques autres évêques furent aussi déposés.
194   MSG: [*manchette*] *20 juin 840.*
195   MSP, 53-54N: se révolta
197   MSP: *qu'il me fait mourir.*
198   MSP, 53-54N: confirma solennellement
199-206   MSP: Rome. On est étonné en lisant la charte appelée *cartum divisionis*

---

[33] Voltaire suit Fleury, plus rapide, livre 47, année 834, §47.

[34] D'autres circonstances évoquées par Fleury, comme celle d'Ebbon obligé de lire à la tribune son propre désaveu (livre 47, année 835, §48), auraient pu être mentionnées; mais Voltaire ne retient que ce qui cautionne l'idée d'une faiblesse de l'empereur et de la toute-puissance de l'Eglise. Selon Daniel (année 833) et Fleury, la plupart d'entre eux s'étaient enfuis en Italie. Selon Fleury, Ebbon lui-même fut enfermé successivement à Fulda, Lisieux puis Saint-Benoît-sur-Loire 'tant que vécut l'empereur'.

[35] Daniel (année 840) et Fleury (livre 47, année 840, §58) mentionnent cependant que l'empereur commence par 'marcher contre le roi et son fils', n'acceptant de lui pardonner que sur son lit de mort. Les paroles de Louis ne figurent ni dans Mézeray, ni dans Fleury, mais chez Daniel: 'il doit demander pardon à Dieu, se souvenir qu'il est en partie cause de ma mort' (année 840). Même expression dans les *Annales*.

[36] Aucun des ouvrages consultés ne parle d'une confirmation de cette

200 Les mêmes doutes s'élèvent sur cette confirmation, que sur les dons qu'elle ratifie. Il est difficile de croire que Charlemagne et son fils aient donné aux papes Venise, la Sicile, la Sardaigne, et la Corse, pays sur lesquels ils n'avaient tout au plus que la prétention disputée du domaine suprême. Et dans quel temps Louis eût-il
205 donné la Sicile qui appartenait aux empereurs grecs, et qui était infestée par les descentes continuelles des Arabes? [37]

---

qu'il y ajoute la Corse, la Sardaigne et la Sicile sans autre spécification. Les empereurs d'Occident n'avaient aucun droit sur la Sicile envahie alors en partie, comme je le dirai, par les musulmans, mais qui appartenait de droit aux empereurs de
5 Constantinople. ¶Les présents de l'Istrie, de Bénévent, de plusieurs territoires de Venise, faits par Charlemagne, n'ont pas eu plus d'effet. Ils étaient occupés par des seigneurs particuliers qui en disputaient la propriété. Ces donations n'étaient donc véritablement que des possessions domaniales, dans les Etats de Sicile, de Sardaigne et d'Istrie, sans souveraineté proprement dite. C'était en effet donner des terres à
10 conquérir.//
          53-54N: Rome. Il y ajouta la Corse, la Sardaigne et la Sicile. Dons inutiles autant que pieux: les Mahométans, comme je le dirai, envahissaient déjà ces provinces. ¶Les présents de l'Istrie, de Bénévent, du territoire de Venise, faits par Charlemagne, n'ont pas eu plus d'effet. Ils étaient occupés par des seigneurs
5 particuliers qui s'en disputaient la propriété. C'était en effet donner aux papes des terres à conquérir.//
          204 MSP: [manchette] Donation de Louis le Debonnaire aux papes.

---

donation qui préoccupe tant Voltaire: voir ci-dessus, ch.13, lignes 148-64; ch.16, lignes 94-122.
[37] Pour les lignes 194-206 ('Bientôt après [...] Arabes?'), même raisonnement, même conclusion, mais rédaction différente dans les Annales, année 840.

CHAPITRE 24

Etat de l'Europe après la mort de Louis le Débonnaire, ou le Faible. L'Allemagne pour toujours séparée de l'empire franc ou français.

Après la mort du fils de Charlemagne, son empire éprouva ce qui

a-203   [*Première rédaction de ce chapitre*: MSP]
a   MSP: Chapitre 11
    W56-W57G: Chapitre 15
    61: Chapitre 20
b-e   MSP, 53-54N: *Etat de l'Europe après la mort de Louis le Débonnaire.//*
    W56-W57G: *Etat de l'Europe après la mort de Louis le Débonnaire ou le Faible.//*
1   MSP, 53-54N: Bientôt après

* Voir la note liminaire du ch.23. Le sous-titre du ch.24 donne une idée trompeuse d'un thème censé être dominant, alors qu'à vrai dire, la séparation des royaumes n'est qu'un élément dans une narration plutôt désordonnée qui reflète, et même qui brosse le tableau d'une situation politique en pleine désagrégation. Il y manque l'ingrédient positif du portrait d'une personnalité vigoureuse – tel celui du pape Léon IV, présent dans les *Annales* (p.249-50) – et qui se répète si souvent par ailleurs dans l'*EM*. Voltaire disposait de nombreuses possibilités de consulter les sources anciennes de l'histoire de cette époque. P. Pithou (*Annalium et Historiae Francorum ab Anno Christi 708 ad Annum 990*, 1594), A. Du Chesne (*Historiae Francorum scriptores coaetanei*, Paris, 1636-1649), et Dom M. Bouquet (*Recueil des historiens des Gaules de la France*, La Haye et Paris, 1772, BV514) avaient déjà publié la plupart des textes originaux subsistants, dont une partie non négligeable avait été traduite par Cousin dans son *Histoire de l'Empire d'Occident* (pour ce qui concerne ce chapitre, l'histoire des fils de Louis le Pieux, par Nithard, petit-fils de Charlemagne, mort en 844, et les *Annales de Saint-Bertin* avec des extraits supplémentaires de celles de Fulde). Voltaire loue le travail de Du Chesne et de Cousin (surtout celui de ce dernier) dans le 'Catalogue des écrivains' annexé au *Siècle de Louis XIV*. Il serait donc hasardeux de présumer qu'il ne s'en est pas servi pour ce chapitre. Néanmoins aucun de ces textes ne se trouvait dans sa bibliothèque au moment de son transfert à Saint-Pétersbourg et il y a des indices (voir, par exemple, ci-dessous, n.3, 24) qui montrent qu'il s'est contenté de puiser dans les ouvrages de ses prédécesseurs immédiats. Il trouve l'essentiel de son était arrivé à celui d'Alexandre, et que nous verrons bientôt être la destinée de celui des califes. Fondé avec précipitation, il s'écroula de même: les guerres intestines le divisèrent.[1]

Il n'est pas surprenant que des princes qui avaient détrôné leur père, se soient voulu exterminer l'un l'autre. C'était à qui dépouillerait son frère. Lothaire empereur, voulait tout. Charles le Chauve, roi de France, et Louis, roi de Bavière, s'unissent contre lui. Un fils de Pépin, ce roi d'Aquitaine fils du Débonnaire, et devenu roi après la mort de son père, se joint à Lothaire.[2] Ils désolent l'empire; ils l'épuisent de soldats. Enfin, deux rois contre deux rois, dont trois sont frères, et dont l'autre est leur neveu, se livrent une bataille à Fontenai dans l'Auxerrois, dont l'horreur est digne des guerres civiles. Plusieurs auteurs assurent qu'il y périt cent mille hommes. Il est vrai que ces auteurs ne sont pas contemporains, et que du moins il est permis de douter que tant de sang ait été répandu.[3] L'empereur Lothaire fut vaincu. Cette

841.

842.

6   MSP: se voulussent exterminer
10   MSP: Lothaire son oncle.
12-13   MSP: se livrent à Fontenay dans l'Auxerrois une bataille, dont
13-14   w56 *errata*, w57G: l'Auxerrois avec une fureur digne
14   w56-w57G: auteurs affirment qu'il
17-22   MSP, 53-61: vaincu. Il donna

information chez Bruys, *Histoire des papes*, t.2, v. 'Jean VIII'; chez Daniel, *Histoire de France*, t.2, v. 'Charles le Chauve', et t.3, v. 'Louis le Bègue'; chez Fleury, *Histoire ecclésiastique*, livres 48, 49, 52; chez L. Le Gendre, *Nouvelle Histoire de France* (Paris, 1718-1719, BV2006), v. 'Charles le Chauve et ses frères' et 'Louis II dit le Bègue'; ou encore chez Mézeray, *Abrégé chronologique*, t.1, v. 'Charles II, dit le Chauve', 'Louis II dit le Bègue', 'Charles III, dit le Gras'.

[1] Les lignes 1-4, 5-8, 11-14, 24-25, 27-29 jusqu'à 'idolâtre' sont presque identiques dans les *Annales* où elles forment un texte continu (p.247-48). Reprise également des lignes 96-97, 103-104 (p.249), 111-12, 114, 131 (p.251), 144 (p.254), 159-60 (p.256), 188-90 (p.259).

[2] C'est-à-dire Pépin II, roi d'Aquitaine (838-852).

[3] Le seul contemporain, Nithard, ne donne aucun chiffre précis, à la différence de presque tous les auteurs modernes. V.-C. Chalons (*Histoire de France*, Paris, 1741, t.1, p.137), L. Maimbourg (*Histoire de la décadence de l'Empire*, Paris, 1687, p.11), Mézeray (année 841), Le Gendre (année 841) et même Montesquieu (*De l'esprit des*

bataille, comme tant d'autres, ne décida de rien.[4] Il faut observer
seulement que les évêques qui avaient combattu dans l'armée de
Charles et de Louis, firent jeûner leurs troupes et prier Dieu pour   20
les morts, et qu'il eût été plus chrétien de ne les point tuer que de
prier pour eux.[5] Lothaire donna alors au monde l'exemple d'une
politique toute contraire à celle de Charlemagne.

Le vainqueur des Saxons les avait assujettis au christianisme
comme à un frein nécessaire. Quelques révoltes, et de fréquents   25
retours à leur culte, avaient marqué leur horreur pour une religion
qu'ils regardaient comme leur châtiment. Lothaire, pour se les
attacher, leur donne une liberté entière de conscience. La moitié du
pays redevint idolâtre, mais fidèle à son roi. Cette conduite et celle
de Charlemagne son grand-père, firent voir aux hommes combien   30
diversement les princes plient la religion à leurs intérêts.[6] Ces

30   MSP: voir combien
31   MSP: princes ont plié
31-54   MSP, 53-W57G: intérêts. ¶Les disgrâces de Lothaire en [MSP: fournissent;
53-W56: fournirent] un autre exemple: ses deux frères, Charles le Chauve [MSP: roi de
France] et Louis de Bavière, assemblèrent un concile d'évêques et d'abbés à Aix-la-
Chapelle. Ces prélats

lois, livre 31, ch.27) disent tous 'cent mille'. Fleury se contente de constater la défaite
de Lothaire (livre 48, année 842, §9). Les doutes de Voltaire se trouvaient déjà chez
Daniel, année 842: 'Cette bataille [...] fut infiniment sanglante pour les vaincus et
pour les vainqueurs, mais je ne trouve point dans les auteurs contemporains ce que
d'autres plus récents ont écrit, qu'il y avait péri cent mille hommes' (t.2, p.308).
Depuis Nithard, la date de la bataille est toujours le 25 juin 841; sauf, semble-t-il, pour
Daniel qui indique 842 en se référant, par erreur (mais d'une façon érudite qui a pu
paraître convaincante à Voltaire) à 'Nithardus, L2. ad an. 842'.

[4] Le début de cette addition de 1769 constitue une sorte de réponse à Montesquieu,
qui consacre trois chapitres de *De l'esprit des lois* (livre 31, ch.27-29) à exposer les
conséquences du désastre de Fontenoy-en-Puisaye, où il voit la cause principale de la
ruine de la monarchie, avec le traité de 847 (ch.25).

[5] Le jeûne est rapporté par Fleury (livre 48, année 842, §9), et Daniel (année 841);
les prières le sont seulement par Le Gendre (année 841).

[6] Voltaire suit Daniel, pour le fait, mais non pour l'interprétation, car Daniel juge
cette 'proposition bien indigne d'un prince chrétien' (année 843). On perçoit ici un

intérêts font toujours la destinée de la terre. Un Franc, un Salien *Germanie et* avait fondé le royaume de France; un fils du maire, ou majordome *France séparées* Pépin, avait fondé l'empire franc. Trois frères le divisent à jamais. *en 843.*

35 Ces trois enfants dénaturés, Lothaire, Louis de Bavière et Charles le Chauve, après avoir versé tant de sang à Fontenai, démembrent enfin l'empire de Charlemagne par la fameuse paix de Verdun. [7] Charles II, surnommé le Chauve, eut la France; Lothaire l'Italie, la Provence, le Dauphiné, le Languedoc, la Suisse, la Lorraine,

40 l'Alsace, la Flandre; Louis de Bavière, ou le Germanique, eut l'Allemagne. [8]

C'est à cette époque que les savants dans l'histoire, commencent à donner le nom de Français aux Francs; [9] c'est alors que l'Allemagne a ses lois particulières; c'est l'origine de son droit

45 public, et en même temps l'origine de la haine entre les Français et les Allemands. [10] Chacun des trois frères fut troublé dans son partage, par des querelles ecclésiastiques, autant que par les divisions qui arrivent toujours entre des ennemis qui ont fait la paix malgré eux.

C'est au milieu de ces discordes que Charles le Chauve, premier

50 roi de la seule France, et Louis le Germanique premier roi de la

38   61: Charles le Chauve

écho de Machiavel; en 1739-1740, Voltaire a préparé l'édition de l'*Anti-Machiavel* rédigé par le prince héritier Frédéric de Prusse (voir D2098, D2125, D2169, D2224).

[7] En août 843.

[8] En se limitant au traité de Verdun de 843, Voltaire, seul parmi les principaux historiens de son époque, évite de parler ici des fameux serments de Strasbourg de la même année, qui, grâce à Nithard, fournissent le premier exemple de la langue française écrite – préférence pour le domaine politique qui peut surprendre. Mézeray et Daniel en citent de longs extraits; Voltaire en fait mention, très brièvement, dans les *Annales* (*M*, t.13, p.248).

[9] Expression ironique? Dans l'art. 'Francs' des *QE* Voltaire évoque la séparation de la Germanie et de la Gaule: 'le nom de *Francs* resta aux peuples de la France occidentale, qui retint seule le nom de *France*'. Il ajoute qu''on ne connut guère le nom de *Français* que vers le dixième siècle' (*M*, t.19, p.178-79).

[10] Rappelons que le 'renversement des alliances' qui unit, après des siècles d'animosité, l'empereur au roi de France ne se produit qu'en 1756.

seule Allemagne, assemblèrent un concile à Aix-la-Chapelle[11] contre Lothaire, et ce Lothaire est le premier empereur franc privé de l'Allemagne et de la France.

Empereurs déposés par évêques. Les prélats d'un commun accord, déclarèrent Lothaire déchu de son droit à la couronne, et ses sujets déliés du serment de fidélité: 55 *Promettez-vous de mieux gouverner que lui?* disent-ils aux deux frères Charles et Louis: *Nous le promettons*, répondirent les deux rois: *Et nous*, dit l'evêque qui présidait, *nous vous permettons par l'autorité divine, et nous vous commandons de régner à sa place.*[12] Ce commandement ridicule n'eut alors aucune suite. 60

En voyant les évêques donner ainsi les couronnes, on se tromperait si on croyait qu'ils fussent alors tels que des électeurs de l'empire. Ils s'étaient rendus puissants à la vérité, mais aucun n'était souverain. L'autorité de leur caractère et le respect des peuples étaient des instruments dont les rois se servaient à leur gré. 65 Il y avait dans ces ecclésiastiques bien plus de faiblesse que de grandeur, à décider ainsi du droit des rois suivant les ordres du plus fort.

On ne doit pas être surpris, que quelques années après un

51   61: concile contre
54   MSP: [*manchette*] 842. *Evêques donnant la couronne.*
56   MSP: *de vous mieux*
57   MSP: *le jurons,* répondirent les rois
59-61   MSP, 53-w56: *place.* ¶En voyant [MSP: ainsi] les
63   MSP, 53-w75G: Ils étaient puissants [w75G*: V]
64   MSP: [*manchette*] *842.*
67-68   MSP: les volontés des plus forts.
69   MSP: [*manchette*] *809.*

[11] En mars 842. Ce paragraphe est bien plus rempli d'affirmations que dans quelques éditions antérieures (cf. var. aux lignes 31-54).

[12] Traduction abrégée de Nithard, cité en marge par Le Gendre: '*et autoritate divina, ut illud suscipiatis, et secundum Dei voluntatem illud regatis, monemus, hortamur, atque praecipimus*' (année 841). Mézeray (année 842), Daniel (année 843) et Fleury (livre 48, année 842, §11) traduisent également ce passage, en paraphrasant à leur manière, bien plus près du latin de Nithard que Voltaire.

70 archevêque de Sens, avec vingt autres évêques, ait osé dans des conjonctures pareilles, déposer Charles le Chauve, roi de France. [13] Cet attentat fut commis pour plaire à Louis de Bavière. Ces monarques, aussi méchants rois que frères dénaturés, ne pouvant se faire périr l'un l'autre, se faisaient anathématiser tour à tour.

75 Mais ce qui surprend, c'est l'aveu que fait Charles le Chauve dans un écrit qu'il daigna publier contre l'archevêque de Sens: *Au moins cet archevêque ne devait pas me déposer avant que j'eusse comparu devant les évêques qui m'avaient sacré roi; il fallait qu'auparavant j'eusse subi leur jugement, ayant toujours été prêt à me soumettre à leurs*

80 *corrections paternelles et à leur châtiment.* La race de Charlemagne, réduite à parler ainsi, marchait visiblement à sa ruine. [14]

Je reviens à Lothaire, qui avait toujours un grand parti en Germanie, et qui était maître paisible en Italie. Il passe les Alpes, fait couronner son fils Louis, qui vient juger dans Rome le pape

85 Sergius II. Le pontife comparaît, répond juridiquement aux accusations d'un évêque de Metz, [15] se justifie, et prête ensuite serment de fidélité à ce même Lothaire déposé par ses évêques.

---

72   MSP: Ce nouvel attentat
75   MSP: [*manchette*] *Charles le Chauve soumis aux évêques.*

MSP, 53: surprend, c'est ce que ce même Charles le Chauve s'exprime ainsi [53: exprime] dans
79   MSP: ayantété toujours
80   MSP: *leurs châtiments*

---

[13] En 859: voir Daniel, année 858.
[14] Comme ci-dessus, la traduction est chez Fleury (livre 49, année 859, §46), et Mézeray (année 859), mais Voltaire a dû traduire lui-même le latin fourni en marge par Le Gendre (année 877, *sic*). Ganelon, ou Wenilon, est archevêque de Sens de 837 à 865. La soumission de l'empereur au pape ne peut que choquer Voltaire, adversaire inconditionnel de toute théocratie: voir aussi ci-dessous, lignes 146-51, 161-64.
[15] Drogon, fils illégitime de Charlemagne et évêque de Metz depuis 823, qui avait accompagné Louis au Vatican. L'emploi de l'article indéfini (voir aussi lignes 69, 164) souligne avec ironie le peu d'importance du personnage.

*Ordonnance que
le pape ne sera
plus élu par le
peuple, mais par
l'empereur.* Lothaire même fit cette célèbre et inutile ordonnance, que pour éviter les séditions trop fréquentes, le pape *ne sera plus élu par le peuple*, et que l'on avertira l'empereur de la vacance du Saint-Siège. [16]   90

On s'étonne de voir l'empereur tantôt si humble, et tantôt si fier; mais il avait une armée auprès de Rome quand le pape lui jura obéissance, et n'en avait point à Aix-la-Chapelle quand les évêques le détrônèrent.

Leur sentence ne fut qu'un scandale de plus ajouté aux   95
désolations de l'Europe. Les provinces depuis les Alpes au Rhin ne savaient plus à qui elles devaient obéir. Les villes changeaient chaque jour de tyrans, les campagnes étaient ravagées tour à tour par différents partis. On n'entendait parler que de combats; et dans ces combats il y avait toujours des moines, des abbés, des évêques   100
qui périssaient les armes à la main. Hugues un des fils de Charlemagne, forcé jadis à être moine, devenu depuis abbé de Saint Quentin, fut tué devant Toulouse avec l'abbé de Ferrière: deux évêques y furent faits prisonniers. [17]

Cet incendie s'arrêta un moment, pour recommencer avec   105

90-91   MSP: vacance. ¶On s'étonne de voir tant de grandeur, et tant de faiblesse, et l'empereur
90-95   53-54N: Saint-Siège. ¶Leur
92   MSP: armée près de
93   MSP: n'en avait à
93-94   MSP: [*manchette*] *844.*
        MSP: quand les prélats le déposèrent.
95   MSP: ne fut donc qu'un
99-100   MSP: combats. Il y avait
102   MSP, 53-54N: moine et depuis

[16] Voltaire reprend Daniel pour le fait (année 844), mais non pour les justifications que celui-ci en donne: la crainte des désordres et des intrigues.

[17] En fait, Loup Servat, abbé de Ferrières, fut fait prisonnier; c'est Richbod, abbé de Saint-Riquier, qui fut tué. Hugues fils de Regina, une des concubines de Charlemagne, avait été successivement abbé de Saint-Quentin, de Lobbes et de Saint-Bertin, ainsi qu'archichancelier de son demi-frère, Louis le Pieux (834-840). Pour Daniel (année 843) et Fleury (livre 48, année 844, §17), comme pour Voltaire, l'intérêt de l'incident réside dans l'information qu'il fournit sur l'existence à cette époque de prélats-soldats: voir ci-dessus, ch.20, lignes 218-28.

fureur. Les trois frères, Lothaire, Charles et Louis, firent de nouveaux partages, qui ne furent que de nouveaux sujets de divisions et de guerre.

L'empereur Lothaire, après avoir bouleversé l'Europe sans *855.* succès et sans gloire, se sentant affaibli, vint se faire moine dans l'abbaye de Prum. Il ne vécut dans le froc que six jours, et mourut imbécile après avoir régné en tyran.[18]

A la mort de ce troisième empereur d'Occident, il s'éleva de nouveaux royaumes en Europe, comme des monceaux de terre après les secousses d'un grand tremblement.

Un autre Lothaire,[19] fils de cet empereur, donna le nom de Lotharinge à une assez grande étendue de pays, nommée depuis par contraction Lorraine, entre le Rhin, l'Escaut, la Meuse et la mer. Le Brabant fut appelé la basse Lorraine; le reste fut connu sous le nom de la haute. Aujourd'hui de cette haute Lorraine il ne reste qu'une petite province de ce nom, engloutie depuis peu dans le royaume de France.[20]

108   MSP: division
109-10   53-54N: sans sujet et
111   MSP: de Prüm au milieu des Ardennes. Il
112   MSP: avoir vécu en
116   MSP: donna son nom
117   MSP: une certaine étendue
        w56: nommé
121   MSP: province engloutie

[18] Mézeray parle de quelques mois (année 855) et Chalons de 'peu de mois' (t.1, p.140), tandis que Fleury (t.10, livre 49, année 855, §27) et Daniel (année 855) disent 'six jours' et Le Gendre (année 876) 'cinq à six jours'. Une expression chez Daniel ('la terreur des jugements de Dieu le saisit') a peut-être inspiré à Voltaire la phrase suivante.

[19] Lothaire II, roi de Lotharingie de 855 à 869.

[20] Les *Annales* situent la Lorraine 'depuis Genève jusqu'à Strasbourg et jusqu'à Utrecht' (p.251), mais définissent de manière identique les territoires de Charles. Les historiens ne s'accordent pas sur les frontières exactes de ces royaumes nouvellement constitués: voir Daniel (année 855) ou Mézeray (année 843). La perspective lorraine s'impose à Voltaire, qui réside à Cirey jusqu'en 1749. En 1736, l'empereur François Ier cède la Lorraine en échange de la Toscane. Stanislas, roi de Pologne,

Un second fils de l'empereur Lothaire, nommé Charles, eut la Savoie, le Dauphiné, une partie du Lyonnois, de la Provence et du Languedoc. Cet Etat composa le royaume d'Arles, du nom de la capitale, ville autrefois opulente et embellie par les Romains, mais alors petite, pauvre, ainsi que toutes les villes en deçà des Alpes.

Un barbare, qu'on nomme Salomon, se fit bientôt après roi de la Bretagne, dont une partie était encore païenne; mais tous ces royaumes tombèrent presque aussi promptement qu'ils furent élevés. [21]

Le fantôme d'empire romain subsistait. Louis, second fils de Lothaire, qui avait eu en partage une partie de l'Italie, fut proclamé empereur par l'évêque de Rome Sergius II, en 855. [22] Il ne résidait point à Rome; il ne possédait pas la neuvième partie de l'empire de Charlemagne, et n'avait en Italie qu'une autorité contestée par les

125

130

135

127   MSP: petite, et pauvre

127-28   MSP: Alpes. Dans les temps florissants de la république et des césars, les Romains avaient agrandi et décoré les villes qu'ils avaient soumises; mais rendues à elles-mêmes ou aux barbares, elles dépérirent toutes, attestant par leurs ruines la supériorité du génie des Romains. ¶Un

128   MSG: barbare nommé Salomon

128-29   MSP: roi de Bretagne

130   MSP: tombèrent aussi

133   MSP: avait en

134   MSP: par Sergius

134-35   MSP, 53-54N: empereur par Sergius Second en 855. Il fut le seul de tous ces empereurs qui fixa son séjour à Rome, mais il ne possédait pas la neuvième [MSP: dixième] partie

la reçoit alors à titre de compensation. Après sa mort en 1766, la Lorraine revient à la France, ce qu'évoque le 'depuis peu'.

[21] Ici la source est probablement Mézeray (année 867). Salomon III fait assassiner le roi Erispoë, son cousin, en 857. Après son propre assassinat, en 874, commence une longue guerre de succession. La dernière phrase se trouve mot pour mot dans les *Annales* (p.251).

[22] Confusion avec Léon IV (847-855), qui, dès 850, a sacré Louis coempereur avec son père Lothaire. En 855, à la mort de Lothaire, Louis II devient seul empereur.

papes et par les ducs de Bénévent, qui possédaient alors un Etat considérable.

Après sa mort, arrivée en 875, si la loi salique avait été en vigueur dans la maison de Charlemagne, c'était à l'aîné de la maison qu'appartenait l'empire. Louis de Germanie aîné de la maison de Charlemagne, devait succéder à son neveu mort sans enfants; mais des troupes et de l'argent firent les droits de Charles le Chauve. [23] Il ferma les passages des Alpes à son frère, et se hâta d'aller à Rome avec quelques troupes. Réginus, les Annales de Metz et de Fulde, assurent qu'il acheta l'empire du pape Jean VIII. [24] Le pape non seulement se fit payer, mais profitant de la conjoncture, il donna l'empire en souverain, et Charles le reçut en vassal, protestant qu'il le tenait du pape, ainsi qu'il avait protesté auparavant en France en 859, qu'il devait subir le jugement des évêques, laissant toujours avilir sa dignité pour en jouir.

Sous lui l'empire romain était donc composé de la France et de l'Italie. On dit qu'il mourut empoisonné par son médecin, un Juif nommé Sédécias; mais personne n'a jamais dit par quelle raison ce

Charles le Chauve achète l'empire du pape.

Le Chauve, empoisonné à ce qu'on dit.

137   MSP: possédaient un
141-42   MSP, 53-54N: Louis de Bavière, aîné de Charles le Chauve [53-54N: de Charlemagne] devait
145   MSP: Réginon
146   w56: Fulden
152   MSP: [*manchette*] *877.*

[23] Le texte ne diffère ici de celui des *Annales* (p.254) qu'en expliquant de façon plus lapidaire le changement de pouvoir ('quelques troupes, de la célérité, de la condescendance, et de l'argent firent les droits de Charles le Chauve').

[24] Accusation explicite chez Le Gendre (année 875), rapportée comme un on-dit par Fleury (livre 52, §30), tous deux se référant aux annales de Metz et à celles de Fulde que Voltaire n'a donc pas eu besoin de consulter. Voir aussi ci-dessous, lignes 171-72. Mézeray ne parle pas de dons et affirme que le pape invita Charles à 'venir à Rome recevoir la couronne impériale' (année 875). Daniel soutient que son couronnement 'a coûté cher' à Charles en concessions territoriales en faveur de la papauté (année 877); Bruys l'absout (année 875). Selon T. Reuter, *The Annals of Fulda* (Manchester et New York, 1992, p.78, n.14), les sources anciennes évoquées par Voltaire sont les seules qui parlent de corruption.

371

médecin commit ce crime. [25] Que pouvait-il gagner en empoisonnant   155
son maître? Auprès de qui eût-il trouvé une plus belle fortune?
Aucun auteur ne parle du supplice de ce médecin. Il faut donc
douter de l'empoisonnement, et faire réflexion seulement que
l'Europe chrétienne était si ignorante, que les rois étaient obligés
de chercher pour leurs médecins des Juifs et des Arabes. [26]   160

Rome toujours   On voulait toujours saisir cette ombre d'empire romain; et Louis
pillée.   le bègue, roi de France, fils de Charles le Chauve, le disputait aux
autres descendants de Charlemagne; c'était toujours au pape qu'on
le demandait. Un duc de Spolette, un marquis de Toscane, investis
de ces Etats par Charles le Chauve, se saisirent du pape Jean VIII,   165
et pillèrent une partie de Rome, pour le forcer, disaient-ils, à
donner l'empire au roi de Bavière, Carloman, l'aîné de la race de
Charlemagne. [27] Non seulement le pape Jean VIII était ainsi
Tribut payé par   persécuté dans Rome par des Italiens, mais il venait en 877 de
le pape aux   payer vingt-cinq mille livres pesant d'argent aux mahométans,   170
mahométans.

163   MSP: c'est toujours
165   MSP: se saisissent
166   MSP: pillent
168-69   MSP: était persécuté

[25] Suivant les *Annales de Saint-Bertin*, année 877 (mais non celles de Fulde, qui n'y
voient rien que de naturel), les prédécesseurs de Voltaire expliquent comme un fait
incontestable la mort de Charles le Chauve, résultant d'une poudre empoisonnée
administrée par son médecin, le Juif Sédécias (ou Zédécias), en qui il avait une
confiance mal placée (Mézeray, Daniel et Le Gendre, année 877; Fleury, livre 52,
année 877, §44). Le doute de Voltaire est aussi exprimé par Hénault (*Abrégé*, 1749,
t.i, p.75). Malgré ce qu'affirme Voltaire ici, Fleury et Daniel proposent une
explication du crime: le médecin aurait été l'instrument de quelques 'seigneurs
français' (dont Boson, beau-frère de Charles) désirant se défaire du roi.
[26] Voltaire profite de l'incertitude quant au sort du meurtrier présumé pour
stigmatiser l'ignorance européenne par rapport à la science du Moyen-Orient.
[27] Reprise de Mézeray (année 878). Les deux margraves étaient nommés par
Daniel (année 877) et par Fleury (livre 52, année 878, §49), et Voltaire en nomme un,
Lambert, duc de Spolète, dans les *Annales* (année 878, p.256). L'anonymat suggère
leur insignifiance, et leur insignifiance souligne le chaos général; voir ci-dessus,
lignes 69, 86.

possesseurs de la Sicile et du Garillan;[28] c'était l'argent dont Charles le Chauve avait acheté l'empire. Il passa bientôt des mains du pape en celles des Sarrazins; et le pape même s'obligea par un traité authentique, à leur en payer autant tous les ans.[29]

175   Cependant ce pontife, tributaire des musulmans et prisonnier dans Rome, s'échappe, s'embarque, passe en France. Il vient sacrer empereur Louis le Bègue dans la ville de Troyes,[30] à l'exemple de Léon III, d'Adrien et d'Etienne III persécutés chez eux, et donnant ailleurs des couronnes.[31]

180   Sous Charles le Gros, empereur et roi de France, la désolation de l'Europe redoubla. Plus le sang de Charlemagne s'éloignait de sa source, et plus il dégénérait. Charles le Gros fut déclaré incapable de régner, par une assemblée de seigneurs français et allemands, qui le déposèrent auprès de Mayence dans une diète convoquée par lui-185 même. Ce ne sont point ici des évêques, qui en servant la passion

Charles le Gros déposé.

887.

173-74   53: même signa un traité authentique de leur
176-77   MSP: Il y vint sacrer l'empereur
178   MSG: l'Estienne trois papes persecutés
180   MSP: Sous le malheureux Charles le Gros
183   MSP: des seigneurs

[28] Vers 880, des mercenaires sarrasins occupent et fortifient l'embouchure du Garigliano, au nord de Naples, ravageant les environs pendant une trentaine d'années: voir ci-dessous, ch.28, lignes 58-61.

[29] Voltaire suit Fleury (livre 52, année 877, §47) ou Bruys (année 877) pour la somme et la fréquence du paiement, qu'il semble être le seul à mettre en rapport avec le prix du sacre (voir ci-dessus, n.24).

[30] En 878. Ceci est conforme au récit de Mézeray (année 878) et de Le Gendre (année 877). D'autres, dont Daniel (année 877), affirment que Louis le Bègue n'a jamais été sacré que roi de France. Voltaire choisit la version qui présente la descendance de Charlemagne comme soumise à l'Eglise en général et aux papes en particulier.

[31] Adrien Ier (772-795), sauvé en 774 de Didier, roi des Lombards, par Charlemagne, le fait patrice des Romains. Léon III (795-816), réfugié auprès de Charlemagne à Paderborn en 799, le couronne empereur. Etienne III (768-772) est en butte à l'hostilité de deux 'antipapes', mais on ne voit pas, de sa part, à quel 'couronnement' auquel il aurait officié Voltaire fait ici allusion.

d'un prince, semblent disposer d'une couronne; ce furent les principaux seigneurs, qui crurent avoir le droit de nommer celui qui devait les gouverner, et combattre à leur tête.[32] On dit que le cerveau de Charles le Gros était affaibli. Il le fut toujours sans doute, puisqu'il se mit au point d'être détrôné sans résistance, de perdre à la fois l'Allemagne, la France et l'Italie, et de n'avoir enfin pour subsistance que la charité de l'archevêque de Mayence, qui daigna le nourrir.[33] Il paraît bien qu'alors l'ordre de la succession *Un bâtard* était compté pour rien, puisque Arnould, bâtard de Carloman, fils *empereur.* de Louis le Bègue, fut déclaré empereur, et qu'Eudes ou Odon, comte de Paris, fut roi de France.[34] Il n'y avait alors ni droit de naissance, ni droit d'élection reconnu.[35] L'Europe était un chaos dans lequel le plus fort s'élevait sur les ruines du plus faible, pour être ensuite précipité par d'autres. Toute cette histoire n'est que celle de quelques capitaines barbares qui disputaient avec des évêques la domination sur des serfs imbéciles. Il manquait aux hommes deux choses nécessaires pour se soustraire à tant d'horreurs, la raison et le courage.

190

195

200

---

186 MSP: [*manchette*] *Charles le Gros déposé.*
187 53-54N: principaux qui
191 MSP: la France, l'Allemagne et
193-94 MSP: succession <n'est> ait compté
199-203 MSP, 53-61: d'autres.//

[32] La source semble être Daniel pour qui ce fut Charles qui 'tint' la diète (année 887); il insiste aussi sur le rôle de 'plusieurs seigneurs'.

[33] D'après Mézeray (année 887) ou Daniel (année 887).

[34] Arnould de Carinthie, fils illégitime de Carloman, roi de Bavière, et petit-fils de Louis le Germanique, est roi de Germanie de 887 à 896, empereur de 896 à 899. Eudes est roi de France de 888 à 898.

[35] Montesquieu défend au contraire l'idée que la monarchie était alors à la fois élective et héréditaire (livre 31, ch.17): Voltaire préfère ne voir que le désordre et la loi du plus fort.

CHAPITRE 25

Des Normands vers le neuvième siècle.

Tout étant divisé, tout était malheureux et faible. Cette confusion

a-178 [*Première rédaction de ce chapitre*: MSP, 45]
a MSP, 45: Chapitre 12
   w56-w57G: Chapitre 16
   61: Chapitre 21
b 53: *IVe siècle* [*erreur*].
1 MSP, 45, 54N: Il est difficile de dire quel pays de l'Europe était alors plus mal gouverné et plus malheureux. Tout étant divisé, tout était faible

* Dès la phase initiale de rédaction et la publication de 1745, les incursions des Normands, leur installation en France avec Rollon, leurs ravages en Angleterre, assuraient l'unité de trois chapitres successifs. Cette unité est conservée ultérieurement, mais avec d'importantes variations. Les victoires de Rollon, qui, intervenant après la mort d'Alfred, rompaient le fil chronologique, ne semblent plus mériter en 1753 d'être autant distinguées et sont absorbées dans le premier chapitre. Cette perte de prestige de Rollon, 'législateur' dont la gloire n'est cependant étayée que par la tradition, a pour effet dans le chapitre suivant, déjà centré sur Alfred, de renforcer la figure d'un roi doté de toutes les qualités. En 1761, son nom apparaît dans le titre et il se voit doté des mérites supplémentaires d'explorateur et de fin lettré, ce qui permet au passage de faire l'éloge du comte de Plélo, guerrier, diplomate et ami des lettres. Au fil des éditions, les seuls autres changements notables (outre, en 1756, quelques lignes qui réduisent la conquête saxonne à un brigandage, et, en 1761, une remarque érudite et polémique sur la valeur des monnaies) consistent en l'addition de piques antichrétiennes, contre Daniel notamment. Voltaire se concentre sur des épisodes spectaculaires et tenus pour essentiels par ses prédécesseurs: le siège de Paris, où se signalent le comte Eudes et l'évêque Goslin, salué en 1756 comme peu d'ecclésiastiques l'ont été par Voltaire, et l'établissement de Rollon dans ce qui devient la 'Normandie': le barbare est présenté comme un 'véritable conquérant', un fondateur, et son histoire se confond avec celle de la France. Il s'agit aussi de renforcer l'idée d'un affaiblissement irréversible de l'empire, et pour ce faire Voltaire ignore, comme d'autres auteurs, les nombreuses victoires remportées par les Français sur les Normands. A propos d'Alfred, Voltaire réduit l'affrontement à une sévère défaite suivie d'une brillante victoire, ce qui était moins net dans ses sources. Et, même s'il ne l'évoque nulle part ailleurs dans son œuvre, il fait d'Alfred un véritable héros, conforme à son idéal de roi civilisateur et 'au-dessus de son siècle'. Modérant ses

Normands bêtes ouvrit un passage aux peuples de la Scandinavie et aux habitants
féroces, égorgent des bords de la mer Baltique. Ces sauvages, trop nombreux,
d'autres bêtes. n'ayant à cultiver que des terres ingrates, manquant de manufactures, et privés des arts,[1] ne cherchaient qu'à se répandre loin de   5
leur patrie. Le brigandage et la piraterie leur étaient nécessaires,
comme le carnage aux bêtes féroces. En Allemagne on les appelait
Normands, hommes du Nord, sans distinction, comme nous disons
encore en général les *corsaires de Barbarie*.[2] Dès le quatrième siècle
ils se mêlèrent aux flots des autres barbares, qui portèrent la   10
désolation jusqu'à Rome et en Afrique. On a vu[3] que resserrés sous
Charlemagne, ils craignirent l'esclavage. Dès le temps de Louis le
Débonnaire ils commencèrent leurs courses. Les forêts dont ces
pays étaient hérissés, leur fournissaient assez de bois pour

3-4   54BD: trop nombreux pour leur pays, n'ayant
5   53-54N: privés d'arts
6   MSP: leurs était
13   MSP, 53-54N: ils recommencèrent
13-14   45: ce pays était hérissé

---

sources pour plus de vraisemblance, il dépeint les aventures d'un guerrier courageux,
et la conduite d'un prince plus soucieux de paix, de savoir, de commerce et de justice
que de piété, ce qui reste conforme dans l'ensemble à la légende d'Alfred 'le Grand'
en Angleterre. Les sources principales pour le ch.25 sont Daniel, *Histoire de France*,
t.2, v. 'Charles le Chauve', t.3, v. 'Louis III. Carloman'; et parfois Mézeray, *Abrégé
chronologique*, t.1, v. 'Charles II dit le Chauve', 'Louis III et Carloman' et 'Charles III,
dit le Gras'; ou Le Gendre, *Nouvelle Histoire de France depuis le commencement de la
monarchie jusqu'à la mort de Louis XIV* (Paris, 1718-1719, BV2006), v. 'Charles le
Chauve et ses frères' et 'Charles II dit le Gras'. Notons enfin, qu'à quelques
modifications près, signalées dans les notes, l'art. 'Normands' de l'*Encyclopédie*,
œuvre du chevalier de Jaucourt qui reconnaît sa dette envers 'l'illustre auteur de
l'Histoire générale', reprendra l'essentiel du ch.25 et un paragraphe du ch.26.

[1] Thème familier à Voltaire que celui de l'inévitable adoucissement nécessaire des
mœurs primitives qu'apporte la culture. Voir, par exemple, *Timon* (1751; *M*, t.23,
p.483-84).

[2] Les corsaires d'Afrique du Nord qui infestaient la Méditerranée. La comparaison se trouve également chez Rapin de Thoyras (voir ci-dessous, n.4).

[3] Ci-dessus, ch.15, lignes 107-108.

376

15 construire leurs barques à deux voiles et à rames. Environ cent
hommes tenaient dans ces bâtiments, avec leurs provisions de
bière, de biscuit de mer, de fromage, et de viande fumée. [4] Ils
côtoyaient les terres, descendaient où ils ne trouvaient point de
résistance, et retournaient chez eux avec leur butin, qu'ils
20 partageaient ensuite selon les lois du brigandage, ainsi qu'il se
pratique en Barbarie. Dès l'an 843 ils entrèrent en France par
l'embouchure de la rivière de Seine, et mirent la ville de Rouen au
pillage. [5] Une autre flotte entra par la Loire, et dévasta tout jusqu'en
Touraine. Ils emmenaient en esclavage les hommes; ils parta-
25 geaient entre eux les femmes et les filles, prenant jusqu'aux enfants
pour les élever dans leur métier de pirates. Les bestiaux, les
meubles, tout était emporté. Ils vendaient quelquefois sur une
côte ce qu'ils avaient pillé sur une autre. Leurs premiers gains

17   MSP, 45, 53-W56: viande salée.
17-18   45: Ils suivaient les côtes,
          MSP, 53, 54D: Ils côtoyaient les côtes,
18   MSP, 45: trouvaient pas de
20-21   MSP, 45, 53, 54D: qu'il se pratique à Tunis [45: et à Salé].
21   MSP, 45: Barbarie. L'an 843 ils entrèrent en [MSP: par] France

[4] Avant Voltaire, les auteurs français s'intéressent peu à de tels détails. Depuis le
début de ce chapitre, Voltaire s'inspire de Rapin de Thoyras, *Histoire d'Angleterre*
(La Haye, 1724-1738). Voltaire a fait la demande 'pour avoir un Rapin de Toiras' dès
le mois de mars 1724 (D186). Il fait mention de Rapin dans les *LP* (22, p.138), ainsi
que dans le 'Catalogue des écrivains' du *Siècle de Louis XIV*. Plus tard, il possède la
nouvelle édition de 1749 (Paris, BV2871), édition annotée par W. Tindal. Il s'agit ici
de l'introduction du livre 4, mais ni le nombre de '100 hommes par bateau' ni la liste
des provisions n'y figurent.

[5] Le pillage de Rouen eut lieu en 841, comme l'indiquent Fleury et Mézeray, mais
tous deux sous la rubrique de 843. Si le texte de Daniel (année 842) ressemble tout
aussi bien à la rédaction de Voltaire, c'est surtout Fleury que ce dernier suit, vu la
conjonction de sa phrase suivante: 'L'an 841 [...] ils vinrent à l'embouchure de la
Seine, pillèrent Rouen [...]. En 843, au mois de juin, ils entrèrent par l'embouchure de
la Loire, attaquèrent Nantes' (livre 48, §13). Le reste du paragraphe semble bien être
en grande partie une élaboration imaginative de ces mots de Fleury: 'Les Normands
regagnèrent leurs vaisseaux, avec [...] de grandes troupes de captifs de tout sexe et de
tout âge' (§13).

excitèrent la cupidité de leurs compatriotes indigents. Les habitants des côtes germaniques et gauloises se joignirent à eux, ainsi que 30 tant de renégats de Provence et de Sicile ont servi sur les vaisseaux d'Alger.

En 844 ils couvrirent la mer de vaisseaux. On les vit descendre presque à la fois en Angleterre, en France et en Espagne. Il faut que le gouvernement des Français et des Anglais fût moins bon que 35 celui des mahométans, qui régnaient en Espagne; car il n'y eut nulle mesure prise par les Français ni par les Anglais, pour empêcher ces irruptions; mais en Espagne les Arabes gardèrent leurs côtes, et repoussèrent enfin les pirates. [6]

Ils désolent l'Allemagne, l'Angleterre et la France. En 845 les Normands pillèrent Hambourg, et pénétrèrent avant 40 dans l'Allemagne. Ce n'était plus alors un ramas de corsaires sans ordre: c'était une flotte de six cents bateaux, qui portait une armée formidable. Un roi de Dannemarck, nommé Eric, [7] était à leur tête. Il gagna deux batailles avant de se rembarquer. [8] Ce roi des pirates,

---

31   45: et des Siciles
31-33   MSP, 45: servi les corsaires d'Afrique. ¶En
34-39   MSP, 45: et jusqu'en Espagne; ils prirent Séville qu'ils gardèrent une année; mais les Arabes chassèrent enfin ces pirates. ¶En
42   MSP: six cents gros bateaux
       45: 660 gros bateaux
44   45: avant que de

---

[6] Voltaire résume Daniel: 'jamais cette nation ne s'était rendue si redoutable que cette année-là. L'Angleterre, la France et l'Espagne éprouvèrent sa fureur. Ils descendirent d'abord en Angleterre, où dans un combat qui dura trois jours, ils défirent les Anglo-Saxons [...] Ce fut après cette expédition qu'ils revinrent en France. Ils entrèrent dans la Garonne, montèrent jusqu'à Toulouse, et en désolèrent tous les environs. Ils furent moins heureux en Espagne; ils en furent repoussés en divers endroits, et battus dans les descentes qu'ils tentèrent' (année 844, t.2, p.334). La source contemporaine principale est les *Annales de Saint-Bertin* (année 844).

[7] Très probablement Riourik (Eric, var. Rurik, Hårek; mort en 879), fils d'un chef suédois, devenu prince varègue, fondateur en 860 de Novgorod.

[8] Les faits résumés ici sont de Daniel (année 845), les commentaires sont de Voltaire. Jamais Voltaire, dans ce chapitre, ne relève de victoires européennes contre les Normands, ce qui est tout le contraire de son attitude dans le chapitre suivant où il

378

45 après être retourné chez lui avec les dépouilles allemandes, envoie
en France un des chefs des corsaires, à qui les histoires donnent le
nom de Régnier. [9] Il remonte la Seine avec cent vingt voiles. Il n'y a
point d'apparence que ces cent vingt voiles portassent dix mille
hommes. [10] Cependant, avec un nombre probablement inférieur, il
50 pille Rouen une seconde fois, et vient jusqu'à Paris. Dans de
pareilles invasions, quand la faiblesse du gouvernement n'a pourvu
à rien, la terreur du peuple augmente le péril, et le plus grand
nombre fuit devant le plus petit. Les Parisiens, qui se défendirent
dans d'autres temps avec tant de courage, abandonnèrent alors leur
55 ville; et les Normands n'y trouvèrent que des maisons de bois,
qu'ils brûlèrent. [11] Le malheureux roi, Charles le Chauve, retranché à
Saint Denis avec peu de troupes, au lieu de s'opposer à ces barbares,
acheta de quatorze mille marcs d'argent la retraite qu'ils daignèrent
faire. Il est croyable que ces marcs étaient ce qu'on a appelé
60 longtemps des marques, *marcas*, qui valaient environ un de nos   *Sottises de nos*
demi-écus. [12] On est indigné quand on lit dans nos auteurs que   *légendaires.*

47   53-54N: Seine à cent vingt
47-49   MSP, 45: Seine à la tête de six-vingt voiles. Il n'y a point d'apparence que
ces six-vingt voiles portassent douze mille combattants. Cependant
54-55   MSP, 45: leur petite ville
59-61   MSP, 45, 53-W57G: faire. On

---

mentionne une seule victoire des Danois contre Alfred, et l'exagère même, pour
pouvoir ensuite valoriser la revanche du roi anglais.

[9] Ragnar Lodbrok, chef danois du neuvième siècle.

[10] On peut se demander pourquoi Voltaire refuse ici de croire qu'un vaisseau
normand porte environ 80 hommes lorsqu'il vient d'affirmer qu'une centaine s'y
tenait (ci-dessus, lignes 15-16). Le scepticisme au sujet de la capacité souvent
proposée se trouve déjà dans les *Leningrad notebooks*: 'Comment [imaginer] cent
mille Normands en bateau venir conquérir la France' (*OCV*, t.81, p.411).

[11] Cf. Daniel: 'la plus considérable expédition [après celle d'Eric] fut celle d'un des
généraux de cette nation nommé Regnier qui étant entré dans la Seine avec six vingts
vaisseaux, répandit la terreur par toute la France. Il monta jusqu'à Rouen [...] Il
profita de la consternation où il vit tout le pays, et s'avança jusqu'à Paris, qu'il trouva
abandonné' (année 845, t.2, p.331).

[12] Voltaire convertit en marcs (1 livre = 2 marcs) le chiffre de 7000 livres d'argent

plusieurs de ces barbares furent punis de mort subite pour avoir pillé l'église de Saint Germain-des-Prés. Ni les peuples, ni leurs saints ne se défendirent; mais les vaincus se donnent toujours la honteuse consolation de supposer des miracles opérés contre leurs vainqueurs. [13] 65

Charles le Chauve, en achetant ainsi la paix, ne faisait que donner à ces pirates de nouveaux moyens de faire la guerre, et s'ôter celui de la soutenir. Les Normands se servirent de cet argent pour aller assiéger Bordeaux, qu'ils pillèrent. Pour comble d'humiliation et 70 d'horreur, un descendant de Charlemagne, Pépin, roi d'Aquitaine, n'ayant pu leur résister, s'unit avec eux; [14] et alors la France vers l'an 858 fut entièrement ravagée. [15] Les Normands, fortifiés de tout ce qui se joignait à eux, [16] désolèrent longtemps l'Allemagne, la Flandre,

63-67   45: Saint-Germain-des-Prés. ¶Charles

---

fourni par Daniel (année 845), Fleury (livre 48, année 845, §27) et Le Gendre (année 887). En 1761, Voltaire donne l'équivalent moderne, sans doute pour réfuter un mémoire, 'Sur les incursions que les Normands firent dans la Neustrie, par la Seine', lu par P. N. Bonamy à l'Académie des inscriptions et belles-lettres (*Mémoires de littérature tirez des registres de l'Académie des inscriptions et belles-lettres*, 1751, t.17, p.273-94). Bonamy arrivait à la somme de 525 000 livres; que le demi-écu de Voltaire soit monnaie de compte (une livre et demie) ou pièce métallique (trois livres au maximum), la somme ne peut dépasser 42 000 livres. Bonamy, comme Voltaire (voir ci-dessus, ch.19), s'appuie sur les calculs de F. Le Blanc, *Traité historique des monnoies de France* (Amsterdam, 1692, BV1963). Dans les *Annales*, Voltaire se contente de compter en marcs (*M*, t.13, p.249). Sur les équivalences et l'évolution des monnaies, voir ci-dessus, ch.19.

[13] Daniel, tout en professant un certain scepticisme devant 'je ne sais combien de prodiges de cette nature', acceptait celui-ci sur la foi d'un témoin contemporain et utilisait l'expression même 'punis de mort subite' (année 845). Jaucourt ajoute ici un compromis prudent: 'mais il est vrai que les excès auxquels ils se livrèrent, leur causèrent la dysenterie et autres maladies contagieuses' (art. 'Normands').

[14] Roi d'Aquitaine de 838 à 852.

[15] L'année 858, qui ne fait pas l'objet d'une rubrique dans A. Du Chesne, *Historiae Normannorum scriptores antiqui* (Paris, 1619, p.1-26), est distinguée par Le Gendre comme celle où les Normands désolent tout le pays; par Daniel comme celle où les sujets de Charles le Chauve invitent Lothaire II, roi de Lotharingie, à prendre sa place.

[16] D'après Daniel (années 856-857). Dans les *Annales*, la parenté avec Charlemagne

75 l'Angleterre. Nous avons vu depuis peu des armées de cent mille hommes pouvoir à peine prendre deux villes après des victoires signalées; tant l'art de fortifier les places et de préparer les ressources a été perfectionné;[17] mais alors des barbares, combattant d'autres barbares désunis, ne trouvaient, après le premier succès, 80 presque rien qui arrêtât leurs courses. Vaincus quelquefois, ils reparaissaient avec de nouvelles forces.

Godefroy, prince de Dannemarck, à qui Charles le Gros céda enfin une partie de la Hollande en 882, pénètre de la Hollande en Flandre; ses Normands passent de la Somme à l'Oise sans 85 résistance, prennent et brûlent Pontoise, et arrivent par eau et par terre devant Paris.[18]

75   45: l'Angleterre, l'Italie. Nous avons vu depuis des
77-78 MSP, 45, 53-W68: préparer des ressources
82   45: Godefroi, roi de Danemark,
      53-W57G: Godefroy, roi de
83   MSG: 887
83-84 MSP: ^Ven 882 pénétra de la Hollande en Flandres
84   MSP, 45: Flandre; les Normands
86-87 MSP, 45: terre à Paris. Cette ville aujourd'hui immense n'était ni forte ni grande, ni peuplée; la tour du grand Châtelet n'était pas encore entièrement élevée quand les Normands parurent; il fallut se hâte de l'achever avec du bois, de sorte que le bas de la tour était de pierre et le haut de charpente. ¶Les

est notée sans autre commentaire (p.252-53): voir ci-dessus, ch.24, ligne 9. Ennemi juré de Charles le Chauve dont il est le prisonnier, Pépin II s'évade pour s'allier avec les Normands. Repris par Charles en 864, il sera enfermé et mourra au monastère de Senlis. Ce n'est donc pas 'n'ayant pu leur résister', mais volontairement qu'il serait passé à l'ennemi.

[17] Allusion peut-être aux sièges de Montauban (1621), de Valenciennes (1677) et de Rheinfeld (1692), menés sans succès par les armées du roi de France, où à ceux de Vienne par les Turcs (1529, 1683). Voltaire écrit pourtant dans *Le Siècle de Louis XIV*, ch.16: 'Quand une ville est assiégée par une armée supérieure, que les travaux sont bien conduits, et que la saison est favorable, on sait à peu près en combien de temps elle sera prise, quelque vigoureuse que la défense puisse être' (*OH*, p.784).

[18] Il n'y a qu'une source contemporaine tant soit peu détaillée du siège de 885-887, le poème connu aujourd'hui sous le nom de *Bella Parisiacae urbis*, écrit par un des assiégés, Abbon, un moine de l'abbaye de Saint-Germain-des-Prés. La longue

885.
Belle résistance
des Parisiens.

Les Parisiens, qui s'attendaient alors à l'irruption des barbares, n'abandonnèrent point la ville, comme autrefois. Le comte de Paris, Odon ou Eudes, que sa valeur éleva depuis sur le trône de France,[19] mit dans la ville un ordre qui anima les courages, et qui leur tint lieu de tours et de remparts.   90

Sigefroy, chef des Normands, pressa le siège avec une fureur opiniâtre, mais non destituée d'art. Les Normands se servirent du bélier pour battre les murs.[20] Cette invention est presque aussi ancienne que celle des murailles; car les hommes sont aussi 95 industrieux pour détruire que pour édifier. Je ne m'écarterai ici qu'un moment de mon sujet pour observer que le cheval de Troye n'était précisément que la même machine, laquelle on armait d'une tête de cheval de métal, comme on y mit depuis une tête de bélier, et c'est ce que Pausanias nous apprend dans sa description de la 100 Grèce. Ils firent brèche, et donnèrent trois assauts.[21] Les Parisiens

94-101   MSP, 45, 53-W57G: murs. Ils

---

description que fait Daniel du siège (année 885) se réfère à tout moment à cet auteur dont Fleury, au cours d'une relation d'une petite page, dit que 'la rudesse de son style le rend très difficile à entendre' (livre 53, année 885, §54). *Le Siège de Paris par les Normands*, éd. et trad. H. Waquet (Paris, 1942), en dit que si le texte, grâce à sa troisième partie, est 'en général intelligible[s] [...] la langue en est obscure, prétentieuse, semée d'incorrections, d'étrangetés, de phrases où l'enchevêtrement de la construction relève de l'art du rébus' (p.xi). Cette troisième partie manque dans l'édition d'A. Du Chesne (*Historiae Francorum scriptores coaetanei*, Paris, 1636-1649, t.2, p.499-523), et la premiére traduction française date de 1834 (Waquet, p.xvii). Il semble probable que Voltaire a dû puiser les faits surtout dans Daniel, faisant appel à son imagination pour broder le portrait du prêtre guerrier et martyr.

[19] Cf. ci-dessus, ch.24, n.34.

[20] Depuis 'Les Parisiens' (ligne 87) jusqu'à 'murs': texte identique dans les *Annales* (p.258-59).

[21] Voir la traduction de Pausanias de l'abbé N. Gédoyn, *Voyage historique de la Grèce* (Paris, 1731), t.1, livre 1, ch.23, n.(*b*). Voltaire avait demandé l'ouvrage à l'imprimeur-libraire Michel Lambert le 7 janvier 1750 (D4088). Cette digression, ajoutée en 1761 seulement, a peut-être été inspirée par un désir d'écrire quelque chose de plus intéressant que Daniel qui, à cet endroit, s'était adonné à une description plutôt anodine: 'On sait que le bélier était une grosse poutre, dont un des bouts était

les soutinrent avec un courage inébranlable. Ils avaient à leur tête non seulement le comte Eudes, mais encore leur évêque Goslin,[22] qui chaque jour, après avoir donné la bénédiction à son peuple, se
105 mettait sur la brèche, le casque en tête, un carquois sur le dos, et une hache à sa ceinture; et ayant planté la croix sur le rempart, combattait à sa vue. Il paraît que cet évêque avait dans la ville autant d'autorité pour le moins que le comte Eudes, puisque ce fut à lui que Sigefroy s'était d'abord adressé, pour entrer par sa
110 permission dans Paris. Ce prélat mourut de ses fatigues au milieu du siège, laissant une mémoire respectable et chère; car s'il arma des mains que la religion réservait seulement au ministère de l'autel, il les arma pour cet autel même et pour ses citoyens, dans la cause la plus juste, et pour la défense la plus nécessaire, première
115 loi naturelle, qui est toujours au-dessus des lois de convention. Ses confrères ne s'étaient armés que dans des guerres civiles et contre des chrétiens. Peut-être si l'apothéose est due à quelques hommes, eût-il mieux valu mettre dans le ciel ce prélat qui combattit et mourut pour son pays, que tant d'hommes obscurs, dont la vertu,
120 s'ils en ont eu, a été pour le moins inutile au monde.

Evêque courageux et grand homme.

---

103 MSP, 45: mais leur
105-106 MSP, 45: dos, une hache à la ceinture
106 MSP: [*manchette*] *Belle défense de Paris par un évêque.*
112 MSP: que sa religion
113 53-54N: pour des citoyens
114-15 MSP, 45, 53-61: nécessaire qui
115 MSP, 53-61: lois. ¶Ses
115-21 45: lois. ¶Les
119 MSP: que beaucoup d'hommes

---

ferré, et avait en quelque façon la forme d'une tête de bélier' (année 885/886). Daniel ne parle que de deux assauts, mais il donne au second deux mouvements bien distincts (année 885). Jusqu'à la fin du paragraphe, Voltaire développe le texte correspondant des *Annales* (p.259).

[22] Ou Gauzlin, évêque de Paris de 883/884 à 886.

Les Normands tinrent la ville assiégée une année et demie: [23] les Parisiens éprouvèrent toutes les horreurs qu'entraînent dans un long siège la famine et la contagion qui en sont les suites, et ne furent point ébranlés. Au bout de ce temps, l'empereur Charles le Gros, roi de France, parut enfin à leur secours sur le mont de Mars, qu'on appelle aujourd'hui *Montmartre*; mais il n'osa pas attaquer les Normands: il ne vint que pour acheter encore une trêve honteuse. Ces barbares quittèrent Paris pour aller assiéger Sens et piller la Bourgogne, tandis que Charles alla dans Mayence assembler ce parlement qui lui ôta un trône dont il était si indigne. [24]

Les Normands continuèrent leurs dévastations; mais quoique ennemis du nom chrétien, il ne leur vint jamais en pensée de forcer personne à renoncer au christianisme. [25] Ils étaient à peu près tels que les Francs, les Goths, les Alains, les Huns, les Hérules, qui, en cherchant au cinquième siècle de nouvelles terres, loin d'imposer une religion aux Romains, s'accommodèrent aisément de la leur:

125

130

135

124 MSP, 45: ébranlés au bout de ce temps. L'empereur
126 MSP: mais n'osa
129 MSP: alla <dans Mayence>, assembler <un parlement> des diètes qui
130-39   45: ôta le trône dont il était indigne. ¶Enfin
135 MSP: 53-61: au quatrième siècle
136 MSP: Romains vaincus, s'accommodèrent

[23] Le traité fut signé selon toute probabilité un peu moins d'un an seulement après l'arrivée des Normands devant Paris (Waquet, p.17, n.2; p.91, n.5). C'est, d'ailleurs, le laps de temps noté par Daniel (année 885). Mézeray parle d'un siège de trois ans (année 886). Le siège fut levé dans un délai plus conforme aux 'dix-huit mois' de Voltaire.

[24] Même dénonciation chez Daniel: 'La paix fut signée, et ce prince, après un si honteux traité, reprit la route de Germanie, avec plus d'infamie que s'il avait été battu' (année 886). Cf. Fleury (livre 53, année 886, §54) et Le Gendre (année 888). Voir également ci-dessus, ch.24, lignes 180-93.

[25] Cette phrase est considérablement raccourcie par Jaucourt, qui, manifestement, ne voulait pas insister trop lourdement: 'Les Normands dans leurs dévastations ne forcèrent personne à renoncer au christianisme' (art. 'Normands').

ainsi les Turcs en pillant l'empire des califes, se sont soumis à la religion mahométane. [26]

Enfin Rolon ou Raoul, le plus illustre de ces brigands du Nord, après avoir été chassé du Dannemarck, ayant rassemblé en Scandinavie tous ceux qui voulurent s'attacher à sa fortune, tenta de nouvelles aventures, et fonda l'espérance de sa grandeur sur la faiblesse de l'Europe. [27] Il aborda l'Angleterre, où ses compatriotes étaient déjà établis; mais après deux victoires inutiles, il tourna du côté de la France, que d'autres Normands savaient ruiner, mais qu'ils ne savaient pas asservir.

Rolon fut le seul de ces barbares qui cessa d'en mériter le nom, en cherchant un établissement fixe. Maître de Rouen sans peine, au lieu de la détruire, il en fit relever les murailles et les tours. Rouen devint sa place d'armes; de là il volait tantôt en Angleterre, tantôt en France, faisant la guerre avec politique, comme avec fureur. La France était expirante sous le règne de Charles le Simple, [28] roi de nom, et dont la monarchie était encore plus démembrée par les ducs, par les comtes et par les barons ses sujets, que par les

Rolon s'établit à Rouen.

---

139   MSP, 45: [*intertitre*] *Paragraphe 2.* [45: *Chapitre 13*] / *Etablissement des Danois en Normandie.*
        MSP, 45: le chef le plus
140   MSP: de Danemark
144   53-54N: il retourna
148   MSP: [*manchette*] *Etablissement des Normands en Normandie.*
150-51 MSP: volait tantôt en France, faisant

---

[26] Allusion, par contraste, au prosélytisme de l'Eglise catholique.

[27] Rollon (860-933) devient duc de Normandie en 911 sous le nom chrétien de Robert, après le traité de Saint-Clair-sur-Epte (910). Il n'existe pas d'annales, de chroniques contemporaines de l'époque de Rollon dont, par conséquent, on ne sait presque rien de certain. La source principale est Dudon de Saint-Quentin, *Historia Normannorum*, qui écrivait près d'un siècle plus tard et dont l'ouvrage est très romancé. Daniel le suit pas à pas. Le scepticisme que montre Voltaire à l'égard de la docilité et de la situation de subordination du pirate normand devant le roi de France, en contraste avec l'enthousiasme des autres auteurs de son temps, est sans doute pleinement justifié.

[28] Fils de Louis le Bègue, règne de 893 à 929.

Normands. Charles le Gros n'avait donné que de l'or aux barbares: 155
Charles le Simple offrit à Rolon sa fille et des provinces.[29]

912.
Bassesse de la
cour de France.

Raoul demanda d'abord la Normandie; et on fut trop heureux de
la lui céder.[30] Il demanda ensuite la Bretagne; on disputa; mais il
fallut la céder encore avec des clauses que le plus fort explique
toujours à son avantage. Ainsi la Bretagne, qui était tout à l'heure 160
un royaume, devient un fief de la Neustrie; et la Neustrie, qu'on
s'accoutuma bientôt à nommer Normandie du nom de ses
usurpateurs, fut un Etat séparé, dont les ducs rendaient un vain
hommage à la couronne de France.

L'archevêque de Rouen sut persuader à Rolon de se faire 165
chrétien. Ce prince embrassa volontiers une religion qui affermissait sa puissance.[31]

Les véritables conquérants sont ceux qui savent faire des lois.[32]
Leur puissance est stable; les autres sont des torrents qui passent.
Rolon paisible, fut le seul législateur de son temps dans le continent 170
chrétien. On sait avec quelle inflexibilité il rendit la justice. Il abolit
le vol chez les Danois, qui n'avaient jusque-là vécu que de rapine.
Longtemps après lui, son nom prononcé, était un ordre aux
officiers de justice d'accourir pour réprimer la violence; et de là

155   53-54N: Charles n'avait
159   MSP, 45: fallut l'abandonner encore
161   45, W56: devint
161   MSP, 45: fief dépendant de la Neustrie, qu'on
163   MSP, 45: usurpateur, et qui [MSP: et elle] fut
164-68   45: France. ¶Les
166   MSP: chrétien pour se rendre plus cher à ses nouveaux sujets. Ce
172   MSP, 45, 53-W68: chez ses Danois
173   MSP, 45, 53-54N: nom seul prononcé

[29] Rollon est supposé épouser Gisèle, fille de Charles le Simple et de Frédérune.
[30] Daniel (années 898-911), souligne au contraire l'âpreté de la résistance opposée
à Rollon dans une grande partie de la Neustrie.
[31] Voltaire considère aussi Rollon comme un usurpateur, dont la conversion fut
toute politique: voir l'art. 'Préjugés' du *DP* (*OCV*, t.36, p.459).
[32] Montesquieu va dans le même sens (*De l'esprit des lois*, livre 10, ch.3, 4).

175 est venu cet usage de la clameur de *haro*, si connue en Normandie.[33] Le sang des Danois et des Francs mêlés ensemble, produisit ensuite dans ce pays ces héros qu'on verra conquérir l'Angleterre, Naples et Sicile.

177-78 MSP, 45, 53-54N: l'Angleterre et la Sicile

[33] Là, Voltaire ne se sépare pas des historiens qui tous insistent, avec plus ou moins d'admiration, sur le rôle de justicier intransigeant, surtout dans le domaine du vol et du brigandage, que Rollin a joué (Mézeray, année 917; Chalons, t.1, p.159; Le Gendre, année 911; Fleury, livre 54, année 912, §51). Malgré des différences de point de vue inévitables, c'est encore Daniel qui fournit le plus de détails au récit de Voltaire (année 911). Mézeray et Chalons ('Ha Rhou!') rejoignent Voltaire en relevant le rapport légendaire (mythique même) entre le nom de Raoul et la fameuse 'clameur de haro' qui aujourd'hui est considérée comme une dérivation de l'ancien français 'hare', cri pour encourager les chiens de meute (W. von Wartburg *Dictionnaire étymologique de la langue française*).

CHAPITRE 26

De l'Angleterre vers le neuvième siècle. Alfred le Grand.

Les Anglais, ce peuple devenu puissant, célèbre par le commerce et par la guerre, gouverné par l'amour de ses propres lois et de la vraie liberté, qui consiste à n'obéir qu'aux lois,[1] n'étaient rien alors de ce qu'ils sont aujourd'hui.

a-90 [*Première rédaction de ce chapitre*: MSP, 45]
a   MSP: Chapitre 13
    45: Chapitre 14
    W56-W57G: Chapitre 17
    61: Chapitre 22
b   MSP, 45, W56-W57G: *siècle.//*
    53-54N: *IVe* [*erreur*] *siècle.//*
1-12 MSP, 45, 53-54N: L'Angleterre, après avoir été divisée en sept petits royaumes, s'était presque réunie sous le roi Egbert, lorsque ces mêmes pirates vinrent la ravager aussi bien que la France. ¶On

* Voir la note liminaire du ch.25. A part l'élimination de l'élément chrétien, Voltaire fournit un portrait qui est tout à fait en accord avec la légende croissante d'Alfred comme elle est perçue par les Anglais du dix-huitième siècle. La source pour ce chapitre est presque exclusivement l'*Histoire d'Angleterre* de Rapin de Thoyras (voir ci-dessus, ch.25, n.4), t.1, 2ᵉ partie, livre 4 (v. 'Egbert, premier roi d'Angleterre', 'Ethelwulf, second roi d'Angleterre', 'Ethelbert, quatrième roi d'Angleterre', et surtout 'Alfred le Grand, sixième roi d'Angleterre'). Rapin se servait surtout de J. Spelman, *The Life of Alfred the Great*, éd. T. Hearne (Oxford, 1709), de la biographie d'Alfred par son contemporain le moine connu sous le nom de Asser, et de l'*Anglo-Saxon Chronicle*. Voltaire aurait pu se servir également de l'*Histoire d'Angleterre, d'Ecosse et d'Irlande* d'I. de Larrey (Rotterdam, 1697-1713), de l'*Histoire générale d'Angleterre, d'Ecosse et d'Irlande* d'A. Du Chesne (Paris, 1614), ou encore des histoires générales d'Angleterre de J. Tyrrell, W. Guthrie et T. Carte, dont les chapitres traitant d'Alfred ont paru respectivement en 1698, 1744 et 1747. Mais il n'y en a pas trace dans ce chapitre.

[1] Dans cette addition de 1756, on trouve un écho de la formule paradoxale de Montesquieu: 'La liberté est le droit de faire ce que les lois permettent' (*De l'esprit des lois*, ch.11, §3). Le ch.6 du même livre est consacré à l'étude détaillée de la constitution anglaise, définie comme visant essentiellement à la liberté politique. Mais Voltaire en profite pour dénoncer toute continuité entre les institutions

5   Ils n'étaient échappés du joug des Romains que pour tomber
sous celui de ces Saxons, qui, ayant conquis l'Angleterre vers le
sixième siècle, furent conquis au huitième par Charlemagne dans
leur propre pays natal. Ces usurpateurs partagèrent l'Angleterre en
sept petits cantons malheureux, qu'on appela royaumes. [2] Ces sept   *828.*
10   provinces s'étaient enfin réunies sous le roi Egbert de la race
saxonne, [3] lorsque les Normands vinrent ravager l'Angleterre, aussi
bien que la France. On prétend qu'en 852 ils remontèrent la Tamise
avec trois cents voiles. [4] Les Anglais ne se défendirent guère mieux
que les Francs. Ils payèrent, comme eux, leurs vainqueurs. Un roi,
15   nommé Ethelbert, suivit le malheureux exemple de Charles le
Chauve. Il donna de l'argent; la même faute eut la même punition.
Les pirates se servirent de cet argent pour mieux subjuguer le pays. [5]
Ils conquirent la moitié de l'Angleterre. Il fallait que les Anglais,
nés courageux, et défendus par leur situation, eussent dans leur
20   gouvernement des vices bien essentiels, puisqu'ils furent toujours
assujettis par des peuples qui ne devaient pas aborder impunément
chez eux. [6] Ce qu'on raconte des horribles dévastations qui

7-8   w56-w57G: Charlemagne. Ces

---

politiques des Saxons et celles de son temps, réfutant ainsi un des principes de *De
l'esprit des lois.*

[2] Sur l'heptarchie, voir ci-dessus, ch.15, n.5.

[3] Selon l'*Anglo-Saxonne Chronicle,* Egbert est devenu *bretwalda* ou suzerain ('roi'
un peu plus puissant que les autres 'rois') en 827. Voltaire utilise constamment Rapin
(année 828), qui, suivant la tradition, attribue cette réunion à Egbert, 'qui avait
commencé l'an 800 à régner sur les West-Saxons n'acheva ses conquêtes qu'en 827
ou 828; et c'est seulement depuis ce temps-là, qu'on peut lui donner le titre de Roi
d'Angleterre' (livre 4, 'Ecbert').

[4] Voir Rapin, pour la date et le nombre de vaisseaux (livre 4, 'Ethelwolph',
année 852, §'Autre invasion des Danois plus considérable').

[5] D'après Rapin, 'Ethelbert [...] leur offrit de l'argent pour les obliger à quitter
l'Angleterre. Ils acceptèrent ses offres; mais après avoir accepté la somme promise,
ils passèrent dans le pays de Kent, et y mirent tout à feu et à sang' (livre 4, 'Ethelbert',
§'Ethelbert leur offre de l'argent'). Notons que Rapin ne parle que du 'pays de Kent'.

[6] Même remarque chez Rapin, premières lignes du livre 4.

désolèrent cette île, surpasse encore ce qu'on vient de voir en France. Il y a des temps où la terre entière n'est qu'un théâtre de carnage, et ces temps sont trop fréquents. 25

Le lecteur respire enfin un peu, lorsque dans ces horreurs il voit s'élever quelque grand homme qui tire sa patrie de la servitude, et qui la gouverne en bon roi.

Je ne sais s'il y a jamais eu sur la terre un homme plus digne des respects de la postérité qu'Alfred le Grand, qui rendit ces services à 30 sa patrie, supposé que tout ce qu'on raconte de lui soit véritable. [7]

872. Il succédait à son frère Ethelred Ier, qui ne lui laissa qu'un droit contesté sur l'Angleterre, partagée plus que jamais en souverainetés, dont plusieurs étaient possédées par les Danois. [8] De nouveaux pirates venaient encore, presque chaque année, disputer 35 aux premiers usurpateurs le peu de dépouilles qui pouvaient rester.

Alfred, n'ayant pour lui qu'une province de l'ouest, [9] fut vaincu d'abord en bataille rangée par ces barbares, et abandonné de tout le monde. [10] Il ne se retira point à Rome dans le collège anglais, comme Butred son oncle, devenu roi d'une petite province, et chassé par 40

26 MSP, 45 53-W57G: Il me semble que le lecteur
29 MSP, 45: eu depuis les Antonins un
30 45: rendit ce service à
31-32 MSP, 45, 53-54N: patrie. ¶Il
32 MSP, 45: Ethelred qui
37 MSP: [*manchette*] *Alfred le Grand.*
39-41 45: monde, seul

[7] Alfred le Grand, fils cadet d'Ethelwulf, règne de 871 à 899, suite au décès inopiné de son frère aîné Ethelred. Voltaire a raison d'être circonspect: aujourd'hui encore, les historiens cherchent à séparer légende et vérité. Sa circonspection est cependant relativement tardive car les mots qui suivent 'patrie' ne sont pas là avant 1756.

[8] Rapin écrit au contraire qu'Alfred 'fut placé sur le trône, sans que personne lui en disputât la possession' (livre 4, 'Ethelred I'). Une grande partie du pays étant, en réalité, sous la domination des Danois, Voltaire a raison de dire que toute tentative de lui donner le titre de roi d'Angleterre aurait été contestable.

[9] Le Wessex.

[10] La première bataille eut bien lieu juste après son avènement en 872, mais ce ne fut pas une lourde défaite, comme celle qui eut lieu en 878 (Rapin, livre 4, 'Alfred le Grand').

les Danois; [11] mais seul et sans secours, il voulut périr ou venger sa patrie. Il se cacha six mois chez un berger dans une chaumière environnée de marais. [12] Le seul comte de Dévon, qui défendait encore un faible château, savait son secret. Enfin, ce comte ayant rassemblé des troupes, et gagné quelque avantage, [13] Alfred, couvert des haillons d'un berger, osa se rendre dans le camp des Danois, en jouant de la harpe: [14] voyant ainsi par ses yeux la situation du camp et ses défauts, instruit d'une fête que les barbares devaient célébrer, il court au comte de Dévon qui avait des milices prêtes; il revient aux

45

44   MSP, 45: château contre les usurpateurs savait
45   MSP, 45: avantage, l'occasion étant favorable, Alfred
46-47 MSP: camp danois. Voyant par lui-même la situation
       45: camp danois en jouant de la harpe; voyant
47   MSP: voyant par
48   MSP, 45: fête barbare que les ennemis devaient

[11] Le *Collegium Anglicum* ou *Schola Saxonum* était en fait une hôtellerie hébergeant les Anglais en séjour à Rome: voir *Alfred the Great: Asser's 'Life of King Alfred' and other contemporary sources*, éd. S. Keynes et M. Lapidge (Harmondsworth, 1983), p.244, n.82. La Mercie était un des royaumes les plus importants de l'heptarchie. Buthred n'était pas l'oncle mais le beau-frère d'Alfred; sa retraite était due essentiellement au traité de paix conclu entre Alfred et les Danois (Rapin, livre 4, 'Alfred le Grand'). Cette addition de 1753, quelque peu approximative, implique-t-elle une véritable relecture de Rapin dans le nouvelle édition de 1749?

[12] Rapin précise que 'c'était un lieu environné d'un grand marais, où il n'y avait qu'un petit sentier pour aller à la cabane du berger' (livre 4, 'Alfred le Grand', §'Il va se cacher dans l'île d'Athelney').

[13] Voltaire déforme Rapin, selon lequel l'exploit de l'*earldorman* de Devon, mentionné dans l'*Anglo-Saxonne Chronicle*, qui avait fait 'un carnage épouvantable' de Danois, encouragea Alfred lui-même à passer à l'attaque ('Alfred le Grand', §'Ubba est tué et son grand étendard pris').

[14] Ayant passé sous silence l'élément le plus connu de la légende d'Alfred ('l'histoire des gâteaux' que Tindal pourtant fournit dans une de ses notes au texte de Rapin en 1749, livre 4, 'Alfred le Grand'), Voltaire ne montre pas le même sage scepticisme lorsqu'il s'agit d'un des poncifs des légendes des grands capitaines. C'est aussi un *topos* que Voltaire reprend sans apparemment s'en étonner: voir, par exemple, David au camp de Saül (Samuel 1:16-23). La source est toujours Rapin ('Alfred le Grand', §'Il va épier le camp ennemi, étant déguisé en joueur de harpe').

Danois avec une petite troupe, mais déterminée: il les surprend, et ⁵⁰ remporte une victoire complète. ¹⁵ La discorde divisait alors les Danois. Alfred sut négocier comme combattre; et, ce qui est étrange, les Anglais et les Danois le reconnurent unanimement pour roi. ¹⁶ Il n'y avait plus à réduire que Londres; il la prit, la fortifia, l'embellit, équipa des flottes, contint les Danois d'Angleterre, ⁵⁵ s'opposa aux descentes des autres, et s'appliqua ensuite, pendant douze années d'une possession paisible, à policer sa patrie. ¹⁷ Ses lois furent douces, mais sévèrement exécutées. ¹⁸ C'est lui qui fonda les jurés, qui partagea l'Angleterre en shires ou comtés, ¹⁹ et qui le premier encouragea ses sujets à commercer. Il prêta des vaisseaux ⁶⁰

50-51 MSP, 45, 53-W57G: et gagne une
51 MSP, 45: discorde alors divisait les
53 MSP: [*manchette*] *872.*
      MSP, 45: les Danois et les Anglais
54 MSP, 45: Londres, dont un des chefs des pirates s'était emparé; il la prit
57 MSP, 45: patrie qu'il avait conquise sur l'étranger. Ses
60 W56-61: prêta, dit-on, des
60-61 MSP, 45: prêta de l'argent

¹⁵ Quoique chez Rapin ('Alfred le Grand', §'Il remporte une grande victoire sur les Danois'), l'épisode succède à l'exploit du comte de Devon, ce dernier n'était pas concerné.

¹⁶ Voltaire simplifie le récit de Rapin, qui écrit qu'après cette bataille, seuls les Danois habitant les 'royaumes' qui n'étaient pas contrôlés complètement par leurs compatriotes acceptèrent la souveraineté d'Alfred. A cette époque les Danois contrôlaient quatre des sept provinces (voir Rapin, 'Alfred le Grand', §'Il confirme aux Danois la possession de l'Estanglie, et y établit Gurthorm pour roi').

¹⁷ Rapin montre qu'Alfred ne prit Londres que trois ou quatre ans après cette 'victoire complète' ('Alfred le Grand', §'Il assiège Londres et s'en rend maître').

¹⁸ C'est condenser d'une façon intéressante les paroles de Rapin: '[ses lois] étaient douces à la vérité, si on les compare à celles qui ont été faites depuis quelques siècles, puisqu'elles ne punissaient la plupart des crimes que par les amendes. Mais l'exactitude avec laquelle Alfred les faisait observer, en contrebalançait la douceur' ('Alfred le Grand', §'Alfred fait un corps de lois').

¹⁹ D'après Rapin, 'Alfred le Grand', §'Division du royaume en shires, centaines et dizaines'. En fait, le premier comté, le Hampshire, est attesté en 757, plusieurs autres étant créés dès le huitième siècle.

et de l'argent à des hommes entreprenants et sages, qui allèrent
jusqu'à Alexandrie; et de là, passant l'isthme de Suez, trafiquèrent
dans la mer de Perse. Il institua des milices; il établit divers conseils,
mit partout la règle et la paix qui en est la suite. [20]

65   Qui croirait même que cet Alfred, dans des temps d'une
ignorance générale, osa envoyer un vaisseau pour tenter de trouver
un passage aux Indes par le nord de l'Europe et de l'Asie? On a la
relation de ce voyage écrite en anglo-saxon et traduite en latin à
Coppenhague, à la prière du comte de Plelo, ambassadeur de
70 Louis XV. [21] Alfred est le premier auteur de ces tentatives hardies

63   MSP, 45:   Perse. Il fit bâtir des maisons de brique dans [45: à] Londres qui n'en
avait que de bois. Il institua
    64   45:   règle et la concorde qui
    64-74   MSP, 45:   suite. ¶Il me semble qu'il n'y a point de véritablement grand
homme qui n'ait aimé les lettres, car on ne peut être grand homme sans avoir un bon
esprit. Alfred jeta les premiers fondements de l'académie
       53-w57G: suite. ¶Il me semble qu'il n'y a point de véritablement grand
homme sans avoir [w56: qui n'ait] un bon esprit. Alfred fonda [w56: jeta les
fondements de] l'académie
       61:   suite. ¶Il

[20] Tout cela fait partie de la légende d'Alfred et se trouve chez Rapin, qui décrit
assez longuement l'aspect militaire de la construction maritime entreprise et
encouragée par Alfred ('Alfred le Grand', §'Alfred règle la milice', 'Il fait bâtir
des vaisseaux propres au commerce' et 'Commerce aux Indes'). Voltaire préfère ne
garder que ce qui concerne l'aspect paisible des institutions alfrédiennes. Rapin
constate qu''on prétend qu'il y eut des marchands qui osèrent bien entreprendre
d'aller négocier aux Indes Orientales', mais il précise dans une note qu''il n'y a pas
apparence que ce commerce se fît par mer, dans un temps où l'usage de la boussole
était inconnu'.
    [21] *Periplus Otheri* [...] *ut et Wulfstani* [...] *secundum narrationes eorundem de suis* [...]
navigationibus, jussu Aelfredi Magni [...] *factis, ab ipso rege anglo-saxonica lingua
descriptus* [...] *latine versus* (Copenhague, 1733; 1744). Malgré le titre de l'ouvrage, qui
a évidemment influencé Voltaire, il est peu probable que ce voyage ait été entrepris
sur les ordres d'Alfred. En revanche – et il est surprenant que Voltaire ne le relève
pas – la rédaction du récit est bien attribuée au roi. Cette traduction latine de l'anglo-
saxon contient une dédicace chaleureuse à Louis Robert Hippolyte de Bréhant,
comte de Plélo, nommé en 1729 ambassadeur au Danemark. Il était mort
héroïquement en 1734 lors de la 'cacade de Dantzig'. Voltaire en fait l'éloge en
1768 dans le *Précis du siècle de Louis XV*, ch.4 (*OH*, p.1324-25).

que les Anglais, les Hollandais et les Russes ont faites dans nos derniers temps. [22] On voit par là combien ce prince était au-dessus de son siècle.

Il n'est point de véritablement grand homme, qui n'ait un bon esprit. Alfred jeta les fondements de l'académie d'Oxford. [23] Il fit venir des livres de Rome. [24] L'Angleterre toute barbare, n'en avait presque point. Il se plaignait qu'il n'y eût pas alors un prêtre anglais qui sût le latin. Pour lui, il le savait. [25] Il était même assez bon géomètre pour ce temps-là. Il possédait l'histoire. On dit même qu'il faisait des vers en anglo-saxon. [26] Les moments qu'il ne donnait

75

80

79-80   MSP, 45: On dit qu'il faisait

[22] Allusion aux diverses expéditions maritimes lancées en vain pour trouver le mythique 'passage du nord-est' vers l'Asie, par le nord de la Sibérie: au quinzième siècle, par l'Anglais Hugh Willoughby et le Hollandais Willem Barents, au seizième siècle par l'Anglais Henry Hudson, au dix-huitième siècle par le Danois Vitus Bering. Celui-ci a découvert en 1728 le détroit qui porte son nom et a continué à voyager dans les mers du nord-est jusqu'à sa mort en 1741. Quoique danois de naissance, il fit sa carrière dans la marine russe et c'est peut-être bien à lui que Voltaire pense ici.

[23] Date de fondation entièrement légendaire, conséquence de la rivalité médiévale entre les universités d'Oxford et de Cambridge. Rapin est encore un peu dénaturé par Voltaire ici, car il dit que savoir si Alfred oui ou non a fondé l'université d'Oxford n'est pas important; l'essentiel est qu'il a fourni une poussée qui ne s'est pas ralentie ensuite ('Alfred le Grand', § 'Il fonde l'université d'Oxford'). Il faut dire que Voltaire est devenu moins catégorique: dans l'édition de 1754 chez Walther, il disait carrément qu'Alfred 'fonda l'Académie d'Oxford' (voir var. aux lignes 64-74).

[24] Rapin dit, 'La réputation de sa sagesse et de sa pieté étant parvenue jusqu'à Rome, le pape lui envoya une grande quantité de reliques, et en sa considération, accorda de nouveaux privilèges au collège anglais' ('Son incination pour l'étude'): en lisant trop vite, Voltaire renforce l'idée d'un roi plus ami du savoir que de la religion (voir ci-dessous, n.27).

[25] Fleury transcrit en français une grande partie de l'introduction d'Alfred à sa propre traduction du *Pastoral* de saint Grégoire (*Histoire ecclésiastique*, livre 54, année 890, §9), où Alfred se plaint de l'ignorance du latin en Angleterre, opinion rapportée sommairement par Rapin.

[26] Cf. Rapin: 'son historien assure qu'il passait pour le meilleur poète saxon de son siècle, pour bon grammairien, bon orateur, bon philosophe, bon architecte, bon

pas aux soins de l'Etat, il les donnait à l'étude. Une sage économie le mit en état d'être libéral. On voit qu'il rebâtit plusieurs églises, mais aucun monastère. [27] Il pensait sans doute que dans un Etat désolé qu'il fallait repeupler, il eût mal servi sa patrie, en favorisant trop ces familles immenses sans père et sans enfants, qui se perpétuent aux dépens de la nation: aussi ne fut-il pas au nombre des saints; [28] mais l'histoire, qui d'ailleurs ne lui reproche ni défaut ni faiblesse, le met au premier rang des héros utiles au genre humain, qui sans

85

81   MSP: au soin
82-87   45: églises. L'histoire
83   MSP: pensait que
87   45: qui ne

géomètre et bon historien' ('Alfred le Grand', §'Son inclination pour l'étude'). Voltaire reste donc finalement assez mesuré.

[27] L'interprétation de Voltaire va à l'encontre de ce que disent Fleury et Rapin. Fleury évoque au contraire l'extrême piété d'Alfred et la manière dont il favorisa les monastères (livre 54, année 890, §8, 9; 891, §10; 900, §38). Et Rapin écrit précisément: 'les guerres des Danois ayant causé la dissipation des biens destinés à l'entretien des moines, il ne se trouvait presque plus personne qui voulût embrasser l'état monastique. Cela donne lieu de juger, que ce n'était pas tant la dévotion qui remplissait ces maisons de moines, que l'assurance qu'on avait d'y trouver son entretien, sans être obligé de travailler. Pendant le règne d'Alfred, la froideur pour la vie monastique était parvenue à un tel degré, que ce prince se vit obligé de peupler les monastères de moines étrangers, parce qu'il ne s'en trouvait presque plus dans le royaume. Mais après sa mort, lorsqu'on eut tiré les biens des monastères d'entre les mains de ceux qui les avaient usurpés, le zèle se réveilla' (§'Alfred introduit l'usage des maisons de brique' et §'Rareté des moines du temps d'Alfred'). Rapin ajoute: 'Quand à ses revenus, il en faisait deux portions égales, dont il employait la première en charités de diverses sortes. Celle-ci était divisée en quatre parties. [...] La seconde était destinée à l'entretien des monastères de sa fondation [...] la quatrième était réservée pour faire des charités à toutes sortes de moines, tant anglais qu'étrangers' ('Alfred le Grand', §'Emploi de ses revenus'). La dernière note du chapitre est claire à ce propos: 'Outre cette maison de religieuses [le monastère de Shrewsbury, où sa fille fut abbesse], Alfred fonda deux monastères, l'un à Athelney, et l'autre à Winchester' (p.324).

[28] Voir ci-dessus, ch.21, lignes 174-78.

ces hommes extraordinaires, eût toujours été semblable aux bêtes farouches. [29]

[29] Au-delà de son hostilité bien connue envers les ordres réguliers (voir J.-L. Quantin, 'Monachisme', dans le *DgV*, p.828-30), Voltaire évoque ici indirectement le débat sur la 'dépopulation' due aux institutions monastiques. Voir notamment à ce sujet: H. Hasquin, 'Le débat sur la dépopulation dans l'Europe des Lumières', dans *Recherches et considérations sur la population de la France (1778) par M. Moheau*, rééd. E. Vilquin (Paris, 1994), p.397-424; et H. Hasquin, 'L'anticléricalisme économique au XVIIIe siècle à propos du monachisme et de la dime', *Problèmes d'histoire du christianisme* 18 (Bruxelles, 1988), p.87-102. Voir, dans le même sens, les *Lettres persanes*, lettre 117 (*OCM*, 113) où Montesquieu attribue en partie le dépeuplement des pays catholiques au célibat des moines.

CHAPITRE 27

De l'Espagne et des musulmans maures, aux huitième et neuvième siècles.

Vous avez vu des Etats bien malheureux et bien mal gouvernés;

a-213 [*Première rédaction de ce chapitre*: MSP, 45]
a   MSP: Chapitre 14
    45: Chapitre 15
    W56-W57G: Chapitre 18
    61: Chapitre 23
b   MSP, 45, 53-W57G: *musulmans aux*
1-64   MSP, 45, 53-W57G: Je vois dans l'Espagne des malheurs et des révolutions

* Essentiellement relatifs à l'expansion musulmane en Espagne et en Italie aux huitième et neuvième siècles, les chapitres 27 et 28 font apparaître certaines constantes du discours historique de Voltaire. Le contraste, d'abord, entre la Rome vertueuse des premiers âges de la République, dont le courage revit en la personne du pape Léon IV (847-855), défenseur victorieux de la Ville éternelle contre les envahisseurs arabes (ch.28, lignes 21-61), et l'alanguissement consécutif à la domination impériale, lequel explique selon lui la facilité avec laquelle les 'Espagnols', vaillants autrefois contre l'invasion romaine, ont si facilement cédé face aux 'barbares' (ch.27, lignes 6-9). Ensuite, le poids et le caractère historiquement pervers des ambitions personnelles: rivalité meurtrière entre les rois visigoths Wittiza et Rodéric (Rodrigue) et implication du haut clergé dans nombre de complots et de vengeances (ch.27, lignes 64-85). La cruauté, enfin, d'Alphonse III le Grand, roi des Asturies (866-910), qui n'a de 'Grand' que le nom (ch.27, lignes 198-202). La mise en valeur du caractère tolérant et civilisateur des conquérants musulmans (ch.27, lignes 103-14) est un autre point dont attestent les nombreuses conversions à l'islam et la naissance saluée d'une communauté 'mosarabe' (ch.27, lignes 107-11), comme aussi le fait que l'archevêque Oppas n'hésite pas à prêter serment aux nouveaux maîtres du pays (ch.27, lignes 95-98). Tout cela fait évidemment largement contraste avec le comportement des chrétiens à diverses époques, y compris entre eux. La thématique 'nationale' est également évoquée, tant à l'occasion de la résistance de Rome face aux Arabes, que de la décadence relative, au neuvième siècle, des califats musulmans parce qu'ils 'ne forment pas une nation'

397

mais l'Espagne, dont il faut tracer le tableau, fut plongée longtemps dans un état plus déplorable. Les barbares dont l'Europe fut

---

d'un autre genre qui méritent une attention particulière. Il faut remonter en peu de mots à la source et se souvenir que les Goths, usurpateurs de ce royaume, devenus chrétiens et toujours barbares, furent chassés au huitième siècle par les musulmans d'Afrique. Je crois que l'imbécillité du roi Vamba qu'on enferma dans un cloître, fut   5
l'origine de la décadence de ce royaume; c'est à ses faiblesses [53, w56: sa faiblesse] qu'on doit les fureurs de ses successeurs. Vitiza, prince plus insensé encore que Vamba, puisqu'il était cruel, fit désarmer ses sujets qu'il craignait, mais par là il se priva de leur secours. ¶Rodrigue

---

(ch.27, lignes 165-67). Enfin, autre *topos* de la philosophie voltairienne de l'histoire, la mise en avant de la figure du 'grand homme', ici du pape Léon IV dont Voltaire souligne à la fois la 'vertu' romaine et la magnanimité à l'égard du peuple de ses Etats pontificaux, un peuple que, comme tous les souverains, il a pour première mission de protéger (ch.28, lignes 47-48). Non content de redresser, à l'occasion, l'orientation de ses sources pour les rendre conformes à son propos, Voltaire s'en prend à plusieurs lieux communs de la tradition historiographique. Ainsi, l'appel fait aux Maures par le comte Julien lui paraît plutôt devoir être attribué au désir de vengeance des adversaires de Rodrigue, qu'à l'hypothétique viol, par celui-ci, de la fille de Julien (ch.27, lignes 83-85). Ainsi encore la dénonciation du caractère légendaire d'une forte résistance chrétienne dans l'Espagne musulmane avant le milieu du huitième siècle, alors que les princes asturiens paient sans rechigner aux musulmans le tribut de cent vierges exigé par 'la coutume des Arabes' (ch.27, lignes 134-51) et qu'Alphonse le Grand choisit encore, à la fin du neuvième siècle, des précepteurs musulmans pour son fils (ch.27, lignes 195-96). Cette puissance musulmane, qui s'étend partout en Méditerranée jusqu'à imposer un tribut à Constantinople (ch.28, lignes 5-6), ne peut cependant le faire, selon Voltaire, que parce qu'Orient et Occident sont alors 'mal gouvernés' (ch.28, lignes 20-21). C'est là une leçon sans cesse répétée dans l'*EM*: tout réside finalement dans 'le bon gouvernement', seul garant d'une nécessaire cohésion de la société, que celle-ci soit d'ailleurs nationale ou, comme ici, supranationale. Dans ces deux chapitres, Voltaire s'appuie sur un nombre relativement limité de sources: principalement, au ch.27, le premier tome de l'*Abrégé chronologique de l'histoire d'Espagne* de J.-L. Ripault Desormeaux (Paris, 1758-1759, BV1015) et surtout l'*Histoire des révolutions d'Espagne* de P.-J. d'Orléans (Paris, 1734, BV2619), t.i, livre 1. Sont également sollicitées, mais à un degré nettement moindre, les *Annales d'Espagne et de Portugal* de J. Alvarez de Colmenar (trad. P. Massuet, Amsterdam, 1741, BV56) et la *Bibliothèque orientale* de B. d'Herbelot de Molainville (Paris, 1697, BV1626). Dans le ch.28, Voltaire exploite à nouveau largement l'*Histoire ecclésiastique* de Fleury.

inondée au commencement du cinquième siècle, ravagèrent *L'Espagne qui*
5 l'Espagne comme les autres pays; pourquoi l'Espagne qui s'était *résista aux*
si bien défendue contre les Romains, céda-t-elle tout d'un coup aux *Romains ne*
résista point aux
barbares?[1] C'est qu'elle était composée de patriotes lorsque les *barbares.*
Romains l'attaquèrent; mais sous le joug des Romains, elle ne fut
plus composée que d'esclaves, maltraités par des maîtres amollis;
10 elle fut donc tout d'un coup la proie des Suèves, des Alains, des
Vandales; aux Vandales succédèrent les Visigoths, qui commencèrent à s'établir dans l'Aquitaine, et dans la Catalogne; tandis que
les Ostrogoths détruisaient le siège de l'empire romain en Italie.[2]
Ces Ostrogoths et ces Visigoths étaient, comme on sait, chrétiens;
15 non pas de la communion romaine, non pas de la communion des
empereurs d'Orient qui régnaient alors, mais de celle qui avait été
longtemps reçue de l'Eglise grecque, et qui croyait au Christ sans le
croire égal à Dieu.[3] Les Espagnols, au contraire, étaient attachés au *Ariens en*
rite romain; ainsi les vainqueurs étaient d'une religion, et les *Espagne.*
20 vaincus d'une autre, ce qui appesantissait encore l'esclavage. Les
diocèses étaient partagés en évêques ariens, et en évêques
athanasiens, comme en Italie;[4] partage qui augmentait encore les
malheurs publics. Les rois visigoths voulurent faire en Espagne, ce
que fit, comme nous l'avons vu, le roi lombard Lotharis en Italie, et
25 ce qu'avait fait Constantin à son avènement à l'empire;[5] c'était de
réunir par la liberté de conscience les peuples divisés par les
dogmes.[6]

[1] Les Romains mirent près de deux siècles à soumettre l'Espagne, conquête
achevée au tout début de notre ère.

[2] En ajoutant, en 1761, cette entrée en matière (lignes 1-63), Voltaire s'inspire de
Desormeaux. Il résume ici à grands traits la fin du chapitre d'introduction intitulé
'Etat de l'empire et de l'Espagne avant l'établissement des Goths'.

[3] Bien que Desormeaux évoque de manière récurrente les tensions religieuses
entre arianisme et catholicisme, ces détails proviennent peut-être de Fleury (livre 17,
année 376, §36, 'Les Goths deviennent ariens').

[4] Les ariens, condamnés en 325 au concile de Nicée dont saint Athanase fut l'un des
animateurs, nient la consubstantialité du Fils avec le Père: voir ci-dessus, ch.11, n.6.

[5] Voir ci-dessus, ch.24, lignes 27-28, pour Lothaire; pour Constantin, voir ci-
dessus, ch.10, et l'art 'Tolérance' du *DP* (*OCV*, t.36, p.553, n.4).

[6] Si l'on suit Desormeaux (v. 'Recared I'), cette démarche caractérise plutôt

Le roi visigoth Leuvigilde prétendit réunir ceux qui croyaient à la consubstantialité, et ceux qui n'y croyaient pas.[7] Son fils Herminigilde se révolta contre lui; il y avait encore alors un roitelet suève, qui possédait la Galice, et quelques places aux environs. Le fils rebelle se ligua avec ce Suève, et fit longtemps la guerre à son père; enfin, n'ayant jamais voulu se soumettre, il fut vaincu, pris dans Cordoue, et tué par un officier du roi.[8] L'Eglise romaine en a fait un saint,[9] ne considérant en lui que la religion romaine, qui fut le prétexte de sa révolte.

Cette mémorable aventure arriva en 584, et je ne la rapporte que comme un des exemples de l'état funeste où l'Espagne était réduite.

Ce royaume des Visigoths n'était point héréditaire; les évêques qui eurent d'abord en Espagne la même autorité qu'ils acquirent en France du temps des Carlovingiens, faisaient et défaisaient les rois, avec les principaux seigneurs. Ce fut une nouvelle source de troubles continuels; par exemple, ils élurent le bâtard Liuva, au

Révolte de saint Herminigilde.

30

35

40

Recarède Ier (586-601), qui, dans une assemblée générale de la nation, tout en invitant les Goths à abjurer l'arianisme à son exemple, déclare qu'il 'laisse à tous ses sujets la liberté de conscience' et ainsi 'achève de réparer les maux que son père [Léovigild (568-586), évoqué ci-dessous] avait faits pour soutenir l'arianisme'. Il n'en est pas moins la cible de conjurations ourdies par les évêques ariens.

[7] Le 'conciliabule de Tolède' censé réunir, en 579, les catholiques et les ariens ne réussit pas: voir Desormeaux ('Leugivilde').

[8] Voltaire simplifie Desormeaux (v. 'Leugivilde', années 583, 584) et pratique le raccourci: la révolte du catholique Herménégild contre son père dure un an; seul Mir, roi des Suèves (un peuple germanique venu de Souabe), se range à ses côtés, mais Léovigild le contraint à une reddition humiliante et il meurt devant Séville en 583; Herménégild s'enfuit à Cordoue où il est 'pris et envoyé chargé de fers à Valence'. C'est en 584 que Léovigild, 'pressé par les sollicitations d'une épouse cruelle', se détermine à 'sacrifier' son fils 'à son repos et à celui de l'Etat': 'Il lui envoie en prison un évêque arien et Sisbert, son capitaine des gardes, pour lui proposer cette cruelle alternative, ou de renoncer à la religion catholique ou de se résoudre à la mort'; Herménégild 'ne balança pas un instant' et Sisbert 'eut la bassesse de se charger de cette odieuse fonction'.

[9] D'après Desormeaux, v. 'Leugivilde', année 584. 'San Hermenegildo', considéré en Espagne, en France et en Italie comme un saint peu après sa mort, mais canonisé au seizième siècle seulement, est fêté le 13 avril, date anniversaire de son martyre.

mépris de ses frères légitimes;[10] et ce Liuva ayant été assassiné par
45   un capitaine goth nommé Vitteric, ils élurent ce Vitteric sans
difficulté.[11]

Un de leurs meilleurs rois nommé Vamba, dont nous avons déjà   *Imbécillité du*
parlé, étant tombé malade, fut revêtu d'un sac de pénitent, et se   *roi Vamba.*
soumit à la pénitence publique, qui devait, dit-on, le guérir; il
50   guérit en effet; mais en qualité de pénitent, on lui déclara qu'il
n'était pas capable des fonctions de la royauté, et il fut mis sept
jours dans un monastère. Cet exemple fut cité en France, à la
déposition de Louis le Faible.[12]

Ce n'était pas ainsi que se laissaient traiter les premiers
55   conquérants goths, qui subjuguèrent les Espagnes; ils fondèrent
un empire qui s'étendit de la Provence et du Languedoc à Ceuta et à
Tanger en Afrique; mais cet empire si mal gouverné, périt bientôt.
Il y eut tant de rébellions en Espagne, qu'enfin le roi Vitiza désarma
une partie des sujets, et fit abattre les murailles de plusieurs villes.[13]
60   Par cette conduite, il forçait à l'obéissance, mais il se privait lui-
même de secours et de retraites. Pour mettre le clergé dans son

[10] Desormeaux signale certes, lors du troisième concile de Tolède en 589,
'l'époque du crédit étonnant des évêques en Espagne' (v. 'Recared I'), mais il
n'évoque pas leur rôle dans l'élection, en 601, de Liuva II (mort en 603), fils naturel
de Recarède Ier: ses 'frères légitimes' étaient 'trop jeunes'; surtout, Liuva était appelé
au trône 'par le vœu général de la nation' (v. 'Liuva II').

[11] Desormeaux explique cette élection par la crainte que Witteric a su inspirer
(v. 'Liuva II').

[12] Voltaire résume Desormeaux, v. 'Vamba', et 'Ervige', années 680, 681. Sur
Wamba, roi de 672 à 680/81, voir ci-dessus, ch.13, lignes 46-47; ch.23, lignes 162-66.
Le rapprochement, que n'effectue pas Desormeaux, se trouve dans Fleury: voir ci-
dessus, ch.23, n.30.

[13] Pour Desormeaux, 'ce fait, dont quantité d'écrivains parlent, ne paraît pas du
tout fondé': il aurait été 'inventé' pour 'diminuer la honte des chrétiens vaincus' par
les Arabes qui conquièrent, avec une 'facilité incroyable', 'les meilleures villes
d'Espagne' (v. 'Vitiza', années 705, 706). Montesquieu y voyait un trait propre aux
Barbares, dont 'l'art et le génie n'étaient guère d'attaquer les villes et encore moins de
les défendre' (*Considérations sur les causes de la grandeur des Romains et de leur
décadence*, 1734; Lausanne, 1750, BV2495, *OCM*, t.2, p.250).

parti, il rendit dans une assemblée de la nation un édit, par lequel il était permis aux évêques et aux prêtres de se marier.[14]

Histoire du comte Julien et de Florinde très suspecte. Rodrigue, dont il avait assassiné le père, l'assassina à son tour, et fut encore plus méchant que lui. Il ne faut pas chercher ailleurs la 65 cause de la supériorité des musulmans en Espagne.[15] Je ne sais s'il est bien vrai que Rodrigue eût violé Florinde, nommée la *Cava* ou la *Méchante*, fille malheureusement célèbre du comte Julien: et si ce fut pour venger son honneur que ce comte appela les Maures. Peut-être l'aventure de la Cava est copiée en partie sur celle de Lucrèce; 70 et ni l'une ni l'autre ne paraît appuyée sur des monuments bien authentiques.[16] Il paraît que, pour appeler les Africains, on n'avait pas besoin du prétexte d'un viol, qui est d'ordinaire aussi difficile à prouver qu'à faire. Déjà sous le roi Vamba, le comte Hervig, depuis roi, avait fait venir une armée de Maures.[17] Opas, 75 archevêque de Séville, qui fut le principal instrument de la grande révolution, avait des intérêts plus chers à soutenir que la

---

64   45: dont Vitiza avait assassiné le père, assassina Vitiza à son tour
65   MSP: lui et plus mauvais politique.
66   MSP: [*manchette*] *Origine de l'invasion des Maures.*
       MSP, 45: supériorité qu'eurent les musulmans
71   45: ne semble appuyée
75-80 45: Maures. Le
77-78 MSP, 53-w56: que ceux de la pudeur [MSP, 53, w56: d'une fille].

[14] D'après Desormeaux, v. 'Vitiza', année 707.
[15] Voir Alvarez, qui écrit que 'Rodéric' vengea son père 'Théodofrède' à qui Wittiza 'avait fait crever les yeux' (t.1, année 701).
[16] Episode relaté par Alvarez, qui précise cependant que 'Cava [...] en arabe signifie violée' (t.1, année 701). Voir aussi d'Orléans, qui ne donne pas le nom de Florinde mais déclare que 'Caba' fut 'une nouvelle Lucrèce' (t.1, livre 1, année 711). L'épisode est également donné pour fabuleux dans *Le Pyrrhonisme de l'histoire*, ch.13 (1769; *OCV*, t.67, p.304).
[17] D'après Alvarez: 'Les Maures infectaient déjà les côtes de l'Espagne, et l'on prétend qu'Ervige Grec de nation, les avait appelés' (t.1, année 672). D'après la *Chronique d'Alfonse III*, Ervig, ou Erwig (mort en 687), fils d'un Ardabast sans doute originaire de Constantinople, renverse Wamba en 680 (R. Collins, *Visigothic Spain, 409-711*, Oxford, 2004, p.102). Il est parfois mentionné sous son nom latin: 'Flavius Ervigius'.

pudeur d'une fille. Cet évêque, fils de l'usurpateur Vitiza détrôné et
assassiné par l'usurpateur Rodrigue, fut celui dont l'ambition fit
80 venir les Maures pour la seconde fois. Le comte Julien, gendre de
Vitiza, trouvait dans cette seule alliance assez de raisons pour se
soulever contre le tyran. Un autre évêque nommé Torizo, entre
dans la conspiration d'Opas et du comte. [18] Y a-t-il apparence que
deux évêques se fussent ligués ainsi avec les ennemis du nom
85 chrétien, s'il ne s'était agi que d'une fille?

Deux évêques appellent les musulmans en Espagne.

Les mahométans étaient maîtres, comme ils le sont encore, de
toute cette partie de l'Afrique qui avait appartenu aux Romains. Ils
venaient d'y jeter les premiers fondements de la ville de Maroc, [19]
près du mont Atlas. Le calife Valid Almanzor, maître de cette belle
90 partie de la terre, résidait à Damas en Syrie. Son vice-roi Muzza,
qui gouvernait l'Afrique, fit par un de ses lieutenants la conquête de
toute l'Espagne. [20] Il y envoya d'abord son général Tarif, qui gagna

82   MSP: entra
82-86   45: tyran. Opas, archevêque de Séville, fils de Vitiza détrôné et assassiné
par Rodrigue, fut un des principaux instruments de la révolution et n'avait pas besoin
de nouveaux motifs pour entrer dans la conspiration du comte Julien. ¶Quoi qu'il en
soit, les mahométans
84   MSP: fussent ainsi ligués avec
86   MSP: [*dans la marge*] ᵛTout ce qu'on peut remarquer, c'est que dans ces
siècles les évêques firent les révolutions de l'Occident. Il appelèrent les mahométans,
ils chassèrent les Lombards d'Italie, ils ôtèrent la moitié de l'empire aux césars, ils
déposèrent les fils de Charlemagne, et Charles le Chauve, et Charles le Gros.
   MSP, 45-w68: Quoi qu'il en soit, les mahométans [45, 53-54N: étant maîtres]
87-88   45: Romains venaient d'y fonder la
88   MSP, 53-w57G: d'y fonder la

[18] Oppas, archevêque de Séville en 710-711, n'était pas le fils mais le frère ou le
demi-frère de Wittiza. Voltaire suit d'Orléans, qui évoque, à partir d'une chronique
attribuée à Alphonse III, la coalition des enfants de Wittiza et de leur oncle Oppas
(année 711). D'Orléans ne fait que nommer Torizo et n'évoque pas son rôle dans
cette affaire.
[19] Marrakech, fondée au onzième siècle.
[20] Al-Walid Iᵉʳ, sixième calife omeyyade, règne à Damas de 705 à 715; Musa ibn
Nusayr, émir de l'Afrique du Nord de 698 à 716.

en 714 cette célèbre bataille dans les plaines de Xérès, où Rodrigue perdit la vie.[21] On prétend que les Sarrazins ne tinrent pas leurs promesses à Julien, dont ils se défiaient sans doute.[22] L'archevêque Opas fut plus satisfait d'eux. Il prêta serment de fidélité aux mahométans, et conserva sous eux beaucoup d'autorité sur les églises chrétiennes, que les vainqueurs toléraient.[23]

Veuve d'un roi d'Espagne, épouse d'un mahométan.

Pour le roi Rodrigue, il fut si peu regretté, que sa veuve Egilone épousa publiquement le jeune Abdalis, fils du conquérant Muzza, dont les armes avaient fait périr son mari, et réduit en servitude son pays et sa religion.[24]

95

100

93   MSP, 53-54N: bataille où
100   MSP: du sultan Muzza
102-15 MSP, 45: religion. ¶Il ne faut pas se figurer avec le peuple ces nouveaux dominateurs de l'Orient et de l'Occident comme des monstres toujours farouches qui n'eurent jamais de supériorité que celle de la force. Il est sûr que malgré les cruautés inséparables des conquêtes, ils n'étaient pas sans humanité pour les vaincus. [MSP: Les sectes chrétiennes qui se sont fait la guerre n'ont point eu les unes envers les autres la même miséricorde dont les mahométans ont usé envers les chrétiens] Ils toléraient les chrétiens [MSP: les toléraient] dans toutes leurs villes et surtout en Espagne. Ils leur faisaient seulement payer le double de la taxe du peuple musulman; un monastère chrétien était en sûreté moyennant cent marcs d'argent par an; une église cathédrale en payait deux cents; on ne défendait aux chrétiens que de profaner le nom [45: mot] d'Allah qui signifie Dieu et de célébrer leurs mystères à portes ouvertes; on les punissait de mort s'ils attentaient à la pudeur des musulmanes mariées; un chrétien avait-il joui d'une [MSP: fille] mahométane, il fallait l'épouser, embrasser sa religion ou mourir; d'ailleurs on leur laissait leurs lois civiles et ils

5

10

[21] Tariq ibn Ziyad entreprend en 711 la conquête de l'Espagne. D'Orléans relate la bataille de Xérès et la disparition de Rodrigue, défait par Tariq ibn Ziyad (année 713).

[22] D'Orléans présente comme 'assez vraisemblable' ce que 'quelques-uns' ont écrit au sujet de Julien, comte de Ceuta: 'il se brouilla avec les Sarrasins, qui l'enfermèrent dans une forteresse où il finit misérablement ses jours' (année 713).

[23] D'Orléans écrit qu''Oppas eut le temps de tenter encore un crime' (année 713). Il réapparaît plus loin dans 'l'histoire' en tant qu'émissaire des Maures: il conseille à Pélage, qui lui oppose une fin de non-recevoir, de ne pas résister et l'assure de la 'clémence' du 'vainqueur' (année 716).

[24] D'Orléans évoque le mariage d'Abdalassiz, mais il fait état des résistances, au moins probables, d'Egilone, 'qu'on avait retenue captive à Tolède depuis la mort de son mari', et précise que la reine conserve sa religion (année 716).

Les vainqueurs n'abusèrent point du succès de leurs armes; ils laissèrent aux vaincus leurs biens, leurs lois, leur culte, satisfaits
105 d'un tribut et de l'honneur de commander. [25] Non seulement la veuve du roi Rodrigue épousa le jeune Abdalis, mais à son exemple le sang des Maures et des Espagnols se mêla souvent. Les Espagnols si scrupuleusement attachés depuis à leur religion, la quittèrent en assez grand nombre, pour qu'on leur donnât alors le nom de
110 *Mosarabes*, qui signifiait, dit-on, moitié Arabes, [26] au lieu de celui de Visigoths que portait auparavant leur royaume. Ce nom de Mosarabes n'était point outrageant, puisque les Arabes étaient les plus cléments de tous les conquérants de la terre, et qu'ils apportèrent en Espagne de nouvelles sciences et de nouveaux arts. [27]
115 L'Espagne avait été soumise en quatorze mois à l'empire des califes, à la réserve des cavernes et des rochers de l'Asturie. Le Goth, Pélage Teudomer, parent du dernier roi Rodrigue, caché dans ces retraites, y conserva sa liberté. [28] Je ne sais comment on a pu

---

n'étaient jugés par les vainqueurs qu'en matière criminelle. [29] [MSP: Il s'en faut beaucoup qu'ils aient ainsi traité le peuple mahométan dans les pays où ils ont été les maîtres.] ¶L'Espagne
     53-W57G: religion. ¶L'Espagne
  103   MSP: [*manchette*] *Comment les Maures traitèrent les vaincus.*
  116-17   MSP, 45, 53-54N: Asturie. Pélage

[25] D'après d'Orléans, qui mentionne cependant la 'cruauté des barbares' contre les Goths, victimes de 'vexations' (année 716). Dans la variante (lignes 2-9), Voltaire allait encore plus loin, se plaisant à souligner la tolérance des musulmans envers les chrétiens, et leur miséricorde envers les vaincus, attitude pratiquement inconnue entre catholiques et protestants.
[26] Selon d'Orléans, 'muzarabes' provient au contraire 'du nom de Muza', vainqueur des Espagnols, 'et de celui d'arabes, qu'on donnait alors aux mahométans africains' (année 715).
[27] Voir ci-dessus, les six derniers paragraphes du ch.6.
[28] D'après d'Orléans, qui précise que Pélage le Conquérant, roi des Asturies (718-737), est appelé 'autrement Theudimer' par Isidore de Badajox (année 715).
[29] Nous n'avons pas pu identifier la source de cette affirmation.

405

donner le nom de roi à ce prince, qui en était peut-être digne, mais dont toute la royauté se borna à n'être point captif.[30] Les historiens espagnols, et ceux qui les ont suivis, lui font remporter de grandes victoires, imaginent des miracles en sa faveur,[31] lui établissent une cour, lui donnent son fils Favila et son gendre Alphonse pour successeurs tranquilles dans ce prétendu royaume.[32] Mais comment dans ce temps-là même les mahométans, qui sous Abdérame, vers l'an 734 subjuguèrent la moitié de la France,[33] auraient-ils laissé subsister derrière les Pyrénées ce royaume des Asturies? C'était beaucoup pour les chrétiens de pouvoir se réfugier dans ces montagnes et d'y vivre de leurs courses, en payant tribut aux mahométans. Ce ne fut que vers l'an 759, que les chrétiens commencèrent à tenir tête à leurs vainqueurs, affaiblis par les victoires de Charles Martel et par leurs divisions;[34] mais eux-mêmes, plus divisés entre eux que les mahométans, retombèrent bientôt sous le joug. Mauregat, à qui il a plu aux historiens de donner le titre de roi, eut la permission de gouverner les Asturies et quelques terres voisines, en rendant hommage et en payant tribut. Il se

120

125

130

135

783.

---

119   MSP, 45-61: était en effet digne
121   MSP: des grandes
123   MSP, 45: fils et
133   MSP: divisés encore entre

---

[30] D'Orléans fait état à plusieurs reprises de ce débat: il met en doute 'le titre de roi d'Espagne' que donnent à Pélage 'quelques historiens castillans' (année 716), et se demande s'il a eu celui de 'roi de Léon' ou, plus probablement, celui de 'roi d'Asturie' puis de 'roi d'Oviedo' (année 722).

[31] D'Orléans rapporte au moins un miracle (année 716).

[32] D'Orléans évoque le court règne de 'Fafila' (année 737); 'Ermisinde sa sœur devint héritière de ses Etats, et Alphonse qu'elle avait épousé les posséda du chef de sa femme' (année 739). Favila est roi des Asturies de 737 à 739. Alphonse Ier le Catholique lui succède et règne jusqu'en 757.

[33] D'Orléans relate les conquêtes 'd'Abdéraméne', ses déprédations ('il abattit les églises, et fit des dégâts infinis', année 731) et sa défaite face à Charles Martel (année 734). Abd al-Rahman est général omeyyade, mort en 732 à Poitiers où il commandait les troupes vaincues par Charles Martel.

[34] D'après d'Orléans, année 739.

406

soumit surtout à fournir cent belles filles tous les ans pour le sérail d'Abdérame. [35] Ce fut longtemps la coutume des Arabes, d'exiger de pareils tributs, et aujourd'hui les caravanes, dans les présents
140   qu'elles font aux Arabes du désert, offrent toujours des filles nubiles.

Cette coutume est immémoriale. Un des anciens livres juifs nommé en grec Exode, rapporte qu'un Eléazar prit trente-deux mille pucelles dans le désert affreux du Madian. Et de ces trente-
145   deux mille vierges on n'en sacrifia que trente-deux au dieu d'Eléazar. Le reste fut abandonné aux prêtres et aux soldats pour peupler. [36]

On donne pour successeur à ce Mauregat un diacre nommé Vérémon, chef de ces montagnards réfugiés, faisant le même
150   hommage et payant le même nombre de filles qu'il était obligé de fournir souvent. [37] Est-ce là un royaume, et sont-ce là des rois?

137-48   MSP, 45: filles [45: nubiles] tous les ans pour le sérail de cet Abdérame qui fut vaincu à la vérité par Charles Martel, mais qui fut vainqueur dans les Espagnes des chrétiens et des musulmans, et dont le nom est célèbre par sa rébellion heureuse contre les califes, par ses guerres et par sa magnificence. ¶On
138-48   53-54N: d'Abderame. ¶On
140   W56-61: désert, donnent toujours
141-48   W56-W75G: nubiles. ¶On
151   MSP, 45: d'acheter souvent
     53: de payer souvent
151-52   45: rois? Au reste on a donné toujours des filles dans tous les tributs qu'on a payés aux Arabes. C'est un point de leur politique et il est toujours spécifié dans les traités qu'on fait avec les Arabes des déserts, qu'on leur donnera des filles propres à la génération. ¶Après

[35] D'après d'Orléans, qui présente Maurégat (roi des Asturies de 783 à 789) comme le fils naturel d'Alphonse le Catholique (années 761-788). La date de 783 est donnée par Alvarez, chez lequel ce personnage est appelé Maurégatus.

[36] Voir Nombres 31:31-40. Episode plusieurs fois évoqué avant cet ajout autographe à l'édition de 1775: voir notamment *La Défense de mon oncle*, ch.2 (1767; *OCV*, t.64, p.198); *Dieu et les hommes*, ch.21 (1769; *OCV*, t.69, p.373-74); l'art. 'Juifs' des *QE* (1771; *M*, t.19, p.536-37); *La Bible enfin expliquée* (1776; *M*, t.30, p.112-13 et n.1).

[37] D'après d'Orléans, qui ne fait cependant pas état de tribut (année 794). Alvarez précise que 'Vermond' a 'refusé de payer le tribut des filles' et doit combattre 'Abdérame' (année 789). Vermudo Ier règne sur les Astories de 789 à 791.

Après la mort d'Abdérame, les émirs des provinces d'Espagne voulurent être indépendants. On a vu dans l'article de Charlemagne, qu'un d'eux, nommé Ibna, eut l'imprudence d'appeler ce conquérant à son secours. [38] S'il y avait eu alors un véritable royaume 155 chrétien en Espagne, Charles n'eût-il pas protégé ce royaume par ses armes, plutôt que de se joindre à des mahométans? Il prit cet émir sous sa protection, et se fit rendre hommage des terres qui sont entre l'Ebre et les Pyrénées, que les musulmans gardèrent. [39] On voit en 794 le Maure Abutar rendre hommage à Louis le Débonnaire, 160 qui gouvernait l'Aquitaine sous son père avec le titre de roi. [40]

Quelque temps après, les divisions augmentèrent chez les Maures d'Espagne. Le conseil de Louis le Débonnaire en profita; ses troupes assiégèrent deux ans Barcelone, et Louis y entra en triomphe en 796. [41] Voilà le commencement de la décadence des 165 Maures. Ces vainqueurs n'étaient plus soutenus par les Africains [42] et par les califes dont ils avaient secoué le joug. Les successeurs

152   MSP, 45-W75G: de cet Abdérame
153-54   45: Charlemagne [*avec note*: Voyez l'histoire de Charlemagne par M. de La Bruère, L.I.]
        MSP, 45: Ibnalarabi
        53-61: Ibna Larabi
157   45: prit, comme on a vu, cet
160   MSP, 45: 799
165   MSP, 45, 53: Voilà l'époque de
166   45: n'étaient point soutenus

[38] D'Orléans évoque cette rencontre, qui eut lieu en 777 à Paderborn, entre Charlemagne et Ibn al-Arabi (voir variante), gouverneur de Barcelone 'chassé de Saragoce pour s'être déclaré roi' (année 794). Voir ci-dessus, ch.15, lignes 163-66. La variante renvoie à C.-A. Leclerc de La Bruère, *Histoire du règne de Charlemagne* (Paris, 1745, BV1984).

[39] D'après d'Orléans, années 792, 793, 794.

[40] D'après d'Orléans, qui nomme Abu Taur le gouverneur d'Huesca (année 794).

[41] D'Orléans relate le siège de Barcelone et écrit que 'Louis y entra en triomphe, précédé du clergé, et aux acclamations des chrétiens, non seulement de son armée, mais de la ville et de tout le pays' (années 796 et suivantes).

[42] Ici les Berbères, peuple autochtone d'Afrique du Nord soumis aux septième et huitième siècles par les envahisseurs arabes.

d'Abdérame, ayant établi le siège de leur royaume à Cordoue, étaient mal obéis des gouverneurs des autres provinces.

170 Alphonse, de la race de Pélage, commença, dans ces conjonctures heureuses, à rendre considérables les chrétiens espagnols retirés dans les Asturies. Il refusa le tribut ordinaire à des maîtres contre lesquels il pouvait combattre; et après quelques victoires, il se vit maître paisible des Asturies et de Léon au commencement du

175 neuvième siècle. [43]

C'est par lui qu'il faut commencer de retrouver en Espagne des rois chrétiens. Cet Alphonse était artificieux et cruel. [44] On l'appelle *le Chaste*, parce qu'il fut le premier qui refusa les cent filles aux Maures. [45] On ne songe pas qu'il ne soutint point la guerre pour avoir

180 refusé ce tribut, mais que voulant se soustraire à la domination des Maures, et ne plus être tributaire, il fallait bien qu'il refusât les cent filles ainsi que le reste.

Les succès d'Alphonse, malgré beaucoup de traverses, enhardirent les chrétiens de Navarre à se donner un roi. Les Aragonais

185 levèrent l'étendard sous un comte: [46] ainsi sur la fin de Louis le

Alphonse le Chaste, pourquoi?

169 45: obéis par les gouverneurs
174 MSP, 45: se vit possesseur paisible
176 MSP, 45: commencer à retrouver
183-84 MSP, 45: d'Alfonse qui, malgré beaucoup de traverses, se maintint contre les mahométans, enhardirent.
184 45: chrétiens à
     MSP: chrétiens et se
185 MSP: fin du règne de

[43] D'après d'Orléans, années 801 et suivantes. Alphonse II le Chaste est roi des Asturies de 791 à 835.

[44] D'Orléans évoque 'la trahison que les écrivains de son pays lui attribuent à Roncevaux, contre Charlemagne son bienfaiteur', mais il estime que 'son seul caractère' le 'justifie': 'Alphonse le Chaste était un prince religieux, généreux, magnanime' (années 801 et suivantes).

[45] Alvarez signale le fait sans faire le lien avec le surnom du personnage (t.2, 'Trois grandes révolutions arrivées en Espagne'). D'Orléans déclare qu'Alphonse est 'surnommé le Chaste, pour avoir vécu en continence avec sa femme' (année 794).

[46] D'Orléans signale qu'Aznar I Galindez (809-820) devient 'comte héréditaire d'Arragon' (années 759-840), mais il ne fait pas état d'une quelconque rébellion.

409

Débonnaire, ni les Maures, ni les Français n'eurent plus rien dans ces contrées stériles; mais le reste de l'Espagne obéissait aux rois musulmans. Ce fut alors que les Normands ravagèrent les côtes de l'Espagne; mais étant repoussés, ils retournèrent piller la France et l'Angleterre. [47]

On ne doit point être surpris que les Espagnols des Asturies, de Léon, d'Arragon, aient été alors des barbares. La guerre qui avait succédé à la servitude, ne les avait pas polis. Ils étaient dans une si profonde ignorance, qu'un Alphonse, roi de Léon et des Asturies, surnommé *le Grand*, fut obligé de livrer l'éducation de son fils à des précepteurs mahométans. [48]

Je ne cesse d'être étonné, quand je vois quels titres les historiens prodiguent aux rois. Cet Alphonse qu'ils appellent *le Grand*, fit crever les yeux à ses quatre frères; [49] sa vie n'est qu'un tissu de cruautés et de perfidies. Ce roi finit par faire révolter contre lui ses sujets, et fut obligé de céder son petit royaume à son fils don Garcie l'an 910. [50]

190

195

200

187   45: stériles; le reste
189   MSP: piller comme on a vu la
192   MSP, 45: d'Arragon, fussent alors
194   MSP: qu'Alphonse
194-95   MSP: Asturies, qu'on appelle le Grand
195   MSP: obligé de donner son
          45, W56: obligé de donner à son fils des
196-98   45: mahométans. ¶Cet Alphonse qui fut appelé le Grand
201-13   MSP, 45: fils vers l'an 910. Quel grand homme qu'un barbare détrôné!//
202-ch.28, ligne 1   53-W57G: 910. ¶Cependant les mahométans

[47] D'après d'Orléans, années 840 et suivantes; voir ci-dessus, ch.25.

[48] D'après d'Orléans, qui relève 'l'imprudence d'une action si irrégulière, et si peu digne d'un roi chrétien' (années 863-874).

[49] Tout en précisant qu'ils 'avaient conspiré contre lui', d'Orléans écrit que ce supplice, quoique 'fort commun parmi toutes les nations, en ce temps-là', est regardé 'comme une grande cruauté' en raison du 'nombre' et de la 'qualité des coupables' (années 863-874). Alphonse III le Grand (866-910)

[50] D'Orléans évoque une intrigue menée par la reine et ses enfants, qui profitent du mécontentement du peuple face aux nouvelles impositions (années 874 et

Ce titre de *Don* était un abrégé de *Dominus*, titre qui parut trop ambitieux à l'empereur Auguste, parce qu'il signifiait *Maître*, et que depuis on donna aux bénédictins, aux seigneurs espagnols, et enfin aux rois de ce pays. Les seigneurs de fief commencèrent alors à prendre le titre de *rich-homes, ricos hombres*;[51] riche signifiait possesseur de terres; car dans ces temps-là il n'y avait point parmi les chrétiens d'Espagne d'autres richesses. La grandesse n'était point encore connue. Le titre de grand ne fut en usage que trois siècles après, sous Alphonse le Sage, dixième du nom,[52] roi de Castille dans le temps que l'Espagne commençait à devenir florissante.

205

210

---

suivantes). Il signale qu'Alphonse meurt en 872. La date de 910 correspond à l'avènement de Garcie.

[51] L'expression se trouve notamment dans Desormeaux (v. 'Alphonse VI', année 1109).

[52] Voir l'*EM*, ch.64, 'De l'Espagne aux douzième et treizième siècles'.

CHAPITRE 28

Puissance des musulmans en Asie et en Europe aux huitième et neuvième siècles. L'Italie attaquée par eux. Conduite magnanime du pape Léon IV.

Aaron al Rachild. Les mahométans qui perdaient cette partie de l'Espagne qui confine à la France, s'étendaient partout ailleurs. Si j'envisage leur religion, je la vois embrassée dans l'Inde et sur les côtes orientales de l'Afrique, où ils trafiquaient. Si je regarde leurs conquêtes, d'abord le calife Aaron al Rachild, ou *le Juste*,[1] impose un tribut de soixante 5 et dix mille écus d'or par an à l'impératrice Irène. L'empereur Nicéphore ayant ensuite refusé de payer le tribut, Aaron prend l'île de Chypre, et vient ravager la Grèce.[2] Almamon son petit-fils, prince d'ailleurs si recommandable par son amour pour les sciences

---

a-82   [*Première rédaction de ce chapitre*: MSP, 45]
a   53-54N, W56: [*pas de rupture*]
        61: Chapitre 24
a-d   MSP, 45: [*intertitre*] §2. [45: Paragraphe II] *Progrès des musulmans.//*
1   MSP, 45, 53-W57G: Cependant les mahométans
3   MSP, 45-W68: embrassée par toutes les Indes et par les côtes orientales [45: et occidentales] de
4   45: trafiquaient, et si
5   MSP, 45: Raschild, contemporain de Charlemagne, impose
        53-W57G: Aaron Rachild impose

---

* Voir la note liminaire du ch.27.
[1] Cette correction de 1761 répond à un reproche de la *Critique de l'Histoire universelle*: voir ci-dessus, ch.6, n.62.
[2] D'après d'Herbelot (t.2, art. 'Haroun Al Raschid'), qui précise que Haroun est 'surnommé Al Raschid, "le Droiturier, ou le Juste"', mais ne donne pas le montant du 'tribut que l'impératrice Irène avait accordé de lui payer' et que Nicéphore refusera. Calife abbasside, Haroun al-Rachid règne de 786 à 809.

412

10 et par son savoir, s'empare par ses lieutenants de l'île de Crète en
826.[3] Les musulmans bâtirent Candie, qu'ils ont reprise de nos
jours.[4]

En 828 les mêmes Africains[5] qui avaient subjugué l'Espagne et
fait des incursions en Sicile, reviennent encore désoler cette île
15 fertile, encouragés par un Sicilien nommé Euphemius, qui ayant, à
l'exemple de son empereur Michel, épousé une religieuse, poursuivi par les lois que l'empereur s'était rendues favorables, fit à peu
près en Sicile ce que le comte Julien avait fait en Espagne.[6]

Ni les empereurs grecs, ni ceux d'Occident, ne purent alors
20 chasser de Sicile les musulmans: tant l'Orient et l'Occident étaient
mal gouvernés. Ces conquérants allaient se rendre maîtres de
l'Italie, s'ils avaient été unis; mais leurs fautes sauvèrent Rome,
comme celles des Carthaginois la sauvèrent autrefois. Ils partent de
Sicile en 846 avec une flotte nombreuse. Ils entrent par l'embou-
25 chure du Tibre: et ne trouvant qu'un pays presque désert, ils vont
assiéger Rome. Ils prirent les dehors, et ayant pillé la riche église de

10-13 MSP, 45: en 825. Les musulmans [MSP: s'y] firent bâtir la ville de Candie
qui donna son nom à l'île. ¶En 826 les
  53-54N: en 825. Les musulmans y firent bâtir la ville de Candie. ¶En
14 MSP, 45: fait [45: déjà] des incursions en Sicile, s'établissent dans cette
  53-54N: fait des incursions dans [54: la Sicile,] cette
15-16 45: ayant épousé
16-17 MSP, 45: religieuse et se voyant poursuivi
17-18 MSG: à peu près ensuite ce
19 MSP: [manchette] Les mahométans assiègent Rome.
24 MSP: entrèrent

[3] D'après Fleury (livre 47, année 828, §16), qui insiste aussi sur le goût
d'Almamon pour les sciences lorsqu'il évoque sa mort en 833 (livre 47, §41,
'Etudes des musulmans').
[4] Voir l'EM, ch.191: Voltaire présente l'épisode de manière beaucoup plus
favorable aux puissances européennes, et surtout à la France, dans Le Siècle de
Louis XIV, ch.10.
[5] Les armées musulmanes d'Afrique du Nord.
[6] Tous les détails viennent de Fleury, qui mentionne la trahison d'Euphemius,
promettant à l'émir d'Afrique 'de le rendre maître de la Sicile' (livre 47, année 828,
§17, 'Musulmans en Sicile'). Sur le comte Julien, voir ci-dessus, ch.27, lignes 66-69.

Saint Pierre hors des murs, ils levèrent le siège pour aller combattre une armée de Français qui venait secourir Rome sous un général de l'empereur Lothaire. [7] L'armée française fut battue, mais la ville rafraîchie [8] fut manquée; et cette expédition, qui devait être une conquête, ne devint, par la mésintelligence, qu'une incursion de barbares. [9] Ils revinrent bientôt après avec une armée formidable, qui semblait devoir détruire l'Italie, et faire une bourgade *Pape Léon.* mahométane de la capitale du christianisme. Le pape Léon IV prenant dans ce danger une autorité que les généraux de l'empereur Lothaire semblaient abandonner, se montra digne, en défendant Rome, d'y commander en souverain. Il avait employé les richesses de l'Eglise à réparer les murailles, à élever des tours, à tendre des chaînes sur le Tibre. Il arma les milices à ses dépens, engagea les habitants de Naples et de Gayette à venir défendre les côtes et le port d'Ostie, sans manquer à la sage précaution de prendre d'eux des otages, sachant bien que ceux qui sont assez puissants pour nous secourir, le sont assez pour nous nuire. [10] Il visita lui-même tous les postes, et reçut les Sarrasins à leur descente, non pas en équipage de guerrier, ainsi qu'en avait usé Goslin évêque de Paris dans une occasion encore plus pressante, mais comme un pontife qui exhortait un peuple chrétien, et comme un roi qui

30

35

40

45

31 w56-w57g: par leur mésintelligence
35 msp, 45: dans ces dangers
36 msp, 45: Lothaire paraissaient abandonner
38 msp: [*manchette*] *Grand courage du pape Léon IV.*
39 45: arma des milices

[7] Lothaire Ier, fils de Louis le Pieux, empereur d'Occident de 840 à 855.

[8] 'On dit, *rafraîchir une place d'hommes et de munitions*, pour dire faire entrer de nouvelles troupes et de nouvelles munitions dans une place' (*Dictionnaire de l'Académie*, 1762).

[9] L'invasion des mahométans est rapportée par Fleury (livre 48, année 846, §36; papillon, *CN*, t.3, p.511), mais Voltaire omet tous les détails suggérant que les assiégés font l'objet d'une protection divine.

[10] D'après Fleury, qui n'évoque cependant pas la prise d'otages (livre 48, année 848, §45). Gayette désigne la ville côtière de Gaète, au nord de Naples, alors sous influence byzantine.

veillait à la sûreté de ses sujets. [11] Il était né Romain. Le courage des premiers âges de la république revivait en lui dans un temps de lâcheté et de corruption, tel qu'un des beaux monuments de l'ancienne Rome qu'on trouve quelquefois dans les ruines de la nouvelle.

Son courage et ses soins furent secondés. On reçut les Sarrasins courageusement à leur descente; et la tempête ayant dissipé la moitié de leurs vaisseaux, une partie de ces conquérants échappés au naufrage, fut mise à la chaîne. Le pape rendit sa victoire utile, en faisant travailler aux fortifications de Rome et à ses embellissements les mêmes mains qui devaient les détruire. [12] Les mahométans restèrent cependant maîtres du Garillan entre Capoue et Gayette, [13] mais plutôt comme une colonie de corsaires indépendants, que comme des conquérants disciplinés.

Je vois donc au neuvième siècle les musulmans redoutables à la fois à Rome et à Constantinople, maîtres de la Perse, de la Syrie, de l'Arabie, de toutes les côtes d'Afrique jusqu'au mont Atlas, des trois quarts de l'Espagne. Mais ces conquérants ne forment pas une nation, comme les Romains, qui étendus presque autant qu'eux, n'avaient fait qu'un seul peuple.

Sous le fameux calife Almamon, vers l'an 815, un peu après la

50 MSG: qu'un beau monument
54 MSP, 45: et une tempête
58 MSP, 45: devaient la détruire
64 MSP, 45: Atlas, et des
65-66 MSP, 45: une seule nation
66 45: nation, ainsi que les Romains, étendus
   MSP: Romains étendus
67-68 MSP, 45: peuple. Toutes ces nations nouvellement converties à l'islamisme, étaient liées entre elles à peu près comme les chrétiens par leur culte et divisées d'intérêts comme eux. ¶Sous

[11] Fleury écrit surtout que le pape, arrivé à Ostie 'avec une grande suite de gens armés', y célèbre une messe (livre 48, année 849, §45). Sur Gauzlin, voir ci-dessus, ch.25, lignes 102-15, mais le siège de Paris n'aura lieu qu'en 885.

[12] Fleury précise aussi que quelques-uns furent pendus (livre 48, année 849, §45).

[13] Voir ci-dessous, ch.35, lignes 58-59.

mort de Charlemagne, l'Egypte était indépendante, et le Grand-Caire fut la résidence d'un autre calife. Le prince de la Mauritanie 70
Tangitane, sous le titre de Miramolin, étant maître absolu de l'empire de Maroc. La Nubie et la Libye obéissaient à un autre calife. [14] Les Abdérames, qui avaient fondé le royaume de Cordoue, ne purent empêcher d'autres mahométans de fonder celui de Tolède. Toutes ces nouvelles dynasties révéraient dans le calife 75
le successeur de leur prophète. Ainsi que les chrétiens allaient en foule en pèlerinage à Rome, les mahométans de toutes les parties du monde allaient à la Mecque, gouvernée par un shérif[15] que nommait le calife; et c'était principalement par ce pèlerinage que le calife, maître de la Mecque, était vénérable à tous les princes de sa 80
croyance. [16] Mais ces princes, distinguant la religion de leurs intérêts, dépouillaient le calife en lui rendant hommage.

69   MSP, 45, 53-54N: l'Egypte devint indépendante
70   MSP, 45, 53-54N: d'un soudan. [17]
71   MSP, 53-w68: était maître
72-73   MSP, 45, 53-54N: autre soudan.
74   MSP, 45: fonder bientôt celui
75   MSP: dynasties recevaient dans
76-77   45: prophète. Les mahométans
77   MSP: foule à Rome en pélerinage,
81   45: princes, moins fidèles à la religion qu'à leurs
82   MSP: dépouillaient les califes en leur rendant

[14] Voir ci-dessus, ch.18, ligne 67 et n.10. La Nubie est une ancienne région du sud de l'Egypte et du nord du Soudan, aujourd'hui en grande partie submergée par le lac Nasser; le royaume naît au huitième siècle av. J.-C. et domine alors l'Egypte pour une courte période.

[15] 'Prince chez les Arabes et chez les Maures' (*Dictionnaire de l'Académie*, 1762).

[16] Voir la dixième Remarque des *Remarques pour servir de supplément à l'Essai sur les mœurs* (1763; Pomeau, t.2, p.918-22). Voir aussi ci-dessous, ch.32, lignes 22-28. Le rapprochement irrévérencieux avec Rome est développé dans l'art. 'Prêtre' du *DP* (1765; *OCV*, t.36, p.461).

[17] 'Nom qu'on donnait autrefois aux généraux des armées du calife' (*Dictionnaire de l'Académie*, 1762).

CHAPITRE 29

De l'empire de Constantinople, aux huitième et neuvième siècles.

Tandis que l'empire de Charlemagne se démembrait, que les

a-167   [*Première rédaction de ce chapitre*: MSP, 45]
a   MSP, 45: Chapitre 15
     w56-w57G: Chapitre 19
     61: Chapitre 25

* Dans une époque de sauvagerie, où 'à peine un pays était un peu cultivé, qu'il était envahi par une nation affamée, chassée à son tour par une autre' (lignes 128-29), et face à la déliquescence d'un empire d'Occident menacé par les invasions normandes et sarrasines, Voltaire présente Byzance comme un 'vieil arbre' respectable et qui, bien qu'assiégé et amoindri lui aussi, est le dernier rempart d'une civilisation chrétienne en péril (lignes 1-20). Vouée au commerce de par sa position géographique, Constantinople demeure, au neuvième siècle, la ville chrétienne la plus peuplée, la plus riche et la plus civilisée (lignes 138-46). Même en déclin, divisée par la question du culte des images, et en proie à d'incessantes intrigues de palais, elles-mêmes sources d'une série ininterrompue de crimes odieux – 'artifice des Grecs [...] férocité des Thraces', que Voltaire étale comme à plaisir sous les yeux du lecteur (lignes 21-50) – une ville dont le ressort est le commerce ne peut en effet totalement sombrer. C'est là, sans doute, la leçon essentielle qu'il importe à Voltaire de suggérer au lecteur: les 'orages' et les médiocrités de la politique n'ont aucune prise sur les commerçants, ces 'hommes cachés, qui cultivent en paix des professions qu'on n'envie point' (lignes 149-50). On retrouve là un ton déjà présent, par exemple, dans la dixième des *LP*, 'Sur le commerce', où Voltaire plaçait le commerçant bien au-dessus du courtisan sur l'échelle des valeurs civiques. Les persécutions religieuses exercées contre les manichéens sous le règne de Théodora (842-856) peuvent faire penser, mutatis mutandis, à ces protestants eux aussi 'paisibles et riches', chassés de France par la révocation de l'édit de Nantes et ainsi devenus, comme les manichéens, 'des ennemis irréconciliables' (lignes 85-99). Et Voltaire ne manque pas de souligner, à propos du cas de l'empereur Théophile (829-842), à quel point la calomnie peut être dévastatrice en matière de religion (lignes 73-76), allusion prémonitoire, en 1756, aux affaires Calas, Sirven et La Barre. Dernière 'leçon de l'histoire' dans ce chapitre, celle, chère à Voltaire, des 'vicissitudes des empires', aujourd'hui au zénith, demain au tombeau. Ainsi avaient inondations des Sarrasins et des Normands désolaient l'Occident, l'empire de Constantinople subsistait comme un grand arbre, vigoureux encore, mais déjà vieux, dépouillé de quelques racines, et assailli de tous côtés par la tempête. Cet empire n'avait plus rien 5 en Afrique; la Syrie et une partie de l'Asie Mineure lui étaient enlevées.[1] Il défendait contre les musulmans ses frontières vers l'orient de la mer Noire; et tantôt vaincu, tantôt vainqueur, il aurait pu au moins se fortifier contre eux par cet usage continuel de la guerre. Mais du côté du Danube et vers le bord occidental de la mer 10 Noire, d'autres ennemis la ravageaient. Une nation de Scythes, nommée les Abares ou Avares, les Bulgares, autres Scythes, dont la Bulgarie tient son nom, désolaient tous ces beaux climats de la Romanie,[2] où Adrien et Trajan avaient construit de si belles villes, et ces grands chemins desquels il ne subsiste plus que quelques 15 chaussées.

Les Abares surtout, répandus dans la Hongrie et dans l'Autriche, se jetaient tantôt sur l'empire d'Orient, tantôt sur celui de

---

4   MSP, 45: vieux, privé de
5   MSP, 45: par les tempêtes.
11   53-W56: ennemis le ravagèrent.
14   MSP, 45: construit [MSP: et] ces belles
18   MSP, 45: se jetaient tantôt sur les terres de l'empire d'Orient, tantôt sur celles de

---

déjà disparu, au neuvième siècle, les 'belles villes' et les 'grands chemins' tracés sous Adrien et Trajan (lignes 13-16), ainsi Byzance, dont la gloire et même l'existence ne sont plus, faute d'un 'gouvernement sage', qu'un souvenir au dix-huitième siècle, tandis que le Saint Empire romain germanique, alors en péril, a, lui, finalement survécu (lignes 156-61). C'est manifestement ici l'*Histoire ecclésiastique* de Fleury qui fournit à Voltaire l'ossature de son récit, mais il paraît avoir également eu recours à l'*Histoire romaine* de L. Echard (Paris, 1728, BV1200; Paris, 1737, 1736-1742, BV1201), t.II, livre 10, ainsi bien entendu qu'à l'*Histoire de Constantinople* de L. Cousin (Paris, 1671-1674, BV891).

[1] Voir ci-dessus, ch.28, lignes 62-65.
[2] La Romanie: province de la 'Turquie européenne', correspondant à la Grèce continentale. Les voies romaines sont traditionnellement considérées comme des indices de civilisation, mais aussi comme le meilleur moyen d'unification de l'empire (cf. art. 'Voie' de l'*Encyclopédie*).

Charlemagne.[3] Ainsi des frontières de la Perse à celles de la France,
20 la terre était en proie à des incursions presque continuelles.

Si les frontières de l'empire grec étaient toujours resserrées et *Horreurs*
toujours désolées, la capitale était le théâtre des révolutions et des *abominables des*
crimes. Un mélange de l'artifice des Grecs et de la férocité des *empereurs*
chrétiens grecs.
Thraces, formait le caractère qui régnait à la cour.[4] En effet, quel
25 spectacle nous présente Constantinople?[5] Maurice et ses cinq
enfants massacrés:[6] Phocas assassiné pour prix de ses meurtres et
de ses incestes:[7] Constantin empoisonné par l'impératrice Martine, à
qui on arrache la langue,[8] tandis qu'on coupe le nez à Héracléonas

19   MSP, 45: frontières de Perse
21-22   MSP, 45: resserrées et désolées
25   MSP, 45, 53-W56: nous représente
27-28   MSP, 45: à laquelle ensuite on arrache
28   MSP: que l'on coupe
28-29   MSP, 45: à son fils Héracléonas:

[3] Tribu protomongole, ayant atteint la Russie de l'ouest et la Hongrie au milieu du
sixième siècle, les Avars mènent jusqu'à la fin du huitième siècle des raids vers la
Bavière, l'Illyrie et Constantinople.

[4] Voltaire n'est pas tout à fait à l'abri des stéréotypes nationaux. Depuis le deuxième
millénaire avant notre ère, les Thraces, demeurés à l'écart de la civilisation grecque et
fréquemment en guerre avec leurs voisins, occupent le nord-est de la Grèce.

[5] Voltaire se reporte en fait au début du septième siècle avec l'empereur Maurice
(voir ci-dessous, ligne 48, l'évocation d'une période de 'trois cents ans'), omet
quelques empereurs éphémères (Anastase II, Théodose III, Stauracius) et ignore le
long règne d'Héraclius Iᵉʳ (610-641), qui voit un sursaut de la puissance byzantine et
la reconquête, toute provisoire, des territoires envahis par les Perses. Il est vrai
qu'Héraclius, monothélite et absorbé par les discussions théologiques, est rejeté dans
l'ombre par son contemporain Mahomet (voir ci-dessus, ch.6).

[6] Suite à une révolte de l'armée, le centurion Phocas prend le pouvoir et fait
assassiner Maurice (602) et ses six, et non cinq, fils.

[7] Aucune accusation d'inceste n'est portée contre Nicéphore Phocas, qui finira
massacré par la foule (voir Cousin, t.3, livre 8, ch.13, et livre 1, ch.1; Fleury, livre 37,
année 610, §3). C'est son successeur Héraclius qui scandalisa par son mariage avec sa
nièce Martina.

[8] Constantin III Héraclius, empoisonné en 641 par sa belle-mère et cousine
Martina. D'après Fleury, Martina et Héraclonas sont renversés par Constant II
'Pogonate' (641-668) et suppliciés sur son ordre (livre 37, année 610, §3).

son fils: Constant qui fait égorger son frère: Constant assommé
dans un bain par ses domestiques:[9] Constantin Pogonate qui fait   30
crever les yeux à ses deux frères;[10] Justinien II, son fils prêt à faire à
Constantinople ce que Théodose fit à Thessalonique,[11] surpris,
mutilé et enchaîné par Léonce, au moment qu'il allait faire égorger
les principaux citoyens: Léonce bientôt traité lui-même comme il
avait traité Justinien II; ce Justinien rétabli, faisant couler sous ses   35
yeux dans la place publique le sang de ses ennemis, et périssant
enfin sous la main d'un bourreau: Philippe Bardanès détrôné et
condamné à perdre les yeux:[12] Léon l'Isaurien et Constantin
Copronime morts à la vérité dans leur lit, mais après un règne
sanguinaire, aussi malheureux pour le prince que pour les sujets:[13]   40
l'impératrice Irène, la première femme qui monta sur le trône des
césars,[14] et la première qui fit périr son fils pour régner: Nicéphore

35   MSP: couler à ses

[9] Fleury, livre 39, année 667, §42.

[10] Fils de Constant II, Constantin IV règne de 668 à 685.

[11] Thessalonique s'étant opposée à l'autorité de Théodose le Grand (379-395),
celui-ci fit massacrer plusieurs milliers d'habitants (*Saint-Fargeau notebook*, *OCV*,
t.81, p.153). Cet événement apparaît comme le type même de crime dont des princes
chrétiens, salués comme des héros voire des saints, se sont rendus coupables: voir
l'art. 'Julien le philosophe' du *DP* (*OCV*, t.36, p.270-21, lignes 17-31) et
Montesquieu, *Lettres persanes*, lettre 61 (*OCM*, 59).

[12] Justinien II règne de 685 à 698, puis de 705 à 711. D'après Fleury, Léonce
renverse Justinien II en 698 par un coup d'Etat militaire (t.9, livre 40, année 692,
ch.54, et livre 41, année 712-713, ch.23, 24). Il est mis à mort après le rétablissement en
705 de Justinien, qui, devenu Rhinotmète ('Nez coupé'), est massacré en 711. Son
successeur, Philippique Bardane (711-713), est renversé à son tour par Anastase II
(713-715).

[13] Léon l'Isaurien (718-741), qui fonde une nouvelle dynastie, et son fils
Constantin V Copronyme (741-775) sont tous deux iconoclastes, et de ce fait haïs
par la plupart des historiens byzantins. Voltaire a déjà porté sur eux un jugement
mitigé: voir ci-dessus, ch.14, lignes 87-105. La querelle des images, à laquelle Irène
dut sa réputation et sa canonisation (voir ci-dessus, ch.20), est réservée pour la suite
du chapitre, afin de maintenir le rythme d'une narration qui vaut surtout par ses effets
d'accumulation.

[14] Voir ci-dessus, ch.16, lignes 145-49 et n.30.

son successeur, détesté de ses sujets, pris par les Bulgares, décollé, servant de pâture aux bêtes, tandis que son crâne sert de coupe à
45 son vainqueur: [15] enfin Michel Curopalate, contemporain de Charlemagne, confiné dans un cloître, et mourant ainsi moins cruellement, mais plus honteusement que ses prédécesseurs. [16] C'est ainsi que l'empire est gouverné pendant trois cents ans. Quelle histoire de brigands obscurs punis en place publique pour leurs crimes, est
50 plus horrible et plus dégoûtante? [17]

Cependant il faut poursuivre: il faut voir au neuvième siècle Léon l'Arménien, brave guerrier, mais ennemi des images, assassiné à la messe dans le temps qu'il chantait une antienne: ses assassins s'applaudissant d'avoir tué un hérétique, vont tirer de
55 prison un officier, nommé Michel le Bègue, condamné à la mort par

43-44   45: Bulgares, décapité, servant
46-47   45: ainsi d'une façon moins sanglante, mais aussi cruelle que
47-51   45: prédécesseurs. ¶Pour ne point laisser imparfait ce tableau, tout horrible et tout dégoûtant qu'il est, il faut voir
48   53-w57G: pendant deux cents ans.
48-51   MSP: pendant deux cents ans. En lisant cette chronologie de tyrans et de malheurs, comment peut-on croire avec tant d'auteurs que la religion chrétienne adoucissait les mœurs des hommes? Tel est sans doute son caractère, mais de quelque côté qu'on jette les yeux, soit sur Constantin, premier empereur chrétien, qui fait
5   périr sa femme et son fils, soit sur Clovis qui fait assassiner tant de princes, et sur ses enfants qui égorgent leurs neveux, soit enfin sur cet amas d'horreurs qui souillent le trône de Constantinople, on est forcé d'avouer que jamais la nature humaine ne fut plus corrompue et plus cruelle. ¶Pour ne point laisser imparfait ce tableau, tout horrible et tout dégoûtant qu'il est, il faut voir
51   53-54N: Cependant il faut voir
54   MSP, 45: tué à l'autel un

[15] Sur Nicéphore Ier 'le Logothète' (802-811), voir Fleury (livre 45, année 811, §52), que Voltaire reprend aussi, presque dans les mêmes termes, dans l'art. 'Bulgares' des *QE* (*OCV*, t.39, p.477, lignes 24-29).
[16] Michel II Rhangabé, 'grand maître du palais' (811-813), quitte volontairement le pouvoir et meurt dans un monastère en 844 (voir Fleury, livre 45, année 813, §59; livre 46, année 824, §11).
[17] Ce thème du dégoût qu'inspirent les crimes qui parcourent l'histoire était présent dès la première phrase de l'Avant-propos.

le sénat, et qui au lieu d'être exécuté, reçut la pourpre impériale. Ce fut lui qui étant amoureux d'une religieuse, se fit prier par le sénat de l'épouser, sans qu'aucun évêque osât être d'un sentiment contraire. [18] Ce fait est d'autant plus digne d'attention, que presque en même temps on voit Euphemius en Sicile, poursuivi criminellement pour un semblable mariage; et quelque temps après on condamne à Constantinople le mariage très légitime de l'empereur Léon le philosophe. [19] Où est donc le pays où l'on trouve alors des lois et des mœurs? Ce n'est pas dans notre Occident.

Cette ancienne querelle des images troublait toujours l'empire. La cour était tantôt favorable, tantôt contraire à leur culte, selon qu'elle voyait pencher l'esprit du plus grand nombre. Michel le Bègue commença par les consacrer, et finit par les abattre.

Son successeur Théophile, qui régna environ douze ans, depuis

60

65

56   MSP: reçoit
56-65   45: impériale. ¶Les affaires de l'Eglise sont si mêlées avec celles de l'Etat que je peux rarement les séparer comme je voudrais. [20] ¶Cette [53-54N: *même formule plus bas, lignes 63-65*]
61-65   MSP: et que quelque temps après nous verrons à Constantinople le mariage très légitime de l'empereur Léon, unanimement condamné par les évêques. Tant il y a de contrariété dans les gouvernements et dans les usages. Les affaires de l'Eglise sont si mêlées avec celles de l'Etat que je peux rarement les séparer comme je voudrais. ¶Cette
53-54N: Léon. ¶Les affaires de l'Eglise sont si mêlées avec celles de l'Etat que je peux rarement les séparer comme je voudrais. ¶Cette
66-67   45: culte. Michel

5

[18] Léon V l'Arménien, empereur de 813 à 820. D'après Fleury, livre 46, année 820, §40. Le début de 'l'antienne' (une hymne) était le signal des conjurés. Michel II le Bègue règne de 820 à 829.

[19] D'après Fleury, livre 47, année 828, §17. Amiral byzantin d'origine sicilienne, Euphémius s'autoproclame empereur en 826. Il est vaincu en 827, malgré l'aide des Arabes qu'il a appelés en Sicile. Sur Léon VI, voir ci-dessous, lignes 117-21 et variantes.

[20] Certains des auteurs utilisés par Voltaire, tels, par exemple, Mézeray, *Abrégé chronologique*, ou Rapin de Thoyras, *Histoire d'Angleterre*, traitent systématiquement des affaires ecclésiastiques dans des chapitres séparés.

70 829 jusqu'à 842, se déclara contre ce culte: on a écrit qu'il ne croyait point la résurrection, qu'il niait l'existence des démons, et qu'il n'admettait pas Jésus-Christ pour Dieu. [21] Il se peut faire qu'un empereur pensât ainsi; mais faut-il croire, je ne dis pas sur les princes seulement, mais sur les particuliers, la voix des ennemis qui
75 sans prouver aucun fait, décrient la religion et les mœurs des hommes qui n'ont pas pensé comme eux?

Ce Théophile, fils de Michel le Bègue, fut presque le seul empereur qui eût succédé paisiblement à son père depuis deux siècles. Sous lui les adorateurs des images furent plus persécutés
80 que jamais. On connaît aisément par ces longues persécutions, que tous les citoyens étaient divisés.

Il est remarquable, que deux femmes aient rétabli les images. L'une est l'impératrice Irène, veuve de Léon IV; et l'autre l'impératrice Théodora, veuve de Théophile.

85 Théodora, maîtresse de l'empire d'Orient sous le jeune Michel *Théodora* son fils, persécuta à son tour les ennemis des images. Elle porta son *persécutrice* zèle, ou sa politique, plus loin. Il y avait encore dans l'Asie Mineure *sanguinaire.*

72-73   45: qu'il pensât ainsi
74   MSP, 45: princes mais sur les particuliers, le témoignage [45: des temoignages] des
    W56-W75G: particuliers, des
77   MSP: [*manchette*] 829.
79   45: les catholiques furent
81-82   MSP: divisés et qu'il y avait dans l'empire d'Orient une de ces guerres civiles qui sans combat et sans siège désolent toutes les familles et empoisonnent la vie. ¶Il
81-85   45: divisés et qu'il y avait dans l'empire d'Orient une de ces guerres civiles qui sans combat et sans siège désolent toutes les familles et empoisonnent la vie. ¶Théodora
84-85   MSP: Théodora, femme de Théophile, toutes deux d'autant plus attachées à ce point de religion que leurs maris y avaient été plus contraires. ¶Théodora

[21] C'est de Michel II le Bègue, son père, que Fleury dit, parmi d'autres accusations: '[il] ne voulait point d'autre serment que par le Dieu souverain' (livre 46, année 821, §44, p.236).

423

un grand nombre de manichéens [22] qui vivaient paisibles, parce que la fureur d'enthousiasme, qui n'est guère que dans les sectes naissantes, était passée. Ils étaient riches par le commerce. Soit 90 qu'on en voulût à leurs opinions ou à leurs biens, on fit contre eux des édits sévères, qui furent exécutés avec cruauté. La persécution leur rendit leur premier fanatisme. On en fit périr des milliers dans *846.* les supplices. Le reste désespéré se révolta. Il en passa plus de quarante mille chez les musulmans; [23] et ces manichéens, auparavant 95 si tranquilles, devinrent des ennemis irréconciliables, qui joints aux Sarrasins ravagèrent l'Asie Mineure jusqu'aux portes de la ville impériale, dépeuplée par une peste horrible en 842, et devenue un objet de pitié. [24]

La peste proprement dite, est une maladie particulière aux 100 peuples de l'Afrique, comme la petite vérole. C'est de ces pays qu'elle vient toujours par des vaisseaux marchands. Elle inonderait l'Europe sans les sages précautions qu'on prend dans nos ports; [25] et

88 MSP, 45: vivaient paisiblement,
89 MSP, 45: d'enthousiasme qui n'inspire guère les esprits que
90 MSP, 45: commerce et par là utiles à l'Etat. Soit
103 MSP, 45: que l'on prend

[22] Disciples d'une religion perse strictement dualiste.

[23] D'après Fleury, livre 48, année 844, §25 (signet 'Theodora manicheens', '20 mai 1741'; *CN*, t.3, p.511). Théodora (842-856), canonisée pour avoir massacré les manichéens, ou pauliciens, en ce qui lui apparaît comme une véritable Saint-Barthélemy, est plusieurs fois dénoncée par Voltaire: voir l'art. 'Bulgares' des *QE* (p.478, lignes 40-44); *Des conspirations contre les peuples*, §'Celle de l'impératrice Théodora' (*M*, t.26, p.4-5); et surtout *Dieu et les hommes*, ch.42 (*OCV*, t.69, p.481), et *L'Examen important de Milord Bolingbroke*, ch.39 (*OCV*, t.62, p.343), où une note se réfère au livre 48 de Fleury, 'année 850' (pour 844). Voir aussi les *Notebooks* (*OCV*, t.81, Introduction, p.47, n° 23). Voltaire a pu lire aussi Echard, ch.1 (papillon, *CN*, t.3, p.357), qu'il cite dans *Des conspirations contre les peuples* quand il reprend ce sujet (p.5-6).

[24] La date de 842 est une erreur de Voltaire, qui cherche à noircir le tableau: c'est en 542 que la peste, partie de Constantinople, commença à ravager l'Europe: voir ci-dessous, ligne 142.

[25] Allusion à la peste de Marseille (1720-1721) et à la quarantaine qui en empêcha la contagion au-delà de la Provence: voir l'art. 'Air' des *QE* (*OCV*, t.38, p.158-59).

424

probablement l'inattention du gouvernement laissa entrer la
contagion dans la ville impériale.

Cette même inattention exposa l'empire à un autre fléau. Les
Russes s'embarquèrent vers le port qu'on nomme aujourd'hui
Azoph sur la mer Noire, et vinrent ravager tous les rivages du
Pont-Euxin. [26] Les Arabes d'un autre côté poussèrent encore leurs
conquêtes par delà l'Arménie, et dans l'Asie Mineure. [27] Enfin Michel
le Jeune, après un règne cruel et infortuné, fut assassiné par Basile,   *867.*
qu'il avait tiré de la plus basse condition pour l'associer à l'empire.

L'administration de Basile ne fut guère plus heureuse. C'est sous
son règne qu'est l'époque du grand schisme qui divisa l'Eglise
grecque de la latine. C'est cet assassin qu'on regarda comme juste,
quand il fit déposer le patriarche Photius. [28]

Les malheurs de l'empire ne furent pas beaucoup réparés sous
Léon, qu'on appela le Philosophe; non qu'il fût un Antonin, un
Marc-Aurèle, un Julien, un Aaron al Rachild, un Alfred, mais parce
qu'il était savant. Il passe pour avoir le premier ouvert un chemin

107   MSP, 45: Russes dont on n'avait pas encore entendu parler, s'embarquèrent
113   MSP, 45: heureuse que celle de ses prédécesseurs. C'est
115-17   MSP, 45: latine et dont je parlerai dans l'article de l'Eglise pour ne pas
confondre les matières. ¶Les
      53-w56: latine. ¶Les
118-19   45: un Marc-Aurèle, un Aaron
120   MSP: savant et qu'il écrivait bien. C'est lui dont j'ai dit que le mariage si
légitime fut si solennellement condamné par les évêques de son pays. [29] ¶Parmi les

[26] Dans les années 860, les Varègues mènent en effet des raids vers le sud de la mer
Noire (le 'Pont-Euxin') et jusqu'aux portes de Constantinople.
[27] A la fin du neuvième siècle, la moitié orientale de la Turquie actuelle est passée
sous la domination du califat abbasside.
[28] Voir ci-dessous, ch.31, lignes 147-49 et note.
[29] Voir ci-dessus, lignes 61-63.

aux Turcs, qui si longtemps après ont pris Constantinople. [30]

Les Turcs qui combattirent depuis les Sarrasins, et qui mêlés à eux, furent leur soutien et les destructeurs de l'empire grec, avaient-ils déjà envoyé des colonies dans ces contrées voisines du Danube? On n'a guère d'histoires véritables de ces émigrations 125

---

superstitions de l'Eglise grecque, il y en avait une ridiculement contraire au bien de l'Etat, laquelle ne permettait pas qu'on passât à de quatrièmes noces, de sorte qu'un empereur qui avait eu trois femmes et qui était sans héritier ne pouvait se donner un 5
successeur. Léon le Philosophe, qui d'abord avait confirmé cette loi ecclésiastique par ses édits, n'en sentit l'inconvénient que quand il voulut passer à des quatrièmes noces. Aucun évêque n'osa le marier; il épousa donc l'impératrice Zoé sans le ministère de l'Eglise, mais quand cette quatrième femme lui eut donné un fils, le patriarche de Constantinople, nommé Nicolas, homme d'un zèle aveugle, ne voulut 10
jamais baptiser l'enfant qu'à condition que le père promettait de congédier sa femme. Ainsi ce patriarche opiniâtre ne voulait pas que l'héritier de l'Empire fût chrétien, à moins qu'il ne fût bâtard. Enfin Léon ayant eu de la peine à trouver un prêtre qui après le baptême de son fils donnât la bénédiction nuptiale au père et à la mère, le fanatique patriarche excommunia le prêtre et l'empereur. Il est vrai qu'il en 15
fut puni par l'exil et par la déposition, mais si cette loi superstitieuse contre les quatrièmes noces n'eût pas existé, le patriarche n'eût pas été dans le cas d'être puni. Il fallut assembler un concile en 905 auquel présidèrent des légats de Rome. Ces légats engagèrent le concile à donner au moins une dispense à l'empereur. [31] Il me paraît que dans toutes ces affaires Rome alors prenait presque toujours le parti le plus 20
prudent. Au reste, Léon passe

45: savant et qu'il écrivait bien. ¶Au reste, Léon passe

121-22   MSP, 45: Constantinople. Les histoires nous disent en effet que ce prince battu souvent et pressé par les Bulgares, acheta le secours des Turcs qui demeuraient par delà les embouchures du Danube; il n'y a vers le nord de ces embouchures du 25
Danube que la Bessarabie, autrefois la patrie des Gètes, une partie de la Pologne et l'Ukraine. ¶Les

124   MSP, 45: avaient donc déjà

---

[30] Léon VI le Sage (886-912) abandonne le pouvoir à ses conseillers. En 904, les Arabes s'emparent de la Sicile et de Thessalonique, et en 907, les Bulgares infligent une grave défaite aux Byzantins.

[31] Voir Echard, livre 10, ch.2, année 906 et suivantes (papillon, *CN*, t.3, p.357). Mais Voltaire semble suivre le récit de Fleury, dont il reprend quelques expressions, alors que celui-ci présente beaucoup plus favorablement le patriarche finalement persécuté par Léon (livre 54, année 907, §40).

des barbares. [32]

Il n'y a que trop d'apparence que les hommes ont ainsi vécu longtemps. A peine un pays était un peu cultivé, qu'il était envahi par une nation affamée, chassée à son tour par une autre. Les
130   Gaulois n'étaient-ils pas descendus en Italie? n'avaient-ils pas couru jusque dans l'Asie Mineure? Vingt peuples de la grande Tartarie n'ont-ils pas cherché de nouvelles terres? Les Suisses n'avaient-ils pas mis le feu à leurs bourgades, pour aller se transplanter en Languedoc, quand César les contraignit de
135   retourner labourer leurs terres? et qu'étaient Pharamond et Clovis sinon des barbares transplantés, qui ne trouvèrent point de César? [33]

126   MSP, 45: barbares si anciennes et si renouvelées.

130   MSP, 45: descendus dans l'Italie

130-31   MSP, 45, 53: n'avaient-ils pas été jusque

131-38   MSP, 45: Tartarie depuis quatre cents ans avaient pénétré dans tout l'Empire romain; [MSP: et] au lieu que vers le XVIe et XVIIe siècle des chrétiens [45: des peuples] policés sont allés subjuguer des sauvages dans un nouveau monde, c'était alors des sauvages qui venaient reconnaître [45: renaître] et dompter des chrétiens policés. ¶Malgré

132-38   53-w57G: terres? ¶Malgré

132-35   w68: terres? qu'étaient

[32] Pour l'histoire de l'empire ottoman, Voltaire suit essentiellement V. Mignot, *Histoire de l'empire ottoman depuis son origine jusqu'à la paix de Belgrade en 1740* (Paris, 1771, BV2453-54), qui ne dit rien de la présence turque en Europe avant le quatorzième siècle, et les deux grands classiques du récit de voyage, J. Chardin, *Voyages en Perse* (1686; Amsterdam, 1711, BV712), et J.-B. Tavernier, *Les Six Voyages en Turquie, en Perse et aux Indes* (Paris, 1676; 1679, BV3251). T. Pelletier, *Histoire des Ottomans, grands seigneurs de Turquie* (Paris, 1660), est absent de sa bibliothèque, de même que les 'histoires de l'empire ottoman' de Dimitrie Cantemir (Paris, 1743) et Giovanni Sagredo (Paris, 1723-1742), ou les ouvrages de R. Knolles, *The General historie of the Turkes, from the first beginning of that nation to the rising of the Ottoman familie* (s.l., 1638) et *The Turkish history, from the original of that nation, to the growth of the Ottoman empire* (Londres, 1687).

[33] Voir *La Guerre des Gaules*, notamment le récit de la bataille de Bibracte (Mont Beuvray, Saône-et-Loire) en 58 av. J.-C. (livre 1, 23; 7, 55). Retour étonnant du roi mythique Pharamond, expressément condamné au ch.8, ligne 115, ci-dessus.

Malgré tant de désastres, Constantinople fut encore longtemps la ville chrétienne la plus opulente, la plus peuplée, la plus recommandable par les arts. Sa situation seule, par laquelle elle 140 domine sur deux mers, la rendait nécessairement commerçante. La peste de 842, toute destructive qu'elle avait été, ne fut qu'un fléau passager. [34] Les villes de commerce, et où la cour réside, se repeuplent toujours par l'affluence des voisins. Les arts mécaniques et les beaux-arts mêmes ne périssent point dans une vaste capitale 145 qui est le séjour des riches.

Toutes ces révolutions subites du palais, les crimes de tant d'empereurs égorgés les uns par les autres, sont des orages qui ne tombent guère sur des hommes cachés, qui cultivent en paix des professions qu'on n'envie point. 150

Les richesses n'étaient point épuisées: on dit qu'en 857 Théodora mère de Michel, en se démettant malgré elle de la régence, et traitée à peu près par son fils comme Marie de Médicis le fut de nos jours par Louis XIII, fit voir à l'empereur qu'il y avait dans le trésor cent neuf mille livres pesant d'or, et trois cent mille livres d'argent. [35] 155

Un gouvernement sage pouvait donc encore maintenir l'empire

140   45: recommandable pour les
142   MSP, 45: qu'elle était,
143   MSP: commerce, où
144   MSP, 45: toujours de l'affluence
149   45: sur les hommes
150-51   MSP, 45: point. La langue grecque qu'on parlait à Constantinople était encore un préservatif contre la barbarie. Aussi verra-t-on dans le chapitre des arts et des sciences que dans cette décadence quelque reste de l'ancien esprit des Grecs se conservait encore. ¶Les
152-54   45: régence fit
154-55   MSP, 45: trésor royal cent
156   MSP: donc maintenir encore l'empire

[34] Voltaire se voit obligé, et pour cause, de réduire l'importance de cet événement: voir ci-dessus, ligne 98.

[35] Le détail de ces sommes vient d'Echard (ch.1; papillon, *CN*, t.3, p.358). Fleury, qui donne la date de 854, détaille les indignités de Michel et les humiliations infligées à Théodora, qui meurt en 867 (livre 49, année 854, §17).

dans sa puissance. Il était resserré, mais non tout à fait démembré; changeant d'empereurs, mais toujours uni sous celui qui se revêtait de la pourpre; enfin plus riche, plus plein de ressources, plus puissant que celui d'Allemagne. Cependant il n'est plus, et l'empire d'Allemagne subsiste encore.

Les horribles révolutions qu'on vient de voir effrayent et dégoûtent; cependant il faut convenir que depuis Constantin surnommé le grand, l'empire de Constantinople n'avait guère été autrement gouverné; et si vous en exceptez Julien, et deux ou trois autres, quel empereur ne souilla pas le trône d'abominations et de crimes?

157   MSP, 45, W56-61: non démembré
159-60   MSP, 45: ressources que
160-61   MSP: et celui de l'Allemagne résiste encore.
         45: et celui de l'Allemagne
161-67   MSP, 45, 53-61: encore.//

CHAPITRE 30

De l'Italie, des papes, du divorce de Lothaire roi de Lorraine, et des autres affaires de l'Eglise aux huitième et neuvième siècles.

Pour ne pas perdre le fil qui lie tant d'événements, souvenons-nous avec quelle prudence les papes se conduisirent sous Pépin et sous

a-126   [*Première rédaction de ce chapitre*: MSP]
a   MSP: Chapitre 16
   w56-w57G: Chapitre 20
   61: Chapitre 26
b-d   MSP, 53-54N, w57G: *De l'Italie, des papes et des autres affaires de l'Eglise aux huitième et neuvième siècles.*
1-2   MSP, 53: On a vu avec

* L'essentiel de ce chapitre se trouve dans les versions manuscrites des années 1740 et est publié subrepticement par Néaulme dans l'*Abrégé de l'histoire universelle* en 1753. Quant au sujet central, l'épisode du divorce de Lothaire, roi de Lorraine (lignes 21-58), Voltaire a tenu à le développer dans la version définitive, parue en 1756, en utilisant notamment: l'*Histoire de France* de Daniel, t.2, v. 'Charles le Chauve'; l'*Histoire ecclésiastique* de Fleury, livre 47, 48, 50, 51, 52; et l'*Histoire des papes* de Bruys. La dénonciation, insistante dans ce chapitre, du pouvoir politique que l'Eglise acquiert sous Charlemagne et ses successeurs est courante dans l'historiographie de l'Ancien régime: voir B. Grosperrin, *La Représentation de l'histoire de France dans l'historiographie des Lumières* (Lille, 1982), t.1, p.309-11. Cependant l'originalité, stylistique aussi bien que critique, du travail de Voltaire consiste à resserrer au maximum le récit historique (les dizaines de pages de Fleury ou de Daniel sont réduites ici à quelques lignes) et à disposer sur un seul axe syntagmatique un événement que les sources principales 'délayaient' dans plusieurs autres. Cette technique du récit suivi relève d'une sensibilité rhétorique nouvelle que Voltaire partage avec les historiens de sa génération: 'Mézeray et Daniel m'ennuient [...] ils ne savent ni peindre ni remuer les passions', confie-t-il dès 1740 à d'Argenson (D2148). On notera cependant les effets qu'il sait tirer d'un recoupement narratif isolant l'épisode de son contexte et le résumant en quelques traits destinés à en faire ressortir l'absurdité. On peut penser, à ce propos, à la 'technique du projecteur' qu'évoque E. Auerbach, *Mimésis. La représentation de la réalité dans la littérature occidentale* (Paris, 1968, p.403), en parlant du style de Voltaire. Cette volonté de

Charlemagne, comme ils assoupirent habilement les querelles de
religion, et comme chacun d'eux établit sourdement les fonde-
5 ments de la grandeur pontificale. [1]
Leur pouvoir était déjà très grand, puisque Grégoire IV rebâtit
le port d'Ostie, et que Léon IV fortifia Rome à ses dépens. [2] Mais
tous les papes ne pouvaient être de grands hommes, et toutes les
conjonctures ne pouvaient leur être favorables. Chaque vacance de
10 siège causait les mêmes troubles que l'élection d'un roi en produit
en Pologne. [3] Le pape élu avait à ménager à la fois le sénat romain,

Gouvernement de Rome.

---

6   MSP: déjà grand
53-54N: déjà trop grand
7   MSP: que l'illustre Léon IV fortifia Rome à ses dépens et l'agrandit d'un des
plus grands quartiers qu'on appela la ville léonine, mais
9   MSP: pouvaient <leur être favorables> [*dans la marge*: être de grands
hommes et toutes les occasions ne pouvaient leur être favorables.] Chaque
10-11   MSP, 53: causait presque autant de troubles que l'élection d'un roi [MSP:
Ven fait naître] aujourd'hui en Pologne

---

provoquer une sorte de distanciation philosophique chez le lecteur, à propos d'un
épisode tenu pour exemplaire de l'empiétement du pouvoir religieux sur le domaine
politique à l'aube de l'histoire nationale française, explique évidemment la dilatation
narrative de la dernière version. Voir aussi, ci-dessus, ch.15, n.*.
   [1] Voltaire situe à l'époque des maires de palais les débuts du pouvoir temporel du
clergé en France (voir ci-dessus, ch.17, lignes 132-40, et ch.20). Le renforcement du
clergé national et de l'augmentation des prétentions de la papauté sous la deuxième
race est un lieu commun de la tradition historiographique française. Cependant
Montesquieu, qui rappelle les confiscations des biens de l'Eglise sous le règne de
Charles Martel, ne manque pas de nuancer ce phénomène (*De l'esprit des lois*, 1748,
livre 31, ch.9, 10-11).
   [2] Grégoire IV, pape de 828 à 844. Sur les travaux au port d'Ostie, voir A. Du
Chesne, *Histoire des papes et souverains chefs de l'Eglise* (Paris, 1645), t.1, v. 'Grégoire IV', p.478, partie D (la source de Du Chesne est Anastase 'le Bibliothécaire',
815-878). Voir également Bruys, année 828. Léon IV est pape de 847 à 855. Voltaire a
déjà brossé de lui un portrait fort élogieux (ci-dessus, ch.28, lignes 34-52). Sur les
fortifications de Rome voulues par ce pontife, voir Bruys, année 847; Daniel,
année 849; et Fleury, livre 47, année 827, §17, et livre 48, année 848, §45.
   [3] Il arrivait fréquemment, après l'élection d'un roi de Pologne, que le parti vaincu
se rebelle contre le souverain élu. La version manuscrite fait supposer que pour

le peuple et l'empereur. La noblesse romaine avait grande part au gouvernement; elle élisait alors deux consuls tous les ans. Elle créait un préfet, qui était une espèce de tribun du peuple. Il y avait un tribunal de douze sénateurs; et c'étaient ces sénateurs qui nommaient les principaux officiers du duché de Rome. Ce gouvernement municipal avait tantôt plus, tantôt moins d'autorité. Les papes avaient à Rome plutôt un grand crédit qu'une puissance législative.

S'ils n'étaient pas souverains de Rome, ils ne perdaient aucune occasion d'agir en souverains de l'Eglise d'Occident. Les évêques

13   MSP: alors un consul

15-16   MSP: tribunal qui nommait les

19-20   MSP: législative, et ce crédit les rendait maîtres selon qu'ils savaient se faire craindre et se faire aimer. ¶S'ils

21-61   MSP: d'Occident. ¶[*manchette: 863.*] Nicolas Ier écrivait ainsi à Hincmar, archevêque de Reims en 863: 'Nous avons appris par le rapport de plusieurs personnes fidèles qu'à votre poursuite notre frère Rothade, ⁴ nonobstant son appel au Saint Siège a été déposé et enfermé dans un monastère. C'est pourquoi nous voulons qu'il vienne à Rome incessamment avec ses accusateurs et le prêtre qui a été le sujet de sa déposition. Si dans un mois après la réception de cette présente lettre, vous ne rétablissez Rothade, si vous ne venez pas à Rome avec lui, ou un député de votre part, nous vous défendons de célébrer la messe, à vous et à tous les évêques qui ont eu part à sa déposition, jusqu'à ce que le présent ordre soit exécuté.' ⁵ ¶On résistait toujours à ces entreprises des papes, mais pour peu que de tant d'évêques un seul vînt à fléchir, sa soumission était regardée à Rome comme un devoir et la résistance des autres comme des révoltes, l'évêque de Rome voulait assujettir tous les autres et aucun ne pensait à s'élever au-dessus de lui. Il fallait donc nécessairement que l'Eglise de Rome,

Voltaire la Guerre de la Succession de Pologne (1733-1738) est un souvenir récent quand il écrit; mais s'il reste constamment méfiant envers l'idée d'un roi électif, la référence change peut-être de sens ensuite, quand il ne croit plus aux bonnes intentions de Frédéric II et Catherine II, qui bientôt se partageront ce pays avec Marie-Thérèse (1772).

⁴ Rothade II, évêque de Soissons 832-869, est excommunié en 861 par Hincmar. Enfermé l'année suivante dans un monastère, il est rétabli en 866 par le pape Nicolas Ier (858-867).

⁵ La citation est empruntée à Fleury (livre 50, année 863, §27; t.11, p.69), avec pour seules différences 'déposé absent, et enfermé' et 'de cette lettre'. Le texte de 53 donne une leçon un peu embrouillée (lignes 20-22). Pour les lignes 15-19, voir ci-dessous, lignes 59-67.

se constituaient juges des rois, et les papes juges des évêques. Tant de conflits d'autorité, ce mélange de religion, de superstition, de faiblesse, de méchanceté dans toutes les cours, l'insuffisance des
25 lois, tout cela ne peut être mieux connu que par l'aventure du mariage et du divorce de Lothaire roi de Lorraine, neveu de Charles le Chauve. [6]

---

supérieure d'ailleurs en tout, aux autres, fût presque leur souveraine à force de
15 vouloir l'être. ¶Gontier, [7] archevêque de Cologne, fut déposé par le même Nicolas Ier pour avoir soutenu la validité du mariage de Lothaire, roi de Lorraine dans un concile tenu à Metz en 864, le pape ayant excommunié et l'archevêque et le concile. Gontier écrivit ainsi à

     53-54N: d'Occident. ¶Nicolas Ier écrivait ainsi à Hincmar, archevêque de Reims en 863: 'Nous avons appris par le rapport de plusieurs personnes fidèles que vous avez déposé notre cher frère Rothade absent; c'est pourquoi nous vous mandons de venir incessamment à Rome avec ses accusateurs et le prêtre qui a été le sujet de sa
5 déposition. Si dans un mois après la réception de cette lettre, vous ne rétablissez pas Rothade, je vous défends de célébrer la messe, etc.' ¶On résistait toujours à ces entreprises des papes, mais pour peu que de tant d'évêques un seul vînt à fléchir, sa soumission était regardée à Rome comme un devoir: il fallait donc nécessairement que l'Eglise de Rome, supérieure d'ailleurs aux autres, fût presque leur souveraine à force
10 de vouloir l'être. ¶Gontier, archevêque de Cologne, déposé par le même Nicolas Ier, pour avoir été d'un avis contraire au pape dans un concile tenu à Metz en 864, écrivit à

---

   [6] Lothaire II, roi de Lotharingie de 855 à 869. L'épisode est cité par tous les historiens. Mézeray le relate longuement dans son *Abrégé chronologique*, t.i, v. 'Charles II, dit le Chauve', années 862-867. C'est Fleury qui le raconte de la manière la plus détaillée, en y entremêlant le récit des événements marquants de l'époque: l'affaire d'Ingeltrude, les relations entre Nicolas Ier et Photius, le concile de Constantinople contre Ignace, etc. (livre 50, année 860, §6, v. 'Lothaire quitte Thietberge' et suiv.). Cette même modalité rhétorique se retrouve chez Daniel (année 860) et également chez Bruys (années 850, 865, 867; années 868, 869). Le Président Hénault, *Nouvel Abrégé chronologique de l'histoire de France* (Paris, 1768, BV1619), consacre seulement une mention à ce fait, en appuyant sur ses implications strictement politiques (t.i, v. 'Seconde race', §'Evénements remarquables sous Charles le Chauve', année 861). Dans le sillage de Voltaire, l'abbé C. F. X. Millot, *Eléments de l'histoire de France* (Paris, 1770) reprendra l'épisode pour condamner l'ingérence illégitime de la papauté dans les affaires politiques nationales (t.i, v. 'Charles II, dit le Chauve', année 860).

   [7] Gunthar (mort en 873), archevêque de Cologne de 850 à 863, était le frère de Waltrade, concubine de Lothaire (voir ci-dessous, ligne 59 et suiv.).

Polygamie très
ordinaire en
Europe chez les
princes.

Aventure d'un
roi de Lorraine
et de sa femme.

Charlemagne avait répudié une de ses femmes, et en avait épousé une autre, non seulement avec l'approbation du pape Etienne, mais sur ses pressantes sollicitations. Les rois francs, Gontran, Caribert, Sigebert, Chilpéric, Dagobert, avaient eu plusieurs femmes à la fois sans qu'on eût murmuré; et si c'était un scandale, il était sans trouble.[8] Le temps change tout. Lothaire marié avec Teutberge, fille d'un duc de la Bourgogne Transjurane, prétend la répudier pour un inceste avec son frère, dont elle est accusée,[9] et épouser sa maîtresse Valrade. Toute la suite de cette aventure est d'une singularité nouvelle. D'abord la reine Teutberge se justifie par l'épreuve de l'eau bouillante. Son avocat plonge la main dans un vase, au fond duquel il ramasse impunément un anneau bénit. Le roi se plaint qu'on a employé la fourberie dans cette épreuve.[10] Il est bien sûr que si elle fut faite, l'avocat de la

30

35

40

30-31   w56-61: rois Gontran

[8] Sur la répudiation par Charlemagne (avec l'approbation du pape Adrien Ier), de Désirée, fille du dernier roi des Lombards, voir ci-dessus, ch.16, lignes 5-8. Peut-être Voltaire se réfère-t-il ici à la répudiation de la première femme de Charlemagne, Himiltrude, qui se fit en effet avec l'accord du pape Etienne IV. Sur les nombreuses femmes et concubines de Charlemagne, la source principale restait la *Vita Karoli Magni Imperatoris* d'Eginhard. Les historiens du dix-huitième siècle peignent pour la plupart un tableau positif de la figure de Charlemagne en tant que roi, et vont jusqu'à excuser les désordres de sa vie privée, tenus pour conformes aux mœurs de l'époque (voir, par exemple, Montesquieu, livre 31, ch.18, 'Charlemagne'; P. F. Velly, *Histoire de France*, Paris, 1755-1774, BV3409, v. 'Charlemagne', année 814, §'Ses femmes et ses enfants'). Voltaire, par contre, s'en tient à la définition moderne du mariage et ironise sur le fait qu'un homme sanguinaire et soupçonné d'inceste ait pu être considéré comme un saint (voir ci-dessus, ch.16, lignes 203-204). Il confond sciemment les termes de 'femme' et de 'concubine', faute que lui reproche C. F. Nonnotte, *Les Erreurs de Voltaire* (Amsterdam [Paris], 1766, BV2579), t.1, v. 'De Charlemagne'. Voir aussi Velly (année 814) et Millot (année 814), qui soulignent la nature légitime du concubinage à l'époque.

[9] Ce détail important, que certains présentent comme inventé à dessein par Lothaire, apparaît chez Fleury (livre 50, année 860, §6), Daniel et Bruys (année 860).

[10] Ni Mézeray ni Bruys ne mentionnent cette preuve contrairement à Fleury (année 860, §6), qui cependant ne fait aucune référence à l'anneau, détail qu'on retrouve, par contre, chez Daniel (année 860). Daniel fait aussi allusion à ce rejet

reine était instruit du secret de préparer la peau à soutenir l'action
de l'eau bouillante, secret qui consiste, dit-on, à se frotter longtemps d'esprit de vitriol et d'alun avec du jus d'oignon. Aucune
45 académie des sciences n'a de nos jours tenté de connaître sur ces
épreuves ce que savent les charlatans.[11]

Le succès de cette épreuve passait pour un miracle, pour le   *862.*
jugement de Dieu même; et cependant Teutberge, que le ciel
justifie, avoue à plusieurs évêques, en présence de son confesseur,
50 qu'elle est coupable.[12] Il n'y a guère d'apparence qu'un roi qui
voulait se séparer de sa femme sur une imputation d'adultère, eût
imaginé de l'accuser d'un inceste avec son frère, si le fait n'avait pas
été public. On ne va pas supposer un crime si recherché, si rare, si
difficile à prouver: il faut d'ailleurs que dans ces temps-là ce qu'on
55 appelle aujourd'hui honneur, ne fût point du tout connu.[13] Le roi et

43-44 K: bouillante. Aucune

---

du jugement par Lothaire, tout en l'imputant à sa passion pour Waltrade et non à un
soupçon de 'fourberie' (t.2, p.383-84). D'une manière générale, c'est plutôt au récit
de ce dernier historien que Voltaire semble emprunter les traits les plus savoureux de
l'épisode tel qu'il paraît dans la version définitive du chapitre. Voir ci-dessus, ch.22,
lignes 63-69, également les *Annales*, 'Charles le Chauve' (p.255-56), et l'art.
'Epreuve' des *QE* (*M*, t.18, p.639).

[11] L'ironie mise à part, Voltaire ne fait que manifester ici vis-à-vis de ces pratiques
un mépris présent chez beaucoup d'historiens de son temps. Tout au plus, comme le
concède Hénault (§'Evénements remarquables sous Louis I', année 831), la
connaissance de ces usages peut être utile pour 'faire connaître les erreurs de l'esprit
humain'. Même remarque chez Velly (année 831). Montesquieu seul, par quelques
observations très modernes, parvient à des conclusions différentes: 'Je dis donc que,
dans les circonstances des temps où la preuve par le combat et la preuve par le fer
chaud et l'eau bouillante furent en usage, il y eut un tel accord de ces lois avec les
mœurs, que ces lois produisirent moins d'injustices qu'elles ne furent injustes; que les
effets furent plus innocents que les causes; qu'elles choquèrent plus l'équité qu'elles
n'en violèrent les droits; qu'elles furent plus déraisonnables que tyranniques'
(livre 28, ch.17).

[12] Cf. Daniel, qui prenait comme d'autres auteurs ses distances vis-à-vis de ce
'miracle' (année 860).

[13] Critique de Montesquieu, livre 28, ch.20, 'Origine du point d'honneur'.

la reine se couvrent tous deux de honte, l'un par son accusation, l'autre par son aveu. Deux conciles nationaux sont assemblés, qui permettent le divorce.[14]

Nicolas Ier juge un roi.

Le pape Nicolas Ier casse les deux conciles. Il dépose Gontier archevêque de Cologne, qui avait été le plus ardent dans l'affaire du divorce.[15] Gontier écrit aussitôt à toutes les églises: 'Quoique le seigneur Nicolas, qu'on nomme pape, et qui se compte pape et empereur, nous ait excommuniés, nous avons résisté à sa folie.' Ensuite dans son écrit, s'adressant au pape même: 'Nous ne recevons point, dit-il, votre maudite sentence: nous la méprisons; nous vous rejetons vous-même de notre communion, nous contentant de celle des évêques nos frères que vous méprisez, etc.'[16]

Un frère de l'archevêque de Cologne porta lui-même cette protestation à Rome, et la mit l'épée à la main sur le tombeau où les Romains prétendent que reposent les cendres de saint Pierre.[17] Mais bientôt après l'état politique des affaires ayant changé, ce même archevêque changea aussi. Il vint au mont Cassin se jeter aux genoux du pape Adrien II successeur de Nicolas. 'Je déclare, dit-il, devant Dieu et devant ses saints, à vous, monseigneur Adrien,

60

65

70

62   MSP: compte apôtre et
69-70   MSP, 53-W57G: mit sur le tombeau de saint Pierre l'épée à la main. Mais
71   MSP: l'état des affaires politiques étant changé
73   MSP: Adrien successeur

[14] Contrairement à Daniel (année 860), ou Velly (année 862), Voltaire, intéressé surtout à noircir en bloc les mœurs de l'époque, ne prend pas en considération la thèse de l'innocence de Teutberge. Pour les besoins de sa reconstruction, il condense ses sources principales, notamment en ne distinguant pas les conciles particuliers ou nationaux tenus à Aix-la-Chapelle ou à Metz, bien que dans la version manuscrite il donne la date de 864 pour le concile de Metz: voir, par exemple, Fleury, livre 50, année 859, §5, ou année 862, §22.

[15] Voir la variante aux lignes 21-61.

[16] Voltaire condense Fleury (livre 50, année 864, §33), dont il reprend les passages les plus forts.

[17] Jusqu'à 'Romains', reprise très condensée, sans emprunts textuels, de Fleury (livre 50, année 864, §33). L'envoyé de Gunthar est son frère, le clerc Hilduin, que Lothaire a voulu faire évêque de Tournai.

75 souverain pontife, aux évêques qui vous sont soumis, et à toute
l'assemblée, que je supporte humblement la sentence de déposition
donnée canoniquement contre moi par le pape Nicolas, etc.'[18] On
sent combien un exemple de cette espèce affermissait la supériorité
de l'Eglise romaine, et les conjonctures rendaient ces exemples
80 fréquents.[19]

Ce même Nicolas Ier excommunie la seconde femme de *Excommuni-*
Lothaire, et ordonne à ce prince de reprendre la première. Toute *cations.*

77 MSP: Nicolas et que je ferai jamais aucune fonction épiscopale si vous ne me
rétablissez par grâce.' ¶On

78-126 MSP, MSG: un seul exemple de cette espèce affermit les prétentions de
l'Eglise romaine et les conjonctures des affaires rendaient ces exemples fort
fréquents. ¶Le même Nicolas excommunia aussi la femme de Lothaire, roi de
Lorraine, fils de l'empereur Lothaire. Il n'était pas bien décidé si elle était épouse
5 légitime; mais il était encore moins décidé si le métropolitain de Rome devait entrer
dans le secret du lit d'un prince allemand. Le temps, la raison plus éclairée et l'intérêt
public mieux connu ont fait sentir qu'il vaut mieux tolérer une faiblesse dans un
souverain que de lui mettre le frein d'une puissance étrangère et que de tant d'abus
auxquels toute forme de gouvernement est exposée le moindre est toujours
10 préférable. Ce n'était pas là que se bornaient les prétentions de la cour romaine.
Le pape Jean VIII dans une sentence qu'il prononça contre Formose, évêque de
Porto, qui fut depuis pape, dit positivement 'qu'il a élu et ordonné empereur son cher
fils Charles le Chauve.'[20] ¶Je passe beaucoup d'entreprises de cette nature qui
rempliraient des volumes. Il suffit de voir que l'esprit de grandeur et de domination
15 fut l'esprit de Rome dans tous les temps [MSG: les lieux].//

81-ch.31, ligne 1   53-54N: Le même Nicolas I excommunia la femme de Lothaire,
roi de Lorraine, fils de l'empereur Lothaire. Il n'était pas bien décidé si elle était
épouse légitime; mais il était moins décidé encore si le métropolitain de Rome devait
se mêler du lit d'un souverain; ce n'était pas là que se bornaient leurs prétentions. Le
5 pape Jean VIII, dans une sentence qu'il prononça contre Formose, évêque de Porto,
qui fut depuis pape, dit positivement qu'il a élu et ordonné empereur son cher fils,
Charles le Chauve. ¶Je passe beaucoup d'entreprises de cette nature qui rempliraient
des volumes. Il suffit de voir quel était l'esprit de Rome.

[18] Nicolas Ier meurt en décembre 867. Adrien II est pape jusqu'en 872. Voltaire
recopie Fleury, livre 51, année 869, §23.

[19] L'addition de 1753 rompt le fil chronologique: on revient maintenant à
l'année 864, et au passage de Fleury utilisé aux lignes 59-70 (voir ci-dessus, n.17).

[20] D'après Fleury: 'notre cher fils Charles, que nous avons élu et ordonné
empereur' (livre 52, année 876, §31, 'Condamnation de Formose', t.11, p.388).

l'Europe prend part à ces événements. L'empereur Louis II frère de Charles le Chauve,[21] et oncle de Lothaire, se déclare d'abord violemment pour son neveu contre le pape. Cet empereur qui résidait alors en Italie, menace Nicolas Ier; il y a du sang répandu, et l'Italie est en alarmes.[22] On négocie, on cabale de tous côtés. Teutberge va plaider à Rome; Valrade sa rivale entreprend le voyage, et n'ose l'achever.[23] Lothaire excommunié s'y transporte, et va demander pardon à Adrien successeur de Nicolas, dans la crainte où il est que son oncle *le Chauve* armé contre lui au nom de l'Eglise, ne s'empare de son royaume de Lorraine.[24] Adrien II en lui donnant la communion dans Rome, lui fait jurer qu'il n'a point usé des droits du mariage avec Valrade, depuis l'ordre que le pape Nicolas lui avait donné de s'en abstenir. Lothaire fait serment, communie, et meurt quelque temps après. Tous les historiens ne manquent pas de dire qu'il est mort en punition de son parjure, et que les domestiques qui ont juré avec lui, sont morts dans l'année.[25]

85

90

95

---

[21] Louis II, empereur de 855 à 875, date à laquelle lui succède Charles le Chauve.

[22] D'après Fleury, livre 50, année 864, §33, 'Rebellion de Gonthier contre le pape': 'L'empereur Louis sortit de Rome peu de jours après, et pendant son séjour, les gens de sa suite pillèrent et brûlèrent plusieurs maisons, forcèrent des églises, tuèrent des hommes et violèrent des femmes, même des religieuses' (t.11, p.83).

[23] Une comparaison avec le récit de Daniel (année 865) montre la force d'expression que Voltaire tire du simple resserrement narratif de ses sources: 'Pour Valdrade, elle alla jusqu'en Italie; mais redoutant le tribunal du pape, de qui elle ne pouvait attendre que des réprimandes, et une sévère pénitence, elle s'arrêtait partout, et trouvait mille prétextes pour retarder son voyage, espérant toujours de recevoir quelques nouvelles de la cour, qui la tirassent de l'embarras où elle se trouvait' (t.2, p.416).

[24] Même observation chez Daniel, année 868.

[25] Velly aussi rappelle l'interprétation providentialiste des auteurs du Moyen Age: 'Bientôt Lothaire fut lui-même attaqué d'une fièvre, qui le mit au tombeau, et les historiens du temps attribuèrent la mort de tant de personnes à la punition de leur faux serment' (t.22, p.96). Daniel et Fleury (année 869) y voient la main de Dieu. Mézeray (année 868) est plus prudent: 'ce que plusieurs prirent pour une punition divine' (t.1, p.390). Pour les 'domestiques', Fleury parle de 'ceux de sa suite', Daniel de 'ses courtisans', Mézeray de 'seigneurs' et de 'courtisans'. Voltaire est plus près de Fleury. Sur la persistance du providentialisme dans l'histoire de France aux dix-septième et dix-huitième siècles, voir Grosperrin, t.2, p.796-99.

Le droit qu'exercèrent en cette occasion Nicolas Ier et Adrien II
était fondé sur les fausses Décrétales déjà regardées comme un
code universel. [26] Le contrat civil qui unit deux époux, étant devenu
un sacrement, était soumis au jugement de l'Eglise.

Cette aventure est le premier scandale touchant le mariage des
têtes couronnées en Occident. On a vu depuis les rois de France
Robert, Philippe Ier, Philippe-Auguste excommuniés par les papes
pour des causes à peu près semblables, ou même pour des mariages
contractés entre parents très éloignés. [27] Les évêques nationaux
prétendirent longtemps devoir être les juges de ces causes. Les
pontifes de Rome les évoquèrent toujours à eux.

On n'examine point ici si cette nouvelle jurisprudence est utile
ou dangereuse; on n'écrit ni comme jurisconsulte, ni comme
controversiste: mais toutes les provinces chrétiennes ont été
troublées par ces scandales. Les anciens Romains, et les peuples
orientaux furent plus heureux en ce point. Les droits des pères de
famille, le secret de leur lit n'y furent jamais en proie à la curiosité
publique. [28] On ne connaît point chez eux de pareils procès au sujet
d'un mariage ou d'un divorce.

Ce descendant de Charlemagne fut le premier qui alla plaider à
trois cents lieues de chez lui devant un juge étranger, pour savoir
quelle femme il devait aimer. [29] Les peuples furent sur le point
d'être les victimes de ce différend. Louis le Débonnaire avait été le

---

[26] Sur les *fausses Décrétales*, voir ci-dessus, ch.20, lignes 109-28.

[27] Robert II le Pieux (996-1031), Philippe Ier (1060-1108) et Philippe II Auguste (1180-1223) connurent en effet le même sort.

[28] C'est une conviction constante chez Voltaire: voir J. H. Brumfitt, 'Voltaire historian and the royal mistresses', dans *Voltaire, the Enlightenment and the comic mode: essays in honor of Jean Sareil*, éd. M. G. Cutler (New York, Bern, 1990), p.24; et sur l'utilisation des 'scandales' par l'historien, l'art. 'Historiographe' des *QE* (*M*, t.19, p.373).

[29] Ce thème ne manque pas de résonances personnelles chez Voltaire. Voir, par exemple, la version romanesque qu'il en donne, presque dans les mêmes termes, au ch.5 de *L'Ingénu*: voir G. Iotti, 'Le traitement des sources dans les ch.30-37 de l'*Essai sur les mœurs*', dans *Copier/coller. Ecriture et réécriture chez Voltaire*, éd. O. Ferret, G. Goggi et C. Volpilhac-Auger (Pise, 2007), p.52-62.

premier exemple du pouvoir des évêques sur les empereurs.[30] Lothaire de Lorraine fut l'époque du pouvoir des papes sur les évêques. Il résulte de toute l'histoire de ces temps-là, que la société avait peu de règles certaines chez les nations occidentales, que les Etats avaient peu de lois, et que l'Eglise voulait leur en donner.[31]

125

[30] Sur Louis le Débonnaire, voir ci-dessus, ch.23, lignes 140-93.

[31] Voltaire n'est certes pas le seul à faire preuve d'une attitude fort critique à l'égard de cette époque de la dynastie carolingienne. Le thème de la faiblesse des héritiers de Charlemagne qui va causer tant de malheurs à la nation (les incursions des Normands, les revendications croissantes du clergé, l'anarchie politique) est un lieu commun partagé par bon nombre d'historiens français au temps des Lumières tels que Velly, Hénault, Mably, ou encore Montesquieu (livre 31, ch.23). On retiendra néanmoins, chez Voltaire, l'accent mis sur les abus du clergé causés par la crise de l'empire. Quant au regret pour la perte de la couronne impériale, aboutissement de la faiblesse des rois français, on peut considérer 'que les prétentions de la couronne de France à l'empire sont à cette époque tombées en désuétude' (Grosperrin, t.1, p.314).

CHAPITRE 31

De Photius, et du schisme entre l'Orient et l'Occident.

La plus grande affaire que l'Eglise eût alors, et qui en est encore une

a-198   [*Première rédaction de ce chapitre*: MSP]
a   MSP: Chapitre 17
    53-54N: [*pas de rupture*]
    W56-W57G: Chapitre 21
    61: Chapitre 27
b   MSP: *De Photius et des papes.*

* Comme l'a déjà indiqué H. Duranton ('Voltaire et l'abbé Fleury: une lecture conflictuelle', dans *Voltaire et ses combats*, éd. U. Kölving et Ch. Mervaud, Oxford, 1997, t.2, p.1365), la source principale de Voltaire pour le ch.31 semble bien être l'*Histoire ecclésiastique* de Fleury, livres 50-54, années 858-925. Mais Voltaire ne s'enferme pas dans sa source principale. Il prend en considération un autre texte qui présente des données nouvelles et qui part d'un point de vue en partie différent: l'ouvrage de l'historien huguenot Bruys, *Histoire des papes*, d'ailleurs explicitement cité au ch.183. Pour la partie qui traite du schisme, Bruys, dans son t.2, reprend d'une façon massive et parfois assez plate le texte de Fleury. Mais il y ajoute des détails, des éléments nouveaux que Voltaire utilise afin d'agrémenter ou même de rectifier en un certain sens le récit de Fleury. Sur la lecture de Bruys par Voltaire, voir G. Goggi, 'Voltaire et l'*Histoire des papes* de F. Bruys', dans *Copier/coller. Ecriture et réécriture chez Voltaire*, éd. O. Ferret, G. Goggi et C. Volpilhac-Auger (Pise, 2007), p.31-51. Voltaire a également consulté d'autres ouvrages, sans paraître leur accorder une grande considération, comme, par exemple, l'*Histoire du schisme des Grecs* de L. Maimbourg (Paris, 1682, BV2265), dont l'objet correspond pourtant parfaitement à celui de ce chapitre. Comme dans les chapitres proches, l'aspect thématique et stylistique fondamental du texte est axé sur le réseau sémantique du mot 'révolutions', entendu ici au sens de 'vicissitudes de la fortune'. Un thème d'ailleurs particulièrement bien illustré par le cas de Photius mais qui, de façon plus générale, régit toute une série d'actions de changement, de renversement, d'opposition et de contradiction, de résultats opposés aux intentions des protagonistes, qui imprègnent l'ensemble du récit. Au-delà des changements rapides auxquels est soumis Photius, qui a eu 'dans sa vie plus de revers que de gloire' (ligne 147), on peut souligner en ce sens l'opposition qui s'établit entre l'excommunication de Photius par le pape Nicolas Ier et celle de Nicolas Ier par Photius (lignes 15-20); le côté paradoxal du geste du tyran Basile qui, en chassant Photius, fit 'une chose juste par vengeance'

très importante aujourd'hui, fut l'origine de la séparation totale des Grecs et des Latins. La chaire patriarcale de Constantinople étant, ainsi que le trône, l'objet de l'ambition, était sujette aux mêmes révolutions. L'empereur Michel III mécontent du patriarche $\quad$ 5 Ignace, l'obligea à signer lui-même sa déposition, et mit à sa place Photius, eunuque du palais, homme d'une grande qualité, d'un vaste génie, et d'une science universelle.[1] Il était grand écuyer et ministre d'Etat. Les évêques, pour l'ordonner patriarche, le firent passer en six jours les degrés. Le premier jour on le fit moine, $\quad$ 10

5 MSP: L'empereur Michel mécontent
  53-54N: L'empereur mécontent
6 MSP: l'obligea de signer
7 MSP: [*manchette*] *858.*
  MSP: homme de grande
10 MSP-W75G: jours par tous les degrés

(lignes 50-51); le concile de Constantinople, où Photius 'fut reconnu innocent par quatre cents évêques, dont trois cents l'avaient auparavant condamné' (lignes 68-70); l'exclamation: 'Combien tout change chez les hommes! Combien ce qui était faux devient vrai selon le temps!' (lignes 73-74); la constatation que 'Le temps a tout changé' (lignes 142-43); enfin, 'l'ignorance, qui au moins produisit ce bien [la paix théologique] parmi les maux infinis dont elle était la cause' (lignes 197-98). Quant à l'évolution du texte, on peut aisément y distinguer deux états fondamentaux: le fond ancien tel qu'il figure comme continuation du ch.30 de notre texte de base, et les ajouts considérables faits après 1753. La plupart de ceux-ci apparaissent déjà en 1756; un seul, celui relatif à Godescalc, n'intervient qu'en 1761. Notons encore que les passages qui reprennent Bruys ont été introduits après 1753 et sont déjà présents dans l'édition de 1756.

[1] Michel III 'l'Ivrogne', empereur de 842 à 867. Il n'a que trois ans à son avènement et règne sous la tutelle de sa mère, Théodora. En 858, il révoque Ignace qui a refusé de tonsurer Théodora, obligée par Michel à se retirer dans un monastère. A propos de Photius, Voltaire résume Fleury (livre 50, année 858, §3); voir également *CN*, t.3, p.514 et notes. Il a peut-être consulté aussi L.-E. Dupin, *Histoire des controverses et des matières ecclésiastiques traitées dans le neuvième siècle* (Paris, 1694, éd. consultée; Paris, 1724, BV1165), ch.9, et L. Cousin, *Histoire de Constantinople* (Paris, 1671-1674, BV891), t.3, mais aucune trace n'en apparaît ici. Photius est patriarche de Constantinople de 858 à 867, puis de 877 à 886.

parce que les moines étaient regardés dans l'Eglise grecque comme faisant partie de la hiérarchie. Le second jour il fut lecteur, le troisième sous-diacre, puis diacre, prêtre, et enfin patriarche, le jour de Noël en 858.

15   Le pape Nicolas prit le parti d'Ignace, et excommunia Photius.[2] Il lui reprochait surtout d'avoir passé de l'état de laïque à celui d'évêque avec tant de rapidité;[3] mais Photius répondait avec raison que saint Ambroise, gouverneur de Milan, et à peine chrétien, avait joint la dignité d'évêque à celle de gouverneur plus rapidement

20 encore. Photius excommunia donc le pape à son tour, et le déclara déposé.[4] Il prit le titre de patriarche œcuménique, et accusa hautement d'hérésie les évêques d'Occident de la communion du pape. Le plus grand reproche qu'il leur faisait, roulait sur la procession du Père et du Fils.[5] *Des hommes*, dit-il dans une de

Mépris des Grecs pour l'Eglise latine.

11   MSP: regardés en Orient comme
      53-W75G: étaient alors regardés comme
14   MSP: 858. VL'année alors commençait à Noël et en France à Pâques.
16   W56-W57G: l'état laïc
23-39   MSP: sur cette procession du père et du fils dont j'ai déjà parlé. Les
24-39   53-54N: Fils. ¶Les

[2] D'après Fleury, livre 50, année 863, §26.

[3] Les lettres de Nicolas Ier concernant Photius datent de 860 et de 862 (voir *Patrologia latina*, éd. J.-P. Migne, Paris, 1844-1864, t.119, p.774-75, 785-90). Voltaire suit Fleury, livre 50, année 861, §11. Il est évident que la promotion rapide de Photius, toute politique et liée à un véritable coup d'Etat, ne peut que déplaire au pape.

[4] La lettre de Photius au pape est de 861 (voir *Patrologia graeca*, éd. J.-P. Migne, Paris, 1857-1866, t.102, livre 1, lettre 2, surtout p.607-10). Voltaire suit Fleury, année 861, livre 50, §15. Notons que sur ce point Fleury est repris par Bruys, année 861, t.2, p.47-48 (voir BV563 et, pour l'attention de Voltaire à ces pages, *CN*, t.1, p.550). Pour l'excommunication lancée par Photius contre Nicolas Ier, voir encore Fleury, t.11, année 866, livre 50, §55.

[5] Le Credo (ou symbole) de Nicée disait que le Saint-Esprit *procedit ex Patre* (procède du Père). En y ajoutant *Filioque* (et du Fils), ce que rejette l'Eglise grecque, Rome suscite un point doctrinal majeur d'affrontement entre les deux Eglises. La version manuscrite (var. lignes 23-39) renvoie au ch.20, lignes 83-107. Voltaire reprend ce sujet encore une fois dans l'art. 'Histoire du christianisme' du *DP* (*OCV*, t.35, p.582-85 et n.140).

ses lettres, *sortis des ténèbres de l'Occident, ont tout corrompu par leur* 25
ignorance. Le comble de leur impiété est d'ajouter de nouvelles paroles
au sacré symbole autorisé par tous les conciles, en disant que le Saint-
Esprit ne procède pas du Père seulement, mais encore du Fils, ce qui est
renoncer au christianisme. [6]

On voit par ce passage et par beaucoup d'autres, quelle supé- 30
riorité les Grecs affectaient en tout sur les Latins. Ils prétendaient
que l'Eglise romaine devait tout à la grecque, jusqu'aux noms des
usages, des cérémonies, des mystères, des dignités. *Baptême,*
eucharistie, liturgie, diocèse, paroisse, évêque, prêtre, diacre, moine,
église, tout est grec. Ils regardaient les Latins comme des disciples 35
ignorants, révoltés contre leurs maîtres, dont ils ne savaient pas
même la langue. Ils nous accusaient d'ignorer le catéchisme, enfin
de n'être pas chrétiens.

Les autres sujets d'anathème étaient, que les Latins se servaient
alors communément de pain non levé pour l'eucharistie, man- 40
geaient des œufs et du fromage en carême, [7] et que leurs prêtres ne

36-39   w56-w57G: maîtres. ¶Les
39-40   MSP, 53-w57G: se servaient de
39-52   MSP, 53: [MSP: se servaient de pain non levé pour l'eucharistie,
mangeaient des œufs en carême et que leurs prêtres se faisaient raser la barbe.
Etrange raison pour diviser l'occident et l'orient! ¶La querelle s'échauffa et comme
on peut bien croire, la politique mit tout en œuvre des deux côtés.] L'empereur
Basile, assassin de Michel, son bienfaiteur, et des protecteurs de Photius, déposa ce 5
patriarche dans le temps qu'il jouissait de sa victoire. Rome
41   MSP, 53-54N: œufs en
41-42   MSP, 53: prêtres se faisaient raser

[6] Voltaire reprend le texte de la lettre de Photius qui date de 866/867 (voir
Patrologia graeca, t.102, livre 1, lettre 13, p.723, §4; p.726-31, §8-23), d'après la
citation qu'en fait Fleury (livre 50, année 866, §56), chez qui on trouve: 'des hommes
sortis des ténèbres de l'Occident le comble de l'impiété, c'est qu'ils ont osé ajouter
des paroles nouvelles au [...] Père seul, mais [...] du fils' (passage repris par Bruys,
année 866, t.2, p.89). Voltaire élimine plusieurs considérations formelles, voire
matérielles, sur les modalités du jeûne ou du carême, ne retenant que l'aspect
théologique (voir cependant ci-dessous, n.22).

[7] Sur les autres sujets d'anathème et de querelle entre les Grecs et les Romains, voir

se faisaient point raser la barbe. Etranges raisons pour brouiller l'Occident avec l'Orient!

45 Mais quiconque est juste avouera que Photius était non seulement le plus savant homme de l'Eglise, mais un grand évêque. Il se conduisit comme saint Ambroise, quand Basile assassin de l'empereur Michel se présenta dans l'église de Sophie: *Vous êtes* 867. *indigne d'approcher des saints mystères*, lui dit-il à haute voix, *vous qui avez les mains encore souillées du sang de votre bienfaiteur.* [8] Photius

50 ne trouva pas un Théodose dans Basile. Ce tyran fit une chose juste

42-43   MSP: pour diviser l'Occident
43   W56: l'Orient
43-52   53-54N: l'orient! ¶L'empereur Basile, assassin de Michel, son bienfaiteur, et des protecteurs de Photius, déposa ce patriarche dans le temps qu'il jouissait de sa victoire. Rome

---

la lettre encyclique de Photius déjà mentionnée, celle du pape Nicolas (Fleury, livre 51, année 867, §6); Bruys (année 867, t.2, p.97-99), ainsi que l'analyse de plusieurs traités contre les Grecs (Fleury, livre 51, année 868, §14). Voltaire a lu aussi le résumé de ces controverses chez Dupin, ch.10 (signet, *CN*, t.3, p.319). En ce qui concerne la dernière phrase, ce sont en effet les prêtres latins qui se faisaient raser la barbe, comme le confirme Dupin: 'La quatrième objection des Grecs est de très peu de conséquence [...] Ils se plaignaient de ce que les prêtres rasaient leur barbe [...] cela n'est de nulle conséquence, et dépend entièrement de l'usage' (p.372); voir aussi Fleury, livre 51, année 867, §6. L'erreur, introduite en 1756, n'a jamais été rectifiée.

[8] Cet avis favorable sur Photius est partagé par Dupin (p.272) et par Fleury, voir ci-dessus, n.1. Saint Ambroise avait interdit à Théodose l'entrée de l'église de Milan après le massacre de Thessalonique en 390 (voir ci-dessus, ch.23, lignes 169-78). Les historiens catholiques ou romains brossaient un portrait de Photius beaucoup moins favorable, racontant tout autrement son affrontement avec Basile ou dépréciant sa fermeté: Maimbourg, dont le jugement sur Photius était tout à fait négatif, dénonçait le rapprochement avec saint Ambroise (t.1, livre 1, année 867), comme l'avait déjà fait C. Baronius, *Abrégé des annales ecclésiastiques* (Paris, 1673), t.3, livre 10, année 867. L'épisode concernant Basile était relaté par les chroniques byzantines: voir Léon le Grammairien, dans Cousin, t.3, v. 'La vie de l'empereur Basile' (§4, p.569). Il est ignoré de Fleury, mais rapporté par Bruys (année 867, t.2, p.99), dont Voltaire transpose le texte en style direct, ce qui disqualifie la critique de C. F. Nonnotte, *Les Erreurs de Voltaire* (Avignon, 1762; Lyon, 1770; Amsterdam [Paris], 1766, BV2579), 1re partie, t.1, ch.13, p.136-37, selon laquelle il aurait inventé cette citation.

par vengeance. Il rétablit Ignace dans le siège patriarcal, et chassa
869. Photius. [9] Rome profita de cette conjoncture pour faire assembler à
Constantinople le huitième concile œcuménique, composé de trois
cents évêques. [10] Les légats du pape présidèrent, mais ils ne savaient
pas le grec, et parmi les autres évêques très peu savaient le latin.   55
Photius y fut universellement condamné comme intrus, et soumis à
la pénitence publique. On signa pour les cinq patriarches avant de
signer pour le pape; ce qui est fort extraordinaire: car puisque les
légats eurent la première place, ils devaient signer les premiers. [11]
Mais en tout cela les questions qui partageaient l'Orient et   60
l'Occident, ne furent point agitées; on ne voulait que déposer
Photius.

Quelque temps après, le vrai patriarche, Ignace, étant mort,
Photius eut l'adresse de se faire rétablir par l'empereur Basile. Le

53   MSP: [*manchette*] *Huitième concile en 869 qui dépose Photius.*

MSP: Constantinople en 869, le

54-55   MSP, 53: évêques. Il est à remarquer que les légats du pape [MSP:
VAdrien II] qui présidaient ne savaient pas un mot de grec et que parmi

56   MSP: et fut soumis

57   MSP: publique et condamna dans ce concile les monotélites [12] et les
iconoclastes. On statua que les évêques d'Orient n'iraient plus au-devant des
gouverneurs de province selon la coutume, et qu'ils ne se prosterneraient plus
devant eux. Car ils rendaient cet hommage à ceux qui représentaient le souverain,
loin de se croire souverains eux-mêmes. On y dit que l'Eglise chrétienne est fondée   5
sur les cinq patriarches de Rome, de Constantinople, de Jérusalem, d'Antioche et
d'Alexandrie. On signa pour les cinq patriarches ensemble, avant

58   MSP: [*manchette*] *Les patriarches y signent avant les légats du pape.*

58-60   MSP, 53-54N: pape. Mais

63   MSP: l'ancien patriarche

[9] Basile Ier 'le Macédonien' accède au trône en 867 après avoir successivement
éliminé le césar Bardas et l'empereur Michel III dit l'Ivrogne. Il meurt en 886. Il
chassa Photius le lendemain de son avènement, selon Fleury (livre 51, année 867, §2).

[10] D'après Fleury, livre 51, année 869-870, §27-47.

[11] Fleury évoque cet ordre des signatures, mais sans y voir les implications
suggérées par Voltaire (année 870, §46).

[12] Le monothélisme, ou monophysisme, ne reconnaît qu'une seule nature en
Jésus-Christ: la nature divine (voir ci-dessus, ch.14, lignes 30-38).

446

65 pape Jean VIII le reçut à sa communion, le reconnut, lui écrivit; et malgré ce huitième concile œcuménique, qui avait anathématisé ce patriarche, le pape envoya ses légats à un autre concile à Constantinople, dans lequel Photius fut reconnu innocent par *879.* quatre cents évêques, dont trois cents l'avaient auparavant con-
70 damné.[13] Les légats de ce même siège de Rome, qui l'avaient anathématisé, servirent eux-mêmes à casser le huitième concile œcuménique.

Combien tout change chez les hommes! combien ce qui était faux, devient vrai selon les temps! Les légats de Jean VIII s'écrient
75 en plein concile; *Si quelqu'un ne reconnaît pas Photius, que son* *Variations* *partage soit avec Judas.* Le concile s'écrie, *Longues années au* *remarquables.* *patriarche Photius, et au patriarche de Rome Jean.*

Enfin à la suite des actes du concile on voit une lettre du pape à ce savant patriarche, dans laquelle il lui dit; *Nous pensons comme vous;*
80 *nous tenons pour transgresseurs de la parole de Dieu, nous rangeons* *avec Judas, ceux qui ont ajouté au symbole, que le Saint-Esprit* *procède du Père et du Fils; mais nous croyons qu'il faut user de douceur* *avec eux, et les exhorter à renoncer à ce blasphème.*[14]

66-67   MSP: anathématisé le patriarche
67   MSP: [*manchette*] *Concile qui rétablit Photius 879*
67-68   MSP: concile de Constantinople en 879, dans lequel Photius fut declaré innocent
68-69   MSP: par près de quatre cents
69-71   MSP: trois cents l'ayant auparavant condamné servirent
71   MSP: casser leur huitième
72-97   MSP, 53-54N: œcuménique. ¶On a [53: beaucoup] blâmé [MSP: beaucoup] cette condescendance du pape Jean VII [MSP, 53: VIII], mais on

[13] Voltaire suit toujours Fleury, livre 53, année 878, §2, 3, pour la mort d'Ignace et le rétablissement de Photius; livre 53, année 879, §7, pour la lettre de Jean VIII; livre 53, année 879-880, §12-23, pour le quatrième concile de Constantinople dit 'faux huitième', réuni d'octobre 869 à février 870, et dont Fleury dit être le premier à en publier la relation d'après les actes mêmes, inédits; et livre 53, année 879, §12, pour les 383 évêques, alors que Bruys parle de 380 (t.2, p.171). Après le schisme, le concile de Constantinople n'est plus reconnu par l'Eglise catholique.
[14] Les citations concernant les exclamations des légats, sans être exactes, sont

Il est donc clair que l'Eglise romaine et la grecque pensaient alors différemment de ce qu'on pense aujourd'hui.[15] L'Eglise romaine adopta depuis la procession du Père et du Fils; et il arriva même qu'en 1274 l'empereur des Grecs, Michel Paléologue, implorant contre les Turcs une nouvelle croisade, envoya au second concile de Lyon, son patriarche et son chancelier, qui chantèrent avec le concile en latin, *qui ex patre filioque procedit*. Mais l'Eglise grecque retourna encore à son opinion, et sembla la quitter encore dans la réunion passagère qui se fit avec Eugène IV.[16] Que les hommes apprennent de là à se tolérer les uns les autres. Voilà des variations et des disputes sur un point fondamental, qui n'ont ni excité de troubles, ni rempli les prisons, ni allumé les bûchers.

On a blâmé les déférences du pape Jean VIII pour le patriarche

Tolérance nécessaire.

85

90

95

85-86   w56-w57G: aujourd'hui. Il arriva depuis que Rome adopta la

fidèles au texte de Fleury (livre 53, §24) et de Bruys (année 879), où la lettre de Jean VIII est également reproduite. C'est à Bruys que Voltaire emprunte, en les modifiant, les remarques sur la lettre du pape: 'Quelle prodigieuse variation! Selon ce pontife, tous les fidèles d'aujourd'hui sont des corrupteurs de la morale de Jésus-Christ, des blasphémateurs, etc. De quoi l'homme n'est-il pas capable?' (t.2, p.172). Notons que le huguenot Bruys retournait le reproche de 'variation' contre Bossuet qui l'avait attribuée aux protestants dans son *Histoire des variations des Eglises protestantes* (1688). Voltaire emprunte plusieurs expressions identiques ou similaires de la lettre du pape ('nous les rangeons avec Judas', 'user de douceur').

[15] Voltaire se plaît toujours à souligner le caractère relatif et mouvant des dogmes et usages de l'Eglise, ce qui l'amène ici (lignes 92-95) à plaider en faveur de la tolérance. Voir aussi ci-dessus, ch.21, lignes 32-43.

[16] D'après Fleury, livre 86, §41. Voir aussi Bruys, t.3, p.257, année 1274. Le deuxième concile de Lyon se réunit de mai à juillet 1274. Michel VIII Paléologue est empereur de 1261 à 1282; c'est dans le cadre de sa rivalité avec Charles Ier d'Anjou pour le royaume latin de Jérusalem qu'il se ménage le soutien du pape en envoyant des délégués au concile de Lyon. Voltaire va revenir sur la question de l'addition du *Filioque* (voir l'*EM*, ch.86, 'Sur le concile de Bâle'; Pomeau, t.1, p.792-95). En 1439, Eugène IV, pape de 1431 à 1447, refait temporairement l'union avec l'Eglise grecque.

Photius;[17] on n'a pas assez songé que ce pontife avait alors besoin de l'empereur Basile. Un roi de Bulgarie, nommé Bogoris, gagné par l'habileté de sa femme qui était chrétienne,[18] s'était converti, à l'exemple de Clovis et du roi Egbert. Il s'agissait de savoir de quel patriarcat cette nouvelle province chrétienne dépendrait.[19] Constantinople et Rome se la disputaient. La décision dépendait de l'empereur Basile. Voilà en partie le sujet des complaisances qu'eut l'évêque de Rome pour celui de Constantinople.

Il ne faut pas oublier que dans ce concile, ainsi que dans le précédent, il y eut des *cardinaux*. On nommait ainsi des prêtres et des diacres qui servaient de conseils aux métropolitains. Il y en

100

105

98   MSP: Basile et que les hommes qui gouvernent soumettent toujours les affaires de l'Eglise à celles de l'Etat. Un roi barbare de

100   MSP: Egbert, gagnés tous deux au christianisme par leurs femmes. Il

101   MSP: province ecclésiastique ressortirait.

103   MSP: Basile, parce que la Bulgarie comprenait l'Epire, la Thessalie et la Dardanie, réputées provinces d'Orient comme elles le sont encore. Voilà

103-105   MSP: complaisances que l'évêque de Rome eut inutilement pour celui de Constantinople. Les Pères du concile souhaitèrent à la première session longues années au patriarche Photius et au patriarche Jean, nommant ainsi le métropolitain grec avant le latin, sans que les légats s'en offensassent. ¶Il

105   MSP: [*manchette*] *Cardinaux*.

106   MSP: précédent, qu'on appelle le huitième concile œcumenique, il

[17] Maimbourg (t.1, livre 2, années 877, 879) et Fleury (livre 53, année 879, §7) soulignent ce qu'une pareille reconnaissance avait d'exceptionnel. Selon eux, Jean VIII y fut plus poussé par le désir d'obtenir l'aide de Constantinople contre les Sarrasins que par celui de rallier les Bulgares à sa confession (voir ci-dessous, n.19).

[18] Boris Ier ou *Bogoris*, roi des Bulgares de 852 à 889, est baptisé en 865. Selon Fleury, il s'agissait de sa sœur et non de sa femme (livre 50, année 866, §49). Voltaire va revenir sur cette conversion dans l'art. 'Bulgares ou Boulgares' des *QE*, 3e partie (*M*, t.18, p.39), où est citée l'*Histoire romaine* de L. Echard (voir *CN*, t.3, p.356-57, p.692, n.379). En ce qui concerne 'Clovis' et le 'roi Egbert', mentionnés à la ligne suivante, voir ci-dessus, ch.11, lignes 104-20, et ch.26, ligne 10.

[19] A la fin du concile de Constantinople de 869-870, selon Fleury (livre 51, année 870, ch.48). Voir aussi Bruys, t.2, p.122-24, année 870.

avait à Rome comme dans d'autres Eglises. Ils étaient déjà distingués mais ils signaient après les évêques et les abbés. [20]

Le pape donna par ses lettres et par ses légats le titre de *votre* [110] *sainteté* au patriarche Photius. Les autres patriarches sont aussi appelés *papes* dans ce concile. C'est un nom grec, commun à tous les prêtres, et qui peu à peu est devenu le titre distinctif du métropolitain de Rome. [21]

L'Eglise de   Il paraît que Jean VIII se conduisait avec prudence; car ses [115]
Constantinople   successeurs s'étant brouillés avec l'empire grec, et ayant adopté le
dispute la   huitième concile œcuménique de 869 et rejeté l'autre qui absolvait
supériorité à   Photius, la paix établie par Jean VIII fut alors rompue. Photius
celle de Rome.   éclata contre l'Eglise romaine, la traita d'hérétique au sujet de cet article du *filioque procedit*, des œufs en carême, de l'eucharistie faite [120] avec du pain sans levain, et de plusieurs autres usages. [22] Mais le

109-10   MSP: abbés, et le cardinal Pierre, légat du pape à ce dernier concile, ne signa qu'après les deux évêques légats. Le

114-15   MSP, 53-54N: Rome. ¶On eut encore l'adresse de ne point parler dans ce concile des points qui divisaient les Eglises d'Orient et d'Occident. Le pape écrivit au patriarche qu'il était convenable de suspendre la grande querelle fondée sur [53: querelle sur] le *qui ex patre filioque procedit*; et qu'à Rome l'usage immémorial étant de chanter dans le symbole *qui ex patre procedit*, il fallait s'en tenir à cet usage,   5 sans blâmer ceux qui ajoutaient *ex Filioque procedit* ¶Il

116   MSP, 53-54N: ayant alors adopté

117-18   MSP: qui admettait Photius

[20] Fleury fait état de la présence de prêtres cardinaux dans les conciles de l'époque (livre 51, année 868, §19). Voltaire se plaît à revenir sur l'origine des institutions de l'Eglise (voir, par exemple, ci-dessus, ch.8, 21). Sur ce point, voir R. Simon, *Histoire de l'origine et du progrès des revenus ecclésiastiques* (Francfort, 1684, BV3174), p.216-20, et P. Sarpi, *Traité des bénéfices* (Amsterdam, 1699, BV3093), ch.12, dont les conclusions sont reprises et résumées par Bruys (année 1054, t.2, p.378-81). Voir aussi le *Saint-Fargeau notebook* (*OCV*, t.81, p.160).

[21] Pour les remarques sur l'emploi du terme 'pape', Voltaire est très proche de Sarpi (ch.18): voir ci-dessus, ch.10, lignes 195-96.

[22] Marin Ier (882-884, appelé aussi Martin II) et Adrien III (884-885) se conforment ainsi aux 'règles de l'Eglise', selon Fleury, qui se référant à la 'lettre de Photius contre les Latins', datée de 883/884 (voir *Patrologia graeca*, t.102, livre 1, lettre 24, p.793-822), parle seulement de la procession du Saint-Esprit et n'évoque

grand point de la division était la primatie. Photius et ses successeurs voulaient être les premiers évêques du christianisme, et ne pouvaient souffrir que l'évêque de Rome, d'une ville qu'ils
125 regardaient alors comme barbare, séparée de l'empire par sa rébellion, et en proie à qui voudrait s'en emparer, jouît de la préséance sur l'évêque de la ville impériale. Le patriarche de Constantinople avait alors dans son district toutes les églises de la Sicile et de la Pouille; et le siège romain, en passant sous une
130 domination étrangère, avait perdu à la fois dans ces provinces son patrimoine et ses droits de métropolitain.[23]

L'Eglise grecque méprisait l'Eglise romaine. Les sciences florissaient à Constantinople, mais à Rome tout tombait jusqu'à la langue latine; et quoiqu'on y fût plus instruit que dans tout le
135 reste de l'Occident, ce peu de science se ressentait de ces temps malheureux. Les Grecs se vengeaient bien de la supériorité que les Romains avaient eue sur eux depuis le temps de Lucrèce et de Cicéron jusqu'à Corneille Tacite.[24] Ils ne parlaient des Romains qu'avec ironie. L'évêque Luitprand, envoyé depuis en ambassade à

123 MSP: premiers ministres du
126-47 MSP, 53-54N: emparer, disputât [MSP: disputa] la préséance à l'évêque de la ville impériale. Le temps a décidé la supériorité de Rome et l'humiliation de Constantinople. ¶Photius
129 W56-W75G: le saint siège

---

que sommairement le reste (livre 53, §45). Voltaire semble ici utiliser ce qu'il avait précédemment omis d'attribuer à Photius (voir ci-dessus, n.6).

[23] La source de ces précisions, ajoutées en 1756, n'a pas été identifiée. Le pape Jean VIII, chassé de Rome en 878 par Lambert, marquis et duc de Spolète, et par Adalbert, marquis de Toscane, se réfugie en France pendant de longs mois. Il quémande successivement l'appui du roi de France Louis II le Bègue et de l'empereur Charles le Gros, qu'il couronne, respectivement, en 878 et en 881. Pendant cette période, grâce à l'alliance avec des seigneurs italiens, les Sarrasins occupent le Sud de l'Italie et les environs même de Rome. Le pape ne parvient à soulager sa position de détresse qu'en obtenant l'aide de Basile, l'empereur byzantin.

[24] Soit jusqu'au début du deuxième siècle de notre ère.

Constantinople par les Othons, rapporte que les Grecs n'appelaient 140
saint Grégoire le Grand, que Grégoire Dialogue, parce qu'en effet
ses dialogues sont d'un homme trop simple.[25] Le temps a tout
changé. Les papes sont devenus de grands souverains, Rome le
centre de la politesse et des arts, l'Eglise latine savante; et le
patriarche de Constantinople n'est plus qu'un esclave, évêque d'un 145
peuple esclave.[26]

Photius, qui eut dans sa vie plus de revers que de gloire, fut
déposé par des intrigues de cour, et mourut malheureux;[27] mais ses
successeurs, attachés à ses prétentions, les soutinrent avec vigueur.

882.   Le pape Jean VIII mourut encore plus malheureusement. Les 150

147   MSG: revers encore que
148   MSP: cour et enfin le plus savant homme de l'univers mourut un des plus
malheureux
149-55   53-54N: vigueur. ¶Le
       MSP: vigueur, de sorte qu'encore aujoud'hui les chrétiens d'orient
regardent le concile qui rétablit Photius comme œcuménique, et celui qui l'avait
déposé comme un conciliabule. L'occident au contraire met le concile de déposition
au rang des œcuméniques et celui qui fut favorable à Photius parmi les assemblées 5
d'hérétiques. ¶Le

[25] Le surnom de 'Dialogue' attribué au pape Grégoire le Grand est attesté par
Fleury (livre 35, année 593, §35) et Bruys (année 593, t.1, p.362-63). Mais ils ne lui
donnent pas de valeur péjorative (ou négative), comme Voltaire, ni ne citent
Liutprand ou Liudprand (Voltaire adopte la graphie courante à son époque et qui est
celle aussi de Fleury). Fleury tente de défendre Grégoire contre cette accusation;
voir le *Saint-Fargeau notebook* (p.117, 147). De Luitprand de Crémone (*c*.920-972),
noble lombard et évêque de Pavie (961), qui accomplit sa mission à Constantinople
en 968, voir *Relatio de legatione Constantinopolitana*, dans L. A. Muratori, *Rerum
Italicarum Scriptores* (Milan, 1723), t.2, 1ʳᵉ partie, p.482, §E, relation que Voltaire a
lue en latin (*Saint-Fargeau notebook*, p.127, 153).

[26] Allusion au sort des Grecs orthodoxes de Constantinople, soumis depuis 1453
aux sultans ottomans.

[27] Selon Fleury, Photius disparut après 891, 'ce qui fait croire qu'il ne survécut pas
longtemps' (livre 54, année 889, §14). En fait, c'est en 886 que Photius fut accusé de
trahison, déposé encore une fois et banni. On ignore dans quel monastère il se retira.
Il mourut, semble-t-il, le 6 février 897.

annales de Fulde disent qu'il fut assassiné à coups de marteau. [28] Les temps suivants nous feront voir le siège pontifical souvent ensanglanté, et Rome toujours un grand objet pour les nations, mais toujours à plaindre.

155 Le dogme ne troubla point encore l'Eglise d'Occident; à peine a-t-on conservé la mémoire d'une petite dispute excitée en 846 par un bénédictin nommé Jean Godescald sur la prédestination et sur la grâce: l'événement fit voir combien il est dangereux de traiter ces matières, et surtout de disputer contre un adversaire puissant. [29] Ce
160 moine prenant à la lettre plusieurs expressions de saint Paul et de saint Augustin, enseignait la prédestination absolue et éternelle du petit nombre des élus et du grand nombre des réprouvés. [30] L'archevêque de Rheims, Hincmar, homme violent dans les affaires ecclésiastiques comme dans les civiles, lui dit, *qu'il était*
165 *prédestiné à être condamné et à être fouetté.* En effet il le fit anathématiser dans un petit concile en 850. On l'exposa tout nu

Moine fouetté pour la grâce efficace.

---

155 MSP: [*manchette*] *Convulsionnaires à Dijon, en 844.*
    MSP: trouble
156 w68: 814
156-78 MSP, 53-w57G: en 849 [53-w56: 814; 54, w57G: 848] par un nommé [53-w57G: Jean] Godescal sur la prédestination et [53-w57G: sur] la grâce et je ne ferais nulle mention d'une maladie [53, w56: folie] épidémique

---

[28] Nouvelle rupture chronologique avec cette addition de 1756 (voir ci-dessus, lignes 115-18). Voltaire n'a sans doute pas consulté directement les *Annales de Fulda*. Il reprend le texte de Bruys (année 882): 'Le pape Jean VIII mourut lui-même cette année 882 le 15 décembre. [...] Les Annales de Fulde disent qu'il fut empoisonné, et que ceux qui lui avaient donné le breuvage, voyant que le poison n'opérait pas assez promptement à leur gré, lui cassèrent la tête d'un coup de marteau' (t.2, p.175; voir l'illustration, p.455). Sur cet emprunt, voir Goggi, p.39, 51.
[29] Gottschalk (ou Godescalc) d'Orbais, dit parfois Fulgence (807?-867?): voir Fleury, livre 48, année 848, §41; année 850, ch.49. Les formes *Godescal* et *Godescald* semblent propres à Voltaire, qui francise le nom.
[30] C'est exactement la lecture que Calvin fera plus tard de saint Augustin: voir ci-dessous, lignes 169-77 et n.34, 35, les allusions de Voltaire aux conséquences encore plus récentes de cette querelle.

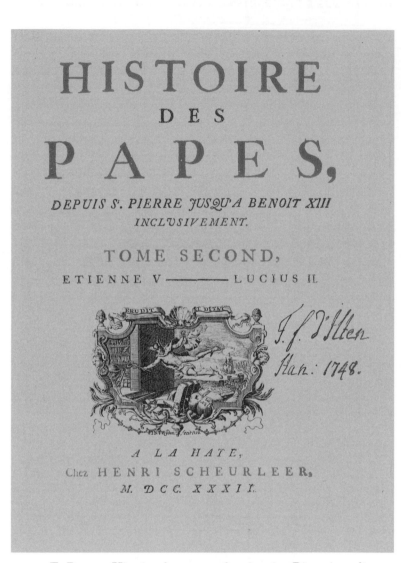

HISTOIRE
DES
PAPES,

DEPUIS S^t. PIERRE JUSQU'A BENOIT XIII
INCLUSIVEMENT.

TOME SECOND,
ETIENNE V ——— LUCIUS II.

A LA HAYE,
Chez HENRI SCHEURLEER,
M. DCC. XXXII.

5. F. Bruys, *Histoire des papes, depuis saint Pierre jusqu'à
Benoît XIII inclusivement* (La Haye, 1732-1734),
t.2, page de titre.

Le Siege de Geneve étant venu à vacquer, l'Empereur Charles fit élire; pour le remplir, un Clerc nommé Optandus; mais Otram, Archevêque de Vienne, qui reconnoiffoit Boson pour son Roi, refufa de facrer Optandus, comme n'aiant été, ni ordonné, ni baptizé, dans cette Eglife, & y ordonna un autre Evêque. Cependant, le Pape, pour ne pas laiffer cette Eglife vacante, & à la priere de l'Empereur, confacra lui-même Optandus, & ordonna au Clergé & au Peuple de Geneve de le recevoir; declarant neanmoins, que par cette confecration extraordinaire, il n'entendoit point préjudicier aux Droits du Metropolitain. Il écrivit enfuite à Otram, lui reprochant de favorifer le parti de Boson, qu'il traite de Tyran & d'Ufurpateur; & lui ordonnant, fous peine de Depofition, de venir à Rome fe juftifier. Mais l'Archevêque, bien loin d'obéïr, fit prendre Optandus & le mit dans une étroite Prifon. Le Pape, l'aiant appris, lui ordonna de le delivrer dans huit jours, & de venir à Rome fe défendre au Concile qui fe devoit tenir le 24. de Septembre 882. Le Pape cita à ce même Concile Adalbert, Evêque de Maurienne, avec Bernaire, Evêque de Grenoble, qu'Adalbert avoit enlevé à main armée de fon Eglife, où il celebroit Matines, & l'avoit traité indignement.

Mais, il paroit que l'Archevêque de Ravenne s'étoit reconcilié avec le St. Siege, puifque le Pape ne parle point de fon excommunication en lui écrivant le 28. d'Août de cette année 882. en faveur de deux Diacres. Dans les trois Lettres fuivantes, qui font de la même datte, il fe plaint de Maimbert Clerc de l'Eglife de Bologne, comme de l'Auteur de la Divifion entre Romain Archevêque de Ravenne & fon Clergé, à qui il ordonne de le prendre & de le mettre entre les mains du Duc Jean, Envoié du Pape, pour l'amener à Rome. Il enjoint à quatre autres Ducs de lui prêter main forte, fous peine de cent pieces d'or chacun d'amende, & d'abftinence du vin & des viandes cuites. L'Archevêque Romain mourut peu de tems après; & le Pape écrivit à fon Clergé & à fon Peuple une Lettre, où il temoignoit en être affligé, & les exhortoit à prier pour lui; ce qui marque encore mieux leur reconciliation.

Le Pape Jean VIII. mourut lui-même cette année 882. le 15. de Decembre (50). Il refte de lui 320. Lettres, où l'on voit qu'il étoit fort occupé des affaires temporelles de l'Italie & de tout l'Empire François, & qu'il prodiguoit les excommunications, en forte qu'elles paffoient prefque en formule. Les Annales de Fulde difent, qu'il fut empoifonné, & que ceux qui lui avoient donné le breuvage, voiant que le poifon n'operoit pas affez promptement à leur gré, lui cafferent la tête d'un coup de Marteau. Cette mort étoit bien digne de la Vie infame de ce Pontife: car, le Cardinal Baronius n'a pû s'empêcher de dire, qu'il fe parjura dans la Caufe de Photius; & qu'il viola d'une maniere fcandaleufe tous les reglemens de fes Prédeceffeurs. Il croit même que la trop grande facilité du Pape Jean, & fa Molleffe

An de J.C.
882.

Affaires de Geneve.

Autre Affaire du Pape.

Mort du Pape Jean VIII. Son Caractere.

(50) *Vita*, *tom. 9. Concil. Fleury*, *Hift. Eccl. Liv. LIII. §. 37.*

6. F. Bruys, *Histoire des papes, depuis saint Pierre jusqu'à Benoît XIII inclusivement* (La Haye, 1732-1734), t.2, p.175. Voir ci-dessus, n.28.

en présence de l'empereur Charles le Chauve, et il fut fouetté depuis les épaules jusqu'aux jambes par des moines.[31]

Cette dispute impertinente dans laquelle les deux partis ont également tort, ne s'est que trop renouvelée. Vous verrez chez les Hollandais un synode de Dordrecht, composé des partisans de l'opinion de Godescald, faire pis que fouetter les sectateurs d'Hincmar. Vous verrez au contraire en France les jésuites du parti d'Hincmar poursuivre autant qu'ils le pourront les jansénistes attachés aux dogmes de Godescald; et ces querelles qui sont la honte des nations policées, ne finiront que quand il y aura plus de philosophes que de docteurs.[32]

[31] Voir, sur cet épisode, Fleury, livre 48, année 850, §49, 50. L'opposition d'Hincmar à l'hérésie de Gottschalk est bien attestée: voir Dupin, ch.2, p.32-88, également J. Devisse, *Hincmar, archevêque de Reims. 845-882* (Genève, 1973), t.1, p.118-53, 187-279. Nous n'avons pas retrouvé la source de la féroce plaisanterie que Voltaire attribue à Hincmar. Elle semble prendre son origine dans la doctrine prônée par Godescalc de la 'double prédestination', d'après laquelle les hommes sont prédestinés au bien comme au mal, au royaume des cieux comme à la damnation éternelle (voir D. Ganz, 'The debate on predestination', dans *Charles the Bald: court and kingdom*, éd. M. T. Gibson et J. L. Nelson, Aldershot, 1990, p.287). C'est en 849, lors du concile de Quiercy, que Godescalc fut condamné en présence de Charles le Chauve. Fleury parle de la flagellation du moine d'après le seul témoignage qui nous soit parvenu: celui des *Annales Bertiniani* (voir l'édition qu'en donne Muratori, t.2, 1re partie, année 849, p.531, §B-C). Sur la sentence contre Godescalc et son exécution, voir aussi Dupin, ch.2, p.40-42.

[32] A la suite du synode calviniste de Dordrecht (novembre 1618-mai 1619), référence est souvent faite aux positions de Gottschalk dans les débats théologiques et doctrinaires: voir le débat entre l'arminien G. J. Vossius, *Historiae de controversiis quas Pelagius eiusque reliquiae moverunt* (Leyde, 1618), livre 7, partie 4, 'Quae est de caussa Godscalci, et iis quae huic sunt adnexa', et le calviniste J. Usher ou Usserius, *Gotteschalci et praedestinatianae controversiae ab eo motae historia* (Dublin, 1631). Voir aussi, à partir des années 1650, l'opposition entre les jansénistes, partisans de la prédestination, et les jésuites: pour les jansénistes, G. Mauguin, *Veterum auctorum qui IX saeculo de praedestinatione et gratia scripserunt* (Paris, 1650); pour les jésuites, L. Cellot, *Historia Gotteschalci praedestinatiani, et accurata controversiae per eum revocatae disputatio* (Paris, 1655). Daniel, *Histoire de France*, souligne la ressemblance de l'hérésie de Gottschalk avec les doctrines de Luther, de Calvin et d'autres plus récentes (t.2, v. 'Charles le Chauve', année 849).

Je ne ferais aucune mention d'une folie épidémique, qui saisit le *Convulsionnaire.*
peuple de Dijon en 844 à l'occasion d'un saint Bénigne, qui donnait,
180 disait-on, des convulsions à ceux qui priaient sur son tombeau:[33] je
ne parlerais pas, dis-je, de cette superstition populaire, si elle ne
s'était renouvelée de nos jours avec fureur dans des circonstances
toutes pareilles.[34] Les mêmes folies semblent destinées à reparaître
de temps en temps sur la scène du monde; mais aussi le bon sens est
185 le même dans tous les temps: et on n'a rien dit de si sage sur les
miracles modernes opérés au tombeau de je ne sais quel diacre de
Paris, que ce que dit en 844 un évêque de Lyon sur ceux de Dijon.
'Voilà un étrange saint, qui estropie ceux qui ont recours à lui: il me
semble que les miracles devraient être faits pour guérir les
190 maladies, et non pour en donner.'[35]

178   MSP: d'une maladie épidémique
179   53-54N: d'une sainte Bénigne
180   MSP: dit-on
186   W56-W57G: opérés sur le tombeau
186-87   MSP, 53: miracles [53: modernes] de Saint-Médard de Paris que ce
qu'écrivit en 844 [MSG: 840]

[33] Sur la 'folie épidémique' de Lyon, voir Fleury (livre 48, année 849, §21).

[34] L'épisode des convulsionnaires du cimetière Saint-Médard (1728-1732), ainsi
que les miracles qu'y aurait suscité le diacre janséniste Pâris, qui y fut enterré en 1727,
constituèrent un phénomène d'un retentissement considérable, généralement
stigmatisé par les philosophes comme un cas exemplaire de l'influence de la
superstition sur les esprits: voir C. Maire, *De la cause de Dieu à la cause de la
nation: le jansénisme au XVIIIe siècle* (Paris, 1998), 2e partie, p.237-365. C'est un
thème favori de Voltaire, qui en parle dans les *Notebook fragments*, 34 (*OCV*, t.82,
p.650); voir aussi l'art. 'Convulsions' du *DP* (*OCV*, t.35, p.637-43). Son propre frère
participait à ces manifestations: voir V. van Crugten-André, 'Arouet, Armand (1685-
1745)', dans le *DgV*, p.86-87.

[35] Fleury rapporte les propos d'Amolon, archevêque de Lyon: 'Car a-t-on jamais
ouï parler dans les églises et aux tombeaux des martyrs de ces sortes de miracles, qui
ne guérissent point les malades, mais qui font perdre à ceux qui se portent bien la
santé et la raison?' (livre 48, année 844, §21).

Ces minuties ne troublaient point la paix en Occident, et les querelles théologiques y étaient alors comptées pour rien, parce qu'on ne pensait qu'à s'agrandir. Elles avaient plus de poids en Orient, parce que les prélats n'y ayant jamais eu de puissance temporelle, cherchaient à se faire valoir par les guerres de plume. Il y a encore une autre cause de la paix théologique en Occident, c'est l'ignorance qui au moins produisit ce bien parmi les maux infinis dont elle était cause.

195

191-93　MSP: Ces miracles ne troublaient point l'Eglise. Les disputes théologiques étaient comptées pour rien en Occident parce qu'on

191-98　53-54N: Occident et les querelles théologiques n'étaient point ce à quoi Rome s'attachait; on travaillait à augmenter la puissance temporelle. Elles firent plus de bruit en Orient, parce que les ecclésiastiques y étaient sans puissance temporelle. Il y a encore une autre cause de la paix en Occident, c'est la grande ignorance des ecclésiastiques.//

194-95　MSP: n'ayant aucune puissance temporelle, cherchaient à s'accréditer par

196　MSP: autre raison de la paix ecclésiastique qui régnait chez les latins, c'est

CHAPITRE 32

Etat de l'empire d'Occident, à la fin du neuvième siècle.

L'empire d'Occident ne subsista plus que de nom.[1] Arnould,

a-65 [*Première rédaction de ce chapitre*: MSP, 45]
a MSP, 45: Chapitre 18
   w56-w57G: Chapitre 22
   61: Chapitre 28
b MSP, 45, 53: *Etat de l'empire d'Occident et de l'Italie* [MSP, 53: *et de la papauté*]
sur la fin du IX siècle, [MSP, 53: *et*] *dans le cours du X* et dans [53: *X* dans] *la moitié du*
XI jusqu'à [MSP, 45: *l'empereur*] *Henri III* [54C *errata: Henri I*].
1 MSP, 45, 53-54N: Après la déposition de Charles le Gros, l'empereur
d'Occident

* Alors que le ch.31 était axé sur le thème des vicissitudes de la fortune des
individus, comme Photius par exemple, le ch.32 traite des vicissitudes subies par les
empires, les états, ou les gouvernements. D'un côté, Rome, centre de l'empire, est en
pleine décadence, de l'autre, les Germains sauvages, prototype même de la barbarie,
prennent le dessus et deviennent le centre de l'empire. De même, alors que les califes
tombent, les papes s'élèvent. C'est le droit du plus fort qui, comme on pourra le lire
au début du ch.33, 'a tout fait dans ce monde' et est donc à l'origine de ces
renversements de l'histoire. La fin de la dynastie carolingienne et le déplacement du
centre de l'empire vers les régions germaniques marquent un tournant important:
c'est l'achèvement du cycle historique inauguré avec la 'grande révolution' mise en
place par Charlemagne et l'effondrement total de l'ordre instauré par la *translatio
imperii*. Les historiens de l'empire consultés par Voltaire, comme L. Maimbourg
(*Histoire de la décadence de l'empire après Charlemagne*, dans *Les Histoires du sieur
Maimbourg*, t.7, Paris, 1686), J. Heiss von Kogenheim (*Histoire de l'Empire*, La
Haye, 1685, BV1604; éd. consultée, Paris, 1731, BV1605), ou J. Barre (*Histoire
générale d'Allemagne*, Paris, 1748, BV270), s'intéressent tous à ce moment délicat de
l'histoire de l'institution impériale. Mais la façon dont Voltaire exprime son jugement
est tout à fait originale. Elle entraîne la mise en place d'une stratégie textuelle et
rhétorique particulière. Tout d'abord, la construction d'une scène de fiction ou de
conte littéraire, où le personnage historique qu'est le peuple romain considère avec
mépris la situation nouvelle qui s'est créée avec la victoire des barbares, et se moque
de la scène grotesque et saugrenue du couronnement de 'Hiludovic' ou Louis, 'à l'âge
de trois ou quatre ans', dans le village barbare de 'Forkem'. Cette scène relève du

888. Arnolfe ou Arnold, bâtard de Carloman,[2] se rendit maître de l'Allemagne; mais l'Italie était partagée entre deux seigneurs, tous deux du sang de Charlemagne par les femmes; l'un était un duc de Spolette, nommé Gui; l'autre Bérenger, duc de Frioul; tous 5

2 MSP, 45, 53-54N: Carloman et d'une fille nommée Carantine se rendit

---

procédé bien connu de distanciation ou de singularisation, si souvent employé par Voltaire, notamment dans ses contes. Ensuite, le tournant marqué par le déplacement du centre de gravité de l'empire vers la Germanie est caractérisé ici par l'actualisation d'un 'bruit de fond', issu du jeu cacophonique auquel s'adonne Voltaire avec les noms allemands ou germaniques: l'insistance avec laquelle sont épelées les différentes formes d'un nom (Arnolfe, Arnould, Hiludovic, Louis, etc.) est particulièrement significative, de même que la présentation de la liste de peuplades et de lieux actualisant l'ancienne géographie de la *Germanie* de Tacite. Tout cela montre clairement le jugement très défavorable de Voltaire sur la fin des Carolingiens et la germanisation, incongrue à ses yeux, de l'empire. Le texte de ce chapitre a été publié pour la première fois dans le *Mercure de France* en 1745. Mis à part deux ajouts de quelques lignes, insérés pour la première fois en 1753, Voltaire n'a fait qu'y introduire, en 1753 et en 1756, des précisions de détail. Il se sert toujours de Fleury, *Histoire ecclésiastique*, livre 54; de Daniel, *Histoire de France*, t.3, v. 'Charles le Gros, empereur et roi de France', 'Louis III Carloman' et 'Eudes. Charles le Simple'; et de Mézeray, *Abrégé chronologique*, t.1, v. 'Charles II dit le Gras'.

[1] Le premier alinéa rassemble des données très communes et répétées par tous les historiens utilisés par Voltaire. On peut comparer Fleury (année 888, §1), Daniel (année 887) et Mézeray (année 888).

[2] Alors que Fleury parle simplement d'Arnould comme du 'fils de Carloman', Daniel et Mézeray remarquent qu'il s'agit du 'fils naturel' ou 'bâtard' de Carloman. Plus de précision chez Mézeray, d'après lequel Arnoul est roi de Bavière et frère aîné de Charles le Gros, ou le Gras. La forme la plus courante de son nom est *Arnoul*: voir Fleury, Daniel, Mézeray, Barre; mais on trouve *Arnoud* dans les *Annales*. L'incertitude sur le nom des personnages historiques est un des procédés récurrents chez Voltaire, qui souligne par là soit l'incertitude des sources, soit l'absence d'intérêt de ce genre de détails. Le nom de *Carantine*, par exemple (var. ligne 2, leçon abandonnée en 1756), ressemble curieusement à '*Kärntern*', la Carinthie, principauté autrichienne relevant alors du royaume de Bavière, dont Arnoul (*c.*850-899), fils illégitime de Carloman de Bavière et de Liutwind, devient le margrave en 880. On trouve d'ailleurs chez Daniel: 'Pour contenter Arnoul fils naturel de Carloman, il lui céda la Carinthie'(année 880, peut-être mal lu par Voltaire). Le mot 'bâtard' se trouve chez Mézeray (année 888).

deux investis de ces duchés par Charles le Chauve, tous deux
prétendants à l'empire aussi bien qu'au royaume de France.[3]
Arnould, en qualité d'empereur, regardait aussi la France
comme lui appartenant de droit:[4] tandis que la France, détachée
de l'empire, était partagée entre Charles le Simple qui la perdait, et
le roi Eudes, grand oncle de Hugues Capet, qui l'usurpait.[5]

Un Bozon,[6] roi d'Arles, disputait encore l'empire. Le pape
Formose, évêque peu accrédité de la malheureuse Rome,[7] ne
pouvait que donner l'onction sacrée au plus fort. Il couronna ce
Gui de Spolette. L'année d'après il couronna Bérenger vainqueur;   *894.*

7-13   45: bien qu'un Bozon roi d'Arles qui le leur disputait. Le pape Formose, au
milieu de ces troubles qui désolaient l'Italie, ne
14-15   MSP, 53-54N: couronna en 892 ce Guy
45: ce Guy de Spolette en 892. L'année

---

[3] Voir Daniel et Mézeray, année 888. Trois générations séparent Charlemagne de
Bérenger Ier de Frioul (mort en 924), petit-fils de Louis le Pieux, mais cinq le séparent
de Guy de Spolète (mort en 894), arrière-petit-fils de Lothaire Ier. Cf. Daniel:
'Bérenger duc de Frioul était par sa mère petit-fils de Louis le Débonnaire. Gui duc
de Spolete, était fils du duc Lambert, et d'une fille de Pépin roi d'Italie, fils de
Charlemagne, et ainsi Charlemagne, était bisaïeul maternel de ces deux Ducs' (t.2,
p.557).

[4] Voir Fleury, année 893, §20, 'Lettres de Formose en France'; Daniel, année 888.
Arnoul de Carinthie est élu roi de Germanie en 887, après la déposition de Charles le
Gros. En 896, il est couronné empereur par le pape Formose (891-896).

[5] Voir Daniel, 'Eudes. Charles le Simple', années 892-896. Fils aîné du duc des
Francs Robert le Fort, Eudes est élu roi de France en 888, excluant ainsi du trône
Charles le Simple (mort en 929), petit-fils de Charles le Chauve. En 893, les
adversaires d'Eudes font sacrer Charles à Reims: la France aura deux rois concurrents
jusqu'à la mort d'Eudes en 898.

[6] L'orthographe courante est *Boson*, mais la forme *Bozon* se trouve aussi à
l'époque. L'indéfini 'un' peut être péjoratif ou signaler une incertitude: c'est
l'équivalent d'"un certain Bozon". Boson, beau-frère de Charles le Chauve, et roi
de Bourgogne, meurt en 887; c'est son fils Louis, dit 'l'Aveugle', adopté par Charles
le Gros à la mort de son père, qui est couronné roi d'Arles en 890 (Fleury, année 890,
§5). Elu roi d'Italie en 900, couronné empereur en 901 sous le nom de Louis III, il est
fait prisonnier en 904 et Bérenger de Frioul lui fait crever les yeux.

[7] Anticipation sur le ch.35: voir Fleury, livre 52, année 876, §31; livre 54,
année 889, §12.

et il fut forcé de sacrer enfin cet Arnould qui vint assiéger Rome et la prit d'assaut.[8] Le serment équivoque, que reçut Arnould, des Romains, prouve que déjà les papes prétendaient à la souveraineté de Rome. Tel était ce serment: 'Je jure par les saints mystères, que sauf mon honneur, ma loi et ma fidélité à monseigneur Formose pape, je serai fidèle à l'empereur Arnould.'[9]

Papes veulent régner à Rome.

Les papes étaient alors en quelque sorte semblables aux califes de Bagdat,[10] qui révérés dans tous les Etats musulmans comme les chefs de la religion, n'avaient plus guère d'autre droit que celui de donner les investitures des royaumes à ceux qui les demandaient les armes à la main; mais il y avait entre ces califes et ces papes cette différence, que les califes étaient tombés du premier trône de la terre, et que les papes s'élevaient insensiblement.

20

25

---

16   MSP, 45, 53-54N: et [MSP, 53: deux autres années après; 45: deux années ensuite] il fut forcé de couronner cet [MSP, 45: Allemand] Arnoud
      W56: de couronner enfin
17-40 45: d'assaut. ¶Après la mort
18   MSP: prouve déjà que les
19   MSP: Rome même.
26   MSP: entre les califes et les papes
27-29 MSP, 53-W57G: tombés et que les papes s'étaient élevés. ¶Il

[8] D'après Fleury, chez qui le pape Formose couronne Gui en 892 et Lambert, fils de Gui (et non Bérenger), en 893 (année 892, §18, 'Gui et Lambert empereurs. Charles le Simple roi'). Les historiens ne s'accordent pas sur la date de couronnement de Bérenger, en tout cas beaucoup plus tardive. Sur ces événements, voir G. Arnaldi, 'Papa Formoso e gli imperatori della casa di Spoleto', *Annali della Facoltà di lettere e filosofia dell'Università di Napoli* 4 (1951), p.85-104. Tous les historiens traitent du sacre d'Arnould: voir, par exemple, Fleury, année 895, §25.

[9] Cf. *Annales*, v. Arnoud (p.262). La formule entière du serment est donnée par Daniel: 'Je jure par tous ces saints mystères que sauf mon honneur, ma loi et la fidélité que je dois à mon seigneur le pape Formose que je suis et serai fidèle tous les jours de ma vie à l'empereur Arnoul' (année 896); viennent ensuite les obligations contre Lambert. Mais l'essentiel, dans cette addition de 1753 (lignes 17-40) qui rompt la continuité chronologique, est de remettre en cause la notion de souveraineté et d'empire, devenues pures fictions.

[10] Même comparaison ci-dessus, ch.28, lignes 79-82.

Il n'y avait réellement plus d'empire, ni de droit ni de fait. Les *Les Romains ne*
Romains, qui s'étaient donnés à Charlemagne par acclamation, ne *veulent plus*
voulaient plus reconnaître des bâtards, des étrangers, à peine *d'empereur.*
maîtres d'une partie de la Germanie. [11]

Le peuple romain dans son abaissement, dans son mélange avec
tant d'étrangers, conservait encore, comme aujourd'hui, cette
fierté secrète que donne la grandeur passée. Il trouvait insupportable que des Bructères, des Cattes, des Marcomans, se dissent les
successeurs des césars, [12] et que les rives du Mein et la forêt
Hercinie fussent le centre de l'empire de Titus et de Trajan. [13]

29   MSP: droits
32-33   MSP: Germanie que Rome regardait toujours comme un pays barbare. ¶Le
34   MSP: tant de peuples, conservait

[11] A partir de là le texte du chapitre développe une série de considérations sur l'état
de l'empire et sa décadence, en correspondance avec la fin de la race des Carolingiens.
Rome, considérée comme barbare par les Grecs (le parallélisme est patent avec le
ch.31, ci-dessus, lignes 132-46), tient dans le même mépris l'empire, réduit à
l'ancienne Germanie. Est-ce un écho des querelles entre romanistes et germanistes?
Voltaire a toujours critiqué les théories sur l'ascendance franque de la noblesse
française défendues par H. de Boulainvilliers, *Histoire de l'ancien gouvernement de la
France* (La Haye et Amsterdam, 1727, BV505), et plus encore après que Montesquieu
leur eut donné un nouveau retentissement dans *De l'esprit des lois*. Il a par ailleurs
constamment dénoncé l'idéalisation des peuples germains, fondée essentiellement
sur la lecture de la *Germanie* de Tacite. Pour Voltaire, Charlemagne a certes
déclenché avec la *translatio imperii* une 'grande révolution' positive, marquant une
étape importante pour les 'progrès de l'esprit humain' (ci-dessus, conclusion du
ch.13). Mais avec ses successeurs, un processus de dégénération aboutit au
renversement de la situation: la 'Germanie que Rome regardait toujours comme
un pays barbare' (texte du manuscrit pour la ligne 32) est devenue désormais le centre
de l'empire. Cette identification entre Germanie et empire est pour lui intolérable.

[12] Au début de notre ère, les Bructères étaient établis en Westphalie, les Cattes, ou
Chattes, en Hesse, et les Marcomans en Bohême puis en Hongrie. Mais au neuvième
siècle, Bructères et Chattes s'étaient fondus depuis longtemps dans la population
franque. Voltaire utilise les noms de ces peuples tirés de *La Germanie* de Tacite
(ch.29-33, 42-43) pour montrer la déchéance de l'institution impériale dont le siège
finit par s'établir chez des peuples qui sont les prototypes même de la barbarie.

[13] Située par César au nord-est des forêts d'Ardenne, la forêt 'hercynienne' est
censée recouvrir une bonne partie des territoires de la Germanie 'barbare' (voir
Tacite, *La Germanie*, ch.28).

900.   On frémissait à Rome d'indignation, et on riait en même temps de pitié, lorsqu'on apprenait qu'après la mort d'Arnould, son fils Hiludovic, que nous appelons Louis,[14] avait été désigné empereur des Romains à l'âge de trois ou quatre ans, dans un village barbare, nommé Forkem,[15] par quelques leudes et évêques germains. Cet enfant ne fut jamais compté parmi les empereurs; mais on le regardait dans l'Allemagne comme celui qui devait succéder à Charlemagne et aux césars. C'était en effet un étrange empire romain que ce gouvernement qui n'avait alors ni les pays entre le Rhin et la Meuse, ni la France, ni la Bourgogne, ni l'Espagne, ni rien enfin dans l'Italie, et pas même une maison dans Rome qu'on pût dire appartenir à l'empereur.

Du temps de ce Louis, dernier prince allemand du sang de Charlemagne par bâtardise, mort en 912, l'Allemagne fut ce

---

41   MSP: [*manchette*] *899.*
      MSP, 53-54N: Louis IV avait [53: Louis avait] été créé empereur
41-42 MSP: empereur à l'âge
       45: Louis IV fut créé empereur à l'âge
43   MSP, 45, 53-w68: Fourkem
      53-w57G: quelques seigneurs et
43-46 MSP, 45: quelques comtes et évêques germans. C'était en effet [45: Mais c'était] un
48   MSP: ni La Bourgogne, ni la France, ni
49   MSP, 45: l'Italie que ce qu'on y pouvait gagner à la tête d'une armée et
51   MSP, 45: dernier empereur du
52   MSP: 912, l'empire romain resserré en Allemagne, fut
      45-w57G: 912, l'empire romain, resserré [45, w56: en Allemagne] fut [45: à quelques égards] [53-54N: en Allemagne] ce

---

[14] On ignore où Voltaire a trouvé la forme germanique et donc 'barbare' de ce nom, qui est proche, de toute façon, de 'Chlodowig' ou de 'Hludovicus' ('Ludowicus'). Cette dernière forme n'est pas rare dans les textes de l'époque (voir, par exemple, les *Annales Bertiniani*). Louis 'l'Enfant' (893-911) est reconnu roi de Germanie à l'âge de sept ans, après le décès de son frère Zwentibold.

[15] Autre nom germanique d'origine inconnue, dont Voltaire renforce la cacophonie. Petite ville située non loin de Nuremberg: Daniel parle de 'Forscheim' (année 912), Fleury donne la bonne leçon de 'Forcheim' (année 900, §31).

qu'était la France, une contrée dévastée par les guerres civiles et étrangères, sous un prince élu en tumulte et mal obéi. [16]

55　Tout est révolution dans les gouvernements: c'en est une frappante que de voir une partie de ces Saxons sauvages, traités par Charlemagne comme les Ilotes par les Lacédémoniens, donner ou prendre au bout de cent douze ans cette même dignité, qui n'était plus dans la maison de leur vainqueur. Othon, duc de Saxe, 60　après la mort de Louis, met, dit-on, [17] par son crédit la couronne d'Allemagne sur la tête de Conrad duc de Franconie; et après la *912.* mort de Conrad, le fils du duc Othon de Saxe, Henri l'Oiseleur, est élu. [18] Tous ceux qui s'étaient faits princes héréditaires en Germanie, *919.*

53-54　45: civiles étrangères sous un prince mal obéi.
56　MSP, 45, 53-54N: voir ces
60　MSP, 45, 53-54N: met par
61-62　45: Conrad et enfin le fils
63　MSP: [*manchette*] *919.*

[16] Sur la fin de la dynastie carolingienne et le passage de l'empire aux 'princes allemands', voir, par exemple, Heiss, t.1, livre 1, ch.10. Les *Annales* (année 908-911) et Daniel (année 912) insistent aussi sur les 'divisions' et l''anarchie' sous Louis IV. L'élection se fait par acclamation dans le désordre des assemblées (dans l'ajout 'élu en tumulte' de 1753, il pourrait y avoir un renvoi à la fin du ch.11 de *La Germanie* de Tacite, d'autant plus que cette référence était courante dans les dissertations académiques allemandes sur l'origine des électeurs de l'Empire: voir, par exemple, J.-Ch. Dithmar et A.-G. von Marwitz, *Dissertatio historica de electorum S.R.I. origine*, Francfort, 1711, p.21). Le dévoiement de la succession qui d'héréditaire qu'elle était devient élective (voir ci-dessus, ch.18) est considéré comme une rupture par Heiss (t.1, livre 2, ch.1) et surtout par Barre (t.3, v. 'Conrad I', année 912).

[17] Le 'dit-on', ajouté en 1756, renvoie à Fleury (année 910, §46), comme à Heiss (t.1, livre 2, ch.1). Dans les *Annales*, Voltaire se montrait plus sceptique au sujet de la magnanimité d'Othon, qui 'n'est guère dans l'esprit de ces temps presque sauvages' (p.264).

[18] Conrad Ier, d'ascendance carolingienne par les femmes, est roi de Germanie 911-918. Henri Ier 'l'Oiseleur' lui succède 919-936: voir, par exemple, Fleury, année 912, ch.53.

joints aux évêques, faisaient ces élections, et y appelaient alors les principaux citoyens des bourgades. [19]

64-ch.33, ligne 8   MSP, 45, 53-54N: élections. ¶Dans la décadence de la famille de Charlemagne, la plupart des gouverneurs de province [53: des provinces] s'étaient rendus absolus, mais ce qui d'abord était usurpation devint bientôt un droit héréditaire. [MSP, 45: En France, en Italie, tous les seigneurs formaient autant de principautés qu'ils avaient de terres. [*intertitre*: §Premier. *Paragraphe des fiefs.*]] ¶Les   5
évêques

[19] Cet élargissement du nombre des électeurs, non expliqué et apparaissant donc implicitement comme une autre 'révolution', est ajouté en 1756. Il figurait à l'art. 'Electeurs' dans L. Moréri, *Le Grand Dictionnaire historique* (Amsterdam, 1740, BV2523), et semble donc faire partie de la vulgate historique: 'les rois Conrad I, Henri l'Oiseleur, et son fils Othon le Grand, furent élus par les princes et les seigneurs ecclésiastiques et séculiers, et par les députés des villes représentant le peuple'. L'indication revient chez Barre (t.3, v. 'Conrad I', année 912).

CHAPITRE 33

Des fiefs et de l'empire.

La force qui a tout fait dans ce monde, avait donné l'Italie, et les

a-71   [*Première rédaction de ce chapitre*: MSP, 45]
a   MSP, 45, 53-54N: [*pas de rupture*]
        W56-W57G: Chapitre 23
        61: Chapitre 29
b   MSP: [*intertitre*] §Premier. *Paragraphe des fiefs.*
1-8   MSP, 53-54N: [*absentes*] Les évêques

* Voir la note liminaire du ch.32. Ce chapitre figure déjà presque intégralement dans le *Mercure de France* de janvier 1746 (p.55-59), repris avec quelques menues variantes dans l'édition de Colmar de 1754. Seules les lignes 1-8 (jusqu'à 'patrimoines') sont nouvelles. Comme beaucoup d'additions de 1756, elles offrent une généralisation en guise de transition, mais surtout un résumé de l'ensemble du chapitre, sans grande originalité historiographique: l'affaiblissement de la monarchie française et l'usurpation des fiefs sont de véritables lieux communs. Elles servent à faire ressortir une des idées-forces de l'*EM*, qui relie *via* l'idée de puissance l'histoire et l'anthropologie (tout comme la variante de la ligne 24: 'de toutes les nations' au lieu de 'du plus fort'), de même que Voltaire écrivait au ch.18: 'Clovis devint despotique à mesure qu'il devint puissant; c'est la marche de la nature humaine' (ci-dessus, lignes 29-30). Cette perspective apparaît comme l'équivalent chez Voltaire de l'idée d'oppression présente dans l'*Histoire critique de l'établissement de la monarchie française* (Paris, 1734, BV1109) de J.-B. Dubos, mais, à l'inverse de Dubos et de ses autres sources, Voltaire ne la met pas en relation avec des souverains précis. Aux lignes 1-30, expressément aux lignes 22-23, Voltaire intervient dans un débat de son temps sur l'établissement des fiefs et du gouvernement féodal (voir B. Grosperrin, *La Représentation de l'histoire de France dans l'historiographie des Lumières*, Lille, 1982, p.316-44). La question sera reprise au ch.96 de l'*EM*. Alors que Giannone rend compte de la discussion sur l'origine de l'usage des fiefs, imputée par les uns aux Lombards, par les autres aux Francs, et que Boulainvilliers l'évoque en refusant explicitement de s'y attarder (lettre 4, 'Détail du gouvernement féodal'), Voltaire élude cette question et paraît avant tout désireux, à l'instar de Dubos, d'accabler les gouverneurs de l'époque carolingienne en leur imputant l'usurpation patrimoniale de leur gouvernement sur le modèle de l'Italie des huitième et neuvième siècles, une époque de grande confusion politique. Comme Boulainvilliers, qui a

467

largement contribué, avec Montesquieu, à réinterpréter la féodalité comme un mode pernicieux d'organisation de l'Etat, Voltaire souligne l'anarchie féodale, mais surtout le morcellement, voire la dissolution de la souveraineté du fait de la généralisation de l'hérédité des fiefs. Il s'écarte cependant de Boulainvilliers sur un point: alors que ce dernier rappelle que Charlemagne, en établissant une police des fiefs dans certaines parties du royaume, jeta 'les semences de la féodalité' (p.292), créant ainsi un cadre dont profiteront les 'gouverneurs' de ses successeurs affaiblis, Voltaire retient un duel (le pouvoir royal en butte à une offensive parasitaire des grands féodaux) et suggère deux mouvements contraires, dont l'expression est certes un peu atténuée par la suppression de deux passages de la version primitive (lignes 22 et 34-35, variantes): Charlemagne centralise grâce à son autorité; puis le système féodal s'installe en raison de la faiblesse de ses successeurs. En comprimant au maximum les informations qu'il tire de ses sources et en rejetant au ch.34 l'évocation de la faiblesse des rois de France, Voltaire fait ressortir au ch.33 l'idée d'usurpation, qui est un lieu commun de l'historiographie du dix-huitième siècle dans ses passages sur les origines du royaume de France et sur la descendance de Charlemagne (Grosperrin, p.263-344). En ne s'attardant pas, à l'inverse de Heiss et de Daniel, sur le détail des luttes intestines entre seigneurs aux neuvième et dixième siècles dans l'ancien empire de Charlemagne, il souligne moins la confusion et la violence de rapports de force permanents que l'idée d'injuste appropriation. Toutefois, s'il porte un jugement très critique sur les usurpations commises par les féodaux, celles commises par les souverains paraissent légitimées dès lors qu'ils accroissent la puissance de leur royaume ou assurent la paix, comme s'il faisait sienne la remarque que la victoire semblerait légitimer l'injustice (ch.15). Les développements sur l'accroissement du pouvoir temporel des évêques et abbés ainsi que sur l'établisse-ment des seigneuries placent le ch.33 dans la continuité des ch.17 et 20. Que Voltaire ait revu les ch.20 et 33 de la version de 1756 en les mettant en relation apparaît dans la suppression de la mention que les évêques des grands sièges étaient 'riches en domaines et en esclaves' (ligne 9, variante manuscrite) – dont l'idée passe dans le ch.20 (lignes 133-34, 198) – ainsi que dans plusieurs perspectives et détails communs aux deux chapitres: mention des villes et parallèle entre la France et l'Allemagne. Une des principales sources habituelles de Voltaire sur le Saint Empire, l'*Histoire générale d'Allemagne* du P. Barre ne paraissant qu'en 1748, il se fonde essentiellement dans ce chapitre sur l'*Histoire de l'Empire* de Heiss (résident de l'électeur palatin à la cour de France), dont il possède les éditions de 1685 (BV1604) et de 1731 (BV1605). Pour certains détails concernant le royaume de France et les affaires religieuses, Voltaire recourt à l'*Histoire de France* de Daniel et à l'*Histoire ecclésiastique* de Fleury, pour l'Italie à P. Giannone, *Histoire civile du royaume de Naples* (Naples, 1723; La Haye [Genève], 1742, BV1464), mais ses perspectives générales s'apparentent surtout à celles de Dubos et à l'*Histoire de l'ancien gouvernement* de Boulainvilliers. Voltaire consulte également L. Le Gendre, *Nouvelle Histoire de France* (Paris, 1718-1719, BV2006).

Gaules aux Romains. Les barbares usurpèrent leurs conquêtes. Le père de Charlemagne usurpa les Gaules sur les rois francs.[1] Les gouverneurs sous la race de Charlemagne usurpèrent tout ce qu'ils purent.[2] Les rois lombards avaient déjà établi des fiefs en Italie. Ce fut le modèle sur lequel se réglèrent les ducs et les comtes dès le temps de Charles le Chauve.[3] Peu à peu leurs gouvernements devinrent des patrimoines.[4] Les évêques de plusieurs grands

5   MSP: [*manchette*] *Des fiefs.*

[1] Daniel souligne que les qualités de Pépin durant son règne firent oublier qu'il avait usurpé le trône (année 768).

[2] Poursuivant l'idée d'usurpation par les maires déjà développée à la fin du ch.17, Voltaire récupère et applique aux 'gouverneurs' un passage où Heiss souligne que Charles le Simple perdit la couronne et le droit d'accéder au trône qui lui était pourtant 'légitimement dévolu', parce qu'il il ne disposait plus guère à son avènement en 893 de territoires sur lesquels asseoir son pouvoir, 'les ducs et les comtes ayant usurpé la plus grande partie de ses provinces' (t.1, livre 2, ch.1, année 912). Dubos s'attarde également à de nombreuses reprises sur les conditions de l'attribution des fiefs et leur transmission; il parle des 'usurpateurs' de la descendance de Charlemagne qui ont 'gouverné despotiquement et tyranniquement les lieux dont ils s'étaient rendus les maîtres' (livre 1, ch.17, 'Des Francs'). On trouve la même idée chez L. Maimbourg, *Histoire de la décadence de l'empire après Charlemagne* (Paris, 1681), année 856.

[3] Voltaire peut s'appuyer ici sur tous les historiens qui soulignent l'affaiblissement de la monarchie française sous Charles le Chauve; voir, par exemple, Daniel, année 840, ou Heiss, t.1, livre 1, ch.10, année 912. Que cet affaiblissement se prolonge sous les successeurs de Charles le Chauve est explicite chez Boulainvilliers: 'La faiblesse des règnes des successeurs de Charles le Chauve fut cause que tous les seigneurs, pourvus de gouvernements de provinces ou de quelques cantons, s'en rendirent souverains, et qu'il ne resta presque plus rien en propre aux rois de France, que quelques villes en Picardie avec quelques domaines' (t.1, 'Seconde race des Rois de France').

[4] Toutes les sources de Voltaire insistent sur ce point: par exemple, Boulainvilliers, 'La succession des enfants à leur père fut pleinement établie dans tous les bénéfices royaux par l'ordonnance de Charles le Chauve' (t.1, lettre 4, p.295); ou Daniel: 'Un roi de France était alors à la merci de ses comtes et de ses ducs dont les gouvernements s'étaient insensiblement changés en domaines [...] devenus absolument héréditaires, tandis que par un bizarre renversement, la couronne qui était auparavant héréditaire, semblait n'être plus qu'élective' (année 923, t.2, p.619-20). Dom Calmet formule la même idée presque dans les mêmes termes: sous le règne de Charles le Simple, 'les ducs et les comtes, qui au commencement n'étaient que simples gouverneurs de province, s'étaient rendus héréditaires, et s'étaient emparés

sièges, déjà puissants par leur dignité, n'avaient plus qu'un pas à faire pour être princes: et ce pas fut bientôt fait. De là vient la puissance séculière des évêques de Mayence, de Cologne, de Trèves, de Vurtzbourg, et de tant d'autres en Allemagne et en France.[5] Les archevêques de Rheims, de Lyon, de Beauvais, de Langres, de Laon, s'attribuèrent les droits régaliens.[6] Cette puissance des ecclésiastiques ne dura pas en France: mais en Allemagne elle est affermie pour longtemps.[7] Enfin les moines eux-mêmes devinrent princes, les abbés de Fulde, de Saint Gal, de

Evêques et abbés princes.

10

15

9   MSP: dignité, riches en domaines et en esclaves, n'avaient
12-13   MSP, 45: tant en Allemagne qu'en France
14   MSP: Langres, et de
15   MSP, 45: pas longtemps en
16   MSP, 45: est encore affermie.

---

des revenus de leurs comtés et de leurs gouvernements, ce qui causait une diminution très considérable du trésor royal' (*Histoire universelle*, t.7, 1741, §45, année 912 et suiv.). Heiss revient lui aussi à plusieurs reprises sur cette idée, en associant les évêques aux ducs et comtes qui tous profitent de la faiblesse du pouvoir pour transformer en patrimoines les territoires qu'ils sont chargés d'administrer et pour 's'emparer de l'autorité absolue' dans leur province (t.1, livre 1, ch.3, année 818, p.126; année 833, p.145).

[5] La puissance temporelle des trois archevêques de Mayence, de Cologne et de Trèves ressort de nombreuses sources que Voltaire entremêle: de Fleury (livre 55, année 936, §20), mais aussi de Daniel, qui décrit 'comment les archevêques de Trèves et de Mayence sont devenus si puissants' (année 976). Plutôt que Worms, autre grand siège, Voltaire préfère mentionner Würzburg, s'inspirant de Heiss, qui souligne que ses évêques surent égaler, en droits et prérogatives, les souverains séculiers de Franconie (t.2, livre 6, ch.6).

[6] L'accroissement du pouvoir temporel des ecclésiastiques, déjà évoqué aux ch.17 et 23, est un lieu commun de l'historiographie du dix-huitième siècle (voir Grosperrin, p.309). Au ch.30, 'les évêques se constituaient juges des rois' (ligne 22). Aucune des sources de Voltaire ne lui fournit pourtant cette liste, ni ne parle explicitement de tels droits. Ils pouvaient cependant se déduire de Mézeray, *Abrégé chronologique* (t.1, v. 'Charlemagne'). Ils sont définis dans l'art. 'Droits régaliens' (1755) de l'*Encyclopédie*, comme 'la distribution de la justice, le pouvoir législatif, le droit de faire la guerre et la paix, le droit de battre monnaie, de mettre des impositions, de créer des offices, etc.'.

[7] La comparaison entre la France et le Saint Empire ne ressort directement ni de Heiss ni de Fleury.

Kempten, de Corbie, etc. étaient de petits rois dans les pays où
quatre-vingts ans auparavant ils défrichaient de leurs mains
20 quelques terres que des propriétaires charitables leur avaient
données.[8] Tous ces seigneurs, ducs, comtes, marquis, évêques,
abbés, rendaient hommage au souverain. On a longtemps cherché
l'origine de ce gouvernement féodal.[9] Il est à croire qu'il n'en a point
d'autre que l'ancienne coutume de toutes les nations, d'imposer un
25 hommage et un tribut au plus faible.[10] On sait qu'ensuite les

18   MSP: des petite
19   MSP: quatre ans
19-20   MSP, 45, 53-54N: défrichaient avec leurs moines [53: mains] quelques
22   MSP, 45: souverain choisi par les plus forts. C'est tout ce qui restait de leur
ancienne sujétion. Ce gouvernement féodal n'était encore qu'une anarchie; il n'y
avait point de liens qui attachassent les grands [MSG: seigneurs] vassaux aux vassaux
directs. Tous se faisaient la guerre. La France et l'Italie gémissaient [45: guerre; et
5   l'Italie gémissait] dans les mêmes désordres. ¶On
23   45, 53-54N: qu'elle n'en a
24-25   MSP, 45: coutume du plus fort d'imposer un hommage ou un

[8] Le pouvoir absolu des religieux ressort de Heiss (livre 5, ch.3; livre 6, ch.7)
comme de Fleury (livre 44, 45; livre 46, §59). Le détail concernant le défrichement
des lieux est repris de Fleury, t.9, livre 42, §45). Seule est suspecte la référence à
l'abbaye de Kempten, souvent mentionnée, mais dont la puissance des abbés n'est
attestée que pour le second millénaire (Moréri, *Dictionnaire*, v. 'Kempten'); Voltaire
ne tient pas compte d'un passage où Heiss exprime des doutes: 'Quelques historiens
assurent que Charlemagne l'érigea en principauté de l'empire. Ce qui est peu certain'
(livre 6, ch.7, p.175).
[9] Cf. Boulainvilliers, qui refuse pourtant de la rechercher: 'Je n'entrerai point dans
l'origine des fiefs: je dirai seulement qu'il y a beaucoup d'apparence que
Charlemagne, en ayant pris l'idée des peuples du Nord, s'y confirma depuis par
l'exemple des Lombards' (t.1, lettre 4, p.288-89). Voltaire a peut-être consulté aussi
Giannone, qui examine avec précision l'origine des fiefs, longtemps 'regardée
comme aussi cachée que la source du Nil' (t.1, livre 4, ch.1, p.313). Voltaire revient
à ce sujet au ch.96 de l'*EM*.
[10] Voltaire érige en règle universelle et applique au système féodal une idée qu'on
trouve, par exemple, chez Montesquieu, *Considérations sur les causes de la grandeur des
Romains*, à propos de la façon dont les Romains asservissaient les peuples (ch.6).
Pour Voltaire, plutôt que le droit, c'est 'la loi du plus fort' qui guide les évolutions
historiques, voir ci-dessus, ligne 1.

empereurs romains donnèrent des terres à perpétuité à de certaines conditions. On en trouve des exemples dans les vies d'Alexandre Sévère et de Probus.[11] Les Lombards furent les premiers qui érigèrent des duchés relevant en fief de leur royaume. Spolette et Bénévent furent sous les rois lombards des duchés héréditaires.[12] 30

Avant Charlemagne, Tassillon possédait le duché de Bavière à condition d'un hommage; et ce duché eût appartenu à ses descendants, si Charlemagne, ayant vaincu ce prince, n'eût dépouillé le père et les enfants.[13]

26-27 MSP, 45: perpétuité à des vétérans, à condition que leurs enfants serviraient dès l'âge de dix-huit ans. On

34-35 MSP, 45: dépouillé leur père et les enfants; l'Aquitaine avait aussi eu ses ducs héréditaires. Charlemagne engloutit autant qu'il le put toutes ces puissances dans la sienne. Ceux qui eussent voulu être princes, ne furent que grands officiers, mais au temps de Charles le Simple, de Louis, de Conrad, ces officiers étaient princes. [MSP: Les peuples avaient cent tyrans au lieu d'un maître et pour lois les coutumes 5 bizarres introduites par ces tyrans.] ¶Point de ville libre [45: villes libres] alors en 53-54N: enfants. ¶Point

[11] Voltaire suit ici Dubos, très utilisé au ch.17, qui voit l'origine des fiefs dans les distributions de terres d'Alexandre Sévère et de Probus, qui 'partagea les terres dont on avait chassé les barbares entre les officiers et les soldats [...] à condition qu'eux et leurs héritiers ils serviraient à la guerre, et l'on regarde communément cette distribution comme la première origine des possessions si connues dans l'histoire des monarchies modernes' (livre 1, ch.9, p.87-88, où se trouve la précision d'âge donnée dans la version manuscrite). Probus, empereur de 276 à 282, est connu pour avoir fait travailler les légions à la bonification des terres, à l'assèchement des marais et à la construction de routes et de canaux.

[12] Giannone, Heiss, Daniel et Fleury, qui mentionnent souvent les duchés de Spolète et de Bénévent (déjà évoqués par Voltaire aux ch.16, 24), insistent moins sur le caractère héréditaire de la transmission des gouvernements que sur les efforts accomplis par les ducs pour se libérer de la tutelle des rois lombards au huitième siècle (Daniel, année 772). Giannone suppose que les fiefs apparurent au sixième siècle chez les Francs comme chez les Lombards, mais 'que c'est aux Lombards qu'on doit le progrès de l'usage des fiefs' (t.1, livre 4, ch.1, p.313-14), que 'l'usage voulait que le fils fût préféré à tout autre pour succéder à son père' (p.329) et que la transformation des gouvernements en fiefs héréditaires ne s'accomplit que sous Charlemagne, quand disparaît le royaume lombard (livre 4, ch.2, §1). Voltaire, qui néglige le troisième grand duché lombard, le Frioul, demeure très vague sur le cadre chronologique.

[13] Sur Tassilon, voir ci-dessus, ch.16, lignes 35-37 et n.10. Toutes les sources

35   Bientôt point de villes libres en Allemagne, ainsi point de
commerce, point de grandes richesses. Les villes au delà du Rhin
n'avaient pas même de murailles. [14] Cet Etat, qui pouvait être si
puissant, était devenu si faible par le nombre et la division de ses
maîtres, que l'empereur Conrad [15] fut obligé de promettre un tribut
40   annuel aux Hongrois, Huns ou Pannoniens, [16] si bien contenus par
Charlemagne, et soumis depuis par les empereurs de la maison
d'Autriche. [17] Mais alors ils semblaient être ce qu'ils avaient été
sous Attila. Ils ravageaient l'Allemagne, les frontières de la France.

36-37   MSP, 45, 53-54N, W57G: point de [53: grandes] richesses. Ces [53: Les]
villes n'avaient
        W56: Les villes n'avaient
39   MSP, 45: promettre solennellement un
41   45: et depuis
        MSP, 53: et si humiliés [MSP: depuis] par
43   45: l'Allemagne et les

mentionnent l'hommage rendu en 756 par Tassilon à Pépin et à ses deux fils, Charles
et Carloman, l'annexion de la Bavière en 788 après la trahison de Tassilon, et les
conflits entre les princes allemands et les descendants de Charlemagne. Voltaire ne
mentionne pas ici le rôle des Huns, ce qui héroïse Charlemagne comme unique acteur
de la ruine de Tassillon.

[14] Sur les murailles voir ci-dessous, ligne 55 et n.22. Le lien que fait Voltaire entre
la disparition des 'villes libres', le languissement du commerce et l'appauvrissement
de l'empire démontre, a contrario, son attachement au libéralisme économique,
présent, par exemple, dès 1736 dans Le Mondain: voir B. Bernard, art. 'Commerce',
dans le DgV, p.231-33. Cf. la lettre du 1er juillet 1769 à Roubaud, collaborateur de
Dupont de Nemours: 'Je suis bien persuadé [...] que le pays où le commerce est le
plus libre sera toujours le plus riche et le plus florissant' (D15721).

[15] Carolingien par les femmes, Conrad Ier est roi de Germanie de 911 à 918.

[16] S'il est fréquent d'appeler 'Pannonie' l'actuelle Hongrie (par exemple, Daniel,
année 822), le terme 'pannonien' pour désigner les Hongrois paraît atypique. Il n'est
employé que dans le contexte de l'histoire ancienne pour désigner une nation celte
qui habita cette région avant l'arrivée des Huns et des Hongrois (par exemple,
Daniel, année 818). Sur les confusions, courantes vers 1750, entre les Huns, les
Hongrois et les Avares, voir J. de Guignes, Histoire générale des Huns, des Turcs, des
Mogols, et des autres Tartares occidentaux, etc. (Paris, 1756), t.1, p.xii, 324. De
Guignes parle des Huns demeurés en Pannonie, mais non de 'Pannoniens'.

[17] Allusion à l'union établie en 1526, au bénéfice des Habsbourg, entre les
couronnes d'Autriche, de Bohême et de Hongrie.

Ils descendaient en Italie par le Tyrol, après avoir pillé la Bavière, et revenaient ensuite avec les dépouilles de tant de nations.[18]

C'est au règne de Henri l'Oiseleur que se débrouilla un peu le chaos de l'Allemagne.[19] Ses limites étaient alors le fleuve de l'Oder, la Bohême, la Moravie, la Hongrie, les rivages du Rhin, de l'Escaut, de la Moselle, de la Meuse, et vers le septentrion la Poméranie et le Holstein étaient ses barrières.[20]

Il faut que Henri l'Oiseleur fût un des rois des plus dignes de régner. Sous lui les seigneurs de l'Allemagne si divisés, sont réunis. *920.* Le premier fruit de cette réunion est l'affranchissement du tribut qu'on payait aux Hongrois, et une grande victoire remportée sur cette nation terrible.[21] Il fit entourer de murailles la plupart des

45

50

55

---

46   MSP: [*intertitre*] *Paragraphe 2: De Henri l'Oiseleur* [*manchette*] *De Henry l'Oiseleur.*

   MSP: se débrouille
46-47   MSP: Si ses limites
   45: peu ce chaos
51   45: Il fallait que
53   MSP: [*manchette*] *920 et suiv.*
55   MSP, 45: nation alors terrible

---

[18] Heiss, Daniel et Fleury mentionnent abondamment les incursions des Huns en Bavière et en Thuringe, en France jusqu'à l'Atlantique, en Italie jusque dans le Sud, et même en Croatie. Mais on ne trouve nulle part de mention explicite du Tyrol, que Voltaire peut toutefois tirer de sa connaissance de la géographie, le col tyrolien du Brenner étant pratiquement le seul passage alpin possible entre la Bavière et l'Italie.

[19] Heiss s'étend sur les luttes que Conrad devait mener contre les autres chefs francs et sur le traité de Bonn (921), par lequel Charles le Simple et Henri I\ier l'Oiseleur, successeur de Conrad, s'étaient mutuellement reconnus (livre 2, ch.1, 'Conrad I'). Voltaire insiste plutôt sur le rôle d'Henri.

[20] Cette liste de régions constituant les limites des état d'Henri l'Oiseleur résulte directement du récit de ses campagnes et de celles d'Othon le Grand relatées par Heiss ou Daniel. Sur les campagnes d'Henri l'Oiseleur (919-936) et de son fils Othon le Grand (936-973), Voltaire utilise Heiss (livre 2, ch.2, 3), ou peut-être Daniel, chez qui cependant la stabilisation géopolitique suggérée par le terme *barrières* ne se trouve pas (année 936, §'Mort de Rodolphe').

[21] Voltaire retient l'idée que l'union des peuples francs permit de vaincre les Hongrois (Heiss, livre 2, ch.2), mais non que la victoire de Lechsted de 934 fut

474

villes d'Allemagne. Il institua des milices. On lui attribua même l'invention de quelques jeux militaires qui donnaient quelques idées des tournois. [22] Enfin l'Allemagne respirait, mais il ne paraît pas qu'elle prétendît être l'empire romain. [23] L'archevêque de Mayence avait sacré Henri l'Oiseleur. Aucun légat du pape, aucun envoyé des Romains n'y avait assisté. [24] L'Allemagne sembla pendant tout ce règne oublier l'Italie. [25]

Il n'en fut pas ainsi sous Othon le Grand, que les princes

57-58 MSP, 45: qui donnent une idée des
58-59 MSP, 45: respirait. L'archevêque
59 MSP: qu'elle fût l'empire
63 MSP: [*intertitre*] *Paragraphe 3: D'Othon le Grand*
    MSP: [*manchette*] *936.*

---

attribuée à la piété d'Henri comme semble l'indiquer Fleury (livre 55, année 936, §24). Dans ses allusions aux incursions des Hongrois et à leur cruauté, récurrentes dans ses sources, Voltaire ne mentionne pas qu'ils ont souvent été instrumentalisés par des souverains d'Allemagne, comme le font ses sources, et suggère ainsi, comme dans le cas des fiefs, des affrontements opposant des groupes strictement délimités.

[22] Sur les murailles et les milices (voir l'*EM*, ch.99), Voltaire s'inspire de Heiss (livre 2, ch.2, 'Henri I'). Henri l'Oiseleur fait manifestement partie de ces 'grands héros civilisateurs' particulièrement appréciés par Voltaire: voir ci-dessus, ch.15, n.14, à propos de la découverte des mines d'argent de Goslar, et *La Philosophie de l'Histoire*, ch.52: 'On sait que ce n'est que sous Henri l'Oiseleur, vers l'an 920, que la Germanie eut des villes murées et fortifiées' (*OCV*, t.59, p.273-74, lignes 166-67).

[23] Cette addition de 1753 souligne ce qui chez Heiss ou Daniel était implicite: c'est seulement à partir de 998, sous le règne d'Othon III, que les diplômes impériaux commencent à parler de *renovatio imperii Romanorum* (voir F. Rapp, *Le Saint Empire romain germanique*, Paris, 2000) et que Rome devient capitale de l'Empire.

[24] Selon Fleury, Henri refusa d'être oint, 's'en disant indigne' (livre 54, année 919, §53). Selon Heiss, il avait refusé d'aller se faire sacrer à Rome par le pape, préférant se concentrer sur les affaires d'Allemagne (livre 2, ch.2).

[25] Voltaire n'évoque ni les troubles internes à l'Empire, fortement soulignés par Heiss (livre 2, ch.2), qui explique ainsi cet oubli de l'Italie, ni les luttes qui opposèrent Othon à son frère Henri, puis à son fils Luitolf et son beau-fils Conrad (Heiss, livre 2, ch.3, 'Othon Iᵉʳ'), et il élude toute discussion sur les titres, qui faisaient l'objet d'un débat entre historiens (roi de Germanie, empereur, roi d'Italie, empereur des Romains). La question de l'élection, substituée au système dynastique, apparaît au contraire comme capitale chez Heiss (livre 2, ch.3, année 936).

allemands, les évêques et les abbés élurent unanimement après la
mort de Henri son père. [26] L'héritier reconnu d'un prince puissant, 65
qui a fondé ou rétabli un Etat, est toujours plus puissant que son
père, [27] s'il ne manque pas de courage; car il entre dans une carrière
déjà ouverte: il commence où son prédécesseur a fini. Ainsi
Alexandre avait été plus loin que Philippe son père, Charlemagne
plus loin que Pépin et Othon le Grand passa de beaucoup Henri 70
l'Oiseleur.

69   MSP: Philippe, Charlemagne
69-70   45: loin que Pépin
70   MSP, 45: passa beaucoup
71   53-54N: l'Oiseleur. ¶Les Italiens, toujours factieux et toujours faibles, ne
pouvaient ni obéir à leurs compatriotes, ni être libres ni se défendre à la fois contreles
sarrasins et les Hongrois dont les incursions désolaient [53: infestaient] encore leur
pays.// [ce paragraphe se retrouve au ch.34, lignes 36-39]

[26] La brève évocation des règnes d'Henri l'Oiseleur et d'Othon le Grand suggère
une pacification rapide largement étrangère aux sources utilisées. Voltaire n'incline
pas non plus comme Heiss (livre 2, ch.3, année 936) à considérer l'adoption du titre
d'empereur par Othon le Grand comme une usurpation.
[27] Voltaire donne une portée générale à une idée formulée par Heiss: 'Il eut la
satisfaction de laisser à son fils, qui était majeur, un empire plus puissant et plus
affirmé que n'était celui que son prédécesseur avait possédé' (livre 2, ch.2, année 936,
p.235).

476

CHAPITRE 34

D'Othon le Grand, au dixième siècle.

Othon qui rétablit une partie de l'empire de Charlemagne, étendit comme lui la religion chrétienne en Germanie par des victoires.[1] Il *948.* força les Danois les armes à la main à payer tribut, et à recevoir le baptême qui leur avait été prêché un siècle auparavant, et qui était presque entièrement aboli.[2]

a-49 [*Première rédaction de ce chapitre*: MSP, 45]
a   MSP, 45, 53-54N: [*pas de rupture*]
    W56-W57G: Chapitre 24
    61: Chapitre 30
1   MSP: étendait
5   MSP: [*manchette*] *948.*

* Voir la note liminaire du ch.33. Pour les lignes 1-16 (jusqu'à 'arbitre des princes') et 35-43 (jusqu'à 'ville d'Italie'), déjà publiées dans le *Mercure de France* en 1746, Voltaire se fonde pour l'essentiel, comme au chapitre précédent, sur Heiss von Kogenheim, *Histoire de l'Empire*, lequel toutefois, de même que Liutprand de Crémone dans *Historia Ottonis* (965), ne s'intéresse guère qu'à l'action d'Othon en Italie, abordée par Voltaire ci-dessous, ch.36. Pour la christianisation des Danois – déjà évoquée au ch.21 – et dont il a mentionné les ravages au ch.25, il se fonde également beaucoup sur l'*Histoire ecclésiastique* de Fleury. Pour les lignes 16-34, Voltaire suit essentiellement Daniel, *Histoire de France*. En montrant comment Othon Ier devint arbitre de l'Occident et en soulignant 'les prétentions des empereurs de juger les rois', Voltaire approfondit ici une démarche amorcée au ch.33: présenter la préhistoire immédiate de la fondation du Saint Empire comme un prolongement de l'empire de Charlemagne.

[1] Othon le Grand, fils d'Henri Ier l'Oiseleur, est sacré roi de Germanie à Aix-la-Chapelle en 936. Empereur de 962 à 973, il s'appuie résolument sur l'Eglise pour affermir son pouvoir. Voltaire se montre ici moins précis que ses sources qui comparent souvent Othon, Charlemagne et Charles le Gros: 'Othon I. Roi de Germanie et Empereur, le plus grand Prince qui eût porté ces deux titres depuis Charlemagne' (Daniel, année 976).

[2] Selon Heiss, il s'agissait d'Othon II (t.1, livre 2, ch.4), mais Voltaire, à juste titre, suit ici Fleury, qui évoque également le tribut des Slaves (livre 55, année 948, §40,

Ces Danois ou Normands qui avaient conquis la Neustrie[3] et l'Angleterre, ravagé la France et l'Allemagne, reçurent des lois d'Othon.[4] Il établit des évêques en Dannemarck, qui furent alors soumis à l'archevêque de Hambourg métropolitain des églises barbares, fondées depuis peu dans le Holstein, dans la Suède, dans   10 le Dannemarck.[5] Tout ce christianisme consistait à faire le signe de la croix.[6] Il soumit la Bohême après une guerre opiniâtre. C'est depuis lui que la Bohême, et même le Dannemarck, furent réputés provinces de l'empire; mais les Danois secouèrent bientôt le joug.[7]

6-7 MSP: Neustrie ou l'Angleterre
   45: Neustrie, l'Angleterre

---

41); mais non que les Danois y auraient été soumis. Sur leur évangélisation, voir ci-dessous n.5, 6.

[3] Voir ci-dessus, ch.25, lignes 161-64. Les sources de Voltaire hésitent constamment entre 'Danois' et 'Normands'.

[4] L'idée que les Danois 'reçurent des lois d'Othon' peut être une paraphrase de J. B. de Rocoles, *Histoire de l'empire d'Allemagne* (La Haye, 1681), v. 'Othon I', derniers paragraphes, que Voltaire a dû utiliser dans les *Annales* (p.270): voir G. Laudin, 'De la narration à la réflexion: à propos des étapes de la rédaction de quelques chapitres de l'*Essai sur les mœurs*', dans *Copier/coller. Ecriture et réécriture chez Voltaire*, éd. O. Ferret, G. Goggi et C. Volpilhac-Auger (Pise, 2007), p.100.

[5] D'après Fleury, qui évoque la campagne d'évangélisation d'Unni, archevêque de Hambourg de 916 à 936, au Danemark puis en Suède où il meurt en martyr (livre 55, année 936, §19).

[6] D'après Fleury, qui évoquait l'évêque Anscaire convertissant vers 855 les Danois de la ville de Schleswig: 'La joie était grande [...] Mais la plupart de ces nouveaux chrétiens se contentaient de recevoir le signe de la croix [...] et différaient le baptême jusqu'à la fin de leur vie' (livre 49, année 854, §20, t.10, p.482; voir aussi livre 55, année 936, §19).

[7] Sur les guerres d'Othon contre Boleslav Ier, roi de Bohême de 935 à 967, Voltaire suit Heiss (t.1, livre 2, v. 'Othon I dit le Grand', année 936-937) ou Fleury (livre 55, année 950, §41). Sur les efforts d'Othon pour établir la religion chrétienne chez les Slaves voisins de l'Elbe, voir Fleury (livre 55, année 936, §20, 22). Voltaire fait également allusion au règne mouvementé d'Harald Ier 'à la Dent bleue', roi de Danemark de 950 à 985. Bien que converti au christianisme en 960, Harald se souleva au moins deux fois contre Othon, en 974 et 983: voir Fleury (livre 56, année 975, §54), chez qui l'expression 'provinces de l'Empire' ne se trouve pas.

15   Othon s'était ainsi rendu l'homme le plus considérable de *L'empereur*
l'Occident, et l'arbitre des princes.[8] Son autorité était si grande, *semble juger les*
et l'état de la France si déplorable alors,[9] que Louis d'Outremer fils *rois.*
de Charles le Simple, descendant de Charlemagne, était venu en
948 à un concile d'évêques que tenait Othon près de Mayence;[10] ce
20 roi de France dit ces propres mots rédigés dans les actes: 'J'ai été
reconnu roi, et sacré, par les suffrages de tous les seigneurs, et de
toute la noblesse de France. Hugues toutefois m'a chassé, m'a pris
frauduleusement, et m'a retenu prisonnier un an entier, et je n'ai pu
obtenir ma liberté qu'en lui laissant la ville de Laon qui restait seule
25 à la reine Gerberge, pour y tenir sa cour avec mes serviteurs. Si on
prétend que j'aie commis quelque crime qui méritât un tel
traitement, je suis prêt à m'en purger au jugement d'un concile,
et suivant l'ordre du roi Othon, ou par le combat singulier.'[11]
    Ce discours important prouve à la fois bien des choses; les
30 prétentions des empereurs de juger les rois, la puissance d'Othon,
la faiblesse de la France, la coutume des combats singuliers, et enfin
l'usage qui s'établissait de donner les couronnes, non par le droit du

16-35   45: princes. Il fut
19-20   MSP: Mayence; le roi
29-30   MSP-W57G: choses: la puissance

[8] Cette expression, qui souligne le rôle politique d'Othon, annonce les ch.35 et 36
et commente les passages de Heiss, de Fleury ou de Giannone sur les interventions
d'Othon en Italie: 'Les Italiens gémissaient sous l'oppression de Berenger dit le Jeune
et d'Adalbert son fils; cette situation les porta à implorer le secours d'Othon roi
d'Allemagne' (Giannone, t.1, livre 8, introduction, p.597), une expression qui
apparaît dans les variantes du ch.33 (ligne 22).

[9] Voir ci-dessous, ch.35, 36. Sur l'affaiblissement de la France, voir ch.23, 24.

[10] Le concile d'Ingelheim devait, 'par ordre du pape', régler les différends entre
Hugues le Grand (mort en 956), duc d'Ile-de-France, et le roi de France Louis IV
d'Outremer (936-954), soutenu par Othon. En 945, Louis avait été fait prisonnier par
les Normands. Hugues ne le délivra qu'après s'être fait remettre la ville de Laon: voir
Daniel, 'Louis d'Outremer', année 948. La rédaction laisse ici penser qu'Othon en
avait pris l'initiative, ce qui n'était pas le cas.

[11] Le discours de Louis est tiré de Fleury (livre 55, année 948, §36), avec de
menues variantes, notamment 'jugement *du* concile'.

sang, mais par les suffrages des seigneurs, usage bientôt après aboli en France. [12]

Tel était le pouvoir d'Othon le Grand, [13] quand il fut invité à 35 passer les Alpes par les Italiens mêmes, qui toujours factieux et faibles, ne pouvaient ni obéir à leurs compatriotes, ni être libres, ni se défendre à la fois contre les Sarrasins et les Hongrois, dont les incursions infestaient encore leur pays. [14]

L'Italie, qui dans ses ruines était toujours la plus riche et la plus 40 florissante contrée de l'Occident, était déchirée sans cesse par des tyrans. [15] Mais Rome dans ces divisions donnait encore le mouvement aux autres villes d'Italie. Qu'on songe à ce qu'était Paris dans le temps de la Fronde, et plus encore sous Charles l'Insensé, [16] et à

39   MSP, W56-61: infectaient
      53: pays.//
43   MSP: songe ce
      45: d'Italie.//

[12] L'émergence de l'idée de *translatio imperii* s'amorce donc avec Othon le Grand (voir aussi ch.33, lignes 58-59 et n.23), mais ne prend vraiment forme que sous Othon III. Peu après son élection, en 987, Hugues Capet fait déjà sacrer son fils et successeur Robert II le Pieux (996-1031). Voir l'*EM*, ch.38.

[13] Même présentation chez Fleury (livre 56, année 960, §1), que Voltaire continue à suivre, sans mentionner cependant que c'est le pape Jean XII (955-963) qui fait appel à Othon contre Bérenger II, roi d'Italie, et son fils Adalbert. Heiss souligne plutôt la piété et la brutalité d'Othon, révolté par un pape prévaricateur et corrompu qu'il fait d'ailleurs déposer en 963 (t.1, livre 2, v. 'Othon I dit le Grand', années 962-963). Voltaire ne précise pas qu'Othon reçut ce surnom après sa victoire de Lechfeld contre les Hongrois et tait également la relation existant entre cette victoire contre les païens et son couronnement par le pape en 962.

[14] Voltaire rapporte à l'Italie ce que Daniel dit des incursions hongroises en France (t.2, v. 'Rodolfe', année 926, et v. 'Louis d'Outremer', année 950).

[15] De nombreuses sources appliquent ce terme aux seigneurs d'Italie: Heiss, t.1, livre 2, ch.3, année 963, et année 964; Pufendorf, *Introduction à l'histoire générale et politique de l'univers* (Amsterdam, 1722, BV2829), livre 3, ch.2, année 936; Giannone, livre 8, introduction.

[16] Sous le règne de Charles VI (1380-1422), Armagnacs, Bourguignons et Anglais se disputent le territoire français: voir l'*EM*, ch.79.

45 ce qu'était Londres sous l'infortuné Charles Ier, ou dans les guerres civiles des Yorck et des Lancastre, on aura quelque idée de l'état de Rome au dixième siècle. La chaire pontificale était opprimée, déshonorée et sanglante. L'élection des papes se faisait d'une manière dont on n'a guère d'exemples, ni avant, ni après.

45-46 MSP: sous le malheureux Charles Ier, on
       w56-w57G: Charles Ier, on
47-48 MSP: était déshonoreé et

CHAPITRE 35

De la papauté au dixième siècle, avant qu'Othon le Grand se rendît maître de Rome.

Malheurs de Rome. Les scandales et les troubles intestins qui affligèrent Rome et son

a-121   [*Première rédaction de ce chapitre*: MSP]
a   w56-w57G: Chapitre 25
     61: Chapitre 31
1-17   MSP, 53-54N: [*absentes*]

* Annoncés par les deux derniers paragraphes du ch.34, les ch.35-37 consacrés à l'Italie constituent au sein de l'*EM* une séquence clairement identifiable. Après les remarques éparses relatives à l'état de l'Italie des ch.24 et 30 et les développements consacrés à l'origine de la puissance papale des ch.13 et 30, Voltaire 'isole' ces trois chapitres emblématiques de sa vision du Moyen Age, marquée par la lutte du sacerdoce et de l'empire. On dispose de peu d'informations pour dater ces chapitres dont le manuscrit présente la première rédaction. La source principale de Voltaire pour ces trois chapitres est l'*Histoire ecclésiastique* de Fleury dont il a lu avec attention les livres 55-59. Mais il a complété sa documentation à l'aide d'ouvrages récents et parfois même contemporains de la rédaction de l'*EM*, qui figurent annotés dans sa bibliothèque. Notons en particulier J. Barre, *Histoire générale de l'Allemagne* (Paris, 1748, BV270), lu attentivement pour le ch.36; F. Bruys, *Histoire des papes*; J. Heiss, *Histoire de l'Empire* (Paris, 1731, BV1605). Il possède également L.-E. Dupin, *Histoire des controverses et des matières ecclésiastiques traitées dans le dixième siècle* (Paris, 1724), dont il adopte le schéma chronologique en 1756, et J. H. Heidegger, *Histoire du papisme* (Amsterdam, 1685, BV1603), dont il utilise la première partie (v. 'Troisième âge de l'Eglise romaine') à deux reprises au moins. Il a sans doute enfin recours à L. Maimbourg, *Histoire de la décadence de l'empire après Charlemagne* (Paris, 1679), qu'il attaque plus loin dans le ch.45. C'est à travers ces sources modernes que Voltaire a connaissance des sources médiévales, les seules avec Baronius qu'il cite nommément mais de seconde main tandis qu'il occulte les auteurs modernes. Seule exception: Mézeray, *Abrégé chronologique*, auquel il recourt très anecdotiquement au ch.36. Fort de l'information fournie par ces nombreuses sources qu'il manie avec aisance même si, travaillant sans doute aussi de mémoire, Voltaire commet parfois des confusions et invente quelques détails, il marque une préférence pour les pontificats longs et cruels, opte volontiers pour la version la plus noire et livre une version dramatisée de l'histoire en exaltant le rôle emblématique de Sergius,

482

Eglise au dixième siècle, et qui continuèrent longtemps après, n'étaient arrivés ni sous les empereurs grecs et latins, ni sous les rois goths, ni sous les rois lombards, ni sous Charlemagne. Ils sont
5   visiblement la suite de l'anarchie; et cette anarchie eut sa source dans ce que les papes avaient fait pour la prévenir, dans la politique qu'ils avaient eue d'appeler les Francs en Italie.[1] S'ils avaient en effet possédé toutes les terres qu'on prétend que Charlemagne leur donna,[2] ils auraient été plus grands souverains qu'ils ne le sont
10   aujourd'hui. L'ordre et la règle eussent été dans les élections, et dans le gouvernement, comme on les y voit. Mais on leur disputa tout ce qu'ils voulurent avoir: l'Italie fut toujours l'objet de l'ambition des étrangers: le sort de Rome fut toujours incertain. Il ne faut jamais perdre de vue que le grand but des Romains était
15   de rétablir l'ancienne république, que des tyrans s'élevaient dans l'Italie et dans Rome, que les élections des évêques ne furent presque jamais libres, et que tout était abandonné aux factions.

Le pape Formose, fils du prêtre Léon, étant évêque de Porto,   *Scandales de* avait été à la tête d'une faction contre Jean VIII, et deux fois   *Rome.*
20   excommunié par ce pape; mais ces excommunications, qui furent bientôt après si terribles aux têtes couronnées, le furent si peu pour Formose, qu'il se fit élire pape en 890.[3]

---

de Jean XII, de Boniface VII et Crescentius au dixième siècle, de Léon IX au onzième siècle. Voltaire ne pratique pas le plagiat: il ne cite pratiquement pas, copie rarement plus de quelques mots, résume le plus souvent. Il prend souvent le contre-pied des sources à sa disposition qui sont généralement hostiles à la papauté des dixième et onzième siècles, de par leurs sympathies pour l'empire ou leur tradition gallicane ou protestante. Il adopte au contraire le point de vue des Italiens en attribuant au sentiment républicain les révoltes imputées ordinairement à l'humeur ou à la versatilité des Romains et fait des papes des dixième et onzième siècles les champions de la liberté italienne. Ainsi, c'est le ch.37, inspiré de Barre dont il renverse le point de vue et dans lequel Voltaire prend le plus de libertés par rapport à la vulgate dont il s'inspire, qui donne la clé de lecture – républicaine – de toute la séquence.

[1] Pour Voltaire, qui insiste une fois de plus sur la faiblesse des derniers carolingiens, 'l'anarchie' est une constante de l'histoire italienne du huitième au douzième siècle: voir ci-dessus, ch.13, et *Annales* (1753; p.313).

[2] Sur cette prétendue 'donation', voir ci-dessus, ch.16, lignes 94-135.

[3] Fleury donne Formose (891-896) comme 'fils de Léon' (livre 54, année 889, §12),

Etienne VI ou VII aussi fils de prêtre, successeur de Formose,[4] homme qui joignit l'esprit du fanatisme à celui de la faction, ayant toujours été l'ennemi de Formose, fit exhumer son corps qui était embaumé, et l'ayant revêtu des habits pontificaux, le fit comparaître dans un concile assemblé pour juger sa mémoire. On donna au mort un avocat; on lui fit son procès en forme; le cadavre fut déclaré coupable d'avoir changé d'évêché, et d'avoir quitté

Le pape Formose exhumé et condamné.

25

23   MSP, 53-54N: Etienne [53-54N: VI] aussi
24   w56-w68: joignait
24-25   MSP, 53-54N: ayant toute sa vie haï Formose fit déterrer son
25   w56-w57G: fit déterrer son
26   MSP: [*manchette*] *Pape jugé après sa mort et jeté dans le Tibre.*
      MSG: [*manchette*] *Pape déterré après sa mort.*

---

mais il est peut-être confondu ici avec Jean XV (985-996), 'fils d'un prêtre nommé Léon' (Bruys, année 986). Voltaire passe sous silence le problème canonique posé par le transfert de Formose au siège de Rome (Fleury, livre 54, année 891, §12; Bruys, année 891), de même que le motif de son excommunication par Jean VIII (872-882) due au fait qu'il n'approuvait pas l'élection de l'empereur Charles le Chauve (Fleury, livre 52, année 876, §31) ou qu'il s'était opposé aux dérèglements de Jean VIII (Bruys, année 891). Aucun des deux auteurs ne mentionne une seconde excommunication de Formose, ni ne donne la date de 890 pour son élection, qui eut lieu le 19 septembre 891, selon Fleury (livre 54, année 889, §12).

[4] Les deux formes évoquent une incertitude sur la validité du pontificat d'un devancier d'Etienne. Pour la forme Etienne VI, voir Fleury (livre 54, année 889, §12). La forme Etienne VII se trouve chez Bruys (année 897), Heidegger (p.82) et chez Maimbourg (livre 1, année 899), qui fait d'Etienne 'VII' le 'successeur de Formosus'. Voltaire se sert également de la forme Etienne VII dans les *Leningrad notebooks* (*OCV*, t.81, p.403), dans le 'Catalogue des empereurs, des papes [...]' des *Annales* (p.197) et dans l'art. 'Pierre' du *DP* (*OCV*, t.36, p.454). Voltaire met en lumière le pontificat de ce pape (896-897) en omettant celui, très bref, de Boniface VI pourtant mentionné par Bruys (année 896) et par Dupin, ch.2. La figure historique et polémique du prêtre, 'fils de prêtre' et criminel, ne cessera de hanter Voltaire jusqu'à l'*Histoire de Jenni* (*M*, t.21, p.563). L'expression se retrouve sous une forme proche dans les *Doutes sur quelques points de l'histoire de l'Empire* (1753; *M*, t.24, p.36) et dans le 'Catalogue' des *Annales* (p.197).

30 celui de Porto pour celui de Rome; et pour réparation de ce crime, *897.*
on lui trancha la tête par la main du bourreau; on lui coupa trois
doigts; et on le jeta dans le Tibre. [5]

Le pape Etienne VI se rendit si odieux par cette farce aussi
horrible que folle, que les amis de Formose ayant soulevé les
35 citoyens, le chargèrent de fers, et l'étranglèrent en prison. [6]

La faction ennemie de cet Etienne fit repêcher le corps de
Formose, et le fit enterrer pontificalement une seconde fois. [7]

Cette querelle échauffait les esprits. Sergius III qui remplissait *Une prostituée*
Rome de ses brigues pour se faire pape, fut exilé par son rival *gouverne Rome.*
40 Jean IX, ami de Formose; mais reconnu pape après la mort de

---

30 MSP: et en réparation de ce prétendu crime
34 MSP [*manchette*] *897.*
34-35 MSP: horrible qu'extravagante, les citoyens prirent Etienne, le chargèrent
37-38 MSP: Formose qu'on réenterra pontificalement. ¶Cette

---

[5] Sur ce procès, évoqué à partir du récit de Liutprand de Crémone par tous les
auteurs, Voltaire choisit et résume la version la plus cruelle, celle de Fleury (livre 54,
année 896, §27), chez qui le cadavre de Formose est jeté dans le fleuve au terme du
procès en 897. Il emprunte à Heidegger l'expression concernant les 'habits
pontificaux' (p.83). Après 1757, il adoucit l'expression 'déterrer' qu'utilisent tous
ses auteurs, et qui figure dans les *Saint-Fargeau* et *Leningrad notebooks* (p.124, 403) et
dans le 'Catalogue' des *Annales*. On ne trouve nulle part mention d'un embaume-
ment.

[6] Le 'Catalogue' des *Annales* note simplement 'qu'il fut ensuite mis en prison et
étranglé' (p.197). Le même lien de cause à effet se trouve, en revanche, chez Fleury
(livre 54, année 896, §27), Heidegger (p.83) et Bruys (année 900), même si aucun
d'eux n'évoque un soulèvement des citoyens. Dupin est le seul à esquisser une
explication politique en concluant que 'son parti étant ensuite devenu le plus faible,
Estienne fut maltraité par les Romains, et mis en prison, où il fut étranglé sur la fin de
l'an 900' (ch.2, p.16).

[7] Voltaire écarte l'épilogue merveilleux proposé d'après Liutprand par Fleury
(livre 54, année 896, §27) et Bruys (année 897): les images des saints de l'église de
Saint-Pierre auraient salué le corps de Formose, trouvé par des pêcheurs. En faisant
état d'un second enterrement qu'aucune de ses sources ne mentionne explicitement,
Voltaire accentue dans un sens burlesque la conclusion généralement donnée par
l'historiographie à cet épisode.

907. Jean IX, il condamna Formose encore.[8] Dans ces troubles, Théodora mère de Marozie, qu'elle maria depuis au marquis de Toscanelle,[9] et d'une autre Théodora, toutes trois célèbres par leurs galanteries, avait à Rome la principale autorité.[10] Sergius n'avait été

41   MSP: [*manchette*] *Théodora.*
     MSP, 53-54N: il fit jeter [MSP: dit-on] une seconde fois le corps de Formose [53: fois Formose] dans le Tibre. ¶Dans
42-46   MSP: Théodora, dame romaine, eut la principale autorité dans Rome, ce qui n'était jamais arrivé auparavant à des impératrices. Cette dame, par son crédit, par ses richesses, et surtout par sa beauté, se rendit tellement maîtresse des affaires, qu'on laissa le château Saint-Ange entre ses mains et que rien ne se faisait que par ses ordres ou par ses insinuations. Elle avait deux filles aussi belles et aussi galantes qu'elle. L'une   5 était Marosie qu'elle maria au marquis de Toscane Adalbert; l'autre s'appelait Théodora comme sa mère. Le pape Sergius n'avait été élu que par les intrigues de sa famille. Il était l'amant de Marosie et il en eut, étant pape, un fils qu'il éleva
43   53: Toscane

[8] Voltaire simplifie les récits de Fleury (livre 54, année 896, §27) et de Bruys (année 900) en n'évoquant ni Romain Ier (897), ni Théodore II (898), successeurs directs d'Etienne et partisans de Formose, ni l'alliance de Sergius (futur pape de 904 à 911) et du marquis Adalbert auprès duquel Sergius chercha protection. A l'inverse de Dupin, selon qui Jean IX (898-900), allié de Lambert de Spolète, avait été obligé de reconnaître comme pape légitime Formose qui avait couronné Lambert roi d'Italie en 892 (ch.2), Voltaire écarte toute explication de type politique, réduisant cette succession de pontifes à une querelle de factions papales. D'après Dupin (ch.2) et Bruys (année 907), Sergius III fit effectivement condamner Formose. Sont omis les pontificats de Benoît IV, de Léon V et de l'antipape Christofle Ier qui précédèrent Sergius. Selon Fleury, celui-ci 'se déclara contre Formose, et approuva la procédure faite par Etienne VI, dont il fit transférer le corps dix ans après sa mort, et lui mit une épitaphe honorable' (livre 54, année 907, §42, t.11, p.641). Nul ne dit que le cadavre de Formose fut jeté dans le Tibre une seconde fois, ce que Voltaire supprime en 1756.
[9] Voir notamment Fleury (livre 54, année 907, §42) et Bruys (année 907). Toutes les sources traduisent *Tuscania* par *Toscane*: Voltaire introduit dans un second temps la variante 'Toscanelle' (*Toscanella*) adoptée par les historiens italiens pour éviter la confusion entre cette ville d'origine étrusque sise dans l'actuelle province de Viterbe et la région de Toscane.
[10] Comme Bruys (année 907), Dupin explique le crédit de Théodora, épouse du 'sénateur' romain Théophylacte, parce qu'elle était 'bien avant dans les bonnes grâces d'Adalbert' (ch.2, p.18). Le motif de la manchette est traditionnel dans

45 élu que par les intrigues de Théodora la mère. Il eut, étant pape, un fils de Marozie, qu'il éleva publiquement dans son palais. Il ne paraît pas qu'il fût haï des Romains, qui naturellement voluptueux, suivaient ses exemples plus qu'ils ne les blâmaient. [11]

Après sa mort, les deux sœurs Marozie et Théodora procurèrent

50 la chaire de Rome à un de leurs favoris, nommé Landon; [12] mais ce Landon étant mort, la jeune Théodora fit élire pape son amant Jean X, évêque de Bologne, puis de Ravenne, et enfin de Rome. On ne lui reprocha point, comme à Formose, d'avoir changé d'évêché. Ces papes, condamnés par la postérité comme évêques

55 peu religieux, n'étaient point d'indignes princes, il s'en faut beaucoup. Ce Jean X, que l'amour fit pape, était un homme de génie et de courage; il fit ce que tous les papes ses prédécesseurs

Son amant est fait pape par elle.
912.

---

45   MSP: [*manchette*] *Maîtresse du pape.*
47   MSP: pas que ce pâpe fût
51   MSP: mort au bout de six mois la
53   MSP: [*manchette*] *Jean X amant de la jeune Théodora, grand prince.*
      MSP: on ne reprocha point à Jean X, comme
55-56 MSP: point toujours d'indignes princes. Ce
57   MSP: les pontifes ses

---

l'historiographie protestante à propos du dixième siècle et bien au-delà: il se trouve chez Heidegger ('Table chronologique', p.12) et chez Bruys, qui cite lui-même Baronius (année 900). La rédaction initiale résume Bruys (année 907), qui suit Liutprand.

[11] Portrait plutôt favorable: pour Fleury et Bruys, Sergius est simplement le premier pape à avoir eu un fils durant son pontificat; pour Dupin, il est considéré 'comme un monstre', violent et débauché (ch.2). Dans le 'Catalogue' des *Annales*, Voltaire qualifie Sergius d''homme cruel' (p.197), et dans l'art. 'Pierre' du *DP*, il le donne comme 'convaincu d'assassinat' (p.454). Aucune source n'évoque le sentiment des Romains à son égard.

[12] Dupin, qui confond les deux Théodora, met l'élection à la papauté de Landon (913-914) au crédit de la mère (ch.2), tandis que Bruys explique politiquement son ascension par sa médiation entre Bérenger Iᵉʳ de Frioul et Rodolphe II de Bourgogne (année 912). Voir également Fleury, livre 54, année 912, §49. Voltaire omet le bref pontificat d'Anastase III (910-912).

n'avaient pu faire; il chassa les Sarrasins de cette partie de l'Italie, nommée le Garillan. [13]

Pour réussir dans cette expédition, il eut l'adresse d'obtenir des troupes de l'empereur de Constantinople, quoique cet empereur eût à se plaindre autant des Romains rebelles que des Sarrasins. Il fit armer le comte de Capoue. Il obtint des milices de Toscane, et marcha lui-même à la tête de cette armée, menant avec lui un jeune fils de Marozie et du marquis Adelbert. Ayant chassé les mahométans du voisinage de Rome, il voulait aussi délivrer l'Italie des Allemands et des autres étrangers. [14]

L'Italie était envahie presque à la fois par les Bérengers, par un roi de Bourgogne, par un roi d'Arles. Il les empêcha tous de dominer dans Rome. [15] Mais au bout de quelques années Guido, frère

60

65

70

58-60 MSP: partie de la Pouille, nommée le Garillan qu'ils occupaient depuis longtemps. ¶Pour

69 MSP: [manchette] 926.

70 MSP: Rome. Il paraît enfin que les vertus des princes l'emportaient en lui sur les irrégularités de l'évêque. Mais

[13] Sur l'occupation par les mahométans de cette province qui tire son nom du Garigliano, une rivière de la région de Naples, voir ci-dessus, ch.24, 28, et les *Annales* ('Lothaire', p.249-50). Voltaire dresse à nouveau un portrait favorable de Jean X (914-928), pourtant présenté par Bruys comme 'impudique, avare, et ambitieux, ne prenant aucun soin de la religion, ni des mœurs, et sacrifiant tout à ses intérêts' (année 928, t.2, p.230). Ni Dupin ni Fleury ne portent de jugement de valeur sur ce pape. Dans les *Annales*, Voltaire est plus sévère: 'C'est dans ce temps que la prostituée Théodora plaçait à Rome sur le trône de l'Eglise Jean X, non moins prostitué qu'elle' ('Conrad Ier', p.265).

[14] Voir Fleury (livre 54, année 912, §49), puis Bruys (année 912), chez qui Jean X ne prend pas l'initiative de l'expédition et a un rôle secondaire dans la victoire contre les Sarrasins d'août 915. Bruys ne fait mention d'aucun fils de Marozie et du marquis Adelbert Ier d'Ivrée (880-915) mais Albéric II (912-954), qu'elle avait eu de son mariage avec Albéric Ier de Spolète, ce qui surprend étant donné l'âge de l'enfant en 915. Seul Voltaire mentionne le dessein du pape de délivrer l'Italie des étrangers.

[15] Voir Dupin (ch.2), dont s'inspire Heiss (livre 2, ch.3, année 936). Voltaire fait du motif de l'inconstance des Italiens le symptôme de leurs velléités politiques. Se succèdent alors à la couronne d'Italie Bérenger Ier de Frioul (mort en 924), Rodolphe II de Bourgogne (roi d'Italie, contesté, de 922 à 926), puis Hugues

488

utérin [16] de Hugo roi d'Arles, tyran de l'Italie, ayant épousé Marozie, toute-puissante à Rome, cette même Marozie conspira contre le pape si longtemps amant de sa sœur. Il fut surpris, mis aux fers, et étouffé entre deux matelas. [17]

75 Marozie, maîtresse de Rome, fit élire pape un nommé Léon, qu'elle fit mourir en prison au bout de quelques mois. [18] Ensuite, ayant donné le siège de Rome à un homme obscur, qui ne vécut que deux ans, elle mit enfin sur la chaire pontificale Jean XI son propre fils, qu'elle avait eu de son adultère avec Sergius III.

80 Jean XI n'avait que vingt-quatre ans quand sa mère le fit pape; elle ne lui conféra cette dignité qu'à condition qu'il s'en tiendrait uniquement aux fonctions d'évêque, et qu'il ne serait que le chapelain de sa mère. [19]

Marosie fait pape son bâtard fils d'un pape. 929. 931.

---

73 MSP: [*manchette*] *928.*
78 MSP: [*manchette*] *Jean, autre fils du pape Sergius III et de Marosie en 931.*

---

d'Arles (926-945). Chez Fleury (livre 54, année 912, §49; livre 55, année 926, §2) comme chez Bruys (année 912), non seulement Jean X couronne à nouveau Bérenger empereur en septembre 916, mais les Italiens ayant chassé le roi de Bourgogne qui avait régné deux ans en Italie, Jean X s'allie à Hugues d'Arles, une fois celui-ci reconnu roi à Pavie d'un consentement unanime.

[16] Expression empruntée à Fleury (livre 55, année 926, §2), reprise par Bruys (année 926) et Maimbourg (livre 1, année 928). Dupin explique qu'Hugues était 'fils de Berthe, qui avait été mariée en premières noces à Thibaud [comte de Provence], en secondes noces à Adalbert père de Guy' (ch.2, p.21).

[17] Voltaire s'inspire de Fleury (livre 55, année 926, §2). On trouve respectivement dans le *Saint-Fargeau notebook* (*OCV*, t.81, p.124) et dans l'art. 'Pierre' du *DP* (p.454) les expressions 'Jean X étranglé' et 'étranglé dans son lit'.

[18] Six ou sept mois selon Fleury, livre 56, année 926, §2; Bruys, année 928; Dupin, ch.2. Aucune des sources n'évoque le rôle de Marozie dans l'élection et la mort de Léon VI (pape de mai à décembre 928), modeste, intègre et élu canoniquement selon Bruys, désireux de pacifier Rome et l'Italie selon Dupin. Lui succède alors Etienne VII que seul Bruys nomme 'VIII' (année 929): voir ci-dessus, n.4.

[19] Pour Fleury (livre 55, année 926, §5), Jean XI (931-935), en raison de son jeune âge, n'eut 'aucune autorité ni aucun éclat, faisant seulement les cérémonies de la

On prétend que Marozie empoisonna alors son mari Guido, marquis de Toscanelle.[20] Ce qui est vrai, c'est qu'elle épousa le frère de son mari, Hugo, roi de Lombardie, et le mit en possession de Rome, se flattant d'être avec lui impératrice; mais un fils du premier lit de Marozie se mit alors à la tête des Romains contre sa mère, chassa Hugo de Rome, renferma Marozie et le pape son fils dans le môle d'Adrien, qu'on appelle aujourd'hui le château Saint Ange.[21] On prétend que Jean XI y mourut empoisonné.[22]

Un Etienne VIII, Allemand de naissance, élu en 939, fut par cette naissance seule si odieux aux Romains, que dans une sédition le

85   85 MSP, 53: Toscane
89   89 MSP: mari, nommé Hugo
     89-90 MSP, 53-54N: dans le château Saint-Ange
90   91-92 MSP: que ce pape Jean XI y mourut empoisonné. ¶[*manchette: 936.*] Quelques tyrans qui gouvernassent Rome, la nation allemande était toujours ce que les Italiens haïssaient le plus. Un

---

religion' (t.12, p.21), mais Bruys, conformément à l'historiographie protestante et à Baronius, précise qu'il commettait 'des crimes énormes' (année 931, t.2, p.232). En fonction du but qu'il poursuit, Voltaire adopte l'une ou l'autre tradition: il présente tantôt Jean XI comme un faible manipulé par sa mère dans le 'Catalogue' des *Annales* (p.197-98), dans les *Doutes sur quelques points de l'histoire de l'Empire* (p.37) et dans les *Annales* ('Henri l'Oiseleur', p.267), tantôt comme se distinguant 'par sa crapule' (art. 'Pierre' du *DP*, p.454).

[20] Dupin (ch.2), Fleury (livre 55, année 926, §5) et Bruys (année 931) indiquent que la mort de Guy de Toscane intervint peu de temps après l'ordination de Jean XI mais aucun ne parle d'empoisonnement.

[21] Aucun auteur consulté n'évoque 'l'ambition impériale' de Marozie. Selon Bruys, Marozie, devenue veuve, offre à Hugues de l'épouser en échange de la principauté de Rome afin de 'se maintenir dans sa violente usurpation' (année 931). Voltaire délaisse l'anecdote du soufflet donné par Hugues à Albéric II (voir ci-dessus, n.14), caractéristique de son mépris à l'égard des Romains et cause immédiate de leur révolte. Dans l'*Epître aux Romains* (1768), il qualifie le nom de 'Saint-Ange', utilisé par toutes ses sources, de 'ridicule' (*M*, t.27, p.105), tandis que dans l'*Essai historique et critique sur les dissensions des églises de Pologne* (1767; *OCV*, t.63A, p.269) et dans *Le Pyrrhonisme de l'histoire*, ch.20 (1769; *OCV*, t.67, p.326), le 'môle d'Adrien' apparaît comme le symbole de la liberté du peuple romain.

[22] Aucune des sources ne parle d'empoisonnement. Fleury précise seulement que 'Jean XI ne porta le nom de pape qu'environ deux ans, soit qu'il ne fût plus regardé

peuple lui balafra le visage au point qu'il ne put jamais depuis
95 paraître en public. [23]

Quelque temps après un petit-fils de Marozie, nommé Octavien 956.
Sporco, fut élu pape à l'âge de dix-huit ans par le crédit de sa
famille. [24] Il prit le nom de Jean XII en mémoire de Jean XI son oncle.
C'est le premier pape qui ait changé son nom à son avènement au
100 pontificat. [25] Il n'était point dans les ordres quand sa famille le fit
pontife. Ce Octavien Sporco était patrice de Rome, et ayant la

96   MSP: [manchette] 955.
      MSP: ᵛun autre petit-fils de Marosie et d'Albéric,
96-97   MSP, 53-54N: Octavien, fut élu
101   w56-w57G: Ce Jean était
101-106   MS, 53-54N: pontife. [MSP: ᵛ<C'était un jeune homme qui vivait en
prince, aimant>] Il était patrice de Rome, se regardant plutôt comme un prince que
comme un évêque. Il aimait les armes les plaisirs. ¶On

---

comme tel depuis sa prison, soit qu'il fût mort dès l'an 933' (livre 55, année 936, §14,
t.12, p.20-21; signet, CN, t.3, p.517).

[23] Voltaire suit Fleury, le seul à nommer ce pape Etienne VIII (939-942), et non
Etienne IX (livre 55, année 938, §23), appellation qu'il utilise en revanche dans le
'Catalogue' des Annales et les Lettres d'Amabed (M, t.21, p.472). Voltaire omet le
pontificat de Léon VII (936-939), vrai 'serviteur de Dieu' selon Dupin (ch.2, p.24) et
Bruys (année 936, t.2, p.233-34).

[24] Comme le lui reprochera C. F. Nonnotte, Les Erreurs de Voltaire (Avignon,
1762; Lyon, 1770; Amsterdam [Paris], 1766, BV2579; t.1, 1ʳᵉ partie, ch.16), Voltaire
omet les pontificats de Marin II (anciennement appelé Martin III, 942-946) et
d'Agapet II (946-955) pourtant mentionnés par Fleury (livre 55, année 945, §35,
t.12, p.65; signet p.66-67: CN, t.3, p.517) et célébrés pour leur piété. Selon Bruys, c'est
Agapet II qui fit venir Othon à Rome (année 950) mais Voltaire ne retient pas cette
version (voir ci-dessous, n.30). Présenté comme le petit-fils de Marozie dans les
Annales (p.273) comme ici, Jean XII est donné comme le fils de Marozie et du patrice
Albéric dans le 'Catalogue' (p.198) et dans l'Essai historique et critique sur les dissensions
des églises de Pologne (p.269). Voltaire s'est peut-être corrigé après avoir lu Dupin
(ch.2) ou Bruys (année 956), mais n'a jamais revu le texte de l'EM sur ce point. Le nom
de Sporco (sale), ne figure dans aucune des sources consultées. Voltaire a noté le nom
d'Octavien 'Spork' dans les Leningrad notebooks (p.403), mais la graphie anglaise
habituelle de ce pape est 'Octavian Sporco'.

[25] D'après Barre, année 955, t.3, p.408. Fleury indique qu'Octavien prit le nom de
Jean XII mais sans expliquer ce choix (livre 55, année 956, §50).

même dignité qu'avait eue Charlemagne, il réunissait par le siège pontifical les droits des deux puissances, et le pouvoir le plus légitime. Mais il était jeune, livré à la débauche, et n'était pas d'ailleurs un puissant prince. [26]

On s'étonne que sous tant de papes si scandaleux et si peu puissants, l'Eglise romaine ne perdit ni ses prérogatives, ni ses prétentions: mais alors presque toutes les autres Eglises étaient ainsi gouvernées. Le clergé d'Italie pouvait mépriser de tels papes, mais il respectait la papauté, d'autant plus qu'il y aspirait: enfin, dans l'opinion des hommes la place était sacrée, quand la personne était odieuse. [27]

Pendant que Rome et l'Eglise étaient ainsi déchirées, Bérenger qu'on appelle le jeune, disputait l'Italie à Hugues d'Arles. [28] Les Italiens, comme le dit Luitprand contemporain, voulaient toujours

Jean XII appelle les Allemands en Italie; c'est la source de tous les malheurs de ce pays.

105

110

115

106-107 MSP: et si opprimés, l'Eglise
109   53-54N: mépriser les papes
109-10   MSP: gouvernées. Les évêques ayant toujours à demander à Rome ou des ordres ou des grâces, n'abandonnaient pas leurs intérêts pour quelques scandales de plus, et leur intérêt était d'être toujours unis à l'Eglise romaine parce que cette union les rendait plus respectables au peuple et plus considérables aux yeux des souverains. ¶Le clergé d'Italie pouvait alors mépriser les papes, mais il révérait la   5
110   53-54N: qu'ils y aspiraient
112   53: était exécrable.

[26] L'idée du cumul des deux autorités, temporelle et spirituelle, est déjà présente, mais de manière critique, chez Fleury (livre 55, année 956, §50) et Bruys (année 957). Dans les *Annales*, on trouve un paragraphe très proche mais la phrase sur 'les deux puissances' ne s'y trouve pas (p.273), Voltaire insistant surtout sur la faiblesse d'Octavien. La notion de débauche vient peut-être de Dupin qui souligne la dépravation de Jean XII, le qualifiant de 'monstre en débauches et en dérèglements' (ch.2, p.29).

[27] Le paragraphe figure dans les *Annales* (p.273), où il inclut la variante supprimée des lignes 109-10. On retrouve en outre, à la fin du chapitre consacré à Henri l'Oiseleur (p.267), l'idée d'une distinction entre la 'place' et la 'personne', peut-être empruntée à Baronius via Bruys (année 956, t.2, p.238): Voltaire l'impute alors à l'ignorance, à l'imbécillité et à la superstition du peuple.

[28] Voltaire simplifie: selon Fleury, Bérenger II disputa l'Italie au fils d'Hugues, Lothaire (livre 55, année 952, §42). Pour la manchette, voir en revanche Dupin (ch.2).

avoir deux maîtres pour n'en avoir réellement aucun: fausse et malheureuse politique, qui les faisait changer de tyrans et de malheurs.[29] Tel était l'état déplorable de ce beau pays, lorsque Othon le grand y fut appelé par les plaintes de presque toutes les villes, et même par ce jeune pape Jean XII, réduit à faire venir les Allemands qu'il ne pouvait souffrir.[30]

[29] Fleury, livre 56, année 960, §1. La référence à Liutprand provient de Bruys (année 960), mais Voltaire se souvient peut-être aussi d'une phrase de Dupin à propos du pontificat de Jean IX: 'Les Italiens qui aimaient à avoir plusieurs maîtres, et à changer de domination, reconnurent Lambert' (ch.2, p.17-18). Comme dans le paragraphe analogue des *Annales* ('Othon Ier, surnommé le Grand', p.273), Voltaire reprend le thème de l'ambivalence des Italiens, méprisés pour leur versatilité par la vulgate historiographique et en donne une interprétation politique.

[30] Voltaire suit Fleury (livre 56, année 960, §1), selon lequel Othon fut appelé en Italie par Jean XII et par des envoyés des autorités ecclésiastiques de Milan et de Côme, ainsi que par de nombreux princes laïques. Dans l'*Essai* [...] *sur les dissensions des églises de Pologne*, Voltaire attribue cette responsabilité au seul Jean XII (p.269).

CHAPITRE 36

Suite de l'empire d'Othon, et de l'état de l'Italie.

961.
962.
Othon entra en Italie, et il s'y conduisit comme Charlemagne. Il vainquit Bérenger, qui en affectait la souveraineté.[1] Il se fit sacrer et couronner empereur des Romains par les mains du pape, prit le nom de César et d'Auguste,[2] et obligea le pape à lui faire serment de

a-112   [*Première rédaction de ce chapitre*: MSP]
a   MSP: Chapitre 20
     W56-W57G: Chapitre 26
     61: Chapitre 32
b   MSP: *Othon Ier et*
1   MSP: entra donc en Italie et s'y conduisit
3   MSP: pape Jean XII,

* Voir la note liminaire du ch.35. La césure entre les ch.35 et 36 suit le récit de Fleury qui commence le livre 56 de son *Histoire ecclésiastique* par l'entrée d'Othon en Italie. Dès le manuscrit, l'essentiel du texte des trois chapitres est là mais les ch.36 et 37 sont fondus et c'est ainsi qu'ils paraissent dans 53. En 1756, Voltaire les sépare et isole la séquence en rédigeant le paragraphe initial du ch.35 et un paragraphe final pour le ch.37. Placés à sa suite, deux nouveaux paragraphes, plus polémiques et philosophiques, achèvent de donner son identité à la séquence en 1761, année où Voltaire évoque le refus du viatique par Jean XII dans sa correspondance avec le comte d'Argental (D10039). Les ajouts qu'il fait au ch.36 cette année-là relèvent d'une problématique étrangère à la rédaction initiale, qui annonce certaines pages de l'*Essai* [...] *sur les dissensions des églises de Pologne* et de l'*Epître aux Romains*.

[1] Version légèrement différente chez Dupin et Bruys: pour le premier, 'Bérenger, sa femme et son fils abandonnés par leurs gens, quittèrent la campagne et les villes, et se retirèrent chacun dans quelque forteresse' (ch.2, p.31); pour le second, ce sont les prélats, les seigneurs et les députés de Lombardie qui 'prononcèrent la déchéance des tyrans Bérenger et son fils Adalbert' (année 960, t.2, p.240). Roi de Germanie depuis 936, le futur empereur Othon Ier avait épousé Adélaïde de Bourgogne, veuve de Lothaire d'Arles, roi d'Italie empoisonné par Bérenger II, marquis d'Ivrée, en 950.

[2] Voltaire a pu trouver le double titre dans la 'Dissertation sur les noms et les titres de César, d'Auguste et d'Empereur et sur la couronne impériale' (Barre, t.3, appendice non pag.).

494

5 fidélité sur le tombeau, dans lequel on dit que repose le corps de saint Pierre. On dressa un instrument authentique de cet acte. Le clergé et la noblesse romaine se soumettent à ne jamais élire de pape qu'en présence des commissaires de l'empereur.[3] Dans cet acte, Othon confirme les donations de Pépin, de Charlemagne, de Louis

10 le Débonnaire, sans spécifier quelles sont ces donations si contestées; 'sauf en tout notre puissance, dit-il, et celle de notre fils et de nos descendants'. Cet instrument, écrit en lettres d'or, souscrit par sept évêques d'Allemagne, cinq comtes, deux abbés et plusieurs prélats italiens, est gardé encore au château Saint Ange, à ce que dit

15 Baronius. La date est du 13 février 962.[4]

---

5 MSP: tombeau où l'on dit
7 MSP: soumettent par serment à
8 MSP: [*manchette*] *962*.
10-11 MSP, 53-54N: débonnaire, 'sauf
14-15 MSP, 53-W56: St Ange. La
15-23 MSP, 53-W56: 962. ¶On

---

[3] A la différence de ses sources, Voltaire se garde bien de signaler que les 'principaux de la ville' (Dupin), tous les citoyens et 'des grands' (Fleury, Bruys), voire le peuple tout entier (Fleury, Bruys, Barre) adhérèrent à ce serment, pas plus qu'il ne signale la contrepartie offerte à Jean XII: la restitution à l'Eglise romaine 'de ce qui lui appartenait' selon Dupin, 'de ce qui lui avait été ôté dans toute l'Italie d'or et de pierreries' selon Fleury. Selon Maimbourg, Othon avait même été couronné par Jean XII en échange de la promesse 'de maintenir les droits du Saint-Siège' (livre 1, années 961-962). En présentant le couronnement d'Othon comme une violence faite aux Italiens, Voltaire prend donc, anticipant en quelque sorte sur le cours des événements, le contre-pied d'une tradition historiographique dérivant de l'*Historia Ottonis* de Liutprand de Crémone et des *Annales* de Flodoard, deux chroniques du dixième siècle selon lesquelles Othon rencontra l'adhésion des Italiens et reçut la couronne impériale des mains de Jean XII avec les acclamations du peuple et du clergé; cf. Fleury, t.12, livre 56, année 960, §1; Dupin, ch.2; Heiss, livre 2, ch.3, années 962, 963; Bruys, année 962; Barre, année 962.

[4] Voir ci-dessus, ch.13, 16. L'*Abrégé des annales ecclésiastiques* de Baronius est cité en note par Fleury (livre 56, année 960, §1), en marge par Barre (t.3, p.413). Voltaire n'est certainement pas allé plus loin. Fleury, ainsi que Barre, détaille les signataires de l'acte, décrit précisément le contenu des dites donations et conclut: 'A la fin est la clause importante: sauf en notre puissance, et celle de notre fils et de nos descendants' (livre 56, année 962, §1, t.12, p.118-19).

Mais comment l'empereur Othon pouvait-il donner par cet acte, confirmatif de celui de Charlemagne, la ville même de Rome, que jamais Charlemagne ne donna? Comment pouvait-il faire présent du duché de Bénévent qu'il ne possédait pas, et qui appartenait encore à ses ducs? Comment aurait-il donné la Corse et la Sicile que les Sarrasins occupaient? [5] Ou Othon fut trompé, ou cet acte est faux, il en faut convenir.

On dit, et Mézerai le dit après d'autres, [6] que Lothaire roi de France, et Hugues Capet depuis roi, assistèrent à ce couronnement. Les rois de France étaient en effet alors si faibles, qu'ils pouvaient servir d'ornement au sacre d'un empereur; mais le nom de Lothaire et de Hugues Capet ne se trouve pas dans les signatures vraies ou fausses de cet acte. [7]

Quoi qu'il en soit, l'imprudence de Jean XII d'avoir appelé les Allemands à Rome, fut la source de toutes les calamités dont Rome et l'Italie furent affligées pendant tant de siècles.

Le pape s'étant ainsi donné un maître, quand il ne voulait qu'un protecteur, lui fut bientôt infidèle. Il se ligua contre l'empereur avec Bérenger même, réfugié chez des mahométans qui venaient de se cantonner sur les côtes de Provence. Il fit venir le fils de Bérenger

20

25

30

35

25   MSP: effet si
26   MSP: les noms
27   MSP: trouvent
27-32   MSP, 53-54N, w56: signatures de cet acte. ¶Le

[5] Même affirmation ch.16, lignes 118-20. Voltaire tente ici, en soumettant les faits à l'épreuve de 'la raison', de débusquer ce qu'il pense être une falsification. Le *Privilegium Ottonis* de 962, document authentique, 'confirmait' bien cependant un certain nombre de donations sensées avoir été faites au Saint-Siège par les prédécesseurs d'Othon. Mais, comme Voltaire le rappelle aux lignes 6-8, ces donations, en partie fictives, étaient largement contrebalancées par le droit, pour l'empereur, de s'immiscer dans les futures élections pontificales. La suite des événements montre d'ailleurs que 'l'alliance' entre Othon et Jean XII n'était guère, de la part des deux parties, que circonstancielle et intéressée.

[6] Mézeray, v. 'Lotaire', année 962, t.2, p.31; papillons, *CN*, t.5, p.612-13.

[7] D'après Fleury, livre 56, année 960, §1.

à Rome, tandis qu'Othon était à Pavie. Il envoya chez les Hongrois, pour les solliciter à rentrer en Allemagne; mais il n'était pas assez puissant pour soutenir cette action hardie, et l'empereur l'était assez pour le punir. [8]

40 Othon revint donc de Pavie à Rome, et s'étant assuré de la ville, il tint un concile, dans lequel il fit juridiquement le procès au pape. [9] On assembla les seigneurs allemands et romains, quarante évêques, dix-sept cardinaux dans l'église de Saint Pierre; [10] et là en présence de tout le peuple, on accusa le Saint-Père d'avoir joui de plusieurs 45 femmes, et surtout d'une nommée Etiennette, concubine de son

Othon dépose le pape qui l'avait appelé à son secours.

38   MSP: action si hardie. L'Empereur
40   MSP: [*manchette*] *963: Pape Jean douze jugé et condamné par l'empereur Othon.*
     MSP: revint de Pavis
41-42 MSP: pape au lieu de le juger militairement. ¶On
     53-54N: procès du pape. Au lieu de le juger militairement, on
43-44 MSP: et en présence du peuple
45-46 MSP, 53-w57G: Etiennette qui

[8] Voltaire introduit plusieurs erreurs et approximations: d'après Fleury, ce n'est pas Bérenger mais son fils Adalbert qui s'était réfugié chez les Sarrasins (livre 55, année 965, §16); et Fleury avait précédemment précisé que ceux-ci s'étaient établis à 'Frassinet, ou Frainet, port dans le golfe de Grimaud, entre Toulon et Fréjus', 'depuis environ cinquante ans' (t.12, p.22). Par ailleurs, les sources ne mentionnent pas Pavie mais Montefeltro, en Ombrie, où Bérenger s'était enfermé et qu'Othon, qui l'assiégeait, abandonna en apprenant qu'Adalbert était entré dans Rome; voir par exemple Fleury, livre 56, année 963, §5; signet, *CN*, t.3, p.518. La fin du paragraphe est un raccourci de Fleury qui raconte comment on avait pris à Capoue, en même temps que deux légats envoyés par Jean XII à Constantinople, un Bulgare ami du pape élevé chez les Hongrois et un certain Zachée, évêque récemment consacré, envoyé chez les Hongrois pour les inciter à attaquer l'Allemagne (livre 56, année 963, §5). La Hongrie était alors en voie de christianisation sous le duc Geza (972-997), père du premier roi chrétien, Etienne Ier (997-1038).

[9] Voltaire prend le contre-pied de la vulgate historiographique selon laquelle le concile de 963 aurait été convoqué à la demande des évêques romains et du peuple (voir notamment Fleury, livre 56, année 963, §6). De toutes les sources potentielle-ment consultées, Heiss est le seul chez qui Othon, 'prenant sujet de la mauvaise conduite d[u] pape, dont il voulait se venger', fait convoquer le concile (livre 2, ch.3, année 963, t.1, p.253).

[10] Seul Barre fournit ces chiffres (année 963).

père, qui était morte en couche. Les autres chefs d'accusation étaient, d'avoir fait évêque de Todi un enfant de dix ans, d'avoir vendu les ordinations et les bénéfices, d'avoir fait crever les yeux à son parrain, d'avoir châtré un cardinal, et ensuite de l'avoir fait mourir; enfin de ne pas croire en Jésus-Christ, et d'avoir invoqué le diable: deux choses qui semblent se contredire. [11] On mêlait donc, comme il arrive presque toujours, de fausses accusations à de véritables; mais on ne parla point du tout de la seule raison pour laquelle le concile était assemblé. L'empereur craignait sans doute de réveiller cette révolte et cette conspiration dans laquelle les accusateurs même du pape avaient trempé. Ce jeune pontife, qui avait alors vingt-sept ans, parut déposé pour ses incestes et ses scandales, et le fut en effet, pour avoir voulu, ainsi que tous les Romains, détruire la puissance allemande dans Rome. [12]

Othon ne put se rendre maître de sa personne; ou s'il le put, il fit une faute en le laissant libre. A peine avait-il fait élire le pape Léon VIII qui, si l'on en croit le discours d'Arnoud évêque d'Orléans, n'était ni ecclésiastique, ni même chrétien: [13] à peine en

50

55

60

---

46 MSP: couche, ce qui me semble n'avoir aucun rapport avec les droits de l'empereur dont il s'agissait. Les

57 MSP: parut être déposé et pour

---

[11] Chefs d'accusation traditionnellement rapportés par les historiens d'après Liutprand à l'exception de l'incroyance, motif sans doute extrapolé de Fleury, qui écrit que 'tous tant clercs que laïques déclarèrent, qu'il avait bu du vin pour l'amour du diable; qu'en jouant aux dés il avait invoqué le secours de Jupiter, de Vénus et des autres faux dieux: qu'il n'avait ni dit matines, ni les heures canoniales, et n'avait point fait sur lui le signe de la croix' (livre 56, année 963, §6, t.12, p.128-29).

[12] Interprétation voltairienne. La tradition historiographique, généralement favorable à Othon, s'intéresse plus à la légitimité du concile qu'à ses motivations politiques.

[13] Selon Fleury (livre 56, année 963, §7), Dupin (ch.2), et Barre (année 963), Othon se contenta d'entériner le choix par le concile de Léon VIII (963-965). On ne trouve pas les reproches concernant ce pape dans le discours d'Arnould II, évêque d'Orléans (987-1003), intégralement rapporté par Fleury (livre 57, année 991, §25) mais plus loin lorsque Fleury rapporte que Jean XII, lors du concile de 964, accusa

avait-il reçu l'hommage, et avait-il quitté Rome, dont probable-
65 ment il ne devait pas s'écarter, que Jean XII eut le courage de faire
soulever les Romains: et opposant alors concile à concile, on
déposa Léon VIII. On ordonna que *jamais l'inférieur ne pourrait ôter
le rang à son supérieur.* [14]

Le pape, par cette décision, n'entendait pas seulement que *Vengeance du*
70 jamais les évêques et les cardinaux ne pourraient déposer le *pape Jean XII.*
pape; mais on désignait aussi l'empereur, que les évêques de
Rome regardaient toujours comme un séculier, qui devait à l'Eglise
l'hommage et les serments qu'il exigeait d'elle. Le cardinal nommé
Jean, qui avait écrit et lu les accusations contre le pape, eut la main
75 droite coupée. On arracha la langue, on coupa le nez et deux doigts
à celui qui avait servi de greffier au concile de déposition. [15]

Au reste, dans tous ces conciles, où présidaient la faction et la *Hypocrisie*
vengeance, on citait toujours l'Evangile et les pères, on implorait *commune.*
les lumières du Saint-Esprit, on parlait en son nom, on faisait même
80 des règlements utiles; et qui lirait ces actes sans connaître l'histoire,
croirait lire les actes des saints. Si Jésus-Christ était alors revenu au

---

65   MSP: [*manchette*] *964.*
67   MSP: déposa ce Léon VIII qui était auprès de l'empereur. On
81-84   MSP, 53-61: saints. ¶Tout

---

l'évêque Sicon d'avoir ordonné Léon 'officier de cour, néophyte et parjure envers
nous, le faisant portier, lecteur, acolyte, sous-diacre, et diacre, tout d'un coup prêtre'
(livre 56, année 963, §9, t.12, p.135; papillon, *CN*, t.3, p.518).

[14] Maimbourg (livre 1, année 964), Fleury (livre 56, année 963, §9), Dupin (ch.2),
Bruys (année 963) et Barre (années 963-964) rapportent deux soulèvements. En
faisant le choix de n'en mentionner qu'un, Voltaire simplifie mais impose surtout une
lecture politique là où les historiens ne voient qu'appât du gain ou manœuvres de
femmes. La citation est empruntée à Fleury, qui, à aucun moment cependant, ne
rapporte la formule à l'empereur. Le paragraphe qui suit relève donc d'une
interprétation voltairienne.

[15] Voltaire suit plus vraisemblablement ici Dupin (ch.2) ou Barre (année 964), qui
donnent davantage de détails que Fleury quant à ces vengeances.

monde, qu'aurait-il dit en voyant tant d'hypocrisie, et tant d'abominations dans son Eglise?[16]

Tout cela se faisait presque sous les yeux de l'empereur; et qui sait jusqu'où le courage et le ressentiment du jeune pontife, le soulèvement des Romains en sa faveur, la haine des autres villes d'Italie contre les Allemands, eussent pu porter cette révolution?[17]

964. Mais le pape Jean XII fut assassiné trois mois après, entre les bras d'une femme mariée, par les mains du mari qui vengeait sa honte. Il mourut de ses blessures au bout de huit jours. On a écrit que ne croyant pas à la religion dont il était pontife, il ne voulut pas recevoir en mourant le viatique.[18]

Ce pape, ou plutôt ce patrice, avait tellement animé les Romains, qu'ils osèrent, même après sa mort, soutenir un siège, et ne se rendirent qu'à l'extrémité. Othon, deux fois vainqueur de Rome, fut le maître de l'Italie comme de l'Allemagne.[19]

85 MSP: de ce jeune

88-93 MSP: Jean XII, l'âme de ce parti, fut assassiné trois mois après à la campagne entre les bras d'une femme mariée, par les mains du mari qui vengeait sa honte. Il reçut un coup de bâton sur la tempe si violent qu'il en mourût huit jours après. On dit que ne croyant pas à la religion dont il était le premier pontife, il ne voulut jamais recevoir le viatique. ¶Il avait

89-93 53-54N: honte. ¶Il avait

[16] Ambivalent à l'égard du personnage de Jésus-Christ (voir J. L. Seban, art. 'Jésus-Christ', *DgV*), Voltaire n'a pas de mal à mettre en valeur le contraste entre le message christique et les réalités de l'histoire de l'Eglise, malgré sa sympathie croissante pour Jésus à la fin des années 1760, quand il rédige cet ajout tardif.

[17] Le mot, symptomatique de la lecture que Voltaire fait de l'état de l'Italie sous Jean XII, ne figure dans aucune source.

[18] Fleury mentionne l'absence de viatique mais non un refus (t.12, livre 56, année 964, §10). Voir la lettre du 28 septembre 1761 à d'Argental, qui évoque cet épisode (D10039). Barre (année 964) et Heidegger (p.94) sont les seuls à désigner explicitement le mari cocu comme l'auteur des coups.

[19] Les Romains ayant élu l'antipape Benoît V 'le Grammairien' (964-966) sans le consentement impérial, Othon assiège la ville jusqu'à sa reddition le 23 juin 964: voir notamment Fleury, livre 56, année 964, §10. Voltaire se plaît à souligner que suite aux turbulences internes et à la décadence de l'Eglise romaine, l'empereur est désormais le maître en Italie.

Le pape Léon, créé par lui, le sénat, les principaux du peuple, le clergé de Rome, solennellement assemblés dans Saint Jean de Latran, confirmèrent à l'empereur le droit de se choisir un successeur au royaume d'Italie, d'établir le pape, et de donner l'investiture aux évêques.[20] Après tant de traités et de serments formés par la crainte, il fallait des empereurs qui demeurassent à Rome pour les faire observer.

A peine l'empereur Othon était retourné en Allemagne, que les Romains voulurent être libres. Ils mirent en prison leur nouveau pape, créature de l'empereur.[21] Le préfet de Rome, les tribuns, le sénat voulurent faire revivre les anciennes lois; mais ce qui dans un temps est une entreprise de héros, devient dans d'autres une révolte de séditieux.[22] Othon revole en Italie, fait pendre une partie du sénat: *966.* et le préfet de Rome, qui avait voulu être un Brutus, fut fouetté

100
105
110

101-102   MSP: serments, il
106   MSP: pape, Jean XIII, créature
107   MSP: lois de la république;
109-10   MSP: sénat. Le préfet

[20] Depuis 'se choisir', Voltaire copie Fleury, livre 56, année 964, §10, lequel fait remonter aux empereurs d'Orient l'obligation du consentement impérial à l'élection du pape, et rappelle que Charlemagne a hérité de ce droit lors de son élévation par le pape Adrien Ier au titre de patrice des Romains, comme le décret le 'porte'. Au ch.16 ci-dessus (lignes 47-65), Voltaire s'est contenté de rappeler ce pouvoir dévolu aux empereurs d'Orient mais sans en faire bénéficier, aussi explicitement que Fleury, Charlemagne et ses successeurs.

[21] Heiss est le seul à soutenir qu'Othon imposa Jean XIII (livre 2, ch.3, année 965).

[22] Récit elliptique et confus d'après Fleury (livre 56, année 965, §11). Evadé de sa prison au début de l'année 966, Jean XIII (965-972) rentrera à Rome en novembre, châtiant durement ses persécuteurs. Voltaire a pu trouver la clé de lecture républicaine de cette révolte chez Barre (année 965), qui raconte comment 'les principaux magistrats reprirent l'autorité souveraine, et choisirent des consuls et des tribuns du peuple pour travailler à rétablir la forme de l'ancienne République' (t.3, p.432).

dans les carrefours, promené nu sur un âne, et jeté dans un cachot, où il mourut de faim. [23]

112   MSP: de misère.

[23] Voltaire suit Fleury (livre 56, année 966, §15; signet, *CN*, t.3, p.518) mais récrit son récit sur deux points: en imputant la vengeance à Othon, et non au pape, et en faisant mourir le préfet en prison plutôt qu'en exil. Aucune des sources potentiellement utilisées ne mentionne explicitement ce décès en prison. L'allusion à Brutus colore de manière tragique cet épilogue traité sur le mode burlesque par les historiens: Maimbourg, année 966; Dupin, ch.2; Bruys, année 966; Barre, année 965. Dans les *Annales* (p.275-76), comme dans la première version manuscrite du texte, le préfet de Rome meurt 'de misère'.

CHAPITRE 37

Des empereurs Othon II et III, et de Rome.

Tel fut à peu près l'état de Rome sous Othon le grand, Othon II et Othon III. Les Allemands tenaient les Romains subjugués, et les Romains brisaient leurs fers dès qu'ils le pouvaient.

Un pape élu par l'ordre de l'empereur, ou nommé par lui, devenait l'objet de l'exécration des Romains. L'idée de rétablir la république, vivait toujours dans leurs cœurs;[1] mais cette noble ambition ne produisait que des misères humiliantes et affreuses.

Othon II marche à Rome comme son père. Quel gouvernement! quel empire! et quel pontificat! Un consul nommé Crescentius, fils du pape Jean X, et de la fameuse Marozie, prenant avec ce titre de consul la haine de la royauté, souleva Rome contre Othon II.[2] Il fit

Crimes et malheurs dans Rome.

a-143   [*Première rédaction de ce chapitre*: MSP]
a   53: [*pas de rupture*]
     W56-W57G: Chapitre 27
     61: Chapitre 33
b   MSP: [*intertitre*] Paragraphe 2. *Suite des misères de Rome*
3-9   53-54N: pouvaient. ¶Un consul
4-5   MSP: par les ordres de l'empereur devenait l'objet de la haine des
6   MSP: république subsistait toujours mais
7-9   MSP: ne causait que des misères humiliantes. ¶Un consul
8   W56-W57G: Rome contre [β *erreur*] son
10   MSP: et <de la fameuse> ^Vd'une Marousie
11   MSP: [*manchette*] *974.*
     MSP: royauté, arma contre

* Voir la note liminaire du ch.35.
[1] Maimbourg (t.1, livre 1, année 973), puis Barre (année 979) avaient souligné la volonté des Romains de 'rétablir l'ancienne liberté' à la mort d'Othon en 973.
[2] Sur la révolte du personage (mort en 984) tantôt appelé Centius/Cincius, tantôt confondu avec le consul Crescentius évoqué plus loin après la mort d'Othon II, Voltaire suit Fleury qui le présente comme le 'fils de la fameuse Theodora et du pape

mourir en prison Benoît VI, créature de l'empereur;[3] et l'autorité d'Othon, quoique éloigné, ayant dans ces troubles donné avant son arrivée la chaire romaine au chancelier de l'empire en Italie, qui fut pape sous le nom de Jean XIV, ce malheureux pape fut une nouvelle victime que le parti romain immola. Le pape Boniface VII créature du consul Crescentius, déjà souillé du sang de Benoît VI, fit encore périr Jean XIV.[4] Les temps de Caligula, de Néron, de Vitellius,[5] ne produisirent ni des infortunes plus déplorables, ni de plus grandes barbaries; mais les attentats et les malheurs de ces papes sont obscurs comme eux. Ces tragédies sanglantes se

15

20

13   MSP, 54: troubles fait donner avant
13-14   53: donné la chaire
14-18   MSP: Italie, lequel fut pape sous le nom de Benoît. Les Romains l'enfermèrent et le firent mourir de faim. Les temps
16   53: Boniface VIII [54 *errata*, 54C *errata*: *corrigé*]
20-21   MSP, 53-54N: mais les horreurs de ces papes sont obscures

Jean X' (livre 56, année 975, §36), mais se trompe de sœur et simplifie en faisant de Cincius/Crescentius un seul et même personnage. Il interprète en outre dans un sens républicain des événements que les historiens favorables à l'Empire rapportent comme le fait d'un homme turbulent et séditieux. Le titre de consul, absent chez Fleury, est peut-être extrapolé de Barre (année 979), pour qui 'Cincius voulait se faire déclarer consul et gouverneur de Rome' (t.3, p.461).

[3] Selon toutes les sources, Benoît VI (973-974) fut étranglé: Voltaire édulcore, et adopte le point de vue des Romains.

[4] Récit elliptique et confus de cette période où papes et antipapes se succèdent. Voltaire omet le pontificat, soutenu par Othon II, de Benoît VII (974-983) et il mentionne l'antipape Boniface VII pour son rôle dans les assassinats de Benoît VI et de Jean XIV (983-984), sans dire que cet ancien diacre avait été élu pape en 974, du vivant de Benoît VI, par les séditieux (Fleury, livre 56, année 975, §36). L'ordre de son récit suggère en outre que Jean XIV fut tué avant le voyage d'Othon II à Rome, alors que sa mort est postérieure à celle de l'empereur en 983, selon Fleury (livre 57, année 984, §12).

[5] Elu empereur en 69, mais contesté par les partisans de Vespasien, il est mis à mort par la foule.

jouaient sur le théâtre de Rome, mais petit et ruiné; et celles des
césars avaient pour théâtre le monde connu.[6]

Cependant, Othon II arrive à Rome en 981.[7] Les papes autrefois
25 avaient fait venir les Francs en Italie, et s'étaient soustraits à
l'autorité des empereurs d'Orient.[8] Que font-ils maintenant? Ils
essayent de retourner en apparence à leurs anciens maîtres; et ayant
imprudemment appelé les empereurs saxons, ils veulent les
chasser. Ce même Boniface VII était allé à Constantinople presser
30 les empereurs Basile et Constantin de venir rétablir le trône des
césars.[9] Rome ne savait ni ce qu'elle était, ni à qui elle était. Le
consul Crescentius et le sénat voulaient rétablir la république. Le
pape ne voulait en effet ni république, ni maître. Othon II voulait
régner. Il entre donc dans Rome; il y invite à dîner les principaux
35 sénateurs, et les partisans du consul: et si l'on en croit Geofroy de
Viterbe, il les fait tous égorger au milieu d'un repas.[10] Voilà le pape *Barbarie*
d'Othon II.

23   MSP: avaient eu pour
23-47   MSP, 53-54N: connu. ¶Crescentius

[6] Métaphore également appliquée à l'Empire dans l'"Avertissement' des *Annales*:
'ce qu'on appelle l'Empire est, depuis Charlemagne, le plus grand théâtre de
l'Europe' (p.193).

[7] Sans doute d'après Bruys, qui rapporte qu'Othon II, venu en Lombardie avec
Théophanie en 980, vint passer les fêtes de Noël à Rome, où il fut reçu 'avec
beaucoup de magnificence et de joie' (année 982, t.2, p.269). Fleury n'évoque ni le
voyage d'Othon II à Rome, ni le funeste repas.

[8] Voir ci-dessus, ch.13.

[9] Interprétation voltairienne: Fleury mentionne sans commentaire le séjour de
Boniface VII à Constantinople – il y demeura près de dix ans – puis son retour 'sur la
nouvelle de la mort de Benoît VII' (livre 57, année 984, t.12, p.243): il date ce décès de
juillet 984 mais celui-ci est en réalité antérieur à la mort d'Othon II à Rome en
décembre 983, qui décida sans doute Boniface VII à rentrer en Italie. Voltaire donne
ici l'impression erronée que ce dernier n'a fait qu'un bref aller-retour à Constantinople. Y régnaient alors les deux frères et coempereurs Basile II 'Bulgaroctone'
(976-1025) et Constantin VIII (976-1028).

[10] Le récit de ce dîner, absent de Fleury et des premières versions du texte, est sans
doute inspiré de Bruys (année 982), qui décalque Maimbourg (année 981) mais est le
seul à citer explicitement Godefroy de Viterbe (t.2, p.269). Voltaire résume cet
épisode, dramatisé à l'excès chez Bruys et Barre (années 980-981), mais il exagère la
cruauté d'Othon II en faisant mourir tous les invités.

délivré par son ennemi des sénateurs républicains. Mais il faut se délivrer de ce tyran. Ce n'est pas assez des troupes de l'empereur d'Orient, qui viennent dans la Pouille, le pape y joint les Sarrasins. [11] Si le massacre des sénateurs dans ce repas sanglant rapporté par Geofroy est véritable, il valait mieux sans doute avoir les mahométans pour protecteurs, que ce Saxon sanguinaire pour maître. [12] Il est vaincu par les Grecs; il l'est par les musulmans; il tombe captif entre leurs mains, mais il leur échappe; et profitant de la division de ses ennemis, il rentre encore dans Rome, où il meurt en 983. [13]

Son neveu pape; autre pape chassé et maltraité. Après sa mort le consul Crescentius maintint quelque temps l'ombre de la république romaine. Il chassa du siège pontifical Grégoire V neveu de l'empereur Othon III. [14] Mais enfin Rome fut encore assiégée et prise. Crescentius, attiré hors du château Saint Ange sur l'espérance d'un accommodement et sur la foi des serments de l'empereur, eut la tête tranchée. Son corps fut

40

45

50

44   w56-w57G: mais échappe
50   MSP: attiré du

[11] Voltaire inverse la chronologie des événements en présentant l'alliance entre Grecs et Sarrasins pour reprendre les Pouilles et la Calabre comme une conséquence du funeste repas, alors que les sources (notamment Bruys, année 982), généralement favorables à l'Empire, justifient au contraire la cruauté d'Othon II par la trahison des Romains.

[12] Adjectif absent chez Fleury, mais traditionnellement employé pour qualifier Othon II (voir L. Moréri, *Le Grand Dictionnaire historique*, Amsterdam, 1740, BV2523; v. 'Othon II') et utilisé notamment par Bruys (année 982) et Barre (années 980-981) en raison du 'funeste repas'.

[13] Récit de la mort d'Othon II proche de celui fourni par Dupin, ch.2.

[14] Récit à nouveau elliptique: Voltaire ne mentionne pas le rétablissement de Boniface VII (985) et omet le pontificat de Jean XV (985-996). Sur l'éviction de son successeur, Grégoire V (996-999), fils de Judith sœur d'Othon III et d'Othon duc de Bavière et de Souabe, Voltaire suit Fleury (livre 57, année 997, §49, 'Jean XVI antipape'; signet, *CN*, t.3, p.519), mais il a pu trouver chez Bruys (année 997) ou Barre (année 997) la clé de lecture républicaine de la révolte de Crescentius. Barre distingue ce personnage de Cincius, évoqué ci-dessus, n.2, tandis que Voltaire, comme Fleury et Bruys, confond les deux personnages.

pendu par les pieds: et le nouveau pape, élu par les Romains sous le nom de Jean XVI, eut les yeux crevés et le nez coupé. On le jeta en 55 cet état du haut du château Saint Ange dans la place.[15]

Les Romains renouvelèrent alors à Othon III les serments faits à Othon Ier et à Charlemagne; et il assigna aux papes les terres de la Marche d'Ancone pour soutenir leur dignité.[16]

Après les trois Othons, ce combat de la domination allemande et 60 de la liberté italique resta longtemps dans les mêmes termes. Sous les empereurs Henri II de Bavière, et Conrad II le salique, dès qu'un empereur était occupé en Allemagne, il s'élevait un parti en Italie. Henri II y vint, comme les Othons, dissiper des factions, confirmer aux papes les donations des empereurs, et recevoir les 65 mêmes hommages.[17] Cependant la papauté était à l'encan, ainsi que presque tous les autres évêchés.

Romains toujours opposés aux empereurs.

53   MSP, 53-54N: Romains, qui gouvernaient [MSG: gouvernait] cette Eglise sanglante sous le nom de Jean XIV, [53-54N: Jean XV]
        w56: Jean XV
54-55   MSP: état du château
57-59   MSP: Charlemagne. ¶Après

[15] Episode confus, car les sources divergent sur le sort réservé à Crescentius et à Jean XVI (997-998), au point, selon P. Bayle, *Dictionnaire historique et critique* (Rotterdam, 1697, BV292), de 'dégoût[er] cruellement de l'étude de l'histoire' (t.2, Ire partie, v. 'Othon III'). Sur le châtiment infligé à Crescentius, Voltaire suit, en le simplifiant, le récit de Fleury (livre 57, année 998, §52; corne et signet, *CN*, t.3, p.519), mais il adopte, sur le sort réservé à Jean XVI, la version de Heiss (livre 2, ch.5, année 998), également mentionnée par Bruys (année 997), selon laquelle le corps de l'antipape supplicié fut jeté du haut du château Saint-Ange. Bruys présente et commente de manière critique la totalité de ces 'variations'.

[16] Aucune source n'évoque alors la donation de la marche d'Ancône. Selon l'art. 'Pape' de l'*Encyclopédie* (1765), t.11: 'Ce que l'on peut recueillir de plus probable [...] c'est que du temps de Charlemagne, les papes obtinrent en propriété la marche d'Ancône [...]. Lorsque l'empire d'Occident se renouvela dans la famille des Othons au dixième siècle, Othon III assigna particulièrement au Saint-Siège la Marche d'Ancône, en confirmant toutes les donations faites à l'Eglise. Il paraît donc que Charlemagne avait donné cette Marche et que les troubles survenus depuis en Italie avaient empêché les papes d'en jouir.' Voir ci-dessus, ch.16, lignes 123-31.

[17] Henri II 'le Saint' (empereur de 1014 à 1024) puis Conrad II (roi des Romains en 1024, puis empereur de 1027 à 1039) intervinrent respectivement en Italie en 1005 et

Benoît VIII, Jean XIX, l'achetèrent publiquement l'un après l'autre: ils étaient frères de la maison des marquis de Toscanelle, toujours puissante à Rome depuis le temps des Marozie et des Théodora.[18]

1034. Après leur mort, pour perpétuer le pontificat dans leur maison, on acheta encore les suffrages pour un enfant de douze ans.[19] C'était Benoît IX qui eut l'évêché de Rome de la même manière qu'on voit encore aujourd'hui tant de familles acheter, mais en secret, des bénéfices pour des enfants.

Triumvirat de Le désordre n'eut point de bornes. On vit sous le pontificat de ce *papes.* Benoît IX deux autres papes élus à prix d'argent, et trois papes dans

70

75

---

67 MSG: Jean Dix-huit
68 MSP, 53-54N: Toscane
69 53-54N: temps de Marozie
69-71 MSP, 53: temps de Marosie. ¶Après
71 MSP: [*manchette*] *1034.*
MSP: dans cette maison
76 MSP: [*manchette*] *1045.* ¶*1046.*
MSP: voit
MSP, 53-w56: Ce désordre

1014 pour le premier, et en 1033 et 1036 pour le second. Sur ces interventions, Voltaire a lu attentivement Fleury (livre 58, année 1013, §38; livre 59, année 1033, §31, 35; signets: *CN*, t.3, p.519-20), mais il emprunte à Bruys l'idée selon laquelle Henri confirma aux papes 'toutes les donations que les empereurs français et les Othons avaient faites à l'Eglise romaine' (année 1014, t.2, p.320).

[18] Cf. Fleury (livre 58, année 1012, §35); Bruys (année 1012); Barre (année 1013). Les sources attribuent l'élection contestée de Benoît VIII (1012-1024) au crédit de son père Grégoire et non à la simonie. Voltaire le confond peut-être avec son frère Jean XIX (1024-1032), simple laïc élu à sa mort 'à force d'argent' et sous la pression d'Alberic, comte de Toscanelle, leur frère: voir Fleury (livre 59, année 1024, §3); Bruys (année 1024); Barre (année 1024). Bruys est le seul à mentionner le nom des Toscanelle. Sur 'le temps des Marozie et des Théodora', voir ci-dessus, ch.35, lignes 41 et suiv.

[19] Election jugée tout aussi sévèrement par Bruys (année 1033) et Fleury (livre 59, année 1033, §31), tout comme la période qui suit.

508

Rome s'excommunier réciproquement; mais par une conciliation heureuse, qui étouffa une guerre civile, ces trois papes s'accordèrent à partager les revenus de l'Eglise, et à vivre en paix chacun avec sa maîtresse.

Ce triumvirat pacifique et singulier ne dura qu'autant qu'ils eurent de l'argent; et enfin, quand ils n'en eurent plus, chacun vendit sa part de la papauté au diacre Gratien, homme de qualité, fort riche. [20] Mais comme le jeune Benoît IX avait été élu longtemps avant les deux autres, on lui laissa par un accord solennel la jouissance du tribut que l'Angleterre payait alors à Rome, qu'on appelait le *denier de saint Pierre*, à quoi un roi danois d'Angleterre, nommé Etelvolft, Edelvolf, ou Ethelulfe, s'était soumis en 852. [21]

80

85

78-79   MSP, 53-54N: par [53-54N: un] accord heureux
79-80   MSP: trois pontifes s'accordèrent
81   MSP: avec leur maîtresse, abandonnant les affaires politiques à qui voudrait s'en saisir.
88   W56: roi saxon d'Angleterre
89   MSP: nommé Etelvolf s'était

[20] Le 'diacre Gratien' est le futur Grégoire VI (voir ci-dessous ligne 90), soit l'un des membres du 'triumvirat' – formé par Benoît IX, son parrain Grégoire VI et Sylvestre III – et non le quatrième personnage que laisse supposer le récit de Voltaire, plus proche du ton badin de *Cosi Sancta* (1715) que de celui de la tradition historiographique qui voit plutôt dans cet épisode le comble du scandale et de l'infamie. A l'automne 1046, ces trois papes se disputant la tiare, le clergé demanda l'arbitrage de l'empereur Henri III 'le Noir' (1039-1056) alors à Rome: convoqué par Grégoire VI avec l'appui d'Henri, le synode de Sutri fit enfermer Sylvestre III et avalisa l'abdication de Benoît IX mais Grégoire VI, accusé lui aussi d'avoir acheté son trône, démissionna rapidement au profit de Clément II (1046-1047) qui convoqua aussitôt un synode contre la simonie. Voltaire suit le récit de Bruys (années 1044, 1045), à qui il emprunte l'expression 'homme de qualité', l'idée d'un triumvirat et celle de simonie, mais il minimise les crimes de Benoît IX (1033-1044) et invente le motif des excommunications réciproques.
[21] Paragraphe repris dans les *Annales* ('Henri III', p.291-92). Sur l'accord intervenu autour du 'denier de saint Pierre', voir Bruys (année 1045). Fleury mentionne le concile réuni par Ethelulfe dans lequel on ordonna que 'la dixième partie de toutes les terres appartiendrait à l'Eglise [...] pour la récompenser des pillages des [...] Normands, qui ne ravageaient pas moins l'Angleterre que la France' (livre 49, année 856, §29, t.10, p.606).

Ce Gratien qui prit le nom de Grégoire VI, jouissait paisible- 90
ment du pontificat, lorsque l'empereur Henri III fils de Conrad II le
salique, vint à Rome. [22]

Jamais empereur n'y exerça plus d'autorité. Il exila Grégoire VI,
et nomma pape Suidger son chancelier, évêque de Bamberg, sans
qu'on osât murmurer. [23]   95

1048.   Après la mort de cet Allemand, qui parmi les papes est appelé
Clément II, l'empereur, qui était en Allemagne, y créa pape un
Bavarois nommé Popon: c'est Damase II qui avec le brevet de
l'empereur alla se faire reconnaître à Rome. Il fut intronisé malgré
ce Benoît IX qui voulait encore rentrer dans la chaire pontificale   100
après l'avoir vendue. [24]

90   MSP, 53-54N: Grégoire VI, et qui passe pour s'être conduit très sagement,
jouissait
91   MSP: [*manchette*] *1046.*
93-94   MSP, 53-54N: Il déposa Grégoire VI que les Romains aimaient et
99   MSP, 53-54N: Il le fut, malgré

[22] Paragraphe repris dans les *Annales* où Voltaire salue la sage conduite de Gratien
('Henri III', p.292). Il ne retient pas l'explication avancée par Fleury (livre 59,
année 1046, §49) et Barre (année 1046), selon laquelle ce sont ceux que Grégoire VI
avait obligés à rendre les biens de l'Eglise qui appelèrent Henri III en Italie.

[23] Dupin est le seul à parler d'exil (*Histoire des controverses* [...] *dans le onzième
siècle* ch.2, p.81), les autres sources laissant entendre que Grégoire VI renonça de lui-
même au pontificat. En exagérant le caractère autoritaire de la nomination de
Clément II, Voltaire contredit la vulgate historiographique, généralement favorable
à l'Empire, selon laquelle Henri avait fait élire Suidger 'parce qu'il ne se trouvait
personne dans l'Eglise romaine digne d'en remplir la première place' (Fleury,
livre 59, année 1046, §49, t.12, p.548) et 'au milieu des cris de joie' des Romains selon
Barre (années 1046-1047, t.4, p.29) et Bruys (année 1046, t.2, p.334).

[24] Voir Fleury (livre 59, années 1047-1048, §53, 54), repris par Bruys (année 1047),
selon lequel Benoît IX rentra pour la troisième fois dans le Saint-Siège et s'y maintint
huit mois après la mort de Clément II, avant de renoncer à la papauté. Les sources de
Voltaire, favorables à l'Empire, rapportent que Damase II n'aurait été élu que le jour
où Benoît IX se retira.

Ce Bavarois étant mort vingt-trois jours après son intronisation, l'empereur donna la papauté à son cousin Brunon, de la maison de Lorraine, qu'il transféra de l'évêché de Toul à celui de Rome par
105 une autorité absolue. [25] Si cette autorité des empereurs avait duré, les papes n'eussent été que leurs chapelains, et l'Italie eût été esclave.

Ce pontife prit le nom de Léon IX; on l'a mis au rang des saints. Nous le verrons à la tête d'une armée combattre les princes normands fondateurs du royaume de Naples, et tomber captif
110 entre leurs mains. [26]

Si les empereurs eussent pu demeurer à Rome, on voit par la faiblesse des Romains, par les divisions de l'Italie, et par la puissance de l'Allemagne, qu'ils eussent été toujours les souverains des papes, et qu'en effet il y aurait eu un empire romain. Mais ces
115 rois électifs d'Allemagne ne pouvaient se fixer à Rome loin des princes allemands trop redoutables à leurs maîtres. Les voisins étaient toujours prêts d'envahir les frontières. Il fallait combattre tantôt les Danois, tantôt les Polonais et les Hongrois. C'est ce contrepoids qui sauva quelque temps l'Italie d'un joug contre
120 lequel elle se serait en vain débattue.

Jamais Rome et l'Eglise latine ne furent plus méprisées à Constantinople que dans ces temps malheureux. Luitprand l'ambassadeur d'Othon Ier auprès de l'empereur Nicéphore Phocas,

Il y aurait eu des empereurs, s'ils avaient demeuré à Rome.

La cour de Constantinople méprise la cour romaine.

---

103   MSP: [*manchette*] *1048*.
104-11   MSP: Rome avec une autorité absolue. ¶Si
105-43   53-54N: absolue.//
118-19   MSP, W56-W57G: Hongrois. Voilà ce qui sauva la faible Italie
         W56: Hongrois. Voilà ce qui
120-43   MSP, W56-W57G: débattue.//

---

[25] Lors de l'assemblée de Worms, en 1049: voir les *Annales* ('Henri III', p.292). Voltaire a trouvé la mention des vingt-trois jours – en juillet et août 1048 – dans Fleury (livre 59, année 1048, §54) mais il se garde bien de rapporter les 'cantiques de joie' réservés par les Romains à Brunon-Léon IX (1049-1054), pourtant mentionnés par la plupart des historiens, mais qui contredisent sa thèse.

[26] Après le concile de 1053 d'après Fleury, livre 59, année 1053, §82: voir l'*EM*, ch.40.

nous apprend que les habitants de Rome n'étaient point appelés Romains, mais Lombards, dans la ville impériale. Les évêques de   125
Rome n'y étaient regardés que comme des brigands schismatiques. Le séjour de saint Pierre à Rome était considéré comme une fable absurde fondée uniquement sur ce que saint Pierre avait dit dans une des ses épîtres, qu'il était à Babilone, et qu'on s'était avisé de prétendre que Babilone signifiait Rome: on ne faisait guère plus de   130
cas à Constantinople des empereurs saxons, qu'on traitait de barbares.[27]

Cependant la cour de Constantinople ne valait pas mieux que celle des empereurs germaniques. Mais il y avait dans l'empire grec plus de commerce, d'industrie, de richesses, que dans l'empire   135
latin: tout était déchu dans l'Europe occidentale, depuis les temps brillants de Charlemagne.[28] La férocité et la débauche, l'anarchie et la pauvreté étaient dans tous les Etats. Jamais l'ignorance ne fut plus universelle. Il ne se faisait pourtant pas plus de miracles que dans d'autres temps; il y en a eu dans chaque siècle, et ce n'est guère   140
que depuis l'établissement des académies des sciences dans l'Europe, qu'on ne voit plus de miracles chez les nations éclairées; et que si l'on en voit, la saine physique les réduit bientôt à leur valeur.[29]

---

[27] Voir le *Saint-Fargeau notebook* (*OCV*, t.81, p.153). Dans le récit par Fleury de l'ambassade de Liutprand à Constantinople (livre 56, année 968, §20; papillon et signet, *CN*, t.3, p.518-19), les Romains sont bien traités de 'Lombards', mais les autres griefs sont absents. Sur le caractère problématique du séjour de Pierre à Rome, emblématique de la fragilité du fondement de l'Eglise et du pouvoir des papes (les *Notebooks* permettent de dater ces réflexions de la seconde moitié des années 1750), voir ci-dessus, ch.8, lignes 78-81 et n.17, 18.

[28] Rapportée par Fleury (livre 56, année 968, §20), la relation de Liutprand évoque 'une grande multitude de marchands' mais une richesse toute relative: Voltaire exagère la richesse de l'Orient pour mieux souligner le déclin de l'Occident.

[29] Remarques contemporaines des attaques des *Ah! Ah!* et des *Car* donnés en réponse au discours de réception de Lefranc de Pompignan à l'Académie en mars 1760. Sur le rôle des institutions académiques – salué dès les *Lettres philosophiques* (1734) – dans l'avènement des Lumières, voir l'art. 'Académie' des *QE* (*OCV*, t.38, p.73-78).

CHRONOLOGIE DES CHAPITRES

Titres des chapitres dans les différentes éditions

Avant-propos

MSP: Premier Avant-propos

45: Premier Avant-propos. Nouveau plan d'une histoire de l'esprit humain. Avant-propos

53-54N: Premier Avant-propos. Introduction

w56[1]-w57G: Avant-propos, qui contient le plan de cet ouvrage, avec le précis de ce qu'étaient originairement les nations occidentales; et les raisons pour lesquelles on commence cet Essai par l'Orient.

61: Avant-propos, qui contient le plan de cet ouvrage, avec le précis de ce qu'étaient originairement les nations occidentales; et les raisons pour lesquelles on commence cet Essai par l'Orient.

w68-w75G: Avant-Propos, qui contient le plan de cet ouvrage, avec le précis de ce qu'étaient originairement les nations occidentales, et les raisons pour lesquelles on a commencé cet Essai par l'Orient.

Chapitre 1[2]

MSP: Ch.1. De la Chine.

45: Ch.1. De la Chine.

53-54N: De la Chine.

w56-w57G: Ch.1. De la Chine, de son antiquité, de ses forces, de ses lois.

61: Ch.1. De la Chine, de son antiquité, de ses forces, de ses lois, de ses usages et de ses sciences.

w68-w75G: Ch.1. De la Chine, de son antiquité, de ses forces, de ses lois, de ses usages, et de ses sciences.

---

[1] La première parution.

[2] Les nombres de chapitre sont ceux du texte de la présente édition.

Chapitre 2

MSP: Ch.1. De la Chine.

45: Ch.1. De la Chine.

53-54N: De la Chine.

W56-W57G: Ch.2. De la religion de la Chine, Que le gouvernement n'est point athée; que le christianisme n'y a point été prêché au septième siècle. De quelques sectes établies dans le pays.

61: Ch.2. De la religion de la Chine, Que le gouvernement n'est point athée; que le christianisme n'y a point été prêché au septième siècle. De quelques sectes établies dans le pays.

W68-W75G: Ch.2. De la religion de la Chine. Que le gouvernement n'est point athée; que le christianisme n'y a point été prêché au septième siècle. De quelques sectes établies dans le pays.

Chapitre 3

MSP: Ch.2 §1. Des Indes.

45: Ch.2. Des Indes, de la Perse, de l'Arabie et du mahométisme.

53-54N: Des Indes, de la Perse, de l'Arabie et du mahométisme.

W56-W57G: Ch.3. Des Indes.

61: Ch.3. Des Indes.

W68-W75G: Ch.3. Des Indes.

Chapitre 4

61: Ch.4. Des bracmanes; du Védam et de l'Ezourvedam.

W68-W75G: Ch.4. Des Brachmanes, du Veidam et de l'Ezour-Veidam.

Chapitre 5

MSP: Ch.2 §2. De la Perse.

45: Ch.2. Des Indes, de la Perse, de l'Arabie et du mahométisme.

53-54N: Des Indes, de la Perse, de l'Arabie et du mahométisme.

W56-W57G: Ch.4. De la Perse, de l'Arabie et de Mahomet.

61: Ch.5. De la Perse, de l'Arabie et de Mahomet. De sa famille; de ses premiers successeurs, des mœurs singulières de son pays et de son temps.
w68-w75G: Ch.5. De la Perse au temps de Mahomet le Prophète, et de l'ancienne religion de Zoroastre.

Chapitre 6

MSP: Ch.2 §3. De Mahomet.
45: Ch.2. Des Indes, de la Perse, de l'Arabie et du mahométisme.
53-54N: Des Indes, de la Perse, de l'Arabie et du mahométisme.
w56-w57G: Ch.4. De la Perse, de l'Arabie et de Mahomet.
61: Ch.6. De l'Alcoran et de la loi musulmane. Examen si la religion musulmane était nouvelle, et si elle a été persécutante.
w68-w75G: Ch.6. De l'Arabie, et de Mahomet.

Chapitre 7

MSP: Ch.3. Des califes.
45: Ch.3. Des califes.
53-54N: Des Indes, de la Perse, de l'Arabie et du mahométisme.
w56-w57G: Ch.4. De la Perse, de l'Arabie et de Mahomet.
61: Ch.6. De l'Alcoran et de la loi musulmane. Examen si la religion musulmane était nouvelle, et si elle a été persécutante.
w68-w75G: Ch.7. De l'Alcoran, et de la loi musulmane. Examen si la religion musulmane était nouvelle, et si elle a été persécutante.

Chapitre 8

w56-w57G: Ch.5. De l'Italie et de l'Eglise avant Charlemagne.
61: Ch.7. De l'Italie et de l'Eglise avant Charlemagne. Comment le christianisme s'était établi. Examen s'il a souffert autant de persécutions qu'on le dit.
w68-w75G: Ch.8. De l'Italie et de l'Eglise avant Charlemagne. Comment le christianisme s'était établi. Examen s'il a souffert autant de persécutions qu'on le dit.

Chapitre 9

w68-w75G: Ch.9. Que les fausses légendes des premiers chrétiens n'ont point nui à l'établissement de la religion chrétienne.

Chapitre 10

w56-w57G: Ch.5. De l'Italie et de l'Eglise avant Charlemagne.
61: Ch.8. Suite de l'établissement du christianisme. Comment Constantin en fit la religion dominante. Décadence de l'ancienne Rome.
w68-w75G: Ch.10. Suite de l'établissement du christianisme. Comment Constantin en fit la religion dominante. Décadence de l'ancienne Rome.

Chapitre 11

w68-w75G: Ch.11. Causes de la chute de l'empire romain.

Chapitre 12

w56-w57G: Ch.5. De l'Italie et de l'Eglise avant Charlemagne.
61: Ch.8. Suite de l'établissement du christianisme. Comment Constantin en fit la religion dominante. Décadence de l'ancienne Rome.
w68-w75G: Ch.12. Suite de la décadence de l'ancienne Rome.

Chapitre 13

MSP: Ch.4 §1. Etat de l'Italie et de l'église chrétienne.
MSP: Ch.4 §2. Origine de la puissance des papes.
53-54N: Etat de l'Italie et de l'église chrétienne.
53-54N: Origine de la puissance des papes.
w56-w57G: Ch.6. Origine de la puissance des papes.
61: Ch.9. Origine de la puissance des papes. Digression sur le sacre des rois. Lettre de saint Pierre à Pépin, maire de France, devenu roi. Prétendues donations au Saint Siège.
w68-w75G: Ch.13. Origine de la puissance des papes. Digression sur le sacre des rois. Lettre de saint Pierre à Pépin, maire de France, devenu roi. Prétendues donations au saint-siège.

516

Chapitre 14

MSP: Ch.5. Etat de l'Eglise en Orient.

53-54N: Etat de l'Eglise en Orient avant Charlemagne.

W56-W57G: Ch.7. Etat de l'Eglise en Orient avant Charlemagne.

61: Ch.10. Etat de l'Eglise en Orient avant Charlemagne. Querelles pour les images. Révolution de Rome commencée.

W68-W75G: Ch.14. Etat de l'Eglise en Orient avant Charlemagne. Querelles pour les images. Révolution de Rome commencée.

Chapitre 15

MSP: Ch.6 §1. Renouvellement de l'empire en Occident

MSP: Ch.6 §2. Conduite de Charlemagne avec ces musulmans.

53-54N: Renouvellement de l'Empire en Occident.

W56-W57G: Ch.8. De Charlemagne.

61: Ch.11. De Charlemagne. Son ambition, sa politique. Il dépouille ses neveux de leurs Etats. Oppression et conversion des Saxons.

W68-W75G: Ch.15. De Charlemagne. Son ambition, sa politique. Il dépouille ses neveux de leurs Etats. Oppression et conversion des Saxons, etc.

Chapitre 16

MSP: Ch.6 §3. L'Empire transféré.

53-54N: Renouvellement de l'Empire en Occident.

W56-W57G: Ch.9. Charlemagne empereur.

61: Ch.12. Charlemagne empereur d'Occident.

W68-W75G: Ch.16. Charlemagne, empereur d'Occident.

Chapitre 17

W56-W57G: Ch.10. Mœurs et usages vers le temps de Charlemagne.

61: Ch.13. Mœurs, gouvernements et usages vers le temps de Charlemagne.

W68-W75G: Ch.17. Mœurs, gouvernement et usages, vers le temps de Charlemagne.

Chapitre 18

61: Ch.14. Suite des usages du temps de Charlemagne et avant lui. S'il était despotique et le royaume héréditaire.

w68-w75G: Ch.18. Suite des usages du temps de Charlemagne, et avant lui. S'il était despotique, et le royaume héréditaire.

Chapitre 19

MSP: Ch.7. Des usages du temps de Charlemagne.

53-54N: Des usages du temps de Charlemagne.

w56-w57G: Ch.11. Lois et usages du temps de Charlemagne.

61: Ch.15. Suite des usages du temps de Charlemagne. Commerce, finances, sciences.

w68-w75G: Ch.19. Suite des usages du temps de Charlemagne. Commerce, finances, sciences.

Chapitre 20

MSP: Ch.8. De la religion et de l'Eglise.

53-54N: De la religion.

w56-w57G: Ch.12. De la religion du temps de Charlemagne.

61: Ch.16. De la religion du temps de Charlemagne.

w68-w75G: Ch.20. De la religion du temps de Charlemagne.

Chapitre 21

MSP: Ch.8. De la religion et de l'Eglise.

53-54N: De la religion.

w56-w57G: Ch.12. De la religion du temps de Charlemagne.

61: Ch.17. Suite des rites religieux du temps de Charlemagne.

w68-w75G: Ch.21. Suite des rites religieux du temps de Charlemagne.

Chapitre 22

MSP: Ch.9. Suite des usages du temps de Charlemagne, de la justice, des lois et coutumes singulières.

53-54N: Suite des usages du temps de Charlemagne, de la justice, des lois et coutumes singulières.

W56-W57G: Ch.13. Suite des usages du temps de Charlemagne. De la justice, des lois. Coutumes singulières.

61: Ch.18. Suite des usages du temps de Charlemagne. De la justice, des lois. Coutumes singulières. Epreuves.

W68-W75G: Ch.22. Suite des usages du temps de Charlemagne. De la justice, des lois. Coutumes singulières. Epreuves.

Chapitre 23

MSP: Ch.10. Louis le Débonnaire.

53-54N: Louis le Débonnaire.

W56-W57G: Ch.14. Louis le Faible ou le Débonnaire.

61: Ch.19. Louis le Faible ou le Débonnaire déposé par ses enfants et par des prélats.

W68-W75G: Ch.23. Louis le Faible, ou le Débonnaire, déposé par ses enfants et par des prélats.

Chapitre 24

MSP: Ch.11. Etat de l'Europe après la mort de Louis le Débonnaire.

53-54N: Etat de l'Europe après la mort de Louis le Débonnaire.

W56-W57G: Ch.15. Etat de l'Europe après la mort de Louis le Débonnaire ou le Faible.

61: Ch.20. Etat de l'Europe après la mort de Louis le Débonnaire ou le Faible. L'Allemagne pour toujours séparée de l'empire franc ou français.

W68-W75G: Ch.24. Etat de l'Europe après la mort de Louis le Débonnaire ou le Faible. L'Allemagne pour toujours séparée de l'empire franc ou français.

Chapitre 25

MSP: Ch.12. Des Normands vers le neuvième siècle.

MSP Ch.12 §1. Etablissement des Danois en Normandie.

45: Ch.12. Des Normands vers le onzième siècle.

45: Ch.13. Etablissement des Danois en Normandie.

53-54N: Des Normands vers le quatrième siècle [*sic*].
w56-w57G: Ch.16. Des Normands vers le neuvième siècle.
61: Ch.21. Des Normands vers le neuvième siècle.
w68-w75G: Ch.25. Des Normands vers le neuvième siècle.

Chapitre 26

MSP: Ch.13. De l'Angleterre vers le neuvième siècle.
45: Ch.14. De l'Angleterre vers le neuvième siècle.
53-54N: De l'Angleterre vers le quatrième siècle.
w56-w57G: Ch.17. De l'Angleterre vers le neuvième siècle.
61: Ch.22. De l'Angleterre vers le neuvième siècle. Alfred le Grand.
w68-w75G: Ch.26. De l'Angleterre vers le neuvième siècle. Alfred le Grand.

Chapitre 27

MSP: Ch.14 §1. De l'Espagne et des musulmans aux huitième et neuvième siècles.
45: Ch.15. De l'Espagne et des musulmans au huitième et neuvième siècle.
53-54N: De l'Espagne et des musulmans aux huitième et neuvième siècles.
w56-w57G: Ch.18. De l'Espagne et des musulmans, aux huitième et neuvième siècles.
61: Ch.23. De l'Espagne et des musulmans maures, aux huitième et neuvième siècles.
w68-w75G: Ch.27. De l'Espagne et des musulmans maures aux huitième et neuvième siècles.

Chapitre 28

MSP: Ch.14 §2. Progrès des musulmans.
45: Paragraphe 2. Progrès des Musulmans.
53-54N: De l'Espagne et des musulmans aux huitième et neuvième siècles.
w56-w57G: Ch.18. De l'Espagne et des musulmans, aux huitième et neuvième siècles.
61: Ch.24. Puissance des musulmans en Asie et en Europe, aux huitième et neuvième siècles. L'Italie attaquée par eux. Conduite magnanime du pape Léon IV.

w68-w75G: Ch.28. Puissance des musulmans en Asie et en Europe aux huitième et neuvième siècles. L'Italie attaquée par eux. Conduite magnanime du pape Léon IV.

Chapitre 29

MSP: Ch.15. De l'empire de Constantinople aux huitième et neuvième siècles.

45: Ch.15. De l'empire de Constantinople au[x] huitième et neuvième siècles.

53-54N: De l'empire de Constantinople aux huitième et neuvième siècles.

w56-w57G: Ch.19 De l'empire de Constantinople, aux huitième et neuvième siècles.

61: Ch.25. De l'empire de Constantinople, aux huitième et neuvième siècles.

w68-w75G: Ch.29. De l'empire de Constantinople aux huitième et neuvième siècles.

Chapitre 30

MSP: Ch.16. De l'Italie, des papes, et des autres affaires de l'Eglise, aux huitième et neuvième siècles.

53-54N: De l'Italie, des papes et autres affaires de l'Eglise aux huitième et neuvième siècles.

w56-w57G: Ch.20. De l'Italie, des papes, du divorce de Lothaire, roi de Lorraine, et des autres affaires de l'Eglise aux huitième et neuvième siècles.

61: Ch.26. De l'Italie, des papes, du divorce de Lothaire, roi de Lorraine, et des autres affaires de l'Eglise aux huitième et neuvième siècles.

w68-w75G: Ch.30. De l'Italie; des papes; du divorce de Lothaire, roi de Lorraine; et des autres affaires de l'Eglise, aux huitième et neuvième siècles.

Chapitre 31

MSP: Ch.17. De Photius et des papes.

53-54N: De l'Italie, des papes et autres affaires de l'Eglise aux huitième et neuvième siècles.

w56-w57G: Ch.21. De Photius et du schisme entre l'Orient et l'Occident.

61: Ch.27. De Photius et du schisme entre l'Orient et l'Occident.

w68-w75G: Ch.31. De Photius, et du schisme entre l'Orient et l'Occident.

Chapitre 32

MSP: Ch.18. Etat de l'empire d'Occident et de l'Italie et de la papauté sur la fin du neuvième siècle et dans le cours du onzième et dans la moitié du douzième jusqu'à l'empereur Henri III.

45: Ch.18. Etat de l'empire d'Occident et de l'Italie sur la fin du neuvième siècle, dans le cours du dixième et dans la moitié du onzième, jusqu'à l'empereur Henri III.

53-54N: Etat de l'empire de l'Occident, de l'Italie et de la papauté sur la fin du neuvième siècle.

w56-w57G: Ch.22. Etat de l'empire d'Occident à la fin du neuvième siècle.

61: Ch.28. Etat de l'empire d'Occident à la fin du neuvième siècle.

w68-w75G: Ch.32. Etat de l'empire d'Occident à la fin du neuvième siècle.

Chapitre 33

MSP: Ch.18 §1. Des fiefs.

45: Ch.18. Etat de l'empire d'Occident et de l'Italie sur la fin du neuvième siècle, dans le cours du dixième et dans la moitié du onzième, jusqu'à l'empereur Henri III.

53-54N: Etat de l'empire d'Occident et de l'Italie sur la fin du neuvième siècle, dans le cours du dixième et dans la moitié du onzième, jusqu'à l'empereur Henri III.

w56-w57G: Ch.23. Des fiefs et de l'Empire.

61: Ch.29. Des fiefs et de l'Empire.

w68-w75G: Ch.33. Des fiefs et de l'Empire.

Chapitre 34

MSP: Ch.18 §2. De Henri l'Oiseleur.

MSP: Ch.18 §3. D'Othon le Grand.

45: Ch.18. Etat de l'empire d'Occident et de l'Italie sur la fin du neuvième siècle, dans le cours du dixième et dans la moitié du onzième, jusqu'à l'empereur Henri III.

53-54N: Etat de l'empire d'Occident et de l'Italie sur la fin du neuvième siècle, dans le cours du dixième et dans la moitié du onzième, jusqu'à l'empereur Henri III.

w56-w57G: Ch.24. D'Othon le Grand au dixième siècle.

61: Ch.30. D'Othon le Grand au dixième siècle.

w68-w75G: Ch.34. D'Othon le Grand au dixième siècle.

Chapitre 35

MSP: Ch.19. De la papauté au dixième siècle avant qu'Othon le Grand se rendît maître de Rome.

53-54N: De la papauté au dixième siècle avant qu'Othon le Grand se rendît maître de Rome.

w56-w57G: Ch.25. De la papauté au dixième siècle, avant qu'Othon le Grand se rendît maître de Rome.

61: Ch.31. De la papauté au dixième siècle, avant qu'Othon le Grand se rendît maître de Rome.

w68-w75G: Ch.35. De la papauté au dixième siècle, avant qu'Othon le Grand se rendît maître de Rome.

Chapitre 36

MSP: Ch.20 §1. Suite de l'empire d'Othon, et de l'état de l'Italie.

53-54N: Suite de l'empire d'Othon et de l'état de l'Italie.

w56-w57G: Ch.26. Suite de l'Empire d'Othon, et de l'état de l'Italie.

61: Ch.32. Suite de l'Empire d'Othon, et de l'état de l'Italie.

w68-w75G: Ch.36. Suite de l'empire d'Othon, et de l'état de l'Italie.

Chapitre 37

MSP: Ch.20 §2. Suite des misères de Rome.

53-54N: Suite de l'empire d'Othon et de l'état de l'Italie.

w56-w57G: Ch.27. Des empereurs Othon II et III, et de l'Italie.

61: Ch.33. Des empereurs Othon II et III, et de Rome.

w68-w75G: Ch.37. Des empereurs Othon II et III, et de Rome.

TABLEAU RÉCAPITULATIF [1]

MSP	45	53-54N [2]	w56-w57G	61	w68-w75G
Av-pro 1	Av-pro 1	√	Av-pro 2	Av-pro 2	Av-pro 2
1	1	√	1	1	1
1	1	√	2	2	2
2 §1	2	√	3	3	3
				4	4
2 §2	2	√	4	5	5
2 §3	2	√	4	6	6
3	3	√	4	6	7
			5	7	8
					9
			5	8	10
					11
			5	8	12
4		√	6	9	13
5		√	7	10	14
6 §1, 2		√	8	11	15
6 §3		√	9	12	16
			10	13	17
				14	18
7		√	11	15	19
8		√	12	16	20
8		√	12	17	21
9		√	13	18	22
10		√	14	19	23
11		√	15	20	24
12	12, 13	√	16	21	25
13	14	√	17	22	26
14	15	√	18	23	27
14	§2	√	18	24	28
15	15	√	19	25	29
16		√	20	26	30
17		√	21	27	31
18	18	√	22	28	32
18 §1	18	√	23	29	33
18 §2, 3	18	√	24	30	34
19		√	25	31	35
20 §1		√	26	32	36
20 §2		√	27	33	37

[1] Les chiffres en gras indiquent la première rédaction.
[2] Chapitres non numérotés.

OUVRAGES CITÉS

1. *Ouvrages antérieurs à 1778*

Alletz, Pons-Augustin, *Dictionnaire portatif des conciles* (Paris, 1758).

Alvarez de Colmenar, Juan, *Annales d'Espagne et de Portugal*, trad. P. Massuet (Amsterdam, 1741).

Ameilhon, Hubert Pascal, *Histoire du commerce et de la navigation des Egyptiens sous le règne des Ptolémées* (Paris, 1766).

Annales Bertiniani [*Annales de Saint-Bertin*], dans Muratori, *Rerum italicarum scriptores*.

Anson, George, *Voyage round the world* (Londres, 1749).

An Universal History from the earliest account of time to the present, compiled from original authors, éd. George Sale, George Psalmanazar *et al.* (Londres, 1736-1750).

– – trad. fr., *Histoire universelle, depuis le commencement du monde jusqu'à présent* (Amsterdam et Leipzig, 1742-1802).

– – *The Modern Part of An universal history from the earliest account of time to the present, compiled from original authors* (Londres, 1759).

Baluze, Etienne, *Capitularia regum Francorum additae sunt Marculfi monachi et aliorum formulae veteres* (Paris, 1677).

Banier, Antoine, *La Mythologie et les fables expliquées par l'histoire* (Paris, 1740).

Baronius, Caesar, *Abrégé des annales ecclésiastiques* (Paris, 1673).

Barre, Joseph, *Histoire générale d'Allemagne* (Paris, 1748).

Basnage, Jacques, *Antiquités judaïques, ou remarques critiques sur la république des Hébreux* (Amsterdam, 1713).

– *Histoire de l'Eglise depuis Jésus-Christ jusqu'à présent*, 2 vol. (Rotterdam, 1699).

– *Histoire des Juifs, depuis Jésus-Christ jusqu'à présent* (Paris, 1710).

Bayle, Pierre, *Dictionnaire historique et critique* (Rotterdam, 1697).

– – 2e éd. (Rotterdam, 1702).

– *Pensées diverses sur la comète* (Rotterdam, 1683).

Beausobre, Isaac de, *Histoire critique de Manichée et du manichéisme* (Amsterdam, 1734-1739).

Bernard, Jean-Frédéric, *Dissertations mêlées sur divers sujets importants et curieux* (Amsterdam, 1740).

Blondel, David, *Des sibylles célébrées tant par l'antiquité païenne que par les saints Pères* (Paris, 1649).

Bochart, Samuel, *Geographia sacra* (Caen, 1646).

Bonamy, Pierre Nicholas, 'Sur les incursions que les Normands firent dans la Neustrie, par la Seine', *Mémoires de l'Académie des inscriptions et belles-lettres* (1751), t.17, p.273-94.

Bossuet, Jacques-Bénigne, *Discours sur l'histoire universelle à Mgr le dauphin pour expliquer la suite de la religion et les changements des empires* (1681; Paris, 1737-1739).

Boulainvilliers, Henri, comte de, *Histoire de l'ancien gouvernement de la France* (La Haye et Amsterdam, 1727).

– *Histoire des Arabes avec la Vie de Mahomed* (Londres, 1730).

– – (Amsterdam, 1731).

Bouquet, Martin, *Recueil des historiens des Gaules de la France* (La Haye et Paris, 1772).

Bruys, François, *Histoire des papes, depuis saint Pierre jusqu'à Benoît XIII inclusivement* (La Haye, 1732-1734).

Burigny, Lévesque de, *Examen critique des apologistes de la religion chrétienne* (s.l., 1766).

Calmet, Dom Augustin, *Commentaire littéral, historique et moral, sur la règle de Saint-Benoît* (Paris, 1734).

– *Commentaire littéral sur tous les livres de l'Ancien et du Nouveau Testament* (Paris, 1709-1734).

– *Dissertations qui peuvent servir de prolégomènes de l'Ecriture sainte* (Paris, 1720).

– *Histoire universelle sacrée et profane depuis le commencement du monde jusqu'à nos jours*, 8 vol. (Strasbourg, 1735-1747).

Carte, Thomas, *General History of England to A.D. 1654*, 4 vol. (Londres, 1747-1755).

Caylus, Anne Claude Philippe, comte de, *Recueil d'antiquités égyptiennes, étrusques, grecques, romaines et gauloises* (Paris, 1752-1756).

Cellot, Louis, *Historia Gotteschalci praedestinatiani, et accurata controversiae*

per eum revocatae disputatio (Paris, 1655).

César, Jules, *Commentaires*, trad. P. d'Ablancourt (Paris, 1714).

Chalons, Vincent-Claude, *Histoire de France* (Paris, 1741).

Chardin, Jean, *Voyages en Perse et autres lieux de l'Orient* (Amsterdam, 1711).

Chardon, Charles-Mathieu, *Histoire des sacrements ou de la manière dont ils ont été célébrés et administré dans l'Eglise, et de l'usage qu'on en a fait depuis le temps des apôtres jusqu'au présent* (Paris, 1745).

Chastellux, François-Jean de, *De la félicité publique* (Amsterdam, 1772).

Corpus des notes marginales de Voltaire (Berlin et Oxford, 1979-).

Couplet, Philippe, *Confucius sinarum philosophus, sive scientia sinensis latine exposita* (Paris, 1687).

Cousin, Louis, *Histoire de Constantinople depuis le règne de l'ancien Justin jusqu'à la fin de l'empire* (Paris, 1671-1674).

– *Histoire de l'Empire d'Occident* (Paris, 1683).

– et Jean de La Brune, *La Morale de Confucius, philosophe de la Chine* (Amsterdam [Paris], 1688).

Critique de l'Histoire universelle de M. de Voltaire au sujet de Mahomet et du mahométisme (s.l.n.d., c.1756-1759).

Cyprien, saint, *Œuvres* (Rouen, 1716).

Daniel, Gabriel, *Histoire de France depuis l'établissement de la monarchie française dans les Gaules* (1696; Paris, 1729).

Decretum gratiani (Lyon, 1613).

Denys le Petit, *Codex canonum ecclesiasticorum* (Paris, 1643).

Des Maizeaux, Pierre, *Scaligerana, Thuana, Perroniana, Pithoeana et Colomesiana* (Amsterdam, 1740).

Desormeaux, Joseph-Louis Ripault, *Abrégé chronologique de l'histoire d'Espagne*, 5 vol. (Paris, 1758-1759).

Dictionnaire de l'Académie (Paris, 1692).

– – (Paris, 1762).

Diodore de Sicile, *Histoire universelle, servant à l'histoire de l'origine des peuples et des anciens empires* (Paris, 1758).

Dissertation historique sur les duchés de Parme et de Plaisance, trad. Antoine-Augustin Bruzen de La Martinière (Cologne, 1722).

Dithmar, Justus Christoph, et August Gebhard von Marwitz, *Dissertatio historica de electorum S.R.I. origine* (Francfort, 1711).

Dow, Alexander, *A dissertation concerning the religion and philosophy of the Brahmins. With an appendix, containing the history of the Mogul empire* (Londres, 1768).

– – trad. Claude-François Bergier, *Dissertation sur les mœurs, les usages, le langage, la religion et la philosophie des Hindous, suivie d'une exposition générale et succincte du gouvernement et de l'état actuel de l'Hindostan* (Paris, 1769).

Dubos, Jean-Baptiste, *Histoire critique de l'établissement de la monarchie française dans les Gaules* (Amsterdam, 1734).

Du Cange, Charles Du Fresne, *Glossarium ad scriptores mediae et infimae latinitatis* (Paris, 1733-1736).

Du Chesne, André, *Histoire des papes et souverains chefs de l'Eglise* (Paris, 1645).

– *Historiae Francorum scriptores coaetanei*, 5 vol. (Paris, 1636-1649).

– *Histoire générale d'Angleterre, d'Ecosse et d'Irlande* (Paris, 1614).

– *Historiae Normannorum scriptores antiqui* (Paris, 1619).

Duclos, Charles Pinot, 'Sur les épreuves par le duel et par les éléments', *Mémoires de littérature tirez des registres de l'Académie des inscriptions et belles-lettres* (Paris, 1743).

Du Halde, Jean-Baptiste, *Description géographique, historique, chronologique, politique et physique de l'empire de la Chine et de la Tartarie chinoise* (Paris, 1735).

– – (La Haye, 1736).

Dumont, Jean, *Corps universel diplomatique du droit des gens* (Amsterdam et La Haye, 1726).

Du Moulin, Pierre, *Anatomie de la messe* (Genève, 1641).

– *Nouveauté du papisme, opposée à l'antiquité du vrai christianisme* (Genève, 1633).

Dupin, Louis-Ellies, *Bibliothèque des auteurs ecclésiastiques du quatrième siècle* (Paris, 1730).

– *De idolorum vanitate* (Paris, 1643).

– *Histoire des controverses et des matières ecclésiastiques, traitées dans le neuvième siècle* (Paris, 1694).

– – (Paris, 1724).

– *Histoire des controverses et des matières ecclésiastiques, traitées dans le dixième siècle* (Paris, 1724).

– *Histoire des controverses et des matières ecclésiastiques, traitées dans le onzième siècle* (Paris, 1724).

– *Nouvelle Bibliothèque des auteurs ecclésiastiques* (Paris, 1690-1730).

Du Quesne, Henri, *Réflexions anciennes et nouvelles sur l'Eucharistie* (Genève, 1718).

Du Tillet, Jean, *La Chronique des rois de*

France, depuis Pharamond jusques au roi Henri second (Paris, 1549).

Echard, Laurence, *Histoire romaine, depuis la fondation de Rome jusqu'à la translation de l'Empire par Constantin* trad. fr., t.1-6 (Paris, 1728).
– – t.1-6 (Paris, 1737).
– – t.7-16 (Paris, 1736-1742).
Eginhard, *Vita Karoli Magni Imperatoris*, éd. Louis Halphen (Paris, 1967).
Empiricus, Sextus, *Les Hipotiposes ou Institutions pirroniennes* ([Amsterdam], 1725).
Epiphane, saint, *Contra octoginta haereses opus* (Paris, 1564).
Eusèbe de Césarée, *Histoire de l'Eglise*, trad. fr. (Paris, 1675).

Fabricius, Johann Albert, *Codex apocryphus Novi Testamenti* (Hambourg, 1719-1743).
Fléchier, Esprit, *Histoire de Théodose le Grand* (Paris, 1679).
Fleury, Claude, *Histoire ecclésiastique* (La Haye et Bruxelles, 1692-1693).
– – (Paris, 1719-1738).
– – (Paris, 1720-1738).
Foucher, Paul, 'Les Ecrits de Zoroastre', *Histoire de l'Académie royale des inscriptions et belles-lettres*, t.27 (Paris, 1761).
Fréret, Nicolas, *Histoire de l'Académie royale des inscriptions et belles-lettres*, t.5 (Paris, 1729).
– *Réflexions sur les principes généraux de l'art d'écrire et en particulier sur les fondements de l'écriture chinoise* (1718), dans Fréret, *Mémoires académiques*, éd. Catherine Volpilhac-Auger (Paris, 1996).
Furetière, Antoine, *Dictionnaire universel* (La Haye et Rotterdam, 1690).

Gagnier, Jean, *De vita et rebus gestis Mahomedis* (Oxford, 1723).
– – trad. fr., *Vie de Mahomet, traduite et compilée de l'Alcoran* (Amsterdam, 1732).
Galatie, Pallade de, et saint Ambroise, *Palladius, de gentibus Indiae et Bragmanibus S. Ambrosius, de moribus Brachmanorum*, éd. Girolamo Brusoni et Edward Byssche (Londres, 1665).
Gaubil, Antoine, *Histoire de l'astronomie chinoise*, dans *Observations mathématiques, astronomiques, géographiques, chronologiques et physiques, tirées des anciens livres chinois*, éd. Etienne Souciet (Paris, 1729-1732), t.3.
Giannone, Pietro, *Histoire civile du royaume de Naples* (Naples, 1723).
– – (La Haye [Genève], 1742).
Gioffredo, Pierre, *Nicaea civitas sacris monumentis illustrata* (Turin, 1658).
Grabe, Johann Ernst, *Spicilegium SS. patrum, ut et haereticorum* (Oxford, 1700).
Grégoire de Nazianze, *Discours contre l'empereur Julien l'Apostat, avec des remarques* (Lyon, 1735).
Gudin de La Brenellerie, Paul-Philippe, *Aux mânes de Louis XV* (Deux-Ponts, 1776).
Guicciardini, Francesco, *La Historia d'Italia* (Genève, 1621).
Guignes, Joseph de, *Histoire générale des Huns, des Turcs, des Mogols, et des autres Tartares occidentaux, etc.* (Paris, 1756).
Guthrie, William, *New general history of England* (Londres, 1744).
Guyon, Claude-Marie, *Histoire des Indes orientales, anciennes et modernes*, 3 vol. (Paris, 1744).

Heidegger, Johann Heinrich, *Histoire du papisme, ou Abrégé de l'histoire de l'Eglise romaine, depuis sa naissance jusqu'à Innocent XI, pape* (Amsterdam, 1685).

Heiss von Kogenheim, Johann, *Histoire de l'Empire, contenant son origine, son progrès, ses révolutions, la forme de son gouvernement, sa politique, ses alliances* [...] (La Haye, 1685).

– – (La Haye, 1715).

– – (Paris, 1731).

Hénault, Charles-Jean-François, *Nouvel Abrégé chronologique de l'histoire de France, contenant les événements de notre histoire, depuis Clovis jusqu'à Louis XIV* (1744).

– – 5e éd. (Paris, 1756).

– – (Paris, 1768).

Herbelot de Molainville, Barthélemy d', *Bibliothèque orientale, ou Dictionnaire universel contenant généralement tout ce qui regarde la connaissance des peuples de l'Orient* (Paris, 1697).

Hermant, Jean, *Histoire des conciles* (Rouen, 1755).

Histoire universelle, voir *An Universal History*.

Holwell, John Zephaniah, *Interesting historical events, relative to the provinces of Bengal, and the Empire of Indostan*, 2e éd. (Londres, 1766-1767).

Hübner, Johann, *La Géographie universelle* (Basle, 1746).

– – (1761).

Hyde, Thomas, *Historia religionis veterum Persarum eorumque magorum* (Oxford, 1700).

– – *Veterum Persarum et Parthorum et Medorum religionis historia* (Oxford, 1760).

Joinville, Jean de, *Mémoires* (Paris, 1666).

Josèphe, Flavius, *Histoire des Juifs* (Paris, 1735-1736).

Julian, emperor, *Misopogon*, trad. Christian Lacombrade (Paris, 1964).

Justin, saint, *Opera quae exstant omnia* (Venise, 1747).

Kien-Long, empereur, *Eloge de la ville de Moukden et de ses environs. Poème accompagné de notes curieuses*, trad. P. Amiot (Paris, 1770).

Kircher, Athanase, *Œdipus ægyptiacus* (Rome, 1653).

Knolles, Richard, *The General historie of the Turkes, from the first beginning of that nation to the rising of the Ottoman familie* (s.l., 1638).

– *The Turkish history, from the original of that nation, to the growth of the Ottoman empire* (Londres, 1687).

La Bléterie, Jean-Philippe-René de, *Histoire de l'empereur Jovien et traductions de quelques ouvrages de l'empereur Julien* (Paris, 1748).

Larry, Isaac de, *Histoire d'Angleterre, d'Ecosse et d'Irlande* (Rotterdam, 1697-1713).

Le Beau, Charles, *Histoire du Bas-Empire* (Paris, 1757-1776).

Le Blanc, François, *Traité historique des monnaies de France* [...] *depuis le commencement de la monarchie jusqu'à présent* (Amsterdam, 1692).

Le Clerc de La Bruère, Charles-Antoine, *Histoire du règne de Charlemagne* (Paris, 1745).

Le Comte, Louis, *Lettre à Mgr le duc Du Maine sur les cérémonies de la Chine* (Paris, 1700).

– *Nouveaux Mémoires sur l'état présent*

de la Chine, t.1-3 (Amsterdam, 1697-98).

Le Gendre, Louis, *Nouvelle Histoire de France depuis le commencement de la monarchie jusqu'à la mort de Louis XIV* (Paris, 1718-1719).

Le Gobien, Charles, *Histoire de l'édit de l'empereur de la Chine*, dans Le Comte, *Nouveaux Mémoires sur l'état présent de la Chine*, t.3.

Lettres édifiantes et curieuses écrites des missions étrangères, par quelques missionaires de la compagnie de Jésus, Recueils 1-34 (Paris, 1707-1776).

Lettres édifiantes et curieuses de Chine par des missions jésuites 1702-1772, éd. I. et J.-L. Vissière (Paris, 1979).

Lindenbrog, Friedrich, *Codex legum antiquarum* (Francfort, 1613).

Lokman, *Les Contes et fables indiennes de Bidpaï et de Lokman*, trad. Antoine Galland (Paris, 1724).

Longobardi, Nicolas, *Traité sur quelques points de la religion des Chinois* (Paris, 1701).

Maimbourg, Louis, *Histoire de la décadence de l'empire après Charlemagne et des différends des empereurs avec les papes, au sujet des investitures et de l'indépendance* (Paris, 1679).

– – (Paris, 1681).

– – (Paris, 1686).

– – (Paris, 1687).

– *Histoire de l'hérésie des iconoclastes* (Paris, 1679).

– *Histoire du schisme des Grecs* (Paris, 1682).

– *Les Histoires du Sieur Maimbourg* (Paris, 1686).

Malebranche, Nicolas, *Entretien d'un philosophe chrétien avec un philosophe chinois sur l'existence et la nature de Dieu* (Paris, 1708).

Mallet, Gédéon, *Abrégé de l'histoire sacrée* (Genève, 1768).

– *Exposition de la foi chrétienne, suivie d'une courte réfutation des erreurs de l'Eglise romaine* (Genève, 1774).

Mallet, Paul-Henri, *Introduction à l'histoire du Danemark* (Copenhague, 1755).

– *Monuments de la mythologie et de la poésie des Celtes* (Copenhague, 1756).

Martin, Dom Jacques, *La Religion des Gaulois, tirée des plus pures sources de l'antiquité* (Paris, 1727).

Massieu, Jean-Baptiste, 'Sur les serments des Anciens', *Mémoires de littérature tirez des registres de l'Académie des inscriptions et belles-lettres* (Paris, 1723).

Mauguin, Gilbert, *Veterum auctorum qui IX saeculo de praedestinatione et gratia scripserunt opera et fragmenta plurima* (Paris, 1650).

Mémoires de l'Académie des inscriptions et belles-lettres (Paris, 1722-1773).

Mézeray, François Eudes de, *Abrégé chronologique de l'histoire de France* (Amsterdam, 1673-1674).

– – (Paris, 1701).

– – (Paris, 1717).

– *Histoire de France depuis Faramond* (Paris, 1685).

Middleton, Conyers, *A Letter from Rome showing the exact conformity between popery and paganism* (1729; trad. fr., Amsterdam, 1744).

Mignot, Vincent, *Histoire de l'empire ottoman depuis son origine jusqu'à la paix de Belgrade en 1740* (Paris, 1771).

Millot, Claude-François-Xavier, *Eléments de l'histoire de France depuis Clovis jusqu'à Louis XV* (Paris, 1770).

Modave, Louis Laurent de Féderbe, comte de, *Voyage en Inde du comte de Modave 1773-1776*, éd. Jean Deloche (Paris, 1971).

Montesquieu, Charles-Louis de Secondat, baron de La Brède et de, *Considérations sur les causes de la grandeur des Romains et de leur décadence* (1734; Lausanne, 1750).

– – (Oxford, 2000).

– *De l'esprit des lois*, t.1-2 (Leyde, 1749).

Moréri, Louis, *Le Grand Dictionnaire historique, ou le mélange curieux de l'histoire sacrée et profane* (Amsterdam, 1740).

Muratori, Luigi Antonio, *Rerum Italicarum Scriptores* (Milan, 1723-1751).

Navarrete, Domingo Fernández, *Tratados históricos políticos éthicos y religiosos de la monarquía de China* (Madrid, 1676).

Newton, Isaac, *La Chronologie des anciens royaumes corrigée*, trad. F. Granet (Paris, 1728).

Niecamp, Johan Lucas, *Histoire de la mission danoise dans les Indes orientales qui renferme en abrégé les relations que les missionnaires évangéliques en ont données* (Genève, 1745).

Nonnotte, Claude-François, *Les Erreurs de Voltaire* (Avignon, 1762).

– – (Amsterdam [Paris], 1766).

– *Examen critique ou réfutation du livre des mœurs* (Paris, 1757).

Ockley, Simon, *The Conquest of Syria, Persia and Egypt by the Saracens* (Cambridge, 1703).

– *The History of the Saracens* (Cambridge, 1718).

– – trad. fr., *Histoire des Sarrasins* (Paris, 1748).

Oiselius, Jacobus, *Thesaurus selectorum numismatum* (Amsterdam, 1677).

Orléans, Pierre-Joseph d', *Histoire des révolutions d'Espagne*, 3 vol. (Paris, 1734).

Pascal, Blaise, *Les Provinciales, ou lettres écrites par Louis de Montalte* (Cologne, 1700).

Pausanias, *Voyage historique de la Grèce*, trad. Nicolas Gédoyn (Paris, 1731).

Pelletier, Thomas, *Histoire des Ottomans, grands seigneurs de Turquie* (Paris, 1660).

Pelloutier, Simon, *Histoire des Celtes, et particulièrement des Gaulois et des Germains* (La Haye, 1740).

Periplus Otheri [...] ut et Wulfstani [...] secundum narrationes eorundem de suis [...] navigationibus, jussu Aelfredi Magni [...] factis, ab ipso rege anglosaxonica lingua descriptus [...] latine versus (Copenhague, 1733).

– – (Copenhague, 1744).

Pezron, Dom Paul, *Antiquité de la nation et de la langue des Celtes, autrement appelés Gaulois* (Paris, 1703).

Pfeffel von Kriegelstein, Christian, *Abrégé chronologique de l'histoire et du droit public d'Allemagne* (Paris, 1754).

Pithou, Pierre, *Annalium et historiae Francorum ab Anno Christi 708 ad Annum 990 Scriptores Coaetani 12* (Francfort, 1594).

Platon, *Opera omnia* (Lyon, 1567).

– *Les Œuvres de Platon, traduites en françois* [par André Dacier], 2 vol. (Amsterdam, 1700).

Pluquet, François-André-Adrien, *Mémoires pour servir à l'histoire des égarements de l'esprit humain par rapport à la religion chrétienne: ou Dictionnaire des hérésies des erreurs et des schismes* (Paris, 1762).

Plutarque, *Œuvres morales et mêlées*, trad. Jacques Amyot (Paris, 1575).

Pompignan, Jean-George Lefranc de, *Instruction pastorale de Mgr l'évêque du Puy sur la prétendue philosophie des incrédules modernes* (Puy, 1763).

Prévost, Antoine François, *et al.*, *Histoire générale des voyages, ou nouvelle collection de toutes les relations de voyages par mer et par terre qui ont été publiées jusqu'à présent dans les différentes langues de toutes les nations connues* (Paris, 1746-1754).

Prideaux, Humphrey, *Histoire des Juifs et des peuples voisins depuis la décadence des royaumes d'Israël et de Juda jusqu'à la mort de Jésus-Christ*, trad. de La Rivière et Du Soul (Paris, 1726).

— *La Vie de Mahomet, imposteur*, trad. D. de Larroque (Paris, 1699).

Pufendorf, Samuel, *Introduction à l'histoire générale et politique de l'univers* (Amsterdam, 1722).

— — et Bruzen de La Martinière (Amsterdam, 1743-1745).

Quinte-Curce, *De la vie et des actions d'Alexandre le Grand*, trad. Pierre Du Ryer, 4e éd. (Paris, 1705).

Rapin de Thoyras, Paul, *Histoire d'Angleterre* (La Haye, 1724-1737).

— — (Paris, 1749).

Relatio de legatione Constantinopolitana, dans Muratori, *Rerum Italicarum Scriptores*.

Renaudot, Eusèbe, *Anciennes Relations des Indes et de la Chine, de deux voyageurs mahométans, qui y allèrent dans le neuvième siecle* (Paris, 1718).

Rocoles, Jean-Baptiste de, *Histoire de l'empire d'Allemagne* (La Haye, 1681).

Rollin, Charles, *Histoire ancienne des Egyptiens, des Carthaginois* [...] (Paris, 1731-1737).

Rousseau, Jean-Baptiste, *Œuvres*, 3 vol. (Bruxelles et Paris, 1743).

Ruinart, Dom Thierry, *Les Véritables Actes des martyrs* (Paris, 1708).

Sale, George, *Koran, commonly called the Alcoran of Mohammed* [...] *to which is prefixed a preliminary discourse* (Londres, 1734).

— *Observations historiques et critiques sur le mahométisme, ou traduction du discours préliminaire mis à la tête de la version anglaise de l'alcoran, publiée de George Sale* (Genève, 1751).

— *Universal History*: voir *An Universal History*.

Sarpi, Paolo, *Traité des bénéfices* (Amsterdam, 1699).

Serres, Caude, *Les Institutions du droit français suivant l'ordre de celles de Justinien* (Paris, 1753).

Simon, Richard, *Histoire de l'origine et du progrès des revenus ecclésiastiques* (Francfort, 1684).

Spelman, John, *The Life of Alfred the Great*, éd. Thomas Hearne (Oxford, 1709).

Struys, Jan, *Les Voyages en Moscovie, en Tartarie, en Perse, aux Indes* (Amsterdam, 1681).

— — (Amsterdam, 1730).

Tavernier, Jean-Baptiste, *Les Six Voyages de Jean-Baptiste Tavernier en Turquie, en Perse et aux Indes* (Paris, 1676; 1679).

Théophane Isaurus, *Chronographia* (Paris, 1655).

Thévenot, Jean de, *Suite du voyage fait au Levant* (Paris, 1674).

Thomas d'Aquin, *Somme théologique* (Lyon, 1738).

Tillemont, Louis-Sébastien Le Nain de, *L'Histoire des empereurs* (Bruxelles, 1707-1712).

Trapnell, William H., 'Survey and analysis of Voltaire's collective editions', *SVEC* 77 (1970), p.103-99.

Tyrell, James, *General history of England both ecclesiastical and civil from the earliest accounts of time to the reign of his present majesty William III*, t.1 (Londres, 1698).

Universal History: voir *An Universal History*.

Velly, Paul-François, *Histoire de France depuis l'établissement de la monarchie jusqu'au règne de Louis XIV*, 24 vol. (Paris, 1755-1774).

Vertot, René Aubert de, 'Dissertation au sujet de la sainte Ampoule conservée à Rheims pour le sacre de nos rois', *Mémoires de littérature tirés des registres de l'Académie des inscriptions et belles-lettres* (Paris, 1717).

– *Origine de la grandeur de la cour de Rome, et de la nomination aux évêchés et aux abbayes de France* (Lausanne, 1745).

Veyssière de Lacroze, Mathurin, *Histoire du christianisme des Indes* (La Haye, 1724).

Voltaire, *Essai sur les mœurs*, éd. René Pomeau, 2e éd., 2 vol. (Paris, 1990).

– *Lettres philosophiques*, éd. Gustave Lanson, rév. André M. Rousseau, 2 vol. (Paris, 1964).

– *Œuvres historiques*, éd. René Pomeau (Paris, 1957).

Vossius, Gerardus Johannes, *Historiae de controversiis quas Pelagius eiusque reliquiae moverunt libri septem* (Lyon, 1618).

Vulson, Marc de, *De la puissance du pape et des libertés de l'Eglise gallicane* (Genève, 1635).

Wallace, Robert, *Essai sur la différence du nombre des hommes dans les temps anciens et modernes* (Londres [Paris], 1754).

Warburton, William, *The Divine Legation of Moses* (Londres, 1755).

Zosime, *Histoire romaine écrite par Xiphilin, par Zonare, et par Zosime*, trad. Louis Cousin (Paris, 1678).

2. *Ouvrages postérieurs à 1778*

Arnaldi, Girolamo, 'Papa Formoso e gli imperatori della casa di Spoleto', *Annali della Facoltà di Lettere e Filosofia dell'Università di Napoli* 4 (1951), p.85-104.

Auerbach, Erich, *Mimésis. La représentation de la réalité dans la littérature occidentale* (Paris, 1968).

Badir, Magdy Gabriel, *Voltaire et l'Islam*, *SVEC* 125 (1974).

Bernard, Bruno, 'Commerce', *DgV*, p.231-33.

– 'Economie', *DgV*, p.393-95.

– 'Serfs du Mont-Jura', *DgV*, p.1111-13.

Bloch, Marc, *Les Rois thaumaturges* (Paris, 1961).

Brown, Andrew, et Ulla Kölving, 'Un manuscrit retrouvé de l'*Essai sur les mœurs*', *Cahiers Voltaire* 6 (2007).

Brumfitt, John Henry, *Voltaire historian* (Oxford, 1958).

– 'Voltaire historian and the royal mistresses', dans *Voltaire, the Enlightenment and the comic mode: essays in honor of Jean Sareil*, éd. Maxine Gordon Cutler (New York et Bern, 1990).

Brusquet, Georges-Henri, 'Voltaire et l'Islam', *Studia islamica* 28 (1968), p.109-26.

Christodoulou, Kyriaki, 'Alexandre le Grand chez Voltaire', dans *Voltaire et ses combats*, éd. Kölving et Mervaud, t.2, p.1423-34.

Collins, Roger, *Visigothic Spain, 409-711* (Oxford, 2004).

Cotoni, Marie-Hélène, 'Variations critiques sur l'apôtre Pierre dans l'*Essai sur les mœurs* et dans les *Questions sur l'Encyclopédie*', dans *Copier/coller*, éd. Ferret *et al.*, p.167-73.

– et Laurence Viglieno, 'Julien au siècle des Lumières', dans *L'Empereur Julien*, éd. J. Richer, t.2, *De la légende au mythe* (Paris, 1981).

Delon, Michel (éd.), *Dictionnaire européen des Lumières* (Paris, 1997).

Devisse, Jean, *Hincmar, archevêque de Reims. 845-882* (Genève, 1973).

Douay-Soublin, Françoise, 'Le style oriental en France de 1675 à 1800 (Géographie symbolique)', *Orients. Détours d'écriture* 8 (s.d.), p.185-201.

Duranton, Henri, 'L'épisode du vase de Soissons vu par les historiens du XVIIIe siècle', *Revue de synthèse* 96 (1975), p.283-316.

– 'Un cas d'école: la parution de l'*Abrégé de l'histoire universelle*', *Revue Voltaire* 4 (2004), p.57-80.

– 'Voltaire et l'abbé Fleury: une lecture conflictuelle', dans *Voltaire et ses combats*, éd. Kölving et Mervaud, p.1359-69.

Ehrard, Jean, et Paul Viallaneix (éd.), *Nos ancêtres les Gaulois* (Clermont-Ferrand, 1982).

Engelfriet, Peter Marc, *Euclid in China* (Leiden, 1998).

Etiemble, René, *L'Europe chinoise* (Paris, 2 vol., 1988-1989).

– *Les Jésuites en Chine (1552-1773): la querelle des rites* (Paris, 1966).

– *L'Orient philosophique au XVIIIe siècle* (Paris, 1956-1959).

Feller, Laurent, 'Les premiers contrats agraires du Mont-Cassin', *Histoire des sociétés rurales* 5.21 (2004), p.133-85.

Ferret, Olivier, Gianluigi Goggi et Catherine Volpilhac-Auger (éd.), *Copier/coller. Ecriture et réécriture chez Voltaire: actes du colloque international, Pise* (Pise, 2007).

Folz, Robert, *Le Souvenir et la légende de Charlemagne dans l'Empire germanique médiéval* (Genève, 1973).

Fontius, Martin, *Voltaire in Berlin: zur Geschichte der bei G. C. Walter veröffentlichten Werke Voltaires* (Berlin, 1966).

Fréret, Nicolas, *Mémoires académiques*, éd. C. Volpilhac-Auger (Paris, 1996).

Gibson, Margaret T., et Janet Laughland Nelson, *Charles the Bald: court and kingdom* (Aldershot, 1990).

Goggi, Gianluigi, 'Voltaire et l'*Histoire*

des papes de F. Bruys', dans *Copier/ coller*, éd. Ferret *et al.*, p.31-52.

Grell, Chantal, et Catherine Volpilhac-Auger, *Nicolas Fréret, légende et vérité* (Oxford, 1994).

Grosperrin, Bernard, *La Représentation de l'histoire de France dans l'historiographie des Lumières* (Lille, 1982).

Gunny, Ahmad, *Images of Islam in eighteenth-century writings* (Londres, 1996).

– 'Islam', *DgV*, p.664-69.

Guy, Basil, *The French image of China before and after Voltaire*, *SVEC* 21 (1963).

Hadidi, Djavâd, *Voltaire et l'Islam* (Paris, 1974).

Hasquin, Hervé, 'L'anticléricalisme économique au XVIIIe siècle à propos du monachisme et de la dîme', *Problèmes d'histoire du christianisme* 18 (Bruxelles, 1988).

– 'Le débat sur la dépopulation dans l'Europe des Lumières', dans *Recherches et considérations sur la population de la France (1778) par M. Moheau*, rééd. Eric Vilquin, Institut national d'études démographiques (Paris, 1994), p.397-424.

Hawley, Daniel S., 'L'Inde de Voltaire', *SVEC* 120 (1974).

Hellegouarc'h, Jacqueline, 'La Canonisation de saint Cucufin', *DgV*, p.172-73.

Herbers, Klaus, 'Leo IV', *Biographisch-Bibliographisches Lexikon* (Herzberg, 1992).

Iotti, Gianni, 'Le traitement des sources dans les chapitres 30 à 37 de l'*Essai sur les mœurs*', dans *Copier/coller*, éd. Ferret *et al.*, p.52-62.

Keynes, Simon, et Michael Lapidge (éd.), *Alfred the Great: Asser's 'Life of King Alfred' and other contemporary sources* (Harmondsworth, 1983).

Kölving, Ulla, et Christiane Mervaud (éd.), *Voltaire et ses combats* (Oxford, 1997).

Landry-Deron, Isabelle, *La Preuve par la Chine. La description de J. B. Du Halde* (Paris, 2002).

Larrère, Catherine, 'Fréret et la Chine', dans *Nicolas Fréret, légende et vérité*, éd. Grell et Volpilhac-Auger, p.109-29.

Larrey, Isaac de, *Histoire d'Angleterre, d'Ecosse et d'Irlande, avec un abrégé des événements plus remarquables arrivés dans les autres états*, 5 vol. (Rotterdam, 1697-1713).

Laudin, Gérard, 'De la narration à la réflexion: à propos des étapes de la rédaction de quelques chapitres de l'*Essai sur les mœurs*', dans *Copier/coller*, éd. Ferret *et al.*, p.99-111.

Lees, Beatrice A., *Alfred the Great, the truth teller, maker of England, 848-899* (New York et Londres, 1915).

Littré, Paul-Emile, *Dictionnaire de la langue française* (Paris, 1863-1872).

Maire, Catherine, *De la cause de Dieu à la cause de la nation: le jansénisme au XVIIIe siècle* (Paris, 1998).

Masson, Nicole, 'Voltaire exégète du *Shasta* et du *Vedam*: citation et réécriture des textes sacrés de l'Inde dans l'*Essai sur les mœurs*', dans *Copier/ coller*, éd. Ferret *et al.*, p.63-70.

Méricam-Bourdet, Myrtille, 'Sélection polémique et citations despotiques: l'utilisation de Chardin dans les chapitres persans de l'*Essai sur les mœurs*', dans *Copier/coller*, Ferret *et al.*, p.71-80.

Meyssonier, Simone, *La Balance et l'horloge. La genèse de la pensée libérale en France* (Paris, 1989).

Migne, Jacques-Paul (éd.), *Patrologia cursus, series graeca* (Paris, 1857-1912).

– – (1857-1866).

– *Patrologia cursus, series latina* (Paris, 1844-1864).

Montet, Edouard, *Mahomet: Le Coran* (Paris, 1929).

Monumenta Germaniae historica. Legum sectio II. Capitularia regum Francorum, t.1 (Hanovre, 1883).

Moureaux, Jean-Michel, 'Race et altérité dans l'anthropologie voltairienne', dans Sarga Moussa (éd.), *L'Idée de 'race' dans les sciences humaines et la littérature (XVIIIᵉ-XIXᵉ siècles)* (Paris, 2003).

– (éd.), *Discours de l'empereur Julien contre les chrétiens*, *SVEC* 322 (1994).

Nau, François (éd.), *Martyrologe syrien*, dans *Patrologia orientalis*, t.10 (Paris, 1973).

Needham, Joseph, *Science and civilisation in China*, t.4 (Cambridge, 1962).

Oxford Dictionary of National Biography (2004).

Pereira, Jacques, *Montesquieu et la Chine* (Paris, 2008).

Peters, Edward M., '"Roi fainéant": the origins of an historical commonplace', *Bibliothèque Humanisme et Renaissance* 3 (1968), p.537-47.

Pinot, Virgile, *La Chine et la formation de l'esprit philosophique en France* (Paris, 1932).

Pomeau, René, *et al.* (éd.), *Voltaire en son temps*, 2ᵉ éd., 2 vol. (Oxford, 1995).

Quantin, Jean-Louis, 'Monachisme', *DgV*, p.828-30.

Rapp, Francis, *Le Saint Empire romain germanique* (Paris, 2000).

– *Réforme et Réformation à Strasbourg* (Paris, 1974).

Rétat, Pierre, 'La bouffonnerie voltairienne: une leçon de tolérance?', dans *La Tolérance au risque de l'histoire, de Voltaire à nos jours*, éd. M. Cornaton (Lyon, 1995), p.199-204.

Reuter, Timothy, *The Annals of Fulda* (Manchester et New York, 1992).

Rousseau, André-Michel, *L'Angleterre et Voltaire*, *SVEC* 145 (1976).

Seban, Jean Loup, 'Jésus-Christ', *DgV*, p.675-80.

Simon, Renée, *Nicolas Fréret, académicien*, *SVEC* 17 (1961).

Song, Shun-Ching, *Voltaire et la Chine* (Aix-en-Provence, 1989).

Spink, John Stephenson, 'The reputation of Julian the "apostate" in the Enlightenment', *SVEC* 57 (1967), p.1399-415.

Taylor, Samuel, 'The definitive text of Voltaire's works: the Leningrad encadrée', *SVEC* 124 (1975).

Trousson, Raymond, et Jeroom Vercruysse (éd.) *Dictionnaire général de Voltaire* (Paris, 2003).

Van Crugten-André, Valérie, 'Arouet, Armand (1685-1745)', *DgV*, p.86-87.

Venturino, Diego, 'Imposteur ou législateur? Le Mahomet des Lumières (vers 1750-1789)', dans *Religions en transition dans la seconde moitié du XVIIIᵉ siècle*, éd. Louis Châtellier, *SVEC* 2000:02, p.243-62.

– 'Un prophète philosophe? Une *Vie de Mahomed* à l'aube des Lumières', *Dix-huitième siècle* 24 (1992), p.321-31.

Volpilhac-Auger, Catherine, 'A la recherche de l'arche perdue ou Ancres et coquilles chez Voltaire', dans *Copier/coller*, Ferret *et al.*, p.115-26.

– *Tacite en France de Montesquieu à Chateaubriand*, *SVEC* 313 (1993).

Waquet, Henri (éd.), *Le Siège de Paris par les Normands* (Paris, 1942).

Witek, John W., *Controversial ideas in China and in Europe: a biography of Jean-François Fouquet* (Rome, 1982).

Zatelli, Ida (éd.), *La Bibbia a stampa da Gutenberg a Bodoni* (Florence, 1991).

INDEX

Les deux index de ce volume sont nécessairement sélectifs; ils ne prétendent pas à l'exhaustivité. Ils cherchent à rassembler les principales références aux personnes mentionnées par Voltaire et les thèmes qui l'intéressaient.

L'Index des noms de personnes s'efforce d'amplifier l'information donnée dans les notes là où cela est nécessaire, et de distinguer les différents porteurs d'un même nom, en particulier parmi les papes, les empereurs et les rois à l'aube de l'Europe médiévale. Dans certains cas qui pourraient prêter à ambiguïté, nous donnons l'orthographe de Voltaire suivie de l'orthographe moderne entre parenthèses. Pour les transcriptions en pinyin, nous remercions vivement Mme Françoise Lauwaert, sinologue, Professeure à l'Université libre de Bruxelles.

L'Index analytique comprend les lieux et les peuples mentionnés, suivant l'orthographe moderne. Les thèmes sont regroupés sous des rubriques largement englobantes, avec renvois, pour éviter une structure trop dispersée et rendre l'index plus facilement utilisable.

INDEX DES NOMS DE PERSONNES

INDEX ANALYTIQUE